天津市哲学社会科学规划研究项目（ZLHQ—20）

天津师范大学学术著作出版基金资助出版

国家与经济：抗战时期知识界关于中国经济发展道路的论争

——以《新经济》半月刊为中心

阎书钦 著

中国社会科学出版社

图书在版编目（CIP）数据

国家与经济：抗战时期知识界关于中国经济发展道路的论争/阎书钦著 . —北京：中国社会科学出版社，2010.7

（中国近代史学博士论丛）

ISBN 978-7-5004-8894-1

Ⅰ.①国… Ⅱ.①阎… Ⅲ.①经济发展—研究—中国—民国 Ⅳ.①F129.6

中国版本图书馆 CIP 数据核字（2010）第 125506 号

责任编辑　张小颐
责任校对　林福国
封面设计　康道工作室
技术编辑　张汉林

出版发行　中国社会科学出版社
社　　址　北京鼓楼西大街甲 158 号　　邮　编　100720
电　　话　010 – 84029450（邮购）
网　　址　http://www.csspw.cn
经　　销　新华书店
印　　刷　北京新魏印刷厂　　　　　　装　订　广增装订厂
版　　次　2010 年 7 月第 1 版　　　　印　次　2010 年 7 月第 1 次印刷
开　　本　710×1000　1/16
印　　张　29　　　　　　　　　　　　插　页　2
字　　数　459 千字
定　　价　46.00 元

序　一

　　2006 年 6 月 4 日，我参加了我的老同学清华大学历史系蔡乐苏教授的学生阎书钦的博士论文答辩，由此认识阎书钦。当时，阎书钦的博士论文题目是《抗战时期国统区知识界经济建设思想研究》，其主要内容是考察分析抗战时期国统区知识界对中国现代化、工业化和国家建设问题的认识和见解，论题颇有新意，论述也较精到，获得答辩委员们的一致好评。对于我来说，由于多年从事中国现代化史研究，对阎书钦的这一研究课题自然很感兴趣，也关注着它的出版问世。现在，阎书钦已完成了对自己博士论文的精心修改，在即将正式出版之际，盼我为之作一序言。我对这一课题虽然很感兴趣，但没有什么研究，也知之不多，权且以第一个读者的几点所感所想，充作"序言"。

　　现在，阎书钦奉献给读者的著作，其题目是《国家与经济：抗战时期知识界关于中国经济发展道路的论争——以〈新经济〉半月刊为中心》。这也即是说，其研究的主要对象是《新经济》半月刊，其研究的主体内容是抗日战争时期知识界对中国经济发展道路的讨论，其研究的中心问题是揭示国家与经济的关系。

　　近年来，以一个报刊作为对象的研究多有所见，如《大公报》、《申报》、《独立评论》、《少年中国》、《现代评论》、《益世报》、《东方杂志》、《国闻周报》、《努力》周报等都已有多少不等的研究成果问世，它们都从政治史和文化史的角度进行研究。阎书钦所选择的研究对象——《新经济》半月刊是一个经济刊物，所采取的研究视角也是经济思想史的视角，开辟了同类研究的一个新领域。而且,把研究对象从《新经济》所刊文本本身扩大到作者群体,又以作者群体为线索,延伸到与该作者群体密切相关的汉口的《大公报》和重庆版《大公报》、《经济建设季刊》,以及他们的其他著作,从而既提高了考察该作者群体所持思想的完整性和系统性,也扩大了分析有关问题的视野和背景,使研究所得更加接近事实。这种因刊及人,又因人及刊、及书的研究方法,颇有创意,当然也需要投入更多的精力。

关于抗日战争时期中国知识界对中国经济发展道路的讨论问题,阎书钦考察了以《新经济》半月刊作者群体为核心的国统区知识界的有关言论,归纳出他们所讨论的主要内容集中于中国需不需要走现代化和工业化道路的问题,以及如何走这条道路的问题。前者涉及了知识界如何认识现代化和工业化,如何选择中国的现代化和工业化道路;后者涉及了知识界对处理农业与工业关系,采用什么经济体制和企业制度,如何利用外资的主张。所有这些,既是中国近代经济思想史中的重要问题,也是中国现代化思想史中的重要问题。以往,在有关近代经济思想史研究中,对工农业关系问题和经济体制问题有所论及;在有关中国现代化史研究中,对中国的现代化和工业化思想也有所论述。阎书钦在借鉴前人研究成果的基础上,以更集中的时间段、更完整的考察面研究了这一问题,从而使抗日战争时期中国现代化和工业化思想的研究更具有系统性和深刻性,也将给读者带来更多的知识信息。

阎书钦在本书中关于中国抗日战争时期知识界的现代化和工业化思想的研究,在对以往较有研究的内容作更为细致的考察之外,还拓展了以往相关研究较少涉及的内容,其中值得注意的是关于各种思想的异同所在、内在原因和彼此联系,以及它们发展变化来龙去脉的研究,从中可以看出这一时期国人的现代化、工业化理念的发展状况和水平。如国人对现代化含义的理解,是如何从简单的西化过程向中西双向改造、彼此融合的过程转变的,是如何从单纯的文化问题向以工业化为核心的社会经济问题演变的?对现代化过程中工农业关系的认知,是如何从对立、主次的观念向兼顾、并重的观念扩大的,是如何从彼此地位的考察向互相依存的审视深化的?对工业化的理解,是如何从单纯的机械化向整体经济变革进展的,是如何从知识界的理论探讨向学、政、工、商各界的基本共识发展的？

特别值得注意的是阎著中关于知识界对工业化与社会改造关系讨论的考察，作者虽然只设一个专目考察这一方面的内容，但其学术含量则十分值得重视。就笔者所见，这似乎是有关近代中国现代化思想史研究中首次涉及的内容。笔者曾在《史学月刊》2004 年第 6 期上刊有《关于中国现代化史研究的新思考》一文，为了明确界定现代化史的研究对象，提出"现代化史研究的总体对象是工业社会史"。这是因为现代化社会虽有除工业化之外的众多社会经济指标，但实际上其他各种指标都是工业化的派生物，都是随着工业化的产生发展而产生发展的，它们与工业化一起共同构成一个工业社会，所以，现代化史研究的总体对象就是工业社会的各种特性及其发展变化。换句话说，现代化社会是被工业化改造而成的工业社会，工业化的产生、发展和实现也必然伴随着对社会的相应改造。后来，在河南大学出版社于 2005 年出版的《现代性基本读本》（汪民安等主编）中，看到了一个外国学者在前些年发表的一篇关于工业社会史研究的文章，以为与本人不谋而合。看了阎著之后，笔者第一次知晓在抗战时期中国学者的现代化思想已开始涉及这一理论问题，他们所讨论的工业化与社会改造问题，虽然尚未从现代化史研究对象和工业社会建构的高度来认识这一问题，但其已蕴含着这种元素。他们在讨论中所涉及的内容包括工业化与社会的工业化变革、以工业化为导向的社会改造、工业化的社会整体改造意义、企业家的精神、工业化的精神、工业化的道德、工业化的心理、工业化的文化、技术观念与社会意识和生活态度、现代工业文明等。作者对于这些内容的论述虽然尚较简单，但为这一问题的研究迈出了可喜的第一步，也为以后的进一步研究提供了一条重要的线索。

关于国家与经济的关系问题，是政治史和经济史研究中都会涉及的问题，不过，把它作为一个中心问题来研究尚不多见。阎著所考察的是抗战时期国统区知识界关于抗战时期及抗战胜利后中国应如何建设，如何才能走向富强的思想。作者不仅对前人已有较多研究的"以农立国"论和"以工立国"论的内涵演变作进一步的深入考察外，而且通过梳理知识界对国家建设与现代化、工业化关系，以及抗战与国家经济力量关系、中日经济力量对比的各种认识，呈现了知识界乃至社会各界把现代化、工业化作为增强国家经济力量,建设战后中国必由之路的基本共识,以及如何进行现代化、工业化建设的各种见解。这些内容,有助于读者比较系统地了解抗战时期知识界在现代化、工业化问题认识上所达到的广度、高度。

在思想史研究中,常见的现象是就思想论思想,大多停留在文本思想的层面上,较少考察思想的实际社会影响。在这方面,阎著做了一些努力,在其所考察的知识界的参政议政情况中,可以看出知识界的经济建设思想对政府经济建设思路和方针的某些互动关系,分析了两者之间的趋同和分歧所在,既可以从其趋同之处看到前者对后者发生影响的一面,也可以从分歧之处看到难以发生影响的一面,还可以看到国民党政府在抗战胜利后走向经济上垄断和政治上独裁的思想理论根源。当然,在思想史研究中,研究思想的实际社会影响是难度最大的,对阎书钦来说亦是如此,他虽然经过努力做出了力所能及的成绩,但在这方面还显得不够突出,论述也比较单薄,有待于今后的进一步研究。

上述只是笔者的一孔之见,不足以反映阎著的全部内容和学术价值,其中的精华所在和不足之处,自然需待读者的鉴别。不过,在鄙人看来,本书虽难免会有这样那样的不足之处,但不失为一部值得一读的著作,尤其是对关心中国现代化的历史和现实的人来说,更是一部具有启发和借鉴意义的著作。

中国现代化思想史,是一个缺少研究的课题,阎著为这一课题的研究做出了一个值得重视的成果,可喜可贺。但愿在这一课题的研究中有更多的后起之秀出现,有更多、更优秀的著作问世,使中国近代以来的现代化思想得到更全面、更系统的展现。

虞和平

2010 年 2 月 28 日

于中国社会科学院近代史研究所

序　二

2002年秋，阎书钦从河北省社科院考入清华大学历史系攻读博士学位。那时，我和我的几位同事正在研究过去清华历史系的一位极具影响力的系主任蒋廷黻。研究中发现，蒋廷黻在抗战中参与创办的《新经济》这份似乎早已被人遗忘的刊物很可能是个值得开采的"富矿"，需要有人去深入耙梳整理研究一番。我想，这个任务交给阎书钦比较合适，他来清华之前对中共党史资料文献已比较熟悉，如果对南京、重庆方面也能有较深入的了解，那他对中国现代史的观察就比较全面了。果然未出所料，这位略带几分燕赵豪气的年轻学者二话没说就欣然答应了。实际上，我把这样的任务交给他的时候，在许多方面我心里是没底的，因为我当时并不知道这个刊物的作者群体是些什么人，这些人在讨论一些什么问题，这些问题有无彼此内在的融贯相通的逻辑；也不知道这些作者在此刊之外还在哪些刊物发表相关议论。另外，他们与国民政府是随声附和呢，还是若即若离，有一定的独立意识？他们的言论对于今天的人们是否还有产生共鸣的可能？我只知道《新经济》的分量很大，需要一个人集中精力沉潜几年才能有个真说法。我当时能告诉阎书钦的，除了快速查清中国现代思想史中有关抗战时期知识界讨论经济问题的学术成果的详细情况之外，就是让他直接去读《新经济》原刊，人物可先从蒋廷黻、吴景超、翁文灏等入手；头绪可先从"艺文研究会"和"艺文丛书"入手；人际交往的史事掌故可从《传记文学》和《文史资料》入手。阎书钦是个实在人，读书如痴，不分昼夜，颇有韧劲。几年下来，他的读书笔记超过百万字。他不仅通读了《新经济》,还通读了武汉、重庆时期的《大公报》和同时期几种直接相关的经济杂志;理清了《新经济》作者群体中几乎所有人的学历、身份及其学术理论成果和基本观点;找出了以《新经济》为中心的一群任职于国民政府之中或与之有密切关联的、大多以留学英美为背景的知识精英关于战前、战时、战后经济建设的逻辑思路。如期完成了他的资料扎实、开拓性凸显的博士论文,得到隐名评审专家和论文答辩委员的一致好评。2006 年,清华大学奖励他的论文为校级优秀博士论文一等。现在这本书是在他的博士论文的基础上加工、充实、提炼而成的,我读完后感到它比原来的博士论文的确显得更加通贯畅达、精神焕发了。

思想史的著述一般不易脱出几种传统的表达范式:或者按思想家一个一个地分别介绍;或者按思想流派一个一个地分别介绍;或者按思潮的起落分时期、分阶段地分别介绍。无论哪种类型的介绍都会在开头或是中间戴上一顶统一的、同时也是笼统的时代背景的大帽子,这就算是知人论世了。我以为,这样的思想史是容易走向断章取义、扭曲前人思想的歧路的;同时,这样书写出来的思想史,思想家思想的火花、思想的锋芒、思想的独特性亦不易显现,容易变得死气沉沉,就像孩子们搭积木一般,板块与板块的连接,构不成有机错落的、生动活泼的思想交锋局面。我称此种类型的思想史为"死"知识的思想史。我更欣赏的思想史是与之相别的"活"的思想史。什么是"活"的思想史呢?最关键的就是能设身处地弄清、理解思想者发语的真正的、具体的针对目标。如果能找到发语者的真实目标,思想交锋的场景就会逐渐显露出来,就好比阳澄湖边那座小茶馆里阿庆嫂与胡传奎和刁德一的"智斗"一样。从那样活生生的、系人心魄的场景去理解发语者的思想才是最真实的。如果离开那活生生的场景,单独来看阿庆嫂或刁德一的某段唱词,那就肯定不是那个味儿了。阎书钦这本书稿,从方法上说,是力求体现"活"的思想史的特色的。作者从考析"艺文研究会"的前台幕后入手,理着抗战局势发展的主脉,将国际、国内有机联系起来,把各思想者发语的时段、场景、论题、目标一一交代得清清楚楚。整本书稿围绕着抗战时期和抗战胜利之后如何工业化、现代化,尤其是如何进行经济建设这个中心论题,将当时知识精英们审时度势、各抒己见的思想史宏阔壮境,层面清晰、逻辑连贯地再现出来了,使读者切切实实感到思想史是一种活脱脱的滚动态势，在这样的态势中，思想者的言语会自动闪发光彩，人为的断章取义必与其本相凿枘难融。

中华民族八年浴血抗击日本法西斯侵略者，既付出了惨重的代价，也收获了无可比拟的巨大成果。以往人们都认同这份巨大成果就是：一方面是全民族团结抗敌的爱国精神和国民意识的普遍提升；另一方面是中国共产党领导的民族民主革命力量在抗战中发展壮大起来，终于使中国近代每况愈下的历史趋势发生了根本性的转折。现在从阎书钦的研究来看，我们有理由这么说：中华民族伟大的抗日战争所取得的巨大成果不只是那两个方面，它还有第三大成果，那就是抗战期间知识精英关于中国经济发展道路的理论思考。但不幸的是，由于新中国成立后长期受"左"的思想的干扰，遂使有些近乎成熟的复兴中华民族的经济建设理论成果长期沉睡在图书馆的故纸堆中而无人问津，亦不敢问津，直至临近忘却的地步。许多本来快要成为常识的道理硬曾遭到无知者的严打痛批，以致到后来要费那么大的气力另起炉灶般"创新"经济建设理论。多么深刻的教训啊！阎书钦在他书稿的末尾说：抗战时期知识界关于中国经济发展道路的讨论，所涉及的现代化与工业化、计划经济与自由经济、国营经济与民营经济、利用外资与对外贸易等内容，均为中国现代化和经济发展进程中的核心问题。它的理论价值和现实意义至今尚未泯灭！

近两年来，阎书钦的研究成果已在重要刊物或学术会议上发表了六七篇，得到了学界的认可。我不仅赞同他发表的学术成果，而且希望他的研究所得能以整体的面貌早日面世，好让世人更完美地感受到伟大的抗日战争为中华民族的复兴早已埋下了现代化经济建设全面深入探讨的思想种子。谨序至此，余不赘言，祈同仁正之。

蔡乐苏

2009 年 12 月 15 日于清华园

目　录

第一章

引言：《新经济》半月刊的创办与
抗战时期国统区的学者从政潮流

许多历史，也许曾经暂时移出今人的视界，但是，作为今人的我们却没有理由遗忘。尤其对于民国时期的中国近代史研究，这一点更具有警世意义。或由于今人研究的不充分，或由于诸多人为的研究导向，或由于资料的浩繁，许多民国时期诸多本来充盈史学价值的历史图景，却长期淡漠于今人的脑际，甚至消失于今人的视界。然而，其所具有的历史光芒，可以暂时被今人所忽略，却终有一天会被人们寻回。否则，被我们所津津乐道的历史，将是残缺不全，甚而是不真实的。由此意义而言，中国近代思想史，尤其是民国时期的中国近代思想史，之所以至今形不成一个全面、客观的研究体系，我们不能不说，一些研究对象的历史价值被过分扩张，而另一些历史内容却长期处于失语状态，乃是一个极其重要的原因。抗日战争前后的思想史，这种研究态势尤其明显，一些构成中国近代思想史发展轨迹或整体思想体系的要件，长期被今天的研究者忽略。由此点而言，今天所写的20世纪三四十年代的中国思想史，尤其是抗战前后的思想史，乃是一部尚不完整的思想史。

抗日战争时期，国统区知识界曾对工业化、经济体制等中国经济发展问题进行了长时期、热烈的思想论争。作为整体中国近代思想体系中极为重要的一环，他们在此方面的理论探讨却长期被历史研究者忽略。本书的要旨即在于努力寻回这一知识分子群体所具有的历史价值，尽力还原其历史本相，诉说其丰富而生动的思想内涵，让今天的我们感知其充满魅力的思想丰采。《新经济》半月刊作者群体上承 20 世纪 30 年代《独立评论》知识分子群体,在国统区知识界关于中国经济发展问题的理论探讨中具有核心意义。所以,笔者首先对《新经济》半月刊及其作者群体作一个系统介绍。

第一节　办刊缘起与学人从政

《新经济》半月刊是怎样一份刊物?它拥有怎样的作者群体?简而言之,《新经济》半月刊于 1938 年 11 月由蒋廷黻、翁文灏、吴景超、陈之迈、何廉、陶希圣等抗战时期在国民政府中任职的所谓"学者从政派"在重庆创办。自 1938 年 11 月 16 日出版第 1 卷第 1 期,至 1945 年 10 月 1 日出版第 12 卷第 6 期为止,共办了 6 年零 11 个月,出版凡 138 期。其作者主要由两部分人士构成,一是任职于国民政府经济部、行政院政务处等部门的从政学者,二是仍在各大学、科研机构教书、从事科学研究的知识界人士。

一　从艺文研究会说起

《新经济》半月刊,虽然与 30 年代由胡适、丁文江、蒋廷黻、傅斯年、任鸿隽、陈衡哲、翁文灏、吴景超、陈之迈、张熙若、何廉、周炳琳、周诒春、陈岱孙、顾毓琇、吴宪、张忠绂、徐炳昶、张佛泉、陈序经、董时进、郑林庄等组成的《独立评论》士人群体①有直接相承关系,但是,随着 1937 年七七事变的爆发、《独立评论》的停办,这些人的人生境遇和志向,由于抗战初期中国东部地区的大部沦陷,国民政府和各大学、文化学术机构的纷纷西迁,均发生剧烈变化。他们的工作职守和地区,由北方、东南而西南,由学校而行政机关,均有巨大的转换。抗战初期,这些知识界士人有一个重新汇聚的过程。在由《独立评论》到《新经济》半月刊的重新汇聚过程中,有一个极少为今天研究者注意的组织,起了重要的促进

①　参见章清《"学术社会"的建构与知识分子的"权势网络"——〈独立评论〉群体及其角色与身份》,《历史研究》2002 年第 4 期,第 34 页。

作用。这个组织就是艺文研究会及其进行的"艺文丛书"的筹划、编辑和出版工作。

艺文研究会到底是一个什么样的组织，至今依然扑朔迷离。最早，周佛海在其日记中对艺文研究会曾有过零散而片断的记述。从《周佛海日记》来看，周佛海直接指导着艺文研究会的各项活动。该会的各项决定和活动计划都是在他与陶希圣的商量下作出的。如周佛海称：1938年5月8日，"希圣来商《中央日报》问题，及整理艺文研究会办法。余提议以李厚徵（原任南京新闻检查所主任秘书），希圣亦赞成"。5月20日，"午偕希圣宴艺文重要干部于味腴"。6月11日，他与该会秘书李厚徵商量艺文研究会人员从武汉疏散办法。7月13日，李厚徵又找他谈艺文研究会事务。艺文研究会搬到重庆后，周佛海更密切地指导该会事务，诸如该会的编制、预算、编审组工作细则都是在他与陶希圣等人的直接商量下决定的，而且，艺文研究会成为周佛海、梅思平、陶希圣等人的聚会场所。周佛海于8月19日接见该会所属人员。8月26日，他又"约希圣及艺文重要干部，商推进办法"。8月28日和29日，他又连续两天"处理艺文研究会各事"。8月30日，他又与该会总务主干罗君强谈艺文研究会编制及预算。8月30日，他又"核阅艺文社预算"。9月2日，他又"核阅艺文社编审组工作细则"。10月26日，他又"赴艺文会与思平、希圣商各项问题"。①

与周佛海一起负责此会工作的陶希圣，曾于1963年3月1日在《传记文学》第2卷第3期的《东战场与武汉》一文中披露该会情况，但语焉不详。他只是说，"我与周佛海创设了一个团体，名为艺文研究会。这个会得到各方的支持，筹集资金。它联络了武汉的报纸，创办了几种期刊，成立了出版机构，资助了向后方移动的学术文化界人士，并且派出一些同志到后方大城市设立分会"。由此可知，艺文研究会是由时任国民党中央宣传部副部长的周佛海和陶希圣共同负责。关于艺文研究会的宗旨，陶希圣只是说："这个会的纲领提出了'军事第一，胜利第一'，'内求统一，外求独

---

① 蔡德金编注：《周佛海日记》（上册），中国社会科学出版社1986年版，第96、98、111、123、140、144、145、146、147、176页。

立'和'一面抗战,一面建国'的口号。这些口号就是书刊的宣传宗旨。"所谓"军事第一,胜利第一","内求统一,外求独立","一面抗战,一面建国",显然含有强烈的拥护国民党的抗战宣传意味。陶希圣又接着介绍说,艺文研究会还邀集武汉各民众团体和各报负责人召开座谈会。他在会上经常发言:"警告党中同志:'受降如受敌。党员必须随时准备斗争,并且经常斗争。党员守住战壕,党的中央才能容共。若是每一个党员都去联络共产党,那就是本党解体以至消灭的一条路。'"① 陶希圣此说与中共进行思想斗争的意味颇为强烈。一个月后,陶希圣又在《乱流》一文中继续介绍艺文研究会的情况。他介绍,汪精卫是艺文研究会工作的"热心指导者"。艺文研究会设立后,陶遇事都去向汪请示:"由南京到武汉,我是经常与汪精卫晤谈之一人。……每天或至多隔两天,我总要去见他。"由陶希圣此说,似乎艺文研究会直接由汪精卫领导。陶希圣还介绍,艺文研究会曾在香港设立分社,对外称"国际问题研究所",由梅思平主持,"他们的工作是选择外围报纸刊物的资料,或剪报,或摘译,寄到武汉,供总会参考"。他又介绍,1938 年 9 月底,艺文研究会迁往重庆。陶希圣也于当年10 月到重庆,会址设在菜园坝。陶希圣就居住在会内。② 陶希圣于 1963 年3、4 月间只是对艺文研究会作了一个简要介绍,并未作深入说明。1986 年10 月至年底曾在美国华盛顿听高宗武回忆往事的周谷,把艺文研究会说成是周佛海、陶希圣等在南京组成的"低调俱乐部"在武汉的"对外公开"组织。③ 从以上材料来看,似乎艺文研究会有强烈的汪系色彩。

然而,艺文研究会的真正发起者,并在背后真正起决定作用的,却是蒋介石。1978 年 12 月,陶希圣在《八十自序》中称:"南京撤守,汉口天津街艺文研究会,对国际政治及问题之研究报告,有时摘要报告汪精卫。汪时为副总裁,抑或摘报蒋委员长。"该会香港分会"所得情报,送交本会,亦循上述途径,报告汪并转报蒋委员长"。可见,艺文研究会不仅对汪

---

① 陶希圣:《东战场与武汉》,《传记文学》第 2 卷第 3 期,1963 年 3 月 1 日,(台湾)传记文学杂志社发行,第 8 页。

② 陶希圣:《乱流(上)》,《传记文学》第 2 卷第 4 期,1963 年 4 月 1 日,第 6 页。

③ 周谷:《高宗武笑谈当年事》,《传记文学》第 66 卷第 4 期,1995 年 4 月 10 日,第 66 页。

精卫负责,同样也对蒋介石负责。① 关于艺文研究会的情况,曾任该会总务主干的罗君强也有过相对详细的回忆。由于罗君强也是该会的亲身参与者,或许他的说法也相对准确。据罗君强回忆,国民政府退至武汉以后:"当时蒋介石、汪精卫的心目中,非常害怕国共重新合作后中共在文化宣传上要占上风,并乘机扩充地盘和军队。所以,周佛海、陶希圣等就献策,赶快搞一个暗中和中共对抗的中性文化团体,来执行反共任务。蒋、汪同意,就成立一个'艺文研究会',任命周佛海、陶希圣为平行的总干事(周佛海为总务总干事,陶希圣为研究总干事)。其主要组织成员如次:秘书李厚徵(留苏学生,邓文仪系),总务主干罗君强(以后李他调,由罗兼任秘书),编审组主干陶希圣兼,出版组主干叶溯中(CC分子)。另外,还有两个组,是否叫'文化'、'青年'记不清了,其主干是刘炳黎(复兴社分子)和刘百闵(CC分子)。""艺文研究会主要是以付稿费名义拉拢一些不同情中共的文化界人士。越是强调反共的人,拿钱就更多些。我记得拿过钱的有:叶青(任卓宣)、郑学栋、李圣五、梅思平、姚蓬子……对于当时甘做国民党尾巴的(青年、国社)两个小党,由蒋介石密谕每月由该会各津贴三千元。青年党由左舜生具领,国社党由张君劢具领。""该会也出资津贴别人在各地办小报,如上海的樊仲云、湖南的易君左等。会中还出过一种艺文研究丛书,交由商务印书馆发行,主编人陶希圣等,大约印过四五种。""周佛海、陶希圣搞出一套口号,如'国家至上,民族至上','抗战第一,胜利第一'。这些口号完全是暗中对着中共而发。如说'国家至上,民族至上',就解释为要团结,不要闹党争,不要搞摩擦。又如说'抗战第一,胜利第一',那就是一切要服从于军事的要求,要拥护最高统帅,从而引申到军令要绝对统一。"从罗君强的回忆来看,第一,这个组织是在周佛海、陶希圣建议下,由蒋介石、汪精卫共同批准的,并不是汪精卫的私人组织。第二,这个机构的直接目的是与中共争夺思想、文化、舆论阵地。第三,艺文研究会曾由商务印书馆出版过一套艺文丛书。罗君强还回忆:"汪精卫介绍他的亲信、立法委员林柏生到香港,为艺文研究会设立变相的分支机构,叫做'国际问题研究所',还是

---

① 陶希圣:《八十自序(上)》,《传记文学》第33卷第6期,1978年12月1日,第151页。

做收买、拉拢文化人的工作；并办一家'蔚蓝书店'，发行樊仲云的《国际周报》。同时，也叫高宗武在香港搞一个'日本问题研究会'。以后汪精卫当汉奸，国际问题研究所、蔚蓝书店、日本问题研究会等，也随之首先成为汉奸机构。"但是，据陶希圣于1963年3、4月间回忆，香港机构"国际问题研究所"的负责人是梅思平，而不是林柏生。而且，陶希圣也未提到在香港还有"蔚蓝书店"和"日本问题研究会"的组织。罗君强还回忆："艺文研究会的经费，每月五万元，是蒋介石下手谕命军需署从军事特支费内开支的。这年十二月汪精卫、周佛海、陶希圣从重庆经昆明逃到河内后，蒋介石立即下令停止该会经费，由我向陈布雷办清交代手续。以后，仍利用这笔钱，由叶溯中办了一家'独立出版社'，刘百闵办了一家'文化图书服务社'，在抗战中出版了大批反共书刊，那是后话。"① 从艺文研究会经费由蒋介石亲自批付来看，蒋介石是艺文研究会的直接指使者。而且，我们可以知道，抗战时期曾出版大量学术书籍的"文化服务社"② 也与艺文研究会有相当关联，其负责人就是罗君强所说的曾任艺文研究会"青年组"主干的CC分子刘百闵。《新经济》半月刊从1940年9月1日出版第4卷第4期开始，发行者由原来的"正中书局"改为位于重庆磁器街的"中国文化服务社"。此"中国文化服务社"，即是刘百闵办的"文化图书服务社"。

1995年5月，美籍华裔历史学家唐德刚也对艺文研究会作过一个简要介绍。1938年，唐德刚作为知识青年正在武汉。他观察到，郭沫若出任政治部少将厅长后，"接过鲁迅大旗，在武汉三镇摇了起来。一时国共合作，百花齐放。武汉街头，熙熙攘攘，多文化书店，五光十色"。在"文禁大弛"，"杨朱墨翟之言遍天下"的情势下，"蒋、汪两公都受不了，而CC、黄埔又势有不敌。周佛海之流乃趁势建议成立'艺文研究会'，以借重那

---

① 罗君强原作：《细说汪伪（上）》，《传记文学》第62卷第1期，1993年1月10日，第88—89页。

② 据抗战时期任浙江大学、中央大学经济学教授的朱伯康回忆，1944年他在中央大学教书时，曾结识中国文化服务社老板刘百闵。刘曾任陈立夫秘书。中国文化服务社"出版了《青年文库》、《大学丛书》等很多书籍，其中也有进步人士的书在该社出版，如陈望道的《修辞学发凡》，严济慈的《物理学》等。我写了一本《经济建设论》也在该社出版"。可见中国文化服务社出书相当广泛（朱伯康：《往事杂忆》，复旦大学出版社2000年版，第100页）。

些翘尾偏高,然亦未始不愿听命摇摆的名流学者,来增加声势。对外以宣传政府和战国策,对内以压制那些日渐喧器的左翼文人。这样,周佛海就受命自兼总干事,以陶佐之。汪系新贵梅思平,便被送往香港,以'蔚蓝书店'为门面,作香港分会的主持人了"。唐德刚称:"周佛海的那个'艺文研究会',就是在这环境之下,于 1938 年 2 月,以五万元法币的创办经费,应运而生的。"① 唐德刚所言,艺文研究会由周佛海等人建议,蒋介石、汪精卫共同批准,而且其目的在于拉拢右翼文人,与中共争夺文化、思想阵地的说法,与罗君强基本一致。

1998 年 4 月,陶希圣之子陶恒生发表《"高陶事件"纪实(一)》一文,重点引述了北京师范大学教授何兹全对艺文研究会在武汉工作情形的一段回忆:"陶先生和周佛海组织'艺文研究会'。周当时好像是国民党中央宣传部长。周兼任艺文研究会总务总干事,陶先生任设计总干事。实际上周不管事,艺文研究会的事由陶先生总管。会址在汉口英租界。""艺文研究会下分五个组。研究组由陶先生兼任组长,请了北大卢逮曾任副组长,代他管组里事。组员有鞠清远、武仙卿、沈巨尘、曾謇和我。曾謇、鞠清远在西南(贵州?)社会调查。武仙卿、沈巨尘在组内办公。我不去上班,在家里主编《政论》。艺文研究会每月补助《政论》二百元印刷发行费。在艺文研究会工作的还有萨师炯湛。他似乎是兼职,不到会办公,见面不多。""鞠、武、沈、曾、萨和我,都是陶先生的学生。鞠清远是北师大毕业的,我们几个都是北大毕业的。这是陶先生的'亲兵'。"由何兹全的回忆来看,何兹全与罗君强均称周佛海任"总务总干事",而对陶希圣的职务说法不一,何兹全称陶任"设计总干事",而罗君强称"研究总干事",不过,艺文研究会由周佛海与陶希圣总负责,是一致的。关于艺文研究会的机构,何兹全在罗君强所说总务、编审、出版、"文化"、"青年"几个组之外,又提起还有一个研究组,成员鞠清远、武仙卿、沈巨尘、曾謇、何兹全均是陶希圣在北京大学和北京师范大学时的学生。陶恒生又称,1938 年 2 月初,林柏生赴香港设立"艺文研究会"分支机构"日本问题研

---

① 唐德刚:《从通敌到出走的曲曲折折(上)——〈汪精卫投敌始末〉之四》,《传记文学》第 66 卷第 5 期,1995 年 5 月 10 日,第 39 页。

究所",是周佛海所派。而且,1938 年 2 月间,外交部亚洲司司长高宗武以"军事委员会特派员"的身份前往香港,在艺文研究会香港分会下属机构日本问题研究所的掩饰下,秘密通过日本驻港人士试探和平条件。"根据历史文献记载,高宗武若不是蒋委员长所密派,至少是知情的。"由此,虽然艺文研究会负责人陶希圣、周佛海等人与汪精卫关系密切,而且,高宗武等人也曾利用其香港分支机构与日方接触,但并不能说明艺文研究会纯属汪系组织,蒋介石也是一个重要幕后指使者。[①]

1998 年 7 月 10 日,曾任艺文研究会"编辑委员会"编辑委员的陶滌亚对该会作了目前最全面、也可能是最准确的介绍。据陶滌亚回忆,艺文研究会并不是陶希圣与周佛海两人所创办的团体。针对陶希圣所称,由南京到武汉,他是"经常与汪精卫晤谈之一人",艺文研究会成立后,他遇事都向汪请示,汪是该会的"热心支持者",陶滌亚解释,陶希圣所言确是事实。但这并不能说明汪精卫就是此会的后台老板。陶希圣遇事都去向汪请示,"那只是一种工作关系而已"。实际上,此会的发动者是蒋介石。陈布雷曾告诉陶滌亚,抗战爆发后,蒋介石在与陈布雷的一次谈话中表示,现在团结军人的团体有一个"励志社",他想再组织一个团结学术文化界人士的团体,名称可用"励学社"。陈布雷略加思考即答:"'励学社'和'励志社'并称,恐怕有两种顾虑:一种是使社会人士误以为又成立一个半官方机构而不是一个学术团体;一种是学术文化界人士看到这名称,可能避免作御用工具之嫌不予认同,甚至不愿参加。"蒋介石认为陈布雷所言有理,于是在书架上翻阅书籍作取名参考,忽然发现《汉书·艺文志》,便对陈布雷说,那就取名"艺文社"好了。陈布雷乃趁机建议取名"艺文研究会",获蒋介石首肯。艺文研究会于 1938 年初成立于武汉,会址设于汉口天津街 4 号,而不是创办于南京。蒋介石为什么要创立这样一个拉拢学术文化界人士的艺文研究会呢?据陶滌亚介绍,主要原因是国共实现第二次合作后,"中共运用其擅长的文宣工作,在文化界建立统一战线,进行全面总动员,小册子满天飞,书店及书刊有如雨后春笋,大肆渲染其抗战

---

① 陶恒生:《"高陶事件"纪实(一)——追忆六十年前先父随汪脱汪之前后》,《传记文学》第 72 卷第 4 期,1998 年 4 月 10 日,第 69、71—72 页。

力量与理论,并作不利于政府的宣传"。而当时的国民党中央宣传部长邵力子过去是共产党,对于中共的思想文化宣传"袖手旁观"。国民党中央宣传部副部长周佛海"徒呼无奈"。这种情况引起蒋介石的不满和忧虑。所以,蒋介石便与陈布雷商量成立一个"团结学术文化界人士与中共文宣工作对抗的机构"。名称既定,陈布雷便向周佛海和横跨学政两界的陶希圣转达蒋意,由周、陶二人出面组织,"蒋因忙于前方抗战军事,且不宜露出半点风声,以免中共反弹,所以,请汪精卫就近多加指导,加强国民党对中共的文宣反攻"。陶涤亚猜测,陶希圣于1963年3、4月间之所以对艺文研究会所谈略而不详,是因为此事在抗战初期是一件"必须严予保密的国共斗争秘辛"。当时,"虽已事过境迁,但蒋仍健在,必须依旧保密,以免触怒于蒋,故未将此会成立的背景透露"。陶涤亚认为,由陶恒生所说外交部亚洲司司长高宗武以该会香港分会下属机构日本问题研究所为掩饰秘密试探日本和平条件,并私访东京,蒋介石得悉后,非常不悦,立刻停止发放高宗武在香港活动经费一事,也可推知,艺文研究会的幕后领导人正是蒋介石,"无论是在国内或国外活动的经费,都是来自军事委员会。这是此会成立背景为蒋非汪的另一旁证"。关于艺文研究会的活动,陶涤亚介绍说:"艺文研究会虽是一个民间学术团体名义,实际上是在执行中国国民党中央宣传部的任务。"陶希圣于1963年3、4月间回忆,他常常警告党中同志"党员必须随时准备斗争","若是每一个党员都去联络共产党,那就是本党解体以至消灭的一条路"。陶涤亚称,这是陶希圣在指责邵力子联络、姑息共产党。关于陶希圣所说该会"分别邀集各种民众团体以及各报负责人士在一起谈话,我到会发言",陶涤亚回忆说:"这不是一种普通的谈话会,而是非常重要的实际行动,等于政府政策的宣导与各方意见的沟通,由此进行思想总动员。陶希圣到会发言,大家都认为他的意见不是个人的,而是代表政府或蒋委员长的,所以,'军事第一,胜利第一'、'一面抗战,一面建国'、'意志集中,力量集中'、'国家至上,民族至上'这些口号,都在会中成为大家一致宣传的宗旨。"这种谈话会有一个名称,叫"三一聚餐会",每逢1日、11日、21日各举行一次,每次约百余人。对于各党各派领袖,艺文研究会都以其刊物名义资送一些生活费,例如民社党的《再生》、青年党的《醒狮》、陈独秀的《抗战向导》等。对于其他的民间报刊，也有选择性地进行资助，以建立联合阵线扩展反共斗争。艺文研究会曾创办了不少刊物，如何兹全主编的《政论》、叶溯中主编的《民意》周刊、陶涤亚主办的《半月文摘》，都是在该会预算中列支经费的刊物。另外，还有几种当年"绝对保密"的"非正规战"刊物。所谓"非正规战"刊物，"就是以游击战出击的方式，对中共的文宣品予以反击及攻击。有刊物名称，但无出版处所、发行人姓名，当然更不必办理出版登记，仿佛游击部队，来无影，去无踪，让对方摸不清楚底细"。这种刊物前后用了《游击战》、《观察》、《前卫》三种名称，都由陶希圣主持笔政，所有撰稿者（包括陶希圣本人）都用笔名，每周一次，秘密印刷，秘密发行。"这一支奇兵，曾使中共伤透了脑筋，不知如何找对象，更无法向政府或国民党提出抗议，只好宣称是'托派汉奸'破坏国共两党团结抗日的产品。"艺文研究会还成立了一个出版机构，即独立出版社，由叶溯中担任社长。"这个出版社，印行了数十种抗战建国小丛书，除了宣传抗战，驳斥中共，并有阐扬三民主义及政府政策等，其目的在与中共针锋相对，以小册子对付小册子，颇有效果。"艺文研究会成立了一个发行机构，名为中国文化服务社，由刘百闵担任社长，下设发行部、服务部，后来国民党中央宣传部（部长已由叶楚伧继任）派来窦子进担任副社长，负联络协调之责。"这个发行机构设有分社、支社，发行网遍布于抗战大后方各省市，完全摆脱了党营事业的传统保守作风，和独立出版社相辅相成。"1938 年 12 月，周佛海、陶希圣自重庆出走后，艺文研究会无形瓦解，而独立出版社和中国文化服务社仍旧继续营运。关于艺文研究会的组织机构，陶涤亚也作了详细介绍。陶涤亚称，何兹全回忆说周佛海任艺文研究会"总务总干事"，陶希圣任"设计总干事"，与实事并不相符。实际上，周佛海是该会的总干事，陶希圣是副总干事，而由陶希圣负责处理日常会务，并无"总务"与"设计"之分。但是，陶希圣于 1978 年在《八十自序》中称周佛海任"事务总干事"，陶希圣任"设计总干事"。①罗君强也称，周佛海为"总务总干事"，陶希圣为"研究总干事"。可见，何兹全的说法未必没有根据。陶涤亚称，会中另设总务组，由罗君强任组长。何兹全所回忆的研究组由陶

希圣兼任组长,请了北大的卢逮曾任副组长,这只是刚成立时的情形。后来,原在香港的刘百闵到了武汉,陶让刘百闵继任研究组组长,自己不兼了。除总务、研究两组外,另设有出版组,由曾任浙江省政府教育厅厅长的叶溯中任组长。此外,艺文研究会设编辑委员会。这是一个网罗学术文化界人士及各党各派领导人的机构,如中共前总书记陈独秀,民社党主席张君劢,青年党领导李璜、陈启天、余家菊都是编辑委员,编辑委员中还有樊仲云、梅思平、任卓宣等多人,写本文的陶涤亚也为编辑委员。除了编辑委员,还有编译员多人,大都是陶希圣的学生。①

综合以上材料,我们起码可以得到这样的结论:艺文研究会由蒋介石亲自授意,汪精卫具体负责指导,于1938年初成立于武汉。其目的是拉拢文化界人士,与中共争夺文化宣传阵地。其具体负责人是周佛海和陶希圣,周任总务总干事(或总干事),陶任设计总干事(或副总干事、研究总干事)。这个研究会下设总务组、研究组、出版组,还设有一个编辑委员会,并成立作为出版机构的独立出版社和作为发行机构的中国文化服务社。此外,艺文研究会还在香港成立过三个分支机构:国际问题研究所、日本问题研究会(一称日本问题研究所)和蔚蓝书店。

二 由艺文丛书到《新经济》半月刊

如上所述,据罗君强回忆,编辑出版艺文丛书是艺文研究会的一项重要工作。虽然我们不能说《新经济》半月刊的创办缘起于艺文丛书的编辑,或说两件事有直接相承关系,但是,在抗战初期的1938年,艺文丛书的编辑促成了散布于国民政府各机关的《新经济》半月刊士人群体的汇聚则是确定无疑的。据陈之迈于1965年12月回忆,艺文丛书的具体策划者是陶希圣、吴景超和陈之迈三人。1938年春,"廷黻先生卸任驻苏大使,回到战时汉口。那时陶希圣、吴景超和我在编辑一套'艺文丛书',我曾到廷黻先生简陋的寓所请他撰稿,他立即应允,就在他寓所中一张圆饭桌上开始写作,不到两个月的时间便写成了一本《中国近代史》"②。而且,

① 陶涤亚:《历史不容留白——谈谈艺文研究会——并谈汪精卫、周佛海、陶希圣之间的错综关系》,《传记文学》第73卷第1期,1998年7月10日,第22—28页。

② 陈之迈:《蒋廷黻其人其事》,《传记文学》第7卷第6期,1965年12月1日,第13页。

《艺文丛书总序》是陈之迈、吴景超、陶希圣于 1938 年 3 月所写,也从另一侧面证明,艺文丛书的策划者就是他们三人。他们三人后来都成为《新经济》半月刊的创办人。而且,据蔡乐苏教授查证,艺文丛书共由商务印书馆出版了 14 种:张彝鼎:《我国国际关系与抗战前途》,1938 年 6 月初版;高叔康:《战时农村经济动员》,1938 年 6 月初版;陶希圣:《欧洲均势与太平洋问题——第二期抗战之国际环境》,1938 年 6 月初版;阮毅成:《战时法律常识》,1938 年 7 月初版;吴景超:《中国工业化的途径》,1938 年 7 月初版;章元善:《合作与经济建设》,1938 年 7 月初版;蒋廷黻:《中国近代史》,1938 年 7 月初版;张含英:《黄河水患之控制》,1938 年 7 月初版;沈惟泰:《中英外交》,1939 年 3 月初版;陈之迈:《政治教育引论》,1939 年 4 月初版;方显廷:《中国工业资本问题》,1939 年 4 月初版;陈雪屏:《谣言的心理》,1939 年 5 月初版;陈之迈:《中国政制建设的理论》,1939 年 5 月初版;高叔康:《战时经济建设》,1939 年 6 月初版。这些作者中的绝大部分,如蒋廷黻、陈之迈、吴景超、高叔康、方显廷、章元善、陶希圣、张彝鼎等,后来均成为《新经济》半月刊的发起人或基本作者。

1938 年 3 月,陈之迈、吴景超和陶希圣三人在汉口联袂写了一篇《艺文丛书总序》。此后《新经济》半月刊的办刊志趣与这篇总序可谓一脉相承。他们申明,艺文丛书的用意在于研究中国社会的具体问题。他们认为,在抗战这个国家民族的危急关头,需要对中国社会各方面的具体问题进行一番"缜密的检讨及精细的研究",从而向社会青年和一般民众提供"精神食粮","对于我们国家民族获到一些基本认识,发现当前社会各方面的复杂性,提出若干具体而急待策应的问题来,激起其研究中国、企求认识中国的兴趣,以期在任何地方,执行任何职务,都能随时随地检拾问题而加以研究与分析"。这种从具体问题入手研究中国社会的方法论,上承胡适1933 年 11 月在《建国问题引论》中关于一个个地研究建国具体问题的论说①,又与《新经济》半月刊关于"新经济的使命"论说大体一致(关于"新经济的使命"含义,见本章后文)。他们提出了解决中国社会问题的四

---

① 胡适:《建国问题引论》,《独立评论》第 77 号,1933 年 11 月 19 日,第 2—7 页。

个"指路的南针":第一,"中国的文化根本上是一都〔部〕缺少政治色彩的文化,因此要针对着这一方面努力,研究怎样才能凝结中国的个人及家族单位,使其成为一个有机的团体,怎样才能在中国树立真纯的优美的民族主义的根基,怎样才能使这个民族主义发挥光大,普及于全民族每一个份子的心田里,激动他们的政治兴趣与热力,以期中国能在波涛汹涌的世界政海中屹然生存,保持着自由平等的独立的地位"。这个原则就是陈之迈此后在《政治教育引论》、《中国政制建设的理论》和《政治学》三本书中所阐释的"文化的民族主义"和"政治的民族主义"问题(关于陈之迈"文化的民族主义"和"政治的民族主义"论说,见本书第二章)。第二,唯有"民主政治"才适合当前的需要,才能够救亡图存,"才能使一般人民与国家政府结成一气,共同奋斗"。不过,他们又界定了中国所需要的"民主政治"的几条规范:中国目前还不能"一步登天跳到普及民主政治的终极",只能"认准了目标而一步一步地踏稳住脚向前走去";中国需要的"民主政治"不是西方 19 世纪"与放任主义结成一气的民主政治",中国人民的"自由"是有"组织的自由","自由不容流为放纵而中伤了政府的效率",不能流为"无政府主义"。第三,"工业制度"的建立不仅是中国经济建设的指南针,也是政治建设的基础,"为充裕我们国家民族的民生,为巩固我们国家民族在世界上的地位,工业制度的急速确立是必要的条件。唯有一个工业化的国家,才能在现代的世界上生存;唯有一个工业化的国家,才能使其人民的生活优美繁荣"。第四,现代科学与工业"相辅而发展","自然科学建立了工业的基础,工业的发展又促成了科学的进步",中国在尽快建立"工业制度"的同时,科学的提倡"必须同时兼顾"。关于"科学",他们既强调现代自然科学,又强调作为"应付一切事理的基本态度"的科学"方法与精神"。他们强调,"不迷信任何没有根据的符咒",中国问题的解决并没有一剂"百病皆医的仙丹灵药",而寻求这种"仙丹灵药"的企图是"野蛮的初民的社会的办法",是"绝不可能的幻想"。显然,他们关于科学"方法与精神"的论说又回到了研究社会具体问题的方法论上。正因为陈之迈、吴景超、陶希圣宣扬一种研究中国社会具体问题的方法论,所以,他们计划,由于"这一种丛书所拟研究与分析的问题非常之多",这套丛书不仅要在战争期间陆续出版,而且,在战后中国走上建国途程的时候仍然要继续刊印。① 但是，艺文丛书只是在抗战初期出版了 14 种，他们研究中国社会一个个具体问题的延续则是由《新经济》半月刊来进行的。

　　《新经济》半月刊编者基本上是《独立评论》的老班底。吴景超②于 1938 年 10 月 7 日给胡适写信称："现在告诉你一件有趣味的消息，就是独立的老朋友，另外还约了一些新人，组织了一个新经济半月刊社，十一月半出创刊号，社员的名单另纸附上。我与之迈、希圣为常务委员，大约编辑的工作，我要负大部分的责任。"③ 可见，该刊的编者是以"独立的老朋友"为基础，并"约了一些新人"组成的，吴景超、陈之迈、陶希圣为常务委员，具体编辑事务则以吴景超为主。但是，这里有一个问题：陶希圣是否参与了《新经济》半月刊的筹备？吴景超在信中明确说陶希圣不仅参与了创办，还与吴景超、陈之迈一同任该刊的常务委员。但是，28 年后，1966 年 3 月 1 日，陈之迈在《蒋廷黻的志事与平生》中却称，该刊创刊时参加者除蒋廷黻以外，还有翁文灏、何廉、吴景超、陈之迈等人，公推吴景超担任编辑。④ 陈之迈所列发起者名单并没有陶希圣。而且，该刊也甚少陶希圣的文章。两说哪个更可信？仔细分析，吴景超之说应更合乎事实。一者，吴景超的信写于 1938 年 10 月 7 日，正处该刊筹备过程中，当不致有误，且此时陶希圣尚未自重庆出走，很可能参与其事；再者，陈之迈之

---

① 陈之迈、吴景超、陶希圣：《艺文丛书总序》（1938 年 3 月汉口）；吴景超：《中国工业化的途径》，商务印书馆 1938 年版，第 1—4 页。

② 吴景超（1901—1968），安徽歙县人。1914 年，进入南京金陵中学读书。1915 年，考取清华留美预备学校。1923 年夏赴美，在明尼苏达大学主修社会学，1925 年毕业，获学士学位。1925 年夏，进入芝加哥大学社会学系，1928 年获硕士及博士学位。当年回国，任教于南京金陵大学。1931 年秋，调任清华大学社会学系教授。他是民国时期著名社会学家，一直关注都市和工业化问题。他留学的芝加哥大学在美国最早设立社会学系，是二三十年代美国社会学的研究中心。他在芝加哥大学随派克（Robert E. Park）等学者从事都市社会学原理研究。回国后，他在金陵大学讲授都市社会学课程，1929 年出版《都市社会学》一书。该书是中国都市社会学最早的教科书，比 1927 年出版的裴德福（Bedford）《都市社会学读本》等美国同类著作仅晚两年。

③ 《吴景超致胡适信》（1938 年 10 月 7 日），北京大学图书馆编：《北京大学图书馆藏胡适未刊书信日记》，清华大学出版社 2003 年版，第 118 页。

④ 陈之迈：《蒋廷黻的志事与平生（一）》，《传记文学》第 8 卷第 3 期，1966 年 3 月 1 日，第 7—8 页。

说是在 28 年之后，记忆上可能有误。导致陈之迈对陶希圣参与其事印象模糊的原因，还可能是由于陶希圣参与时间甚短，因为 1938 年 11 月 16 日该刊创刊后不久，陶希圣即于当年 12 月随汪精卫出走，不可能再参与该刊的编务。作为艺文丛书主要负责人的陶希圣参与该刊的筹备，也从另一个侧面证明，艺文丛书的编辑活动对于该刊创办者的聚合具有促成作用。综合吴景超和陈之迈两种说法，该刊创办者大体包括蒋廷黻、翁文灏、吴景超、陈之迈、何廉、陶希圣等人。

　　既然《新经济》半月刊的创办人主要是蒋廷黻、翁文灏、吴景超、陈之迈、何廉、陶希圣等人，可是，首先提出创办此刊者是谁？据陈之迈回忆，是蒋廷黻。1938 年春蒋廷黻自苏联回国重任行政院政务处长后，"认为抗战时期大后方应当有一个类似《独立评论》的定期刊物，目的不在评论战时军事政治的得失，而是由大家来讨论战时和胜利以后的建设方案"。而且，该刊也仿《独立评论》旧例，社员经常聚会，地点多在蒋廷黻在重庆国府路的寓所。从陈之迈的回忆中，我们起码可以得到两点结论：第一，首先提议创办该刊者是蒋廷黻。而且，在创办后相当时期内，虽然具体编辑由吴景超负责，但蒋廷黻对该刊相当热心，尤其是在前期起了核心作用。他不仅提议创办该刊，而且社员聚会也在蒋廷黻家中进行。蒋廷黻在该刊前期编务中具有类似胡适对于《独立评论》的"盟主"作用。据陈之迈回忆："廷黻对于这个刊物非常重视，时常提出讨论的项目，如国营与民营事业界限的划分、工农业建设的基本政策等，请专家撰文讨论。他本人有时也在这个刊物上发表文字。"①第二，该刊仿照《独立评论》创办，或者说，其创办者一开始就认为该刊是《独立评论》在抗战时期的延续。蒋廷黻之所以建议创办该刊，就是觉得抗战时期大后方应当有一份"类似《独立评论》的定期刊物"，而且，该刊社的组织形式也与《独立评论》类似。《独立评论》社最重要的做法，就是经常聚会讨论。他们也延续了这一做法，经常在蒋廷黻家聚会。这种座谈会的组织，抗战中期由于吴景超、蒋廷黻、陈之迈等

①　陈之迈:《蒋廷黻的志事与平生（一）》,《传记文学》第 8 卷第 3 期, 1966 年 3 月 1 日,第 7—8 页。

人纷纷赴美而难以维系。① 关于该刊与《独立评论》的相承关系,从 1943 年 3、4 月间吴景超赴美考察后主编该刊的齐植璐的回忆中也可得到证实。齐植璐回忆,该刊揭橥旨趣为"学术性的自由论坛",力图延续《独立评论》的办刊志趣和风格,在政治上"则完全宣扬了胡适的'好人政府'、'多谈问题、少谈主义'那一套改良主义、实用主义的谬论。甚至在刊物的版面、篇幅、编排上,也完全模仿《独立评论》,使人一眼就看出这是它的翻版"②。关于他们的"好政府"理念,抗战后期经常在该刊发表文章的陈伯庄于 1959 年也回忆说,当时他面对中国社会"官商朋比为奸"、"仕而优则商,商而优则仕"、各地有权势的"大人物"进行经济割据的情势,企望一个具有"宗教精神"、根绝了"生意经"的政治组织来"杀出一条血路"。他期望以实现民生主义为己任的国民党能够发挥这样的中心作用。他当时讨论中国经济问题时有一个理论预设,即假定当时的国民政府是"一个有见识,有能力,而且各部分之间能不分畛域通力合作的政府"。他事后也承认,这种预设也许陈义太高,不合实际。③ 陈伯庄此说点中了抗战时期中国知识界讨论中国社会经济问题的一个极大思想关键,即对"国民政府"抱有一种"好政府"式的幻想。

三 从《新经济的使命》到《〈新经济〉发刊的志趣》

在抗战时期大后方强调团结、强调与政府保持一致的总体思想态势下,《新经济》半月刊编者依然希图保持某种思想独立性。该刊 1940 年 1 月 1 日的一篇《编辑后记》就表示,他们要"藉这个刊物的力量,养成一种肯

---

① 据《新经济》半月刊第 10 卷第 12 期载《〈新经济〉半月刊集评》的编者按称:"新经济半月刊社向有一种座谈会的组织,按期由本刊主持人邀请各热心社员社友参加,讨论国内政治、经济问题,与刊物本身之应兴应革事项。举行以来,甚多收获。"这说明《新经济》半月刊社承续了《独立评论》时期定期座谈的传统。但是,自 1943 年以后,由于蒋廷黻、吴景超、陈之迈、吴半农等相继赴美,这种座谈会开始难以维持,"惟以本社创办人及友人大都远渡赴美,在国内又以交通不便及各人职务繁忙之故,集会至感不便"(《〈新经济〉半月刊集评》,《新经济》半月刊第 10 卷第 12 期,1944 年 10 月 1 日,第 234 页)。

② 齐植璐:《国民党政府经济部十年旧闻述略》,天津市政协文史资料委员会编:《天津文史资料选辑》第 7 辑,天津人民出版社 1980 年版,第 196 页。

③ 《对民生主义的思考和实验——民 20 至 37·引言》,陈伯庄:《卅年存稿》(影印版),沈云龙主编:《近代中国史料丛刊三编》第 3 辑,(台湾)文海出版社 1985 年版,第乙 35 页。

自己运用思想，肯作客观研究，不尚空谈，不做八股的风气"①。就在一个月后，同年 2 月 1 日，当时任四川大学政治系教授的萧公权，在给浦薛凤著《西洋近代政治思潮》写的书评中，也强调他们作为知识分子的思想客观性，认为应该把"宣传"与"治学"分开，"治学与宣传是两种不同的工作。戴上着色的眼镜去读书，按照固定思想的公式去写书——这虽也自有其趣味用处，然而不是求知识、爱真理者所应取的途径"②。1944 年下半年，该刊编辑部曾拟出了几条关于该刊编辑方面的问题，分函各社友征求意见。陈伯庄在回函中表示，该刊社的"'自由论坛'之精神，值得保持"。③ 这说明，他们是希图保持《独立评论》时期的"自由论坛"原则的，虽然该刊与官方的联系比《独立评论》要密切得多。

1938 年 11 月 16 日，刊登在该刊创刊号的《新经济的使命》一文实际是该刊的发刊词。④ 因为创刊号的《编辑后记》称："我们办这个刊物的目的，在《新经济的使命》一文中，已经说得很清楚了。"⑤

依照《新经济的使命》所称，该刊刊名所用"经济"一词具有广、狭二义："我们所谓经济是广义的，不单是实业、交通、金融都在其内，而且许多其他与建国有关的原则与方法，都应当共相商榷，以期发挥真理，供国人的参考。"从狭义方面言，"经济"显为"实业、交通、金融"等现代一般意义上的"经济"（Economy）之义。但该文又称，其所谓"经济"是"广义的"。吴景超也于 1938 年 10 月 7 日给胡适写信说："我们的刊物，虽以新经济为名，但经济一字，不取狭义，采用中国古意，所谓'经济南阳一卧龙'之经济是也。"⑥ 那么，这个"广义"或"古义"的"经济"

---

① 《编辑后记》，《新经济》半月刊第 3 卷第 1 期，1940 年 1 月 1 日，第 29 页。

② 萧公权：《西洋近代政治思潮（书评）》（浦薛凤著《西洋近代政治思潮》二册，商务印书馆 1939 年版），《新经济》半月刊第 3 卷第 3 期，1940 年 2 月 1 日，第 73—74 页。

③ 《〈新经济〉半月刊集评》，《新经济》半月刊第 10 卷第 12 期，1944 年 10 月 1 日，第 234—236 页。

④ 《新经济的使命》，《新经济》半月刊第 1 卷第 1 期，1938 年 11 月 16 日，第 1—2 页。本小节《新经济的使命》引文均以此注为准，不再另注。

⑤ 《编辑后记》，《新经济》半月刊第 1 卷第 1 期，1938 年 11 月 16 日，第 26 页。

⑥ 《吴景超致胡适信》（1938 年 10 月 7 日），北京大学图书馆编：《北京大学图书馆藏胡适未刊书信日记》，第 118 页。

谓何?据《辞源》解释,"经济"一词在古代有"经国济民"之义。① 对于翁文灏、蒋廷黻、吴景超、陈之迈、何廉、陶希圣诸人而言,所谓"经国济民",显指由胡适等《独立评论》士人于 1933 年 11 月所提出的"建国问题"。而所谓"建国问题",乃指以经济建设为核心,包括经济、政治、文化各方面的整个国家建设事业。② 所以,《新经济的使命》一文既欢迎大家利用该刊"来考虑与促进经济政策",也希望大家讨论"一切建国方案";不单是"实业、交通、金融都在其内",而且"许多其他与建国有关的原则与方法"都应当共相商榷。而吴景超以"经济南阳一卧龙"自谓,则显以诸葛亮躬耕于南阳时指点"天下大势"自诩。关于《新经济》半月刊以"建国"问题为宗旨,由陈之迈 1966 年 3 月 1 日所言,也可得到印证。陈之迈回忆,蒋廷黻提议创办该刊,"目的不在评论战时军事政治的得失,而是由大家来讨论战时和胜利以后的建设方案。他于是发起创办一个半月刊,取名'新经济','经济'这个名词是取其古义,所有一切与国计民生有关的问题都在讨论范围之内"③。显然,蒋廷黻提议的办刊宗旨是讨论战时和战后的"建设方案"。他们取名"新经济",指的就是这种以经济建设为中心,同时包括政治、文化等方面的"建设方案"。可见,陈之迈的回忆与吴景超于 1938 年 10 月 7 日给胡适的信,关于办刊宗旨的说法是一致的,都提到其所谓"经济"取自古义,"所有一切与国计民生有关的问题都在讨论范围之内"。这种包括一切与国计民生有关的问题的"经济",就是所谓"建国"问题。显然,《新经济》半月刊之旨趣仍是《独立评论》倡导的以经济建设为核心的"建国问题"。

《新经济的使命》一文虽然通篇未使用"现代化"或"近代化"一词,但其所言"建国问题"的实质即"现代化"问题。该文论述说:"自从十八九世纪近代文化发展以来,机械制造、事业组织、社会精神,许多崭新的力量,都使我们从前先人一着者到现在反相形见绌。""中国要能自立于近代世界,须有立国的根本方略。我们要使中国产业发达,生计优裕,也

---

① 《辞源》第 3 册,商务印书馆 1981 年版,第 2436 页。

② 胡适:《建国问题引论》,《独立评论》第 77 号,1933 年 11 月 19 日,第 2—7 页。

③ 陈之迈:《蒋廷黻的志事与平生(一)》,《传记文学》第 8 卷第 3 期,1966 年 3 月 1 日,第 7 页。

要使社会组织、工作精神、生产能力,都因而充分改善与提高。我们应尽最大的力量来筹划与执行,使文化悠久的古国,同时更成为气象焕然的新邦。"其中所言"机械制造"、"产业发达"、"生产能力"显指工业化,而"事业组织"、"社会组织"、"社会精神"、"工作精神"则显有近代企业经营模式、社会文化之意味。综而观之,其所言的"经济"或"建国问题",乃是指以工业化为核心、同时包括政治、文化面相的"现代化"。

在《新经济的使命》所言"建国"和"现代化"问题中,经济建设乃第一要义。该刊编者强调,中国要"循经济的途径,以达到建国的目的"。他们对于经济论题的凸显,表现在其对"经济"一词的狭义使用上。该刊虽取"经济"的广义,自命为综合性刊物,声称"经济建设固是重要,其他有关大计的内政、外交、文化等事的检讨,亦一律欢迎",但其谈论经济(Economic)问题的内容显然占据主导地位,或者说,它基本是一份经济(Economy)类刊物。《新经济的使命》一文就将一个民族"足以自立的基础"指定为"经济基础","造成经济基础,实为建设国家必由的途径,也就是我们目前唯一重大的责任"。正是从实现工业化等发展经济角度,该文将苏联和德国当作中国学习的榜样:"近代欧洲有两种新发展的国家,皆足为我们借镜。一是苏联。帝俄时代,工业基础,极为薄弱,共产党革命成功后,力行经济政策,在十年内建设成规模极大的工业,成为几乎可以自给自足的国家。一是德国。欧战之后,德国领土被割,并不得制造军械,受了种种困难,但近数年来,德国突然复兴,取消不平等条约,团结日耳曼民族,成绩斐然。他们尝说:欧战时德国失败,并非败于军事,实败于经济。故目前增加实力亦重在增加制造能力,取得原料供给,以造成不败的基础。"《新经济的使命》所言经济建设主要指"工业化"。所以,"工业化"是该刊的一项重要宗旨。它将中国近代"采取新式方法发展经济"的历史总结为三个时期:"在第一个时期内,少数才具较优的当权者,如曾国藩、李鸿章、左宗棠等,震于西洋的枪炮军舰之利,故只重设立兵工厂与船厂。第二期内,对于重要厂矿之关系认识较深,尤如张之洞在湖北省,首先提倡设立钢铁、纱布、麻、纸等根本事业,其见解之能得要领,实可敬佩。惜当时缺少适宜的组织与人才,故事业仍不易成功。第三期私人事业较为发达,尤如纺织、面粉、水泥、酸碱等事,亦曾刻苦经营,得有成绩。"其所言"采取新式方法发展经济"主要指工业化。

《新经济的使命》一文出自何人之手?此文开宗明义使用"周虽旧邦,其命维新"一语,认为"凡百国家必须赶快进步,与时代俱新。中国有数千年传沿到今的文字,四万万数千万人共同一致的风俗人心,无疑的是世界中生存最久极有价值的一个古国",并明确将苏联和德国作为中国学习的榜样。由这两点,再参诸翁文灏于1949年所撰自订年谱,其中所言"周虽旧邦,其命维新"一语同样出于对苏联和德国建设成就的感叹,我们大体可以推知,《新经济的使命》很可能由翁文灏执笔。在1937年6月至8月,翁文灏作为中国使团秘书长参加英王乔治六世的加冕典礼后对德苏两国作了详细考察。一路所见德苏的建设成就使他思想深受触动。1949年,他在撰写自订年谱时依然感叹:"由苏联见闻所及以及考察所得,合之德国所有之经验,明见一个旧国家,处此世界,必须有决心,尽力所能,彻底建成工业生产之基础,方能确图自立。建设愈进,则生产愈增,国计民生自也因之愈裕,畏葸必更落后,猛进方能有成。国虽旧邦,其命维新,国家存亡,端在乎此,舍此便是歧途,决无悖理。"[①] 而且,身居要位,任国民政府政务处长的蒋廷黻和任经济部长的翁文灏是该刊最重要的两个创办人。该刊创刊号发表了同样具有发刊词性质的蒋廷黻撰《论国力的元素》一文,也从另一侧面证明《新经济的使命》一文出自翁文灏之手。翁文灏之所以没有署名,很可能是出于作为发刊词不便署一人之名的考虑。而且,《新经济的使命》所言"周虽旧邦,其命维新"一语,也明显是翁文灏的习惯用语。由"旧邦"改革为"新国"是翁文灏在许多文章中常说的一句话。如他于1942年1月1日在《经建方向与共同责任》一文中即说:"吾国由历史相传之旧邦,革新而进入近代之新国,由孝弟力田之农国,进蕲而为工业之发挥,更藉天赋农矿之富源,发扬光大,以贡献于人类之进步。"[②] "旧邦"指作为"农国"的中国,而"新国"指工业化的中国。

《新经济》半月刊虽取"经济"一词的广义或古义,试图办成一份综

---

① 翁心鹤、翁心钧整理:《翁文灏自订年谱初稿》,《近代史资料》总88号,中国社会科学出版社1996年版,第79—80页。

② 翁文灏:《经建方向与共同责任》,《新经济》半月刊第6卷第7期,1942年1月1日,第136页。

合性刊物，但在实际编辑过程中大多取"经济"一词的狭义，把该刊视作"经济"（Economy）类刊物。据该刊 1938 年 12 月 1 日的一篇《编辑后记》称，创刊不久，在他们的一次聚会上有人提议将该刊的英文名称定为"New Economist"，并得到编者认可。① 在 1938 年底该刊社举办的另一次谈话会上，有人提出了 14 个需要研究的题目：（1）西南与西北的资源，（2）如何在后方建立国防工业，（3）如何实现耕者有其田，（4）国营民营的分野，（5）经济中心的建设，（6）经济行政，（7）如何建立民间经济组织，（8）如何制止敌人利用游击战区的资源，（9）如何打破地方经济观念，（10）租税制度的改良，（11）银行制度的确立，（12）西北与西南的交通，（13）国际贸易政策，（14）大学经济课程的改订。② 显然，经济问题在其中占绝对优势。实际上，在以后的七年多时间中，经济问题一直是该刊关注的中心，工业化又是这种中心的中心。1944 年 10 月 1 日，在该刊期满十卷之际，其《编辑后记》称："本期是本刊十卷纪念的特大号。由于本刊一贯的旨趣，是促进工业化新中国的建设，所以特地选定'工业'问题作为这个特大号的主题。"③

在抗战胜利曙光已经显现，尤其是自 1942 年下半年大后方开始热烈讨论战后建设问题的情势下，《新经济》半月刊从 1943 年 6 月 1 日出版的第 9 卷第 3 期开始，连续几期重复刊登《〈新经济〉发刊的志趣》。据该刊《编辑后记》称："本刊于二十七年十一月创刊伊始，曾揭载《新经济的使命》一文，以为《新经济》半月刊发刊之标牓……今日我国不平等条约的桎梏已悉告解除，抗战胜利的曙光，亦日益在望，我们对于适应此新机运与新环境的种种经济计划、方案与办法，均应迅速妥为筹划，以期在今后现代化新中国的建设过程中，得有更多的贡献。……本社有见及此，因再草订《〈新经济〉发刊的志趣》一文，刊诸卷首，以为本刊编辑同人的座右铭，并用以与同情爱护本刊的作家读者，共信共勉！"④ 这篇发刊志趣进一步体现出将近代化与以工业化为中心的经济建设密切关联的理念。它强

---

① 《编辑后记》，《新经济》半月刊第 1 卷第 2 期，1938 年 12 月 1 日，第 61 页。

② 《编辑后记》，《新经济》半月刊第 1 卷第 4 期，1939 年 1 月 1 日，第 115 页。

③ 《编辑后记》，《新经济》半月刊第 10 卷第 12 期，1944 年 10 月 1 日，第 284 页。

④ 《编辑后记》，《新经济》半月刊第 9 卷第 3 期，1943 年 6 月 1 日，第 67 页。

烈指出近代化与经济建设对于国家发展的至关重要性,将二者视作事关国家兴亡的关键。它明确提出,中国要在近代世界取得一个独立国家应有的地位,就必须实现近代化:"中国要独立生存,及得到近代世界中我们国家应有的地位,我们须把中国充分近代化,彻底革新,不可有畏葸退缩的意志,以滞延或阻碍近代化的实行。"它同时主张,经济建设是国家复兴和发展的根本途径,"我们深信经济建设是复兴国家唯一的途径,唯经济建设然后我们生活标准可以改良,唯经济建设然后我们智识程度可以提高,唯经济建设然后我们国家基础可以巩固,亦唯经济建设然后国际关系可以安定",抗战胜利后,我们必须用最大的力量促成建设的成功。[①] 参诸该刊的一贯主张,所谓"经济建设"自然以工业化为中心。这种将近代化与以工业化为中心的经济建设相关联,将工业化视作近代化的核心论题的理念,反映出三四十年代中国知识界在近代化问题上的总体思路。

四 关于《新经济》半月刊作者群体

要说明《新经济》半月刊作者群体情况,我们首先需要对该刊的编辑事务有个大体了解。据陈之迈于 1966 年 3 月 1 日回忆:"《新经济半月刊》在战时大后方颇受读者的欢迎,在物质缺乏、物价波动以及敌机疯狂轰炸下仍然每期按时出版。"[②] 显然,该刊在战火纷飞的抗战时期一直延续下来,从未中断,是很不容易的。虽然该刊创办人包括蒋廷黻、翁文灏、吴景超、陈之迈、何廉、陶希圣诸人,但日常编辑工作基本由吴景超一人负责,一直到他 1943 年 3、4 月间赴美考察,才由经济部秘书齐植璐代为编辑,而且,编辑场所一直位于吴景超任职的经济部。关于抗战时期吴景超在经济部主编该刊的情况,1985 年 1 月,吴景超在清华大学社会学系的学生,1938 年底至 1940 年夏曾任经济部秘书的社会学家李树青曾有过简要回忆:当时经济部在重庆川盐银行大楼内办公,"为着指导舆论,这时吴先生还以公余之暇,主编一份颇具影响力的周刊《新经

---

① 《〈新经济〉发刊的志趣》,《新经济》半月刊第 9 卷第 3 期,1943 年 6 月 1 日,扉页。

② 陈之迈:《蒋廷黻的志事与平生(一)》,《传记文学》第 8 卷第 3 期,1966 年 3 月 1 日,第 8 页。

济》。笔者也不时供稿"①。蒋廷黻对该刊编辑事务也很热心，除参加讨论、撰文外，时常约专家写稿。有一次，他向中央研究院历史语言研究所劳干（贞一）教授约了一篇讨论缩小省区问题的文章。稿子发表时被吴景超删去一部分。史语所所长傅斯年知道后，给吴景超去函，责难吴景超处理不当。蒋廷黻于 1942 年 4 月 25 日致函傅斯年说："景超把你写给他的两封信给我看了。劳先生为《新经济》著的文章，原来是我发动的。我对那文的感想大致如下：前段讲秦汉地方政制，颇多精彩，惜不详细；后段讲现在如何应缩小省区，意见很对，但不起劲。我当时预料景超接到稿子以后，必感困难：分割不好，删改不好，全文照登也不好。我当时太忙了，未加意见遂转送给他。登出以后我也觉得景超的处理并不适当。登出者为平庸之部分，删去者反为精彩之部分，实为可惜。景超以为我既要提倡缩小省区，那末，发表后段就够了。殊不知我并不要劳先生讨论当代的问题，我只求劳先生间接的说明缩小省区方案有历史的根据。当时如我对景超说明了这一点，那就可以免去这种过失。"②

　　如前所述，《新经济》半月刊的创办人包括蒋廷黻、翁文灏、吴景超、陈之迈、何廉、陶希圣等人。但是，该刊从未正式公布过社员名单。对于其基本社员的构成，我们还可以从该刊 1944 年 9 月 1 日《新经济社基本报告》公布的一个财务委员会名单中作一个大致了解。据称，该刊自创刊以来的出版经费大部分靠团体和个人捐款。所以，《新经济》半月刊社于 1944 年议定一份新的"征求社员赞助办法"，计划再募集基金 150 万元，规定"凡捐助本社基金在二万元以上之团体或个人，皆为赞助社员"。到同年 8 月 31 日止，他们收到基金总额 78 万元法币。为了管理此项基金，他们组成了一个财务委员会，包括翁文灏、蒋廷黻、张兹闿、吴蕴初、曹立瀛、吴景超、吴半农、卢郁文、王子建 9 人，张兹闿、卢郁文、吴蕴初 3 人任常务委员。由这份名单来看，除蒋廷黻作为主要创办人任行政院政务

<hr/>

　　①　李树青：《纪念杰出的社会学家吴景超先生》，《传记文学》第 46 卷第 1 期，1985 年 1 月 1 日，第 71 页。

　　②　见《附蒋廷黻致傅斯年书》，《传记文学》第 29 卷第 5 期，1976 年 11 月 1 日，第 45 页。又见蒋廷黻《致傅斯年书》，蒋廷黻：《蒋廷黻选集》第 4 册，（台湾）文星书店 1965 年版，第659—660 页。

处长外，其他人员基本属于翁文灏任部长的经济部，尤其是翁文灏直接主持的资源委员会和工矿调整处。这说明，《新经济》半月刊社的大本营在经济部，具体事务也由该部人员负责。而且，《新经济社基本报告》还公布了一份该刊自创刊以来接受赞助的机构、企业和团体名单。比较能说明问题的，是该刊接受政府机构捐款的情况。由此，我们可以从一个侧面了解该刊与国民党和国民政府官方的关系。赞助该刊的官方机构有两大类：一是属于国民党的机构，包括中央政治部和中央组织部，一是属于国民政府系统的机构，包括行政院、经济部、粮食部、农林部、资源委员会、工矿调整处、燃料管理处、甘肃油矿局、中央工业试验所、日用必需品管理处、液体燃料管理委员会、工矿调整处材料库、花纱管制局。属于国民政府的机构中，除行政院、粮食部、农林部外，大部分属于经济部及其下属机构。行政院之所以赞助，是因为作为创办人的蒋廷黻任政务处长。而财政部、交通部等行政院其他重要部会没有赞助。从国民党中央政治部和组织部的赞助来看，该刊还是有一些国民党官方背景的。但是，它又不属于国民党当局官办刊物，因为对它进行赞助的国民政府机构基本限于翁文灏任部长的经济部系统和蒋廷黻任政务处长的行政院本部。① 这与当时翁文灏、蒋廷黻、吴景超、陈之迈等所谓"学者从政"士人有极大关联。

为了对《新经济》半月刊作者群体有一个大致了解，笔者将在该刊发表文章 4 篇以上的 35 位作者做一个列表分析。② 据笔者统计，《新经济》半月刊自 1938 年 11 月 16 日第 1 卷第 1 期创刊至 1945 年 10 月 1 日第 12 卷第 6 期终刊，共发表文章 941 篇。其中，发表 4 篇文章以上的作者共 35位：吴景超、陈之迈、薛光前、蒋廷黻、高叔康、李树青、翁文灏、吴半农、吴承洛、齐植璐、方显廷、张之毅、汪荫元、王成敬、卢郁文、张纯明、高平叔、余捷琼、伍启元、宋则行、李卓敏、陈伯庄、王子建、李锐、黄开禄、徐梗生、杨蔚、陈振汉、浦薛凤、杨叔进、章柏雨、陈正谟、汤

① 《新经济社基本报告》，《新经济》半月刊第 10 卷第 11 期，1944 年 9 月 1 日，第 201—202页。

② 由于纯粹以发表文章的篇数为标准，此表自然也有一定纰漏，某些发表文章数量虽少，但其论点却具有重要学术价值的论者，有可能被遗漏。此表只能说是对《新经济》半月刊作者群体的一个大致反映。

佩松、劳贞一、沈宗翰。兹列表如下。

《新经济》半月刊主要作者列表

姓名	篇数	教育背景	学术职务与职称	抗战时期行政职务
吴景超	69	清华学校毕业,美国芝加哥大学社会学博士	清华大学社会学系教授	经济部秘书、主任秘书,《新经济》半月刊主编
陈之迈	41	清华大学毕业,美国哥伦比亚大学政治学博士	清华大学政治学系教授	行政院参事、1944年6月任驻美大使馆参赞
薛光前	40	曾留学意大利		交通部秘书
蒋廷黻	23	美国哥伦比亚大学哲学博士	清华大学历史系主任、教授	行政院政务处处长
高叔康	20			经济部秘书
李树青	17	清华大学社会学系毕业,美国威斯康星大学土地经济学硕士	1940年夏任清华大学社会学教授	1938年底至1940年夏任经济部秘书
翁文灏	13	比利时卢汶大学物理及地质学博士	清华大学代校长,地质调查所所长	经济部部长,兼资源委员会主任、工矿调整处处长
吴半农	12	清华大学经济系毕业	抗战前期任中央研究院社会科学研究所研究员	抗战中后期任经济部主任秘书、统计长,主编《经济建设季刊》
吴承洛	10	清华学校毕业,美国里海大学化学工程学士,曾在哥伦比亚大学研究院深造	上海复旦大学教员、北京工业大学化工系教授	经济部工业司司长、商标局局长
齐植璐	9			经济部秘书、主任秘书,抗战后期主编《新经济》半月刊,编辑《经济建设季刊》
方显廷	8	美国耶鲁大学经济学博士	南开大学经济研究所教授、所长	
张之毅	8	毕业于清华大学社会学系	任职于云南大学社会学研究室	曾任职于农本局
汪荫元	8	金陵大学农业经济系毕业	金陵大学农业经济系教授	
王成敬	8			重庆北碚地理研究所研究员

续表

姓名	篇数	教育背景	学术职务与职称	抗战时期行政职务
卢郁文	7	北京师范大学毕业,留学英国伦敦政治经济学院	北平大学经济学教授	经济部参事、工矿调整处主任秘书
张纯明	7		南开大学政治学教授、文学院院长	行政院简任秘书
高平叔	7	上海大夏大学经济专业毕业		在经济部、中央设计局从事研究工作
余捷琼	7			
伍启元	6	英国伦敦经济学院博士	武汉大学、清华大学经济学教授	
宋则行	6	1939年中央政治学校大学部经济系毕业,1941年至1943年在南开大学经济研究所攻读研究生	1943年留所任助理研究员	1939年任职于财政部贸易委员会,1943年在中央设计局兼职研究经济计划
李卓敏	6	金陵大学肄业,美国加利福尼亚大学柏克利分校文学学士、文学硕士、哲学博士	南开大学商学院经济系、经济研究所教授	善后救济总署副署长
陈伯庄	5	美国哥伦比亚大学化学工程专业毕业	在交通大学研究所主持社会经济调查	立法院立法委员、中央设计局副秘书长、经济组设计委员
王子建	5		中央研究院社会科学研究所研究员	经济部秘书
李锐	5		南开大学经济研究所教授	财政部秘书
黄开禄	5	美国威斯康星大学经济学博士	厦门大学经济系主任、教授	任职于经济部资源委员会
徐梗生	5			原属桂系,经济部秘书
杨蔚	5	美国康乃尔大学农业经济学博士	金陵大学农业经济系教授	

续表

姓名	篇数	教育背景	学术职务与职称	抗战时期行政职务
陈振汉	4	南开大学经济系毕业，美国哈佛大学哲学博士	南开大学经济研究所教授	
浦薛凤	4	清华学校毕业，美国翰墨林大学（Hamline University）政治学博士，在哈佛大学研究院攻读政治学	清华大学政治学系主任、教授	国防最高委员会参事、善后救济总署副署长
杨叔进	4		任职于南开大学经济所	
章柏雨	4		金陵大学农业专修科主任、教授	
陈正谟	4		中山文化教育馆研究员	任职于地政署
汤佩松	4	清华学校毕业，美国约翰·霍普金斯大学哲学博士	清华大学农业研究所植物生理学组主任	
劳贞一	4	北京大学毕业	中央研究院历史语言研究所研究员	
沈宗瀚	4	美国康乃尔大学博士	金陵大学农学院教授	经济部中央农业实验所副所长、中央设计局设计委员、农业组主任

　　我们由上表大致可以了解，《新经济》半月刊作者群体以知识界人士为主体。在抗战时期的特殊情势下，由于相当一部分精英知识分子进入国民政府各部门任职，形成有相当势力的"学者从政派"，所以，该刊相当一部分作者是在经济部等政府部门任职的"从政学者"。同时，仍留在西南联大、中央大学、南开大学经济研究所、金陵大学等高校和中央研究院、中央农业试验所等科研机构工作的知识界人士构成该刊作者群体的另一部分。在抗日战争时期，这个作者群体成为国民党统治区主张、探讨工业化问题的一个颇具代表性的群体。在此，我们需要强调南开大

学经济研究所师生在这个群体中的重要地位。本书会大量涉及方显廷、陈振汉、李卓敏、宋则行、吴大业、杨叔进、滕维藻等南开大学经济研究所师生的论述。据何廉回忆，全面抗战爆发后，南开大学经济研究所的本科教学由昆明西南联大接办。南开大学经济研究所则于 1939 年在重庆沙坪坝南渝中学恢复，依靠一小笔洛克菲勒基金维持主要人员生计。抗战时期的所长是方显廷，有李卓敏（国际贸易）、吴大业（统计学）、冀朝鼎（国际经济）和陈振汉（经济史）四位教授，带了不到十个研究生。①

抗战时期，还有一个与《新经济》半月刊密切相关的重要群体，即中国经济建设协会成员，以及该协会主办的《经济建设季刊》编辑委员会和编辑部成员。《新经济》半月刊作者群体与中国经济建设协会群体在人员构成上有相当重叠。为了说明两个群体间的关系，我们也把中国经济建设协会领导成员列出。据《经济建设季刊》创刊号，中国经济建设协会第一届理事为王志莘、吴蕴初、沈怡、夏光宇、黄伯樵、恽震、霍宝树；候补理事为尹国墉、李法端、孙拯、黄宪儒、葛敬中；总干事为沈怡；代理总干事为霍宝树；副总干事为李法端、孙拯。② 据《经济建设季刊》第 1 卷第 4 期，在该刊 1943 年 1 月发行第 1 卷第 3 期之后至同年 4 月发行第 1 卷第 4 期之间，中国经济建设协会的组织机构和领导成员有所调整。协会理事中除原有的王志莘、沈怡、吴蕴初、夏光宇、恽震、黄伯樵、霍宝树 7 人之外，又增加了吴半农、吴景超、李法端、孙拯、陈伯庄、杨承训、凌鸿勋、黄宪儒 8 人。候补理事中桑蚕专家葛敬中去职，增加了徐象枢、方显廷、蔡承新、张兹阇。沈怡不再担任总干事，改由上届的代理总干事霍宝树担任。副总干事仍为李法端和孙拯。新设立常务理事职务，由沈怡、王志莘、吴蕴初三人担任。值得注意的是，该协会又增设两个机构：研究委员会和编辑委员会。研究委员会由陈伯庄任主任委员，成员为：陈伯庄、朱炳南、江鸿治、沈怡、吴半农、林维英、周炳琳、周茂柏、徐柏园、孙拯、陶孟和、黄宪儒、郭子勋、恽震、刘攻芸、霍宝树。编辑委员会主任

---

① 朱佑慈、杨大宁、胡隆昶、王文钧、俞振基译：《何廉回忆录》，中国文史出版社 1988 年版，第 216—217 页。

② 《中国经济建设协会现任理事干事》，《经济建设季刊》创刊号，1942 年 7 月，扉页。

委员由吴半农担任,成员为:吴半农、郭子勋、恽震、孙拯、黄宪儒、吴景超、陈伯庄、沈宗瀚、孙越崎、徐象枢。①《经济建设季刊》编辑人员如下:总编辑为吴半农,先后担任干事的有田文彬、李宏达、张祖良、吴文建、孙伯修、侯作屏、杨继成、程定、沈东凯、郑润璋。自1943年4月《经济建设季刊》第1卷第4期出版起,王子建担任编辑。自1944年4月第2卷第4期出版起,总编辑吴半农去美国,由王子建代理总编辑职务。《经济建设季刊》还成立编辑委员会,成员包括:方刚、石志仁、江鸿治、沈怡、沈百先、沈宗瀚、沈嗣芳、宋澎、何尚平、吴半农、吴景超、吴绍曾、李赋都、李鸣龢、杜殿英、谷春帆、周茂柏、马轶群、施嘉干、施嘉炀、姚崧龄、凌鸿勋、徐象枢、徐佩璜、孙拯、孙绍宗、孙越崎、许本纯、莫衡、张延祥、张家祉、张兹闿、须恺、黄宪儒、杨承训、葛敬中、郭子勋、恽震、钱天鹤、薛光前、顾毓琭。②

中国经济建设协会1939年4月在香港成立,1941年12月太平洋战争爆发前夕迁到重庆,是抗战中后期汇聚大后方经济学人、讨论战后建设问题的一个重要民间组织。这个组织与经济部、交通部、资源委员会、中央设计局、水利委员会等国民政府各机构有密切关系,其成员大多任职于这些机构。关于该协会的成立经过,1980年10月,沈怡曾有过比较详细的回忆。1938年3月至1939年1月,当时还担任资源委员会主任秘书兼工业处处长的沈怡经常和霍亚民商谈,觉得战后建设问题"千头万绪,有早作准备的必要"。宋子文知道他们的想法后,几次找他们约谈。沈怡等人还经常向顾孟余请教。沈怡又称,资源委员会在推动他们讨论战后建设问题方面曾给予"不少的便利"。最初他们只集合了少数几个人定期举行座谈。正在他们筹组中国经济建设组织时,中国工程师协会也有一个"加紧组织各地分会预筹规划战后复兴工程"的决议。1939年3月1日,寄居香港的部分中国工程师协会会员成立中国工程师协会香港分会,选举吴蕴初为分会会长,霍宝树为副会长。当时,沈怡辞去了资源委员会主任秘书和工业处处长职务,转任资源委员会技术室主任,并移居资源委员会技术室的香

---

① 《中国经济建设协会现任职员》,《经济建设季刊》第1卷第4期,1943年4月,尾页。
② 参见《经济建设季刊》各期扉页载《本刊编辑部人员》、《本刊编辑委员会编辑委员》。

港办事处。中国工程师协会香港分会成立后，即以筹划战后复兴工程为主要会务，并推定当时正在香港的沈怡、黄伯樵、夏光宇三人为计划委员会委员，负责与各方联络。之后，吴蕴初、霍宝树、邹秉文、王志莘、黄宪儒、葛敬中、郭子勋、李法端、张延祥，连同中国工程师协会香港分会的沈怡、黄伯樵、夏光宇三个计划委员，共 12 人，联名发起中国经济建设协会。协会于 1939 年 4 月 1 日在香港正式成立。协会成立伊始，便以研究战后建设为志事。协会于 1941 年 12 月太平洋战争爆发前夕由香港移到重庆后，创办《经济建设季刊》，吴半农任主编，"在抗战时期，这是一份很有分量的刊物"[①]。1943 年 9 月 16 日至 19 日，协会在重庆召开第五届年会，盛况空前，到会会员达 161 人，占全体会员的十分之三。而且，国民党中央党部秘书长吴铁城、经济部长翁文灏、交通部长曾养甫也参加开幕式并讲话。[②] 显然，协会与经济部、交通部等国民政府有关经济部会的关系相当密切，而且，受到国民党中央党部的相当重视。它虽属民间机构，但具有浓厚的官方背景。

五 抗战时期的"学者从政"潮流

如上所述，《新经济》半月刊社是抗战时期"从政学人"网络中的一个重要枢纽，该刊后面隐藏着一个分布于国民政府各部门的"学者从政派"网络。所以，在进入正题探讨他们思想流变之前，有必要对抗战时期的"学者从政"潮流及其人事纠葛，作一番简要概述。

三四十年代，知识分子入阁参政，1935 年至 1936 年曾出现一个高潮。1935 年蒋介石接替汪精卫任行政院长，力邀翁文灏由北平地质调查所南下任行政院秘书长，蒋廷黻也从清华大学历史系调任行政院政务处长，清华大学社会学系教授吴景超也随翁、蒋二人南下，任行政院秘书。其中，翁文灏在 1938 年初国民政府机构改组后担任经济部长，兼该部资源委员会主任委员和工矿调整处处长。蒋廷黻于 1936 年至 1938 年间担

① 沈怡：《抗战时期一段经建鼓吹的经过（上）》，《传记文学》第 37 卷第 4 期，1980 年 10 月 1 日，第 61—65 页。

② 《中国经济建设协会第五届年会开会纪要》，《经济建设季刊》第 2 卷第 3 期，1944 年 1 月，第 1 页。

任近两年驻苏大使，抗战时期长期担任行政院政务处长，1944 年出任联合国善后救济总署中国代表及行政院善后救济总署署长。抗战时期，1938 年初经济部成立后，吴景超长期在翁文灏麾下任职，任经济部秘书、主任秘书，并主编《新经济》半月刊。1936 年蒋廷黻出任驻苏大使后，南开大学经济研究所所长何廉接替蒋廷黻任行政院政务处长。抗战前期的 1938 年初至 1941 年 2 月，何廉与翁文灏共事，任经济部次长兼农本局总经理。抗战后期从 1944 年 1 月起，何廉任中央设计局副秘书长，主持经济设计工作，又从 1944 年 10 月起复任经济部次长。对于 1935 年至 1936 年的学者从政高潮，胡适曾于 1936 年 1 月致信入阁的《独立评论》社员，以"面折廷争"的"诤友诤臣"、"出山要比在山清"、"努力做 educate the chief（教育领袖）的事业"相许。① 为此，抗战时期，蒋廷黻在《新经济》半月刊作文，常以"泉清"为笔名，正是以所谓"出山要比在山清"为志事。②

　　三四十年代，中国知识界第二次从政潮流发生在抗战初期。清华大学政治学系三位教授浦薛凤、陈之迈、王化成分别就任国防最高委员会参事、行政院参事、外交部条约司司长。南开大学经济学教授李锐任财政部简任秘书，政治系教授、文学院院长张纯明任行政院简任秘书。任清华大学工学院院长时就是《独立评论》社基本成员的顾毓琇，抗战时期与《新经济》半月刊社关系也相当密切，曾在该刊发表文章。顾毓琇于 1938 年 1 月任教育部次长，1944 年 8 月调任重庆中央大学校长。极力鼓吹工业化的顾毓琭是顾毓琇的三弟。1931 年 6 月顾毓琭获美国康乃尔大学哲学博士学位后，回国任实业部工业司科长，抗战时期任经济部工业试验所所长。③ 几十年后，1975 年 10 月，浦薛凤在怀念何廉时专门谈到，"在抗战时期及其前后，大学教授因为报国心切并求学以致用，而抛离书籍，服务公职者，

　　① 胡适：《致翁文灏、蒋廷黻、吴景超》（1936 年 1 月 26 日），耿云志、欧阳哲生编：《胡适书信集》（中），北京大学出版社 1996 年版，第 648 页。

　　② 陈之迈：《蒋廷黻的志事与平生（一）》，《传记文学》第 8 卷第 3 期，1966 年 3 月 1 日，第 6 页。

　　③ 《民国人物小传·顾毓琇（1902—2002）》，《传记文学》第 82 卷第 1 期，2003 年 1 月 1 日，（台湾）传记文学出版社发行，第 134 页。

颇不乏其人",学人从政,"一时蔚为风气"①。也就是说,抗战时期,他们这些书生之所以纷纷弃学从政,一是"报国心切",一是要"学以致用"。

不过,抗战初期,作为精英知识分子的他们,在从政的态度和热情上,却是各异其趣。1939 年 1 月,国民党五届五中全会决定设置国防最高委员会。张群试图延揽若干学者以充实委员会人事,浦薛凤、王化成即受邀就任国防最高委员会参事。2 月下旬,他们接到张群的邀请信后,王化成对弃学从政的态度要比浦薛凤积极、干脆得多,还力促浦薛凤一起走。浦薛凤则初颇踌躇,"予连天深宵辗转,反复考量,觉得换换空气,试试环境,亦未始不是办法。且治学必本实情,只在学校过粉笔生涯,与事实人情,相离殊远,故于忸怩之余,总算最后决定同行离昆赴渝。率直言之,予数年来本有'锦绣江山总一撑'之志愿。"② 最终,浦薛凤迈入社会现实的欲望还是战胜了过粉笔生涯的想法。实际上,抗战初期,关心现实的冲动乃是知识界的普遍趋向。抗战时期担任经济部中央农业试验所副所长的农业专家沈宗瀚,从政想法与浦薛凤颇为一致。1938 年 2、3 月间经济部一成立,部长翁文灏即让次长何廉屡次力请沈宗瀚出任中央农业试验所副所长。但沈宗瀚想专心于学术,无意接受这个职务。何廉以"学人从政报国"再三相劝,他才勉强接受,对何廉说:"如部长次长仍要强我担任,则在抗日战争期内,国民有当兵的义务,我亦只好服从命令,暂任行政,等于当兵也。"③ 原清华大学政治学系教授,抗战初期任四川大学政治学教授的萧公权也在张群邀请之列。张群委托吴国桢给萧公权写信,甚至亲自把在成都的萧公权约到重庆,在自己寓所与之长谈,让萧公权很是感激。但萧公权还是放弃了平生唯——一次做官的机会。④ 北京大学政治学系教授张忠绂是抗战时期学者从政派的另一位重要人物。他一开始就是自愿欣然从政的。1938 年春,他与胡适、钱端升在欧美宣传中国抗战后,自美返国,依蒋

---

① 浦薛凤:《记何廉兄生平——治学从政树立风范》,《传记文学》第 27 卷第 4 期,1975 年 10 月 1 日,第 27 页。

② 浦薛凤:《太虚空里一游尘:八年抗战生涯随笔》,(台湾)商务印书馆 1979 年版,第 173 页。

③ 沈宗瀚:《悼念何淬廉先生》,《传记文学》第 27 卷第 4 期,1975 年 10 月 1 日,第 18 页。

④ 萧公权:《是亦为政(一)——〈问学谏往录〉之十五》,《传记文学》第 18 卷第 4 期,1971 年 4 月 1 日,第 83 页。

介石的意思,并未到昆明继任西南联大教授,而是留在武汉任军事委员会参事室参事,而且对这种做最高当局"智囊"的工作"甚有兴趣"。之所以不去昆明教书做研究,张忠绂事后作了如此解释:一方面,当时他已略知西南联大的情形,感觉在昆明作国际关系研究根本无法进行;另一方面,自己所学的政治外交与太平洋上的国际关系可能对国家有点贡献,"我虽不热衷利禄,但对国事与国计民生,并不能如越人之视秦人,漠不相关。与其在边远的昆明,对抗战的进展挂念焦急而无所知,不如留在政府中,不致对时局过于隔膜。况且,在抗战期中,政府原有征用国民的权力。"① 1941年后,他又兼任外交部参事、美洲司司长。

在重庆,这些从政学人之间交游相对频繁,自发形成了一个相对密切的交际圈。浦薛凤就回忆,1939年2月,他与王化成一同自昆明到重庆就任国防最高委员会参事,何廉曾请他们到其住处做客,席间有蒋廷黻、吴景超、张纯明。② 此后,蒋廷黻、王化成、吴景超、陈之迈、何廉、浦薛凤诸人经常聚餐打桥牌。③ 他们这些从政学人汇聚的政府机构主要有三个:以蒋廷黻为中心的行政院和1944年以后的善后救济总署;以翁文灏为中心的经济部;以陈伯庄、何廉等为主要人物的中央设计局。

在行政院,以蒋廷黻为中心,形成了一个从政学者的小圈子。蒋廷黻任行政院政务处长,主要负责财政预算的审核。他的主要助手是胡善恒、端木恺(铸秋)和前南开大学教授张纯明。④ 而张纯明和端木恺均成为《新经济》半月刊的作者成员。端木恺是美国纽约大学法学博士,1941年起任行政院会计长。从1943年起,在美国倡议下,同盟国开始筹划善后救济计划。当年秋,国民政府派蒋廷黻负责此事。1943年11月,蒋廷黻在美国华盛顿参加联合国善后救济会议,会议决定成立联合国善后救济总署

①　张忠绂:《迷惘集》(影印版),沈云龙主编:《近代中国史料丛刊续编》第53辑,(台湾)文海出版社1978年版,第129—130页。

②　浦薛凤:《记何廉兄生平——治学从政树立风范》,《传记文学》第27卷第4期,1975年10月1日,第33页。

③　浦薛凤:《太虚空里一游尘:八年抗战生涯随笔》,第220页。

④　陈之迈:《蒋廷黻的志事与平生(一)》,《传记文学》第8卷第3期,1966年3月1日,第9页。

（简称联总），总部设于华盛顿。联总于 1944 年 11 月成立。之后，国民政府又设立行政院善后救济总署（简称行总），以蒋廷黻为署长，浦薛凤、李卓敏为副署长。[①]

以翁文灏为部长的经济部是《新经济》半月刊作者等从政学人的最大汇聚地。抗战前期任经济部次长、农本局总经理的何廉，从讲坛走上政坛的道路即是缘于翁文灏的推荐。何廉与翁文灏相识是在《独立评论》时期，而何廉介入《独立评论》则是源于他的留美同学、南开的同事和好友蒋廷黻的介绍。1936 年蒋廷黻出任驻苏大使，同年 6 月，当时担任行政院秘书长的翁文灏便邀请何廉出任政务处长，蒋廷黻也写信劝何廉不要迟疑，赶快走马上任。[②] 何廉先是接替蒋廷黻任行政院政务处长，抗战爆发后任军事委员会第四部次长、农产调整委员会副主任委员，1938 年 6 月被翁文灏邀入经济部任次长，主管农业行政，兼任农本局总经理。沈宗瀚任中央农业试验所副所长后，与何廉关系密切。他们经常讨论中央农业计划及战时粮食与日用品自给方案。1939 年 5 月因中央农业实验所遭敌机轰炸，沈宗瀚曾在何廉任总经理的农本局宿舍住了一年。期间，沈宗瀚常与何廉见面，讨论该局农业贷款与粮食储运。同时，沈宗瀚也结识了何廉的好友范旭东、方显廷、翁之镛等人。抗战时期任交通部秘书的薛光前，在全面抗战爆发前夕，便与何廉有较多接触。1936 年何廉任行政院政务处长时，蒋介石聘薛光前的老师、意大利史丹法尼教授为经济财政高等顾问，指定薛光前、蒋百里负责接待。史丹法尼在华工作七个月。其间，史丹法尼所有财经资料的搜集以及向史丹法尼介绍有关施政情况，均由何廉以政务处长身份负责。薛光前对何廉的印象，"是一位平易近人、和蔼可亲的恂恂儒者。虽官居显要，一无官场习气"[③]。在农本局，何廉邀集了一批知识界人士充实这个机构。南开大学会计学教授廖芸皋担任会计处长，华洋义赈会的创始人之一章元善担任农本局合作指导室主任，1939 年底至 1940 年上

---

① 陈之迈:《蒋廷黻的志事与平生（二）》,《传记文学》第 8 卷第 4 期, 1966 年 4 月 1 日, 第 19 页。

② 朱佑慈、杨大宁、胡隆昶、王文钧、俞振基译:《何廉回忆录》, 第 89 页。

③ 沈宗瀚:《悼念何淬廉先生》,《传记文学》第 27 卷第 4 期, 1975 年 10 月 1 日, 第 18—19、35 页。

半年与杨开道争论中国能否"以农立国"的周宪文也曾任职于农本局。在农本局任职的蔡承新、许复七等人也均为清华校友。何廉的老同事、抗战时期任南开大学经济研究所所长的方显廷也与何廉主持的农本局保持着密切联系。当时,农本局由大学毕业生中选拔派往各地的高级人员,要进行一个月的训练,方显廷即负责训练工作。

经济部秘书吴景超曾邀请于1938年底自美返国的李树青任该部秘书。1931年至1935年在清华大学读书期间,李树青即与吴景超过从甚密。李树青"一入大学,即选习吴先生的课程,此后四年肄业期间均在吴先生指导下从事研习,薰陶渍染,受益良多"。李树青于1935年获机会留学美国,亦与吴景超的帮助有关。当年春季,吴景超作为清华大学教务长,知道本校第三届留美考试社会学的专题可能是"土地问题",即嘱李树青留意"土地问题"方面的资料。吴景超在正式公布留美考试结果前,即打电话告诉李树青考取的消息。当时,清华为李树青指定的美国学校是威斯康星州立大学,而国内导师则是吴景超。全面抗战爆发后,李树青放弃在美国的学业,于1938年底回国,吴景超便邀请他到经济部任职。①

高平叔战前曾与蔡元培交往甚密,1939年秋至1942年秋在宝鸡中国工业合作协会西北区总部工作。高平叔之所以能于1942年秋调到经济部从事利用外资研究,是由于翁文灏的亲自邀请。高平叔调到经济部不久,翁文灏兼任中央设计局工业设计委员会主任委员,又派他到中央设计局做研究工作。② 所以,1943年11月,高平叔在出版《利用外资问题》一书时,仍不忘感谢翁文灏的栽培,表示"这本小册的撰作,实受翁咏霓先生的启示与鼓励"③。

抗战时期,除经济部外,中央设计局是经济学人汇聚的另一个官方机构。中央设计局成立于1940年10月1日。其设立出自蒋介石的构想。

---

① 李树青:《纪念杰出的社会学家吴景超先生》,《传记文学》第46卷第1期,1985年1月1日,第70—72页。

② 田桂林:《高平叔——从经济学家到蔡元培研究专家》,天津市政协文史资料委员会编:《天津文史资料选辑》1998年第1期(总第77辑),天津人民出版社1998年版,第173页。

③ 《笔者叙言》,高平叔:《利用外资问题》,商务印书馆1944年版,第1页。

1940 年 7 月,蒋介石在国民党五届七中全会上提议设置中央设计局,作为全国政治经济建设的策划机构。该局成立后,蒋介石提出,这个机构虽以苏联国家设计委员会为参照,但主要目的与苏联又不完全一样,"他们的目的,是要为其经济各期五年计划设计;我们的设计,则要从行政与经济各部门同时来做,可以说经济的与行政的设计同时并行的"。这个机构的规格相当高,直接隶属于国民党最高决策机构国防最高委员会,蒋介石亲自担任总裁。由于蒋介石太忙,秘书长成为设计局的实际主管。第一任秘书长由国民党中央宣传部长、军事委员会参事室主任王世杰兼任。1943 年,改由熊式辉担任秘书长。先后担任副秘书长者有甘乃光、何廉、陈伯庄、王征及彭学沛。抗战时期极力鼓吹计划经济和国营经济的陈伯庄不仅一度任中央设计局副秘书长,而且长期任经济组设计委员,并长年居住在局机关里。该局汇集了一批知识界人士,其中许多人经常为《新经济》半月刊撰稿。据张希哲回忆,政治组、经济组、财政金融组及调查室(后扩充为调查处)的工作人员以书生型的人占多数,"在设计局的办公室里,不论是办公或开会,随时都可以听到书生论政的论调"。经济组的专职人员有陈伯庄、何公敢、史久恒、童大埙、陈伯康、陆庆、彭乃锟等,兼任人员有何廉、钱昌照、夏光宇、张兹闿、钱天鹤、林继庸等。这些人各有特点。陈伯庄留美多年,对苏俄的计划经济曾作过深度的考察,讨论问题时喜欢谈美国的理论和苏俄的实例。童大埙系留英学生,喜欢谈英国费边社的主张。陈伯康系留日学生,喜欢谈日本河上肇的经济理论。[1] 1944 年后,与何廉同时任中央设计局副秘书长的邱昌渭也屡次为《新经济》半月刊撰稿。他是留美学生,1928 年春获哥伦比亚大学政治学博士学位。1928 年回国后,曾任东北大学政治系教授。1931 年 9 月,任北京大学政治学系主任。但此后他长期投身政界,1932 年 1 月至 3 月任外交部秘书,又于同年 8 月应李宗仁之邀任广州中山大学政治系教授,兼李宗仁任总司令的第四集团军总部高等顾问。1935 年后,他长期在广西任职,历任省政府秘书长、省政府委员兼教育厅厅长、省民政厅厅长。1944 年,他才由广西调到重庆,与何

---

[1] 张希哲:《记抗战时期中央设计局的人与事》,《传记文学》第 27 卷第 4 期,1975 年 10 月 1 日,第 39—41 页。

廉一起任中央设计局副秘书长,何廉负责经济设计,他负责政治设计。虽然邱昌渭 30 年代即离开北平,但他长期与胡适、何廉等北方学人保持密切联系。[①]

　　抗战时期,蒋廷黻、翁文灏、吴景超、陈之迈等从政学人具有远大的政治抱负和救世情怀。当时蒋廷黻和陈之迈在重庆关于战后个人打算的一次谈话,颇能反映此种抱负。陈之迈说要回清华教书,蒋廷黻则希望政府派他当台湾省主席。陈之迈追问蒋廷黻:"你是湖南人,为什么不希望做湖南省政府主席呢?"蒋廷黻说,1938 年他从苏联回国后,的确对湖南建设用过一番心思。在写完《中国近代史》一书后,他曾试写一本小说,描写抗战胜利后十年的湖南:"把我对于中国现代化的蓝图在幻想中予以实现,其中还穿插着一个动人的恋爱故事,男女主角都是标准的现代化的中国青年。"但是,"湖南的建设重要,台湾的建设更重要。台湾自甲午以来即为日本的殖民地,战时又受到许多破坏,台湾同胞被日军拉夫到别的战场作战的就不知有多少。台湾光复后,政府有义务,有责任,好好的为台湾同胞服务,为颠顶糊涂的清政府赎罪"。蒋廷黻又劝陈之迈:"你在行政院办理地方行政多年,市组织法就是你起草的。我想战后你也不必回清华教书了。我想你应当做香港市长。你会说广东话,又通英文,这该是你理想的职务。"[②] 1942 年 4 月 16 日,吴景超也表达了他们作为"幕僚"的志趣与抱负。对于他们这些"现代幕僚",他提出了应该坚守的行为准则:第一,"当幕僚的人,对于一个问题,应该根据他研究的结果立论,而不应揣摩长官的旨意发言"。第二,"当幕僚的人,应该只说内行话,不要对于一切问题,随便发表意见。所谓内行话,是根据对于一个问题经过多年的研究,或者对于一件事情,有过长期经验而得到的。内行话不是常识,更不是道听途说。他是代表对于某一个问题的真知灼见,因而可以作决策的参考。所以,幕僚不可假充内行,

---

　　① 《民国人物小传·邱昌渭 (1898—1956)》,《传记文学》第 74 卷第 6 期,1999 年 6 月 10 日,第 132—133 页。

　　② 陈之迈:《蒋廷黻的志事与平生 (一)》,《传记文学》第 8 卷第 3 期,1966 年 3 月 1 日,第 8—9 页。

以坠自己的声誉,而坏国家的大事"。① 曾炳钧早年毕业于清华大学政治学系,曾获美国哥伦比亚大学博士学位,回国后任清华大学教授,抗战时期任经济部参事。他于 1942 年 8 月 1 日专门讨论学术与政治的关系时,强调 20 世纪的政治是"学术的政治",必须以学术知识为基础,政府必须有充分的近代科学知识,"政治设计的人不特要熟知过去学术上研究的成果,而且要能明了科学上一切新近的及可能的发展,而预行筹划此等发展可能引起的社会变迁的正当对象"②。曾炳钧如此强调学术对于政府的基础作用,正反映出他们这些从政学人寻求自我定位的巨大政治抱负。

然而,这种远大的政治抱负与政治现实却产生了强烈矛盾,导致他们有一种想道而道不出的苦衷。几十年后,浦薛凤依然对他们这些书生的从政经历感慨万端。他介绍说,与一般专以"做官"为职业者相比,他们这些"教书匠"的抱负、行径与遭遇有所不同,"以言抱负,总觉其所以出仕乃是人求我而非我求人,而其出仕目的固在'做事'而不在'做官'。因此之故,既无患得患失之心,更有可进可退之志。故总愿改进革新,不甘敷衍塞责。以言行径,不事奉迎,不谋私利,破除情面,奉公守法,而且往往直言无隐,据理力争"。由此,他们就不能与掌权者发生密切关系,就如"无源之水或无根之木",孤立无援,以致遭到"忌怨谗谤与掣肘排挤"。浦薛凤感慨:"所谓宦海风波,从古为然,迄今不减。"③ 就连张忠绂这样毫不犹豫、欣然从政的人,晚年也与浦薛凤一样感叹"做事"比"做官"之难,"作官易,作事难。作官只须摧眉折腰事权贵;作事则必须有立场,有计划,且能获得领袖的支持与信任"。"在非民主、非法治的国家

① 似彭:《论幕僚制》,《新经济》半月刊第 7 卷第 2 期,1942 年 4 月 16 日,第 35—37 页。"似彭"是吴景超在《新经济》半月刊发表书评的笔名。据吴景超 1943 年赴美国考察后代他编辑《新经济》半月刊的齐植璐在 1943 年 4 月 16 日出版的《新经济》半月刊第 8 卷第 12 期发表的《现代中国社会问题》书评中称,孙本文的《现代中国社会问题》一书第一册"曾由吴景超先生为文详介于本刊",而发表于《新经济》半月刊第 8 卷第 3 期《现代中国社会问题》书评的作者是"似彭"。

② 曾炳钧:《学术与政治》,《新经济》半月刊第 7 卷第 9 期,1942 年 8 月 1 日,第 175—178 页。

③ 浦薛凤:《记何廉兄生平——治学从政树立风范》,《传记文学》第 27 卷第 4 期,1975 年 10 月 1 日,第 27 页。

中，作事较之作官，其困苦艰难岂仅百十倍而已。居高位者往往重视纪律与服从。真正的人才而不以作官为职志者，必有其个性。此种个性常被认为有乖纪律与服从。左右宵小习于以贪缘得官，以官谀取容者，因而乘之，对守正不阿而敢作敢言者，自必造作蜚语，横加诬蔑，必去之而后快。”所以，抗战一结束，张忠绂便与大多数从政学人一样，立即退出政府，重归"读书人"本色。他自称，抗战后之所以退出国民政府，是因为"处乱世，正义不张，是非不明，读书人唯有恬退，只能以'无欲品自高'自慰"！他极不愿意与那些善于"伺候颜色，喜为长官私事奔走，而奴婢自居"的能吏"同流合污"。①

以经济部为例，翁文灏、吴景超、何廉、吴半农、王子建等从政学人便卷入了太多的人事纠葛。他们与政务次长秦汾等纯粹官僚隔阂极深。李树青回忆说，翁文灏是学界中人，但在经济部并无班底，在秘书厅内，除吴景超、李树青以及两个技术人员外，即无翁文灏可资信赖的僚属。政务次长秦汾势力最大，而秦汾属于"官僚"，"对于传统的公文程式，特为娴熟，因而主持内部日常杂务。厅内从一陈姓主任秘书到科长书记，好像都是他从前的下属，俨然自成一系，颇有势力"②。李树青所说的"陈姓主任"显指主任秘书陈廷熙。何廉也回忆，秦汾和从原实业部过来的人把持部里的大部分行政，"由于经济部的班子由几个固定单位的人员组成，技术部门和秘书处泾渭分明，干部不是向整个组织效忠，而是忠于部长个人。按照'遗产'分成派系，最大和最重要的一派是来自全国经济委员会的人员，集中在秘书处和副部长秦汾手下"。"由于翁文灏是学者从政而不是一个官僚，他没有自己的人，虽然当了好几年行政院秘书长，就任新职时只带了少数几个人。通常，任何机构总务处的人员都是部长的亲随，而翁文灏的情况则是：连总务处的头头也是副部长秦汾的人。"③ 长期在该部担任秘书、主任秘书的齐植璐更详细地回忆了经济部的人事状况。他回忆说，政务次长秦汾"是属于宋子文系的典型官僚，在经济部内部掌握实权。主

---

① 张忠绂:《迷惘集》(影印版)，第 127—128、146—147 页。

② 李树青:《纪念杰出的社会学家吴景超先生》，《传记文学》第 46 卷第 1 期，1985 年 1 月 1 日，第 70—72 页。

③ 朱佑慈、杨大宁、胡隆昶、王文钧、俞振基译:《何廉回忆录》，第 254—255 页。

任秘书陈廷熙和主管总务、财务、机要的人员,大都是他的亲信。他同时还兼任着液体燃料管理委员会的主任委员,掌握汽油分配工作"。经济部常务次长潘宜之原是桂系李宗仁、白崇禧的智囊和心腹,来经济部前一直跟着李宗仁在第四集团军第五路军总部任政治处长、秘书长等要职,还是桂系秘书组织中国国民党革命同志会的核心人物。由潘宜之带到经济部的徐梗生也是桂系骨干人物,曾与程思远一同任革命同志会的秘书,并曾任李宗仁第四集团军总部、第五战区长官部的参议主任秘书。但徐梗生在经济部却像是一个投闲置散、韬光养晦的人物。他以秘书名义长住在重庆市郊华岩寺经济部办公处,搞华洋官商合办企业的档案整理与专题研究工作,先后编写了开滦煤矿、汉冶萍公司、龙烟、马鞍山等矿的内幕沿革资料。经济部属于翁文灏亲信的,主要是由翁文灏调到部里来的吴景超、吴半农、王子建,而比较重要的亲信人物则为甘肃油矿局局长孙越崎和工矿调整处处长张兹闿。孙越崎和张兹闿是翁文灏的旧属,1934 年 11 月曾随翁文灏整理河南中福煤矿。吴半农和王子建原在中央研究院社会科学研究所工作,抗战中期由翁文灏调到经济部任职。①

抗战期间,影响经济部从政学人心理和命运最大的一件事莫过于 1941年 2 月的农本局事件。农本局成立于 1936 年春,是一个农业信贷管理机构,主要任务是促进农村信用流通和农产运销。1938 年初,农本局随实业部划归经济部,何廉任总经理,主要业务分为两方面:一是原有的农业信贷、农产运销,二是由其下属机构福生庄负责的花纱布购销业务。同年,粮食调控工作,特别是米的分配和价格控制也交由农本局负责,既要储备军粮,保证军队需要,又要采购和销售大米,维持后方粮价稳定。如此繁重艰巨的任务,由农本局这样一个既无政治权力,又缺乏粮食工作专业人员和专门资金的机构承担,本来就显得草率。当时,由于大部分产粮区沦陷,而重庆人口激增,造成粮价上涨。1939 年冬到 1940 年夏,农本局按政府价格将巨量大米投放重庆市场,以平抑粮价。但米价仍飞速上涨,而农本局已无米可供。蒋介石命农本局购进更多的米,财政部长孔祥熙却拒

---

① 齐植璐:《国民党政府经济部十年旧闻述略》,天津市政协文史资料委员会编:《天津文史资料选辑》第 7 辑,第 179、181 页。

绝给钱。因米价飞涨,农本局的工作受到各方面的攻击。有人为了激怒蒋介石,大造舆论,声称农本局营私舞弊。1941年2月,戴笠指挥军统特务突然逮捕农本局蔡承新、章元善等部分工作人员。翁文灏、何廉等人明白,事件的真正原因是孔祥熙争夺经济权力,企图插手和控制农本局。不久,何廉被迫辞去经济部次长和农本局总经理职务。农本局虽名义上保留,但其粮食购销工作由专门成立的全国粮食管理局负责(后改为粮食部,部长为孔祥熙的红人徐堪),农业信贷工作移交中国农民银行。农本局只负责花纱布运销调剂工作。1943年4月,农本局被正式撤销,花纱布管理工作移交给孔祥熙任部长的财政部花纱布管理局。[①] 这个事件对因此丢掉职务的何廉产生了相当强烈的心理影响。抗战胜利以后,1946年初,蒋介石希望何廉留在政府工作,先让翁文灏找何廉谈,让何廉担任宋子文任主任的行政院最高经济建设委员会秘书长,又让吴鼎昌找何廉谈,让何廉担任蒋介石的经济建设特别助理。何廉均坚决拒绝,回到南开大学经济研究所重拾教鞭。何廉之所以坚决退出政府,他回忆说:"就我这些年来(从1937年中日战争开始到抗战胜利)对政府和委员长的观察,我越来越清楚地体会到,委员长或许不是国家从事经济建设的理想的领导者。他主要是一个具有中世纪思想意识的人,他对经济建设的认识,和19世纪早期的维新派李鸿章、张之洞没有多大不同。""就农本局的情况而论,要是我的行政工作有什么差错,撤换我是完全有理的,而把机构撤销是不合理的。但是委员长绕过了机构,而去信任那些最亲近他、忠于他、服从他的人。他信任孔祥熙和宋子文,因为他们是姻兄姻弟,他信任孔祥熙胜过宋子文,因为孔更听他的话。"[②] 显然,何廉对农本局事件是终生难忘的。农本局事件对从政学人们的思想影响绝不限于何廉一人,对翁文灏、吴景超等人也产生了广泛影响。1951年翁文灏回国后向中共表白心际时,仍把此事作为人生大事向中共说明:"蒋施行法西斯政治,建立违法横行的特务组织,不但人民深受其累,痛苦万分,即政府工作亦时受欺凌。我任经济部长时,曾有好几位品行良好的高级职员,如章元善、蔡承新等忽被军统戴笠拘捕审讯,

① 李学通:《书生从政——翁文灏》,兰州大学出版社1996年版,第184—190页。

② 朱佑慈、杨大宁、胡隆昶、王文钧、俞振基译:《何廉回忆录》,第265—266页。

使公务无法进行。"① 几十年后,李树青对这件事也记忆犹新。他于 1985 年 1 月回忆说,1939 年他在经济部秘书厅任职时,吴景超派他掌管由中外各方送来的机密经济情报,并嘱将外文部分译成中文,加以整编,每月出版一册《经济汇报》,送交各政府机关参考。在当时英文情报中,常暴露重庆达官贵人的贪污不法行为。李树青接获此类情报,请示如何处理,吴景超说:"据实编纂发表。"不料,竟触犯了孔祥熙,导致经济部与其属下的农本局多人被捕。李树青回忆道,这"对于吴先生在四十年代后期的决定行止的影响,笔者虽无事实根据,认为是相当重要的"②。显然,1941 年 2 月农本局事件对于吴景超的心理影响同样很大。此前,李树青本人也不满意在经济部的所见所闻,1940 年夏离开经济部,应老师潘光旦延聘,到西南联合大学社会学系任教。他离开经济部更多是出于对当局贪污腐败的不满。他回忆,他在经济部任职时,接触到的材料显示,孔、宋家庭在香港参与贪污"国家稳定基金"(即平准基金),而这笔钱是美国与英国的联合借贷,其目的是支撑中国国家货币。他还发现许多军队里的前线指挥官,特别是蒋介石的爱将们,从敌占区向内地偷运日本货发财,大多数都是奢侈品。1940 年春夏,李树青向翁文灏提出三次严重申述,敦促他制止这种违法行为。翁文灏却无可奈何。③

第二节 研究方法、研究现状与选题意义

一 研究方法

既然此课题研究以《新经济》半月刊为主要考察对象,笔者就直接面临如何入手的问题:这份刊物的创办经过怎样?创办者和作者群体是怎样一群人?他们的阅历又如何?这份刊物讨论的核心问题又是什么?他们的

---

① 翁文灏:《回顾往事》,全国政协文史资料研究委员会编:《文史资料选辑》第 80 辑,文史资料出版社 1982 年版,第 8 页。

② 李树青:《纪念杰出的社会学家吴景超先生》,《传记文学》第 46 卷第 1 期,1985 年 1 月 1 日,第 70—72 页。

③ Li Shu-Ching, My Convictions and Activities. UC。转引自阎明《一门学科与一个时代——社会学在中国》,清华大学出版社 2004 年版,第 226—227 页。

理论探讨又是在怎样的社会语境下进行的？笔者深感这些问题仅仅靠解读刊物本身难以得到解答。笔者逐渐发现，《新经济》半月刊仅仅是抗战时期中国知识界讨论现代化、工业化、经济体制等"建国"问题的众多报刊中的一种。所以，笔者把考察对象定为刊物的作者群体，而不限定为《新经济》半月刊文本本身。

本书试图采用跨文本、语境论（Intertextual, Contextualist）的语境分析方法（Contextualist approach）。20世纪70年代英国政治思想史研究剑桥学派代表人昆廷·斯金纳（Quentin Skinner）已对此研究范式作过系统、深入的理论阐述。[①] 按照此种研究范式，研究者不能孤立地思考文本本身的意义，必须把考察的文本放在特定的社会整体语境中进行理解。这种社会语境包括三个层面：第一，对历史文本中某一概念的理解，必须考虑它所处的特定社会语境，不能单单进行字面的理解。一方面，某个特定的概念会随时间而改变意义，不考虑其在不同时间的不同含义，往往会出现错误；另一方面，必须了解同时期大量其他论者所使用的同一概念的含义。第二，对某个论者思想观念的理解，必须找到他所针对和解决的具体的社会实际问题。第三，从更大的社会范围说，要真正理解某个论者的真实意图，必须考察和把握整体的社会思想态势。

在整理和阅读资料过程中，笔者感到，必须把研究文本放在当时连续的时空背景中进行分析。时间和空间是其中的两个关键要素。两者又密切相关。从时间来讲，任何一个文本的形成都有其特定的时间背景，要正确认识它的内在含义，就必须把它放在所处的特定历史时间点上进行理解。如果不顾历史资料的时间性，便有可能造成对资料的误读。因为历史人物的思想和观念会随时间的变化而发生相应的改变。自己的研究必须真实地反映这种变化，而不能把历史人物的思想视作无论在任何时间都一成不变的东西。从空间来讲，我们考察的历史人物都有其相关、特定的言说对象。我们只有把某个历史人物放在同时期整个历史人物网络中，找到他特定的发言对象，才能正确把握和解读历史资料。同时，不同的历史人物之间也

---

① 彭刚：《历史地理解思想——对斯金纳有关思想史研究的理论反思的考察》，《思想史研究（第一卷）：思想史的元问题》，广西师范大学出版社2005年版，第125—159页。

有着思想、观念的相异，甚至矛盾与冲突。自己的研究必须反映各个历史人物间思想、观念的这种相异、矛盾与冲突。而且，这种研究对象的空间性，除了与某一研究对象相关的其他历史人物之外，还有一个更广阔的层面——每个历史人物都是"社会中人"，其思想、观念的形成、发展、转变，都与同时期整个社会政局、社会思想、社会思潮的演变息息相关。一定时期社会整体性的政治、思想态势，必然会对同时期某一个历史人物的思想和观念产生深刻影响。由此而言，从更广阔的社会视角来讲，某个思想史资料的形成还有其整体性的社会背景。要深刻认识历史人物的真实意图，就必须了解同时期社会的整体思想态势。亦即对某一个或某一群历史人物思想和观念的研究，必须放在同时期整体社会境域中进行认识和把握，而不能仅仅对某一文本进行孤立的分析。

基于以上考虑，笔者意识到，必须把《新经济》半月刊放在同时期相关的资料网络中进行研究。在整理完《新经济》半月刊的基本资料后，笔者又发现，《大公报》汉口版和重庆版、《经济建设季刊》两种资料，也与《新经济》半月刊作者群体密切相关。

在这两种资料中，笔者非常注意对《大公报》汉口版和重庆版的分析。作为抗战时期大后方最具社会影响力的民间报纸，《大公报》汉口版和重庆版是研究抗战时期社会思想和思潮的极重要史料。该报的新闻报道和社评在当时具有引领舆论的作用。笔者可以通过《大公报》这一个"管"窥见抗战时期中国思想发展脉络的"全豹"。《大公报》在抗战时期社会影响力之大，可以从当时该报发行量之大得到印证。1938 年 10 月 17日，《大公报》社由汉口迁往重庆时称：1937 年 9 月至 1938 年 10 月在汉口出版的一年零一个月中，"销数仍甚广，不减于天津出版之时"①。《大公报》于 1938 年 12 月 1 日在重庆复刊时，国民政府行政院副院长兼重庆行营主任张群亦赠言说，"在广大之读者，一纸之出，足以转移社会，蔚成风气"②。正是由于《大公报》社会影响之大，1941 年 5 月 15 日，美国密苏里大学新闻学院授予该报 1941 年度荣誉奖，并称赞说："其勇敢而锋利之

① 《本报移渝出版》（社评），（汉口）《大公报》1938 年 10 月 17 日。
② 张群：《论自由言论》，（重庆）《大公报》1938 年 12 月 1 日。

社评影响于国内舆论者至巨。"① 而且，值得注意的，还在于该报编辑者"文人论政"的"自由主义"自我定位。在获得美国密苏里大学荣誉奖的当日，该报发表感言称："假若本报尚有渺小的价值，就在于虽按着商业经营，而仍能保持文人论政的本来面目。""我们没有干预言论的股东，也不受社外任何势力的支配。因此，言论独立，良心泰然。"② 尤其是在抗战时期自由主义极度式微，服从政府的空气异常浓厚的情势下，该报还反复申述其言论独立和言论自由的传统，甚至定位为"进步自由主义报纸"。获得美国密苏里大学荣誉奖时，该报于 1941 年 5 月 15 日对美国发表广播致词，申明其言论独立原则："我们对全国任何个人或党派并无说好或说坏的义务。除过良心命令以外，精神上不受任何拘束。我们在私的意义上，不是任何人的机关报，在公的意义上，则全国任何人，甚至世界任何人，只要在正义的范围，都可以把大公报看作自己的机关报使用。"③ 1941 年 9 月总编辑张季鸾去世后，其同仁于当月 16 日再次申明，言论自由的宗旨将"永为本报'社训'"，"纵使与政府见解或社会空气发生冲突而不辞"④。1942 年 11 月 26 日，英国议会访华团访问报社。该报向访华团作自我介绍称："若使我们勉强与英国同业相较，则大公报在精神上颇有几分相像曼彻斯特卫报，是一个代表进步自由主义的报纸。"⑤

《大公报》汉口版和重庆版对本课题研究具有三方面意义：第一，基于该报"文人论政"和"进步自由主义"的自我定位，该报便与同时期《中央日报》等国民党舆论喉舌有异。尤其通过对该报社评的分析，可以使笔者对整个抗战时期大后方整体社会舆论、思想、思潮的演化情势有一个总体了解和把握。第二，该报以"星期论文"栏目为代表的理论文章，可以在很大程度上反映当时大后方精英知识界的思想态势。《新经济》半月刊作者群体同样是该报"星期论文"栏目等理论文章的重要作者。而且，由于该报社会影响较大，《新经济》半月刊作者们在该报上发表的文

---

① 《向英议会访华团介绍我们自己》（社评），（重庆）《大公报》1942 年 11 月 26 日。
② 《本社同人的声明》（社评），（重庆）《大公报》1941 年 5 月 15 日。
③ 《自由与正义胜利万岁！》（本社对美国广播致辞），（重庆）《大公报》1941 年 5 月 15 日。
④ 《今后之大公报》（社评），（重庆）《大公报》1941 年 9 月 16 日。
⑤ 《向英议会访华团介绍我们自己》（社评），（重庆）《大公报》1942 年 11 月 26 日。

章，比在其他报刊发表的文章更有代表性。他们往往乐意把自己最好的文章投到该报发表。而在战前的30年代，《大公报》天津版和该报社主办的《国闻周报》就与《独立评论》等北方学人的关系非常密切。《独立评论》、《大公报》、《国闻周报》是研究以胡适为代表的北方学人思想必须并用的三种报刊。全面抗战爆发后，《大公报》汉口版和重庆版与《新经济》半月刊作者间的密切联系同样存在。第三，该报作为一张日报，在整个抗战时期基本保持连续出版，可以为笔者提供一个明确的时间坐标，使笔者对历史文本的解读，可以有一个明确无误的时间参照。

中国经济建设协会于1942年7月创办的《经济建设季刊》是战时重庆讨论经济建设问题的重要刊物。我们在上一节介绍《新经济》半月刊作者群体时提到《经济建设季刊》作者群体与《新经济》半月刊作者群体几乎相同。其社会影响力，从该刊创刊不久很快受到热心战后建设问题的孙科的极大关注中，可以得到侧证。1942年9月8日，孙科在国民党中央训练团党政训练班演讲时即说："最近本人读到一本刊物，是《中国经济建设季刊》。它的内容登载好几篇讨论经济建设的文章，尤其是注重战后经济建设问题。这些问题在经济学术界内，大家都很注意研究，是一个很好的现象。"①所以，考察《新经济》半月刊，就不能不系统清理《经济建设季刊》。笔者还发现，《新经济》半月刊作者群体在发表文章的同时，还在撰写相关书籍，所以，笔者也有选择地整理了一些该刊作者在抗战时期撰写的相关书籍。同时，为厘清《新经济》半月刊的创办经过，笔者又系统查阅了台湾出版的《传记文学》资料。

总之，在文献资料方面，本书力求做到征引资料的连续性。这种连续性包括：出版时间的连续性、作者讨论空间的连续性和资料引证的连续性。以此做到立体、直观地展示《新经济》半月刊作者群体思想演进的多样性。

二 研究现状与选题意义

迄今为止，中国大陆和台湾、香港学术界对于《新经济》半月刊以及

① 孙科：《中国经济建设之基本问题——九月八日在中央训练团党政训练班演讲（上）》，（重庆）《大公报》1942年10月13日。

抗战时期知识界有关工业化、经济体制论争的研究，依旧薄弱。如果说学术界已开始涉足抗战时期知识界有关工业化、经济体制论争的话，那么，学术界对于《新经济》半月刊的深入研究则尚未开始。即使是对于抗战时期知识界有关工业化、经济体制论争，目前学术界也谈不上系统研究。

目前，仅有少数学者对《新经济》半月刊作过简单介绍，至于深入研究，基本没有开始。吴景超是《新经济》半月刊主编，又是民国时期著名社会学家。所以，一些有关中国近代社会学史的著作大都介绍吴景超的都市社会学思想，如杨雅彬著《近代中国社会学》（上、下），阎明著《一门学科与一个时代——社会学在中国》，李培林、孙立平、王铭铭等著《20世纪的中国：学术与社会（社会学卷）》等。其中，《20世纪的中国：学术与社会（社会学卷）》① 主要介绍了吴景超于 1929 年出版的《都市社会学》。《近代中国社会学》不仅介绍了吴景超的都市社会学思想，还根据吴景超于 1937 年在商务印书馆出版的《第四种国家的出路》介绍了他的"发展都市救济农村"思想。② 阎明的《一门学科与一个时代——社会学在中国》对吴景超社会学思想介绍得最为详细。该书设专章介绍了民国时期吴景超的社会学思想，并大致介绍了吴景超在抗战时期主编的《新经济》半月刊和 1948 年主编的《新路》周刊。③ 这是迄今学术界对《新经济》半月刊的最系统、最全面的介绍。此外，谢泳发表了两篇介绍吴景超学术道路的文章：《吴景超三十年代的学术工作》（《东方文化》2000 年第 6 期）、《社会学家吴景超的学术道路》（台湾《传记文学》第 81 卷第 5 期）。但是，谢泳忽略了抗战时期吴景超主编《新经济》半月刊期间的学术思想。

对于抗战时期知识界工业化、经济体制的论争，目前学术界仅开始涉足有关内容，还谈不上系统、深入研究。

目前，以中国近代经济思想史为主题的专著，如赵靖、易梦虹编《中国近代经济思想史》，侯厚吉、吴其敬主编《中国近代经济思想史稿》，马

---

① 李培林、孙立平、王铭铭等：《20 世纪的中国：学术与社会（社会学卷）》，山东人民出版社 2001 年版，第 224 页。

② 杨雅彬：《近代中国社会学》（上），中国社会科学出版社 2001 年版，第 167—175、281—285 页。

③ 阎明：《一门学科与一个时代——社会学在中国》，第 124—146 页。

伯煌主编《中国近代经济思想史》和赵靖著《中国经济思想史述要》、赵靖主编《中国经济思想通史续集：中国近代经济思想史》等，均缺乏相关论述。叶世昌于 2000 年发表《中国发展经济学的形成》①，介绍了抗战时期中国经济学界出版的几种专著：张培刚 1945 年在美国哈佛大学完成的博士论文、后于 1949 年作为《哈佛经济丛书》出版的《农业与工业》(*Agriculture and Industrialization*)，刘大钧《工业化与中国工业建设》，曹立瀛《工业化与中国矿业建设》，褚葆一《工业化与中国国际贸易》，刘鸿万《工业化与中国人口问题》和《工业化与中国劳工问题》，伍启元《中国工业建设的资本与人材问题》，章友江《中国工业建设与对外贸易政策》，谷春帆《中国工业化计划论》和《中国工业化通论》，吴景超《中国经济建设之路》，朱伯康《经济建设论》等。林毅夫、胡书东于 2001 年发表的《中国经济学百年回顾》② 一文，在介绍 20 世纪三四十年代中国经济学界关于经济建设与工业化的讨论时，提到何廉、方显廷《中国工业化程度及其影响》和《中国之工业化与乡村工业》、吴景超《中国经济建设之路》、刘大钧《工业化与中国工业建设》、谷春帆《中国工业化计划论》等书。

与《新经济》半月刊课题直接相关的问题主要有四个：工业化问题、计划经济与统制经济问题、国营与民营问题、对外贸易与利用外资问题。迄今为止，学术界对这几个问题的研究多偏重于全面抗战爆发前的 30 年代，尤其是以《新经济》半月刊作者群体为对象的研究少之又少。

在 20 世纪上半叶中国知识界工业化理念方面，学术界目前的研究重点在于考察二三十年代知识界"以农立国"与"以工立国"之争。实际上，在二三十年代"以农立国"与"以工立国"争论之后的抗战时期，还有一个更为重要的问题，就是工业化理念在中国思想界乃至社会各界的确立过程。大家对此极少论及，即使有，也只是在阐述战前问题时捎带提及。1990 年，罗荣渠较早提出研究二三十年代"以农立国"与"以工立国"争论的重要性，并作简要概述。他把二三十年代知识界的观点分为四派：一、复兴农村，振兴农村以引发工业；二、先发展工业，振兴工业才能救济农

① 叶世昌：《中国发展经济学的形成》，《复旦学报》2004 年第 4 期，第 86—91 页。
② 林毅夫、胡东书：《中国经济学百年回顾》，《经济学季刊》2001 年第 1 期，北京大学出版社 2001 年版，第 1—18 页。

村;三、先农后工;四、农工并重。① 此后,罗荣渠又把这些论述收入 1993 年出版的《现代化新论:世界与中国的现代化进程》。② 此后,许多学者开始专文论述二三十年代"以农立国"与"以工立国"论争。例如,赵晓雷《20 世纪 30—40 年代中国工业化思想发展评析》、③ 季荣臣《论三十年代知识界关于中国工业化道路之争》、④ 苗欣宇《民国年间关于中国经济发展道路的几次论战》、⑤ 夏贵根《关于中国立国问题的论战初探》、⑥ 聂志红《民国时期中国工业化战略思想的形成——重农与重工的争论》⑦ 等。但是,这些论述存在诸多不客观之处,有待进一步深化。

近年来,周积明、郭莹等著《震荡与冲突——中国早期现代化进程中的思潮和社会》和钟祥财对 20 世纪初"以农立国"和"以工立国"论争的研究,比此前的研究更趋深入。周积明等注意到,经过 20 年代章士钊与杨明斋等的讨论,30 年代的讨论焦点已经转到"如何工业化"上了,"三十年代论战尽管派别众多,但大家已承认一个共同的前提,即中国不可避免地要工业化"。以此为基础,他们把 30 年代的观点分为以梁漱溟、漆琪生等为代表的先农后工派,以吴景超等为代表的先工后农派,以郑林庄、方显廷等为代表的乡村工业派,以千家驹、章乃器等为代表的条件派。而且,他们也指出了梁漱溟等乡村建设派与漆琪生等农业重心派的区别。这种分析已相当客观。尤其值得注意的是,他们指出,全面抗战爆发后,"第二次世界大战和中国的抗日战争给学者们提供了在战争背景下思考工业化问题的契机"。⑧ 此论点已经接近笔者关于抗战时期工业化理念在中国社会

---

① 罗荣渠:《中国近百年来现代化思潮演变的反思(代序)》,罗荣渠主编:《从"西化"到现代化——五四以来有关中国的文化趋向和发展道路论争文选》,北京大学出版社 1990 年版,第 23—28 页。

② 罗荣渠:《现代化新论:世界与中国的现代化进程》,北京大学出版社 1993 年版,第 365—371 页。

③ 《社会科学战线》1992 年第 4 期,第 211—214 页。

④ 《广西民族学院学报》1994 年第 3 期,第 13—18 页。

⑤ 《学术月刊》1996 年第 8 期,第 70—75 页。

⑥ 《许昌师专学报》2000 年第 4 期,第 93—96 页。

⑦ 《民主与科学》2004 年第 5 期,第 40—42 页。

⑧ 周积明、郭莹等:《震荡与冲突——中国早期现代化进程中的思潮和社会》,商务印书馆 2003 年版,第 358—376 页。

各界确立的分析,可惜的是,该书并未就此问题展开论述。钟祥财在《二十世纪二十至四十年代立国之争及其理论影响》一文中,深刻分析了20世纪上半叶"以农立国"与"以工立国"之争的思想背景。他认为,20年代以前,发展中国工业经济的主张之所以没有在思想界引起非议,改良派思想家和革命派领袖人物对发展工业的倡导与保守人士之间处于"相安无事"的局面,是因为当时中国工业经济的规模和社会影响还未达到危及中国基本经济结构和文化心态的程度。导致20年代以后中国思想界对工业化进行争论的因素有两个:一是第一次世界大战后中国民族资本主义经济的较快发展;二是国际资本主义经济的内在矛盾进一步激化,全面的经济危机正在酝酿。值得注意的是,钟祥财从另一个方面分析了20世纪上半叶关于工业道路问题的争论。他认为,20世纪上半叶,中国作为农业国,要转变为工业国,确实面临农业怎么办的问题。因此,当时的重农理论也有其客观的一面,梁漱溟的乡村建设理论确实向工业化论者提出了一个无法回避的严峻难题。经过20年代至40年代的争论,双方就工业化进程中的农业发展问题达成共识,产生一个更切合中国实际经济需要的新理念,农业工业化、农村工业化、农业现代化理论在封建农本观念遭到扬弃的同时也逐步形成。由此,工业化理论成为可操作的、对国民经济发展具有主导意义的经济学说。[①] 之后,钟祥财在《对20世纪上半期"以农立国"思想的再审视》一文中又明确提出,作为当时社会经济重大转折的产物,"以农立国"思想具有特定的理论价值。它揭示的农业在现代化经济中的基础地位,对中国农业现代化思想的发展有重要意义。翁文灏提出的"以农立国,以工建国"理论,"在一定意义上是对长达20年的立国之争的总结,作为两派思想的整合,以农立国思想的合理因素在其中得到了体现"[②]。这为学术界评价"以农立国"与"以工立国"争论提供了新视角。此外,1998年,台湾学者李宇平分析了1931年至1935年以顾季高、方显廷、何廉等人为代表的"重农说"。他认为,这种"重农说"强调城乡各部是整体社

---

① 钟祥财:《二十世纪二十至四十年代立国之争及其理论影响》,《社会科学》2003年第11期,第93—102页。

② 钟祥财:《对20世纪上半期"以农立国"思想的再审视》,《中国农史》2004年第1期,第66—72页。

会相互依存的组成部分，是基于农业是工商业发展的基础这一理性考虑，与梁漱溟所持的文化保守主义立场的"重农说"迥不相同。① 李宇平的分析可以作为印证钟祥财论点的个案。

20世纪三四十年代知识界对经济体制问题的讨论主要有两个问题：计划经济与统制经济、国营与民营。总体而言，目前学术界的研究尚不充分。

赵晓雷、叶世昌、徐建生等较早注意到三四十年代计划经济与统制经济思潮。1992年，赵晓雷提出，30年代中国知识界的"计划经济"与"统制经济"思潮，具有20年代末30年代初资本主义经济危机后古典自由经济理论受到凯恩斯"有效需求不足"理论挑战的背景，同时，"统制经济"思想适合了落后国家"后发外生型"工业化模式通过政府的启动和组织实现工业化的现实需求。② 叶世昌于2000年介绍了抗战时期章友江、谷春帆、刘大钧、吴景超的经济"计划化"思想。③ 2003年，徐建生也介绍了30年代初的"统制经济"思想。④ 但是，他们的论述只是一种非常简要的介绍，分析并不深入。

黄岭峻对30年代计划经济、统制经济思潮的研究应引起关注。2001年4月，他以博士论文为基础出版《激情与迷思——中国现代自由派民主思想的三个误区》一书。黄岭峻重点分析了19世纪末至20世纪40年代末中国自由派民主思想的三个重要认识误区。他认为，中国现代自由派民主思想的一个重要认识误区，就是在经济所有制方面贬抑市场，认为民主社会的经济基础不是强调个人自由的"市场经济"，而是强调国家干涉的"计划经济"。而且，他注意到，"在30年代，中国思想界对'计划经济'或'统制经济'的信仰，已经近乎一种图腾崇拜"⑤。但是，黄岭峻的考察

① 李宇平：《从发展策略看一九三〇年代中国重农说的兴起（1931—1935）》，《台湾师范大学历史学报》第26期，1998年6月，第199—233页。

② 赵晓雷：《20世纪30—40年代中国工业化思想发展评析》，《社会科学战线》1992年第4期，第214—216页。

③ 叶世昌：《中国发展经济学的形成》，《复旦学报》2004年第4期，第90页。

④ 徐建生：《民国北京、南京政府经济政策的思想基础》，《中国经济史研究》2003年第3期，第77—80页。

⑤ 黄岭峻：《激情与迷思——中国现代自由派民主思想的三个误区》，华中科技大学出版社2001年版，第118—198页。

范围从晚清至 20 世纪 40 年代末，时间跨度过大，导致其分析并不深入。此前不久，黄岭峻还把该书相关内容整理成《30—40 年代中国思想界的"计划经济"思潮》①，发表在《近代史研究》2000 年第 2 期。2002 年，黄岭峻又与杨宁联袂发表《"统制经济"思潮述论》，试图把"统制经济"定性为在"计划经济"之外的"独立的话语体系"。他们提出，中国知识界使用"统制经济"一词始于 1933 年 7 月《申报月刊》中国现代化问题讨论。之后，"统制经济"的提法由学界影响到官方，被国民党当局接受。知识界使用"统制经济"概念之初，其含义与"计划经济"没有明确区别，只是"计划经济"的"代名词"或"附属物"。但是，1935 年诸青来将"统制经济"与"计划经济"两个概念彻底分开以后，"统制经济"成为"独立的话语体系"，是对"以全盘干预为特色的计划经济"和"以放任自流为特色的市场经济"的调和折中，具有在资本主义与社会主义之间找出一条中间道路的含义。② 但是，他们的这个判断并不客观。"统制经济"从来没有在"计划经济"之外成为独立的话语体系。从 30 年代初至全面抗战时期，只有少数论者明确区分"计划经济"与"统制经济"概念，大部分论者一直将两个概念混同使用。

近年来，孙大权对 30 年代计划经济与统制经济思潮的考察比较客观。2006 年 8 月，他以博士论文为基础出版《中国经济学的成长——中国经济学社研究（1923—1953）》。③ 他注意到："到 1930 年代，经济学社的主要成员大多转而批判自由资本主义，极力提倡国家干预论，主张在中国实施统制经济政策。"具体而言，知识界计划经济与统制经济思潮兴起于 1932 年 10 月前后。④ 关于计划经济与统制经济两个概念的区别，孙大权也注意到，从 1934 年至 1935 年开始，"张素民、诸青来、吴德培、陈长蘅等学者已将统制经济与计划经济区别开来，即认为资本主义国家的经济干涉为统

① 《近代史研究》2000 年第 2 期，第 150—176 页。

② 黄岭峻、杨宁：《"统制经济"思潮述论》，《江汉论坛》2002 年第 11 期，第 62—67 页。

③ 上海三联书店 2006 年版。

④ 孙大权：《中国经济学的成长——中国经济学社研究（1923—1953）》，上海三联书店 2006 年版，第 244—247 页。

制经济,社会主义国家的经济干涉为计划经济"①。但是,孙大权对全面抗战爆发后的计划经济与统制经济思潮关注不够。

目前,学术界对抗战时期知识界国营与民营理念的研究更为少见。赵兴胜的研究值得注意。2004 年 8 月,赵兴胜以博士论文为基础出版《传统经验与现代理想——南京国民政府时期的国营工业研究》②。之后,他于 2005 年发表《国营与民营之争:中国经济现代化理论的早期探索》,对孙中山 1921 年发表《实业计划》③ 至抗战时期关于国营与民营的讨论作了宏观论述。他认为,自 20 年代至 40 年代中国各界关于国营与民营的讨论,具有综合英美自由经济模式、苏联社会主义计划经济模式、德国法西斯经济模式的国际思想背景;抗战时期国民政府与理论界强调发展国营工业,与当时以国防为重心的政策密切关联。④ 这些分析相当深刻。但是,赵兴胜对抗战时期国营与民营争论的清理力度明显不足。

李学通对翁文灏工业化思想的研究同样值得关注。他曾于 1996 年出版《书生从政——翁文灏》⑤,但对翁文灏的工业化思想涉及较少。所以,他于 2002 年 5 月完成的博士论文便专门以《翁文灏中国工业化思想研究》⑥为题。2005 年 1 月,他以此篇博士论文为基础出版《幻灭的梦——翁文灏与中国早期工业化》。⑦ 在博士论文中,他论述了三四十年代中国知识界关于计划经济与统制经济、国营与民营划分的讨论。他注意到,20 世纪 30 年代知识界自由主义观念与统制经济、计划经济观念之间尚存在分歧,而到抗战时期统制经济、计划经济思潮已占压倒优势。他重点论述了抗战时期翁文灏的工业化思想,从《资源委员会公报》、《经济部公报》中辑录了

① 孙大权:《中国经济学的成长——中国经济学社研究 (1923—1953)》,上海三联书店 2006 年版,第 253 页。

② 齐鲁书社 2004 年版。

③ 孙中山《实业计划》发表时间应为 1919 年 (参见《建国方略之二·实业计划 (物质建设) 第一计划》,《孙中山全集》第 6 卷,中华书局 1985 年版,第 253 页)。

④ 赵兴胜:《国营与民营之争:中国经济现代化理论的早期探索》,《文史哲》2005 年第 1 期,第 70—78 页。

⑤ 兰州大学出版社 1996 年版。

⑥ 李学通:《翁文灏中国工业化思想研究》,中国人民大学国际关系学院政治学理论专业博士论文,2002 年 5 月 6 日。

⑦ 天津古籍出版社 2005 年版。

大量翁文灏的讲话、文章。遗憾的是,他没有注意到翁文灏在《新经济》半月刊发表的文章,尤其是翁文灏以笔名"悫士"(或者还包括"毕敏")发表的文章。

关于抗战时期知识界中国经济发展道路论争的另一个问题,是利用外资和对外贸易。迄今为止,学术界这方面的研究少之又少。2000 年,叶世昌曾对抗战时期褚葆一、章友江、许涤新、朱伯康的对外贸易理论作过简单介绍。[①] 2004 年,聂志红也注意到抗战后期知识界对外贸易思想,指出抗战后期贸易保护思想占据主导地位。[②] 2005 年,聂志红又分析了抗战时期知识界利用外资的思想。但其分析存在误差。他认为,方显廷、翁文灏是注重筹集内资的论者,吴景超是重视利用外资的论者,伍启元主张建设资本的筹集从内资和外资两方面入手,谷春帆则对利用外资和筹集内资均持悲观态度。[③] 而实际上,这些论者的思想倾向都是一致的,既不否认筹集内资的重要性,也积极主张利用外资,只有方显廷在抗战初期一度对利用外资持怀疑态度。

总之,目前学术界对抗战时期知识界关于工业化、经济体制等中国经济发展道路论争的研究,依然薄弱,许多领域甚至处于空白状态。即使有一些零散的分析,由于资料掌握的不足,也缺乏深度,甚至存在讹误。此课题研究已属当务之急。

---

① 叶世昌:《中国发展经济学的形成》,《复旦学报》2000 年第 4 期,第 89—90 页。
② 聂志红:《民国时期的对外贸易保护思想》,《经济科学》2004 年第 6 期,第 122—128 页。
③ 聂志红:《民国时期建设资本筹集的思想》,《福建论坛》2005 年第 1 期,第 32—35 页。

第二章

战争情势下对现代化、国力、经济、建国的反思

20世纪30年代，中国知识界逐渐形成现代化理念。这成为他们讨论中国社会发展问题的理论基点。与此同时，知识界日益重视研究社会经济问题，把工业化等社会经济问题视作现代文化的核心要素。全面抗战爆发后，此种思想态势进一步得到强化。在中华民族历史上，抗日战争是一场史无前例的现代化战争。在严酷的战争环境下，中国知识界不得不深入思考决定战争成败的关键何在？通过对现代化、国力、建国诸问题的深刻反思，他们愈加认识到这些问题的核心是国家的经济，而经济问题的核心又在于科学技术与工业。所以，他们讨论的现代化、国力、经济、建国诸问题密切相关，不能截然分开。

第一节　20世纪30年代知识界现代化理念的形成

要考察和分析抗战时期中国知识界关于工业化、经济体制等中国经济发展道路的论争，必须从30年代知识界形成的现代化①理念说起。因为这是三四十年代知识界讨论中国社会发展问题的理论基点。他们对于中国社会政治、经济、文化等各层面的制度设计，均以实现中国的现代化为出发点。罗荣渠教授指出，中国知识界30年代提出的现代化理念"与战后西方

---

① 20年代末30年代初中国知识界开始广泛使用的现代化一词，源于英文 Modernization。当时中国知识界对 Modernization 的译法有现代化和近代化两种。所以，在20年代至40年代知识界话语中，现代化和近代化两词一般互换使用。

学者根据马克斯·韦伯的观点提出的现代化概念，是基本一致的"，"中国现代化运动从自己的实践中提出现代化的概念和观点，早于西方的现代化理论约 20 年"[①]。

一 现代化概念的形成：西化，还是现代化

罗荣渠教授指出，30 年代中国知识界阐发的现代化概念由西化概念引申而来。[②] 现代化概念的形成与二三十年代中西文化讨论密切相关。从 20 年代末直到 1935 年中国本位文化讨论以前，在知识界的话语中，有一个从西化到现代化的转换过程。在此期间，西化、现代化两个概念往往交互使用，在语义上没有严格区别。

现代化或近代化一词，在五四新文化运动以后关于中西文化问题的论争中，已偶尔出现。当时，具有趋西倾向的中国知识界士人开始使用的现代化或近代化一词，来源于英文 Modernization。他们对现代化语义的理解和概念的使用，自然受到国外学界的影响。在英文中，Modernization 一词约出现于 1770 年，其基本含义有二：一是表示性质，意为成为现代的、适合现代需要；二是表示时间，指大约公元 1500 年以来社会出现的新特点、新变化。可见，现代化一词的英文原义主要是一种时间概念。[③] 五四新文化运动以后的 20 年代，中国知识界在关于中西文化问题的论争中对该词的早期使用，同样具有如此语义。如曾在北京大学任教的严既澄于 1922 年 3 月将梁漱溟在《东西文化及其哲学》中的有关论点称作"近代化的孔家思想"。他还同时使用了"近世的心理学"、"近代的眼光"等词。其所言"近代"、"近世"等词基本是一种时间概念，所谓"近代化的孔家思想"，主要指以近代或现代的眼光或学理对孔子思想的阐释或发挥。[④] 在西方学术界，19 世纪末 20 世纪初，一方面，现代化作为一种社会科学概念尚未

[①] 罗荣渠：《中国近百年来现代化思潮演变的反思（代序）》，罗荣渠主编：《从"西化"到现代化——五四以来有关中国的文化趋向和发展道路论争文选》，第 22 页。

[②] 同上书，第 3 页。

[③] 何传启：《东方复兴：现代化的三条道路》，商务印书馆 2003 年版，第 85—86 页。

[④] 严既澄：《评〈东西文化及其哲学〉》（1922 年 3 月），罗荣渠主编：《从"西化"到现代化——五四以来有关中国的文化趋向和发展道路论争文选》，第 96—99 页。

被广泛使用，而且具有系统理论体系的"经典现代化理论"迟至20世纪50年代才被全面阐述；另一方面，作为现代化理论基础的"现代社会"与"传统社会"观念却已被明确提出。法国社会学家迪尔凯姆（另译作涂尔干，Emile Durkheim，1858—1917）和德国社会学家马克斯·韦伯（Max Weber，1864—1920）被看作是现代化理论的奠基者。1893年迪尔凯姆在《社会分工论》中用"机械团结"、"有机团结"概念来区分两种不同的社会类型，即"低级的"社会和"高级的"文明社会，即后来现代化理论家所说的"传统社会"与"现代社会"。1904年，马克斯·韦伯在《新教伦理与资本主义精神》中开始明确地使用"传统社会"和"现代社会"概念。他描述的"理性化"成为以后西方"经典现代化"的理论基础。在他看来，"从传统社会向现代社会的过渡是一个理性化的过程"。他将现代社会的图像描述为人的理性化、经济组织的理性化、行政与法律的理性化、科学和技术的发展等方面。[①]受西方学界影响，一些落后国家学者也于20世纪初明确提出现代化理念。如土耳其著名民族主义思想家齐亚·格卡尔普在1917年便明确指出："现代化与欧化完全是两回事，两者有相似之处，但决不能等同起来。"20年代毕业于北京大学政治系的柳克述于1926年由商务印书馆出版的《新土耳其》则是中国"第一部明确地以现代化进程为对象的史学专著"，该书将"现代化"等同于"西方化"。林被甸、董正华教授认为，柳克述使用现代化概念可能受齐亚·格卡尔普等土耳其文献的影响，但是，他"将'现代化'与'西方化'并提，把'现代化'等同于'西方化'，这反映了在'中体西用'论之后，主张学习西方的中国知识分子对于现代化问题所达到的一般认识程度"[②]。总之，从严既澄将近代化理解为一种时间概念，柳克述将近代化理解为西化来看，20年代中国学者对近代化或现代化概念的偶尔使用，尚无固定语义，既可为一个表示时间性的概念，也可为一个表示西化的概念。

　　其实，五四新文化运动以后中国知识界开始使用现代化或近代化一词，

---

　　① 尹保云：《什么是现代化——概念与范式的探讨》，人民出版社2001年版，第41、72—74页。

　　② 林被甸、董正华：《现代化研究在中国的兴起与发展》，《历史研究》1998年第5期，第150—153页。

背后隐藏着一个更深刻的文化观念转换。这就是胡适等西化论者的一元文化观对东方文化论者的多元文化观的全面挑战,以及在文化论争中形成的"现代文化"或"近代文化"概念。一般而言,五四新文化运动以前,中国思想界在中西文化问题上的主流观念,是主张中、西文化在世界文化体系中处于对等地位、无所谓先进与落后之别的多元文化观。五四新文化运动之后,这种多元文化观虽仍由部分东方文化论者所承绪,但却受到胡适等西化论者的有力挑战。西化论者文化观念的大前提,就是主张世界各民族文化具有先进与落后之分,先进文化可以"化"落后文化的一元文化观。而先进文化"化"落后文化的结果,便形成一种"世界文化"。如果在其前面加上时间概念,便是"现代世界文化"了。

具有诡论意味的是,较早提起"世界文化"概念的,却是现代新儒家的老前辈梁漱溟。他在出版于 1921 年的《东西文化及其哲学》一书中,企望在中国文化、西方文化、印度文化三个世界文化发展路向中,中国文化代替西方文化而"翻身"成为"世界文化"。① 张东荪接着梁漱溟关于"世界文化"的话题,于 1922 年 3 月说:"西洋文化实在已不仅是西洋的了,已大部分取得世界文化的地位。"② 与梁漱溟所不同的是,张东荪认为"世界文化"的主体是"西方文化"。尽管梁漱溟提起"世界文化"论题的初衷是宣扬中国文化成为世界文化的可能性,但他所引出的"世界文化"话题,毕竟成为现代化论题的种子。因为如果用"世界文化"的概念来论述问题,那么,无论是东方文化,还是西方文化,最终都要落实到世界文化上去的。这就为中国知识界关于中西文化问题的讨论提供了一个新的视角。如果从现代化的角度来看,张东荪的论述将讨论引入到一个超前的方向。既然世界文化的主体是西方文化,而所谓现代化,当然是以西方文化为导向对中国文化进行的"现代化"。正是在这个意义上,胡适于 1926 年 7 月所使用的"西洋近代文明"一语,实际上就暗含着用近代文明代替西洋文

---

① 梁漱溟:《东西文化及其哲学(节录)》(1921 年),罗荣渠主编:《从"西化"到现代化——五四以来有关中国的文化趋向和发展道路论争文选》,第 54 页。

② 张东荪:《读〈东西文化及其哲学〉》(1922 年 3 月 19 日),罗荣渠主编:《从"西化"到现代化——五四以来有关中国的文化趋向和发展道路论争文选》,第 93 页。

明的意思，只是胡适的此种用意尚未十分明确。① 所以，时为中国青年党核心人物的常燕生就想把胡适不十分明确的意思明确下来。他很快于 8 月针对胡适《我们对于西洋文明的态度》一文在屡次使用"东西文化"字样的同时又屡次使用"近代文明"字样代替西方文明，质问说："究竟胡先生的意思，认这两大文化的差点是东西地域之不同呢，还是古今时代之不同呢，抑或合古今中外为一炉，如胡先生文中所又用的'西方近世文明'与'东方旧脑筋'之不同呢?"他明确说："我对于世界文化问题的意见，向来主张世界上并没有东西文化之区别，现今一般所谓东西文化之异点，实即是古今文化之异点。""西洋近代文明之发展并非基于其民族性之特殊点，乃人类一般进化必然之阶级。"② 常燕生以"近代文明"代替"西方文明"的看法，乃是主张世界各民族文化属于同一文化体系的不同发展阶段的文化一元论。

20 世纪 30 年代中国知识界阐发的现代化概念实质是一种文化一元论。它所主张的现代性是各民族文化均应努力实现的目标。正是在 20 年代日益盛行的文化一元论基础上，胡适等西化论者正式提出了基于西化观念的现代化概念。自 20 年代后期开始，胡适即十分明确而频繁地将"西方文明"与"现代文明"两个概念密切联系起来。胡适于 1926 年 7 月使用"西洋近代文明"概念之后，1929 年 11 月，他又将"中国旧文化"与"世界新文明"相对应，意即中国传统文化乃是不能适应"现代环境"的旧文化，中国要适应现代环境，就必须"充分接受世界的新文明"，从而把"现代"与"世界新文明"相关联。③ 1929 年胡适用英文发表《文化的冲突》一文，正式使用"现代文明"和"现代化"两词。他认为，"现代西方文明"已经成为"世界文明"，即"现代文明"，中国对西方文明应采取"一心一

① 胡适：《我们对于西洋近代文明的态度》(1926 年 7 月)，罗荣渠主编：《从"西化"到现代化——五四以来有关中国的文化趋向和发展道路论争文选》，第 156 页。

② 常燕生：《东西文化问题质胡适之先生——读〈我们对于西洋近代文明的态度〉》(1926 年 8、9 月)，罗荣渠主编：《从"西化"到现代化——五四以来有关中国的文化趋向和发展道路论争文选》，第 173—175 页。

③ 胡适：《新文化运动与国民党》，欧阳哲生编：《胡适文集》(5)，北京大学出版社 1998 年版，第 580 页。

意现代化"的态度。① 在此语义中，现代文明等于西方文明，现代化即
西化。

罗荣渠教授认为，1933 年 7 月《申报月刊》关于中国现代化的讨论，
是现代化一词作为一个新的社会科学词汇，在报刊上被广泛运用的正式开
端。② 罗荣渠教授的这一判断只能说具有一部分客观性。因为一方面，该
讨论对于中国知识界广泛使用现代化一词确有开风气的作用，而另一方面，
"现代化"、"近代化"、"现代国家"、"近代国家"等词，早在此次讨论以
前，即已成为蒋廷黻、胡适、陈序经等《独立评论》士人的惯常用语。③
其中，蒋廷黻是使用现代化一词频率最高的学者。他在《申报月刊》讨论
之前便在《独立评论》上频繁阐释包括社会政治、经济、文化、教育等诸
方面的全面现代化观。

30 年代初，直到 1935 年中国本位文化讨论之前，中国知识界所言的
现代化概念基本与西化或全盘西化同义。不论胡适等西化论者，还是陈序
经等全盘西化论者，均常常以现代化概念表述其理论。1932 年 7 月，傅斯
年在论述中国教育"总崩溃"的原因时，连续使用"欧洲近代社会"、欧
洲"近代教育"、"近代国家"、"中国教育近代化"等名词。傅斯年所言
"近代社会"、"近代教育"、"近代国家"基本是指西方社会、西式教育、
西方国家，所言"近代化"基本指西化，因为他基本以中西两种社会传统

---

① 胡适：《文化的冲突》（1929 年），罗荣渠主编：《从"西化"到现代化——五四以来有关
中国的文化趋向和发展道路论争文选》，第 356 页。

② 罗荣渠主编：《从"西化"到现代化——五四以来有关中国的文化趋向和发展道路论争文
选》，第 14 页。

③ 1933 年 7 月《申报月刊》中国现代化问题讨论前，将中国建设成为"近代国家"即成为
《独立评论》士人的基本诉求。1932 年 11 月，杨振声说："我们都企望中国变成个有新生命，有近
代能力的国家"，"然则，必须先有近代的国民，才能造成近代的国家"（杨振声：《也谈谈教育问
题》，《独立评论》第 26 号，1932 年 11 月 13 日，第 5—9 页）。1932 年 8 月，一个名为擘黄的作者
将"仪文主义"、"贯通主义"、"亲故主义"视作中国组织"近代式国家"的三大障碍（擘黄：
《三个亡国性的主义》，《独立评论》第 12 号，1932 年 8 月 7 日，第 11—14 页）。丁文江于 1933 年
2 月提出，现在青年的责任是把中国改造成新式"近代国家"（丁文江：《抗日的效能与青年的责
任》，《独立评论》第 37 号，1933 年 2 月 12 日，第 2—8 页）。1933 年 3 月，一个署名希声的作者
称："我们知道，不把中国造成一个近代的国家，是不能在世界上立足的；不先养成近代国民，是
不会造成一个近代国家的；不借重近代知识，也不会养成近代国民的。"（希声：《识了字干吗？》，
《独立评论》第 41 号，1933 年 3 月 12 日，第 14—17 页）

的分际立论。他认为，中国教育总崩溃的根本原因在于中国"学校教育仍不脱士大夫教育的意味"。之所以如此，是因为中国社会与欧洲"近代社会"有一个重要区别，即西方近代社会有一个属于"各种职业中人"的"技术阶级"，而中国社会的中坚只有传统的以做官为唯一职志的"士人"。欧洲近代教育是这一"技术阶级"的创造品，其功能是训练"具有动手动脚本领"的"各种技术（广义的）人才"。所以，他提出："若想中国成一个近代国家，非以职工阶级代替士人阶级不可；若想中国教育近代化，非以动手动脚为训练，焚书坑儒为政纲不可。"① 傅斯年所言以"焚书坑儒为政纲"的下一步，当然是以西方文化改造中国文化为内涵的西化。胡适是较早把现代化一词引入知识界普遍言说层面者。30 年代初，他也经常使用"现代"或"现代化"概念。1932 年 8 月，胡适在讨论"领袖人才的来源"时，所使用的"现代见识"、"现代训练"、"现代教育"等词，亦与西方见识、西方教育同义。他提出，今日中国的领袖人物必须具备充分的"现代见识"和"现代训练"。他说的这种"现代见识"和"现代训练"源于"西式的大学教育"。所以，他抱怨说："五千年的古国，没有一个三十年的大学！"② 任鸿隽于 1933 年 9 月论述的"行政现代化"，同样具有明显的西化意味。他主张，政府的一切机关未尝不可以通过聘用外国专家的方法实现"现代化"。③ 因为他觉得"所谓现代化，不专靠计划、组织，而主持这些计划、组织的头脑尤为要紧。我们中国人不配说现代化，就是因为我们中国人的头脑根本是非现代的"④。任鸿隽此说，就将"现代"、"非现代"与"西"、"中"对应起来。在法国里昂留学的闵仁（弘伯、张弘⑤）于 1933 年 5 月也将"现代化"理解为"欧美化"："如果'现代化'的意义即是'欧美化'，则切不可忘记了于武器、交通、城市、组织以及

---

① 孟真：《教育崩溃之原因》，《独立评论》第 9 号，1932 年 7 月 17 日，第 2—6 页。

② 适之：《领袖人才的来源》，《独立评论》第 12 号，1932 年 8 月 7 日，第 2—5 页。

③ 叔永：《技术合作应从何处作起？》，《独立评论》第 68 号，1933 年 9 月 17 日，第 5—8 页。

④ 叔永：《附答》，《独立评论》第 72 号，1933 年 10 月 15 日，第 17—20 页。

⑤ 胡适称："张弘先生就是'弘伯'，也就是'闵仁'。"（适之：《编辑后记》，《独立评论》第 104 号，1934 年 6 月 10 日，第 21 页）

其他等等之外，人的本身、人的心理，也要欧美化才行，否则，还是不彻底。"① 30 年代初，陈序经亦常使用现代化一词。不过，其所言"现代化"类于"全盘西化"。在他于 1932 年写的《教育的中国化和现代化》一文中，"现代化"几乎成为一个关键词，被反复频繁使用。他主张："全部的中国文化是要彻底的现代化的，而尤其是全部的教育，是要现代化，而且要彻底的现代化。……惟有现代化的教育，才能叫做新的教育。中国人而不要新生活的教育，也算罢了，要是要了，那只有赶紧的、认真的、彻底的现代化。"陈序经又将"现代化"与"中国化"对立使用，同时强调"新"与"旧"概念的对立，"现代化"即代表"新"，"中国化"即代表"旧"。依此推理，中国教育的"现代化"就是"新时代化"，而这种"现代化"或"新时代化"是"从外面输进来的东西"，也就是"西化"的教育。② 陈序经于 1933 年 12 月在广州中山大学演讲时，也以"现代化"和"世界化"来指称"西方文化"，"西洋文化，是不断的创新与发展，而成为现代化和世界化"③。这显然隐含着以西方文化彻底置换中国传统文化之意。陈序经于 1934 年在《中国文化的出路》一书中，便将世界文化完全等同于西方文化，"质言之，西洋文化在今日，就是世界文化"④。由此立言，"现代化"即是"全盘西化"。

对于 30 年代初知识界将现代化与西化两个概念相混淆的思想态势，北京大学史学教授孟森于 1933 年 11 月尖锐提出，如果把现代化仅仅定义为西化或全盘西化，那么，又如何处理西方文化与中国传统文化之间的关系，"由此一面言之，由现代化之文体言之，谓之现代化。由彼一面言之，由非现代化之文义言之，谓之师法外国。夫以师法外国言国是，国之人已有异

① 闵仁：《欧洲通信·还是心理与人的问题（续上期）》，《独立评论》第 66 号，1933 年 9 月 3 日，第 15—20 页。

② 陈序经：《教育的中国化和现代化》，《独立评论》第 43 号，1933 年 3 月 26 日，第 6—12 页。

③ 陈序经：《中国文化之出路（节录）——民廿二年十二月廿九日晚在中大礼堂讲词撮略》（1933 年 12 月 29 日），罗荣渠主编：《从"西化"到现代化——五四以来有关中国的文化趋向和发展道路论争文选》，第 364—365 页。

④ 陈序经：《全盘西化的理由（节录）》（1934 年），罗荣渠主编：《从"西化"到现代化——五四以来有关中国的文化趋向和发展道路论争文选》，第 381 页。

同之论。无论顽旧之人不谓然，即现代化之人，亦曰一国自有国情、国故、国俗等等，不能即以违国情、背国故、异国俗之他国政法蒙之，他国人物主之"[1]。在 30 年代初知识界将现代化与西化相混淆的世风下，孟森此言的确十分切要。

二　现代化一元文化观的确立：中与西转向中古与现代

在 1935 年中国本位文化讨论中，现代化概念即完全取代了西化概念。以现代化代替西化，意味着一种文化认识坐标的转换，即由中与西的地域坐标转换为中古与现代的时代坐标。这是因为现代化作为西方和东方的共同发展目标，本质上属于一元文化观。中西文化只有先进与落后之别，并非完全分立。30 年代，中国知识界在 20 年代对一元文化观的强调和提出"现代文化"、"近代文化"概念的基础上，最终在理论层面上实现了这种文化认识坐标的转换。相对于 20 世纪初东方文化论以一种横向的地域观念将中、西文化视作两种完全不同的文化体系，现代化论则以一种纵向的时代观念将整个世界文化分为"中古文化"和"现代文化"。

在 1935 年中国本位文化讨论之前，知识界就已经提出了由中与西的地域观念向中古与现代的时代观念的转化问题。早在 1933 年 7 月《申报月刊》中国现代化问题讨论中，吴泽霖就明确将"现代文化"视作"初民文化"和"中古文化"的发展阶段，并将西欧、北美、南非、澳洲作为"现代文化"的样板。他认为："现代文化当然是从初民文化、中古文化中嬗演而出。以今日的全世界来看，这个三种文化并行存在。西欧、北美、南非、澳洲的一隅似乎都已踏上了现代化的阶段了。"[2] 几乎与吴泽霖同时，蒋廷黻也意识到地域观念向时代观念的转换问题。同年 9 月，他提出："学校本身就应作一个缩影的现代化社会。中古的意态、习惯、空气都不应有丝毫存在于学校之内。"[3] 1934 年 3 月，南开大学经济学教授何廉则将中国

---

①　孟森：《现代化与先急务》，《独立评论》第 77 号，1933 年 11 月 19 日，第 7—11 页。

②　吴泽霖：《中国需要现代化么》，《申报月刊》第 2 卷第 7 号，1933 年 7 月 15 日，第 7—9 页。

③　蒋廷黻：《对大学新生贡献几点意见》，《独立评论》第 69 号，1933 年 9 月 24 日，第 5—10 页。

经济的现况定性为"中古式"，而与"经济之现代化"相对应。他论述说，今日中国的经济生活多属中古式，与现代经济有本质区别。要实现中国经济的现代化，必须从根本上改变中国社会"中古之环境"，否则，"现代化之制度，决不能推行顺利"，"中国经济之现代化，永难实现"。①

"中国本位文化"是 1935 年 1 月发起中国本位文化问题论战的王新命、何炳松等十教授提出的核心概念。所以，如何理解"中国本位文化"，便成为分析知识界在这场讨论中广泛接受现代化概念的关键问题。实际上，"中国本位文化"命题具有相当的现代化意味。因为它强调"中国空间时间的特殊性"，主张以"现代中国"为本位，并非主张以"中国文化"为本位。所谓"中国本位"，就是"现在的中国"的"此时此地的需要"。以现代中国此时此地的需要为标准的文化方针就是：无论是中国传统文化，还是欧美文化，均要取其所当取，去其所当去。② 这种"调和中西、创造新文化"的态度自然也可以纳入现代化范畴之内。③ 这同样属于一元文化

---

① 何廉：《中古式之中国经济》，《独立评论》第 93 号，1934 年 3 月 25 日，第 2—6 页。

② 王新命等十教授：《中国本位的文化建设宣言》（1935 年 1 月 10 日），罗荣渠主编：《从"西化"到现代化——五四以来有关中国的文化趋向和发展道路论争文选》，第 393—394 页。

③ 胡适于 1935 年 3 月将十教授主张的这种文化调和论称作张之洞"中体西用"论的"最新式的化装出现"（罗荣渠主编：《从"西化"到现代化——五四以来有关中国的文化趋向和发展道路论争文选》，第 417 页），其实有些偏颇。实际上，"中国本位文化"命题与晚清"中体西用"论有相当区别。1935 年 5 月，十教授声明："我们不仅反对守旧和盲从，就是所谓'中体西用'的主张，也在我们摈弃之列。"（同上书，第 469 页）所以，同样主张西化的吴景超也在 1935 年 2 月对十教授的主张表示赞同，并认为胡适对东西文化"采取一种折衷的态度"，而十教授对东西文化的态度"与胡先生的一样"（同上书，第 402—403 页）。对此，胡适纠正说，吴景超把他算作主张文化折中的一个人，"是吴先生偶然的错误"（同上书，第 416 页）。其实，这并非吴景超"偶然的错误"。尽管胡适自己不承认，他实际上并非像陈序经那样的彻底"全盘西化"论者。关于"中体西用"论与"文化调和"论之间的区别，张佛泉于 1935 年 4 月说，继"中体西用"等"硬性的二元论"之后，便是现在所流行的调和中西文化论。这一派以为东西文化各有所长，亦各有所短，所以，我们应当去自己之所短，取他人之所长，舍他人之所短，保自己之所长，而借此望能产生出（不创造出）新的文化来。……这一派人比起硬性的'二元'论者，已有了许多进步。他们一方面是更勇敢了，更比较走向极端了；一方面却与西方文化取得更多的妥协，将原来的顽硬态度软化了许多。这一派人不但承认了西方的'用'，在他们的'体'中也发现了长处，并且以为这些长处可取"（同上书，第 423 页）。这就是说，"中体西用"论属文化二元论，将中西文化视作相互并立的不同文化体系，认为只能在"体"与"用"中取其一；而"文化调和"论则具有更多的文化一元论因素，两种文化的"体"与"用"均可"调和"。

观。时任山西大学教授的常燕生对于"中国本位文化"的理解相对更为准确。他认为，"必须先把'中国本位'和'中国文化本位'两个名词的概念分别清楚"，他拥护"中国本位"的文化建设，反对"中国文化本位"的文化建设。所谓"中国本位"，就是对于"国粹"或"欧化"的取舍，均应以是否有利于中国的生存和发展为标准。以此立论，他将"中国本位文化"归结为建设一个"近代国家"。[①]

在1935年中国本位文化讨论中，大家逐渐形成一个共识，即不再以东、西这样的地域观念讨论文化问题，而代之以另一个现代化的核心概念——现代文化。所谓现代文化，乃是一种世界性文化，并无中与西的此疆彼界。所以，他们在阐述文化世界性的同时，也就消除了文化的中、西之别。中央研究院社会科学研究所所长陶孟和于1935年5月以世界各民族文化的交融性为基点提出文化的世界性问题。他认为，现代各民族的一切文化都是世界的，既可以供世界任何民族采取，"也可以大胆的吸取他国所发展的文化"，中华民族要在世界各民族共同创造"新文化"过程中发挥相应的作用，"人类的前途不能专倚靠西洋文化……中国民族是人类的一部分，应该尽他的责任"[②]。如此，他就抛弃了中与西的地域文化观念，既否认狭隘的文化国粹论，也否认全盘西化论。在陶孟和阐释文化的世界性后，胡适很快于6月21日提议将"全盘西化"改为"充分世界化"。胡适此论，除鉴于"全盘西化"之说过于绝对化外，还包含另外一层意思，就是以"世界化"代替"西化"。[③] 此前，胡适往往将西化、现代化、世界化几个概念互用，而以世界化代替西化，便强调了世界文化的整体性，抛弃了东与西的地域观念。胡适提出"充分世界化"两天后，梁实秋也于6月23日论述说："文化这种东西逐渐的要变成为全人类所共有的产业，不容再有什么国家的单位存在。"[④] 经常在《独立评论》发表文章的广东人区少干也

　　① 常燕生：《我对于中国本位文化建设问题的简单意见》（1935年5月30日），罗荣渠主编：《从"西化"到现代化——五四以来有关中国的文化趋向和发展道路论争文选》，第485—487页。
　　② 陶孟和：《国粹与西洋文化》，《独立评论》第151号，1935年5月19日，第13—17页。
　　③ 胡适：《充分世界化与全盘西化》（1935年6月），罗荣渠主编：《从"西化"到现代化——五四以来有关中国的文化趋向和发展道路论争文选》，第544页。
　　④ 梁实秋：《自信力与夸大狂》，《独立评论》第156号，1935年6月23日，第12—15页。

于 1935 年 8 月说："但凡能为我们用的文化就是我们的文化。何必要问他是东是西呢？"现代世界各民族文化的融通自然会形成一种适应现代世界和中国需要的世界性的"现代文化"。①

对于由中与西向中古与现代这种文化认知坐标的转换，嵇文甫、冯友兰、周宪文等人在 40 年代曾作了明确总结。河南大学教授嵇文甫于 1940 年 2 月指出："所谓'西化'，正确的说，应该是'现代化'。因无所谓中西文化的差异，在本质上，乃是中古文化和现代文化的差异。"② 清华大学教授冯友兰也于 1944 年说，以"近代文化"或"现代文化"代替西洋文化，以"近代化"或"现代化"代替"西化"，"这并不是专是名词上改变，这表示近来人的一种见解上底改变。这表示，一般人已渐觉得以前所谓西洋文化之所以是优越底，并不是因为它是西洋底，而因为它是近代底或现代底。我们近百年来之所以到处吃亏，并不是因为我们的文化是中国底，而是因为我们的文化是中古底"③。此时已担任台湾银行金融研究室主任的周宪文④也于 1948 年 5 月说："我们如由'地理的观点'转到'历史的观点'，亦即由'地'的看法转到'时'的看法，那就可知，这根本不是什么中国与西洋或中国人与西洋人的问题。这是农业社会与工

---

① 少干：《我们此时此地的需要是甚么》，《独立评论》第 163 号，1935 年 8 月 11 日，第 18—20 页。

② 嵇文甫：《漫谈学术中国化问题》（1940 年 2 月），罗荣渠主编：《从"西化"到现代化——五四以来有关中国的文化趋向和发展道路论争文选》，第 630 页。

③ 冯友兰：《别共殊》（1944 年），罗荣渠主编：《从"西化"到现代化——五四以来有关中国的文化趋向和发展道路论争文选》，第 332 页。

④ 周宪文（1907—1989），浙江黄岩人。初字质彬，号毅恒，在台湾时常用笔名"惜馀"。1928 年，赴日本东京帝国大学专攻经济学，出版《现代物价政策之研究》、《经济政策纲要》等书。1931 年回国后，任中华书局编辑。1932 年冬，编辑《新中华》半月刊。1935 年，任上海暨南大学经济系主任、教授，旋兼商学院院长。1937 年全面抗战爆发后，随暨南大学迁入法租界。1939 年，前往重庆，在经济部农本局任职，与杨开道等争论中国能否以农立国问题。1941 年初，返回上海，同年 5、6 月间，往福建建阳筹设暨南大学分校，任分校主任。1942 年，暨南大学本校迁福建，任商学院院长，常在南平《东南日报》及永安各报刊发表文章。抗战胜利后，任台湾省立法商学院院长，旋任台湾大学兼职教授，不久，兼台大法学院院长，后兼人文研究所所长。1946 年 11 月，辞去教职，转入台湾银行。12 月 1 日，成立台湾银行金融研究室（1952 年 7 月，改称经济研究室），任首任主任。1947 年 6 月，《台湾银行季刊》创刊，任主编（《民国人物小传·周宪文（1907—1989）》，《传记文学》第 57 卷第 5 期，1990 年 11 月 1 日，第 134—135 页）。

业社会的问题，因为社会的进化，是由农业社会到工业社会的，亦即是由农业生产到工业生产的。所以，这一问题，实在可说是古代与现代的问题。"①

与文化认识坐标由地域转向时代密切关联，现代化与西化两个概念的另一个区别，在于如何理解中国文化在现代化进程中的地位。如果以现代化为视角理解中国社会发展，那么，中国文化当然可以通过现代化而成为整个世界现代文化体系中的一部分；如果以西化（尤其是全盘西化）为视角理解中国社会发展，那么，中国文化就有可能被西方文化完全置换掉，甚至在世界现代文化体系中消失。所以，在现代化进程中，对中国文化进行的是"化"，而不是全盘西化论者主张的"完全置换"。1935年4月，清华大学教授张熙若对于"西化"与"现代化"的区分具有相当典型性。他指出，"西化"主要是对西洋文化的抄袭，"有的加以变通，有的不加变通"，有可能不包括以中国文化为基础进行西"化"的问题。而"现代化"首先是"中国的"现代化，要在中国原有的社会文化基础上进行。他将现代化分为两种：一种是用现代的知识、经验和需要对中国特有的东西的改造，这当然要以中国文化为基础；另一种是以中国社会文化为指针对西方文化特有的东西进行合理化或适用化，使之适合中国社会文化的需要。他更看重第二种，认为"比较起来，第一种的现代化比第二种的现代化在量的方面一定要多些，但第二种的在质的方面或者重要些"②。显然，他更看重以中国社会的需求为依归对西方文化的引进。由此而言，现代化既排斥中体西用论的文化保守主义，同样排斥全盘西化论的文化绝对主义。

由于现代化概念具有相当的中性色彩，在1935年中国本位文化讨论中，不论陈序经等全盘西化论者，胡适等充分世界化论者，还是十教授等中国本位文化论者，均同意以现代化概念代替西化概念，并成为大家的共识。1935年4月，张熙若便主张用现代化代替、规范西化概念，认为"现

---

① 周宪文：《"中国传统思想"与"现代化"（节录）》（1948年5月1日），罗荣渠主编：《从"西化"到现代化——五四以来有关中国的文化趋向和发展道路论争文选》，第337页。

② 张熙若：《全盘西化与中国本位》（1935年4月），罗荣渠主编：《从"西化"到现代化——五四以来有关中国的文化趋向和发展道路论争文选》，第450页。

代化可以包括西化，西化却不能包括现代化"①。十教授也对现代化概念持完全接受的态度。王新命于同年 4 月称，中国本位文化建设之所以"主张应把握现在，是因为生为现代的人，不能和现代分离，自甘退出'现代'化之外"②。同年 5 月，严既澄提出，"西化"这个名词颇不适当，最好改为"现代化"，因为如今世上的一切学问、知识、文物制度均已成世界公器了，"又何必为了所居地点的关系而妄为区别，把人类分划为东西两部"③。7 月，主张全盘西化的陈序经虽然表示"西化"较为具体，较易理解，可以包括"现代化"和"世界化"，但他并不排斥"现代化"概念的使用。④

三　科学与工业：现代化内涵由文化问题向社会经济问题的转化

现代化最初与西化同义，主要是就中西文化问题而言。随着工业化等经济论题成为中国知识界言说中心，现代化内涵开始由单纯的文化问题演变到以工业化等社会经济问题为核心。所以，30 年代西化观念向现代化观念的转变，除了文化认识坐标的转换，还有另外一种转换，即由空泛的文化问题向工业化等社会经济问题的转化。30 年代后期，中国知识界对现代化内涵的理解最终落实到近代科学技术与工业化上。

20 年代中国知识界语义中"文化"与"文明"概念的不分，使"文化"概念有着极为宽泛的内涵，其中自然也包括工业化等经济面相。如胡适在 1929 年将"科学"与"工业"称作现代文化的基础："让我们建立起我们的技术与工业的文明作为我们民族新生活的最低限度的基础吧。"⑤ 30

---

①　张熙若：《全盘西化与中国本位》（1935 年 4 月），罗荣渠主编：《从"西化"到现代化——五四以来有关中国的文化趋向和发展道路论争文选》，第 450 页。

②　王新命：《全盘西化论的错误》（1935 年 4 月 3 日），罗荣渠主编：《从"西化"到现代化——五四以来有关中国的文化趋向和发展道路论争文选》，第 435 页。

③　严既澄：《"我们的总答复"书后——向"中国本位文化建设"的十位起草者进一言》（1935 年 5 月 22 日），罗荣渠主编：《从"西化"到现代化——五四以来有关中国的文化趋向和发展道路论争文选》，第 476 页。

④　陈序经：《全盘西化的辩护》（1935 年 7 月 21 日），罗荣渠主编：《从"西化"到现代化——五四以来有关中国的文化趋向和发展道路论争文选》，第 550 页。

⑤　胡适：《文化的冲突》（1929 年），罗荣渠主编：《从"西化"到现代化——五四以来有关中国的文化趋向和发展道路论争文选》，第 361 页。

年代初，虽然知识界所言的"现代化"类于"西化"之义，却形成了包括政治、经济、文化、教育等各方面的全面现代化观，突破了 20 年代他们空泛地谈论文化论题的思想态势。在这方面，1932 年至 1933 年，中国近代史学科奠基者清华大学教授蒋廷黻作了较详尽的理论阐释。1932 年 6 月，他在讨论陈果夫等提议的"专重农工医"的教育政策时，使用了包括军事、经济、思想文化诸方面的"整个现代化"概念，批评晚清曾国藩、李鸿章、奕䜣、文祥等洋务派士人专谋"物质改造"的"眼光偏狭"。[①] 同年12 月，他在《南京的机会》一文中，连续使用几个"现代化"和"近代化"词汇，并提出"国家的现代化"概念："中国现在固然是百端待举，但归结起来，还是一件事，就是国家的现代化。南京的政治设施必须表示它有领导中国近代化的本领。"所谓"国家的现代化"，即指政治、经济、文化、社会的整体现代化。他在此文中主要强调政治或行政现代化："直辖各省的地方行政必须比其他省分更加廉明，更加现代化"，军民分治"是政治现代化的第一个条件，也是中央防止卵翼军阀的方法之一"[②]。1933 年4 月，他又对"现代化"内涵作了更明确而全面的表述，将"中国的现代化"称作"内政的改革"，"中国近代的厄运之主要原因，无疑的，是现代化的迟缓。换言之，就是内政改革的失败"。"我深信现在惟一促进国联和国际帮助我们收复失地的方法在于速图内政的改革——或国家的现代化。"所谓"内政的改革"，包括经济的改革、政治的改革、思想的改革和社会革命，"甲午以前，局部的物质改革不见效，于是有戊戌的局部政治改革；又不见效，于是有辛亥的整个革命；还不见效，于是有民四以来的思想及社会革命"。蒋廷黻此段论述近似于经济、政治、思想文化的现代化表述。他又将这种经济、政治、思想文化的现代化总结为"政治和经济"的"民治主义"，亦即"民治的宪政"和"资本与工业的社会化"[③]。1933 年 5月，他又强调包括"人的现代化"在内的"社会整体现代化"，"我们既没有现代的经济、现代的社会、现代的人民，那能有现代的政治"？"我们知

①　蒋廷黻：《陈果夫先生的教育政策》，《独立评论》第 4 号，1932 年 6 月 12 日，第 6—8 页。

②　蒋廷黻：《南京的机会》，《独立评论》第 31 号，1932 年 12 月 18 日，第 2—4 页。

③　蒋廷黻：《长期抵抗中如何运用国联与国际》，《独立评论》第 45 号，1933 年 4 月 9 日，第 2—5 页。

识阶级的人应该努力作现代人，造现代人。"① 1933 年 8 月，他论述说："如果中国的近代史能给我们一点教训的话，其最大的就是：在中国没有现代化到相当程度以前，与外人妥协固吃亏，与外人战争更加吃亏。""处今日而作政论的人的第一责任，据我看来，是集中力量来帮助和督促政府实行现代化。"② 此处的"现代化"基本与以工业化为核心的国家建设同义。蒋廷黻的论说，可说与当年 7 月上海《申报月刊》关于中国现代化问题的讨论南北呼应。

实际上，在包括社会各层面的全面现代化观念方面，发起 1933 年 7 月中国现代化问题讨论的《申报月刊》编者，未尝不与蒋廷黻等《独立评论》士人持同一观点。他们明确指出："现代化的范围固然很广，包含着政治、文化、学术和社会制度等等方面，但其主要之点，却在国民经济的改造、工业化和生产力的提高。"③ 他们一方面承认现代化包括社会的各层面，同时，他们认为经济问题是现代化的主要方面。《申报月刊》编者之所以在发给学者们的征文信中将讨论重点指定在经济现代化方面，是因为他们鉴于 30 年代初中国国家主权和经济崩溃的双重危机，认为"须知今后中国，若于生产力方面，再不赶快顺着'现代化'的方向进展，不特无以'足兵'，抑且无以'足食'。我们整个的民族，将难逃渐归淘汰、万劫不复的厄运"，而且，如果全面讨论现代化的各方面，"方面未免太广"。④ 受该刊编者的引导，参加讨论的学者大都将经济问题视作中国现代化的核心，甚至将现代化直接指为工业化。如张良辅称，中国的现代化"虽然包括政治、文化、学术及社会制度各方面，但是主要的含义，却是关于经济方面的。……我这里所说的现代化自然专指经济方面，尤其是工业化和机械化而言"⑤。

《申报月刊》关于中国现代化的讨论，实际将论题聚焦在资本主义与

① 蒋廷黻：《知识阶级与政治》，《独立评论》第 51 号，1933 年 5 月 21 日，第 15—19 页。
② 蒋廷黻：《论妥协并答天津益世报》，《独立评论》第 62 号，1933 年 8 月 6 日，第 2—5 页。
③ 《编辑后记》，《申报月刊》第 2 卷第 7 号，1933 年 7 月 15 日，第 151 页。
④ 《中国现代化问题特辑》（编者之言），《申报月刊》第 2 卷第 7 号，1933 年 7 月 15 日，第 1 页。
⑤ 张良辅：《中国现代化的障碍和方式》，《申报月刊》第 2 卷第 7 号，1933 年 7 月 15 日，第 3—4 页。

社会主义的经济体制方面。1933 年 11 月，他们的这种倾向遭到胡适、孟森等《独立评论》北方学人的批评，引出了胡适关于"建国问题"的论说。北京大学史学教授孟森提出，如果把现代化问题仅仅视作社会制度问题，那么，在尚未解决中国是走社会主义还是走资本主义道路之前，中国又如何进行现代化？孟森将此认知误区称为"笼统"：既搞不清何为"现代"，又从何化之？孟森此论源于他与胡适的一次谈话。他问胡适：在当今世界分裂为资本主义、共产主义、法西斯蒂主义的情势下，"现代化有无界说"？胡适回答孟森说："现代化者，化其为用科学施之于一切，而发达工艺、增生产为明效大验。"[①] 由此看来，一方面，孟森对《申报月刊》将讨论重点放在经济体制方面有成见，另一方面，胡适本人并不反对使用"现代化"概念，但对"现代化"的含义，有他自己的理解：将近代科学技术施用于社会各方面，从而实现工业化。胡适也对《申报月刊》在自由资本主义和社会主义两种经济体制之间的反复讨论不以为然，讥讽说：看了"这十万字的讨论"，"真有点象戏台上的潘老丈说的，'你说了，我更糊涂了'"。他将这种专重于经济体制的讨论称作"很广泛的空谈"。所以，胡适所反对的，并不是"现代化"论题的本身，而是《申报月刊》的"谈主义"倾向。他要把"现代化"论题"问题化"，认为"现代化"也只是一个问题，即怎样建设起一个在现代世界里站得住脚的中国的问题，"问题在于建立中国，不在于建立某种主义"。胡适实际上希图把"现代化"问题分解成一个个需要一步一步解决的具体的建国问题，"一点一滴的收不断的改革之全功"。[②] 在诸多建国问题中，工业化等经济建设问题当然居于要角。

自 1935 年中国本位文化讨论开始，中国知识界对现代化内涵的理解主要集中在两项内容：科学与工业化。其中，科学主要指近代自然科学及工程技术，而工业化还有另一个称谓——机械化。张熙若于 1935 年 4 月指明，中国现代化应在发展自然科学、促进现代工业、提倡各种现代学术、思想方面的科学化四个方面努力。[③] 1935 年 6 月，经济学家刘絜敖提出

---

① 孟森：《现代化与先急务》，《独立评论》第 77 号，1933 年 11 月 19 日，第 7—11 页。

② 胡适：《建国问题引论》，《独立评论》第 77 号，1933 年 11 月 19 日，第 2—7 页。

③ 张熙若：《全盘西化与中国本位》（1935 年 4 月），罗荣渠主编：《从"西化"到现代化——五四以来有关中国的文化趋向和发展道路论争文选》，第 450—451 页。

"使我国科学化或近代化",其中,与工业生产密切相关的近代科学技术乃其要义,"我们应急速的将形成近代文明国家的要素即科学与技术,尽量从欧美移植过来,以改造我国的产业组织"①。

30 年代后期,中国知识界对现代化的理解最终落实在近代科学技术与工业化上。蒋廷黻于 1936 年 10 月发表的《中国近代化的问题》是 30 年代中国知识界有关现代化问题最具代表性的文章。在此文中,他将"近代世界文化"称作"科学机械文化",相应地,将"近代化"定义为"科学化"和"机械化","我们如说中国必须科学化及机械化,并且科学化和机械化就是近代化,大概没有人反对的"。而蒋廷黻所言的"科学化"主要指"自然科学化",人文社会科学则退居其次。因为他认为,近代世界文化有两个重要特点——自然科学和机械工业。② 显然,蒋廷黻将近代自然科学和机械化视作世界近代文化的精髓和近代化的核心。将现代化定位为近代科学技术与工业化,甚而干脆将现代化直接理解为工业化,也成为 30 年代后期中国知识界的共识。1935 年 11 月,清华大学工学院院长顾毓琇希图以增加建国力量定位"现代化":"现代化是什么?简单说,也可以说是增加力量的问题。"从其具体阐述中可知,所谓"建国的力量",乃以经济实力为基础和后盾,那么,工业化等经济论题便是现代化题中之要义。③ 1936 年 11 月,吴景超也说:"近代化的主要条件,便是用机械的生产方法,来代替筋肉的生产方法。"④ 抗战时期担任《中央日报》主笔的胡秋原于 1943 年称:"所谓现代化不是别的,就是工业化、机械化的意思,就是民族工业化的意思。"⑤

30 年代,中国知识界有一个由西化理念向现代化理念的长期转化过程。自 1933 年 7 月《申报月刊》中国现代化问题讨论至 1935 年中国本位文化问题讨论,是知识界现代化理念形成和完善的关键时期。《申报月刊》

① 刘絜敖:《中国本位意识与中国本位文化》(1935 年 6 月 10 日),罗荣渠主编:《从"西化"到现代化——五四以来有关中国的文化趋向和发展道路论争文选》,第 526—527 页。

② 蒋廷黻:《中国近代化的问题》,《独立评论》第 225 号,1936 年 11 月 1 日,第 10—13 页。

③ 顾毓琇:《建国的力量》,《独立评论》第 176 号,1935 年 11 月 10 日,第 2—6 页。

④ 吴景超:《中国的人口问题》,《独立评论》第 225 号,1936 年 11 月 1 日,第 6—10 页。

⑤ 胡秋原:《中国文化复兴论(节录)》(1943 年),罗荣渠主编:《从"西化"到现代化——五四以来有关中国的文化趋向和发展道路论争文选》,第 321 页。

的讨论将中国现代化问题的核心界定为工业化等经济问题。而在此前后，蒋廷黻在《独立评论》上的一系列相关论述从理论上初步阐释了现代化概念的内涵和大体轮廓，提出了包括政治、经济、文化等社会各方面的全面现代化观。1935年中国本位文化讨论中，西化概念被现代化概念代替。值得注意的是，在现代化的各项要素中，知识界越来越关注工业化问题。这种以工业化为核心要素的现代化理念，成为三四十年代尤其是抗战时期中国知识界探讨中国经济发展道路的理论基点。

第二节 国力与经济：战争环境中对现代化的反思

二三十年代，知识界开始出现重视社会经济问题的思想倾向。这种思想态势在抗战时期得到全面强化。这缘于抗战时期知识界对中日国力、工业化现状等问题的深切反思。抗日战争是一场以现代工业为基础、使用现代军事装备的现代战争。卢沟桥事变后，日军之所以迅速长驱直入，中日双方军事装备难以类比的巨大差距则是重要的客观原因。全面抗战爆发之初，中国知识界对中日两国战力对比的分析，更关注双方军事装备的对比。而这种现代化的军事装备，则是以国家的现代化、充足的经济力和充分的工业化为基础的。

一 物质文明的凸显：二三十年代知识界文化视阈的转移

中国知识界重视以工业化为核心的经济建设问题的思想倾向并不始于抗战时期。这种思想倾向始于20年代，30年代普遍流行。这与知识界文化认知倾向的改变有直接关联。我们在上一节讨论知识界现代化理念的形成时已经提到，20世纪上半叶，中国思想界讨论中西文化问题时使用的"文化"概念，是一个大"文化"概念，几乎包括社会文明的各方面。这个语言现象，从五四新文化运动至20年代思想界讨论中西文化时"文化"与"文明"两个概念可以互换即可看出。张申府于1926年12月说："我意'文明'与'文化'，在中国文字语言中，只可看成差不多与'算学'与'数学'一样，只是一物事之二名，或一学名一俗名。不必强为之区异。或则顶多说，文化是活动，文明是结果。也不过一事之两看法。"① 如果将"文化"等同于"文明"，那么，就意味着"文化"外延可以无限扩大到一切人类文明成果。五四新文化运动至 20 年代中西文化讨论所说的"物质生活"或"物质文明"，实际上与近代科学技术、机械工业、经济等概念具有相当的一致性。从 20 年代开始，"文化"概念中的近代科学技术、机械工业、经济等"物质文明"要素引起中国思想界越来越多的关注，并逐渐在各个"文化"要素中占据主体地位。

中国思想界由重视精神文明到强调物质文明的明显思想转变，起始于20 年代关于"精神文明"与"物质文明"的讨论。自晚清至 20 年代的相当长时期，东方文化论者有一个思维定式，即以中国文化为主体的东方文化代表"精神文明"，而西方文化则代表"物质文明"。东方文化与西方文化各有优长，是对等的关系，无所谓先进与落后。20 年代，胡适等西化论者通过打破东方文化论者这种思维定式，力图从理论根基上彻底否定东方文化派。1926 年 7 月，胡适就将中国文化代表"精神文明"、西方文化代表"物质文明"的说教称为"今日最没有根据而又最有毒害的妖言"，提出物质文明和精神文明共存的文明整体性观点，"没有一种文明是精神的，也没有一种文明单是物质的"②。1929 年 11 月，胡适又明确说："新文化运动的大贡献在于指出欧洲的新文化不但是物质文明比我们高明，连思想学术、文学美术、风俗道德都比我们高明的多。"③ 西化论者对物质文明与精神文明整体性的强调，其落脚点还是要证明西方物质文明对于人类整个文明体系的基础作用。1926 年 7 月，胡适将西方文明称作"利用厚生"的文明，认为只有提高人们的物质享受，才能使人们有精力心思去满足精神上的要求，这就要"开发富源，奖励生产，改良制造，扩张商业"④。胡适此论一出，常燕生很快于 8 月进一步论述说："'利用厚生'的文明，并不是

① 张崧年：《文明或文化》（1926 年 12 月），罗荣渠主编：《从"西化"到现代化——五四以来有关中国的文化趋向和发展道路论争文选》，第 184 页。

② 胡适：《我们对于西洋近代文明的态度》（1926 年 7 月），罗荣渠主编：《从"西化"到现代化——五四以来有关中国的文化趋向和发展道路论争文选》，第 156 页。

③ 胡适：《新文化运动与国民党》，欧阳哲生编：《胡适文集》（5），第 583 页。

④ 胡适：《我们对于西洋近代文明的态度》（1926 年 7 月），罗荣渠主编：《从"西化"到现代化——五四以来有关中国的文化趋向和发展道路论争文选》，第 157—158 页。

'西洋近代文明'的特色，乃是一般人类文明的特色。"① 1930 年，胡适又将中西文化的真正区别归结为机械、电气等工业化，认为只有机械的进步增加了人类工作与生产的能力之后，"我们才有闲余的时间与精力去欣赏较高的文化"。他问道："我们试想想，一群妇女孩子们，提着竹篮，拿着棍子，团聚在垃圾堆中寻找一块破布或是煤屑，这叫做什么文明呢？在这种环境里能产生什么道德的精神的文明么？"②

　　30 年代，中国知识界在文化问题上的一个重要认知倾向，就是日益重视工业化等社会经济问题，不再空泛地谈论文化论题。他们强调，只有科学技术与机械工业才是现代文化的基础。1933 年 7 月《申报月刊》中国现代化问题讨论中，学者们便纷纷强调文化的经济基础。上海暨南大学教授陈高傭就说："文化是人类在一定的经济基础之上实行生产劳动的各种表现，质言之，即人类由生产劳动所产生的各种事物。"③ 顾毓琇则将"机械动力"视作"现代文化"的主要生命素。他认为："近两世纪中，文明各国一方面用尽种种方法来利用天然的原动力，一方面把人的智慧技能转移给各种机器与工具。人类文化的基础，新从人力改为机械动力。""中国落后的原因，是缺乏现代文化的主要生命素——'机械动力'。我们要迎头赶上'现代化'光明的前途，只有努力于这主要生命素的发展。"④ 1934 年 6 月，胡适进而把现代文化界定为"科学与工业"，认为"西洋人跳出了经院时代之后，努力做征服自然的事业，征服了海洋，征服了大地，征服了空气、电气，征服了不少的原质，征服了不少的微生物，——这都不是什么'保存国粹'、'发扬固有文化'的口

　　① 常燕生：《东西文化问题质胡适之先生——读〈我们对于西洋近代文明的态度〉》（1926 年 8、9 月），罗荣渠主编：《从"西化"到现代化——五四以来有关中国的文化趋向和发展道路论争文选》，第 173—175 页。

　　② 胡适：《东西文化之比较》（1930），罗荣渠主编：《从"西化"到现代化——五四以来有关中国的文化趋向和发展道路论争文选》，第 200—202 页。

　　③ 陈高傭：《怎样使中国文化现代化》（1933 年 7 月），罗荣渠主编：《从"西化"到现代化——五四以来有关中国的文化趋向和发展道路论争文选》，第 288—292 页。

　　④ 顾毓琇：《原动力之发展与中国的现代化》，《申报月刊》第 2 卷第 7 号，1933 年 7 月 15 日，第 86—96 页。

号所能包括的工作"①。

对于中国思想界自20年代开始日益重视属于物质文明范畴的科学技术和工业化等社会经济问题的思想倾向，罗志田教授曾指出："新文化运动本已主要侧重文化层面的变革，但在第一次世界大战后又出现从'文化'回归物质层面的'富强'之路的趋向。"② 这种物质层面的"富强"之路主要指国家物质财富的增进。不过，这一思想倾向并非回归于晚清洋务派士人的"中体西用"论。他们对工业化等经济问题的强调建立在五四新文化运动后日益兴盛的西化观念基础上，在强调引进西方"物质文明"的同时，也主张引进西方"精神文明"，并非单纯强调"器物"。对此，清华大学教授冯友兰于1936年解释说："我们的主张虽与清末人的主张似同，其实大不相同。他们是以为只有物质文明，至于精神文明，还是中国的好，故有'中学为体，西学为用'之主张。到了'五四'，认为西洋不只物质文明，而且精神文明亦高，而且精神文明是基本，故须从精神文明下手。今日照我们说的工业化，是物质文明也有，精神文明也有，而以物质为根据。如有了某一种的物质文明，则某一种的精神文明不叫自来。故我们的说法与清末似同，而实不同。"③

二 战争与现代文化、现代化

如前所述，从20年代开始，在文化的各项要素中，中国知识界日益重视工业化等社会经济面相，相应地，工业化以及与工业生产密切相关的科学技术成为知识界30年代形成的现代化理念的核心内容。全面抗战爆发后，在严酷的战争环境中，知识界更深切地思考现代文化和现代化问题。增强国力，发展经济，尽快实现工业化，在现代文化和现代化语义中的地位更加凸显。

1938年初，战局日益吃紧，中国军队迅速后退。1月5日，《大公报》

---

① 胡适：《再论信心与反省》，《独立评论》第105号，1934年6月17日，第2—6页。

② 罗志田：《国家与学术：清季民初关于"国学"的思想论争》，生活·读书·新知三联书店2003年版，第280页。

③ 冯友兰：《中国现代民族运动之总动向》（1936年），罗荣渠主编：《从"西化"到现代化——五四以来有关中国的文化趋向和发展道路论争文选》，第317—318页。

总编辑王芸生因该报上海版停刊，由上海来到汉口。一到汉口，他便接到一个"悲观气分"很重的青年徐芸书留给他的一封信。王芸生认为这封信提出的问题"是一般知识青年的共同苦闷"，并非"一个人的私言"，便在1月10日《大公报》公开回应，并将此信全文发表。徐芸书问王芸生，战争期间如何认识"现代文化"？他感到："抗战以来，中国有知识的人应该对现代世界文明，对敌人对自己的程度，有一番新认识或更多的认识了。"王芸生表示，中国目前抗战所受的痛苦，在于中日之间国力的差距，不能把日本看轻了，要丢掉"一抗必胜"的幻想，因为"日本是东方的巨强，我们不抗则已，如其抗之，便必须准备接受一切当然的苦痛"①。显然，王芸生倾向于以"国力"认识"现代文化"。王芸生曾于1932年至1934年出版《六十年来中国与日本》，自然对中日问题和两国间的国力差距有更多体认，所以，他特别强调，中日问题的根干在于文化，而文化的核心又在于国力："谈到文化，真够我们觉悟忏悔的，而且是我们建国工作的根本致力之点。……文化是国力的总和。"② 很可能几天以后，即1月15日的《大公报》社评出自王芸生的手笔。这篇社评所言的"文化"即是"国力"和"现代化"的翻版。社评感叹说，中国自鸦片战争时开始与西方文明相见，改行新教育制度亦已数十年，我们始终没有抓住"现代文化的科学"的精髓，中国的根本在于正确认识"现代文化的主流"，确定一条"建国的路线"，而"文化是国力的总和，近百年来，我们在现代化赛跑中落伍了，所以，国力衰弱，招来轻侮"③。仔细品味，社评以"建国"、"国力"分解"现代文化"的意向是明显的。依时人一般观念再引申开来，所谓"建国"、"国力"，其核心在于"工业化"。

蒋廷黻于1936年11月在《中国近代化的问题》一文中将近代化定义为"科学化"和"机械化"的观点，抗战初期已被知识界普遍认可。大家把由近代科学和机械生产引起的经济变革视作现代化的基本内涵。1938年2月3日，武汉大学哲学教授范寿康便说："近代科学的发达与机械工业的发明引起了欧洲经济事情的激变，而因为欧洲经济事情发生

---

① 王芸生：《答一位青年（上）》，（汉口）《大公报》1938年1月10日。
② 王芸生：《答一位青年（下）》，（汉口）《大公报》1938年1月11日。
③ 《今后的国家教育》（社评），（汉口）《大公报》1938年1月15日。

了激变，所谓'西化'遂开始了大规模的'东渐'。"① 他所说的"西化"即为"现代化"之谓。同年 7 月 24 日，历史学家、河南大学教授萧一山以文化为视角分析中华民族遭受空前国难的原因。他认为，中华民族在古代亦曾受到诸如戎狄、匈奴、五胡、辽、金、元、清的异族统治。然而，这些统治中国的外族全被中华民族同化，变为中华民族的新分子。这是因为中华文化程度高，能够同化异族。可是，在近代则不然了，西方外族的文化程度比我们高，我们的"长技"没有了，所以，受祸也最烈。萧一山所言"外族文化"也就是以科学、工业为核心的西方"现代文化"。他的意思仍然是中国的"现代化"不如人。萧一山引《左传·昭公四年》"殷忧启圣，多难兴邦"一语鼓舞国人：正是日中战争这场空前国难，给了中国一个破旧自新、建设新中国的机会。他强调，中国必须"变"而非"常"，不能拘守常格，不能渐变，应像孙中山所说的那样"兼程并进"、"迎头赶上"，追赶世界潮流，建设"新的国家"。②萧一山此论与同年 11 月《新经济》半月刊发刊词《新经济的使命》所言"其命维新"具有相同内涵。

以现代化为主线分析中国近代史，将整个中国近代历史进程视作一个现代化过程，成为《新经济》士人的共识。1938 年春夏之交，蒋廷黻撰写出著名的《中国近代史》，将"近代化"视作中国近代史发展的总脉络，并将"近代化"定义为科学、机械和近代国家的形成三点。蒋廷黻在该书总论中指出，科学、机械和近代民族国家的形成是东方"中古文化"与西方"近代文化"之间的最主要差距，认为"近百年的中华民族根本只有一个问题，那就是：中国人能近代化吗？能赶上西洋人吗？能利用科学和机械吗？能废除我们家族和家乡观念而组织一个近代的民族国家吗"？其中，他所说的"科学"主要强调近代自然科学与技术，"在嘉庆道光年间，西洋的科学基础已经打好了，而我们的祖先还在那里作八股文，讲阴阳五行"。其所言"机械"是指西方工业革命之后的机械化生产和军事机械，

---

① 范寿康：《从过去新教育的失败说到今后教育改造的基本问题（一）》，（汉口）《大公报》1938 年 2 月 3 日。

② 萧一山：《民族战争与历史的教训》（星期论文），（汉口）《大公报》1938 年 7 月 24 日。

"西洋已于十八世纪中年起始用机械生财打仗，而我们的工业、农业、运输、军事，仍保存唐宋以来的模样"。其所言"民族国家"的形成则指西方近代民族国家观念和统一国家的形成，"在十九世纪初年，西洋国家虽小，然团结有如铁石之固"，与此相反，中国人只有家族观念和家乡观念，无统一的民族观念，更谈不上统一的近代国家的形成，"我们的国家虽大，然如一盘散沙，毫无力量"①。此后，蒋廷黻又于1939年1月1日说，中国百年外交的失败，"由于外交本身者为次要，由于内政者实为主要。内政的致命伤即现代化的建设之过于零碎、迟缓和不彻底"②。陈之迈③也于同年4月1日把百年中国近代史描述为"现代化"过程："从鸦片战争到目前的抗战建国，中国一直蹒跚于现代化的途程之上。在这一百年之中，中国社会的每一部门都在向现代化的目标追求。……现代化是这一百年间我们努力的总目标；走了一百年，我们距离这个总目标还是相当辽远。"不过，作为致力于研究民国政府体制的政治学家，陈之迈所言"现代化"主要侧重于政治的现代化，即政治的民主化、制度化、法制化，"我们的政制自从民初直到最近都没有生根，现代化政治中所谓政治的制度化、机构化经过二十多年仍然是一个理想"④。1941年5月1日，吴景超也把1881年至1941年中国经济的演变总结为由"中古时代的经济"走向"近代化的经济"的过程，认为这种"近代化的经济"是欧美"工业革命以后的产物"，其基

---

① 蒋廷黻撰：《中国近代史》，第2页，蒋廷黻撰，沈渭宾导读：《中国近代史》，上海古籍出版社1999年版。

② 蒋廷黻：《百年的外交》，《新经济》半月刊第1卷第4期，1939年1月1日，第85—90页。

③ 陈之迈（1908—1978），广东番禺人。1908年7月生于天津。1928年毕业于清华大学，旋赴美研习历史与政治。1929年，获俄亥俄州立大学文学学士学位。1934年，获哥伦比亚大学哲学博士学位。同年回国，任清华大学政治学系教授。1938年5月，任职国民政府行政院，办理地方行政事宜。后兼最高国防委员会法制专门委员会委员。1944年6月，任驻美大使馆参事。1946年1月，任中国出席联合国善后救济总署副代表。自《独立评论》时期开始，偶用"微尘"笔名（《民国人物小传（五十五）·陈之迈（1908—1978）》，《传记文学》第34卷第2期，1979年2月1日，第141页）。

④ 陈之迈：《百年的政治》，《新经济》半月刊第1卷第10期，1939年4月1日，第262—267页。

础是工业化。①

　　与二三十年代相比,抗战时期中国知识界对文化内涵的理解已相当全面。据刘绪贻1941年6月4日介绍,其时谈文化问题的人大都承认文化有三个因子:物质的因子、社会的因子和精神的因子,"这三个因子互相照应,互相关联,缺一不可"。譬如,工业革命以来,欧洲文化是一种以工业为中心的文化,其中,机械设备是今日欧美文化的物质因子,工业社会组织是社会因子,近代科学思想是精神因子。刘绪贻介绍,抗战时期知识界大都认为,西汉以来,中国文化过于重视社会因子和精神因子,忽略了物质因子,形成儒家言论笼罩社会,宗法制度异常严密的局面,导致将征服自然之道视为末技弃而不讲,靠天吃饭,货弃于地。② 抗战时期盛行的文化三因子说,在相当意义上言,成为其时现代化理念日益成熟的思想支撑。因为虽然抗战时期知识界一般将现代化理解为现代科学技术与工业化,但并不排斥文化整体性观点。在包括经济、政治、文化等种种面相的整体现代化内涵中,只是出于抗战时期的特殊环境,大家强调的重心偏于近代科学技术与工业化等物质面相。抗战末期,资源委员会经济研究所所长曹立瀛③于1945年6月16日对抗战时期社会各界关于现代化、经济建设、工业化三者间关系的讨论,作了概括性总结。他指出,中国抗战建国的目的是使中国成为现代化国家。现代化国家有四项条件:民主的政治、自卫的国防、普及的教育与充裕的经济。但是,"在现代文化与文明中,经济建设具有特殊重要性",它是"政治、军事与文化的基础"。他进一步申论,经济建设虽然包括农、林、渔、牧、矿、工、商、交通、水利、金融、财政等部门,但

---

　　① 吴景超:《六十年来的中国经济》,《新经济》半月刊第5卷第3期,1941年5月1日,第58—64页。

　　② 刘绪贻:《文化脱节与民主政治》,(重庆)《大公报》1941年6月4日。

　　③ 曹立瀛(1905—2007),财政家,安徽庐江人。1926年毕业于东南大学商学院。后赴美留学,获芝加哥大学硕士学位。1936年获哥伦比亚大学博士学位。回国后,任国民政府行政院统计主任、资源委员会统计处长、经济研究所所长等职。中华人民共和国成立后,先后任复旦大学、上海财经大学教授(《上海市社会科学界人名录》,上海人民出版社1992年版,第125页;《中华当代文化名人大辞典》,中国广播电视出版社1992年版,第431页)。

"工业建设是其中心"。① 曹立瀛的这一概括性分析是对于抗战时期中国知识界关于现代化讨论的一个明晰而准确的诠释。

三 经济：抗战时期知识界的言说中心

经济建设是抗战时期知识界最主要的言说中心之一。不仅经济学者的社会影响力和发言权力日益扩大，即使不以经济学研究为业的知识界人士也纷纷发表经济方面的意见。重视经济因素对战争胜败的关键性作用，将经济力量视作坚持抗战的基础，是抗战时期国统区的一个重要思想倾向。在战火纷飞的战争年代，军事、民用物资需求巨大，经济建设的重要性显而易见。

早在 1931 年"九一八"事变后的 30 年代，谈论经济建设的风气就在中国知识界日益兴盛。大家一致认为，通过加快经济建设和工业化步伐以增强国力，是解决"九一八"事变后日益严重的民族危机的根本途径。由此而言，知识界 30 年代出现的关注经济建设风气具有强烈的民族忧患意识。对于 30 年代知识界的这股风气，清华大学经济学教授陈岱孙②于 1936 年 5 月描述说，"经济建设"口号"在今日全国各地各方面真有盛极一时的情况"，"变为一个耳熟的口号"③。从 1933 年 5 月至 1934 年上半年《独立评论》士人进行的"建设与无为"讨论中，我们可以观察到当时知识界对经济建设的强烈关注。1933 年 5 月，胡适提出"无为的政治"主张，认为中国内地省份应该停止一切所谓"建设事

---

① 曹立瀛：《工业建设之基础原则——论民生主义的计划经济》，《新经济》半月刊第 11 卷第 11 期，1945 年 6 月 16 日，第 260—265 页。

② 陈岱孙（1900—1997），福建福州人。1918 年夏，考入清华学校。1920 年夏，清华毕业，以公费留美，插入威斯康星大学经济系三年级。1922 年，获威斯康星大学文学学士学位。1922 年秋，入哈佛大学研究院深造，专攻财政金融。1924 年 6 月，获文学硕士学位。1925 年开始，在布洛克（Bullock）教授指导下撰写博士论文《美国麻省都市财政的统计分析》。1926 年 3 月，通过博士论文答辩考试，获哈佛大学博士学位。1928 年 9 月，任清华大学经济系主任，研究财政预算。1929 年，任清华大学法学院院长。抗战时期，任西南联合大学商学系教授、主任（关志昌：《终生研究经济学的学者陈岱孙》，《传记文学》第 76 卷第 2 期，2000 年 2 月 10 日，第 45—47 页）。

③ 陈岱孙：《谈经济建设》，《独立评论》第 203 号，1936 年 5 月 31 日，第 2—5 页。

业"，如强制征工筑路一类的虐政。① 胡适此论遭到在法国里昂留学的弘伯（闵仁、张弘）的强烈反对。弘伯于 1933 年 9 月和 1934 年 3 月两次申述说，应该取消的，不是建设本身，而是官僚军阀的"那套干法"。他主张"名符其实的建设"、"积极的建设"、"认真的建设"，如改良农产、改进农业技术、便利运输、浚河造林、兴办实业、屯垦边殖等。② 蒋廷黻也于 1934 年 3 月质问胡适：现在我们终于得着机会，以科学和机械来改良农业，发展工业。如果不充分利用这个机会，"岂不是自暴自弃吗"③？这场讨论说明，以现代科学与工业为中心的经济建设问题已经引起知识界的密切关注。他们表面上针锋相对，实质上在肯定经济建设这一点上是一致的。正如胡适所辩解的，他并非反对建设本身，而是反对官僚军阀们借建设名义行搜刮人民之实的"盲目的与害民的建设"④，他主张"根据于专家研究、富国利民的"科学化、合理化的建设。⑤ 此后，协和医学院教授吴宪出于对经济建设的高度重视，甚至于 1935 年 10 月建议以制定和实施经济建设计划的方式纪念"双十节"。⑥

全面抗战爆发后，知识界更加重视经济问题。1937 年 11 月 7 日，高叔康明确提出，"政治经济化"和"政治军事化"应该成为战时政治机构的两项基本原则。他强调，稳定战时经济局面是战时政治的最大任务，"我们抗战时期的政治，应该计画如何增进工业和农业的生产，如何发展

---

① 胡适：《从农村救济谈到无为的政治》，《独立评论》第 49 号，1933 年 5 月 7 日，第 2—6 页。

② 弘伯：《我们还需要提倡无为的政治哲学吗？（法国利昂大学通信）》，《独立评论》第 68 号，1933 年 9 月 17 日，第 12—16 页；弘伯：《答拥护无为政治的主张者》，《独立评论》第 93 号，1934 年 3 月 25 日，第 11—17 页。

③ 蒋廷黻：《建设的前途不可堵塞了》，（天津）《大公报》1934 年 3 月 11 日。

④ 胡适：《建设与无为》，《独立评论》第 94 号，1934 年 4 月 1 日，第 2—5 页。

⑤ 胡适：《今日可做的建设事业》，《独立评论》第 95 号，1934 年 4 月 8 日，第 2—4 页。

⑥ 涛鸣：《双十节应如何纪念》，《独立评论》第 172 号，1935 年 10 月 13 日，第 9—12 页。"涛鸣"是吴宪的笔名。胡适于 1935 年 10 月 13 日称，涛鸣是《独立评论》社里的一个科学家（适之：《编辑后记》，《独立评论》第 172 号，1935 年 10 月 13 日，第 21 页）。胡适又于 1936 年 5 月 17 日称，"他在国内一个最好的医学校做过十几年的教授"（适之：《编辑后记》，《独立评论》第 201 号，1936 年 5 月 17 日，第 49—50 页）。而《独立评论》社中的医学教授只有吴宪一人。

军需工业，如何便利运输，如何打通国际贸易，如何节约消费，如何存积日用必需品，如何把过去半殖民地经济机构变为自主自足的经济体系"①。高叔康把"经济"与"军事"并列为战时政治的两翼，足见经济问题在其心目中的地位之高。一个多月后，12月19日，陆军大学教授罗敦伟明确阐述了经济对战争的决定作用。他认为，"现代的战争，本来是最后胜负决于国民经济的"。南京沦陷后，中国抗战已转入第二期。在第二期抗战中，后方各省的经济建设"不仅关系国民经济整个前途，而且直可决定战争胜败的全局"②。1938年4月至6月，《大公报》连续发表社评，呼吁大家注意经济问题的重要性。4月19日社评表示，虽然敌人仍在津浦铁路及江南增兵，但"狭义的军事问题，实际上毫无可虑，我们以为政府及一般社会今后应当将工作重点，置于经济问题之上"，因为"经济是军事的根本"。所以，社评希望大家多发表经济方面的灼见，认为研究经济不应仅是经济专家的事，文化界、学术界都应注重此点。③

　　1938年10月，武汉、广州陷落后，抗战进入相持阶段，正面战场的作战态势大体稳定下来。由于战事呈现出旷日持久的胶着状态，大家进一步认识到战争的持久性。既然中日战争要长期进行下去，那么，从长计议，规划大后方经济建设的工作便提上议事日程。

　　抗战进入相持阶段后，经济问题引起国民党当局的高度重视。行政院长兼财政部长孔祥熙就屡次声称发展大后方经济的重要。武汉陷落前夕，1938年10月9日，他为国庆节发表告民众书称："今者，后方经济建设尤为重要，政府对于西南西北各省之富源，努力奖护，以增加生产，充实抗战力量，后方人民尤宜共同努力，协助政府，使我经济实力得以更加雄厚。"④ 两个月后，在12月4日召开的中国经济学社年会上，孔祥熙"亦以社员资格参加，兴趣颇浓，至闭幕始退"。他还对记者表示：

---

① 高叔康：《战时政治机构》，（汉口）《大公报》1937年11月7日。
② 罗敦伟：《最后国防经济的建设》，（汉口）《大公报》1937年12月19日。
③ 《抗战与经济》（社评），（汉口）《大公报》1938年4月19日。
④ 孔祥熙：《孔院长国庆告民众书》，（汉口）《大公报》1938年10月10、11日。

"抗战建国的必胜和必成决于经济,极盼到会专家发表意见,决定采择实行。"① 1939 年 5 月,国民政府召开全国生产会议。蒋介石在会上强调,生产与军事具有同等重要的地位,"现在全国有两大主要工作,一是前方抗战,一是后方生产。……我们在这里开生产会议,是和一个军事会议同样重要"。会议宣言也申明"战争之胜负,决于经济力量之持久供给","今日之要政,端在发展全国生产,使国家经济实力日益充实"②。这次会议引起大后方舆论界的高度关注。会议闭幕后,《大公报》于 5 月 23 日发表社评,在表示会议"颇值得重视"的同时,又建议"生产"重于"财政","筹措战费最根本的办法,乃在生产"!③ 1941 年 3 月国民党五届八中全会也凸显了经济问题。蒋介石在开幕词中称,抗战是七分经济三分政治。全会宣言亦特别说明经济民生是决定战争胜负的枢纽。4 月 6 日《大公报》社评观察到,国民党五届八中全会的内容"可用一句话概评,就是'经济中心'"④。

抗战进入相持阶段后,经济问题更加引起知识界和舆论界高度关注。1938 年 11 月 16 日,清华大学经济学教授陈岱孙提醒大家,在抗战转入新阶段之际,"后方一切政治、经济及其他有关抗战的建设事业与布置"将越发重要。为了奠定长期抗战的实力,西南、西北后方的经济建设是目前当务之急。⑤ 同年 12 月 15 日,日本大藏大臣池田成彬鼓吹"近代战是经济战,亦即国力战"。几天后,《大公报》社评指出,池田此言"足以唤起我们的警惕",战时国力不完全表现在前线战士的铁与血,"我们要知道,近代战是经济战,便应追究如何维持战时经济;我们要知道近代战是国力战,便应从各方面加紧充实国力"⑥。《大公报》编者意犹未尽,几天后再次发表社评指出,中国抗战"天然是一个长期战争的形势","经济的斗争,将

① 徐盈:《参加经济学社年会》,(重庆)《大公报》1938 年 12 月 5 日。
② 全国生产会议秘书处编:《全国生产会议总报告》(影印版),沈云龙主编:《近代中国史料丛刊三编》第 44 辑,(台湾)文海出版社 1988 年版,第 57、63、65、66、93 页。
③ 《战时财政与生产》(社评),(重庆)《大公报》1939 年 5 月 23 日。
④ 《经济中心》(社评),(重庆)《大公报》1941 年 4 月 6 日。
⑤ 陈岱孙:《计划后方经济建设方针拟议》,《新经济》半月刊第 1 卷第 1 期,1938 年 11 月 16 日,第 6—9 页。
⑥ 《再论吃苦抗战》(社评),(重庆)《大公报》1938 年 12 月 19 日。

为长期战中的最主要的因素。谁的经济力能持久并发展，最后胜利便属于谁"①。1939 年 7 月 16 日，翁文灏②则把近代经济视作近代国家的基础，"建设近代国家，无疑的须先建设近代经济的基础。不但是因为生产能力为巩固国防与发展民生的要素，而且，社会组织、国家机构都靠经济事业为其关键"③。1941 年 2 月 16 日，任职于邮政总局的经济学者谷春帆更将经济建设与中国的发展命运相关联，认为"非但长期抗战之胜利，有赖于经济建设。抗战胜利之后，建设必更孟晋。抗战为争取经济建设之自由，可视为经济建设之序幕。中国问题之最后解决，必赖国民经济建设之成功"④。

1941 年 6 月苏德战争和 12 月太平洋战争爆发后，美国和苏联两个世界最大经济体被绑上战车，并迅速转向战时经济。这使中国各界对经济与战争间的关系有了更真切的认知。国民政府驻苏联大使邵力子在 1942 年 12 月出版的《苏联归来》一书中即判断，当年 7 月至 11 月的斯大林格勒战役

①　《抗战中的经济斗争——三论吃苦抗战》（社评），（重庆）《大公报》1938 年 12 月 23 日。

②　虽然笔者尚无确实证据，但似可初步断定"毕敏"是翁文灏的笔名。据 1939 年 7 月 16 日出版的《新经济》半月刊第 2 卷第 3 期《编辑后记》称："毕敏先生是一位负国际盛名的学者。"又据 1943 年 7 月 16 日出版的该刊第 9 卷第 6 期《编辑后记》称："悫士先生是一位国际闻名的学者，同时也是一位担负实际责任的事业家。"其中，"悫士"为翁文灏的笔名（本书后文再详细说明）。在《新经济》半月刊上频繁以笔名发表文章者主要是吴景超、蒋廷黻和翁文灏三位该刊创办人。此外，萧公权曾署名"君衡"发表过书评《权力》（第 2 卷第 3 期），陈之迈署名"微尘"发表过书评《欧洲的文化与政治（一八一五年以后）》（第 1 卷第 4 期）。吴景超所用"似彭"笔名主要用以发表书评。蒋廷黻的笔名主要是"泉清"和"丁一夫"。翁文灏用"悫士"笔名在该刊发表文章是在 1943 年之后，抗战前期在该刊多见吴景超和蒋廷黻的笔名，却不见翁文灏的笔名。毕敏发表的文章共有 9 篇：《国营事业与民营事业的关系》（第 2 卷第 3 期）、《政治机关的设置及效率》（第 2 卷第 5 期）、《经济建设要旨》（第 3 卷第 5 期）、《生产建的必要途径》（第 4 卷第 10 期）、《介绍一个新建议的世界历法》（第 5 卷第 1 期）、《国际易货的利弊》（第 5 卷第 3 期）、《极权的新秩序与民主的新秩序》（第 5 卷第 8 期）、《世界石油供销的变化》（第 5 卷第 9 期）、《日本的石油需要及供给》（第 5 卷第 11 期），时间位于 1939 年 7 月 16 日至 1941 年 9 月 1 日之间。而且，该刊第 2 卷第 3 期和第 9 卷第 6 期《编辑后记》将"毕敏"和"悫士"分别称为"负国际盛名的学者"和"国际闻名的学者"，称谓极为一致。细读"毕敏"的文章，无论语气还是观点，与作为经济部长身份的翁文灏极为一致。据此，我们或可初步断定"毕敏"是翁文灏的笔名。

③　毕敏：《国营事业与民营事业的关系》，《新经济》半月刊第 2 卷第 3 期，1939 年 7 月 16 日，第 54—60 页。

④　谷春帆：《生产建设的节约》（星期论文），（重庆）《大公报》1941 年 2 月 16 日。

后,希特勒不可能再对苏联发动第三次大规模攻势,并断定苏军必将继续反攻,直至德国纳粹崩溃为止。之所以会如此,邵力子分析说:"要求军队具有力量,决非单纯的军队问题,所有军事、经济、政治、教育、文化与之有密切关系,而其中最重要的自为经济。"西门宗华对邵力子的看法深有同感,于 1943 年 8 月 29 日评论说:"邵先生是看准了苏联的前途是胜利,胜利的基础,就是经济。"并感叹说:"在现代战争发展的过程中,技术经济力量既是决定胜负的主要条件之一,谁有更多的空中马达和地上马达,谁可以胜利,谁有更多的坦克大炮,谁可以占优势,谁有更多的原料、煤、铁、煤油和各种金属的储藏,谁可以支持更多的时日。"①

四 战争与国力

国力问题是抗战时期中国社会各界讨论的又一个焦点。战争的严酷使大家认识到,国力大小是决定中国能否战胜日本侵略者的决定因素。他们所说的国力主要指国家的经济力量,并与同时期大家关注的现代化问题密切关联。

卢沟桥事变虽然发生于 1937 年 7 月 7 日,但事态扩大并引起国人注意则在大约 10 天以后了。所以,几乎在卢沟桥事变爆发后的第一时间,黄炎培即于 7 月 25 日在天津《大公报》发表《力》一文,提醒大家关注"国力"问题。他将当时中国抗战形势比喻为"汽船",坚决抗战的"国策"就是汽船的"罗针","国力"则是"汽机"。"汽机"是"汽船"的原动力,在坚决抗战的国策已经确定的情况下,"今后问题,乃不在罗针而在汽机"。黄炎培所言"国力"包括"人力"和"物力"两项。所谓"人力",指人民的体力和战斗力;所谓"物力",主要指国家的经济力。他"希望全国上下,快从'力'字上用功夫。无论人力和物力,消极说来,苟非必要消耗,减省一分算一分。积极说来,训练以加强人力,生产以加厚物力"②。两个月后,9 月 30 日,尚任教于清华大学的顾毓琇也谈论起国力问题。他认为,在这场"新式战争"中,中国要利用飞机、大炮、坦克车等

---

① 西门宗华:《苏联抗战的经济基础》(星期论文),(重庆)《大公报》1943 年 8 月 29 日。

② 黄炎培:《力》(星期论文),(天津)《大公报》1937 年 7 月 25 日。

新式武器，就必须具备生产这种新式武器的经济力和技术水平，问题的核心是"国力"。与黄炎培一样，他将"国力"定位为"人力"和"物力"。他提出，一方面要加强人的训练，以增加每个人的战争力和生产力，另一方面，"物亦必须求其增加"，"我们必须利用天然动力、矿产、农产、林产以及交通运输工具等等以求最大的收获"。不过，经济和生产问题是顾毓琇所言"国力"的重心，"经济崩溃，我们的持久战便成问题。虽有人力，亦不免要进退失据了"。"国民经济的基础，在乎生产。我们在平时固要努力生产，在战时尤其需要造产。"① 高廷梓曾任中山大学经济系教授，当时任国民党中央党部党务委员会秘书兼教育委员会专门委员。1938 年 7 月 12日，他也提醒大家，"我们目前的经济问题，是如何维持国力，继续抗战。我们一切设计与各种施政，当然是从这里做出发点。所谓维持国力，概言之，积极的是增加生产，消极的是节省消费"②。

1938 年 10 月国民政府各部门迁至重庆后，在《新经济》士人中，蒋廷黻最注意对国力问题的阐述。在当年 11 月 16 日出版的《新经济》半月刊创刊号上，他发表《论国力的元素》一文，全面、系统阐述"国力"问题。蒋廷黻将国力与近代化直接关联。他认为，在国际战争和国际竞争愈烈的情势下，国家的根本问题乃是"国力"，"国际的战争或竞争都是国家力量的比较。此次的抗战经验及近几月来世界局势的发展，无不使我们觉得当前最宝贵的东西莫过于国家的力量"。此后，一切方针政策和文化取舍都应以国力作为最高标准，"无论我们是规划政治制度、学校课程、交通建设、经济发展，或是文化指导、礼俗厘定，甚至于私人的恋爱、娱乐诸问题的解决，我们都应该以国力为我们最高的标准"。所以，他将《新经济》半月刊定义为"国力学"，表示"我们心目中的'新经济'就是国力学"。那么，什么是"国力"呢？他将"国力"分为"物质元素"和"精神元素"两种。国力的"物质元素"指一个国家的人民和自然资源；国力的"精神元素"指国家和民族的"文化程度"和"民族团结"。其中，"文化程度"指国家和民族的"现代化"程度。他分析，"从我国的需要观察，

① 顾毓琇：《非常时期的认识》（星期论文），（汉口）《大公报》1937 年 9 月 26 日。

② 高廷梓：《目前抗战经济问题的关键》，（汉口）《大公报》1938 年 7 月 12 日。

所缺乏的文化是近代的文化",“所谓‘近代文化’的特征是科学。工程和机械都是科学的实用。我们所提倡的现代化就是科学知识、科学技能、科学的思想方法之普遍化"。蒋廷黻显然非常重视经济发展问题。不仅所言国力的“物质元素"大多指国家的自然资源等物质基础,而且,所言国力"精神元素"的主体也指近代自然科学与技术、机械化的发展程度。① 一个月后,12 月 20 日,蒋廷黻因为兼任三民主义青年团重庆支团筹备处宣传委员会主任,发表了一篇题为《青年的力量》的广播演讲。他向青年们强调,“国力问题,是当前一个绝对重要的问题"。因为此篇演讲是代表三青团对青年们说的,故与《新经济》创刊号相较,他把“国力"说得比较"周全",“国力就是一般人民的体力、智力、道德力、生产力、组织力集合而成的"。其实,从演讲的下文来看,他最重视的还是“生产力"。②

第三节 此建国与彼建国

建国话语民国初年由孙中山等国民党人首先使用,20 世纪 30 年代,由国民党扩展到知识界。全面抗战爆发后,“抗战建国"成为国统区朝野一致遵奉的标志性口号,使用频率之高,恐怕没有第二个词汇能出其右。然而,抗战时期,国民党当局的建国论说与知识界的建国论说之间,既有一致的一面,又有歧异的一面。亟待我们厘清的问题是,国民党当局建国论说与知识界建国论说有何不同?

一 从民本关怀到教条化:国民党建国话语的演变

为了厘清抗战时期国民党建国论说与知识界建国论说之间既相重叠又相歧异的复杂关系,笔者有必要对民国初年以后国民党的建国话语作一个大致梳理。

从民国初年到 20 世纪三四十年代,国民党建国话语存在由民本关怀到教条化的演变过程。民国初年孙中山的建国理念具有强烈的民本关怀。他

---

① 蒋廷黻:《论国力的元素》,《新经济》半月刊第 1 卷第 1 期,1938 年 11 月 16 日,第 2—5 页。

② 《蒋廷黻昨日广播演讲:青年的力量》,(重庆)《大公报》1938 年 12 月 21 日。

提倡实业建设，关心的是通过发展经济提高人民生活水平；其民主政治观念的重心，旨在通过提高人民的民主意识和能力，为民主政治奠定民众基础。但此后国民党逐渐把建国理论教条化，并形成一整套理论体系。这套理论体系以贯彻三民主义、维护国民党执政地位为基础，以政治建设和经济建设为基本内容，并通过宣扬力行哲学和传统文化道德强化对人民的思想控制，从而把全社会的政治、经济、思想纳入国民党设计的建国轨道。

孙中山建国思想的全面形成，大致是在 1916 年 6 月护国运动结束至1920 年 11 月发动第二次护法运动期间，以撰写《建国方略》为标志。第一次护法运动期间，孙中山始考虑撰写《建国方略》。1917 年 7 月，他向广东学界透露："近日欲著一书，言中国建设新方略。"他又说明，之所以撰写此书，是鉴于"共和政治至今六年，有共和之名，无共和之实，发现帝制两次：一袁氏洪宪；二宣统复辟"[①]。显然，孙中山之所以深入思考国家建设问题，是鉴于北洋军阀的复辟专制以及军阀割据造成的民不聊生，从而深入思考导致这种黑暗社会现实的政治、经济原因，试图寻求解决这些问题的途径。对民不聊生的悯惜之情，即是他于 1918 年至 1919 年前后提出"行易知难"学说的重要思想动因。他于 1918 年 12 月表示，民国成立以来，人民之所以"陷水益深，蹈火益热"，是因为革命党建设计划的"一败涂地"，根本原因是革命党人对他的建设主张"信仰不笃、奉行不力"。所以，革命党人和国人对他的建设主张不仅要能"知"，更要能"行"。[②] 实际上，孙中山此时关于建国问题的思考完全以人民为主体，既强调人民对建国成果的享有权，又强调人民在建国事业中的主体作用。1919 年 8 月，孙中山指定胡汉民、汪精卫、朱执信、廖仲恺组成建设社，创办《建设》杂志。他在发刊词中表示，建国的目的在于"建设一世界最富强最快乐之国家为民所有、为民所治、为民所享者"。他要求《建设》杂志向全国人民"鼓吹建设之思潮，展〔阐〕明建设之原理，冀广传吾党建设之主义，成为国民之常识，使人人知建设为今日之需要，使人人知建

---

① 《在广东省学界欢迎会上的演说》（1917 年 7 月 21 日），《孙中山全集》第 4 卷，中华书局1985 年版，第 121—123 页。

② 《建国方略之一：孙文学说——行易知难（心理建设）》，《孙中山全集》第 6 卷，第 157—159 页。

设为易行之事功"①。在此前后,他还屡次强调只有唤醒人民的心理,国家的建设才有希望。②他于1919年8月屡次表示,"文自客岁以来,闭门著书,不理外事,亦欲以素所蕴蓄唤起国人"③。"文近时观察国事,以为欲图根本救治,非使国民群怀觉悟不可。"④

改善民生是孙中山倡导经济建设的重要思想动机。1912年民国成立之初,孙中山大力倡导"实业建设",期望以铁路交通建设为先导,渐次建设工业。他于1912年10月便把铁路称为"人民幸福之源泉"。⑤1916年7月,孙中山进而把国家建设说成是为国民谋衣食住行,"故谋国者,无论英、美、德、法,必有四大主旨:一为国民谋吃饭,二为国民谋穿衣,三为国民谋居室,四为国民谋走路"⑥。孙中山于1919年6月用英文发表的《实业计划》,是近代中国第一份以交通、工矿业为重点的全国性区域经济规划,反映出他对中国经济建设的巨大热情。他于1921年4月和10月表示,他草拟《实业计划》是期望西方国家把一战后的大量剩余设备、物资和资金投放到中国,以开发中国实业,"盖欲利用战时宏大规模之机器,及完全组织之人工,以助长中国实业之发达,而成我国民一突飞之进步"⑦。

孙中山的民主政治建设构想立足于培养人民民主政治能力,为民主政治奠定民众基础。他意识到,民主政治基础不牢固是民国初年民主政治失败的根本原因。他感慨到,民国成立后,"无如国体初建,民权未张,是以野心家竟欲覆民政而复帝制,民国五年已变为洪宪元年矣"!要建设纯粹民

---

① 《〈建设〉杂志发刊词》(1919年8月1日),《孙中山全集》第5卷,中华书局1985年版,第89—90页。

② 孙中山此时重视民众作用系受五四运动影响。他从运动中深感民众力量之大,于1919年10月表示:"试观今次学生运动,不过因被激而兴,而于此甚短之期间,收绝伦之巨果,可知结合者即强也"(《在上海寰球中国学生会的演说》(1919年10月18日),《孙中山全集》第5卷,第140页)。

③ 《复李梦庚函》(1919年8月6日),《孙中山全集》第5卷,第91页。

④ 《复廖凤书函》(1919年8月28日),《孙中山全集》第5卷,第103页。

⑤ 《中国之铁路计划与民生主义》(1912年10月10日),《孙中山全集》第2卷,中华书局1982年版,第487—493页。

⑥ 《在沪尚贤堂茶话会上的演说》(1916年7月15日)、《在沪举办茶话会上的演说》(1916年7月17日),《孙中山全集》第3卷,中华书局1984年版,第320—324、325—331页。

⑦ 《建国方略之二:实业计划(物质建设)》,《孙中山全集》第6卷,第247—249页。

国，必须从普通国民做起，"盖国民为一国之主，为统治权之所出"①。1916 年 7 月，他把"建国"比喻成"建屋"，认为建屋必须先立基础，而人民是国家建设的基础，要使中华民国"既立以后，永不倾仆"，必须"筑地盘于人民之身上，不自政府造起，而自人民造起也"②。他于 1917 年出版的《民权初步》更体现出从培养国人民主素质入手进行民主政治建设的思路。他把西方的集会议事规则称为"议学"，试图把这种"议学"普及于全体民众，"使成为一普通之常识"③。认为这是建设民主政治的第一步工作。孙中山提出训政设想的初衷同样是出于对国人民主素质低下的强烈关注。1920 年 11 月，孙中山在上海国民党本部表示："民国虽然有了九年，一般人民还不晓得自己去站那主人的地位。我们现在没有别法，只好用些强迫的手段，迫着他来做主人，教他练习练习。这就是我用'训政'的意思。"④

　　1924 年初国民党改组前后，"建国"被确定为国民党的核心价值观。这成为国民党建国理论教条化的开端。1923 年 1 月《中国国民党宣言》把国民党确定为"与全国人士共谋完成民国建设之大业"的建国政党。⑤ 1924 年 1 月国民党一大前后，"建国"一语更受到国民党人追捧。在 1 月 4 日广州政府大本营军政会议上，孙中山提出，"护法"已不适应新阶段的需要，应开创一个新的"建国"时期，谭延闿等与会者均主张把广州政府叫做"建国政府"。⑥ 只是随后召开的国民党一大出于实行"以党建国"的考虑，才决定把新建立的政府称为"国民政府"，即国民党政府之义。孙中山又于 1924 年 10 月决定将西南地区湘军、滇军、桂军、粤军等军队统

---

　　① 《建国方略之三：民权初步（社会建设）》，《孙中山全集》第 6 卷，第 412—413 页。

　　② 《在沪尚贤堂茶话会上的演说》（1916 年 7 月 15 日）、《在沪举办茶话会上的演说》（1916 年 7 月 17 日），《孙中山全集》第 3 卷，第 320—324、325—331 页。

　　③ 《建国方略之三：民权初步（社会建设）》，《孙中山全集》第 6 卷，第 413—414 页。

　　④ 《在上海中国国民党本部会议的演说》（1920 年 11 月 9 日），《孙中山全集》第 5 卷，第 400—401 页。

　　⑤ 《中国国民党宣言》（1923 年 1 月 1 日），《孙中山全集》第 7 卷，中华书局 1985 年版，第 1—4 页。

　　⑥ 《在大本营军政会议的发言》（1924 年 1 月 4 日），《孙中山全集》第 9 卷，中华书局 1986 年版，第 10—11 页。

一编为"建国军"。① 同时，孙中山又把"建国"与"革命"相表里，反复阐释"革命建国"概念。1923 年 10 月，他表示："革命没有成功，所以真正的民国，无从建设。我们从此要建设民国，所以还要来革命。"② 1924年 1 月，他又在国民党一大上表示，国民党的任务是先"建国"，打倒封建军阀、政客等"无数小皇帝"，再"治国"。③ 显然，孙中山所言"革命建国"是指通过"革命"重新"创建"新民国。不过，这种"革命建国"理念具有"革命"与"建设"的两重性，一方面建国事业须以中华民国政治构架为基础，属于"建设"范畴，另一方面，这个政治构架还只是个空招牌，要创建真正意义上的中华民国，还需要打倒北洋军阀、封建官僚政客，这又是一种"革命"事业。这就开创了国民党人长期把"建国"与"国民革命"相等同的思维定式。而且，在国民党改组前后，孙中山还表现出把坚持三民主义、国民党党治与建国理念相关联的思想态势。1923 年 12 月，他提出，三民主义是建国的基本指导思想，要"建设一个新民国"，必须依靠三民主义信仰。④ 他又在国民党一大上仿照苏联模式提出"以党建国"，"先由党造出一个国来，以后再去爱之"⑤。

　　显然，1924 年初国民党改组前后，建国不仅被确定为国民党的核心价值观，而且初步形成"革命建国"、"以党建国"以及以三民主义为指导等理论观念。孙中山去世后，国民党把这些观念进一步强化，并附加上更多的理论说教，进而发展成一套复杂的理论体系。1928 年 2 月，国民党二届四中全会直接把"革命建国"等同于"国民革命"，声称"本党总理孙中山先生所领导之国民革命，即领导中国民族独立、文化复兴、民生发展之

---

　　① 《给各军的训令》（1924 年 10 月 13 日），《孙中山全集》第 11 卷，中华书局 1986 年版，第 183—184 页。

　　② 《在广州中国国民党恳亲大会的演说》（1923 年 10 月 15 日），《孙中山全集》第 8 卷，中华书局 1986 年版，第 279—286 页。

　　③ 《中国国民党第一次全国代表大会开幕词》（1924 年 1 月 20 日），《孙中山全集》第 9 卷，第 95—99 页。

　　④ 《在广州欢宴各军将领会上的演说》（1923 年 12 月 2 日），《孙中山全集》第 8 卷，第 469页。

　　⑤ 《关于组织国民政府案之说明》（1924 年 1 月 20 日），《孙中山全集》第 9 卷，第 103—104页。

救国运动，而从事于革命建国之伟大的努力也"①。30 年代中期以后，国民党建国理论又纳入固守传统文化、力行哲学等理论说教，1937 年 7 月蒋介石《建国运动》讲演把国民党建国理论全面系统化，1943 年 3 月以蒋介石名义出版的《中国之命运》进而形成心理、伦理、社会、政治、经济五项建设理论。

把总理遗嘱以及《建国方略》、《建国大纲》、《三民主义》等孙中山遗教神圣化是国民党建国理论教条化的重要标志。1925 年 5 月国民党一届三中全会决定，以后该党的一切政治主张均不得违背孙中山所著《建国方略》、《建国大纲》、《三民主义》以及国民党一大宣言，并规定国民党各级党部、党团的所有会议，在开会时均要由会议主席恭诵总理遗嘱，与会人员要全体起立肃听。② 1943 年 3 月出版的《中国之命运》也强调，只要国民党人能够遵照孙中山《建国方略》、《建国大纲》、"三民主义"等遗教实践笃行，"建设三民主义、五权宪法的国家大业，必然底于成功"。③ 把孙中山遗教神圣化进一步强化了国民党在建国问题上的另一个理论倾向——把三民主义和坚持国民党党治当作建国的政治前提。1929 年 3 月国民党三大在把该党的努力方向称为"三民主义之建设"的同时④，又强调"中华民国之创造，以迄于建设之完成，其所赖以为努力者，事实上皆为总理所领导之中国国民党"⑤。

虽然孙中山遗教、三民主义、坚持国民党党治长期以来是国民党建国理论的基本原则，但国民党建国理论的基本内容主要包括两个方面：一是以健全训政体制为中心的政治建设，二是以工农业发展为核心的经济建设。

---

① 《第二次中央执行委员会第四次全体会议宣言》（1928 年 2 月 7 日），荣孟源主编，孙彩霞编辑：《中国国民党历次代表大会及中央全会资料》（上），光明日报出版社 1985 年版，第 508—518 页。

② 《关于接受遗嘱之训令》（1925 年 5 月 24 日第一届中央执行委员会第三次全体会议通过），荣孟源主编，孙彩霞编辑：《中国国民党历次代表大会及中央全会资料》（上），第 85 页。

③ 蒋中正：《中国之命运》，正中书局 1943 年版，第 80 页。

④ 《第三次全国代表大会宣言》（1929 年 3 月 28 日），荣孟源主编，孙彩霞编辑：《中国国民党历次代表大会及中央全会资料》（上），第 627 页。

⑤ 《根据总理教义编制过去一切党之法令规章以成一贯系统；确定总理主要遗教为训政时期中华民国最高根本法案》（1929 年 3 月 21 日第三次全国代表大会通过），荣孟源主编，孙彩霞编辑：《中国国民党历次代表大会及中央全会资料》（上），第 653—656 页。

政治建设方面，1924 年初孙中山起草的《建国大纲》长期被国民党当局当作训政设计的理论基石。蒋介石在 1928 年 2 月国民党二届四中全会上强调："至于我们革命的理论和方法，总要认定总理的建国大纲为最高原则。"① 经济建设方面，国民党当局鉴于经济发展滞后是国力不振和九一八事变后国难日深的根本原因，于 1935 年 4 月发起国民经济建设运动，试图通过促进工业、农业、矿业、金融、交通运输、商品流通等国民经济整体发展挽救内外危机。蒋介石于 1935 年 9 月表示："我们中国当前的国难，虽然是多方面的，但是最严重的，莫如经济的衰竭——全国经济总崩溃的危险。"② 不过，国民党当局在政治和经济建设上面又包裹了一层固守中国传统文化和力行哲学的理论外衣。

30 年代，国民党当局一直表现出把经济建设与固守传统文化密切联系的理论倾向。③ 他们于 1935 年 4 月在发起国民经济建设运动时，便把上年2 月发起的新生活运动与之紧密联系，而新生活运动即以中国传统道德中的"礼义廉耻"为基本原则。1935 年 10 月，蒋介石表示两场运动互为表里，新生活运动是"体"，在于奠立民族的精神基础，国民经济建设运动是"用"，在于充实民族的物质基础，两者缺一不可。④ 全面抗战时期，国民党当局正式把固守传统文化纳入建国理论体系。1937 年 7 月，蒋介石在《建国运动》演讲中提出，"中华民族固有的德性"是建国的原动力，必须从国民精神方面推进建国工作，通过开展新生活运动，以礼、义、廉、耻为核心改造国民思想。⑤ 1943 年 3 月出版的《中国之命运》提出进行五项

① 《开会词》（1928 年 2 月 2 日），荣孟源主编，孙彩霞编辑：《中国国民党历次代表大会及中央全会资料》（上），第 506—508 页。

② 《物质建设之要义》（蒋介石于 1935 年 9 月 16 日在峨眉军训团演讲），《国民经济建设运动》（训练丛书之八），三民主义青年团中央团部 1940 年编印，第 14—15、34 页。

③ 国民党的文化保守主义理论取向始于孙中山。孙中山于 1912 年 10 月称："我中国是四千余年文明古国，人民受四千余年道德教育，道德文明比外国人高若干倍，不及外国人者，只是物质文明。"[《在安徽都督府欢迎会的演说》（1912 年 10 月 23 日），《孙中山全集》第 2 卷，第 531—534 页]

④ 蒋中正：《国民经济建设运动之意义及其实施》（1935 年 10 月 10 日），《国民经济建设运动之理论与实际》，中国国民党中央执行委员会宣传部 1936 年 9 月印，第 1—2 页。

⑤ 蒋介石：《建国运动》（1937 年 7 月 18 日庐山暑期训练团演讲），中国人民大学中共党史系：《中国国民党历史教学参考资料》第 3 册（1937 年 7 月—1945 年 9 月），中国人民大学校内用书，1987 年版，第 4—13 页。

建设，其中，心理建设要发扬"智、仁、勇"等"民族固有的精神"；伦理建设要培养国民以"忠孝"为根本的"救国的道德"；社会建设要通过"新生活运动"以传统道德规范人民的日常生活。① 显然，其核心思想就是以中国传统道德为基准，造成服从国民党领导的社会风气，强调"建国成败的关键，在于社会风气的转移"②。

全面抗战时期，国民党当局又把力行哲学纳入建国理论体系中。蒋介石在 1937 年 8 月《建国运动》演讲中声称，如果大家遵循孙中山"行易知难"学说，勇于"力行"，就可以克服一切困难完成建国工作。③ 1943年 3 月出版的《中国之命运》把孙中山"行易知难"学说称为"革命建国"的"基本哲学"，认为"建国工作的成败，亦必以我全国国民能不能领悟这个哲学为权衡"④，又把"行易知难"解释为蒋介石一贯宣扬的"力行"和"诚"的哲学，要求全国人民做国民党的诚实、驯服工具，声称国民只须遵循国民党的"主义"、"方略"和"路线"去"穷理致知，实践力行"就可以了，"革命的建设工作，只要我们全体国民有不矜不伐的笃行，实事求是的实践，未有不可以如期完成的"⑤。

显然，到全面抗战时期，国民党逐步构建出一套庞杂的建国理论体系。其核心政治意图在于，把国家政治、经济等各方面建设完全纳入国民党的政治轨道，最大限度地维护该党的统治地位。此点，1943 年出版的《中国之命运》表述得很清楚：国民党是中国建国的"总机关"和"发动的枢纽"，建国工作必须以三民主义为指导，"没有了三民主义，中国的建国工作就失去了指导的原理"⑥。

二　国民党临时全国代表大会之前知识界的建国论说

国民党掌握全国政权后，30 年代初，建国一语由国民党扩展到知识

---

① 蒋中正：《中国之命运》，第 130—136 页。

② 同上书，第 187 页。

③ 蒋介石：《建国运动》（1937 年 7 月 18 日庐山暑期训练团演讲），中国人民大学中共党史系：《中国国民党历史教学参考资料》第 3 册（1937 年 7 月—1945 年 9 月），第 4—13 页。

④ 蒋中正：《中国之命运》，第 164 页。

⑤ 同上书，第 126—128 页。

⑥ 同上书，第 195—196 页。

界。不过,知识界建国话语与国民党具有明显歧异。不像国民党建国话语呈现出庞大理论体系和浓厚意识形态色彩,知识界建国话语更为实际,主要关心加快经济建设以增强中国国力问题,并与现代化、工业化概念紧密联系在一起。知识界的建国论说具有深切的民族忧患意识,其重要思想背景是1931年九一八事变后日本侵华造成的严重民族危机。

20世纪30年代,知识界在讨论中国政治体制和经济建设问题时经常使用建国一语,国力问题是其核心思想关照。在九一八事变后的严重民族危机中,他们期望尽快展开大规模的经济建设,并建立一种促使经济建设顺利开展的政治体制,以迅速增强中国国力。对于此种思路,30年代主张"独裁"政治的蒋廷黻回忆说,他当时认为中国应该在经济方面即刻采取措施,无须等待中国的民主,因为民主政治与经济建设之间有着轻重缓急、孰先孰后的区别,"宪法和议会之有无是次要问题。创造更多的财富,平均分配对我才是最重要的"。①

20世纪30年代,知识界讨论政治体制问题时所说的建国,骨子里还是关心如何增强国力问题。1932年9月,胡适提议组织"建国大同盟"的出发点便在于组织"有力的政府",以便高效率地实施国家各项建设,尽快增强国力。他解释说:"今日的真问题,其实不是敌人的飞机何时飞到我们屋上的问题,也不仅仅是抗日联俄的问题,也不是共产党的问题,乃是怎样建设一个统一的、治安的、普遍繁荣的中华国家的问题。"②1933年底至1934年初,《独立评论》学人讨论"建国与专制"问题的思想关照,仍然在于通过实现全国政治、军事的统一来增强国力,共御外侮。讨论中,蒋廷黻于1933年12月10日期望通过建国实现国家政权的统一。他问到,在现今割据的环境之下,中国政府"能以全般精力来改造社会么"③?12月17日,胡适虽然承认政权统一是建国的必要条件,但认为政权统一并不等同于专制,没必要通过独裁政治实现政权统一。④

---

① 蒋廷黻:《蒋廷黻回忆录》,岳麓书社2003年版,第147页。
② 胡适:《中国政治出路的讨论》,《独立评论》第17号,1932年9月11日,第2—6页。
③ 蒋廷黻:《革命与专制》,《独立评论》第80号,1933年12月10日,第2—5页。
④ 胡适:《建国与专制》,《独立评论》第81号,1933年12月17日,第2—5页;胡适:《再论建国与专制》,《独立评论》第82号,1933年12月14日,第2—5页。

　　20 世纪 30 年代，知识界所言建国更多指经济建设。胡适等《独立评论》士人于 1933 年提出的"建国问题"，经济建设乃其主要指谓。蒋廷黻于 1933 年 7 月呼吁的"大家同心同力的建设一个国家起来"，既指建设一个政治统一的国家，而急速进行经济建设是其中更重要的面相，"模范省的计划不错，完成粤汉及陇海铁路的计划不错，救济农村的计划不错，导淮的计划不错。不过要作，要实行，要快快的实行"①。笔者在上文分析 30 年代知识界形成的现代化理念时曾提到，1933 年 11 月，胡适针对当年 7 月《申报月刊》关于中国现代化问题的讨论，提出了一个怎样建立起"可以生存于世间"的现代国家的"建国问题"。对于胡适提出的"建国问题"，闵仁（弘伯、张弘）于 1934 年 6 月解释说，胡适所言"怎样建设一个现代国家"，当前唯一可以走通的路是"认真的建设"，即经济建设。②

　　抗战初期，《大公报》等具有民间色彩的舆论界以及知识界也热烈讨论建国问题，甚而形成言说高潮。1937 年 10 月 10 日，汉口《大公报》发表《国庆之辞》阐释"革命建国"问题。文章提示说："中国革命建国的问题，本来太重大了，世界上没有比这个更伟大更艰难的事业。因为地既大，人又多，文化太老，特别近四十年来，遇见世界经济军事这样大的变局，根本上不能适应。"③ 之后，该报又于 12 月 31 日再次强调建国问题，认为中国抗战不但为御敌，而且是建国。④ 陈衡哲也于同年 12 月 5 日强调，"民族复兴"应成为抗战的最终目标。她认为，这次抗战应有两方面收获，一是军事上的胜利，二是为民族复兴奠定几块重要的基石。前者是暂时的，也必须靠了后者才有意义；而后者却是永久的、独立的。如果没有民族复兴这样一个目标和希望，我们的抗战还有什么意义？"抗战的本身原不过是一种手段，必持有了民族复兴这个目标，才能显出它的重要，它的伟大。"⑤ 陈衡哲所说的"民族复兴"亦即大家热烈讨论的建国问题。

---

①　蒋廷黻：《这一星期·国际的风云和我们的准备》，《独立评论》第 59 号，1933 年 7 月 16 日，第 2—6 页。

②　闵仁：《建国与建设》，《独立评论》第 103 号，1934 年 6 月 3 日，第 11—15 页。

③　《国庆之辞》，（汉口）《大公报》1937 年 10 月 10 日。

④　《送民国二十六年》（社评），（汉口）《大公报》1937 年 12 月 31 日。

⑤　陈衡哲：《国难所奠定的复兴基石》（星期论文），（汉口）《大公报》1937 年 12 月 5 日。

1937 年 7 月 18 日，在庐山举行的全国各中学校长、教务主任、训育主任以及其他党政军受训人员约四千人的毕业典礼上，蒋介石作《建国运动》长篇演讲。蒋介石的演讲旨在构建庞大的理论体系，不仅包括政治、经济建设，还把坚持三民主义、维护国民党统治地位与建国问题紧密联系，并把力行哲学、固守中国传统道德文化纳入建国理论之中。对于蒋介石在演讲中强调的抗战与建国同时进行，1938 年 1 月 1 日，中央大学校长罗家伦感触良深，认为蒋介石此言"实有全部历史哲学做它的基础"，"建国和作战是可以同时做的，而且两件事也可说是一件事"。不过，罗家伦谈论的建国问题，在角度上与其时舆论界和知识界大部分人有所区别。大家主要关心建国对抗战的促进作用，而罗家伦却反过来谈论起战争对建国的"刺激"作用。他认为，我们现在"更要以战争来建国"，因为一个国家如果有敌国外患的不断"刺激"，便会不断进步，"倒反易复兴"。其实，罗家伦所言的建国与蒋廷黻把现代化定义为工业化和科学化，在内涵上大体一致。他在论证战争对建国的刺激作用时，举第一次世界大战的例子说，上次欧战，有两件极大的收获，一为工业的三大成功，一为科学的进展。工业的三大成功，即准确机械（Machine of precision）的改进促进了工业的标准化，速度（Speed）的增加征服了自然的距离，大规模生产（Mass production）的扩充增进了生产的效率，从而"完成现在的机械时代（Machine age）"。一战期间也是世界科学发展最快的时期之一，如氮气的提取、飞机的制造、无线电的利用、医学（尤其是外科技术）的进步、电子放射与镭的性能研究、爱因斯坦的"普通相对论"等。这说明"战争是推进科学最大的原动力"[①]。罗家伦将建国的核心视作科学与工业，从另一角度证明了笔者的判断：知识界眼中的"建国"几乎等同于"现代化"。

上文已经提到，《大公报》总编辑王芸生由上海到汉口后接到徐芸书的信，并于 1938 年 1 月 10 日在该报公开回应。除问抗战时期如何认识现代文化之外，徐芸书还向王芸生问了另一个问题：如何认识战前中国建国运动的成效？因为徐芸书目睹中国战局的失利，觉得"中国的具体的前途，不可乐观"。对于这个问题，王芸生认为，国民政府在战前进行的建国运动

---

① 罗家伦:《建国在作战的时候》，（汉口）《大公报》1938 年 1 月 1 日。

是有成效的，"这半年来的抗战，即使我们已受了相当的挫折，这挫折也只有了近几年的进步才能受到的。否则，说不定不须敌人实枪血刃便可达到他们的目的了"①。半个月后，同年1月16日，武汉大学历史系教授吴其昌便把"抗战"视作中国"建国"运动过程中必须经过的一幕，就像女子分娩，一个新生命的诞生必然经过一阵剧烈的苦痛。他以为，日本之所以要侵略中国，就是因为畏惧中国"建国"运动的成功。他强调，相对于"抗战"，"建国"是本，"抗战"的最大目的"是要受苦难以建国，使我们子子孙孙享永永远远的自由安乐的幸福"。所谓"建国"，就是要建设"现代化"的"新中国"，"果然中华民族的建国运动成功，崭新地一个地大物博的现代重工业化的大国站立了起来，我们的失地，也许可以不战而人家送还过来。不是梦话，看见了现在的德国没有"②？

　　显然，中国知识界不仅将抗战与建国视作两位一体，而且认为建国是本，是抗战的最终目的，而抗战仅是建国必须经历的过程。1938年3月25日，中国学生救国联合会第二次全国代表大会在汉口开幕，《大公报》专门发表社评，以"建国"勉励学生界，强调"建国"是本，抗战只是达到建国目的的路径，"我们若不能负担起建国的任务，必难获得抗战的胜利。纵使胜利了，也难持久"。社评特别强调"建国"的现代科学面相："我们所最需要的是科学（科学知识及科学技术）。抗战需要科学，建国尤其需要科学。没有科学，此后休想立国。"③ 显然，《大公报》所说的"建国"与同时期知识界所说的"现代化"同义，主要指科学与工业。战前曾任北平市社会局局长的雷嗣尚于1938年3月14日所言从抗战中产生的"新中国"也包括如下方面：全国军事的统一和割据的消灭、进步的集权的有效的民主政治、工业的发展、民众国家意识的建立等方面。④ 这与蒋廷黻所言包含科学、机械、现代民族国家的形成三方面内容的现代化定义大体一致。

---

① 王芸生：《答一位青年》（上），（汉口）《大公报》1938年1月10日。
② 吴其昌：《建国与卫国》（星期论文），（汉口）《大公报》1938年1月16日。
③ 《勉中国学生界》（社评），（汉口）《大公报》1938年3月25日。
④ 雷嗣尚：《从抗战中产生新中国》，（汉口）《大公报》1938年3月14日。

三 《抗战建国纲领》:知识界与官方的不同解读

1938年3月29日至4月2日国民党临时全国代表大会通过的《抗战建国纲领》,对知识界的建国论说有较大影响。此后,知识界关于建国的论述基本以《抗战建国纲领》为出发点,大体在《抗战建国纲领》的大框架内进行具体阐述或发挥。这反映出抗战前期知识界与国民党当局在政治上的一致性。但是,知识界与国民党当局对《抗战建国纲领》的解读又有很大区别。知识界所言的建国,强调与国力、现代化、工业化等概念间的关联,核心内容是现代科学技术和工业化,有时还包括"现代国家"(相对于中国传统的"家族观念")的建立。国民党当局所说的建国,出于战时政治、经济、民众动员的需要,强调集中意志、统一行动、加强团结、战时总动员等问题,也包括战时政治、经济、教育文化建设等内容。总体而言,国民党当局的建国论说侧重于宣传性、教条化、空泛的政策宣示和原则界定,政治意味和教条化更强烈一些。

"抗战建国"是国民党临时全国代表大会的重要政策宣示。大会宣言申明一面抗战一面建国原则,声称"于抗战之中,加紧工作,以完成建国之任务","吾人不能望于和平中谋建设,惟当使抗战与建设同时并行,是则救亡的责任与建国的责任,实同时落于吾人之肩上"①。大会通过的《抗战建国纲领》是抗战时期国民党当局的重要文件。为了对国民党当局的建国论说有个确切了解,笔者把《抗战建国纲领》序言全文引出:"中国国民党领导全国从事于抗战建国之大业,欲求抗战必胜,建国必成,固有赖于本党同志之努力,尤须全国人民戮力同心,共同担负。因此,本党有请求全国人民捐弃成见,破除畛域,集中意志,统一行动之必要,特于临时全国代表大会制定外交、军事、政治、经济、民众、教育各纲领,议决公布,使全国力量得以集中团结,而实现总动员之效能。"纲领总则又规定两条:"一、确定三民主义暨总理遗教为一般抗战行动及建国之最高准绳。二、全国抗战力量,就在本党及蒋委员长领导之下集中全力,奋励迈

---

① 《中国国民党临时全代会宣言》,(汉口)《大公报》1938年4月3日。

进。"① 显然，对于"抗战建国"，《抗战建国纲领》主要侧重战时政治、经济、民众动员。

《抗战建国纲领》公布后，知识界和舆论界纷纷表示拥护。4 月 2 日国民党临时全国代表大会闭幕后，《大公报》立即于 4 月 4 日发表社评表示，《抗战建国纲领》与全面抗战爆发以来舆论界、知识界所言"抗战建国"是一致的，"我们通读一过，感觉其内容与半年来各方论者之志愿，大体相符，且有许多是当然必然的事实需要，无可论辩"②。4 月 12 日，《大公报》再次发表社评表示，《抗战建国纲领》已成为全国的"中心思想及行动纲领"，"今后不容再有理论上或主张上的争辩，全国人的智力，应完全用在如何实践纲领中之各项，使之收预期的效果"③。7 月 6 日至 15 日在汉口召开的第一届国民参政会，宣布一致拥护《抗战建国纲领》。会议闭幕次日，《大公报》发表社评表示，"一致拥护抗战建国纲领"是坚持抗战的唯一途径，"从此在思想上及行动上，全中国更成了统一团结的坚固壁垒"④。

但是，知识界对《抗战建国纲领》的拥护仅限于口号和表层。对于《抗战建国纲领》，国民党当局与知识界之间有着并不完全相同的解读，即使解读的内容大致相近，在侧重点上也有明显歧异。

国民党临时全国代表大会宣言所说的"建国"，侧重于以三民主义为最高指导原则的政策宣示："盖建国大业，以三民主义为最高指导原理，外交方针、内政方针，皆由此出发。"在"科学"问题上，国民党当局与知识界也有着不同的认知取向。知识界所言的"科学"，主要强调近代自然科学与工程技术，与工业化、机械化密切相关，是工业化的技术基础。国民党临时全国代表大会宣言也重点阐释了"科学"问题，提出"科学之运动"为抗战所不可忽视。但其所言的"科学"，既包括自然科学与技术，也强调人文与社会科学，与此相应，在强调抗战"物力"总动员时，又强调"心力"总动员："至于科学之运动，在抗战期间，亦为最要。盖抗战

① 《抗战建国纲领》，（汉口）《大公报》1938 年 4 月 3 日。
② 《全代会之决议及宣言》（社评），（汉口）《大公报》1938 年 4 月 4 日。
③ 《拥护实行抗战建国纲领》（社评），（汉口）《大公报》1938 年 4 月 12 日。
④ 《国民参政会休会》（社评），（汉口）《大公报》1938 年 7 月 16 日。

为全国心力物力之总动员,亦为全国心力物力之总决赛,必当以沉毅勇壮之精神,脚踏实地,从事于心力物力之充实。在技术方面,则提高自然科学的研究,俾军需军器得无缺乏;在社会制度方面,则应用社会科学的学理,使社会的组织与活动,趋于合理化,成为有计划有系统的发达。其施之于教育者,宜知战时的科学,需要较平时为尤急,科学的探讨与设备,为抗战持久及抗战胜利之决定因素;其施之于文化运动者,宜知所谓文化运动,不外谋全部人类生活之充实向上,当在科学方面使技术与社会制度相贯通,物质与精神相贯通,理智与感情相贯通,以求其平均发展,然后心力物力,乃能日即于充实,抗战必胜,建国必成,必由于此。"① 国民党当局之所以在强调自然科学与技术的同时,也强调人文社会科学,是因为他们在强调物力总动员的同时,也强调"国民精神总动员"。这一点与着重强调工业化的知识界有所不同。

国民党临时全国代表大会闭幕后,国民党中央宣传部副部长周佛海于1938 年 4 月 20 日发表广播演讲,提出"对民族国家的信仰"和"科学信仰"是"我们在抗战建国中最重要的中心观念"。周佛海所言的两个要点唯独缺少了"工业化",而"工业化"却是抗战时期知识界讨论建国问题的最核心观念。而且,周佛海把"建国"表述为笼统的"经济的、军事的、文化的建设",认为"在抗战时期,我们这样的作去,到了抗战胜利以后,中国的经济、军事以及文化的建设,都自然成为社会化的、计划的、合理化的建设",也没有强调工业化问题。而且,周佛海所说的对民族国家的信仰,并非知识界强调的现代国家意识,而是强调在"军事第一,胜利第一"原则下的全国物质和精神的总动员,在"民族至上,国家至上"原则下全国国民要牺牲党派成见、阶级的利害。周佛海说的"科学的信仰"强调"贯通物质与精神","在现代的战争中,我们一方面要提高民族精神,一方面要充实经济与军事上的设备"。他之所以在讲"科学的信仰"时还要强调"民族精神",是企图以提高"民族精神"来实现精神和物质的总动员,"详细的说,在民族抗战的时期,如果全国国民没有高度的民族情绪,就不能把全国的精神与物质力量贡献于国家,如果国家不能集中全

---

① 《中国国民党临时全代会宣言》,(汉口)《大公报》1938 年 4 月 3 日。

国精神与物质的力量，民族抗战就不能得到最后的胜利"①。周佛海所说的这种"科学信仰"，比知识界所言的"科学"宽泛得多。知识界所言"科学"的重点在于现代自然科学与技术。

抗战一周年之际，蒋介石于 1938 年 7 月 7 日晚发表《告全国军民书》，宣扬"抗战建国"和建设"现代民族国家"，"中国国民党深望全国民众认识抗战建国同时并进之意义，中国之抗战在维护主权与领土之完整，尤在于建设现代民族国家"。但通过何种途径建设"现代民族国家"？建设"现代民族国家"的内容又是什么？蒋介石却未作深入阐述。② 三个月后，10 月 9 日，蒋介石在国庆节告全国国民书中申论"革命建国"问题。但何为"革命建国"，他的说法却极为空泛，只是引述孙中山的几句惯常用语作教条性的说明。依照蒋介石的说法，所谓"革命建国"主要是两点：先使中国强盛，然后使中国乃至整个世界进入"大同"之治。他声称："我们总理毕生倡导革命，他的目的就是要'以建民国，以进大同'，总理在民族主义演讲中明白指出：'我们不但要恢复民族的地位，还要对于世界负一个大责任'，这个大责任是甚么呢？总理在民族主义演讲结尾中告诉我们，恢复了民族地位以后，就要用固有的道德做基础，使世界成一个大同之治，并且郑重的说：'这便是我们民族的真精神'。但是，要负起这个大责任，第一步先要使中国强盛起来，能够独立自立的站起来。三民主义革命建国的理想，具体说来，就是如此。"③ 蒋介石对于建国的阐述，与同时期知识界将建国阐释为现代化、工业化、近代科学技术等相较，要空泛得多。蒋介石虽然提出建国的第一步是使中国"强盛"，但实现"强盛"目标的具体路径为何，并未像知识界那样鲜明地提出来。

1938 年 10 月 10 日，周佛海在纪念双十节时又在《大公报》上宣扬"一面抗战，一面建国"。但他没有重点论述建国的具体内涵和途径，只是说建国要依照《抗战建国纲领》，"我们今天抗战，同时也不能一刻忘记建国。全国同胞应根据抗战建国纲领一致努力，促其实现，才不负纪念双十

① 《周佛海昨日广播演词：抗战建国两要点》，（汉口）《大公报》1938 年 4 月 21 日。
② 《中国国民党七七抗战建国周年纪念告国民书》，（汉口）《大公报》1938 年 7 月 7 日。
③ 蒋介石：《二十七年双十节告全国国民》，（汉口）《大公报》1938 年 10 月 10 日。

的意义"①。1939 年 1 月 1 日，国民政府立法院院长孙科也大讲"建国"。
他强调的重点在于"新中国"的"三民主义"选项。他论述说："三民主
义的新中国，是国际平等（民族主义），是政治平等（民权主义），是经济
平等（民生主义）。""三民主义是我们最高指导原则，抗战建国纲领是我
们原则的实行方针"，"我们在此一面抗战，一面建国的奋斗过程中，要时
时刻刻都不能离开我们的纲领，要时时刻刻都在为实现三民主义而努力"。
可见，孙科的"建国"论说与国民党当局其他人士一样，重点是为抗战建
国定出大原则、大框框，而不是像知识界那样具体探讨建国的理论、路径
和方式。虽然孙科也提到建国的内容，"譬如说战时的国营贸易、工矿调整
等，在战后即能达到发达国家资本、节制私人资本之目的；战时的参政制
度、兵役制度等，在战后即能达到民权主义、地方自治、自由征兵之目
的"，但这些话只是泛泛之论。② 1939 年元旦，在中华民国成立纪念庆典
上，国民政府主席林森也强调"抗战的目的是在建国"，两者应同时进行、
不可分离，要"一面抗战，一面建国"。但是，关于建国的具体内容，林
森的论述更是空泛：一是国际和平，一是世界大同，"建国的目的是在维护
国际的和平，促进世界大同"③。

　　1939 年 1 月 7 日晚，国民政府行政院副院长兼委员长重庆行营主任张
群也讲了"抗战建国的根本意义"。由张群此番论述，我们或可更清楚地
探知国民党当局所言"建国"与知识界所言"建国"有何不同。不像知识
界将建国与现代化、工业化、经济建设等量齐观，张群则强调"建国"的
革命性、与"国民革命"的同一性。他论述说，"五十多年的国民革命运
动，也可以说是建国运动"，"现在的抗战建国是国民革命必经的一个过
程"。对于"建国"问题的具体论述，张群主要强调如下几点：第一，三
民主义是建国的思想原则，"建国是要建设一个三民主义的新中国。以整个
的主义为建国的最高指导精神，以民族主义团结国内各民族，加强国民之
民族观念，奠定建国之基础，以民权主义建设政治，以民生主义建设社
会"。第二，《抗战建国纲领》是建国的具体方法，"建国的方法在抗战建

---

①　周佛海：《发挥辛亥精神完成抗战建国的使命》，（汉口）《大公报》1938 年 10 月 10 日。

②　孙科：《完成我们的神圣使命》，（重庆）《大公报》1939 年 1 月 1 日。

③　《中华民国成立纪念，国府举行庆典》，（重庆）《大公报》1939 年 1 月 2 日。

国纲领中已有明白的指示，而最主要的还在不断的储备人力物力"。第三，
一面抗战，一面建国，两者不可分离，"抗战建国是一件工作的两面，抗战
是为建国排除障碍的工作，建国就是为抗战创造力量的工作"①。显然，张
群只是想为建国定出几条空泛的政治教条或框框，并不想作具体化的论述，
更未将重点放在现代化、工业化、经济建设、国力等实在、具体的理论分
析上。

知识界和舆论界建国论说侧重于现代国家意识、工业化、现代科学技
术诸方面的理论阐发，与国民党当局有着明显歧异。1938 年 7 月 7 日，
《大公报》社评提出建设"革命新邦"，建设新的军事、政治、经济、文
化，"我们必须切实纠正一切缺陷，彻底的成了新国家、新社会，军事、政
治、经济、文化随着抗战的需要，都彻底成了新的军事、新的政治、新的
经济、新的文化，然后才能达到最后胜利之途。简单说，中国必须完成革
命新邦的实质与规模"②。《大公报》关于"革命新邦"的论说，与同年 11
月创刊的《新经济》半月刊在《新经济的使命》中所言"周虽旧邦，其命
维新"之说，何其相似！1939 年 5 月 22 日，蒋廷黻专门就建国问题在重
庆大学作了一场演讲。他将"建国"理解为现代化。他分析，近代中国曾
有过四个"救国方案"：第一个是道光咸丰年间的"孤立安全"方案，以
为中国要图存，既要"遵守古法，实行古训"，又要"与外国少有往来，
愈少愈好"；第二个是同治光绪年间曾国藩、李鸿章、左宗棠诸人的方案，
既要保存"国粹"，又要"练洋枪队，办海军，设兵工厂，派学生出洋学
习造船制炮"；第三个是康有为、梁启超的方案，"他们并不否认中国应该
保存国粹，也不否认中国应该企图船坚炮利，不过，他们觉得中国还要加
上政治制度的改革"；第四个是孙中山的方案，提出中国必须进行"彻底
的、整个的精神建设、制度建设及物质建设"。蒋廷黻认为，孙中山的方案
"可以说是集近百年的各种方案的大成"，只有"精神建设"、"制度建设"
和"物质建设"并进，才能建设近代的、富强的国家。蒋廷黻分析的四个
救国方案，实际就是对近代中国现代化进程的大致描绘。虽然蒋廷黻引用

① 张群：《抗战建国的根本意义和青年应有的使命》（续昨日第三版），（重庆）《大公报》
1939 年 1 月 10 日。

② 《抗战建国一周年》（社评），（汉口）《大公报》1938 年 7 月 7 日。

国民党"精神建设"、"制度建设"、"物质建设"说法解释"建国",但他是偏重"物质建设"的。他强调,中国大部分的建国工作必须放在提高人民的生产能力上。他详细列举中国与英美两国的差距,指出中国人的生活程度与英美相差 30 倍。他问道:"我们能够建设我们的国家达英美那种富强吗?"①

第四节　现世关怀与国家观念

知识界对于现代化、国力、经济和建国问题的关注,具有深厚的思想基础。这就是全面抗战激发出的强烈现世关怀和国家观念。全面抗战的爆发和空前的民族危机,对中国知识界士人的心灵造成强烈冲击。几千年来,"位卑未敢忘忧国"的忧国意识在中国传统知识士人心理中可谓根深蒂固。在抗战时期的中国知识界,这种忧国传统表现得尤为强烈。

一　读书与报国

全面抗战爆发伊始,身处大规模对外战争的社会环境,中国知识界出于对国家前途和命运的极度忧虑,表现出强烈的现世关怀,产生投身抗战和社会实际工作的强烈冲动和热情。

他们普遍期望响应政府征召,立即投身抗战。顾毓琇于 1937 年 9 月 26 日告诫大家,要对这个非常时期有一个明确认识。这次抗战必将是一场持久战,"在未来的岁月中间,我们不免要遭遇挫折"。全国人民,尤其是知识分子,要时刻准备响应政府总动员命令,"必须准备贡献自己,并且自动参加工作"。即使继续从事学术工作,也应为抗战不怠不懈。② 1937 年 12 月 3 日,《大公报》社评描述说:"武汉现在集中文化界人士最多,长沙、西安也不少。这一大群文人,对于抗战前途,十分有用,起码也能做宣传。这些人爱国而能吃苦,靠情绪生活。大概现时都很烦闷,或者很困苦。我们希望政府赶紧施行广泛的调查,敦请这一大群文士,都为抗战服务。他

① 蒋廷黻:《释"建国"》(五月二十二日在重庆大学讲演词),《新经济》半月刊第 2 卷第 4 期,1939 年 8 月 1 日,第 82—87 页。

② 顾毓琇:《非常时期的认识》(星期论文),(汉口)《大公报》1937 年 9 月 26 日。

们对于最高统帅部的招聘，一定都热诚接受，劳瘁不辞。"① 徐旭生是一位哲学家和史学家，战前曾任北京大学教授、北京师范大学校长。他便表现出希望投身抗战军事、社会实践的亢奋心情。他于 1938 年 4 月 19 日告诫知识青年说：在国家民族生死存亡的关头，空发牢骚和流眼泪是最不应该有的态度。他给知识青年指了三条路：一是拿学术去救国，二是投笔从戎，三是深入农村基层做组织民众的工作。② 徐旭生在号召知识青年的同时，何尝不是他的自励？两个月后，同年 6 月 19 日，陈之迈也表达了他们这些大学教授的强烈现实关怀："现在学校里的学生不能以读纯学术式的政治为满足，他们要求他们的政治智识帮助他们对于时事的了解。这样可以逼迫着懒惰、专背西洋或东洋讲义的教授对于中国发觉研究的必需，实在不能办到的恐怕要归于淘汰。"③ 抗战初期，中国知识界随时随地准备参加抗战实际工作的思想态势，成为当时"学者从政"潮流的思想基础。顾毓琇和陈之迈就分别于 1938 年 1 月和 5 月就任教育部次长和行政院参事。

　　知识界要为国防服务，是他们对全面抗战的最直接反应。1937 年 10 月 17 日，南开学校在重庆举行纪念会。次日，《大公报》发表社评，从天津南开大学被日军炸毁到复兴这一话题，提出"国防教育"命题。社评指出，从南开被日军炸毁中，中国得到一个"重大收获"，"证明文化与国防之绝对不可分，证明无国防的文化，就等于亡国的文化"，中国要即刻彻底普遍实行"国防教育"。"学校的责任，就是练成种种国防上的队伍，除直接的军事队伍之外，还要种种工程队、生产队、战时公务员工队与民众教师队。总之，要使每一学校都有直接或间接的国防上的价值，每一学生，都负一些直接或间接的国防上的任务，全国学校，先组织起来，分配责任，各尽所能，然后藉学校而组织起全国青年少年。"④ 一个月后，同年 11 月 22 日，金陵女子文理学院社会学系教授龙冠海甚至提议将大学教育改为"游击战式的教育"。所谓"游击战式的教育"，就是教育界师生直接投身

---

　　① 《现在亟需做几件事》（社评），（汉口）《大公报》1937 年 12 月 3 日。

　　② 徐旭生：《今日知识青年应走的三条路》，（汉口）《大公报》1938 年 4 月 19 日；徐旭生：《今日知识青年应走的三条路》（续昨日第三版），（汉口）《大公报》1938 年 4 月 20 日。

　　③ 陈之迈：《论教育与政治》（星期论文），（汉口）《大公报》1938 年 6 月 19 日。

　　④ 《从南开复兴说到一般教育》（社评），（汉口）《大公报》1937 年 10 月 18 日。

于大后方政治、经济、社会实践的教育。他提议，"当教员与学生的虽然不能像将士们到前方去直接打死敌人，然而却可以在后方间接的打死他们"，大学师生可以分散到城市与乡村，参加后方的抗战宣传，组织后方民众，侦查后方汉奸，担任后方救护事业，指挥领导后方的运输及一切建设工作。龙冠海依照自己的设想，给各个专业的大学师生都派定了任务：化学系师生从事军用品的制造，工程与物理系师生从事道路、桥梁与防空设备的建设，生物系师生指导民众改良动植物，农学系师生指导农民改良农作物，医学院和看护专业师生救护伤兵或指导民众卫生事宜，政治学系师生组织民众宣传三民主义，经济系师生研究和改良民众经济状况，社会学系师生作社会调查，改良民众社会环境，教育系师生从事识字运动，文学系师生做演戏、抗战文艺等宣传工作，音乐系师生指导民众团体歌咏，历史系师生给民众讲授历史上的伟人故事及国耻史。[①] 几天后，佛地于同月 28 日所言更加激进，甚至主张"读书人"直接投身军队与日军对决。他认为，"读书人"应该同样拿出自己的身躯应付国难。拿笔的文人只是满腔热情去写文章，"教别人勇敢的去死，而自己老站在一旁讴歌是不道德的，迨全民族的精神从你们的手中鼓舞起来了的时际，你们该丢下笔管去清算到自己"！[②]

不过，过于强调教育与社会实践相结合、泯灭教育主体性的偏执主张，仅盛行于七七事变后的最初几个月。1938 年初以后，知识界开始对这种观念进行反思。1938 年 2 月 20 日，时任南开大学教授的陈序经表示，"国难教育"应该是"西化教育"，这种教育应该是学科齐全的综合教育。他反对当时教育界许多人重理工轻文法的主张，认为即使从战争角度考虑，也不能只重理工，"在抗战时期，我们不但要有军事家在前方指挥，而且要有政治家在后方计画。不但要有理工专家来制造军需，计划交通等等，而且要有思想家、哲学家，去鼓励我们的民族精神，文学家、音乐家，去激动我们抗战的情绪"[③]。两个月后，同年 4 月 20 日的《大公报》社评提出"计划教育"主张。此论是就 4 月 2 日公布的《抗战建国纲领》有关教育

---

① 龙冠海：《抗战时的大学教育》，（汉口）《大公报》1937 年 11 月 22 日。
② 佛地：《什么是读书人效力的途径》，（汉口）《大公报》1937 年 11 月 28 日。
③ 陈序经：《国难与教育》（星期论文），（汉口）《大公报》1938 年 2 月 20 日。

的内容而发。所谓"计划教育"，就是以建国需要为依归对教育工作进行全面、精密计划，而不能"因陋就简一枝一节的改进"。由此，社评对抗战以来过于重视"实科"的主张作了反思，"我们中国，过去因为缺乏物质建设，近年在教育上遂特别注重实科，甚至有人主张停办一切文法学校。大战起后，'非常时期教育'的呼声更盛极一时。这些主张，都有它的长点，同时也都有它的缺点，问题在于未曾经过全盘的计划"。所以，社评提出：要"有计划的分期教育国家建设各部门的人材"，不仅要培养工程技术专家，还要培养各种文法人才。①

二 "士"的自我批判："重文积习"与"不事生产"

抗战时期，在惨烈的全面抗战情势下，蒋廷黻等人对知识分子"重文积习"和"不事生产"的批判，更强烈地表达出中国知识界的现世关怀。

蒋廷黻随国民政府迁至重庆后，遂在各种场合对中国"知识阶级"及"士"作自我批判。他认为，知识界研习的所谓"知识"均是些文字功夫，与社会实际无关，应该多研究与生产建设相关的"实学"。其实，蒋廷黻此论仍然源于以经济建设为主体的"国力"论说。1938年11月16日，在《新经济》半月刊创刊号上，蒋廷黻发表《论国力的元素》一文提出，中国近代化的最大阻力莫过于传统的"重文积习"，"我们祖先所造的孽，除了强迫女子缠足以外，莫过于重文。以后，我们如不降低文字知识的标准，彻底的废用古文，那不知我们还要枉费多少青年的宝贵光阴和心血，消磨多少的国力"。"重文积习"使中国青年没有时间和精力学习和掌握实用科技，并使身体羸弱不堪，"因为重文的恶习尚存在，所以有许多人一面提倡科学，一面又要青年读古文，写古文，日夜在那里喊呐，要学校注重国文。殊不知，科学与国文是不能并重的"。所以，他呼吁，在抗战时期，"文字的能力究竟于国事无多大的补救"，"倘若此刻我们能把几百万能文的青年变为能驾汽车，或开飞机，或放炮，开坦克，弄无线电，修路，修桥，造军火，甚至于能救护伤兵的人

---

① 《计划教育》（社评），（汉口）《大公报》1938年4月20日。

员,我们的国力就能加增好几倍"①。一个月后,12 月 20 日,他又在一次广播演讲中说:"我们的知识和道德有不适于时潮的。我们的知识多是文字的、书本的。我们本素的求知不是以实物实事为对象,而专以书本为对象。我们所得的知识并不能帮助我们克服我们的环境。简单的说,我们的知识乏缺力量。"② 1939 年 5 月 22 日,蒋廷黻在重庆大学的一次讲演中,又猛烈批评几千年来中国知识阶级(即所谓"士")与社会生产毫不相关的社会地位。他认为,几千年来,一方面,中国知识阶级的所谓"知识"与生产毫无关系,他们对生产事业绝不发生兴趣;另一方面,他们完全无生产能力,绝不从事任何生产。中国历史上的"士"简直是"装饰品、废物、寄生虫"。由此,他提出,知识要与生产相结合,中国知识界要研习与生产直接相关的"实学",要抵得住"文哲的诱惑"。他论述说:"我国聪明才智之士,自甲午以来,未尝不知道实业和实学的重要。他们当中曾有不少的人立志不与之乎也者和天地玄黄为伍,要修路,要造林,要兴水利,要改良稻麦棉丝,要改良猪种、牛种、马种,要制造汽车、飞机等等民生有关的事业。但是久而久之,许多人又被文哲的诱惑引入歧途了。"他以中国文史学界的领军人物胡适为例,阐释中国知识分子"被文哲的诱惑引入歧途"的境况,"譬如,胡适之先生,他初到外国去留学的时候,本想学农,可惜他立志不坚,终久回到我国士大夫的旧路上去了。胡先生在文学、哲学及政治上都有很大的贡献。但是,以他的聪明,假设始终一致的服务于农业界,他造福于民简直可说无限制"。蒋廷黻告诫重庆大学师生,中国的出路"必须从生产里去寻找","中国的一切都该从马牛羊、鸡犬豕作起"③。

高叔康读了蒋廷黻的论述,深有同感,于 1939 年 10 月 16 日提出,中国知识分子要参加社会生产。他针对当时知识界提出的"学术中国化"、

---

① 蒋廷黻:《论国力的元素》,《新经济》半月刊第 1 卷第 1 期,1938 年 11 月 16 日,第 2—5 页。

② 《蒋廷黻广播演词:青年的力量》(续昨日第三版),(重庆)《大公报》1938 年 12 月 22 日。

③ 蒋廷黻:《释"建国"》(五月二十二日在重庆大学讲演词),《新经济》半月刊第 2 卷第 4 期,1939 年 8 月 1 日,第 82—87 页。

"学术实践化" 口号，认为 "学术中国化"、"学术实践化" 最具体的方法，就是 "现在的知识分子应该把旧社会的士大夫的思想和态度，完全洗涤殆尽，直接参加社会生产"，因为学术文化与社会生产是同时并进的，"今日我们要发达文化，须发达生产；要发达生产，须发达文化"。① 同年 12 月 1 日，高叔康又强调，改进生产事业是中国实现政治、经济、文化现代化的关键，以科学家和工业家的精神参加生产，改进生产事业，是知识分子在国家现代化过程中担负的历史任务，"今日要发达中国的经济，要使中国的政治走上轨道，要产生光辉灿烂的现代文化，必须有许多的知识分子拿上科学家和工业家的精神从事于生产活动，改进社会生产事业，才能够使中国的政治、经济、文化有健全的发展。这是一个根本的关键，是知识分子的历史的任务，完成现代化的国家在此，解决知识分子本身的问题也在此"②。

　　1940 年 1 月 16 日，蒋廷黻③在《中国文化对于政治的贡献》一文中又猛烈批判作为 "四民之首" 的 "士" 的社会地位。他表示，几千年来，"士" 是中国社会四民之首，"士" 是统治阶级，中国的政权就是 "士" 权。直至今日，中国社会依然如此，"中国的社会直到今日是文人的社会，

---

　　①　高叔康：《知识分子与生产问题》，《新经济》半月刊第 2 卷第 8 期，1939 年 10 月 16 日，第 180—184 页。

　　②　高叔康：《再论知识分子与生产问题》，《新经济》半月刊第 2 卷第 11 期，1939 年 12 月 1 日，第 268—272 页。

　　③　"泉清" 是蒋廷黻的笔名。据《新经济》半月刊第 2 卷第 4 期《编辑后记》称："泉清先生，是一位历史学者的笔名。" 又据 1966 年 3 月陈之迈在《蒋廷黻的志事与平生》一文中回忆，1935 年，"翁咏霓、蒋廷黻奉派担任政府要职，也离开了北平。当时胡（适）先生曾送给他们两句诗，记得是：'寄语麻姑桥下水，出山还比在山清'。因为这两句诗，后来廷黻发表文字偶然用 '泉清' 为笔名"（陈之迈：《蒋廷黻的志事与平生（一）》，《传记文学》第 8 卷第 3 期，1966 年 3 月 1 日，第 6 页）。另外，蒋廷黻在《新经济》半月刊还有一个笔名 "丁一夫"。据《新经济》半月刊第 4 卷第 6 期《编辑后记》称："丁先生是外交问题的专家，过去曾在本刊发表好些关于外交的文章。" 抗战后替吴景超主编《新经济》半月刊的齐植璐也于 1944 年 10 月 1 日称："'丁一夫' 是一位权威的历史学家的笔名，也是本刊的创办人，并曾一度实地从事外交工作，所以其讨论国际政治的文章，是颇为当时读者所欢迎。"（齐植璐：《新经济壹佰贰拾期重要经济论文内容总分析》，《新经济》半月刊第 10 卷第 12 期，1944 年 10 月 1 日，第 265 页）由此可见，"丁一夫" 就是蒋廷黻。蒋廷黻以 "丁一夫" 发表的文章主要讨论外交问题，而用 "泉清" 发表的文章大多讨论内政问题。

士权的社会。无论各人的职业如何，最高的目的是成士"，而"生产事业在我们这个社会里遂成了卑贱的事业"。他认为，所谓"士"，就是无事生产、靠文字吃饭的"文人"，"非农，非工，非商，非兵，非医，而能文者，就是士。我们要注意，士的资格包括两项，一是无业，一是能文"。但是，现代化的社会应以经济为中心，"以农场、果园、工厂、飞机、火车、轮船、矿业、试验所、卫生所、学校等为中心"。中国应该由社会养"士"实现"士"的自养，这就是以事业养人才，"譬如，中央农业实试所近年努力研究稻种、麦种，其结果，凡农民用改良种子者能加增收入百分之十三。我们倘从这百分之十三中抽出二成作为研究所的维持费，农民一定很乐意，而士也得着了一种光荣稳当的出路"，中国应从"民生"中去找"士生"。如此，"不但民生和士生的问题都能解决，就是一切建国的问题都能解决"。他甚至主张，整个社会应该干脆认定"文人是寄生虫，技术人员才是士大夫，才是民族英雄"①。1942年1月8日，他又发表广播演讲说："知识阶级，除非参加抗战或生产，并没有什么特殊可宝贵的地方。我们不可以自存一种优越感。就是在承平的时候，士为四民之首的观念恐怕是士大夫阶级为本身的私利传播的，并无科学的根据，值不得维持。"②

抗战时期，蒋廷黻、高叔康等人对中国社会"重文积习"、"士"与生产无关的批判，乃至对"士为四民之首"的传统观念的批判，以及知识分子参加生产的诉求，说明抗战时期中国知识界重视社会经济问题的思想倾向，已经由对社会经济问题的强调，发展到对自身社会地位的反思和重新审视。

三 关于科学的讨论：应用科学，还是基础科学

从30年代初开始，与现代化、国力、经济、工业化等论题密切相关，科学成为知识界关注的焦点论题。知识界的科学认知偏重现代"科学"（理科）与"技术"（工科），尤其注重应用科学。抗战时期，知识界延续

① 泉清：《中国文化对于政治的贡献》，《新经济》半月刊第3卷第2期，1940年1月16日，第32—37页。

② 蒋廷黻：《知识阶级与国防建设——一月八日在中央及国际电台广播演词》，《新经济》半月刊第6卷第10期，1942年2月16日，第200—202页。

了这种科学认知态度。虽然国统区知识界仍有一部分人坚持应用学科与基础学科的整体性，但强调科学研究的应用性则为知识界大多数人的共同主张。

中国知识界30年代的科学认知态度与五四新文化运动时期相比，发生了较大转变。五四新文化运动时期知识界所言的科学比较注重"科学精神"与"科学方法"，而30年代知识界所言的科学则偏重现代科学技术，亦即理科与工科。这种科学认知趋向与30年代知识界对现代化、工业化问题的密切关注有关——现代化的核心是工业化，而促进工业化以及生产力发展的最直接要素便是理科与工科。1933年2月至11月，中国科学社创始人之一、化学家任鸿隽与在法国里昂留学的闵仁（弘伯、张弘）等在《独立评论》上展开了一场关于"科学"与"人的心理"孰先孰后的讨论。由这场讨论，我们可以窥见时人对现代自然科学的重视。1933年2月，任鸿隽提出，国联教育考察团报告书所言关于欧美现代科学技术产生了现代之欧美，还是欧美人的心理产生了欧美现代科学技术的问题，是一个"鸡生蛋，还是蛋生鸡"的假问题。[1] 闵仁则认为，西方的科学是由西方人的心理得来。东方人对知识取消极、割舍甚至偷懒的态度，而西方人对宇宙的探寻取猛勇精进的态度。[2] 值得注意的是，他们的争论有一个共同的动机，就是找寻现代科学技术的源起。任鸿隽对国联教育考察团的说法提出意见，其动机就是出于担心现代科学难以在中国生根的考虑，如闵仁所说："叔永先生骤然看见考察团说近代的科学是由欧美人的心理发生，因之愕然惊诧，怕是提倡科学的主张不能实现。殊不知，从这方面进取，才正是实现提倡科学的大道哩！"[3]

中国学术究应注重实际应用，还是注重基础理论，是30年代知识界一直讨论的问题。注重实际应用的意见似乎更占上风。对于这种风气，清华

---

① 叔永：《评国联教育考察团报告》，《独立评论》第39号，1933年2月26日，第16—21页。

② 闵仁：《还是心理与人的问题》（欧洲通信），《独立评论》第65号，1933年8月27日，第14—18页；闵仁：《欧洲通信·还是心理与人的问题》（续上期），《独立评论》第66号，1933年9月3日，第15—20页。

③ 闵仁：《欧洲通信·还是心理与人的问题》（续上期），《独立评论》第66号，1933年9月3日，第15—20页。

大学心理学教授周先庚于 1934 年 11 月介绍说："一二年来重理工轻文法的风气，似乎是政府确定的积极政策，一般学者因而随之轻理论而重实用。"[①] 清华大学工学院院长顾毓琇于 1933 年 1 月 1 日提出，中国应重点发展应用科学，"我们目前最需要的不是科学的新发明，而是已有的科学发明的应用"。顾毓琇此言实际上是知识界对中国国力贫乏、经济落后情势的一种近乎功利性的反应，"中国太穷了，我们没有那么许多钱做纯粹科学的研究"，现在中国最需要解决的是发展经济、促进物质进步、挽救国家危亡等现实问题，"现在世界上已经有的科学知识，已经够我们受用了"[②]。顾毓琇此议，当月 22 日就遭到孙逸的反对。孙逸强调基础科学和应用科学的整体性问题，"应用科学总是跟了纯粹科学走的"，如果只是强调中国太危急了而不去发展基础科学，那末，中国就只能跟着别人跑，永远落后于先进国家。[③] 对于孙逸的批评，顾毓琇于 2 月 19 日辩解说，重视"纯粹科学"的研究与中国目前客观的需要是两个问题。他本人"向来是看重科学研究的"，但他讨论的是目前中国客观的"需要"问题。他还提到，有几位物理学者受当年 1 月山海关失陷的影响，讨论的专题是"高射炮"而不是他们研究有素的"X 光论"或"波力学"，竟有放弃"纯粹科学研究"从事"国防制造"的打算。[④] 顾毓琇介绍的几个物理学家的情况，说明在 30 年代中国内忧外患之下，对于应用科学的重视在当时知识界确有相当普遍性。协和医学院教授吴宪与顾毓琇的意见几乎一致，于 1934 年 5 月表示，中国现在急需的科学是解决国计民生问题的应用科学，"而不是什么我们自己发明的新学理"[⑤]。1931 年九一八事变后，知识界主张优先发展应用科学的风气，体现着他们强烈的民族忧患意识。在日本侵华日急的情势下，他们期望以自己的研究成果为国效力。1936 年 4 月，经翁文灏提议，中央研究院评议会第二次年会决定，中央研究院的"研究工作，应特别注重于国家及

---

① 周先庚：《学术研究的途径》，《独立评论》第 126 号，1934 年 11 月 11 日，第 6—12 页。
② 顾毓琇：《我们需要怎样的科学》，《独立评论》第 33 号，1933 年 1 月 1 日，第 12—15 页。
③ 孙逸：《读顾毓琇〈我们需要怎样的科学〉后》，《独立评论》第 36 号，1933 年 1 月 22 日，第 14—18 页。
④ 《顾毓琇先生来信》，《独立评论》第 38 号，1933 年 2 月 19 日，第 16—17 页。
⑤ 涛鸣：《关于科学研究之我见》，《独立评论》第 101 号，1934 年 5 月 20 日，第 15—17 页。

社会实际急需之问题"①。1936 年 8 月中国科学社等七个科学团体在北平举行联合年会前夕，顾毓琇撰文说，将开会地点选在国防前线的北平，就是要昭告天下，北平这古老的故都乃是我们的。他期望这次年会切实讨论那些为国家所需要的问题。②

1937 年全面抗战爆发后，中国知识界更加重视应用科学。1937 年 12 月 28 日，抗战期间任中山大学、桂林师院、中央大学等校教授的红学家吴世昌提议后方各大工厂筹设研究所。他认为，工业界创办研究机关可以承担起保育中国科学的责任。西方发达国家的较大工厂都附设研究机关，"他们的工业永远改良，永远进步，科学上也永远有发明，有创获，二者互相启导，互相催逼"，科学理论和实用相互促进，国家因之进步，文化因之提高。而且，这对工厂本身也有好处，产品技术含量和生产技术均可改良，工厂管理、销售随之科学化，整个工厂效率得以提高。③ 1939 年 3 月 1 日，在国民政府召开全国教育会议之际，《大公报》发表社评强调："今日固需要研究发明之学者，然犹不若应用人才专家所需之量之多。而且，工业幼稚，所用技师，比之高深而专精之学术，毋宁置重于广泛而利便应用。"④

全面抗战强烈冲击知识界的科学观念，使他们倍加感受到自然科学的威力。1939 年 3 月 16 日，时任中央研究院总干事的任鸿隽就深切感受到科学应用于战争给人类社会造成的巨大破坏力。他分析说，科学的目的在求真理，本是近代人类进步的原动力。但是，如今人类不择手段，"滥用科学所能给予的一点能力来做制胜对方的利器"。飞机、炸弹是一例，毒气、大炮也是一例。科学发明愈多，战争破坏力愈大。任鸿隽提出，科学应该用于人类的"建设事业"，而不是"破坏事业"。他对英国科学促进会（British Association for the Advancement of Science）于 1938 年 9 月在剑桥大学决定组织科学与社会关系部深表赞许。他认为，这个组织应该搞清楚，"一个国家用于生产的研究费和用于不生产的研究费比例怎样"？"一个国

---

① 顾毓琇：《科学研究与国家需要》，《独立评论》第 210 号，1936 年 7 月 19 日，第 5—8 页。

② 顾毓琇：《七科学团体联合年会的意义和使命》，《独立评论》第 215 号，1936 年 8 月 23 日，第 8—10 页。

③ 吴世昌：《后方工厂应筹设研究所议》，（汉口）《大公报》1937 年 12 月 28 日。

④ 《贡献于全国教育会议》（社评），（重庆）《大公报》1939 年 3 月 1 日。

家从事于建设事业研究的科学家与从事于破坏事业研究的科学家人数比例怎样?"① 1939 年 9 月欧洲战事爆发后,整个世界全面混战。1941 年 5 月 5 日,《大公报》社评以"战斗"为中心,对"科学"进行反思:"自然科学已发展到现代的高阶级,我们有那一门科学像样子?由利用厚生到国防战斗,我们都瞠乎其后。现代的科学之力,不特征服自然,并且亡人国家。请大家想想!这二十几年来,我们虽口谈科学,实际何尝有了科学?我们为什么被日本欺凌?为什么必得血肉相拼,吃这战争之苦?还不是因为我们没有认真提倡科学因而没有国防!"②

关于抗战时期知识界重视与社会生产相关的"实学"的情况,历史学家、河南大学教授萧一山于 1939 年 2 月 19 日曾有生动描述:"在新思潮蓬蓬勃勃的五四运动时代,哲学是最时髦的东西。不料时移境迁,几年以后,竟和乾嘉时代的理学书一样,束之高阁,无人过问。本来注重农工实用科学,却不一定要裁去文法科。然而,有人如此提倡,又无怪乎占文法科一角的哲学系,变成了九羊十牧(闻某大学的哲学系教授人数超过学生)。"萧一山显然对过于偏重"实学"现象略有微词。③ 抗战时期,各大学工、商、农等相关院系也被投考学生追捧。1941 年 9 月 28 日,西南联大教授柳无忌即描述说:"工专、商专、农专、技专、美专,以及其他一切职业学校、独立学院,相继兴起,颇为盛极一时,而大学实际上亦不过是一个大规模的职业学校而已。所以,最近商工各系颇为畸形发展,被政府所一度提倡的自然科学,都变为冷门,文哲等空虚学问更谈不到了。即以今后四大学联合招生重庆区志愿投考中央大学的学生而论,编入文理二学院共八九系的投考者相和,尚不及投考经济学系一系的学生为多。这可见时代的趋势,已使大学教育走到实用职业教育的途上去,纯粹的学术研究,已为一般青年所厌弃。"④ 1942 年 4 月 20 日,吴景超甚至注意到,就连国外学者亦同样重视科学与工业间的关联。他介绍说,美国哈佛大学的格来斯教

---

① 任鸿隽:《一个科学界自觉的运动》,《新经济》半月刊第 1 卷第 9 期,1939 年 3 月 16 日,第 234—236 页。

② 《青年之路》(社评),(重庆)《大公报》1941 年 5 月 5 日。

③ 萧一山:《建立新的民族哲学》,(重庆)《大公报》1939 年 2 月 19 日。

④ 柳无忌:《学术独立与思想自由》,(重庆)《大公报》1941 年 9 月 28 日。

授最近写了一本讨论资本主义发展史的书，在提到中国时，特别指出工业资本是商业资本与应用科学联合的结晶，中国没有应用科学，所以，至今还停留在商业资本的阶段里。吴景超表示："中国过去的经济活动，颇受商业资本的支配，我们对于格来斯教授这一点观察，是同意的。"[1]

　　不过，抗战中后期，尤其是1943年以后，知识界重新出现重视基础学科的风气，初步扭转了此前过于强调应用学科的倾向。1941年4月6日，黄六平提出，理论科学和应用科学应平衡发展。他论述说，仅仅发展应用科学和扩大工科招生名额，对抗战建国只是"治标的办法"，有如"医药上用的强心剂"。"科学上的改进与发明，使应用科学的技术方面日有新的改进，则唯有依赖理论科学的功能了"，理论科学是应用科学的灵魂和根本基础。他建议，政府应拨出资金，为理论科学研究人员提供工作和生活便利，使他们埋头于理论科学研究。[2] 1943年6月13日，浙江大学校长竺可桢在论述科学与国防的关系时，说明鼓励自然科学研究的重要。他认为，"巩固国防，虽头绪万端，而奖励自然科学之研究，实为基本"，不能仅发展应用科学，还要发展理论科学，因为许多重要的应用发明均是首先从理论上研究出来的。他以数学为例说，17世纪法国笛卡尔发明的解析几何，就是因为要测定炮弹在空中飞行时的位置而创立的。与国防直接相关的弹道学与大气力学都要应用到极艰深的数学。[3] 同年7月18日，中国科学社、中国气象学会、中国地理学会、中国数学会、中国动物学会、中国植物学会六个团体在重庆北碚举行联合年会。这是抗战爆发后六个学术团体第一次集会。中央研究院总干事任鸿隽称，抗战以后，各种集会风起云涌，而纯粹科学团体的集会则不多见，因而对于此次集会的意义"不容轻易放过"。他强调"纯粹科学"对"应用科学"的重要性，"科学的功用虽然在实际应用上显出，科学的进步则必是从理论的研究上得来的。所谓应用科学，不过纯粹科学的应用于特殊问题而已。所以，要求科学的进步，不可

---

① 吴景超：《官僚资本与中国政治》（星期论文），（重庆）《大公报》1942年4月20日。
② 黄六平：《发展科学的前提》，（重庆）《大公报》1941年4月6日。
③ 竺可桢：《科学与国防》（星期论文），（重庆）《大公报》1943年6月13日。

不注重纯粹科学,要求科学的应用,也不可不注重纯粹科学"①。同年 10 月 17 日,中央研究院社会科学研究所所长、社会学家陶孟和也强调属于基础学科的自然科学、社会科学和人文科学对于建国的重要。他认为,这些学科是各种学术的基本和锁钥,是"现代民族国家建国之本","这些乍看与实际漠不相关的学问正是为建设国家,充实国家力量,增进国家地位所最需要增强的"。虽然这些学科与我们的日常生活毫不相涉,"功利主义"者或称此类学术工作是"玩物丧志",于国家、社会无补无益,但是,"在每个时代提出最根本的、划纪元的、影响人类社会或个别民族的福利最深远的贡献的,常是纯粹科学、社会科学、人文科学,以及终生致力于这些科学的人们"②。

四 国格与人格、国家与文化

抗战初期,在大敌当前,面临亡国灭种危险的紧要关头,从民族大义角度而言,捍卫"国格"和"人格"就成为极具普遍意义的主题。所谓中华民族的"国格"和"人格",代表着中国人民在民族危急关头应表现出的民族尊严、民族精神和国家意识,而这种民族尊严、民族精神和国家意识又代表着中国人民为求民族生存而必须具备的骨气。

1937 年 9 月 21 日,《大公报》社评在分析中国"得道多助"的国际情势时说:"中国军民,要自己流着血,拼着命,以国格人格的光辉,去得朋友,要以中国的奋斗力,去改造世界,不能坐待大家来援助。"③ 同年 11 月 4 日,浙江大学校长竺可桢在讨论"当今大学生的责任"时认为,当今中国大学教育的最大缺点在于只注重新知识的教育,没有顾到学生品格的培养,"将人格的扶植、德性的涵养,统统放在脑后"。他告诫大学生们,不能满足于掌握一点谋生的"专门技术"。他用《中庸》所言"博学之,审问之,慎思之,明辨之,笃行之"形容大学生应具备的求学态度。他认为,大学生只做到"博学之,审问之",获取新知识是

① 任鸿隽:《六学术团体联合年会的意义》(星期论文),(重庆)《大公报》1943 年 7 月 18 日。

② 陶孟和:《学术与建国》(星期论文),(重庆)《大公报》1943 年 10 月 17 日。

③ 《世界大势与中国》(社评),(汉口)《大公报》1937 年 9 月 21 日。

不够的，还必须做到"慎思之，明辨之"，"一个大学顶要紧的任务，是能使学生知道如何运用他的思想"，"一个大学，若能造就一班脑筋清醒的人才，比培植几个专门学者其任务还更重要"。而且，大学生还要"笃行之"，"有大的胆量、毅力去实践"。竺可桢此言，与其说是在谈论"大学生的责任"，毋宁说他所关心的乃是"民族精神"，企望"今日的大学教育，能维系中华民族艰苦卓绝的精神于将来"[①]。1938 年 3 月 14日，曾任北平市社会局局长的雷嗣尚认定，日军的烧杀奸淫已使中国人民从"传统的东方的家族主义的迷梦"中惊醒，这种觉醒所凝结成的"钢铁般的国家意识"必将发展为"社会的中心道德"[②]。同年 7 月 8 日，蒋介石为抗战一周年发表广播演说，强调"国家至上，民族至上，军事第一，胜利第一"。《大公报》社评认为，这个口号"真是再重要没有了"。社评将之归结为"民族精神"，"我们要认定国家至上，民族至上，人人都要为国尽忠，为民族尽孝。这是我们中华民族的传统精神，在今日的空前危难中，尤其要发挥这样精神。凡是中国的儿女，每个人的言论行动，都要不背'国家至上'、'民族至上'的原则，都要符合'军事第一，胜利第一'的目标"[③]。

　　浙江大学教授张其昀有着强烈的民族精神关怀。1938 年 12 月 4 日，他深入阐述"民族精神"和"国魂"问题。他认为，中国的"国魂"或"民族精神"包括两方面，一是内求统一，即精诚团结的精神；二是外求独立，即为国牺牲的精神。关于统一与团结，他从文化角度分析中华民族的整体性，认为中华民族有着共同的历史、文学、纪念与理想，"俨然是一个家族"。抗战以来全国的精诚团结"表示一个新中国已经诞生"。关于为国牺牲的精神，张其昀提到"忠"、"孝"两义，"忠孝为吾民族固有的美德。忠字推到极点，即成仁取义视死如归的精神。古人又称战阵无勇非孝也。为捍卫民族而奋不顾身才是大孝"。张其昀关于"忠"、"孝"之说，也是他对知识界的自勉。他认为，"士"有两种，一是"战士"，一是"学士"，或称为"文化的战士"，而"文化的战士"就是他

①　竺可桢：《当今大学生的责任》（星期论文），（汉口）《大公报》1937 年 11 月 14 日。

②　雷嗣尚：《从抗战中产生新中国》，（汉口）《大公报》1938 年 3 月 14 日。

③　《抗战第二年开始》（社评），（汉口）《大公报》1938 年 7 月 8 日。

们这些知识界士人。表面看来,张其昀此论有别于知识界重视经济、工业化、近代科技,是在强调"精神"、"意志"面相,认为民族精神"是建国的根本力量,也是抗战最有效的武器","国家民族之所以存在,不仅赖乎土地人口等有形的基础,要衡量一国实力,尤须注意于民族精神,或曰国魂"。实事上,张其昀此时强调"国力"的"精神"面相,并不是他对经济、工业重要性的认识与他人有什么不一致,而是在1938年10月武汉、广州沦陷,对日军事似极悲观,许多人为之彷徨悲苦之际,他要鼓舞人们的抗日斗志。他说道:"最近广州失守,武汉撤兵,敌人占据我重要都会,似足以造成新闻,增加侵略者的气焰。然磐石上山,终必自坠,我国军队的后退,绝不能视为敌人的胜利,决定战局的力量固别有所在。"而这"别有所在"即是"民族精神"或"国魂","如火如荼的中华国魂,即为最后胜利的最大保证"①。近一年后,1939年10月29日,张其昀又阐述了"四川精神":"巩固西陲,兴复祖国,为四川省时代的使命,亦为其历史的精神。"他之所以阐释四川精神,就是要"以惊国人",对"我中华之国魂,益兴庄严之观感"②。

与知识界民族精神关怀相关的另一个思想态势,就是国家观念的强化。这种国家观念的核心内容,是企望中国成为统一的现代民族国家,摆脱一盘散沙的局面。1937年12月31日,《大公报》社评指出,在中国军队步步后退,日军长驱直入的"悲惨希难之境遇"中,最可庆之点就是"证明中国确已成为民族的现代国家"。中国自有历史以来,从无以全民族意识抗拒外患之战争,这是中国的第一次。中国遭遇的敌人是世界著名的"军国",中国进行的战事"实在是五千年来中国民族空前之遭逢"③。如前所述,1938年5、6月间,蒋廷黻在《中国近代史》一书中,也将民族国家的形成与工业化、近代科学并列为"近代化"的三大指标。④ 同年10月10日,《大公报》社评再次表明,一年多的抗战,中国最值得庆幸者,就是"中国民族确已成为能自卫的民族,中华民国确已成为统一独立的国家",

---

① 张其昀:《大学生当前之任务》(星期论文),(重庆)《大公报》1938年12月4日。
② 张其昀:《四川精神》(星期论文),(重庆)《大公报》1939年10月29日。
③ 《送民国二十六年》(社评),(汉口)《大公报》1937年12月31日。
④ 蒋廷黻撰:《中国近代史》,第2页,蒋廷黻撰,沈渭宾导读:《中国近代史》。

"中国在过去，几乎受世界全体嘲笑，以为这只是一堆散沙，或者一群怕死的怯汉，而中国国家，只是一个假定的名辞，或者虚拟的存在，特别日本在九一八后，常常向全世界这样宣言着"①。

抗战前期，陈之迈充分论述了国家观念。他在 1939 年 4 月出版的《政治教育引论》一书中强调，所谓政治教育，只包含两点：一是现代国家观念的内涵，二是个人与国家的权责关系。他分析，近代中国之所以打不败外敌侵略，就是因为中国没有西方国家的两样利器，即"科学制造的坚甲利兵"和"精细严密的政治组织——现代的国家"，中国固有文化中太缺乏这种民族国家观念。他进一步申论，民族的观念不一定是政治的，但国家的观念却纯粹是政治的。民族主义就是政治性的国家与自然的民族相切合，其根本含义是政治的。② 陈之迈如此强调国家观念和民族主义的政治性，在抗战初期中华民族的生死存亡关头，有着特殊的思想语境。

国家观念的强化激发起知识界关于国家与文化关系的论说。在中国这样一个有着五千年文明史的文化大国，传统士大夫自古即有强烈的文化关怀。传统主流意见是，文化亡则国恒亡，文化存则国终有复兴之日。1938 年 1 月 26 日，张君劢提起这个话题。他认为："国家民族之所以存在，不仅赖乎有形的基础，如土地、人民与政治。而文化上之成绩，尤为紧要。因为一个民族在世界历史中占地位，就是因为他有成绩之故。……问到希腊在历史中有何表现，大家必以希腊哲学、科学、美术等对。问到罗马如何，必举罗马法与大帝国之组织对。即以近代各民族国家论，所要求于各民族国家，如英法德等亦复相同。问到英国之成绩，大家必以宪法、议会与海权等对。问到法国之成绩，大家定以法国革命历史与卢骚、笛卡尔等以对。问到德国，大家举俾士麦之政绩与康德之哲学以对。"③

但是，张君劢关于文化的存废是国家民族存亡基础的意见，先后受

---

① 《民国二十七年国庆之辞》（社评），（汉口）《大公报》1938 年 10 月 10 日。

② 陈之迈：《政治教育引论》（艺文丛书之十），商务印书馆 1939 年版，第 11、49—50、76—77 页。

③ 张君劢：《绝对的爱国主义》，（汉口）《大公报》1938 年 1 月 26 日。

到萧一山、陈之迈等人的挑战。萧一山、陈之迈出于救亡图存的战争需要,反过来强调国家对文化的载体作用——只有国家存,文化才能存。1939 年 2 月 19 日,萧一山提出建立"新的民族哲学"。他用"文化的至上论"表述中国"旧的民族哲学"。所谓"文化的至上论",就是不以武力解决民族纷争,而以文化解决人类问题的、和平的、非战的"民族哲学"。他分析,中国古代"用文化的力量来怀柔远人,曾经同化了几百个小民族而融合成一个大民族,也曾经维持若干属国的宗主权至千年而不坠"。但是,中国这种旧的民族哲学有其严重弱点,就是不重视文化与政治间的关系。在中国文化先进于周边文化的情况下,中国传统的文化至上论可以发挥领导作用。但在近代西方文化先进于中国文化的情况下,中国的文化需要与政治相联系,政治性的民族国家才是"推动文化的力量"。所以,他所说的"新的民族哲学"便是以"民族至上"代替"文化至上"的"民族哲学"。他强调说:"有了民族,有了国家(丹麦学者霍夫丁 Holbering 说'国家为有组织的民族'),然后文化才能发达,犹之乎一个人的躯体和精神一样。没有民族国家,文化也必逐渐的被淘汰消灭,犹之乎人死则魄散,灵魂不灭,究竟是虚无缥缈的事。所以,民族是文化的创造者和支持者,也是历史的唯一动力。"[①] 萧一山关于"文化"与"国家民族"孰先孰后的论说,与此后陈之迈强调的国家民族对文化延续的决定作用,几乎如出一辙。

在出版于 1939 年 5 月的《中国政制建设的理论》一书中,陈之迈辨析了国家对文化的决定性作用:"从政治史的眼光看来,国家的毁灭是最重要的事情,没有了国家一切便都没有了,仅存的只是恢复国家的迂远而空虚的幻想。中国的人民——史家——一般地注意到固有文化的保持,自夸中国文化同化外族文化的能力,而相当的忽略国家的屡遭倾覆灭亡,正是我们所谓中国文化缺乏政治本质的明证。"[②] 在出版于 1940 年 12 月的《政治学》一书中,陈之迈把民族主义分为"文化的民族主义"和"政治的民族

---

① 萧一山:《建立新的民族哲学》,(重庆)《大公报》1939 年 2 月 19 日。
② 陈之迈:《中国政制建设的理论》(艺文丛书之十五),商务印书馆 1939 年版,第 5—6 页。

主义"① 两种。他认为，中国历史上的民族主义只是"文化的民族主义"，缺乏"政治的民族主义"。19 世纪以前，人们认为民族只是文化上的名词，共同的文化是民族构成的主要因素。19 世纪后半叶，俾斯麦用政治力量统一德国就是"政治的民族主义"，"其主要的标的在用政治的力量使日耳曼民族组织成为一个单位——国家。在西洋历史中，这种政治的民族主义以十八世纪末叶的法国革命为起点，一直传播到世界各隅，终成十九世纪不可遏止之狂潮，直到今日"。但是，中国传统士大夫却把注意力完全集中到文化方面，"只知努力于固有文化的保存，对于整个国家毁灭的厄运反少有动于中"。他提醒大家，中国传统的"文化民族主义"，"不是现代所谓的民族主义，因为这种思想没有政治的色彩"。没有了国家，文化也就没有了根基，或说是失却了寄托。陈之迈极力辨析国家对文化的重要，并非空穴来风。其背后隐藏的大语境，是抗战初期严酷的战争环境中知识界国家观念的高涨。所以，陈之迈接着便说，当前抗战的根本意义在于中华民族用武力誓死抗拒别的民族灭亡、奴役中国的企图，"我们不企求以中华民族的力量来征服奴隶其他的民族。同时，中华民族也不能被其他民族所征服奴隶。这是中国在国际社会里生存的基本原则，亦即是中国的外交的基本方针"②。1941 年 8 月 1 日，任职于国民政府公务员惩戒委员会的吴绂征在给《政治学》写的书评中，对陈之迈此一论说极表同情，认为"此项分析，甚是精确。国家至上，民族至上，政治的统一民族国家的造成，为中华民族适存于世界的最基

---

① 陈之迈关于中国历史上只有"文化的民族主义"，缺乏"政治的民族主义"的想法，借鉴自英国左翼理论家陶纳（Richard Henry Tawney）等人。他在 1939 年 5 月出版的《中国政制建设的理论》中说："若干外国观察家认为中国的文化根本不是一部'政治的文化'。他们的观察，集中于家族，因此说中国的人民一般的缺乏清晰的国家观念，对于政治向来没有浓郁的兴趣。因为如此，所以中国没有坚强的政治社会，所谓社会是由无数的家族单位所组成，其间并无一个较大的政治社会为之维系起来，故一切都呈现着散漫与松懈的气象。我们只有个人，只有家族，没有所谓国家。这种说法是外国观察家间极普遍的看法。他们对于中国没有恶意的批评，这不过是他们对于事实的一种普遍观察。例如英国的著名经济史家陶内（R. H. Tawney），在考察中国的政治经济情形之后便著书阐述这种意见（见其所著 Land and Labour in China 最末一章 'Politics and Education'）。"（陈之迈：《中国政制建设的理论》（艺文丛书之十五），第 1—2 页）

② 陈之迈：《政治学》（青年基本知识丛书），正中书局 1940 年版，第 20—25 页。

本的条件，这个原则是任何人不容怀疑的"①。

　　总之，抗战时期知识界关于现代化、国力、经济、建国论说的高涨，背后隐藏着强烈的历史责任感和现世关怀。1939 年 3 月，当时还任武汉大学经济学教授的伍启元就对自己的心境作了生动述说：在抗战以来的十几个月中，他尽全力研究中国的经济问题。在紧张的战争环境中，他之所以还能提起笔来，是受妹妹伍启心的影响。他妹妹放弃学业，离开家庭，参加抗战实际工作，1938 年 11 月，又要到华北沦陷区做政治工作。他深受感动："据说到华北去的人要自己背起背包，走很长远的路程，并且要通过几度封锁线，然后才能达目的地。我每想起启心的英勇的长征，我便联想到中国的伟大的抗战，路程是很长远的，障碍是很众多的，但只要我们不顾一切地往前走，我们终有达到目的地的一日。倘使我们自己不能走到，我们的后继者总会走到的。"② 曾任河南大学教授、1943 年任立法委员的社会学家简贯三，1943 年 10 月 4 日，以"国士"自期。他相当看重"国士"的"功业"，认为国士应为"济国之士"，所任之事，足以旋乾转坤，兼善天下。③ 简贯三所言"国士"，正是抗战时期知识界士人的高度"自我定位"。

---

　　① 吴绂征：《新中国的政治学》（书评）［陈之迈著《政治学》（中国国民党中央宣传部青年基本知识丛书），正中书局 1940 年版］，《新经济》半月刊第 5 卷第 9 期，1941 年 8 月 1 日，第 201—205 页。

　　② 《自序》，伍启元：《中日战争与中国经济》，商务印书馆 1940 年版，第 1—3 页。

　　③ 简贯三：《论国士》，（重庆）《大公报》1943 年 10 月 4 日。

第 三 章

工业化:中国发展的必由之路

　　中国是否应该走工业化道路,是否应该全面发展以机械生产为基础的现代工业? 直到 20 世纪 30 年代,中国知识界在这个问题上仍然存在分歧。二三十年代,知识界曾就以农立国和以工立国问题进行了十几年的论争。20 年代的争论在章士钊、龚张斧等人与杨铨、恽代英及杨明斋诸人之间进行;30 年代的争论在梁漱溟等乡村建设论者与吴景超、陈序经、贺岳僧等工业化论者之间展开。1937 年 7 月全面抗战爆发后,以农立国论和以工立国论作为知识界两军对垒的两种思想流派之间的大规模论争基本结束。抗日战争作为一场大规模现代战争,给知识界提供了一次重新思考中国工业化问题的机会,最终导致工业化理念在中国思想界完全确立,进而被中国社会各界完全接受。而且,抗战时期,知识界对工业化问题的认知日趋深化。这表现在两方面:对工业与农业关系的认知日趋合理化;对工业化内涵的认识由单纯的机械化扩展到整体经济变革和工业化社会改造层面。

第一节　工业与农业

　　为了准确把握和分析抗战时期知识界关于农业与工业关系的讨论,有必要简要回顾一下二三十年代知识界以农立国与以工立国论争。知识界关于以农立国与以工立国的讨论始于 20 年代。其特点是围绕中国是否要走工业化道路这一基本问题展开。30 年代,以农立国与以工立国问题再次引起知识界热烈讨论。梁漱溟的"振兴农业以引发工业"和吴景超的"发展都市以救济农村"是最具代表性的口号。就其实质而言,双方都承认工业化的合理性，重点探讨的是中国经济发展的起点应该是农村、农业还是城市、工业。30 年代后期的讨论，过渡到中国经济建设应该以农业还是以工业为重心问题。抗战时期，知识界对农业与工业关系的认知日趋成熟，农工并重论成为主流意见。同时，知识界对单纯主张以农立国的农本论，作了系统而深刻的理论批判；农业机械化、农业工业化、农业科学化观念也被知识界普遍接受。

一　20 世纪 20 年代以农立国与以工立国的论争

20 世纪 20 年代以农立国与以工立国论争，在北洋政府教育总长章士钊（章行严）、龚张斧等人与中共人士杨明斋、恽代英及南京高等师范工科教授杨铨（杨杏佛）诸人之间进行。特点是围绕中国是否要走工业化道路这一最基本的问题展开。章士钊等人的主张虽然具有相当西方思想背景，但在某种程度上说仍然属于一种反工业化思想，试图将中国拉回到传统农业社会；而杨明斋、杨铨、恽代英等人则侧重于从社会发展规律的基本理论层面阐述工业化的必然性。

1923 年 8 月，章士钊提出"以农立国"，"一切使基于农"，挑起以农立国与以工立国论争。[①] 章士钊此论有其深刻的国内外思想背景。第一次世界大战后，欧洲一度出现反思西方文明和东方文化救世论思潮。[②] 受欧洲这种思潮影响，五四新文化运动时期及 20 年代初，以杜亚泉、梁启超、梁漱溟、张君劢、章士钊等人为代表，作为文化保守主义的东方文化论在中国思想界兴起。章士钊等人的以农立国论就是这种文化保守主义思潮在经济论说方面的反映。显然，章士钊宣扬的以农立国论具有深刻的西方思想背景。1921 年至 1922 年，他考察战后欧洲社会期间，见到英国文学家萧伯纳（Bernard Shaw）、社会学家潘悌（Penty）、史学家威尔思（H. G.

---

① 行严：《业治与农（告中华农学会）》（1923 年 8 月 12 日），罗荣渠主编：《从"西化"到现代化：五四以来有关中国的文化趋向和发展道路论争文选》，第 669 页。

② 第一次世界大战对欧洲人民的心灵造成巨大创伤，促使部分人士反思西方文明。斯宾格勒（Oswald Spengler）《西方的没落》第 1、2 卷分别于 1918 年和 1922 年出版，轰动欧洲。由此，在欧洲一度出现东方文化救世论思潮，认为西方文化出现危机，期望东方文化特别是中国儒家文化解救其弊。1920 年初，梁启超在《欧游心影录》中曾对欧洲此种思潮有过生动描述。欧洲的这种思潮成为中国五四新文化运动至 20 年代东方文化论兴起的重要思想背景。

Wells）等著名学者。这些人都向他说明了对西方社会和文化的批评。英国社会学家潘悌是欧洲重农学派的代表。章士钊以农立国论与潘悌的重农理论有着直接关系。

章士钊等人以农立国论的逻辑起点，依然是以"精神文明"规范中国文明、以"物质文明"规范西方文明的文化二元论，所谓"农国"与"工国"之别，并不仅仅是工业化问题。他于 1923 年 11 月解释说，所谓"农国"，是一种原料、商品不依赖国际市场的自给自足的经济形态；而"工国"则是一种原料、商品市场均有赖于海外，"资产集中，贫富悬殊、国内有劳资两级"的西方资本主义经济形态。他进而言之，"建国之本原既异，所有政治、道德、法律、习惯，皆缘是而两歧"，"农国"的精神乃"欲寡而事节，财足而不争"，"工国"的精神则为"欲多而事繁，明争以足财"。① 说到底，这还是中国文化与近代西方文化之别。1927 年，章士钊又以人民生计的"舒促"、心境的"忧乐"是决定于"意志"，还是决定于"物质"，来确定"农国"与"工国"的区别。所谓"意志"与"物质"，也就是五四新文化运动时期和 20 年代东西文化讨论中的"精神文明"与"物质文明"概念。他认为，"意志"为本，"物质"为用，"舒促忧乐云者，意志为其体，物质不过其用。立体以明用可也，徇用以丧体不可也"。② 此前，龚张斧也于 1926 年论述说："立国之道不在物质之文明，而在风俗之淳厚；不在都市之华美，而在乡村之义安。工业者，所以文明物质、华美都市者也。"③ 正是从此种文化二元论出发，他们在宣扬中国传统农业文明优长的同时，也否认西方近代工业文明的先进性。在章士钊于 1923 年 8 月看来，西方工业文明"正航于断港绝潢而不得出"，中国还要实行工业化乃不智之举。④ 所以，他主张放弃"工国浮滥不切之诸法"，希

---

① 孤桐：《农国辨》（1923 年 11 月 3 日），罗荣渠主编：《从"西化"到现代化：五四以来有关中国的文化趋向和发展道路论争文选》，第 702、706 页。

② 章士钊：《何故农村立国》（1927），罗荣渠主编：《从"西化"到现代化：五四以来有关中国的文化趋向和发展道路论争文选》，第 718—719 页。

③ 龚张斧：《农化蠡测》（1926 年），罗荣渠主编：《从"西化"到现代化：五四以来有关中国的文化趋向和发展道路论争文选》，第 715 页。

④ 行严：《业治与农（告中华农学会）》（1923 年 8 月 12 日），罗荣渠主编：《从"西化"到现代化：五四以来有关中国的文化趋向和发展道路论争文选》，第 669—671 页。

图将中国拉回到传统的农业国家之途。①

正因为章士钊、龚张斧等人阐发的是一种反工业化观念,所以,杨明斋、杨铨、恽代英等人对其批评,主要集中于从人类社会发展规律角度阐述工业化的必然性这样一种最基本的世界观面相。中共早期理论宣传家杨明斋②的论述,最具代表性。他于1924年6月以经济基础决定上层建筑的马克思主义基本原理立论,明确指出,中国"五千年的历史循环在今大变动之所以然是由于农化为工"。如果一个社会实现了工业化,其资本、知识、教育、组织、秩序等领域都要发生变化,于是"新世界"生。③ 这就从工业化的角度阐明了人类历史的演化进程。刚从法国留学归来的孙倬章于1923年9月以工业化为基点,从经济、政治、科学文化等角度全面论述了人类社会的发展规律,以社会进化为视角阐明了工业化的必然性,"至于农业,则为保守的,少进化的,与现社会之进化潮流,当相反;工业为进化的,且速进化的,与现社会之进化潮流适相应"④。

在从人类社会发展规律角度阐明了工业化的必然性后,工业化论者又以国内外的经济现实为视角阐明了中国实现工业化的必要性。这包括两方面内容:其一,中国现代经济发展的现实,是否允许中国继续走农业经济的发展道路;其二,中国不实行工业化,能否在国际上立足。

---

① 孤桐:《农国辨》(1923年11月3日),罗荣渠主编:《从"西化"到现代化:五四以来有关中国的文化趋向和发展道路论争文选》,第703、706页。

② 杨明斋(1882—1938),山东平度人。1901年,到俄国远东海参崴做工谋生。1908年,到俄国西伯利亚做工,参加布尔什维克领导的工人运动。十月革命前加入布尔什维克。十月革命后参加保卫苏维埃政权的斗争,后进入莫斯科东方劳动者共产主义大学学习。1920年,回海参崴从事党的工作。同年3月,作为共产国际代表维经斯基的翻译和助手回国,陪维经斯基先后在北京、上海会见李大钊、陈独秀,决定发起成立中国共产党。同年5月至8月,参与建立上海马克思主义研究会和上海共产党发起组,并由俄共党员转为中共党员。1921年7月中共一大后,从事中共理论教育和宣传工作。1922年7月,在中共二大上参与制定中共反帝反封建纲领。1924年6月,出版《评中西文化观》一书。1925年11月后,一度在莫斯科中山大学负责总务工作。1927年"四一二"政变后,在北平、天津地区从事中共活动,撰写《中国社会改造原理》一书,宣传马克思主义。1930年1月,回到苏联。1938年5月,死于苏联肃反运动。

③ 杨明斋:《评中西文化观(节录)》(1924年6月),罗荣渠主编:《从"西化"到现代化:五四以来有关中国的文化趋向和发展道路论争文选》,第149—151页。

④ 孙倬章:《农业与中国》(1923年9月),罗荣渠主编:《从"西化"到现代化:五四以来有关中国的文化趋向和发展道路论争文选》,第675—676页。

孙倬章明确论证，中国经济发展必须以工业为基础。与吴景超相比，他更早以"报酬渐减法"和马尔萨斯人口理论为基础，通过论证中国人口由农业向工业领域转移，证明工业化为中国社会所必需。1923 年 9 月，他提出，农业生产易受"报酬渐减法"的限制，若发展到一定的限度，劳资虽增加，而生产额增加的比率则较少；工业生产则不然，劳资愈增加，则生产额亦愈增加。中国耕地求过于供，农业生产"久已陷于报酬渐减的法则"。所以，中国经济必须到工业中找出路，一方面，大量农民成为工人，农民的工价必增，生活必会提高；另一方面，工业的发展也可以带动农业的发展。[①] 1923 年 10 月，杨铨也论述说，中国工业的发展是大势所趋而无法阻挡的，"徒农则以原料供人，而其一己之衣食住以及农具与消耗品皆将仰人之鼻息"，如此，不仅因大量进口外国工业品而使中国的资金大量流往国外，而且，中国农业如无农业机械之改良与水陆交通建设，何能角逐于世界之市场。[②] 陈宰均也于 1926 年 1 月提出使农业过剩人口向工业领域转移的问题。[③] 孙倬章、陈宰均等促使农业人口向工业领域转移的观点，30年代以后，得到吴景超的全面阐发。

中国如果不实行工业化，能否在国际上立足？这是从国际经济的角度探讨中国实行工业化的必要性。孙倬章于 1923 年 9 月指出，外国对中国的经济侵略，主要在于工业品的输入，要抵制外国的经济侵略，"自然只有振兴工业，多生产工业品，以代替外国工业品的一法"[④]。1924 年 6 月，杨明斋将章士钊等人"中国可以长为农国"主张，称作"秀才不出门遍知天下事"的自是观念，"并不去理会环境是否容纳中国长为农国"[⑤]。1923 年 10

　　① 孙倬章：《农业与中国》（1923 年 9 月），罗荣渠主编：《从"西化"到现代化：五四以来有关中国的文化趋向和发展道路论争文选》，第 683—684 页。

　　② 杨铨：《中国能长为农国乎》（1923 年 10 月 28 日），罗荣渠主编：《从"西化"到现代化：五四以来有关中国的文化趋向和发展道路论争文选》，第 696—697 页。

　　③ 陈宰均：《工化与农化》（1926 年 1 月 30 日），罗荣渠主编：《从"西化"到现代化：五四以来有关中国的文化趋向和发展道路论争文选》，第 713—714 页。

　　④ 孙倬章：《农业与中国》（1923 年 9 月），罗荣渠主编：《从"西化"到现代化：五四以来有关中国的文化趋向和发展道路论争文选》，第 680—681 页。

　　⑤ 杨明斋：《评〈农国辨〉》（1924 年 6 月），罗荣渠主编：《从"西化"到现代化：五四以来有关中国的文化趋向和发展道路论争文选》，第 709 页。

月,在美国留学的董时进①明确提出中国在继续保持农业国地位的情况下,能否在国际上立足的问题。他认为,中国应该继续保持农业国的国家经济定位,与西方工业化国家在世界经济中分工合作。他还认为,"农业国可以不需工业国而独立,工业国不能离农业国而存在"②。董文发表后五天,立即受到恽代英的批评。恽代英指出,董时进关于农业国家与工业国家分工合作的观点,是"只系为全世界综合的求农国工国之供求平衡,而非为中国人切身利害计较"。针对董时进"农业国可以不需工业国而独立"的观点,他指出,"人有进步的机器、伟大的工厂",其产品成本低、质量高,使中国"衣食之所需,乃转而大宗须仰给于外国",他反问道:"如此其不足以自给,而谓可以不需工业国而可以独立耶?"③

20 年代以农立国与以工立国论争的实质,就是在世界已经日益联系成为一个整体的情势下,中国是否可能、是否应该仍旧保持农业国的地位?中国这种农业国的现状,对于中国究竟是利,还是弊?中国是否也应追随西方工业国家,开始实行工业化?从根本上说,这乃是一个中国是否应该走以工业化为核心的现代化道路问题。而 30 年代有关讨论则是在承认中国应该实行现代化和工业化这样一个大前提下进行的。

二 20 世纪 30 年代以农立国与以工立国的论争

20 世纪 30 年代,以农立国论与以工立国论两种思想派别之间进行了大规模论争。在 30 年代论争中,工业化逐步发展成为中国知识界的一个明确思想理念。30 年代讨论,基本是在以梁漱溟等为代表的乡村建设论者与

---

① 董时进(1900—1984),四川垫江人,农业经济学家。1920 年,毕业于国立北京农业专门学校农学科。1922 年,赴美国康乃尔大学深造,1925 年获农业经济博士学位。1926 年回国后,任国立北京农业大学教授兼农艺系主任。1928 年后,曾任国立北平大学农学院院长,兼农业经济系主任。1935 年,筹建江西农业院,任院长。1937 年,调任四川农业改进所所长。1938 年,成立农业学术团体中国农业协进会,1940 年被国际农业协会接纳。此后,创办现代农民社,并自筹经费主编《现代农民》杂志。1940 年,在重庆沙坪坝井口镇兴办大新农场。1951 年后,侨居美国。

② 董时进:《论中国不宜工业化》(1923 年 10 月 25 日),罗荣渠主编:《从"西化"到现代化:五四以来有关中国的文化趋向和发展道路论争文选》,第 693 页。

③ 戴英:《中国可以不工业化乎》(1923 年 10 月 30 日),罗荣渠主编:《从"西化"到现代化:五四以来有关中国的文化趋向和发展道路论争文选》,第 698—700 页。

以吴景超、陈序经、贺岳僧等为代表的工业化论者之间展开的。他们争论中最具代表性的两个口号，是梁漱溟的"振兴农业以引发工业"和吴景超的"发展都市以救济农村"。双方都在承认工业化的合理性（可能认识程度各异）基础上，重点探讨中国的经济发展，到底应该振兴农业以引发工业，还是发展都市和实现工业化以救济农村。这就意味着，双方对发展工业与农业两个方面的必要性，都没有予以绝对否定，其实质乃是一个以何为起点的工业化路径问题，尽管梁漱溟等人主张的工业是一种农村"小工业"或"家庭工业"。30年代后期的讨论，逐步过渡到中国经济建设应该以农业还是以工业为重心的问题。这与20年代的争论有相当歧异。

　　30年代中期以后，中国知识界就以农立国与工业化问题展开大规模讨论，直接动因是其时的两大思想动向：一是工业化理念的日益凸显。这与同时期中国社会学、经济学界进行农村社会调查的风气有关。通过诸多农村社会调查，他们得出了一个类似80年代美国学者黄宗智提出的农村"过密化"或"内卷化"（Involution）的理论，认为农村人口过多是中国农业经济落后和农民生活水平极度低下的主要原因之一。"工业化的问题就作为解决农村人口过密化问题和提高农民生活水平的措施之一提了出来。"[1] 二是乡村建设运动各派于1933年7月在山东邹平召开第一次乡村工作讨论会暨乡村建设协会成立大会和于1934年10月在河北定县召开第二次讨论会，其力量大有迅速聚集而声势日渐增高之势，引起工业化论者的关注，成为吴景超等工业化论者与梁漱溟等乡村建设论者于1934年开始争论的直接导因。

　　30年代，梁漱溟等人宣扬的乡村建设道路的核心论点，就是"振兴农业以引发工业"，主张中国经济建设应从农村和农业入手，"农业生产增加，农民购买力增进，工业才可兴起"。"中国根干在农村。乡村起来，都市自然繁荣。"[2] 中国的工业化必须以复兴农村为前提，不能直接进行工业

---

　　① 李培林、孙立平、王铭铭等：《20世纪的中国：学术与社会》（社会学卷），第163—165页。

　　② 梁漱溟：《往都市去还是到乡村来？——中国工业化问题》（1935年6月1日），罗荣渠主编：《从"西化"到现代化：五四以来有关中国的文化趋向和发展道路论争文选》，第802—804页。

化建设。但是，梁漱溟所言"工业"却是"农村家庭小工业"。梁漱溟等乡村建设论者以农业为起点的经济建设主张，遭到吴景超等工业化论者的反对。1934 年 8 月，吴景超将梁漱溟等乡村建设论者"喜欢注意农业而忽视工业，赞美乡村而咒诅都市"的风气称作"一种危险的倾向"，明确提出"创造新工业，创造新都市"①。同年 9 月，他在天津《大公报》上明确提出"发展都市以救济农村"，正式启动了 30 年代关于工业化问题的争论。吴景超此论针对的是梁漱溟的"振兴农业以引发工业"论。吴景超强调都市和工业对农业经济的促进和带动作用。为了完善和发挥都市促进农村经济的功能，他提出兴办工业、发展交通、完善金融机关三项事业。②胡适非常认同吴景超的观点，称这"是第一次有人抓住了一个重要的观点"③。1934 年 12 月，王子建也指责梁漱溟"振兴农业以引发工业"论，"立论颇多错误、歪曲和矛盾的见解"④。陶希圣也于 1935 年 1 月问道："都市与农村，那一个是解决中国问题的基点？"他明确回答，"问题的关键并不在农村"，而在都市。他进而言之，中国应发展工业都市，而不是商业都市。⑤ 协和医学院教授吴宪也于 1936 年 7 月批评各地的乡村建设实验说，中国经济建设必须从"移民"与"工业"入手。想一个区域关起门来进行以农业为"起首"的乡村建设，此路不通，"无论你什么试验，什么实验，什么研究，都是缘木求鱼，白费工夫"⑥。

吴景超等工业化论者的一个重要逻辑起点，就是中国人口密度过高和农业人口过多。而要解决此问题，既要减少人口的绝对数量，也要通过发展工业将农村过剩人口转移到城市工商业。为了证明通过工业化路径解决人口问题的必要，吴景超于 1933 年 11 月以人口密度和工业、农业间人口

---

① 吴景超：《提高生活程度的途径》，《独立评论》第 115 号，1934 年 8 月 26 日，第 8—12 页。

② 吴景超：《发展都市以救济农村》，《独立评论》第 118 号，1934 年 9 月 16 日，第 5—7 页。

③ 适之：《编辑后记》，《独立评论》第 118 号，1934 年 9 月 16 日，第 20 页。

④ 王子建：《农业与工业》（1934 年 12 月 8 日），罗荣渠主编《从"西化"到现代化：五四以来有关中国的文化趋向和发展道路论争文选》，第 738—741 页。

⑤ 陶希圣：《都市与农村——那一个是解决中国问题的基点？》，《独立评论》第 137 号，1935 年 1 月 27 日，第 11—13 页。

⑥ 涛鸣：《此路不通》，《独立评论》第 209 号，1936 年 7 月 12 日，第 15—17 页。

分配为视角，将世界各国分成四类：（一）人口密度高，农业人口比例低，以英德两国为代表；（二）人口密度、农业人口比例均低，以美国、加拿大等国家为代表；（三）人口密度低，农业人口比例高，以俄国为代表；（四）人口密度、农业人口比例均高，以中国、印度等国家为代表。其中最理想的是第二类国家，他们已经实现了工业化，农业也采用大规模机械生产方式，人口的主体集中于工商业。而中国所属的第四类国家，主要谋生手段是农业，又因为人口繁密，每家农场平均面积很小，其共同点就是贫穷。[1] 1935 年 1 月，吴景超再次强调，中国土地承载的人口已经严重过剩，这就需要改进农业技术，同时发展工业，将农业过剩人口转移到工业领域。[2] 吴知也于 1936 年 7 月论述说，"中国最紧要的农业问题，非仅为耕者'有'其田，而为如何使耕者'多'其田"，而"多"其田的唯一出路，就是通过发达工业以消纳过剩的农业人口。[3]

30 年代，吴景超等工业化论者重点从生产技术层面论证了中国实现工业化的必要性。1934 年 11 月，吴景超在《我们没有歧路》中说："筋肉的生产方法，对于人民福利上的贡献，无论从那一方面着眼，都不如机械的生产方法。"他生动地将机械生产方式和人工生产方式比喻为两条路：一条使人富有、聪明、长寿，一条使人贫穷、愚笨、短命。[4] 胡适认为，吴景超此文"是一篇很重要的文章，应该可以矫正今日所谓'农本政治'、'以农立国'等等错误的议论"[5]。在国民党湖南省党部工作的贺岳僧很快于当年 12 月"响应吴景超先生的《我们没有歧路》"[6]。他认为，现在中国的问题不是复兴农村所能解决的，而要在一切生产事业中尽量采用机械生产方

①　吴景超：《世界上的四种国家》，《独立评论》第 75 号，1933 年 11 月 5 日，第 4—9 页。

②　吴景超：《再论发展都市以救济农村》（1935 年 1 月），罗荣渠主编：《从"西化"到现代化：五四以来有关中国的文化趋向和发展道路论争文选》，第 763 页。

③　吴知：《中国国民经济建设的出路》（1936 年 7 月 15 日），罗荣渠主编：《从"西化"到现代化：五四以来有关中国的文化趋向和发展道路论争文选》，第 865—866 页。

④　吴景超：《我们没有歧路》（1934 年 11 月 4 日），罗荣渠主编：《从"西化"到现代化：五四以来有关中国的文化趋向和发展道路论争文选》，第 723、726 页。

⑤　适之：《编辑后记》，《独立评论》第 125 号，1934 年 11 月 4 日，第 19—20 页。

⑥　适之：《编辑后记》，《独立评论》第 131 号，1934 年 12 月 16 日，第 18—19 页。

法，以促成整个生产事业的繁荣。① 1935 年 2 月，中央研究院社会科学研究所助理研究员张培刚说，机器代替人工、工厂制度代替手工业制度、工厂生产代替家庭生产的工业化，是现代世界的必然趋势。②

在 30 年代论争中，如何认识西方资本主义工业文明存在的失业、劳资对立等缺陷及其未来发展趋向，与如何认识中国经济发展道路密切关联。从 20 年代章士钊到 30 年代梁漱溟等诸多以农立国论者，其重要理论依据之一，就是西方资本主义工业文明已日趋没落，中国不能重蹈覆辙。1934 年 11 月，吴景超将持这种看法的人称作"因噎废食派"。③ 30 年代，梁漱溟反复申述的一个观点，就是"近代资本主义的路，今已过时，人类历史到现在已走入反资本主义的阶段"，"近代工商业路为私人各自营谋而不相顾的，不合现在国家统制经济、计划经济之趋势"④。1935 年 6 月，他又申论说，胡适、吴景超等人希望中国走美国式的"个人主义、自由竞争、发达工商业、繁荣都市的路"，是"主观的梦想"；而另外一条路，即"走集团主义国家统制的路来开发中国产业"，因政治条件不合，在中国同样不可能。所以，他要在欧美道路与苏联道路之外开出"第三条路"，即乡村建设的路。⑤ 梁漱溟把自由资本主义的弊端完全同等于工业化的弊端，实际是一个逻辑错误。工业化论者纷纷对梁漱溟 30 年代的这个观点进行辩驳。1934 年 12 月，士子建指责梁漱溟的论据和论点完全不相衔接："反资本主义是一件事，工业化又是一件事，二者是可以并行不悖的。要举例吗？就如苏俄。""我们建设中国难道有人捏着字，只准做私人各自营谋的工商业吗？我们就不能也来一个统制经

① 贺岳僧：《解决中国经济问题应走的路》（1934 年 12 月），罗荣渠主编：《从"西化"到现代化：五四以来有关中国的文化趋向和发展道路论争文选》，第 746—749 页。

② 张培刚：《第三条路走得通吗？》（1935 年 2 月 17 日），罗荣渠主编：《从"西化"到现代化：五四以来有关中国的文化趋向和发展道路论争文选》，第 769—770 页。

③ 吴景超：《我们没有歧路》（1934 年 11 月 4 日），罗荣渠主编：《从"西化"到现代化：五四以来有关中国的文化趋向和发展道路论争文选》，第 727 页。

④ 梁漱溟：《乡村建设理论》（1935 年 8 月 16—30 日），罗荣渠主编：《从"西化"到现代化：五四以来有关中国的文化趋向和发展道路论争文选》，第 845 页。

⑤ 梁漱溟：《往都市去还是到乡村来？——中国工业化问题》（1935 年 6 月 1 日），罗荣渠主编：《从"西化"到现代化：五四以来有关中国的文化趋向和发展道路论争文选》，第 800—801 页。

济、计划经济吗？"① 1934 年 11 月，吴景超也指出，农业社会有一个比失业和劳资冲突更严重、更可怕的现象，即"灾荒问题"，其结果是"农民暴动，是内乱发生，是死于饥馑者若干万人或数十万人，是人相食"。他进一步指出，工业化与失业不一定有因果关系，苏联的社会主义经济制度有可能成为解决失业和劳资冲突问题的途径，"欧洲已有一个国家，根据这种信仰去试验了"②。

20 世纪上半叶，中国工业化确实面临帝国主义经济侵略、政局动荡、战事频仍等难以克服的困难。梁漱溟等乡村建设论者以此为依据，主张中国应放弃进行大规模工业化的努力；而吴景超等工业化论者主张正视和努力克服这些困难和障碍；主张现阶段重农论的漆淇生等人则认为在进行大规模工业化建设条件尚不成熟的情势下，现阶段应以农业建设为重点。1934 年 11 月，吴景超将以中国工业化面临障碍为由主张放弃工业化努力的想法，称作"畏难退缩派"。③ 梁漱溟是这种"畏难退缩派"的代表。他反复论述说，鉴于发达国家向落后国家进行商品倾销，中国应该实行经济关门政策，先复兴农村，再由农业引发工业。同时，中国不具备"政府安定秩序"这样的发展工商业的政治环境，目前还不能走工商业的路。④ 从事农村合作下层工作的姚溥荪自称是吴景超所谓"畏难退缩派的人"。他也认为，由于帝国主义侵略和缺乏强有力统一政府的保护和扶持，中国工业化在目前情势下实际是不可能的，所以，中国应首先复兴农村。⑤ 郑林庄任职于中央农业实验所农村工业系。他提出发展农村工业的"第三条路"，也是鉴于大规模工业化建设所应必备的自主的国民经济、广阔的工业品销售市场、一群真实的科学家和有科学意识的民众

---

① 王子建：《农业与工业》（1934 年 12 月 8 日），罗荣渠主编：《从"西化"到现代化：五四以来有关中国的文化趋向和发展道路论争文选》，第 744 页。

② 吴景超：《我们没有歧路》（1934 年 11 月 4 日），罗荣渠主编：《从"西化"到现代化：五四以来有关中国的文化趋向和发展道路论争文选》，第 727—728 页。

③ 同上书，第 729 页。

④ 梁漱溟：《乡村建设理论》（1935 年 8 月 16—30 日），罗荣渠主编：《从"西化"到现代化：五四以来有关中国的文化趋向和发展道路论争文选》，第 845 页。

⑤ 姚溥荪：《不复兴农村中国也可以工业化吗？》（1935 年 1 月），罗荣渠主编：《从"西化"到现代化：五四以来有关中国的文化趋向和发展道路论争文选》，第 753 页。

三个条件，目前中国均不具备。① 漆淇生 30 年代曾任教于上海中国公学，后任上海暨南大学、持志大学教授，主张现阶段重农论。他于 1935 年 4 月论述说，一方面，中国面临成为列强商品、原料、资本市场的全面殖民地化的危机；另一方面，中国工业品的国际、国内市场也日渐衰微，当前中国进行工业化建设根本不可能。他批评吴景超等工业化论者，是"不从有无实现可能去酌量的空想主义者之幻梦"，是"机械的工业主义者"。② 在 20 世纪上半叶中国经济危机深重的情势下，章士钊、梁漱溟、郑林庄、姚溥荪、漆淇生等各种农村复兴论者的此种关怀，并非空穴来风。对于中国工业化的困难，与农村复兴论者消极退却不同，吴景超等工业化论者主张迎难而上。1935 年 1 月，吴景超论述说，中国工业化的困难，帝国主义经济侵略是一个方面，而"我们自己的不争气"是另一方面，"假如从事工业的人，都能深刻的反省，都能尽其在我，都能把一切营私舞弊、因循懒散等等恶习惯、恶心理都改良了，我们的困难便要减少许多"③。

30 年代关于农业与工业问题的讨论隐含着一个更深入的问题：中国将要发展的农业到底是以人力为主的传统小农经济，还是机械化和产业化的现代农业？中国将要发展的工业到底是家庭式的、小规模的乡村工业，还是"近代化的大规模机器工业"？关于中国工业的性质，大家提出了三种认识：一、梁漱溟等主张的由农业引发的"乡村工业"或"家庭小工业"；二、吴景超等主张的大规模现代机械工业；三、徐旭生、郑林庄等提出的现代机械工业在乡村的分散化。30 年代，梁漱溟反复论述说："中国工业，只有站在非营利的立场，以我们自己的原料劳力来行生产，而满足我们自

① 郑林庄：《我们可走第三条路》（1935 年 1 月），罗荣渠主编：《从"西化"到现代化：五四以来有关中国的文化趋向和发展道路论争文选》，第 757 页。

② 漆淇生：《由中国国民经济建设论目前农村之出路》（1935 年 6 月 10 日），罗荣渠主编：《从"西化"到现代化：五四以来有关中国的文化趋向和发展道路论争文选》，第 809—812 页。

③ 吴景超：《再论发展都市以救济农村》（1935 年 1 月），罗荣渠主编：《从"西化"到现代化：五四以来有关中国的文化趋向和发展道路论争文选》，第 761 页。

己的需要（大范围的自给自足），成为一种乡村工业，才能立足。"① 此种
"乡村工业"或"家庭小工业"模式，受到许多工业化论者的指责。如王
子建于 1934 年 12 月批评说，这种"乡村工业"与西方的现代工业相竞争，
"以我们的肉体来同人家机器相比，以我们农隙剩余力量来同人家的合理化
的产业生产相比，其情势何啻以卵击石？"② 早在 1933 年 6 月，徐旭生即
提出将现代机械工业分散在各个小城，城市农村化，农村城市化设想。③
这种设想与此后郑林庄提出的"第三条路"大同小异，均以现代工业文明
为基础。1935 年 1 月，郑林庄提出"第三条路"，即在农村培植"小规模
的农村工业"。他并不反对中国建设大规模现代工业的前途，但不同意吴景
超"立刻建起都市的工业"观点，主张在农业社会和工业社会、农业经济
和"都市工业"之间，安排一个"小规模的农村工业"的过渡阶段，先在
农村中建立"小规模的农村工业"，"都市工业"即由这种"农村工业"蜕
变而来。④ 而且，他设想的"农村工业"是一种"大规模都市工业的分散
化（Decentralization）"，仍以应用现代科学技术为基础，保持"那种科学与
工业的密切关系"，并非欧洲 18 世纪以前那种"技术落伍和漫无组织"的
"家庭工业"。⑤ 这与其说接近于梁漱溟的乡村建设论，毋宁说与吴景超的
工业化论属于同类。对于这种"第三条路"，张培刚于 1935 年 2 月提出质
疑，认为农村工业不但难以走通，也不能作为中国由农村社会向工业社会
过渡的桥梁。关于农业的性质，工业化论者主张"农业工业化"，而不是
传统小农经济。1935 年 2 月，张培刚明确说："不但要建设工业化的都市，

---

① 梁漱溟：《往都市去还是到乡村来？——中国工业化问题》（1935 年 6 月 1 日），罗荣渠
主编：《从"西化"到现代化：五四以来有关中国的文化趋向和发展道路论争文选》，第 804
页。

② 王子建：《农业与工业》（1934 年 12 月 8 日），罗荣渠主编：《从"西化"到现代化：五四
以来有关中国的文化趋向和发展道路论争文选》，第 743 页。

③ 旭生：《教育与其他》（西安通信之二），《独立评论》第 54 号，1933 年 6 月 11 日，第
15—19 页。

④ 郑林庄：《我们可走第三条路》（1935 年 1 月），罗荣渠主编：《从"西化"到现代化：五
四以来有关中国的文化趋向和发展道路论争文选》，第 756—757 页。

⑤ 郑林庄：《论农村工业》，《独立评论》第 160 号，1935 年 7 月 21 日，第 7—10 页。

同时也要建设工业化的农村。"[①] 1936 年 7 月,吴知也阐述说,中国"农业也非依工业的组织和方法充分利用科学和机器的力量而工业化不可"[②]。所以,中国农业是继续维持传统自然农业经济形态,还是建立机械化和产业化的现代农业,也是工业化论者与梁漱溟等乡村建设论者争论的重要论题。1936 年 5 月,陈序经即批评梁漱溟等乡村建设论者忽略农业技术改良,奢谈精神建设。[③]

1935 年 4 月,漆琪生提出"现阶段重农论"。但是,漆琪生此论并不同于梁漱溟等人的乡村建设理论。他极力申明,其主张"只是重农论,而不是绝对的农本论"[④]。他认为,中国经济建设应分两个阶段。现阶段以农村经济为重心,积极恢复工业品的农村市场,为工业建设建立基础。他不是不主张工业化,认为工业重心的经济建设"是谁皆主张,而不否定的",但工业化是下一阶段的任务。漆琪生提出的农业与工业的重心问题,将 30 年代的讨论主题作了转化:其一,这种提法以现代农业与工业为基础,争论焦点不再是何种工业与农业;其二,所谓农业与工业何为重心,只是一种程序步骤和轻重缓急而不是以何为本位的问题。吴景超等工业化论者主张优先发展工业,而漆琪生则主张以发展农业为先。正如漆琪生所言:"所谓重心论云者,决非重此而完全弃彼之义,只是说重心所在之处,其比重大于其他而已。"[⑤] 但漆淇生此论遭到袁聘之反对。袁聘之于当年 8 月表示,国民经济建设如果不以工业为重心,便不能解救中国经济的危机,"结果不惟不能救济农村,以奠国本,甚至将一息

① 张培刚:《第三条路走得通吗?》(1935 年 2 月 17 日),罗荣渠主编:《从"西化"到现代化:五四以来有关中国的文化趋向和发展道路论争文选》,第 770 页。

② 吴知:《中国国民经济建设的出路》(1936 年 7 月 15 日),罗荣渠主编:《从"西化"到现代化:五四以来有关中国的文化趋向和发展道路论争文选》,第 867 页。

③ 陈序经:《乡村建设理论的检讨》(1936 年 5 月),罗荣渠主编:《从"西化"到现代化:五四以来有关中国的文化趋向和发展道路论争文选》,第 859 页。

④ 漆琪生:《中国国民经济建设的重心安在——重工呢?重农呢?》(1935 年 4 月 13 日),罗荣渠主编:《从"西化"到现代化:五四以来有关中国的文化趋向和发展道路论争文选》,第 794—798 页。

⑤ 同上书,第 788—789 页。

仅存之民族工业，使之覆灭，而且陷整个的国民经济于万劫不复的
地位！"①

　　30 年代，不仅在知识界，而且在国民党高层，工业化理念已占据相当
主流地位。如蒋介石于 1935 年在云南省党部声称：一个国家要在世界上获
得自由平等的地位，"第一重要的条件，就是要工业发达"，要"赶紧使我
们国家由农业国进为工业国"②。蒋介石的说法与吴景超等工业化论者的观
点基本一致。30 年代关于农业与工业问题的讨论，1935 年以后逐步过渡到
农业与工业何为经济建设的重心问题上，本身就说明工业化观念已经成为
知识界的主流思想。漆淇生与袁聘之关于现阶段经济建设何为重心的讨论，
是基于中国现代工业化前途的共同基础，实际上是对农本主义和工业化论
的一种平衡，吸取了两者的合理因素，是对 30 年代讨论的一种总结。

三　一场找不到对手的论争：1939 年底至 1940 年上半年中国能否以农立国的论争

　　1939 年底至 1940 年上半年，周宪文和杨开道等人就以农立国和工业
化问题展开短暂、小规模论争。由于这场论争发生于全面抗战爆发后工业
化观念日趋浓厚的思想态势下，双方讨论的实质问题并非中国是否应该工
业化，这很大程度上已是争论双方的共识。双方的分歧只是，在中国工业
化进程中，农业应具有怎样的地位，农业与工业的关系如何。亦即，双方
是在工业化大方向一致基础上，在具体问题上的分歧。因此，纵观整个论
争过程，双方一直在各说各话，形不成交锋，也没有对手。

　　1939 年下半年，任职于经济部农本局的周宪文在该局主办的《农本》
杂志连续三期发表《漫谈农本》。不久，他又将《农本》上的几篇文章综
合起来，以《中国不能以农立国——漫谈农本》为题，发表在 1939 年 12
月 20 日出版的《时代精神》月刊第 1 卷第 5 期，主张"中国不能以农立

---

　　①　袁聘之：《论中国国民经济建设的重心问题——重农重工问题之探讨》（1935 年 8 月 10
日），罗荣渠主编：《从"西化"到现代化：五四以来有关中国的文化趋向和发展道路论争文选》，
第 828 页。

　　②　吴景超：《国民经济建设运动的体系》，《新经济》半月刊第 7 卷第 5 期，1942 年 6 月 1 日，
第 86—90 页。

国"。不久,长期关注农村和农业问题的农村社会学家杨开道①在 1940 年 1 月 7 日《新蜀报》发表《中国以何立国?》,主张中国应该"以农立国"。之后,周宪文又发表《再论中国不能以农立国——兼与杨开道先生商榷》、《三论中国不能以农立国》,而且,杜沧白、王亚南、朱伯康、彭立谟等亦撰文批评"以农立国"见解。杨开道除在《时事新报》农业周刊发表文章诠释所谓"现代农业国家"外,又在《新蜀报》发表《再论中国以何立国》,进行答辩。

　　1939 年 12 月 20 日,周宪文在《中国不能以农立国——漫谈农本》一文中,以"故步自封的复古主义者"、"时代落伍者"、"反对机械工业的物质文明"评价 20 年代章士钊等以农立国论者。他以生产力发展为视角解释工业化的必然性,指出:"在过去,即以人力为重要生产力的时代,则以人力为主要生产工具的农业,就成了生产事业的中流砥柱,也就成了立国的唯一基础;可是到了现在,主要的生产力已经不是人力而是机械,故以机械为主要生产工具的工业,就成了现代生产事业的中流砥柱,也就取过去农业的地位而代之,成了现代立国的唯一基础。"由于身处抗战时期,打败日本侵略者,实现国家独立是周宪文所言"立国"的主要内容。他认为,30 年代以来日本宣扬的"中国农业,日本工业",是"敌人要我们子子孙孙做他奴隶的阴谋诡计"。中国要战胜日本侵略者,必须实现工业化。中国与日本进行"长期战"是迫不得已,如果中国已经是工业国家,拥有"坚强的海军和充实的空军","我们何以不和日本来一个速战速决呢"? 显然,与 30 年代相比,周宪文对以农立国论的批评具有更多民族主义成分。他表

---

① 杨开道(1899—1981),湖南新化人。早年留学美国,在依阿华州立学院师从何桑(H. B. Hawthon),1925 年获乡村社会学与乡村经济学硕士学位。后到密歇根州立农业和应用科学学院受教于白德菲(K. L. Butterfield),1927 年获博士学位。1927 年回国,任教于上海大中华大学和复旦大学。1928 年,一度任职于国民政府农业与矿业部,之后到燕京大学社会学系任教。1929 年至 1930 年,任中央大学农学院乡村管理系主任,1930 年返回燕京大学。在燕大,先后任社会学系代理主任、乡村建设研究所主任、法学院院长等职,还任燕大社会学系北平清河调查委员会调查主任。他专门研究农村社会学,关注乡村问题,力主"以农立国"。20 年代到 30 年代初,出版《农村社会学》,主编 14 册农村生活丛书,其中《农村问题》、《农村社会》、《农村政策》、《农村自治》、《农村组织》、《农村领袖》、《农村调查》、《农村建设》、《农民运动》9 册为他所撰。他结合西方农村社会学原理,针对中国农村问题提出了一系列看法和主张(阎明:《一门学科与一个时代——社会学在中国》,第 31、76—77 页)。

示，农业国家"只有殖民地的前途"，"君不见安南印度乎？农业国也，亦殖民地也；君不见英美法苏以及意大利德意志乎？世之强国也，亦工业国也。铁的事实证明了现在任何强国都是靠了工业。靠农业存在的国家，都是安南印度这一类的殖民地，至多像东方暹罗与西方的丹麦而已"。他强调："到了今日，中国要想独立自主，中国人要想挺起腰来做'人'，就得不避艰苦，向工业，尤其是重工业迎头赶上去。必知此，方可把中国从根救起来。"①

　　1940 年 1 月 7 日，杨开道发表《中国以何立国？》，提出：过去的中国是以农立国；现在的中国仍然是以农立国；将来的中国还是要以农立国。似乎杨开道是一位坚定的以农立国论者。其实，杨开道的以农立国论，与其说主张保持中国传统的农业社会，不如说提醒大家关注农业、农村发展的重要性。他并不否认中国的工业化前途，认为"中国会慢慢地工业化起来，那是不成问题的；就是中国农业本身，也会慢慢地机械化、工业化起来的"。显然，他认定的中国农业发展前途是现代机械化、科学化农业。杨开道只是提醒大家注意中国作为农业国家的基本国情，重视农村和农业问题，尤其应重视农业经济对坚持抗战的重要性。他认为，中国仍然是农业国家，"工商业基础仍然未能完备，更谈不到以工立国，以商立国"。中国目前只能通过发展农业维持抗战经济，抗战需要的汽油、橡皮等重要资源只能拿茶、丝、桐油等农产品去向外国换。所以，目前中国农业比工业重要一些，当务之急是改造和发展农业，"中国经济解放、经济建设的惟一途径，是组织原始生产的农业，控制原始生产的农业，去和外国工商资本主义抗争。我们决不能再步外人的后尘，用外国的办法，去和资本主义老祖师斗法的"。显然，杨开道与周宪文争论的重点还是 30 年代知识界讨论的经济建设重心到底是农业还是工业的问题。所以，他又提出了一个重要问题——中国工业化的程度。他提醒大家，中国绝不能走英国、日本等工业国家完全依靠外国工业原料、农产品，向国外大量倾销工业品的老路，"我们只要能利用自己的原料，消纳自己的机制品，决不能学英日工业国家，

　　① 周宪文：《中国不能以农立国——漫谈农本》（1939 年 12 月 20 日），罗荣渠主编：《从"西化"到现代化：五四以来有关中国的文化趋向和发展道路论争文选》，第 873—882 页。

吸收人家的原料,推销自己的机制品的"。他强调农工并重,认为"中国经济发展最大的可能性是农工并重,决不会工重于农的"。正是在这个意义上,他提出:"中国工业化的程度,不特赶不上英国,也赶不上日本。"中国工业在国际市场竞争不过他们,只能在国内市场与他们争一日之短长。①

周宪文很快于1月16日撰文与杨开道商榷。杨开道争论的重点并不在于中国应该以农立国还是以工立国,而在于中国工业化进程中农业的重要性以及中国工业化的程度。两者虽有一定关联,但实际上是两个问题。所以,周宪文感到杨开道把讨论焦点由以农立国引向了别的方面,抱怨杨文离题太远:"我细读杨文,从头至尾,都是杨先生主观的主张,对拙稿所提的问题,并无一言道及,亦似杨先生未尝看过拙稿。"不过,周宪文还是对杨开道的观点进行逐一辩驳。针对杨开道提出的中国农业国情问题,周宪文争辩说,这只能证明中国还是农业国家,并不能"证明现在的中国还是以农立国"。他强调,他说的"立国"是政治、经济独立自主,不受外人侵略,"如果这一个国家有随时被人家欺侮的可能,则仍不能算已立国"。所以,中国仅靠农业是"立"不起"国"来的,"自从鸦片战争以后,中国的独立自主早就成了问题。而这一次的抗战,也就因为我们的主权领土(这是立国的要件),大大的成了问题,始奋然而起"。中国作为农业国是因,日本全面侵华是果。中国工业化程度是两人的另一项分歧。周宪文不同意杨开道关于中国工业化程度赶不上英国和日本的观点。他认为,中国实现政治、经济独立和内政改革以后,一定可以在工业化方面赶上英国和日本,杨开道的观点是"自暴自弃、毫无自信力的意识"。周宪文进而辨析说,杨开道提出的中国工业化程度、农业的重要性与"立国"是两个问题。首先,中国工业化程度"与立国问题并无关系","历史的进步告诉我们,今后理想的工业国家,不一定要像英日诸资本主义国家,以廉价吸收人家的原料,以高价推销自己的机制品"。其次,农业的重要性问题也离题太远,承认农业重要并不能说明可以以农立国,"工业只能增加人类生活舒适的程度,而人类根本的生活资源,不论古今中外,都是靠了农业。但是,

_____

① 杨开道:《中国以何立国?》(重庆《新蜀报》1940年1月7日),周宪文编:《中国不能以农立国论争》,中华书局1941年版,第12—15页。

一切主张在今日还可以农立国的人，必须知道，农业在人类生活上，固然要比工业重要，但这不能证明在今日（今日者，机械工业时代也）就可以藉以立国"①。

显然，周宪文与杨开道对中国工业化前途的意见大体一致。其争论的焦点在于中国农业在工业化进程中的地位如何。周宪文称此为"技术问题"。他承认："一切主张中国今日再不能以农立国的人，只说中国要立国于现代，非得向工业迎头赶上不可，至于如何赶法，那是题目以外的技术问题。杨先生主张先行改造农业，奠定工业的基础，我虽然对于技术是外行，不知道杨先生的方案正确到如何的地步；同时，我虽认为时代已经进化到使中国再不能以农立国，但我也不妨同意杨先生这一技术的办法。因这不能说明中国还可以农立国。相反的，至多只能说明中国要走上工业化的道路，先得由改进农业着手。如此而已。如此而已。"至此，周、杨二人无论在工业化的根本问题上，还是在如何实现工业化的"技术问题"上，都取得了一致意见。②

读了周宪文的商榷文章，杨开道又于2月25日发表《再论中国以何立国》申诉自己的观点。他首先申明，自己也是主张工业化的，甚至"颇愿替主张工业立国的朋友捧场"，自己"并不是一个老学究，对于近代经济史也略有研究，如何会反对中国工业化，反对中国工业急剧进展呢？中国必须经过这次急剧的产业革命，包含农业革命和工业革命两部分，才能成为一个近代国家，才能有现代经济基础，才能支撑现代教育制度、现代政治制度"。自己只是提醒大家注意农业，"中国目下只有教育制度现代化的程度高一点，政治制度要差一点，工业又要差一点，农业简直没有多少变化，如何能长此下去？所以，农业现代化和工业现代化都是中国目下最迫切的问题"。出于强调农业的重要性，他提出，将来中国经济应走"农业攻势，工业守势"的路子："我们将来的工业，似应和一般国家一样，有轻工业，有重工业，有国防工业，可是没有甚么特别的地方、见长的地方；我们将来的农业，似乎可以在世界经济舞台上有特殊地位，有几样或者可

---

① 周宪文：《再论中国不能以农立国——兼与杨开道先生商榷》（《时代精神》第2卷第1期），周宪文编：《中国不能以农立国论争》，第16—30页。

② 同上。

以居于领袖地位。"他相信:"这并不是一个误国的主张,一个妨碍中国工业化、中国现代化的主张,而是目前中国唯一可走的路,恐怕至少是二三十年以内可走的路。"杨开道设想,中国工业采取防守政策,工业产品立足于满足国内市场,"不应该向外销的路上走"。而中国农产品应尽量外销,茶叶、蚕丝、桐油等农产品应在世界市场取得优势地位,并以现代生产技术进行改良和加工。杨开道将这种"以茶叶输出、以生丝输出为特点的国家"称为"现代农业国家"。①

2月25日,杨开道在重庆《新蜀报》发表《再论中国以何立国》的同时,又在《时事新报》农业周刊发表《现代农业国家诠释——中国民族前途预测》②,提出"现代农业国家"概念,主张中国应从"中古农业国家"变成"现代农业国家",不应发展为"现代工业国家"。"农业攻势,工业守势"是其所谓"现代农业国家"的核心内容。他设想,中国工业化和机械化须有一个限度,只以自给自足为标准,而不是输入国际工业原料,输出工业产品。同时,中国应以农产品外销为重点。他分析,人口过剩、生活水平低是中国的缺点,但这个缺点可以转化为优点,人手多、工资低可以带来低成本。这样,在属于劳动密集型的小工业、手工业、农业方面,中国就比欧美占优势。为此,中国应实现农业科学化和机械化,并把农民组织起来。他还设想,中国经济的主动权应操在农业和农民手里,不能像工业国家那样农业成为工业的"附庸",只是被动地向工业提供原料、成为工业品的市场。除以矿产品等无机资源为原料的工业外,凡以农产品等有机资源为原料的工业,都应以产、制、运、销合一为原则,由农民以合作社等方式建立工厂进行生产。"如果全国农业能组织起来,全国农民能组织起来,若干工厂(无机原料工厂在外)将成为我国农产加工工厂,若干都市将成为我国农民服务站,而农村一切都会操在有组织的农民手里。"他认为:"这种以农业见长、由农民领

---

① 杨开道:《再论中国以何立国》(重庆《新蜀报》1940年2月25日),周宪文编:《中国不能以农立国论争》,第31—36页。

② 据周则民称,杨开道《现代农业国家诠释——中国民族前途预测》发表于1940年2月25日《时事新报》(周则民:《中国经济建设之路——以农立国乎?以工立国乎?》,周宪文编:《中国不能以农立国论争》,第102页)。

导的国家是正统的现代农业国家。"①

　　周宪文感觉杨开道误解了他提出的问题,认为杨开道对于为何可以以农立国"实在讲得太少","只在概论农业的重要,说明农业适于国情,讨论如何发展农业,但始终没有明白告诉我们,以农何以可以立国"?所以,他又发表《三论中国不能以农立国》,解释"以农立国"的含义。周宪文提出的能否"以农立国"的核心,是依靠农业还是工业,才能维持国家的独立生存。他解释说,"以农立国"或"不能以农立国"的要害在于分辨清楚农业与工业哪个更重要,在于"农工孰重"。而且,这是就"立国"问题而言的。"立国"的含义是保持国家的独立自主,不受日本等国家的外来侵略,"国家能独立存在于现世"。从这个意义上说,"立国必以工"已成为"天经地义"的定论。他又解释,这个问题"本用不到多说什么",他之所以此时提出"以农不能立国"问题,是为了进一步消除"以农立国"论的影响。这就是为什么他以"中国不能以农立国"为题,而不以"中国可以工立国"为题的原因。如果以"中国可以工立国"为题,"就变成了笑话"。对于杨开道提出的"现代农业国家"概念,周宪文并不否认中国经济将来可以如此发展,认为"把未来的中国造成这样的一个现代农业国家,那也未尝不可"。但他认为,在这样的"现代农业国家"仍然存在农业与工业哪个更重要的问题,"名之为现代农业国家则可,谓其以农立国则非事实,因为在其立国的基础上,显然仍是工重于农的",工业就像人的"心脏",农业就像人的"四肢",人无四肢可以苟活,人无心脏必死无疑。②

　　王亚南、杜沧白、朱伯康、彭立谟等分别发表文章支持周宪文。1938年翻译出版《资本论》三卷本、时任中山大学经济学教授的马克思主义经济学家王亚南看到周、杨二人的讨论,非常感慨,认为这是"一个陈旧得上了霉的问题":"无论如何,在今日把这样的问题作为争论的题目,毕竟是论坛上的一件煞风景的事。"他认为,"富裕而繁荣的强大农业国,只是

---

　　① 杨开道:《现代农业国家诠释——中国民族前途预测》(《时事新报·农业周刊》第12期),周宪文编:《中国不能以农立国论争》,第91—97页。

　　② 周宪文:《三论中国不能以农立国》(《时代精神》2卷3期),周宪文编:《中国不能以农立国论争》,第37—48页。

存在人们头脑中的一种幻想而已",工商业经济是国民经济的主要方面,中国农村经济问题的解决离不开整个国民经济问题的解决,农村经济的发展离不开工商业经济的发展。① 杜沧白也表示,中国现在居然还讨论这个问题,"似乎表示中国的进步太慢了"。他进而指出,这种争论虽然属于学术问题,但争论的最终解决要靠国家工业化的实现,"历史的车轮向前转动着,工厂的烟突一个一个从地面上出现了,农民像潮水一样地拥进城市,制造业取得了国家经济生活中之制高点,把农业挤到他后面去。这时,一切重农主义者都缄口不言了,工业主义者取得了决定性的胜利。于是,这争论便自然解决了"②。在中山大学经济系任教的朱伯康③于1940年春节撰文坚决支持周宪文。他表示,中国由农业国发展到工业国是历史环境使然。日本走上工业化大道,实现了国家独立;印度没有实现工业化,沦为殖民地,"一切落后民族如不能急起直追,赶快使自己工业化,则必均陷入于殖民地的悲惨的命运"④。彭立谟对杨开道等人主张以农立国表示费解,认为"现在抗战的事实摆在面前,我们英勇的将士抛头颅,洒热血,还不能保守着许多重要的据点,而结果还要和阵地共存亡者,即因我们的农业国家敌

---

① 王亚南:《一个陈旧问题的重新提起》(《时代精神》第2卷第2期),周宪文编:《中国不能以农立国论争》,第60—68页。

② 杜沧白:《中国能以农立国吗?》(《时代精神》第2卷第2期),周宪文编:《中国不能以农立国论争》,第49—50页。

③ 朱伯康(1907—2005),浙江温岭人。1927年冬至1931年6月,在上海劳动大学农学院、社会科学院经济系学习。1931年8月,随赴北京大学任教的陶希圣到北平,做陶的助手。1931年九一八事变后,回上海任十九路军参谋,参加1932年一·二八淞沪抗战,与华振中合著《十九路军抗日血战史》。1933年11月,参与组建福建人民政府,失败后于1934年夏赴德国留学,进入柏林大学学习。1935年初,转入法兰克福大学经济学院学习,随原为德国社会民主党员的威廉·盖洛夫(Wilhelm Gerloff)教授学习经济学和财政学。1937年2月,获法兰克福大学经济学博士学位。1937年夏回国,9月任广州中山大学经济系副教授。1938年10月广州陷落后,随中山大学迁至云南澄江。1941年10月,调任贵州遵义浙江大学经济学教授,出版《经济学纲要》。1943年,应重庆中央大学经济系主任褚葆一之邀,任中央大学经济系教授,1946年出版《中国经济史纲》。中华人民共和国成立后,任复旦大学经济系教授、主任(朱伯康:《往事杂忆》,第1、13、19、21—24、45、91、95、98页)。

④ 朱伯康:《异哉!中国能以农立国吗?》(《时代精神》第2卷第2期),周宪文编:《中国不能以农立国论争》,第69—73页。

不过工业国家"。①

　　此次论争涉及的社会界别比二三十年代的争论宽广,不仅在知识界进行,也牵涉到国共两党。1940 年 6 月 4 日,时任重庆《新华日报》编委的中共人士许涤新以新民主主义为视角批评杨开道以农立国论。针对杨开道"中国过去是以农立国的,理由是过去的中国民族,乃是优秀的农业民族"的观点,许涤新指出,"过去的中国诚然是农业社会,但这并不是中国所特有的",它是中国封建社会的主要生产方法,"在资本主义社会出现以前,现在被称为工业国家的英法德等国,都无不经过这一阶段。因此,把停留在封建社会的中国民族,看作是特异的东西,用'最伟大的农业民族'、'最优秀的农业民族'来加以赞叹,从社会发展史看来,未免是阿 Q 的精神胜利了"。针对杨开道"现在的中国仍然是以农立国,证据是'工业幼稚,不能成为国家经济、国民经济的基础'"的论点,许涤新指出,所谓中国"工业幼稚",就是殖民地半殖民地的一种具体表现,"乃是帝国主义和封建势力的阻压所形成的病态,并不是中国民族自己'立国'所'立'出来的"。如果把这种半殖民地半封建社会的沉滞的农业生产看作"以农立国",那未免是把"腐朽"当"神奇"了。许涤新指出,杨开道"将来的中国还是要以农立国"的判断,更成问题。他以马克思主义社会发展理论论证说,由原始石器时代、金属工业时代,发展到大规模机械化工业时代,是人类社会发展的一般规律,"在社会生产发展到大机器工业的今日,而以为将来的世界,农业国家亦可以立足,显然是违背社会发展的规律的"②。作为国民党元老的吴稚晖也发表意见,支持以工立国论。讨论期间,吴稚晖专门给周宪文写信,称赞他的文章有令"国人如见天日"之效。③ 1940 年 12 月,周宪文把此次论争的文章结集出版,请吴稚晖作序。吴稚晖在序言中把杨开道等主张以农立国的人说成是"苟且偷安"、"自暴自弃",认为说中国不能与英日工业国竞争,英日是天生工业民族,中国是

---

　　① 彭立谟:《读〈再论中国不能以农立国〉以后》,周宪文编:《中国不能以农立国论争》,第 87—88 页。

　　② 许涤新:《关于中国以何立国的问题》(1940 年 6 月 4 日),罗荣渠主编:《从"西化"到现代化:五四以来有关中国的文化趋向和发展道路论争文选》,第 884—887 页。

　　③ 周宪文:《自序》,周宪文编:《中国不能以农立国论争》,第 1—3 页。

天生农业民族,是"妄自菲薄的奇想"①。

这场中国能否以农立国论争比战前的 30 年代规模小得多,持续时间也短,主要发生在 1939 年底至 1940 年上半年,到 1940 年中期很快平息下来。到许涤新于 1940 年 6 月介入讨论时,已"不再扩展下去"。② 而且,主张以农立国者只有杨开道等少数人,而周宪文、杜沧白、王亚南、朱伯康、彭立谟等批评以农立国论的,明显在人数和气势上占优势。尤其是,即便杨开道等主张以农立国的人士,在中国应走工业化道路问题上与周宪文等人并无分歧,也认可中国的工业化前途。这说明,抗战时期,工业化理论已在中国思想界占据优势。

1940 年底,周宪文把这次论争的文章结集成《中国不能以农立国论争》一书,于 1941 年 8 月由中华书局出版。1940 年 12 月 25 日,他为此书写了一篇序言。周宪文认为,20 年代以来以农立国与以工立国争论是一个国家或地区由农业社会向工业社会过渡时期而出现的思想现象,"当人力在生产上的地位正在没落而机械还未至全盛的时候,人们往往会留恋农业社会的静穆而忽视了机械工业抬头的必然性"。他又指出,工业化是当今中国社会发展最重要、最核心的问题,是中国政治、经济、思想伦理等各方面发展的关键因素。如果中国不走工业化道路,政治上,既无法避免外国侵略,国内的民主政治也无法建立;经济上,中国经济不可能得到自由发展,即使略有发展,亦必然成为帝国主义列强的附庸;在伦理道德方面,要使中国人爱国家,守纪律,做事迅速、正确,有训练,有组织,都必须以实现工业化为基础,"因为散漫迟缓的习性,以及家重于国的观念,都是农业社会的产物"③。

四 对农本论的最后清算

1939 年底至 1940 年上半年中国不能以农立国讨论之后,一些论者开

---

① 吴敬恒:《吴序》,周宪文编:《中国不能以农立国论争》,第 1—5 页。
② 许涤新:《关于中国以何立国的问题》(1940 年 6 月 4 日),罗荣渠主编:《从"西化"到现代化:五四以来有关中国的文化趋向和发展道路论争文选》,第 884、893 页。
③ 周宪文:《自序》,周宪文编:《中国不能以农立国论争》,第 1—3 页。

始对以农立国与以工立国两种观念间的争论进行系统总结。吴半农①抗战前期任中央研究院社会科学研究所研究员，抗战中后期被翁文灏调到经济部任主任秘书。1940 年 7 月 1 日，他分析说，"过去，我国的文坛上，对于经济建设问题，曾有所谓重农重工之争"，"重农重工之争早成过去。就是主张'以农立国'的杨开道先生也郑重申明'中国应该工业化，应该机械化，就是农业也应该工业化，应该机械化'，可知争论的焦点已经根本不存在了"。他又说，这次中日战争可谓"惊心动魄"，对大家心理造成强烈冲击，使大家益加感到，经济落后是中国过去百年间任人欺凌的根本原因，"我们经过这次的教训后，当能痛切认识，一个经济落后、国防薄弱的国家实不配侈谈和平"，"中国要不灭亡，也只有以最大的决心和努力从根本上加强国防力量，并把我国变成世界上技术最进步的国家之一，使其在经济上和技术上能够独立。舍此之外，决无其他发奋图存的捷径"②。

1940 年 8 月，翁文灏正式提出"以农立国，以工建国"。翁文灏此说

---

① 吴半农（1905—1978），原名祖光，号曲林，安徽泾县人，抗战时期的国营经济专家。他从清华大学经济系毕业后，曾翻译《学生的马克思》一书。1932 年，他在北平社会调查所工作期间，曾与千家驹共同翻译《资本论》。后任中央研究院社会科学研究所研究员（詹若文：《少年好学歌燕市，白首穷经尚直言——千家驹传略》，《中国当代经济学家传略》（2），辽宁人民出版社 1987 年版，第 328 页）。笔者尚未找到有关吴半农履历的完整资料，不过，从他 1943 年 4 月 25 日为《国营事业论》一书作的《序》中，可作大致估计。他自称："作者自离开学校后，即在陶孟和先生所主持的北平社会调查所和中央研究院社会科学研究所从事研究工作，前后达十一年半之久。"《国营事业论》收入的《我国经济建设之途径》和《国营事业的范围问题》两本小册子，是他"快要离开中央研究院的最后一个月内写成的"。而中国文化服务社出版《我国经济建设之途径》的时间是 1941 年 3 月，《国营事业的范围问题》的出版时间是同年 5 月。他还称，《国营事业论》收入的《国营与省营》、《国营事业的效率问题》、《政府公司论》和《省营事业论》四篇文章在《新经济》半月刊的发表时间也是 1941 年，这四篇文章是"作者参加行政工作以后所写"。由此可大体推算，吴半农由中央研究院社会科学研究所调到经济部工作，大约在 1940 年下半年。他又称，从学校毕业后即在北平社会调查所和中央研究院社会科学研究所工作 11 年半，由此可知，他从清华大学毕业大约在 1929 年。由此推算，其履历大致如下：吴半农 1929 年从清华大学毕业后，即在北平社会调查所和中央研究院社会科学研究所工作，1940 年下半年被翁文灏调到经济部。而且，吴半农还称，他研究国营企业问题，始于在社会科学研究所工作后期的 1939 年 1 月，而《国营事业论》收入的两本小册子和四篇文章"一切观点亦均形成于研究工作的时期"，是他 1939 年 1 月至 1940 年下半年在社会科学研究所的研究结果（《序》，吴半农：《国营事业论》（青年文库），中国文化服务社 1944 年版，第 1 页）。

② 吴半农：《我国经济建设之目标问题》，《新经济》半月刊第 4 卷第 1 期，1940 年 7 月 1 日，第 18—23 页。

是对 20 年代以后以农立国与以工立国两种截然相异的思想倾向的最终整合，希图吸取两种主张的优长，去其偏激，形成农工兼筹并顾的发展路向。正如翁文灏自称："其实，这两种主张各有其长处，分开来看，都觉太偏，合起来说，才是正道，二者是相辅相成，而不可分的。"一方面，翁文灏把农业定位为国家建设的基础："一个农业大国，在抗战建国期中，最根本最重要的凭借天然便是农业生产。惟有足食足兵，然后方能巩固国基，独立自存。只有农产品增加了，人人衣食无忧，建设的工作方能顺利推进。"另一方面，翁文灏又把工业定位为国家建设的前途："立国虽不妨以农业，建国则必须以工业"，"中国必须工业化，只有工业化才能使中国富强，使中国成为国际经济发展中的重要一员"[①]。显然，翁文灏所谓"以农立国，以工建国"是以现代化、工业化为基础的。"以农立国"的"农"，是以"机械化"和"科学化"为导向的现代农业；"以工建国"的"工"，是以机械化为基础的现代工业。

翁文灏提出"以农立国，以工建国"后，1940 年 11 月 2 日，立法院长孙科提出，未来建国要"以工业为主，农业为辅"。他认为，中国不仅要强，还得要富，单靠"以农立国"不行，"中国数千年以农立国，而农民生活极苦，丰年仅免饥馑，凶年多致死亡。因此，单靠农业，不但不能致丰，而且不能解决国民生计的问题"，必须实现工业化。[②] 1941 年 10 月 13 日，章乃器评论周宪文、杨开道的争论说，"事实已经给我们下了具体的结论了"，这个结论就是工业化，"我们当前的战争，争取胜利的手段是现代化——工业化的。大刀和红缨枪毕竟只能表现我们的精神，而实际上作战的利益，还离不了工业化的枪、炮，以至飞机和坦克车"。他尤其观察到，1939 年 9 月开始的欧洲大战使大家亲睹工业化的战争威力，给"以工立国"论壮了声势："欧洲的大战才算给我们一个严重的教训：五千架飞机和一万辆坦克的动员，使得我们不得不叹服于工业化的伟大，使得我们明白：'以农立国'之所谓'立'，至多只是'一时站得住'的意思。如果

---

① 翁文灏：《以农立国，以工建国》（1940 年 8 月），罗荣渠主编：《从"西化"到现代化：五四以来有关中国的文化趋向和发展道路论争文选》，第 896—897 页。

② 《抗战建国的基本认识》（1940 年 11 月 2 日在中央训练团党政训练班第十一期讲演），孙科：《中国的前途》，商务印书馆 1942 年 11 月、1945 年 6 月、1945 年 11 月版，第 47—48 页。

一时站得住之后不马上加紧'以工建国'，我们不但不能永久'立'于大地之上，甚至要负担不起抗战后期反攻的任务！所以，归根结柢，还是必须'以工立国'。"① 1942 年 6 月 16 日，钱昌照也就以农立国与以工立国问题表态说，整个中国经济的出路，包括农业经济的出路，均在于工业化的实现："我们过去诚然以农立国，但是农村人口如此之多，农业经济单位如此之小，农民生计如此之困难，要想找出路，非工业化不可。换句话说，只有工业化，才能解决农业本身所不能解决的问题。"②

"以农立国，以工建国"成为《新经济》半月刊士人认识农业与工业关系的基本原则。1943 年 9 月 1 日，该刊《编辑后记》说，从同期发表的施之元、王成敬、章元善的三篇文章中，"我们可以得到一个一致的结论，即工业化必须以农业为基础，而农业也必须以工业化为目标。这个观点，不仅廓清了过去狭义的'重农'或'重工'论的篱限，同时，并为今日'以农立国，以工建国'的理论做了一个有力的注脚"③。1944 年 6 月和 8 月，商务印书馆几乎同时出版了两本讨论中国工业化的书，一本是国民经济研究所所长刘大钧著《工业化与中国工业建设》，一本是张肖梅著《实业概论》。同年 10 月，抗战前期任职于中央研究院社会科学研究所，后调到经济部工作的王子建，在《新经济》半月刊为两本书发表了一篇书评。王子建介绍，两本书都主张在工业化的时代，农业仍不应偏废。张著拥护翁文灏所创"以农立国，以工建国"论，认为是"适合国情，适应潮流之至理名言"。刘著以为"农工两业本应相辅相成，然如经济政策不健全，则二者之利害有时不免冲突。我国人口既有百分之八十从事农业，此种冲突自须竭力避免，庶农工两业之进展可以相得益彰，而不至于互相矛盾"④。

1943 年 1 月，李紫翔提出，对梁漱溟等"以农立国"、"农本主义"进

---

① 章乃器：《中国的工业化问题》（星期论文），（重庆）《大公报》1941 年 10 月 13 日。

② 钱昌照：《重工业建设之现在及将来》，《新经济》半月刊第 7 卷第 6 期，1942 年 6 月 16 日，第 106—110 页。

③ 《编辑后记》，《新经济》半月刊第 9 卷第 9 期，1943 年 9 月 1 日，第 194 页。

④ 王子建：《中国工业化问题》（书评）（刘大钧著《工业化与中国工业建设》，商务印书馆 1944 年版；张肖梅著《实业概论》，商务印书馆 1944 年版），《新经济》半月刊第 10 卷第 12 期，1944 年 10 月 1 日，第 230—233 页。

行"彻底的""最后清算",把这种"小农主义""送进历史博物馆里去"。他指出,主张"以农立国"的"农本主义"是不肯接受新事物的"保守和复古的思想",是传统"重本抑末"主张的翻版。进入近代,当中国"与现代资本主义的进步的经济相接触时",这种"重本抑末"主义"又复改头换面地变为反对中国工业化的运动"。李紫翔自 30 年代以来一直是乡村建设运动的坚决批判者,其言说对象是以梁漱溟为代表的乡村建设派,他说得极明显:梁漱溟自夸欧美建立于工业经济基础上的"第一期文化"还要向中国小农小工的"乡村文化"或"第二期文化"前进,不只是他个人的"愚妄",而且对于中国的"抗战建国"非常有害。这种"农本主义"的唯一结果,只有阻滞国家的进步,满足日本侵略者"工业日本,农业中国"的险恶用心,使中国在经济上永远附庸于日本帝国主义,"而做一个慢性死亡的忠诚奴隶"。李紫翔结合工业化与抗战关系分析中国工业化的必要性:"一般的说,现代战争是机械化和重武器的竞争,武器配备的程度,决定着我敌的强弱和战役的胜负。而机械化的装备,又主要的依赖于一国自己工业化的程度。""假如我们要想有效的争取抗战的胜利,并在胜利之后建立一个雄立于世界之上的自由平等的国家,就必须彻底改革农业经济的劣点。换句话说,就必须迅速的实现工业化。"①

继李紫翔之后,刘大钧和吴景超也先后对以农立国论作了批判。1943年 9 月 22 日,刘大钧②自承,他 1936 年以前便"主张我国必须工业化,并

---

① 李紫翔:《农本主义之最后清算》,《经济建设季刊》第 1 卷第 3 期,1943 年 1 月,第 13—17、27、30—31 页。

② 刘大钧(1891—1962),江苏丹徒人。1911 年,考取庚子赔款官费游美,进入美国密歇根大学,攻读经济学与统计学。1915 年 4 月毕业,获学士学位。1916 年回国,任清华学校教授。1920 年,任北洋政府经济讨论处调查主任。1921 年,任北洋政府财政整理委员会、税则委员会专门委员。1927 年,任汉冶萍总公司会计主任。南京国民政府成立后,1929 年,任立法院统计处长。1931 年 4 月,国民政府主计处成立,转任该处主计官,兼统计局长。任职主计处期间,先后发起中国经济学社、中国统计学社,担任两社社长六年。之后,两社联合组织中国经济统计调查所,任所长。1933 年,辞去主计处职务。1935 年,任资源委员会委员。1937 年,任军事委员会国民经济研究所所长,主编《国民经济月刊》。抗战期间,该所先后移驻云南昆明及四川内江,主编《经济动员》半月刊。1941 年,兼任中央银行经济研究处专门委员。同年,兼任重庆大学商学院院长。抗战胜利后,常住美国纽约,任联合国统计委员会中国代表,后移居美国(《民国人物小传·刘大钧(1891—1962)》,《传记文学》第 28 卷第 4 期,1976 年 4 月 1 日,第 116 页)。

作文加以鼓吹。嗣后对此问题之研究与讨论，未尝或懈"①。他批评以农立国论说："其更有甚者，则我国社会既未注重工业，而在某一时期中，有若干学者且持偏重农业之论调，高唱入云，尤足影响社会心理。我国自古以农立国，虽属事实，然在现代环境之下，仍欲重农轻工，未免食古不化。就人民福利言之，农民既占绝对大多数，自应特加注重，然为国民经济健全平衡发展起见，则工矿等业如此落后，实有急起直追之必要。"② 1944 年2 月，吴景超也说："抗战发生之后，大家都看清楚了一点，就是如专靠农业的生产，是很难与人抗衡的，于是抗战与建国同时并进之说，甚盛一时。所谓建国，其旨便是发展工业，这是大多数的人所承认的。"所以，"以农立国"这种"错误的理论"已经不攻自破，没有人再提倡了，"中国如想在二十世纪之内，变成一个强国，自然非放弃以农立国的主张不可"③。南开大学经济研究所教授李卓敏④在美国 1943 年 11 月 1 日号《外交政策半月刊》（Foreign Policy Reports）介绍，关于以农立国与以工立国论争已经基本结束，"经过了关于农业在国民经济中所占地位的一番长期论争以后，中国舆论已一致确定工业化为战后中国的基本政策"⑤。

抗战后期，虽然工业化已被公认为中国发展的必由之路，但少数具有文化保守倾向的学者依然试图在工业化之外或边缘寻求中国的发展路向。主张新儒学的历史学家钱穆即是一例。1943 年 9 月，他在浙江大学《思想与时代》发表《农业国防刍议》，认为中国是"大陆农国"，建立"现代化国防"的关键在农业，应先使农村和农民富强。他主张恢复"井田制"，

　　①　《序》，刘大钧：《工业化与中国工业建设》（国民经济研究所丙种丛书第一编），商务印书馆 1944 年版，第 1 页。

　　②　刘大钧：《工业化与中国工业建设》（国民经济研究所丙种丛书第一编），第 57 页。

　　③　《建国所需要的工业》，吴景超：《战时经济鳞爪》（青年文库），中国文化服务社 1944、1945、1946 年版，第 10—11 页。

　　④　李卓敏（1912—1991），广东番禺人。1925 年秋，考入南京金陵大学。1930 年，赴美国入加利福尼亚大学伯克利分校学习经济。1932 年，获文学学士学位。1933 年，获文学硕士学位。1936 年，获哲学博士学位。1937 年回国，任南开大学商学院经济系教授，讲授《经济学原理》、《国外贸易》、《信贷论》。七七事变后，随南开大学南迁。抗战时期，任南开大学经济研究所教授。1945 年 5 月，任善后救济总署副署长（关国煊：《香港中文大学首任校长李卓敏》，《传记文学》第 58 卷第 6 期，1991 年 6 月 1 日，第 47 页）。

　　⑤　李卓敏：《世界经济与中国》，（重庆）《大公报》1944 年 3 月 5 日。

实行农田"私有公耕"，即在保持农田私有的情况下，采用机械化方式由各户农民共同耕种。至于工商业，他以为只是农业的附属品。钱穆还设想，以"私田公耕"的井田制为基础培育"农业文化"，不蹈西方"日趋腐败"的"商业文化"覆辙。实际上，钱穆所言的"私田公耕"的"井田制"，并非真要恢复二千年前的"井田制"，而是类似时人提倡的实行机械耕作的"合作农场"或"耕种合作社"①。显然，钱穆并不根本反对工业化，至少不反对农业机械化，只是将发展机械化农业与整个社会的工业化隔绝开来，希图首先孤立地发展机械化农业，从缓发展工业。这说明，抗战后期，即使具有文化保守倾向的学者也已不可能对工业化持绝对反对态度。

钱穆此论，1944 年 2 月 20 日，招致南开大学经济研究所研究生滕维藻②的强烈质疑。他质问钱穆，既然这种"井田制"是指"私有共耕"的耕种合作社或合作农场之类，"那么何必又把这个历史上的名词提出来，引起一般人的误会呢"？③ 因为钱穆主张将机械化农业与整个社会的工业化隔绝开来，所以，滕维藻强调，农业机械化要以整体社会的工业化为前提。④ 只有实现工业化，才能吸收相当多的农业人口，变相扩大农场面积。像吴景超、方显廷诸先生致力于工业化等根本问题的考量，其远见是"不应该被人忘记的"。他质问钱穆说，在抗战即将胜利的今日，"我们还要等农业发达繁荣之后，再来发展工业吗？我想，钱先生自己的原意一定也不是如

---

① 滕维藻：《工业化与农业——与钱穆先生论"农业国防"》，（重庆）《大公报》1944 年 2 月 20 日。

② 滕维藻（1917—2008），江苏阜宁人。1937 年夏，考入浙江大学农业化学系，一年后转入农业经济系。1942 年，考入南开大学经济研究所读研究生。当时，何廉、方显廷、李卓敏、吴大业等南开经济研究所教授提倡运用西方经济学分析方法调查研究中国经济问题并在中国实现工业化。滕维藻逐步接受了倡导中国工业化的思想。他早期的重视农业观点和在南开接受的工业化思想，使他在考虑中国工业化问题时注意与农业结合。1944 年，从南开毕业后，曾在上海商业储蓄银行经济研究室做经济分析一年。后回南开经济研究所任方显廷的助教。1945 年 8 月，随南开经济研究所回天津。中华人民共和国成立后，曾任南开大学校长（蒋哲时：《国际关系学专家——滕维藻传略》，《中国当代经济学家传略》（4），辽宁人民出版社 1989 年版，第 230—231 页）。

③ 滕维藻：《工业化与农业——与钱穆先生论"农业国防"（续）》，（重庆）《大公报》1944 年 2 月 21 日。

④ 滕维藻：《工业化与农业——与钱穆先生论"农业国防"》，（重庆）《大公报》1944 年 2 月 20 日。

此的"①。

1945 年 8 月 1 日，曹立瀛以工业化为出发点，对 30 年代以来知识界以农立国与以工立国争论作了总体评述。他分析，农业中心论者对工业化论者的误解，"主要是错认工业化就是只要工业化，忽视其他"。而实际上，中国要实现工业化，并非不振兴农业，"在工业化的政策下，农业是应当'振兴'的，不过振兴的方法是工业化，振兴的目的也是工业化。'以工建国'的重要性，远甚于'以农立国'的旧口号"。此前，吴景超等工业化论者对于农本论者主张的中国经济发展应该由农业带动工业的观点，始终纠缠于就事论事的困境中。曹立瀛则强调了中国由农业社会向工业社会过渡过程中，国家工业政策的导引作用。他指出，在高度工业化的国际环境中，企图以农业经济为起点，自然而然地以"渐进的方式"实现由农业经济向工业经济的过渡，是极其困难的，"农业社会即使能转变到工业社会，要用极长的时间，极高的代价"。中国要实现由农业社会向工业社会的过渡，必须首先在国家政策层面努力于工业化。所以，应该由农业带动工业，还是由工业带动农业的问题，根本是一个无须争论的"假问题"，"工业与农业之间，没有先后的问题，也没有比重的问题，不过工业是中心，农业要配合工业而发展"②。这就给长期以来中国知识界关于以农立国与以工立国的争论作了一个最终了结。

五　工农并重：抗战时期对工业与农业关系的科学认知

全面抗战爆发后，工农并重成为知识界的主流意见。大家在农业与工业关系问题上，认识更趋客观、平允和理性，较少偏激之论。大家主张工业化，并不意味忽视农业发展，而是将农业与工业放在同等重要地位，不像 30 年代那样走极端，要么"以工立国"，要么"以农立国"，要么在工业与农业之间分出孰轻孰重。

大家对工农关系的再审视，首先是出于抗战经济发展的实际需要。例

---

①　藤维藻:《工业化与农业——与钱穆先生论"农业国防"（续）》,（重庆）《大公报》1944 年 2 月 21 日。

②　曹立瀛:《工业建设的中心政策》,《新经济》半月刊第 12 卷第 2 期，1945 年 8 月 1 日，第 34—39 页。

如，农业中国对坚持抗战利弊并存是大家较一致的看法。一方面，工业尚未发展是中国遭受侵略的原因；另一方面，又因为中国是农业国，沿海大都市沦陷后，中国经济实力并未遭受毁灭性破坏。《大公报》记者徐盈于1939年1月3日就说："抗战一年有半，农业中国的特点充分显露出来，富有弹性的农业使中国有了长期抵抗的力量。"[①] 而且，工农并重也是抗战初期国民党当局的基本政策。1938年3、4月间公布的《抗战建国纲领》既提出建设工业的必要性，也强调发展农业的重要性，提出"以全力发展农村经济，奖励合作，调节粮食，并开垦荒地，疏通水利"[②]。《中国国民党临时全代会宣言》也表示工业与农业不可偏废："中国为农业国家，大多数人民，皆为农民，故中国之经济基础，在于农村。抗战期间，首宜谋农村经济之维持，更进而加以奖进，以谋其生产力之发展。至于新兴工业，直接间接，关系抗战，至深且巨，必须合政府与人民之力，于最短期间谋其复兴。"[③] 从此意义言，1940年8月翁文灏提出的"以农立国，以工建国"，可以在《抗战建国纲领》和《中国国民党临时全代会宣言》中找到影子。

1937年12月3日，尚在清华大学社会学系读书的张之毅从发展工业角度呼吁："我们的农业生产要作工业化的基础！"他论述说，工业化需要资本和生产工具，中国只能通过输出农品换取外国资金和生产工具。他举苏联和土耳其的例子说："苏联怎样工业化的？它不是输出本国的剩余农产去换取外国的生产工具（如机械）么？再看新兴的土耳其：土耳其自一九三四年一月开始实行五年实业计划，同年土政府与苏联订立苏联信用借款条款，规定以土耳其的农产（如羊毛、烟草、棉花、皮货等）与苏联的机器作交换，实施结果，不到几年的工夫，土耳其的工业已有基础，于是'现代国家'的荣衔被加在身上——现在谁敢轻视土耳其？以农业发达工业，苏联能之，土耳其亦能之，我国何为而不能之？"[④]

抗战时期，知识界普遍从整体国民经济角度认知农业的经济地位。大

---

① 徐盈：《向建国之路迈进，后方总动员》（下），（重庆）《大公报》1939年1月3日。

② 《抗战建国纲领》，（汉口）《大公报》1938年4月3日。

③ 《中国国民党临时全代会宣言》，（汉口）《大公报》1938年4月3日。

④ 张之毅：《农业调整上的几个问题》，（汉口）《大公报》1937年12月3日。

家认识到，农业与工业不存在以何为重点的问题，在国民经济体系中同等重要。农业经济学家董时进于 1938 年 5 月 8 日强调，"我们对于战时农业的设施，不可专顾目前粮食的供给，必须着眼到战时及战后一切经济上的需要"，除提供战时军需民食外，中国农业对战时和战后整个经济建设事业的作用至关重要。① 1939 年 1 月 3 日，《大公报》记者徐盈在一篇报道中，既采访了工业界人士，也采访了农业界专家。穆藕初主持的农产促进委员会专家强调农业生产对增强抗战力量的重要性。他们告诉徐盈："增厚长期抗战的经济力量，必须下最大的努力和决心，来促进农业生产。"中央农业试验所，所长谢家声和副所长沈宗瀚表示，发展农业对抗战有两方面重大意义：第一，对内提供"衣食住所需的原料"；第二，对外提供出口产品，增加外汇力量。② 1940 年 12 月召开的中国工程师学会第九届年会也竭力提倡农工并重。《大公报》记者年华在报道中即说："要使贫而弱的中国，建成自裕自卫之目的，必须农工并重，不可偏废，而尤须农业工业化。"工程师学会会长陈立夫在开幕词中亦称："我们看苏联建设的成功，是农业工业化，美国的富强，也是农业工业的共同发展。"翁文灏也在年会上呼吁"农工并重，两者不能偏废"③。

　　一些学者进而从中国工业化进程角度分析农业的基础地位，指出农业对实现工业化具有基础性作用。在 1939 年 6 月出版的《战时经济建设》一书中，高叔康强调了农业对工业的基础作用，认为"今日要造成具备工业化的条件，最切要的莫过于发达农业。因为农业发达，可以充足工业的原料，可以推广工业生产品的销路，可以吸收社会过剩的劳力，造成工业发达的经济基础。……农业没有工业，固然不能改进生产，工业没有农业的培养，也不能发达起来"④。1940 年 12 月 14 日，沈怡⑤强调，中国进口工

---

① 董时进：《战时的农业》（星期论文），（汉口）《大公报》1938 年 5 月 8 日。
② 徐盈：《向建国之路迈进，后方总动员（下）》，（重庆）《大公报》1939 年 1 月 3 日。
③ 年华：《新中国的物质建设——记中国工程师学会年会》，（重庆）《大公报》1940 年 12 月 22 日。
④ 高叔康：《战时经济建设》，商务印书馆 1939、1941 年版，第 67 页。
⑤ 沈怡（1901—1980），原名景清，字君怡，浙江嘉兴人，水利工程专家。上海同济大学土木工程系毕业，德国德兰诗顿工程大学工业博士（水利工程），历任国防设计委员会委员、资源委员会主任秘书兼工业处长、技术室主任、交通部政务次长等（程玉凤、程玉凰编：《资源委员会档案史料初编》（上册），（台湾）"国史馆" 1984 年版，第 100 页注一）。客逝美国。

业设备需要大量外汇,中国作为农业国,首先要依靠输出农产品赚取外汇,"惟培养国力,增加生产,以对外换取建设工业必需之资金与工具,则有赖于农村经济之恢复及农产品之增加"①。

工农业共同发展,在1942年下半年开始的战后建设问题讨论中,也是大家关心的重要问题。在1942年7月出版的《经济建设季刊》创刊号上,国民经济研究所所长刘大钧和清华大学教授韩德彰同时阐述了工农并重问题。刘大钧强调,他主张促进中国工业化,并非忽视农业。农业与工业"本应相辅相成"。②韩德彰主张,农业与工业应平衡发展,"藉农业以树立工业,藉工业以推动农业"。他进而提出,中国农业必须脱离"家族自给的小农经营",发展为"现代化、工业化、商业化的大农经营",农业建设方针是技术科学化、经营现代化、农产商品化、资金机动化、农村工业化。③1942年9、10月间在加拿大召开的太平洋学会第八届年会也告诫中国在工业化过程中注意农业的重要性,认为中国85%的人口是农民,"中国若欲充分有效运用其人力,同时必需有其农业政策相辅而行",如果不改进农业生产方法,农业人口难以转入工业领域。④对于太平洋学会的告诫,《大公报》于1943年1月21日发表社评响应说,中国战后工业建设要与农业政策相辅而行,必须提高农业技术,减少农业劳动力,使之转入工业部门。⑤半年后,同年7月16日,翁文灏在《关于中国工业化的几个问题》⑥一文中也强调,农业与工业"相辅而不相害",一方面,"工业的发达正可辅导农业的增长,有了化学肥料及水工灌溉则农田产量自必加高"。另一方面,战后中国要发展对外贸易,获取工业建设资金,也要大力发展农业,

① 沈怡:《中国工业化之几个基本问题》,(重庆)《大公报》1940年12月14日。

② 刘大钧:《我国工业建设之方针》,《经济建设季刊》创刊号,1942年7月,第61—62页。

③ 韩德彰:《中国农业建设之方针》,《经济建设季刊》创刊号,1942年7月,第110页。

④ 《战后中国工业化问题:太平洋学会圆桌会议讨论结果(下)》(本报特辑),(重庆)《大公报》1943年1月22日。

⑤ 《战后中国工业化问题》(社评),(重庆)《大公报》1943年1月21日。

⑥ 1943年9月16日,翁文灏又以此文在中国经济建设协会第五届年会开幕式上作了演说,并在1944年1月出版的《经济建设季刊》第2卷第3期以《翁部长演说辞——关于中国工业化的几个问题》为题再次发表(《翁部长演说辞——关于中国工业化的几个问题》,《经济建设季刊》第2卷第3期,1944年1月,第3页)。1944年9月,以《中国工业化的轮廓》为题由中周出版社出版(翁文灏:《中国工业化的轮廓》(中周百科丛书),中周出版社1944年版)。

以农产品输出换取工业器材和资金。"以农立国，以工建国"才是"中国经济建设的真实方针"①。

1944 年初以后，知识界开始从理论层面深入剖析战后农业与工业的关系。1944 年 1 月，农业专家邹秉文在美国"中国学术建国讨论会"发表演讲，从农业与工商业关系角度，论证战后农业建设的基础地位。他指出，由于中国社会经济数千年来以农业为主体，"农业建设实为整个经济建设之基础"，"农业不改进，则工商业决无从发展"。首先，外债将是中国战后工业建设资本的主要来源，通过对外贸易筹集资金是偿债的唯一途径，而农产物占中国出口货物的 70%—80%，"农产品之增多，直接可使国家有钱还债，间接即所以筹集发展新工业之资金"。第二，中国战后工业的振兴需要大量劳工。农民是劳工的唯一来源。这就需要应用新式农具，"利用机械代替人工"。第三，棉花、大豆、小麦、生丝、大麻、羊毛、牛羊皮等中国战后大量工业原料均为农产。如果这些工业原料实现自给，便可以抽出资金购置机械设备。第四，战后农业经济的发展可以提高农民购买力，为工业经济开辟市场。② 与此同时，姚公振也于 1944 年 1 月透辟分析了农业对于工业的基础地位。他把农业经济视作"发展工业必具之条件"，把工业与农业视作"相互辅助"的关系，认为"农业与工业本为国民经济建设之两面，舍工业无以发展农业，舍农业亦无从完成工业建设。工业乃建国之主力，农业则为立国之基础。故工业化应以农业为基础，而农业亦须以工业化为其建设目标"。这基本上是翁文灏于 1940 年 8 月提出的"以农立国，以工建国"论的另一种阐释方式。与邹秉文一样，姚公振也认为，解

---

① 悫士：《关于中国工业化的几个问题》，《新经济》半月刊第 9 卷第 6 期，1943 年 7 月 16 日，第 109—119 页。"悫士"是翁文灏 1943 年后的笔名。据齐植璐回忆，在《新经济》半月刊，"翁文灏也以'悫士'的笔名，蒋廷黻以'T·F'的笔名经常发表政论文章。"（齐植璐：《国民党政府经济部十年旧闻述略》，天津市政协文史资料委员会编：《天津文史资料选辑》第 7 辑，第 196 页）齐植璐所称蒋廷黻的"T·F"笔名，应为"丁一夫"。又据《翁文灏自订年谱初稿》称："翁文灏谱名存璋，字永年，号君达，又号悫士。"自 1943 年起，"自称悫士，孔子家语言：'弓调而后知劲，马服而后求良，士必悫而后求智能，不悫而多能，譬之豺狼不可迩'"（翁心鹤、翁心钧整理：《翁文灏自订年谱初稿》，《近代史资料》总 88 号，第 47、94 页）。

② 邹秉文：《中国农业建设问题——在美国中国学术建国讨论会演讲词》，（重庆）《大公报》1944 年 1 月 11 日。

决工业建设所需的原料、劳工、资金及市场问题，需要依靠农业。不过，他又强调，提高农业生产技术，生产化学肥料、新式农业器具和机械，加工农产品，又要依靠工业。[①]

1944年6月访华的美国副总统华莱士是一位农业专家，任美国农业部长达八年之久。来华前，他提出多参观中国农业。当年6月27日，《大公报》社评就此话题呼吁国人"从新评价中国的农业"。社评认为，"中国现阶段的历史任务，是要迈步工业化，这是绝对正确的道路"，但是，国人因为求工业化之心太迫切，而冷眼看待农业。这种态度不但会引起"畸轻畸重"的弊病，甚或会本末倒置。社评指出，农业与工业是"相生相成的"，工业是农业发展的方向，农业是工业的基础，"近代农业多以工业化为归趋，但相反的，许多工业也立脚在农业之上"。工业资本原始积累出于农村；工业劳动者来自农村；工业原料及市场也大半以农村为基础。社评还以世界各国工业发展进程为例说，除了有殖民地提供原料和商品市场的欧洲工业化先进国家外，工业化后起国家第一步全靠本国农业为基础。苏联在五年计划建设中即以输出农产品向外国换取机器。[②]

抗战后期，在知识界对工农关系问题的深层次理论阐释中，滕维藻和张培刚的分析较为深刻。

滕维藻在南开大学经济研究所读研究生的研究方向是工业与农业的关系。1944年10月，他以克拉克的产业划分理论[③]为基础，深入探讨工业化对农业的影响。他介绍说，克拉克将社会产业分为初级产业（Primary industry）、次级产业（Secondary industry）、三级产业（Tertiary industry）三类。初级产业包括狭义的农业以及林渔牧等业，次级产业包括制造、建筑、矿冶及公用事业，三级产业包括商业、运输、行政、家庭劳务等产业。滕维藻指出，三类产业间具有相互联系性。首先，生产要素在三类产业之间

① 姚公振：《战后农业经济建设》，《经济建设季刊》第2卷第3期，1944年1月，第80—83页。

② 《农业与工业》（社评），（重庆）《大公报》1944年6月27日。

③ 英国经济学家科林·克拉克（Colin Clark）于1940年在《经济进步的条件》（C. Clark: *The Conditions of Economic Progress*, 1940.）一书中关于第一、第二和第三产业的划分，对抗战中后期中国知识界产生了较大影响，成为他们探讨工业与农业关系的重要理论根据。1943年10月，在南开大学经济研究所工作的杨叔进曾引用该理论阐述工业化概念的内涵。

具有流动性，"某类产业的扩张，即必须向其他产业吸收生产原素——劳力、资本、土地等"。其次，三类产业"互为其最后产品的市场"。例如，农产品一部分是工业的原料，一部分是工人的粮食。滕维藻的讨论重点是工业化对农业的影响。他认为，工业化对农业的第一个影响是农业人口向第二、第三产业转移。这种职业分配的改变首先导致国民所得的增加。17世纪英国经济学家庇提（今译配第，William Petty，1623—1687）提出"庇提定律"，即制造业所得大于农业，商业又大于制造业。所以，把劳力从生产力小的农业转移到生产力大的制造业和商业，"自然使国民所得水准提高"。工业化对农业的第二个影响是农业生产资本化程度加深，并大幅度提高农业生产力。这主要包括农业机械化和农业科学化两方面。工业化可以促进农业机械化。农业机械化需要两个条件：一是人地比率小，即人均土地面积扩大；二是资本人工比率大，即整个国民经济中人均资本的增加。工业化促使农业人口向工业转移，会导致农业人口数量减少，从而促进节省劳力的农业机械的使用；工业化促使资本积累增加，制造业和服务业的多余资本也会流向农业。同时，工业化还可以促进农业科学化。这种农业科学化包括农业生产设备、生产方法、劳作技巧的改良以及新货物的创造，例如轮栽、选种、化学肥料、人工牧草、防除病虫害、排水灌溉、机械利用等。工业化对农业的第三个影响是农产品商业化和农业生产的地域分工。机械工业的发达使农民没有必要自己生产所需的工业品，可专力于农产品的生产，以农产品向城市交换工业产品，农产品的商业化便成为必然；工业化会促成交通革命，使笨重和易腐的农产品的远程运输成为可能，农民自用的农产品也可以不全由自己生产，农业生产可以根据自然因素的差异，形成专门化的地域分工。[①] 滕维藻对工业化与农业发展关系所作的深入、系统的理论分析，对于抗战后期科学、理性认识工农业关系，具有不可低估的社会思想意义。

抗日战争末期，知识界对工农关系的认识，最终落实在中国现代农业的建立须以现代工业的建立为基本前提，换言之，工业化对现代农业具有

---

① 滕维藻：《工业化对于农业的影响》，《经济建设季刊》第 3 卷第 2 期，1944 年 10 月，第138—140、147、149—151、153 页。

先导性。刚刚获得美国哈佛大学经济学博士学位，即将担任武汉大学经济系教授的张培刚在这方面的论述最具代表性。他在 1945 年出版的《农业与工业化》① 一书中认为："在中国的工业化过程中，农业将只扮演一个重要而又有些被动的角色。在理论上和历史上，我们知道，任何重要的并遵循科学耕作途径的农业改良，都必须以基本机要部门的工业发展为前提。其所以如此，一方面，是因为只有工业的发展和运输的改良才能够创造并扩大农产品的市场；另一方面，是因为只有现代工业才能供给科学种田所必需的设备和生产资料。"②

六 农业机械化与农业科学化

如上所述，工农并重是知识界抗战时期的主流意见。但这种工农并重论是以工业化为前提的。知识界主张的农业是以机械化为基础的"现代农业"。关于"现代农业"的内涵，时人有两个核心概念："农业机械化"和"农业科学化"。这两个概念虽然表述不尽相同，但内涵大体一致，就是以机械化生产为核心，将现代农业科技广泛应用于农业生产。其中，后者比前者宽泛，除农业机械化外，还包括育种、化肥、土壤改良等方面，甚至包括农业经营方式的改革。

1938 年 10 月抗战进入相持阶段，西南、西北大后方基本安定下来后，知识界开始重视将现代农业科学应用于农业生产，实现农业机械化问题。抗战时期如何实现农业机械化问题是大家的讨论重点。1939 年 4 月 29 日，《大公报》社评认为，西南各省成立农业研究改进机构，以现代科技改进农业生产，是一件"可喜的事"。③ 1939 年底至 1940 年上半年，《新经济》半月刊集中讨论了战时农业机械化问题。1939 年 11 月 16 日，吴景超首先提议，"主持农业行政的人"应积极筹划、推行农业生产的机械化。他认为，中国在工业化过程中必然发生"工商等业向农业吸收人口的现象"，

---

① 据张培刚称，"本节所讨论的一部分，作者曾以'农业在中国工业化中的作用'为题，发表于 *National Reconstruction Journal*，China Institute in America，New York，October 1945，pp. 50 - 59"。

② 张培刚：《农业与中国的工业化》（1945 年），罗荣渠主编：《从"西化"到现代化：五四以来有关中国的文化趋向和发展道路论争文选》，第 930—931 页。

③ 《论西南经济建设》（社评），（重庆）《大公报》1939 年 4 月 29 日。

"假如我们不于此时筹划，使中国的农业逐渐机械化，那么农业的生产，便有下降之虞"①。吴景超意犹未尽，又在《编辑后记》中提示大家，他提出的问题"以农业机械化一点，为最有讨论之余地"，"希望赞成与反对的人，都发表一点意见"②。在吴景超提出农业机械化问题的《新经济》半月刊同一期，中央大学农业经济学教授吴文晖也发表了相同看法：中国经济建设的目的，"应使中国工业化，吸收农业上的人口，采用进步的生产方法，以经营农工等生产事业"③。几个月后，1940年3月1日，在金陵大学农业经济系工作的汪荫元进一步分析了农业机械化的可行性。对于有的论者提出农业机械价格太高农民无力购买、农场面积太小是制约农业机械化的两大因素，他提出三个解决办法：第一，建立"集团农场"和"合作农场"，把若干小农场的资本和土地变成一个大农场，再去购置新式农具。苏联集团农场、意大利合作农场、印度土地重划合作社，可供效法。第二，不合并农场，由各农户组织农具合作社，联合购买农具，轮流使用。第三，由政府在全国各重要区域设立农业机器站，供给农业机械。④ 不过，吴景超等人关于现在就筹划推行农业机械化的意见，1940年4月16日，遭到中央研究院社会科学研究所研究员巫宝三的质疑。巫宝三虽承认中国农业机械化前景，但质疑其近期的可行性。他认为，农业机械化"在最近二三十年内无推行之可能"。农业机械化必须具备两个条件：人工与土地的比率小、资本与人工的比率大。只有具备第一个条件，即人均土地面积大，才能实行大农制；只有具备第二个条件，即人均资本积累大，才有资金配备农业机械。中国在短时期内显然不可能具备这种条件。他不同意吴景超以美国、德国、苏联为例，说明中国工业化会迅速吸收农业人口，在短期内降低农业人口的绝对数量。他认为，中国工业化的进展不会像美德苏三国那样快，至多只能抵消农村人口的增加率。中国短时期内"人口与土地的

① 吴景超:《我国农业政策的检讨》,《新经济》半月刊第2卷第10期,1939年11月16日,第228—231页。

② 《编辑后记》,《新经济》半月刊第2卷第10期,1939年11月16日,第248页。

③ 吴文晖:《中国农业经济问题之真相》,《新经济》半月刊第2卷第10期,1939年11月16日,第240—243页。

④ 汪荫元:《中国农业机械化之可能贡献》,《新经济》半月刊第3卷第5期,1940年3月1日,第117—120页。

比率既不能变小,则小农制将无法铲除,机械化亦将无法运用"①。巫宝三提出的问题的确尖锐。这种情况为半个世纪后中国农业经济实践所证明。但是,巫宝三所言也有偏颇之处,把减少农业人口与实行机械化之间的关系看得过于对立,排除了在农业人口没能按预期减少情况下推行农业机械化的可能性。其实,汪荫元提出的由各农户组织农具合作社联合购买农业机械,或由政府在全国各重要区域设立农业机器站,具有相当可行性。

在1942年下半年开始的战后建设讨论中,大家对农业机械化和科学化的重视程度并不比战后工业建设低多少。在1942年7月出版的《经济建设季刊》创刊号上,曹立瀛、刘大钧、韩德彰等人热烈讨论了农业机械化和科学化问题。曹立瀛认为,农业机械化和新式农业科技的运用是战后农业发展的关键,"断非现有小农制度及古式方法所能胜任也"②。刘大钧预计,因工业发展而导致的农业人口向城市的过度迁移,可能会导致农业劳力缺乏,农忙时节尤其如此,"补救之道在使农业多用动力及其他新式机械"。他用"工业型态"概念描述战后中国农业发展,包括农业机械、化肥、农业科技的应用。③ 清华大学教授韩德彰重点阐述战后农业科学化问题。④ 他把农业科学化看得非常重要,认为"一个国家农业的发达或衰退要以农业科学化的程度为转移"。他提出了实现农业科学化的具体方法:第一,建立中央农业试验所这样的全国农业科学研究中心,提高农业科学水平;第二,充实各级农业科学机构,每省至少设立一所农学院,培养各级农业技术人才;第三,加强农业推广机构,使农业科学知识与新技术深入农村;第四,普及国民基础教育,使农民易于接受新知识;第五,发展与农业有关的工

---

① 巫宝三:《我国农业政策之商榷》,《新经济》半月刊第3卷第8期,1940年4月16日,第187—190页。

② 曹立瀛:《论战后经济建设政策》,《经济建设季刊》创刊号,1942年7月,第20页。

③ 刘大钧:《我国工业建设之方针》,《经济建设季刊》创刊号,1942年7月,第61—62页。

④ 韩德彰在抗战时期较早使用"农业科学化"概念。1940年10月,他在发表于《经济动员》第4卷第10期的《中国工业化与农业建设》一文中将农业纳入现代科技范畴,认为"农业为应用科学之重要体系,综合物理学、化学、地质学、气象学、生物学、遗传学、病理学、统计学诸学科之精粹而实施于吾人衣食原料之生产"(转引自韩德彰《中国农业建设之方针》,《经济建设季刊》创刊号,1942年7月,第111页)。

业，生产化肥和现代农业装备。①

从 1942 年底大家对英国农业专家泰弗亚勋爵演讲的强烈反应中，可见知识界对农业机械化和科学化的热情之高。泰弗亚勋爵是英国上议院议员、农业专家。1942 年 11 月，他随英国议会访华团访华，先后在重庆中央大学、成都农业改进所、四川大学农学院等处就农业问题发表演讲。他主张尽量施用有机肥料，反对施用化肥和农药，认为化肥和农药对农作物及食用农作物的家畜和人类有害，并称赞中国农业是一种最平衡持久、自我循环的农业。他还劝告中国禁止人造肥料的制造、进口和贩卖。泰弗亚勋爵的演讲，在追求农业机械化和科学化的中国知识界引起轩然大波。1942 年 12 月 19 日，董时进、彭家元、吴福桢、胡竞良、李先闻、侯光炯六位中国农业科学界泰斗级专家，联合在《大公报》发表《西方科学与中国农业》一文，试图澄清泰弗亚的真实意思，并表明他们的立场。董时进等六位著名农业专家联合出面，反衬出当时中国知识界以西方现代科技改进中国农业的愿望之强烈。董时进等人认为，大家必须明白泰弗亚勋爵的心理和背景，探求他的"真意思"。其说法的背景是西方发达国家的农业生产。西方国家长期过度施用化肥和农药，造成残存化肥和农药蓄积，损坏土壤的物理性，灭杀土地中的小动物和微生物。同时，近代欧美人还有一种心理，就是过多使用人造物品，离自然越来越远。于是，泰弗亚等人对西方的这种生产方式产生反感和怀疑。董时进等指出，"我们的情形和英国迥然不同，他们已经走得太远，我们还没有正式开步"，他们化肥用得太多，而我们则用得太少，"泰弗亚勋爵所指示的是久而远的，我们要悬为终极的鹄的，在未到此鹄的的时候，我们仍须用人造肥料来补充地下的养料，增加作物的生产，用毒剂来除灭植物病虫害，用药品及菌苗等来治疗和预防人类及动物的病疫"②。

中央农业试验所副所长、著名农业专家沈宗瀚于 1943 年夏秋考察美国

---

① 韩德彰：《中国农业建设之方针》，《经济建设季刊》创刊号，1942 年 7 月，第 111—112 页。

② 董时进、彭家元、吴福桢、胡竞良、李先闻、侯光炯：《西方科学与中国农业——我们对于英国泰弗亚勋爵讲词之瞭解》，（重庆）《大公报》1942 年 12 月 19 日。

农业期间,对美国农业机械化生产留下深刻印象。[①] 于是,他于 1945 年 1 月 21、22 日在重庆《大公报》发表长文,立足战后农业生产实际,探讨战后中国农业机械化的必要性和可行性,以及相关的具体技术问题。沈宗瀚立足战后中国农业生产实际,阐述了农业机械化的必要性:第一,抗战时期中国战区和后方畜力损失极大,不可能在战后短时间内补充,必须以农业机械弥补畜力的不足。第二,在战后农业恢复过程中,如果推广新式农具,便可寓改良于救济之中。第三,中国农产品价格高昂,人力成本占比例很高。1943 年春联合国粮食与农业会议决定,战后国际间实行农产品自由贸易原则。为此,必须通过实行机械化降低农产品的人力成本,使之在国际市场具备竞争优势。第四,中国虽然总体上农业劳力过剩,但在农忙时劳力不足,以致贻误农时。如果在农忙时使用农业机械,可减少农业损失,增加农业产量。第五,完全依靠人力生产是中国农业生产效率低下的主要原因。东北和西北地区地广人稀,垦地较多,应实行高度的农业机械化,使之成为我国的粮食仓库。[②] 新中国建立后我国东北地区大规模农场作业和新疆军垦实践,证明了沈宗瀚这一论断的先见之明。沈宗瀚又提出,农业机械推广可以通过两种方式:一、建立农业机械公司,在农村设立机械供应站,由农民组织的合作社向机械供应站接洽工作;二、由农民自行组织购置农业机械,雇用技工。他进而提出,除"田间机械化"外,农业机械化还包括"农产加工机械化",像脱粒机、碾米机、磨粉机、榨油机、剥麻纺麻织麻机等农产品加工机械的使用,既可提高农产品加工效率,还可提高农产品的品级,也可以把各种农产品加工成商品,发展农村工业。[③] 沈宗瀚对农业机械化的阐释更加专业,且从中国农业生产实际出发,更具实践性和客观性。

---

① 据台湾学者黄俊杰称,沈宗瀚于 1945 年 1 月 21、22 日发表《中国农业机械化之可能》,"直接刺激因素是他 1943 年夏秋之间赴美考察农业,对当时美国之农业机械化趋势留下深刻印象,乃与邹秉文先生共商改良中国农具之办法,终于在 1945 年获美国万国农具公司(International Harvester Company)的协助,改良农业机械"(黄俊杰:《沈宗瀚先生与我国农业现代化运动》,《传记文学》第 38 卷第 1 期,1981 年 1 月 1 日,第 84 页)。

② 沈宗瀚:《中国农业机械化之可能》(星期论文),(重庆)《大公报》1945 年 1 月 21 日。

③ 沈宗瀚:《中国农业机械化之可能(续昨日星期论文)》,(重庆)《大公报》1945 年 1 月 22 日。

除农业机械化和科学化外，在 1942 年 7 月开始的战后建设问题讨论中，知识界还提出"农村工业化"问题。这个论点被中国农民银行总经理顾翊群宣扬最力，清华大学教授韩德彰也有所阐述。所谓"农村工业化"，即发展农村工业。1942 年 7 月，韩德彰首先阐述了农村工业化问题。他认为："中国工业化是必然的事实，而工业分散化又极适于我国之环境，因此，我们需要在农村里发展适应农村环境的各种大小不同的工业，不必先在都市造成工业集中的现象，再谋向农村分散之道。"他提出，农村工业有三种型态：一、农场自营的农产加工工业，以加工农场自产的农产品为主，其规模可小至极小，亦可大到像附有罐头工厂进行蔬菜加工的美国 Truck garden 那样大；二、轻小工业和家庭手工业，既可加工农村原始收获物，也可从城市或工厂购入原料或半制成品进行再加工，经营目的为商品生产；三、设在乡村的新式大工厂，实行大规模现代化生产。第二种农村工业的意义在于利用农村相对低廉的劳动力，增强产品的竞争力。而在乡村建设大规模现代化工厂的意义在于吸收农村廉价劳动力，节省土地使用费用，获得原料供给和廉价动力的便利等。韩德彰讲的三种农村工业形式，基本比较科学地涵盖了大部分农村工业形式，既包括顾翊群于 1943 年 6 月讲的以农产品加工为主的农村工业形式，也包括 30 年代郑林庄阐述的"第三条道路"，即现代工业在农村的分散化模式。①

顾翊群自 1940 年起任中国农民银行总经理后，该行成立信托部，开展农业信托业务。自 1942 年 7 月起，国民政府又将中国银行、交通银行和中央信托局的农贷业务全部移交中国农民银行，该行成为当时特许设立的唯一的农业金融机构。由此，我们不难理解为什么顾翊群如此热衷于探讨"农村工业化"问题。1943 年 6 月，顾翊群在中国经济建设协会的社会经济讲座上讲"农村工业化"问题。顾翊群主张的"农村工业化"，看似与 30 年代郑林庄的"第三条道路"极为一致。顾翊群也指出了吴景超"都市工业化"的诸多缺点：导致农村衰落；都市地价高昂，不合经济原则；形成贫民窟等社会问题。但是，其主张与郑林庄"第三条道路"又有一定区

①　韩德彰：《中国农业建设之方针》，《经济建设季刊》创刊号，1942 年 7 月，第 119—121 页。

别。他主张建立的"农村工业"，与其说是对"都市工业"的一种替代方式，毋宁说是"都市工业"在农村的一种补充形式。首先，这种"农村工业"的产业范围主要限于农产品、畜产品加工以及小型农具制造，与重工业、大规模民用工业等都市工业同时存在。其次，这种"农村工业"以农村原有的合作组织为基础建立。① 而郑林庄"第三条道路"是先在农村建立"现代工业"，再以"农村工业"为基础建立"都市工业"，亦即"农村工业"与"都市工业"是前后不相重叠的两个工业发展阶段。

对于知识界探讨的农业机械化和农业科学化，1945 年 5 月 19 日国民党第六次全国代表大会通过的《农业政策纲领》也有所体现。这个纲领规定了两个重要原则，一是建立"现代农业"，二是实行集体农场和合作农场的"大农制"。所谓"现代农业"，包括两方面内容：引用机械动力的"农业机械化"和推广现代农业技术、增加化肥使用等"农业科学化"。② 《农业政策纲领》体现的这两个原则，是抗战时期以国统区知识界为主体的社会各界长期讨论的结果。该纲领通过后不久，李紫翔就对其中体现的"现代农业"与"大农制"两个原则，给予高度评价，认为这表现了与中国工业化目标的"统一性"，说明"农业经济的改造亦已被正式认为是工业化的一个组成部分了"③。

第二节　战争与工业化理念的确立

工业化理念在中国知识界乃至社会各界的确立，是抗战时期的一项重要思想成果。走工业化道路，成为抗战时期知识界讨论中国经济建设问题的基础。这种思想态势与抗战时期的战争环境直接相关。抗日战争是一场规模空前的现代战争，对中国知识界人士的心理造成巨大冲击。他们在反

---

① 顾翊群：《中国战后农村工业化问题——在中国社会经济建设协会社会经济讲座讲》，（重庆）《大公报》1943 年 6 月 20 日；顾翊群：《中国战后农村工业化问题——在中国社会经济建设协会社会经济讲座讲》（续），（重庆）《大公报》1943 年 6 月 21 日。

② 《农业政策纲领》（1945 年 5 月 19 日国民党第六次全国代表大会通过），《经济建设季刊》第 3 卷第 3、4 期合刊，1945 年，第 255 页。

③ 李紫翔：《从工业化途径论工业建设纲领》，《经济建设季刊》第 3 卷第 3、4 期合刊，1945 年，第 46 页。

思导致这场战争的原因的同时，也深入思考抗战的制胜之道。他们深切认识到，日本之所以能够全面侵华，根本原因是日本是工业国家，中国仍是农业国家；中国要取得抗战的胜利，根本途径在于实现中国工业化。

一　中日国力对比与工业化：抗战初期的工业化认知

抗日战争这场大规模的现代战争，迫使中国知识界在新的环境中深入反思中国工业化的必要性。抗战伊始，知识界的工业化热情顿时高涨。抗战初期知识界工业化诉求的特点，是从中日战争角度认识工业化的必要性。他们真切认识到，"农业中国，工业日本"的经济现实是日本侵华的战争根源；发展中国工业是取得抗战胜利的关键。

抗战初期知识界对工业化问题的焦虑，日本是其重要参照。一个极明显的事实是，日本之所以强而侵略中国，是因为日本早已成功实现了工业化；中国之所以弱而受日本侵略，是因为中国迟迟未能实现工业化。"农业中国，工业日本"一直是近代日本侵华的基本国策。这使中国知识界人士真切体认到日方此种论调的险恶用心。1937 年 10 月 7 日，陈独秀在汉口发表演说，将工业化说成抗战的意义和本质，"现在，日本人常说，我有工业，你有农业，我们何不合作。其实，他是主人，我们是奴隶，因为工业是领导着农业的。抗日，也就是反抗日本专要我们作农业国。没有工业，就成了他的附属品"①。

所以，日本全面侵华迅速促成知识界这样的认识：现代战争的基础在于经济，经济又以工业化为重心，工业化是取得抗战胜利的基本条件。1937 年 10 月 31 日，资源委员会主任秘书杨志信认识到：20 世纪的战争是经济的战争，工业是国家经济力的重心。中国工业基础极度薄弱，不能满足全面抗战的需求。他提醒大家："我们欲取得最后的胜利，在全民动员中，非特别注意加强我们战时的经济力不可。欲加强我们战时的经济力，非赶紧建设我们的后方工业不为功。"而且，工业化也是战后"我中华民族真正复兴的万世根基"②。1937 年 12 月 3 日，张之毅也接着陈独秀的话

① 陈独秀：《抗战的意义》，（汉口）《大公报》1937 年 10 月 7 日，陈氏此言转引自张之毅文。

② 杨志信：《建设后方工业的几个基本问题（一）》，（汉口）《大公报》1937 年 10 月 31 日。

题说:"我们的工业化不仅是抗战的意义,同时也是取得胜利的条件。我们的抗战不应当限于狭义的抗战工作,并且应当发动广泛的建国工作,而这建国的中心工作便是工业化。"没有工业,就没有国防,"反对工业化的人们,便是反对我们有国防,都有准汉奸的嫌疑"①。

对现代化问题的反思,是知识界认识工业化必要性的又一条思路。如前所述,从 30 年代开始,蒋廷黻等知识界人士普遍将科学与工业视为现代化的核心。大规模的现代战争以及中日两国的工业差距,更使他们意识到工业化对于中国现代化的意义。1937 年 12 月 28 日,红学家吴世昌分析道:"目前的苦痛危急,却完全是因为'现代化'不够。说得具体些,是工业化不够,科学化不够。就其切近者而言,大炮飞机,自己不会造,买来的东西,或则射程速度不如人,或则器具虽好而不善应用。"② 笔者曾在第二章提到,1938 年 1 月,王芸生和徐芸书围绕抗战前途讨论现代文化和建国问题。王芸生在 1 月 10 日和 11 日的《大公报》上回应徐芸书后,翌日,徐芸书的朋友张宗植③又写信问王芸生,建国工作"到底将遵循何种途径呢"?④ 王芸生于 1 月 26 日答复张宗植说,工业化是建国的唯一途径,"我们要建国,要抵抗日本,最根本的是彻底接受现代的科学文化,加紧国家的工业化"。他又强调,"现代的科学文化"的核心是"工业化","不是博物院考据室里的死文化,而是能建国富民的现代活文化"。中国缺乏这种文化,所以贫弱;日本学会这种文化,所以富强。⑤ 1938 年 2 月 4 日,武汉大学哲学教授范寿康由对比"中国之路"与"日本之路",认定工业化是国家现代化的基础。他告诫大家:"时至现在,我们国人务须坦白承认中国是在近百年来的现代化赛跑中落了伍的一个国家,我们国人务须

---

① 张之毅:《农业调整上的几个问题》,(汉口)《大公报》1937 年 12 月 3 日。

② 吴世昌:《后方工厂应筹设研究所议》,(汉口)《大公报》1937 年 12 月 28 日。

③ 30 年代,张宗植曾在清华大学旁听,并与中文系学生蒋南翔一起参加抗日救亡运动。1996 年 10 月,他把历年所撰文章结集出版。据该书作序的高承志回忆,30 年代在清华大学一起从事抗日救亡学生运动的同学中,有三位原籍为江苏宜兴的同学:何凤元、蒋南翔和非正式清华学生张宗植(张宗植:《比邻天涯:中国与日本——张宗植怀旧文集》,清华大学出版社 1996 年版,第 8 页)。

④ 王芸生:《再答青年(上)》,(汉口)《大公报》1938 年 1 月 23 日。

⑤ 王芸生:《再答青年(下)》,(汉口)《大公报》1938 年 1 月 26 日。

彻底认识把国家赶快现代化是救国家的唯一途径。我们国人务须知道机械工业化与科学化是所谓现代化的基本。"① 显然，抗战初期敌强我弱的现实与中日工业化的差距，使工业化在知识界现代化理念中的地位更加凸显。

抗战初期，日军长驱直入、国土大半沦陷的态势，迫使知识界深入思考中日国力对比问题。农业中国、工业日本的经济现实，在他们脑际形成强烈反差。他们由此把实现工业化当作攸关中国生死存亡的关键问题。1938 年 2 月 17 日，《大公报》社评即表示：日本侵略中国的直接目的是阻止中国工业化，使中国永远做日本原料和产品市场的农业国，"日人此次侵略中国，简言之，就是不让中国有工业。乘此中国工业萌芽时期，予以严重之打击，使之永沦于半开化之农业国。取我广大资源，制为成品，再输入中国，榨取我无量之血汗以自肥。故战后中国，必以工业立国，始能脱奴隶之范围"②。

二 后方建设与工业化：《抗战建国纲领》公布后的工业化论说

1938 年 3、4 月间国民党临时全国代表大会通过《抗战建国纲领》后，知识界对工业化问题的关注视角逐步转向大后方经济建设。

《抗战建国纲领》强调了工业建设问题："开发矿产，树立重工业的基础，鼓励轻工业的经营，并发展各地之手工业。"③ 国民党临时全国代表大会宣言也认定，日本侵华的重要目的，是阻止中国实现工业化，使中国永远成为日本的原料、商品市场，"日本帝国主义之侵略，在政治上将使中国失其独立与自由；在经济上将使中国永滞于产业落后之境遇，而为日本工商业之附庸，远非以前历史上一时之暂时军事失败或政治失败可比"④。国民党临时全国代表大会后，知识界更加关注工业化问题。1938 年，方显廷在贵阳担任农村建设协进会总干事期间，专门在大夏大学讲授"中国工业

---

① 范寿康：《从过去新教育的失败说到今后教育改造的基本问题（二）》，（汉口）《大公报》1938 年 2 月 4 日。

② 《战时工业问题》（社评），（汉口）《大公报》1938 年 2 月 17 日。

③ 《抗战建国纲领》，（汉口）《大公报》1938 年 4 月 3 日。

④ 《中国国民党临时全代会宣言》，（汉口）《大公报》1938 年 4 月 3 日。

问题"。经济部中央工业试验所所长顾毓瑔①也于 1938 年主编抗战建国工业问题丛书第一辑十种，其中第一种即题为《抗战建国中工业问题》。②1939 年 1 月 1 日，顾毓瑔断定，这次抗战必然纠正"民国以来，甚至甲午以来发展工业的错误观念与不准确的态度"，"从根把甲午以来遗留下来的工业界观念与态度上的毒素澄清"，"一定启导中国到一个新的时代，而且一定是新的工业化时代"③。

《抗战建国纲领》公布后，大家更多从大后方经济建设角度认识工业化的必要性。④ 在西南、西北大后方建设抗战所需的工业，成为大家非常关注的问题。1938 年 6 月 7 日，《大公报》社评呼吁，"现在沦陷区域太大了，只有先以西南西北并湘赣等省之农产矿产为基础，解决中国战时工业计画之基本问题"，建议在四川成立一个"完备的科学研究机关"，研究与生产建设相关的科学技术，使之成为一切农工建设的设计机关和"一切新工业之母"。⑤ 同年 7 月 11 日，著名化工实业家范旭东⑥就抗战期间的工业发展提出建议：一、"全国同胞必得对于近代工业再认识一番，在再认识之下，朝野一致努力，确定今后中国工业的进行路线"；二、政府应"大规

---

① 顾毓瑔（1905—1998），江苏无锡人，顾毓琇之弟，机械专家。早年毕业于上海南洋公学机械系，1931 年 6 月获美国康乃尔大学哲学博士学位。回国后，任实业部工业司科长。抗战时期，任经济部工业试验所所长（顾毓琇：《顾毓琇自述》，《传记文学》第 68 卷第 3 期，1996 年 3 月 10 日，第 104、108 页）。中华人民共和国成立后，任上海纺织工业局高级工程师、上海纺织器材公司总工程师，并担任全国政协委员和民革中央监察委员会副主席。

② 《编辑后记》，《新经济》半月刊第 1 卷第 4 期，1939 年 1 月 1 日，第 115 页。

③ 顾毓瑔：《工业化的六种问题》，《新经济》半月刊第 1 卷第 4 期，1939 年 1 月 1 日，第 99—102 页。

④ 《抗战建国纲领》公布后，许多论者仍以中日国力对比为视角分析中国工业化的必要。1938 年 7 月，吴景超分析："世界上生产飞机、大炮最多的国家，也就是工业化最深刻的国家。日本的工业化，比我们早走几十年，所以，他们对于制造武器的能力，也比我们大得多。我们现在缺乏这些武器，便是从前国人没有注意工业化，没有实行工业化的必然结果。"（吴景超：《中国工业化的途径》，第 3—4 页）1938 年 11 月 16 日，陈岱孙也说，日本是"工业化甚深的国家"，中国却相反，所使用的武器大半要从国外输入，导致"我们在作战时常有相形见绌的时候"（陈岱孙：《计划后方经济建设方针拟议》，《新经济》半月刊第 1 卷第 1 期，1938 年 11 月 16 日，第 6—9 页）。

⑤ 《论工业问题》（社评），（汉口）《大公报》1938 年 6 月 7 日。

⑥ 范锐（1883—1945），又名范旭东，湖南湘阴人。民国时期杰出化工实业家。一二十年代，在天津创办久大精盐公司、永利碱厂。抗战期间，在大后方创办久大川厂和永利川厂。

模奖进科学研究，训练工业技术员工，勘查各省工业资源，废除阻碍工业进展之税捐，如转口税、原料税等等，树立工业基础"①。

1938 年 10 月抗战进入战略相持阶段后，为了把西南、西北大后方建成长期抗战的根据地，朝野各方日益关注发展内地工业问题，并在 1938 年底前后形成讨论高潮。张其昀虽注重"民族精神"、"国魂"等问题，但同样重视工业建设问题。1938 年 12 月 4 日，他以国防建设为中心阐述工业化的必要性。他分析，中国自然资源丰富，但只是"潜在的国力"，要把"潜在的国力"发展成"实在的国力"，只有通过工业建设，"今后中国必须向工业化的大道迈进，那是毫无疑问的"。钢铁、化学、电力和煤油提炼等重工业，既是一切工业的基础和立国的命脉，也为国防建设所必需，"一个钢铁厂的重要性，并不亚于一个优秀的师团"②。同年 12 月 14 日，《大公报》记者徐盈报道了西北地区中国工业合作协会③的情况。徐盈称："不仅艾黎先生这样讲，每一个中国人都知道，一个现代国家，必须要发展起来自己的工业。我们的敌人为使中国永远作奴隶，所以，永远在喊，'工业日本，农业中国'。但是，中国醒觉了，不独不要作日本帝国主义的殖民地，更要打倒敌人，建立起自己的经济防线！"④ 显然，发展工业已成为中国社会的普遍看法，日本宣扬的"工业日本，农业中国"已引起中国人的普遍反感。刊发徐盈报道的同一天，《大公报》也发表社评，系统分析发展内地工业问题。社评强调，工业化是中国成为"现代国家"的关键，"现代的国家不能单纯的建设在农业基础上，工业化简直已成现代国家的必要条件"。中国必须建设内地工业，把国家的经济中心放在内地，路易·艾

---

① 范锐：《为今后中国工业建设进一言》，（汉口）《大公报》1938 年 7 月 11 日。

② 张其昀：《大学生当前之任务》（星期论文），（重庆）《大公报》1938 年 12 月 4 日。

③ 中国工业合作协会成立于 1938 年，由路易·艾黎倡导，国民政府行政院资助，主要活动在西北地区。卢广绵是西北地区的实际主持人。当年 8 月，卢广绵在陕西宝鸡组织流亡工人成立采煤、铁矿、淘金、酒精、毛织、棉布、制袜、制皂、炼铁等工业合作社。在经济部研究利用外资问题的高平叔，即由卢广绵调到西北工业合作协会工作过一段时间（徐盈：《巩固工业经济国防线——记中国工业合作协会西北区的成功》，（重庆）《大公报》1938 年 12 月 14 日）。

④ 徐盈：《巩固工业经济国防线——记中国工业合作协会西北区的成功》，（重庆）《大公报》1938 年 12 月 14 日。

黎、卢广绵等发起的工业合作运动"一定有无限的前途"。① 几天后，12月18日，重庆大学商学院教授陈豹隐也积极倡导四川经济建设，认为要使四川成为坚持抗战的"勘察加"和"革命根据地"，"就得使四川的建设赶快完成起来"，应以轻重工业建设为中心。② 1939年1月2日，徐盈发表题为《向建国之路迈进，后方总动员》的报道。工业是徐盈的采访重点。他首先采访了重庆大学商学院院长马寅初。马寅初强调发展大工业的重要，希望政府采取措施将小工业发展为大工业。顾毓琼表达了与陈豹隐相同的看法，认为四川应该是抗战建国的工业核心、民族复兴的根据地。中国工业合作协会总干事刘广沛则向徐盈"畅谈"该协会要建设"三道工业的国防线"，"在后方的安全地带，要陆续建设起小规模的重工业，制造必需的盐酸和钢铁。在较近前方处，要组织大批工业合作社，供给一切日用必需品。如棉纱就是眼前亟待解决的大问题。在前方，工业要配合着抗战，一切机器和原料都要按放在改良大车上，与正规军和游击队同进退"③。

　　1939年初以后，对发展后方工业的关注导致大家工业化认识的进一步明确。毕业于北京大学地质系、当时在甘肃科学教育馆工作的霍世诚于1939年4月1日称："近代工业文明的事实证明：单纯的农业社会不但不能造成一个坚强的国家，民生问题也似乎不能完满解决。"④ 国民党当局的认识同样如此。当年5月，蒋介石在全国生产会议上表示"现代战争无论装备、给养，均须仰赖工业"，加速工业建设是抗日战争的一个启示。⑤ 当年9月29日，《大公报》社评从百年中国近代史演化进程角度论证工业化的意义，指出，中国百年来的"自强"，由军事转入政治，由政治又转入文化，"到了这次抗战中建国，才到了经济的自强"，只有此次抗战中"经

---

① 《论工业合作》（社评），（重庆）《大公报》1938年12月14日。

② 陈豹隐：《四川的建设与抗战建国》，（重庆）《大公报》1938年12月18日。

③ 徐盈：《向建国之路迈进，后方总动员》（上），（重庆）《大公报》1939年1月2日。

④ 霍世诚：《甘青矿产的利用》，《新经济》半月刊第1卷第10期，1939年4月1日，第271页。

⑤ 全国生产会议秘书处编：《全国生产会议总报告》（影印版），第67页。

济的自强"，才把握到自强的核心。① 社评将"今日的金融家、工业家、技术家"称为创造新中国的"大时代的宠儿"。② 1940 年 3 月 1 日，身肩创办国营重工业重任的翁文灏，把发展工业经济提高到事关国家存亡的高度。他分析，西方经济依靠蒸汽、电力、冶炼、化合、制造、纺织等各种新式技术，再加上完善的企业组织和管理，与手工时代判然不同，"处此近代世界，自非竭诚信仰新的方法，应用崭新的技术及组织，尽力以为之不可"③。

三　迎头赶上：中华民族的历史任务

1940 年 5 月，德国在西线进攻法国、比利时、卢森堡诸国，第二次世界大战欧洲战场猛然扩大。这使中国知识界从世界各民族兴衰成败这一更广阔的视角，认识中国工业化问题。当年 6 月 14 日，《大公报》社评观察到，"世界各国的民族，此时都在受历史的审判"。所以，社评强烈呼吁，在"科学"与"工业"方面"迎头赶上"是中华民族的重大历史使命，"一个强国，必须高度的征服自然，这就是说，这个国家的生产技术，必须提高到世界的水准之上。如果不能把锄头变成机器，把豆腐变成纸浆，把绍兴酒变成硫酸，把帆船变成军舰，用木炭代替煤炭，用桐油代替汽油，用水力风力代替电力，则中国将永久停滞在目前的阶段。我们要把迷恋古董的意识，完全付之一炬，阻碍产业革命的生产关系，要彻底肃清"④。

此后，从国家民族整个建设和发展大局思考中国工业化道路的历史必然性，成为知识界的又一个认识视角。"迎头赶上"，这个首先由孙中山提出并使用的词语，成为大后方朝野各界频繁使用的用语。这反映出国统区各界渴望中国在最短时期内非常规、跨越式地迅速赶上世界工业发展步伐的亢奋心情。1940 年 12 月 22 日，《大公报》记者年华就说，"历史的事实

---

① 《大公报》社评关于只有经济的自强，才把握到自强核心的阐述，与本书前文阐述的以工业化为核心的经济建设成为抗战时期知识界言说中心的观点，基本一致。可见，知识界这一思想态势早在抗战时期就已被观察到了。

② 《后方的经济建设》（社评），（重庆）《大公报》1939 年 9 月 29 日。

③ 毕敏：《经济建设要旨》，《新经济》半月刊第 3 卷第 5 期，1940 年 3 月 1 日，第 102—107 页。

④ 《怎样迎头赶上？》（社评），（重庆）《大公报》1940 年 6 月 14 日。

告诉我们:一个落后的民族对于先进的民族,不但能够迎头赶上,而且可以后来居上。因为历史的阶段虽然不能超越,却可由人为的努力缩短其过程","如何使产业落后的中国超越农业经济的阶段,促成全盘工业化,确为今日建国之最根本的问题"。翁文灏也在当年 12 月召开的工程师学会第九届年会上反复用欧洲各国工业革命的史实,说明落后国家超越先进国家的发展规律:英国工业革命最早,法国继英国之后于 1825 年开始工业革命。德国于 1845 年才开始改良生产技术。苏联于 1921 年才开始实行新经济计划。德苏为后起,英法为先进,然而今日德苏的工业成绩,不但已赶上英法,且大有超过之势。[①]

1940 年底至 1941 年间,知识界以国家发展大局为视角,对工业化的必要性作了系统的理论阐发。周宪文、沙学浚、伍启元的论述颇具代表性。

1940 年 12 月 14 日,钱昌照的连襟沈怡在《大公报》发表《中国工业化之几个基本问题》一文,认为中国经济建设要以国防为中心,今后二三十年内,首先要发展重工业,"将最大部分之人力财力,集中于重工业之发展上,以期早日奠定工业基础"。据沈怡自称,其论点"系综合各方面之意见",可见,当时很多人与沈怡有着相同的看法。[②] 1941 年 1 月 21 日,周宪文对沈怡关于工业化的看法表示赞同,认为工业化是"中国建设前途的一盏明灯"、"中国起死回生的一服良药"。他进而提出,工业化是"中国抗战建国的一个基本问题",要"把中国从根救起来",必须"向工业(尤其是重工业)迎头赶上去"。他首先强调,工业化是"抗战"的基本问题,"近十年来中国的工业建设已经奠定了这次抗战的基础,我们要争取抗战的最后胜利,只有加紧中国工业化,中国工业化愈快,最后胜利的时期亦愈近"。他又从国防建设、民主政治建设和社会建设三方面,说明工业化是"建国"的基本问题:在国防方面,"现代国防之脱不了工业(尤其重工业)";在民主政治方面,机械工业是"近代民主政治的母亲",中国要实行民主政治,必须先使中国工业化,在农业社会建设民主政治,是缘木求鱼,在"沙滩"上建设"高楼";中国的社会建设,同样要以工业化为

①　年华:《新中国的物质建设——记中国工程师学会年会》,(重庆)《大公报》1940 年 12 月 22 日。

②　沈怡:《中国工业化之几个基本问题》,(重庆)《大公报》1940 年 12 月 14 日。

前提。中国人爱家重于爱国、相信命运、相信风水、苟且偷安、不求进取的观念，以及做事欠迅速、欠正确、少训练等等，都是农业社会的产物。①周宪文关于工业化与社会建设的论述，与同时期简贯三等人的论述相当一致。他关于工业化是"抗战建国"基本问题的论说，在"抗战建国"成为全社会共同口号的情势下，的确为工业化寻到了一个高调的社会定位。

1941 年 6 月，浙江大学地理学教授沙学浚②以国家生存、发展的前途和命运为视角呼吁："中国的出路，只有一条——就是工业化。"他把中日战争的本质归结为中国的工业化问题，认为这次中日战争的真正起因，是日本企图阻止中国的工业化进程，而中国拒绝日本这个"经济亡国"的要求。他接着指出，工业化是中国历史的转折点，只有实行工业化，才能把"中国历史的发展转入真正的近代"，中国才能成为世界强国。他分析，工业化是国家富强的基础，是导致英、法、德、美、俄、日等国成为世界列强的根由。以前大家把工业视作与农林渔牧矿相等的经济方式，乃是一种错误。其实，工业是农林渔牧矿的支配者，"农林渔牧矿供给原料，工业予以加工，加工之后原料之效用增大，故工业之重要性实超过前五者之上，处于支配的地位"。所以，向工业国家供给原料的农业中国，经济上受到工业国家的支配，"现在我国要脱离这种支配，就要快快实行工业化。否则，地大物博的中国只是列强尤其是英美日德等国的原料之'外府'而已，只是它们的掠夺的殖民地（Colonies d'explotation）而已"③。沙学浚的分析发人深省。

1941 年 7 月 7 日，清华大学经济学教授伍启元分析了抗日战争对中国工业化观念的促进作用。他把工业化观念称作"反传统主义"，认为"反传统主义的抬头，确是这次战争的一大收获"。他分析，战争对中国人的心

---

① 周宪文：《中国抗战建国的一个基本问题》，（重庆）《大公报》1941 年 1 月 21 日。

② 沙学浚（1907—1998），字道夷，江苏泰州人。1930 年夏，毕业于中央大学教育学系，副修地理学。1932 年 9 月，留学德国。1936 年初，获柏林大学地理学博士学位。1937 年 7 月全面抗战爆发后，任重庆北碚复旦大学史地系教授、系主任。1941 年，赴贵州遵义任浙江大学史地系教授。1942 年秋，改任重庆国防研究院研究委员，兼中央大学史地系教授（《民国人物小传·沙学浚（1907—1998）》，《传记文学》第 74 卷第 6 期，1999 年 6 月 10 日，第 135—137 页）。

③ 《工业化与中国前途》（《地理》第 1 卷第 2 期，1941 年 6 月），沙学浚：《国防地理论》，商务印书馆 1943、1944 年版，第 11—13、18 页。

理产生了极大影响，"战争的紧张空气使我们的经济活动逐渐由传统主义转变过来。在这争取时间和一刻万变的局势中，是不容许我们再盲目地遵循着传统的方式去活动或根据传统的方式去生产的"。自清代洋务运动开始，中国的工业化运动之所以进展非常缓慢，主要障碍就是中国经济的殖民地性、领域主义①和传统主义。抗战改变了中国经济的性质，"使中国经济逐渐离开殖民地式的经济，使中国经济逐渐离开了领域主义或传统主义"，中国工业化的阻力大部分消失。所以，他预计，"战事一经停止，只要政治能稳定和吏治能澄清，则中国工业化运动会有极迅速的进展"②。

四 战后建设与工业化：1942 年后工业化理念在社会各界的普及

1940 年底至 1941 年中国知识界对工业化必要性的系统阐述，从理论层面消除了大家对工业化问题的疑惑。下一步，就是将工业化观念普及于社会各界。工业化理念被社会各界完全认同的具体期限，应为战后建设问题讨论全面展开的 1942 年下半年。1942 年下半年至 1945 年抗战胜利进行的战后建设问题讨论，即以实现中国工业化为讨论基础。关于这场讨论的情况，笔者将在第六章详细介绍。

1942 年 6 月 6 日是中国工程师节，中国工程师学会、国父实业计划研究会及工程师学会重庆分会在重庆联合举行纪念大会。孔祥熙、白崇禧、贺耀祖、吴铁城、陈仪、陈立夫等国民党要员参加。会议展出了一年来资源委员会的工业发明及创品。纪念大会在社会各界产生广泛影响，是工业化理念在社会上的一次宣传。《大公报》于 6 月 6 日和 7 日连续两天予以报道③，并于 6 月 6 日发表《工程师节感言》社评和翁文灏的《工程建国》一文。该报社评表示，抗战五年以来，中国社会各界"痛受科学落后、工业不如人之苦，自政府领袖以至社会明达，更有彻悟，愈认为建设大计必

---

① 所谓"领域主义"，即割据主义。——笔者注

② 《战争所引起的经济变化》(《当代评论》第 1 卷第 1 期，1941 年 7 月 7 日)，伍启元：《由战时经济到平时经济》(在创丛书)，大东书局 1946 年版，第 14—15 页。

③ 《今日工程师节，工程团体举行大会》，(重庆)《大公报》1942 年 6 月 6 日；《工程界盛会》，(重庆)《大公报》1942 年 6 月 7 日。

须确定,中心信仰务须树立,于是倡科学,兴工业,以固国防,寰成国是"①。翁文灏在会上提出"工程建国"口号,认为欲达建国目的,"工程的建设实为最必要的方法","中国欲革新与上进,决非彻底采用新的工程不可"②。所谓"工程的建设"也就是工业建设。

知识界于1942年7月开始的战后建设问题讨论,就是以工业化为思想基础。如果说抗战前期和中期大家对工业化必要性的认识主要立足于维持国家的独立与生存,那么,自1942年下半年起,则主要立足于中国的战后建设。前期是生存,后期是富强。就在知识界开始讨论战后建设问题的时候,1942年7月中国经济建设协会主办的《经济建设季刊》正式创刊。翁文灏在创刊号上强调,务须把工业建设确定为中国经济发展的根本方针,认为从世界发展大势而言,中国实有工业化的必要,"按之世界各国大势,凡工业兴盛者恒强,工业衰敝或仅有农业者国恒弱"③。陈伯庄也在创刊号上对战后中国工业化的前途表示乐观。他说:"只要民族得了解放,国家完全独立,次殖民地的羁绊完全脱离之后,中国是一定可以工业化的。我们的资源和人力,农工大众的勤劳和智慧,都是头等,近代大规模生产所必需的科学技术和组织,已经有了多少基础,我们的领导分子已经很明显的表现了他们能够接受、运用乃至发展这些必需的本领。所以,我们工业的基本条件完全具备。只要国际压迫解除之后,加上了三十年的太平,工业化的进展,必然是沛若江河莫之能御的。"④

受知识界战后建设问题讨论的影响,从1942年下半年开始,工业化问题引起国统区社会各界的普遍关注。对此,可从各界对1942年8月2日在兰州召开的中国工程师学会第十一届年会的瞩目略见一斑。蒋介石在会上发表书面训词。《大公报》也发表社评称,抗战以来,中国工程师学会是最被推崇、最受瞩目的学术团体之一,该会会员在平时皆是"建国将领",

---

① 《工程师节感言》(社评),(重庆)《大公报》1942年6月6日。

② 翁文灏:《工程建国》,(重庆)《大公报》1942年6月6日。

③ 翁文灏:《中国经济建设的前瞻》,《经济建设季刊》创刊号,1942年7月,第2—3页。

④ 陈伯庄:《建立中心力量来保证民生主义的实现》,《经济建设季刊》创刊号,1942年7月,第6页。

"其贡献及勋劳,可以媲美战场流血的将军"①。两个月后,10 月 4 日,《大公报》社评又称:"近百年来的无情历史告诉我们,中国非现代化将无以立国于今后的世界。这是中国的死活问题,虽历千辛万苦,遭逢千劫百难,也必力求其达到。""中国近几十年的奋斗,根本抱负是要跳出农业经济的窠臼,在工业化的路上,建设成一个现代国家。"② 热心经济建设的孙科也于当年 9 月 8 日在国民党中央训练团党政训练班演讲时说:"中国为什么贫弱呢? 就是因为现代的工业没有建设起来。几千年来都是停滞在农业经济的阶段。但光靠农业,不能使中国富强,这已为大家所公认了。……所以,战后和平恢复,我们从事经济建设,便要实行工业化,使国家富强,人民丰衣足食。关于此点,大家已完全一致,再没有人提出异议。"③ 吴景超读了孙科此番言论后,感觉这种见解与蒋介石 1935 年所言"第一件重要的事情,就是要使我们中国,能由农业国家,进为工业国家"完全吻合,认为"党国的领袖,对于经济建设的目的,已能趋于一致,是最可庆幸的一件事"④。1943 年 6 月,蒋介石在第二次全国生产会议上也声称:"我们要造成中国为现代国家,应该认定科学化、工业化为第一个目标,而且是坚决不移的目标。"⑤

中国战后工业化问题同样引起国际人士的关注。1942 年 9、10 月间在加拿大召开的太平洋学会第八届年会,对中国战后工业化问题给予特别关注,先后举行四次圆桌会议,对于战后中国必须大规模发展工业这一点"毫无异议"。⑥ 会议也观察到中国国内工业化方针的确立情况,认

① 《寄兰州工程师学会》(社评),(重庆)《大公报》1942 年 8 月 4 日。

② 《告诉威尔基先生:中国在艰苦中建国》(社评),(重庆)《大公报》1942 年 10 月 4 日。

③ 孙科:《中国经济建设之基本问题——九月八日在中央训练团党政训练班演讲(上)》,(重庆)《大公报》1942 年 10 月 13 日。

④ 似彭:《中国的前途》(书评),《新经济》半月刊第 8 卷第 5 期,1942 年 12 月 1 日,第95—97 页。

⑤ 李剑华:《战时工业建设与劳动问题》,《新经济》半月刊第 10 卷第 12 期,1944 年 10 月 1 日,第 225—229 页。

⑥ 《战后中国工业化问题:太平洋学会圆桌会议讨论结果》(上)(本报特辑),(重庆)《大公报》1943 年 1 月 21 日。

为“观于中国近年历史，中国业已准备接受工业化。工业化将加速实现”①。当时，美国成立了一个研究战后问题的私人组织“国民设计联合会”。这个组织主张，美国应了解中国战时工业情况和战后工业化前景。1942 年，他们邀请当时在美国的方显廷写了一本《战后中国的工业化》（H. D. Fong, *The Post-War Industrialization of China*）。方显廷向美国全面介绍了中国工业化的资源、组织机构和进展情况，向美国宣传中国工业化的必要。②

　　1943 年 4 月 20 日国民政府经济部和教育部主持召开的工业建设计划会议更掀起了各界对战后工业化的热情。会议受到国民政府高层的高度重视。经济部长翁文灏和教育部长陈立夫亲自到会主持，会议期间，蒋介石也于 27 日晚约集全体与会人员聚餐。蒋介石在讲话时表示：“本会的成就，关系着将来建国的成败和国家的兴亡。”③ 会议专门研究了战后工业重建计划，通过了《战后工业建设纲领》十六条。舆论界对会议反应热烈，《大公报》反复发表社评予以关注。会议开幕当日，《大公报》社评表示对会议的召开“闻之欣然色喜”，认为工业化是我们今后建国的“死活问题”，其成败几乎等于国家的兴亡，在今后几十年间需要我们全国彻上彻下拼命流汗去干!④ 会议举行期间，《大公报》再次于 4 月 28 日发表社评强调：“中国能否真正成为一个现代国家，能否真正摆脱次殖民地的地位，问题的焦点，端在我们能否在战后的短时间内完成工业化，奠定安全的国防基础。”⑤ 会议制定的《战后工业建设纲领》，又于 1943 年 9 月作为国民党五届十一中全会决议获得通过。随后，该纲领又得到国民参政会的拥护。这实际是国民党当局对于战后工业建设的一次重要政策宣示，推进了中国各

---

　　① 《战后中国工业化问题：太平洋学会圆桌会议讨论结果》（下）（本报特辑），（重庆）《大公报》1943 年 1 月 22 日。

　　② 杨叔进：《战后中国之工业化》（书评）（H. D. Fong, *The Post-War Industrialization of China*, National Association Washington, June 1942），《新经济》半月刊第 10 卷第 8 期，1944 年 2 月 16 日，第 150—152 页。

　　③ 《蒋委员长指示工业建设途径：工业政治必须联系》，（重庆）《大公报》1943 年 4 月 30 日。

　　④ 《祝工业建设计画会议》（社评），（重庆）《大公报》1943 年 4 月 20 日。

　　⑤ 《如何工业化》（社评），（重庆）《大公报》1943 年 4 月 28 日。

界工业化理念的确立。翁文灏评价说,这个纲领说明,战后工业建设的主张"已得到党部及具有代表国民意义的团体正式议决,作为此后工作的准绳。此种看重工业,把工业当作建设国家的重大关键,如此郑重表示,殆为有史以来所创见"①。《新经济》半月刊第 9 卷第 7 期《编辑后记》也表示,国民党五届十一中全会议决的《战后工业建设纲领》受到国民参政会竭诚拥护,表明"中国的工业化建设已由舆论的高潮,进而为国策的重心"。② 1943 年 10 月 15—16 日,中共主办的重庆《新华日报》也发表文章称,"国民党十一中全会特别强调了中国工业化这一点,并且表示了很大的决心,这是教人颇为欣慰的一件事",这表明那些主张"以农立国"的论调已经受到政府的排弃。③

抗战中期以后,工业化是中国唯一的发展前途,成为全社会的普遍共识。陈伯庄于 1943 年 11 月 1 日说:"中国此后必须迅速的工业化,几成为全国一致的舆论,个人自然亦是同样的渴望。"④ 一个月后,12 月 12 日,顾毓琇也说:"在一般国人,今日确亦不再作'重农'、'重工'纷纭之争论,都能亲切的认识,中国要是早已工业化了,就决不会受到敌人的不断的侵略;同时必需要使中国很快的工业化,才能确保抗战胜利的战果,而杜绝以后再被侵略的可能。"他期望,抗战结束后,中国工业建设的"第二战场"即应开始。⑤ 1944 年 2 月 25 日至 4 月 4 日,资源委员会在重庆举办工矿产品展览会。在 40 余天的展览期间,参观者逾 17 万人,接近重庆市民总数的五分之一,盛况空前。资源委员会鉴于参观人数过多,会场拥

---

① 悫士:《战后工业政策的建议》,《新经济》半月刊第 9 卷第 7 期,1943 年 8 月 1 日,第 129—133 页。这里似乎存在时间脱节,发表翁文灏此文的《新经济》半月刊第 9 卷第 7 期标明的出版日期是 1943 年 8 月 1 日,翁氏又将国民党五届十一中全会议决《战后工业建设纲领》的时间误记为 1943 年 8 月。而且,该刊《编辑后记》也对这份纲领作了评价。这说明,《新经济》半月刊第 9 卷第 7 期所标出版时间与实际发刊时间不符,虽标明出版于当年 8 月 1 日,但真正编辑出版则在当年 9 月以后。

② 《编辑后记》,《新经济》半月刊第 9 卷第 7 期,1943 年 8 月 1 日,第 152 页。

③ 龙季子:《实行工业化的条件》(1943 年 10 月 15—16 日),罗荣渠主编:《从"西化"到现代化:五四以来有关中国的文化趋向和发展道路论争文选》,第 899 页。

④ 陈伯庄:《民生主义的经济制度》,《新经济》半月刊第 10 卷第 1 期,1943 年 11 月 1 日,第 2 页。

⑤ 顾毓琇:《工业化的心理建设》(星期论文),(重庆)《大公报》1943 年 12 月 12 日。

挤, 不得不自 2 月 28 日起限制每日发售门票数量。"国营企业之成就与其教育性, 在此次展览中已为各方认识。"① 蒋介石也亲往参观, 称赞资源委员会创办国营企业的成绩。② 此次工矿展览会, 一方面增强了资源委员会国营重工业在社会上的影响力, 另一方面, 提升了各界对工业建设的认识和关注。2 月 26 日,《大公报》社评即称, "中国必须工业化, 这个展览会中, 我们可以看出中国工业化的一个胚胎", 展览会"特饶教育的意义", 使国人很生动地获得工业化的知识。③

抗日战争后期, 在中国战后的工业化前途问题上, 包括知识界在内的国统区社会各界的意见已基本一致。④ 1945 年 8 月 1 日, 曹立瀛以工业化为出发点, 对 30 年代以来的中国工业化理论作了简要总结。他主张, 实现工业化是中国经济发展和现代化的基础和关键, "我们用历史与地理的眼光来分析中国的经济前途, 只有工业化是唯一出路, 只有'迎头赶上'才能成为现代国家, 跻于世界强国之林"! 中国要"从殖民地的经济型态进为独立自主的经济型态, 唯一的途径是由农业经济进为工业经济"⑤。

---

① 《工矿展览会昨开始公开展览》,(重庆)《大公报》1944 年 2 月 28 日;《工矿展览昨闭幕》,(重庆)《大公报》1944 年 4 月 5 日。

② 《工矿产品展览会明正式开幕》,(重庆)《大公报》1944 年 2 月 26 日。

③ 《看了工矿展览会之后》(社评),(重庆)《大公报》1944 年 2 月 26 日。

④ 抗战后期, 中国知识界也从国际学术界找到中国这样的落后国家必须工业化的理论根据。1944 年 7 月, 姚念庆即注意到国际学术界在农业国与工业国经济分工问题上的认知转向。他介绍说, 19 世纪末 20 世纪初, 以德国历史学派桑巴特·瓦格纳为代表的经济学说, 认为国际贸易是基于工业品与农品的交换, 由农业国把原料输入工业国, 制成工业品后再输入农业国。农业国是粮食和原料的输出者, 工业品的输入者; 工业国是工业品的输出者, 粮食、原料的输入者。如果农业国实现工业化, 工业国就丧失工业品市场和原料产地。但是, "现代经济学的发展已经否认了桑巴特教授等人的理论"。美国经济学者哈尔斯曼(Albert O. Hirschman)在 1943 年 8 月出版的 Quarterly Journal of Economics 杂志上发表 The Commodity Structure of World Trade 一文, 认为在整个世界贸易中, 工业品与粮食原料的交换, 既非主要的贸易类型, 更非唯一的贸易类型。经济落后国家的工业化, 对先进国家不但没有不良影响, 而且是维持世界经济安定和发展的必要条件。因为只有落后国家实现工业化, 落后国家的国际收支才不致经常处于逆差, 才可以消除关税壁垒、贸易统制等世界自由贸易的障碍, 才能实现真正的国际经济合作, 建立长期和平的经济基础(姚念庆:《战后之国际投资与我国利用外资政策》,《经济建设季刊》第 3 卷第 1 期, 1944 年 7 月, 第 126—127 页)。

⑤ 曹立瀛:《工业建设的中心政策》,《新经济》半月刊第 12 卷第 2 期, 1945 年 8 月 1 日, 第 34—39 页。

第三节 工业化与工业社会

从世界现代化角度分析,工业化指人类社会从以农业经济为主转向以工业经济为主的过程,既包含产业结构的根本性转变和生产效率的提高,也包括同时产生的阶级结构、城市化等诸多方面的社会变化,可以归纳为依次递进的三个层面:机械化生产、工业经济、工业社会。[①] 关于工业化的含义,在 30 年代以及抗战初期,论者大多等同于机械化。自抗日战争中期,尤其是 1943 年以后,知识界把工业化概念内涵及其社会意义进行扩展。这表现在两个层面:对工业化概念的理解,由单纯的机械化,扩展到涉及工业、农业、矿业、金融、交通等面相的整体经济变革;同时,全面分析工业化的整体社会意义,将工业化问题扩大到工业化与社会改造层面,把经济领域的工业化与整个社会变革相关联。这表明,抗战中后期,随着工业化理念日益普及,大家对工业化的理解也日趋深化。

一 机械化:30 年代及抗战初期知识界对工业化内涵的理解

中国知识界把工业化理解为机械化,在他们从 30 年代初开始阐释的"现代化"理念中,表现得尤为明显。在他们看来,现代化的核心是工业化,而机械化就是工业化。所以,在 30 年代和抗战初期,知识界在阐释现代化问题时,机械化就成为工业化的另一个表述形式。

30 年代初以降,知识界开始把以西方文化为主体的现代文化看成是一种"机械文化"。这方面,胡适具有先见之明。1930 年,他明确将中西文化的根本区别归结为机械和电气。他论述说:"一个民族的文化,可说是他们适应环境胜利的总和。适应环境之成败,要看他们发明器具的智力如何。文化之进步就基于器具之进步。所谓石器时代、铜器时代、钢铁时代、机电时代等,都是说明文化发展之各时期。各文化之地域的发展也与历史的发展差不多。东西文化之区别,就在于所用的器具不同。近二百年来西方之进步远胜于东方,其原因就是西方能发明新的工具,增加工作的能力,

---

① 罗荣渠:《现代化新论——世界与中国的现代化进程》,第 11—12 页。

以战胜自然。"所以，他得出结论说："这才是东西文明真正的区别了。东方文明是建筑在人力上面的，而西方文明是建筑在机械力上面的。"①

继胡适之后，把机械化视作现代文化的基础，成为知识界的一致结论。笔者在第二章分析 30 年代知识界的现代化理念以及他们对现代文化进行反思的情况时已经提到，顾毓琇、蒋廷黻往往用机械化表述工业化问题。1933 年 7 月，在上海《申报月刊》中国现代化问题讨论中，顾毓琇就将"机械动力"视作"现代文化"的主要生命素，认为"中国落后的原因，是缺乏现代文化的主要生命素——'机械动力'"②。从 30 年代初至抗战初期，蒋廷黻在阐述现代化问题时，也经常用"机械"一词表述工业概念。1936 年 10 月，他在《中国近代化的问题》一文中，便将"近代世界文化"直接称作"科学机械文化"，"这种科学机械文化发源于欧洲西部，近代史就是这种文化的发展史"，并将"近代化"定义为"科学化"和"机械化"。③ 1938 年春夏之交，他在《中国近代史》一书中也将"近代文化"归纳为三点：科学、机械和近代民族国家的形成。④

从 30 年代初期到抗战初期，知识界关于中国工业化必要性的理论分析，大多偏重于机械化等生产技术面相。从 30 年代初至抗战初期，吴景超一直把工业化理解成机械化。他于 1934 年 11 月以美国和中国为例所作的"机械的生产方法"与"筋肉的生产方法"的对比，在 30 年代关于中国工业化问题讨论中，颇具号召力："筋肉的生产方法，对于人民福利上的贡献，无论从那一方面着眼，都不如机械的生产方法。……这是美国人富而中国人穷的主要原素。我们认为中国人现在应当积极的努力，用机械的生产方法，去代替筋肉的生产方法"⑤。1936 年 11 月，他再次表示，中国现代化问题的核心是机械化的问题，"近代化的主要条件，便是用机械的生产

①　胡适：《东西文化之比较》（1930 年），罗荣渠主编：《从"西化"到现代化：五四以来有关中国的文化趋向和发展道路论争文选》，第 200—201 页。

②　顾毓琇：《原动力之发展与中国的现代化》，《申报月刊》第 2 卷第 7 号，1933 年 7 月 15日，第 86—96 页。

③　蒋廷黻：《中国近代化的问题》，《独立评论》第 225 号，1936 年 11 月 1 日，第 10—13 页。

④　蒋廷黻撰：《中国近代史》，第 2 页，蒋廷黻撰，沈渭滨导读：《中国近代史》。

⑤　吴景超：《我们没有歧路》（1934 年 11 月 4 日），罗荣渠主编：《从"西化"到现代化：五四以来有关中国的文化趋向和发展道路论争文选》，第 723 页。

方法,来代替筋肉的生产方法。"① 显然,吴景超所说的机械化与工业化同义。到抗战初期,在 1938 年 7 月出版的《中国工业化的途径》一书中,他仍把工业化理解为单纯的机械化。他把工业化的特征归结为两点:一是生产方法的机械化,二是人口的职业分布由农业向工业、商业、交通业、运输业等行业的转移。②

不仅吴景超,从 30 年代初至抗战初期,其他工业化论者也大多用机械化表述工业化。贺岳僧是 30 年代的另一位重要工业化论者。他所说的工业化即主要指机械化生产。1934 年 12 月,他分析说,要阻止中国经济的衰弱,"只有迅速的完成产业革命,换句话说,即迅速的利用机械生产来代替手工生产"。现在中国的问题,"是要尽量的采用机械生产方法,以应用于一切生产事业,以促成整个生产事业的繁荣"③。张培刚于 1935 年 2 月所说的工业化也主要指机械化,"产业革命的结果,是使得机器代替了人工,是使得工厂制度代替了手工业制度,是使得工厂生产代替了家庭生产,工业化是一种必然的趋势"④。到抗战初期,汉口《大公报》在 1938 年 2 月 17 日社评中,依然特别注重现代工业中的机械要素,把机械视作现代工业的基础和灵魂,把工业化理解为机械化,认为"自产业革命以来,代手工以机械,而机械工业实为各种工业之灵魂。盖近代工业,苟将机械取消,已无工业之可言"。同时,又把现代科技与机械视作一个有机的、不可或缺的整体。社评比喻说:"试取譬诸人身:各种科学,头脑也;技术,手足也;而机械则类体内脏腑之组织。中国各种科学无根底,技术不健全,机械工业则尤落后。然则昏头脑,跛手足,而无腑脏者,不得称之为完全之人;而类此之工业,又安得称之为完全之工业?"⑤

① 吴景超:《中国的人口问题》,《独立评论》第 225 号,1936 年 11 月 1 日,第 6—10 页。

② 吴景超:《中国工业化的途径》,第 1—2 页。

③ 贺岳僧:《解决中国经济问题应走的路》(1934 年 12 月),罗荣渠主编:《从"西化"到现代化:五四以来有关中国的文化趋向和发展道路论争文选》,第 746—749 页。

④ 张培刚:《第三条路走得通吗?》(1935 年 2 月 17 日),罗荣渠主编:《从"西化"到现代化:五四以来有关中国的文化趋向和发展道路论争文选》,第 770 页。

⑤ 《战时工业问题》(社评),(汉口)《大公报》1938 年 2 月 17 日。

二　从机械化到整体经济变革

现代机械化生产只是工业化进程的起点,工业化内涵要比机械化更丰富。大规模机械化生产必然带来社会经济领域的整体变革。方显廷于1938年12月首先提出这种认识,从1943年开始,这一认识逐步被知识界普遍接受。知识界逐渐超脱"机械化"这种较为单一的概念,而把工业化视作包括国民经济各领域的整体经济变革。

抗战初期,作为著名工业史专家,方显廷较早意识到现代工业并不单纯指机械生产,并进而扩大工业范畴。1938年7月吴景超的《中国工业化的途径》一书出版不久,同年12月1日,方显廷对吴景超把工业化单纯看作机械化的观点,作了补充,初步提出狭义和广义的工业化概念。他提出,所谓工业化,不只是工业领域,还包括农业、矿业、交通、贸易、金融、财政等所有经济领域,"工业化之要义,在以现代工业所实施之科学技术及大规模组织,普遍引用于一切经济部门中"。"即就经济一端言,亦必须工业以外之一切经济活动,如农、矿、交通、贸易、金融以及财政等,均已循工业发展之途径,引用新式技术与大规模组织,始得谓为已臻工业化之境。"[①] 半个月后,方显廷又于12月16日为吴景超《中国工业化的途径》写了一篇书评。他对吴景超把工业化只指为"机械化"颇有微词,认为"就其全书所探讨之对象观之,则仍不脱狭义的工业化之范畴"。他强调说:"工业化一词,有广狭二义。狭义之工业化,专指工业本身。凡一国之工业,已引用机械动力及工厂组织以从事生产者,称为已臻工业化。广义之工业化,则指一国所有之生产事业,均已追随工业化工业之后,利用新式机械与大规模之组织方式而言。"[②] 方显廷也特别注重界定现代工业与传

---

① 方显廷:《西南经济建设与工业化》,《新经济》半月刊第1卷第2期,1938年12月1日,第37、39页。

② 方显廷:《中国工业化的途径》(书评),《新经济》半月刊第1卷第3期,1938年12月16日,第77—80页。方显廷所言"广义工业化"和"狭义工业化",与杨叔进于1943年10月所言"狭义工业化"和"广义工业化"的含义并不相同。方显廷所言"狭义工业化"指工业本身的"机械化","广义工业化"指整个经济领域的"工业化";而杨叔进所言"狭义工业化"指整个经济领域的工业化,"广义工业化"指以工业化为导向的整体社会改造(杨叔进:《中国的工业化与资本来源问题》,《经济建设季刊》第2卷第2期,1943年10月,第136页)。

统手工业、家庭小工业间的区别。1939 年 3 月 1 日，他将现代工业的特征概括为机械化和大规模的集中生产两点，"现代工业之特征有二，即用机械代替手工，大规模组织代替小规模组织以从事于集中生产是"[1]。方显廷对现代工业的这种定位，是对 30 年代知识界"工业"概念歧异认识的澄清。依照方显廷的界定，梁漱溟等人主张的乡村工业或家庭小工业便不再属于现代工业之列。

进入抗战中期，知识界开始从更大的视角理解现代工业和工业化问题。1942 年以后，吴景超对工业化的理解出现明显转变。1942 年 6 月 1 日，他阐述了建立以工业化为中心的完整国民经济体系问题。他认为，在国民政府 1935 年 10 月发动的国民经济建设运动提出的振兴农业、鼓励垦牧、开发矿产、提倡征工、促进工业、调节消费、流畅货运、调整金融八项工作中，促进工业应为中心工作。国民经济建设既以工业化为中心，那么，农矿、交通、金融等部门就要与工业部门配合。首先，农业、畜牧业、矿业等生产部门一方面供给工业原料，另一方面，增加农矿产品出口，以换取外汇，购买工业设备；其次，现代工业生产过程是货物流动的过程，需要发展铁路、轮船、汽车等现代交通；第三，工业发展需要调整金融，建立覆盖全国城乡的完善的金融网，"只有在这种金融网完成的状态之下，全国人民的剩余资本，才能全体动员，用于生产事业之上"[2]。

1942 年 7 月，刘大钧用欧美式的近代机械、原料和制造流程，对现代机械和现代工业概念作了更严密的界定。他指出，英文 Industry 一词可指一般产业，亦可专指工业。而工业又可分为现代工业、手工业和家庭工业。所谓现代工业，其范围又大体与机械工业相等（指应用机械的工业，不以制造机械者为限）。可是，界定"机械"一词亦有诸多困难。首先，手工业也多少使用一些机械，是否可以把使用某种机械的手工业包括在内？其次，虽然动力是现代工业的重要特点，但也不能完全以是否使用动力作为界定机械的标准，例如若干种新式化学工业也可以不用动力，而这些新式

---

① 方显廷：《中国工业资本之筹集与运用》，《新经济》半月刊第 1 卷第 8 期，1939 年 3 月 1 日，第 204—205 页。

② 吴景超：《国民经济建设运动的体系》，《新经济》半月刊第 7 卷第 5 期，1942 年 6 月 1 日，第 86—90 页。

化学工业也属工业产业；第三，虽然工厂制度和大规模生产是现代工业的重点，但是，工厂规模的大小与人数的多少是相对的，单纯以数字作为划分机械工业与手工业的标准不免武断。刘大钧称，他与国民经济研究所同仁"曾屡次调查我国工业，对于上述问题，曾详加考虑"。他们经过调查，得出结论，认为界定现代机械和现代工业应以是否采用欧美式的机械、原料或生产过程为标准，"现代工业化本发轫于欧美，其所用机械、原料及制造手续与我国原有手工业多不相同，故认为划分方法应以是否适用欧美各国之机械、原料或制造手续为断"，同时，"所谓欧美之机械与原料，不必皆为舶来品，我国仿制者亦包括在内"①。刘大钧对现代机械和现代工业的严密界定，为知识界更科学认识工业化问题奠定了思想基础。

　　不过，知识界普遍认识到工业化并不仅指工业建设本身，对工业化内涵的看法超脱"机械化"这种较为单一的概念，把工业化视作包括国民经济各领域的整体经济变革，则是在 1943 年以后。

　　1943 年 4 月，中国银行总经理霍宝树阐述了工业、矿业等工业生产与其他经济领域的关联性。他分析说："吾人曾言工矿事业为经济建设之中心工作，而工矿事业之发展必须有待于其他互有关联之事业，如交通、农林、水利、垦殖、贸易、金融等等，一一进展，始可完全达到目的。"他举例言，工业化以大规模生产为特征，需要大量原料供给，同时，其产品又需要广大的销售市场，而产品销售又需要便利的交通运输工具。②与霍宝树同时，当年 4 月，中央工业试验所所长顾毓琇也不再把机械化完全等同于工业化，只把机械化视作工业化的"基础"，认为"工业革命以后的工业，是以机械生产为基础的"。他将工业化视作严密的、超规模的体系或结构，以联系的观点分析工业化的关联性、体系性特征。他认为，工业化是一个"组织体"，就像经纬交织的织物，而且是复杂的"组织体"或"联环体"，环环相连。他又将工业化比作"机动体"、"制造机器的机器"，而且是自动式的母机，"这机器的各部配合得宜，精确适度，故能复制母体，制造新品"。对于工业化内部的关联性，他重点分析了四个方面：第一，各种工业

────────────

① 刘大钧：《我国工业建设之方针》，《经济建设季刊》创刊号，1942 年 7 月，第 49 页。

② 霍宝树：《发展战后工矿事业刍议》，《经济建设季刊》第 1 卷第 4 期，1943 年 4 月，第 8 页。

产品需求的联系。"在许多制造工业中，甲工业之成品就是乙工业之原料，乙工业之成品就是丙工业之原料。亦有甲工业之废料，是乙、丙工业之原料。"第二，各种工业制造技术之联系。各种工业技术相互启发和促进。如瓦特发明的"动力机"（蒸汽机）需等"精密工具机"发明之后才能大量制造，普遍应用。而各种"精密工具机"之有效用，又要待"高速度钢"的发明。第三，各种工业制品产销的联系。现代工业的生产、销售相互紧密关联，各企业之间在业务方面有"联营、议价及沟通"，在生产技术方面建立联合研究机构。第四，工业部门之间"横的"和"纵的"的联系。所谓横的联系，指"现代若干工业自身愈趋扩大，同时用各种方式来合并同类之组织，以达到经济生产及分工制造，而最终达到稳定产品价格、控制市场之目的"；所谓纵的联系，"指控制原料供应及配件制造之工厂"。顾毓瑔认为，在现代工业体系中，"供给其他工业制造所必需之材料、机器及动力"的重工业属"基本工业"。他将重工业比作经纬交织的织物中的"经线"、复杂联环体中的"主环"或"基本联环"。①

在完成于 1943 年 9 月 22 日的《工业化与中国工业建设》一书中，刘大钧阐释了一种整体性的工业化概念。他指出，工业化的含义并不专指工业一项，"其影响所及，极为普遍"，在工业化时代，其他一切经济事业、组织以及政治、社会文化等领域都要发生相应变化。一般论者把工业化仅视为工业本身的发展，是不正确的。② 他把工业化概念定义为，"各种生产事业机械化及科学化，而其组织与管理亦科学化及合理化"，即以生产的机械化和科学化为核心，生产的组织与管理也要科学化及合理化。以此定义为基础，他把工业化内容概括为十个方面：工业本身机械化与科学化；矿产之大量开发；运输事业机械化与动力化；（农业、牧业、渔业等）各种生产事业以工业为中心而发展，工业化之影响遍及各种生产事业；动力（主要指电力）之普遍利用；大规模生产；产品标准化；事业组织及管理科学化与合理化；各种生产事业资本化；工业都市之形成。③ 方显廷于抗

---

① 顾毓瑔：《中国工业化之型式》，《经济建设季刊》第 1 卷第 4 期，1943 年 4 月，第 30—36 页。

② 刘大钧：《工业化与中国工业建设·序》（国民经济研究所丙种丛书第一编），第 1 页。

③ 刘大钧：《工业化与中国工业建设》（国民经济研究所丙种丛书第一编），第 3—6 页。

战初期提到的整体性的工业化，只能算是一般性的泛泛而论，尚未形成系统的理论论说，而刘大钧此时阐述的工业化概念，在抗战时期，是从整个经济层面诠释工业化概念较早的一次努力。而且，刘大钧的阐述并非他一人的主张，是当时知识界许多人士的普遍看法。据刘大钧称，他关于工业化含义等基本问题的论述，"在着手编撰本丛书之前，曾经本所同人与特约撰述者一再研讨，且更将所得结论，送所外专家多人，经其指正，酌加修改"，"并非笔者个人之意见，而为专家多人之共同主张"①。

　　与刘大钧全面阐释工业化概念几乎同时，1943 年 10 月，在南开大学经济研究所工作的杨叔进也在探讨一种以机械生产为核心的涵盖整个经济领域的工业化概念。他将技术进步和资本积聚作为阐述工业化概念的切入点。他认为，工业化指社会生产由手工生产方式转变到机器生产方式的经济事实。机器生产与手工生产相比，使用更优的技术和更多的资本，所以，"'工业化'包括进步的技术和大量的资本两个重要因素"。以此立论，他将工业化进程分为两个层面。第一个层面，由工业生产的技术进步和资本积聚，带动整个经济领域其他产业的技术进步和资本积聚。他重点以"农业工业化"说明这个问题。农业在工业化以前，以使用劳工和牲畜为主，以原始的犁等工具进行耕种，而在美国，农业生产则使用牵引机。与畜力和土制犁等原始生产工具相比，购置现代农业生产工具需要更多资本，"这种由使用更多资本的生产方法，来代替使用较少资本的生产方法，而获得产品大量增加的结果，便是农业更工业化了"。第二个层面，使用先进生产技术和更多生产资本的生产事业，在整个国民经济中比重的增加，"生产力较大使用资本较多的生产事业的总产量和产品总价值，必然相对于生产力较小使用资本较少的生产事业的总产量和产品总价值而增加"。他以农业和制造业为例说，农业使用资本较少，生产力较小；制造业使用资本较多，生产力较大。所以，在工业化进程中，制造业的产品数量和价值的增加就比农业快。那么，使用资本较多、技术含量较高的工业产业都包括哪些经济领域呢？他引述英国经济学家科林·克拉克（Colin Clark，杨叔进译为寇林·克拉克）于 1940 年在《经济进步的条件》（*The Conditions of Economic*

---

① 刘大钧：《工业化与中国工业建设》（国民经济研究所丙种丛书第一编），第 97 页。

Progress)中把产业结构分为第一产业、第二产业和第三产业(杨叔进译为初级、次级和第三级产业)的说法:第一产业包括农业、林业和渔猎业,第二产业包括制造业、矿业、电业、建筑业和公用事业,第三产业包括商业、运输业、服务事业(公共管理以及私人服务)及其他经济活动。据此,杨叔进认为,资本较多、技术含量较高的工业产业主要是第二产业中的制造业、矿业、电业、建筑业和公用事业,以及第三产业中的交通运输业。同时,农业因为也会随着工业化的实现,出现"农业工业化"趋势而具有工业化意义。他强调,第三产业中的商业和服务业不包括在他所说的工业产业之列,因为"它们并不是工业化的本身,更不是工业化的基础"①。杨叔进此说,实际上以机械生产为中心,以高资本、高技术含量为基础,为工业化所包括的经济产业划定了一个大致的产业范围。这与刘大钧对工业化概念内涵的阐述,可谓异曲同工。

1944 年 8 月,重庆中央大学经济系教授朱伯康在《经济建设论》一书中也从整体经济层面阐释工业化概念。他首先阐释了现代工业的含义,认为现代工业主要指工厂工业,包括机器生产、大规模制造、严密化管理三个特征。他分析,"现代工厂工业,其生产力以机器的力量为代表。故吾人亦可简单说,现代工业,即用机器为生产之事业","工厂工业的特征,为利用自然力及机械力之集中的大规模制造,一切分工及生产程序,均有严密之组织,人力劳动被视为不重要,且已改变其性质,成为思想之工作,及指导与驾驭机械之工作"。他又从整体经济层面阐述了工业化内涵,认为工业化建设不限于工业建设,其范围应扩及于农业、商业和交通运输等行业,这些领域的一切生产方法和经营技术都要机械化。进而,整体经济制度也要以工业为中心实现全面变革,"农业、商业、财政、金融等等各部门,均必起相应之变化,人口渐由乡村移至城市,由农田移至工厂,大都市随之兴起,人民之经济生活、心理、态度与思想观念亦有根本之改变"。显然,在朱伯康看来,工业化意味着整体性的经济变革。②

抗战末期,1945 年 8 月 1 日,曹立瀛对知识界阐述的工业化概念作了

---

① 杨叔进:《中国的工业化与资本来源问题》,《经济建设季刊》第 2 卷第 2 期,1943 年 10 月,第 132—136 页。

② 朱伯康:《经济建设论》(青年文库),中国文化服务社 1946 年版,第 54、178—179 页。

系统总结。他指出，工业化不仅是工业生产本身的机械化和科学化，而是指社会整个经济体系的工业化转型，"'工业化'的含义很广。理论上，包括工业本身的机械化与科学化，矿产的大量开发，动力的普遍利用，运输事业机械化与动力化，各种生产事业以工业化为中心而发展，大规模生产，产品标准化，事业资本化，组织与管理科学化与合理化，以及工业都市之形成与社会心理之转变"①。

三　工业化与社会改造

从整体经济层面阐述工业化概念的同时，知识界又开始从整体社会层面阐释工业化的社会意义，把工业化与社会整体改造密切关联。这表明抗战时期中国知识界工业化理念的进一步深化。知识界在抗战初期开始认识到工业化的整体社会意义，但进行全面、深入的阐释则在 1943 年初以后。

抗战前期，知识界就对工业化的社会意义作了一些零星阐述。1938 年 12 月 1 日，方显廷提出，工业化不仅是经济层面的变革，还意味着整个社会的工业化变革。一国工业化，并非只提倡和建立"现代工业"就算达到目的了，同时，"其国之社会、政治、经济、军事、教育诸端，均已循现代工业发展所取之途径，利用科学技术，采取大规模组织，以适应现代国家生存之需要而后可"②。1939 年 6 月，高叔康在《战时经济建设》一书中也把工业化与社会整体变革相关联。他提出，"工业是现代经济的骨干，是一切产业发达之母，也是现代文明的动力"。工业发达，可以改进农业生产，使农业机械化；可以扩大商业组织，繁荣商业交易；可以促进金融流通灵活，扩大社会作用；可以密切社会各部分的联系，使社会成员在工业生产中形成有机的、分工合作的关系；可以促进科学发达。③ 这也就是后来简贯三、谷春帆、顾毓琼诸人论述的以工业化为导向的社会改造问题。

知识界从 1943 年开始普遍关注工业化与社会改造问题，认识视角由工

---

① 曹立瀛：《工业建设的中心政策》，《新经济》半月刊第 12 卷第 2 期，1945 年 8 月 1 日，第 34—39 页。

② 方显廷：《西南经济建设与工业化》，《新经济》半月刊第 1 卷第 2 期，1938 年 12 月 1 日，第 37、39 页。

③ 高叔康：《战时经济建设》，第 63 页。

业化本身扩展到整体社会层面。1943 年 1 月 21 日,《大公报》社评即指明,中国要实现工业化,必须形成"整齐严肃精确紧张的社会风气",同时,必须伴以政治的及社会的改革。① 从 1943 年下半年开始,知识界对工业化与社会改造问题展开热烈讨论。

1943 年 6 月 6 日,在邮政总局工作的谷春帆②提出"工业化的精神"论题。他认为,70 年前之所以李鸿章等洋务派创办的近代工业没能使中国富强起来,就是因为他们不具备工业化的精神。"我们若仍旧用传统精神来办现代的工业,照此下去,非但不会得工业'化',不会得以工业精神来同化国家社会,连今日所有的一些工业也很难生根立脚。"虽然谷春帆没有像简贯三那样明确使用"社会改造"概念,但他所言"工业化的精神"的外延极为宽泛,与"工业社会"概念密切相关。所谓工业社会,指由现代工业经济催发形成的包括社会政治、经济、文化等各方面的新型社会形态。要实现由前工业社会(农业社会)向工业社会的转变,不能仅仅依靠现代机械工业这种单纯物化的要素,还需要一种更具普遍性的、更为理性化的东西,即"工业化的精神"。所以,谷春帆说,工业化的精神是一个更根本的问题,"工业化的化,即是教化、风化、同化、变化的化。所谓工业化,是要以工业来化育来同化其他一切社会政治经济制度。因此,我们必得要建立一种工业精神。工业之所以能化,不在其有机器、工厂、资本、工人等等。这些机器、工厂、资本、工人等等,诚然是办工业的必要条件,但他们本身是死的物的关系,不能化人。工业之所以能化,全在其精神"。那么,什么是"工业化的精神"呢?谷春帆认为,这种精神"是西洋工业革命以来指导工业生产以至政治社会的根本精神",质言之,这种精神在西方工业革命以后的社会中具有普世性。他又将这种普世性的精神归结为"勇猛精进"四字。他具体阐释说,工业革命发生之初,人们凭借一股

---

① 《战后中国工业化问题》(社评),(重庆)《大公报》1943 年 1 月 21 日。

② 谷春帆(1900—1979),江苏吴县人,曾名春藩,号德全。1918 年,进入上海邮局当见习邮务员,历任邮政总局业务处长、总务处长、视察处长、联邮处长等职。1945 年,任邮政总局副局长。1946 年,任上海财政局长。1947 年,任邮政总局副局长兼邮政储金汇业局局长。中华人民共和国成立之初,任华东邮政总局储汇处长。1952 年,任邮电部邮政总局副局长。1960 年,任邮电部副部长。

"独立奋斗、勇往迈进"的精神，不顾一切困难，摧毁一切阻碍，以求个人事业的成功。进而，这种精神发展成为公共道德的基础，在政治上掀起法国人权革命与美国独立战争。在工业经营上，此种精神表现为只求事业成功而不顾其他的赤裸裸的"功利主义"，事业的成效是工业社会唯一的道德责任。这种"功利主义"与中国传统"知足退让"观念有天壤之别。谷春帆又以"效率"观念说明工业社会的特性。他指出，讲求"效率"，就必须破除一切妨碍"效率"的东西。在工业经营上，不顾忌人事，不曲徇情面，只见功的成败，不见有人。所以，办工业的人"是沙场上独立待斗的勇士"①。

　　一个月后，1943 年 7 月 8 日，原河南大学教授、刚就任立法委员的社会学家简贯三②论述了"企业精神"。他所言"企业精神"，实际指"企业家的精神"。虽然这种"企业精神"比谷春帆所言"工业化的精神"的概念外延小得多，但简贯三和谷春帆同时把有关工业和企业的论说引到"精神"层面，表明两者相同的思维路向。何为"企业精神"？他引德国经济学家桑巴特（Sombart）的论述作说明：企业精神是一种深入到社会一切方面的、武勇的、不安静的、不疲倦的精神：在宗教中从事解放，在科学中从事阐扬，在技术中从事发明，在国家中从事支配，在地球上从事发现。在经济生活方面，它将世人驱入营利主义的漩涡中。他具体强调了如下几个方面：（一）永久不疲的精神毅力、精密的计算规划、新奇的科学技术；（二）善于用人和管理的组织精神；（三）紧张的、规律的、节约的生活方式；（四）破除官僚政治的形式化的创造精神；（五）企业利润与社会利益相适应

---

①　谷春帆：《工业化的精神》（星期论文），（重庆）《大公报》1943 年 6 月 6 日。

②　简贯三（1901—1951），河南淮滨人，社会学家。据孙本文称："河南人，毕业于武昌高等师范，曾任河南大学社会学教授多年，著有《理论社会学》一书。"［孙本文：《当代中国社会学》（据胜利出版公司 1948 年版影印），《民国丛书》第 1 编（15），上海书店 1989 年版，第 54 页］又据《新经济》半月刊第 10 卷第 8 期《编辑后记》称，抗战中后期他在重庆任国民政府立法委员。1944 年 11 月 23 日，他在重庆为《工业化与社会建设》一书所写《自序》中称："会前岁（即1943 年——笔者）转任立法工作，用特于审议社会立法、经济立法之余，不惴疏浅，编著斯书，略抒已往之蕴结，就正于贤达之前。"［《自序》，简贯三：《工业化与社会建设》（中山文化教育馆社会科学丛书），中华书局 1945、1946 年版，第 1 页］可见，他着手写作《工业化与社会建设》一书，是 1943 年调任立法委员之后。中华人民共和国成立后，任全国政协委员。

的原则。关于最后一点,他解释说,鉴于西方资本主义的纯粹个人主义已弊端百出,追求个人利润必须与社会利益互相连贯,才有真实价值。①

几乎与谷春帆、简贯三论述工业化精神和企业精神同时,1943 年 9 月 22 日,刘大钧在《工业化与中国工业建设》一书中进一步把工业化与整个社会改造相联系。他指出:"工业化于政治、社会、文化、一般经济以至社会心理亦皆有重大之影响。"工业化不仅引起经济层面的生产制度和分配制度的变革,还造成人民心理、态度与观念的重大改变,"因新式技术之应用、工业经验之获得、工业效能之增加与正当企业精神之发挥,在相当时期内可造成一种心理的改变,为完成工业化的基础"。所以,仅仅建设工厂,多用机械,或只发展工业,不能算作工业化,"工厂与机械仅为工业化有形之外貌,而不足尽工业化之能事"。要实现工业化,必须改变人民的思想方式及"估价计划"②,"而产生一新的意识、动机与意态,以为其基础与推动力量"③。当年 10 月,杨叔进也申明,除"狭义的工业化"外,还有一种"广义的工业化"。他引述谷春帆的话说:"工业化之后,政治社会各方面,均将发生重大影响。非但商业组织与习惯、人口之迁徙、新旧市场之交替,必然发生,甚至教育思想、政治制度、家庭关系、社会组织、道德、宗教、哲学,均不得不随而改变。"④

1943 年 11 月 26 日,《大公报》社评提出"工业化的道德"论题:"工业化不独是机器生产,而是要以机器生产、工业组织的精神,来同化,来改进政治、社会等其他各方面的活动。工业化要顺利进行,要成功,必然要有若干公共原则、若干行为标准,使政治、社会、经济等等各种活动,均能有所准循。这些公共规则、行为标准,就是工业化的道德。……所谓工业化的道德,浅言之,就是一个工业化社会所必要的行为标准,使工业建设的进行得以顺利完满。大言之,则社会、国家、政治、经济、家庭、人群交接往来的行为,均不能违反这种标准,以阻碍工业化。"社评所谓

---

① 简贯三:《论新企业精神》,(重庆)《大公报》1943 年 7 月 8 日。
② 即价值观。——笔者注
③ 刘大钧:《工业化与中国工业建设》(国民经济研究所丙种丛书第一编),第 6—7 页。
④ 杨叔进:《中国的工业化与资本来源问题》,《经济建设季刊》第 2 卷第 2 期,1943 年 10 月,第 136 页。

"工业化的道德"，比谷春帆所言"工业化的精神"更接近于"工业社会"理念，因为"工业化的道德"并不限于人的行为准则，而是广泛推及于整体社会层面。社评对工业化的道德提出了三个方面：第一，"权责分明，尽职而握权"。"工业生产是组织的分工，整个生产程序，各有专司，也各有其权限"，所以，工业组织中个人的作用可分为"尽职"和"握权"两方面。所谓"尽职"，就是各人做各人应做的事，决不少做，也决不乱做别人的事；所谓"握权"，就是自己的事，自己一定做，决不让别人做去。这种"尽职"和"握权"原则可以推及于国家社会：政府应有的权，决不放；应尽之责，决不让。老百姓对于政府，决不放弃责任，也决不放弃权利。第二，"勇猛精进，注重切实效率"。这也是谷春帆所言"工业化的精神"的核心内容。所谓勇猛精进，注重效率，就是以效率为中心而不断改良和改革的原则，"切实的效率，是工业道德可指可量的标准；而背后勇猛精进的心思，便是其指导的精神"。第三，"社会福利，人类平等"。这是由工业社会的社会平等原则引申出的"做人"准则，即以个人独立自由、自重自尊为基础，人与人相互平等、相互帮助、相互同情原则。[①]

　　一个月后，1943 年 12 月 6 日，简贯三以整体社会现代化为中心，提出"工业化与社会改造"命题。他首先阐述了工业化与现代化的关系。他论述说，工业化是现代化的标志、现代社会的"中心命脉"，"所谓现代化的标志，无论指那一方面，都不能脱离工业化的影响。换言之，'现代化'不过是现代社会的型相，而'工业化'才是它的中心命脉。一个落伍的国家，要想进入'现代化'这个境界，最主要的方法，莫若积极进行'工业化'，使其社会因工业化的影响，得到种种的创新与改造"。相对于工业化，现代化概念更为宽泛，具有更多社会整体性内涵，可以涵盖社会的政治、经济、文化等各种面相。所以，简贯三将工业化视作现代化的标志和现代社会的中心命脉，就赋予工业化更深远的社会整体性意义，将工业化的影响推论到社会政治、经济、文化思想的全体层面。正是在这个意义上，简贯三提出"工业化与社会改造"命题。这个命题相对于谷春帆的"工业化的精神"、《大公报》社评的"工业化的道德"，具有更广泛的内涵，也

---

① 《工业化的精神》（社评），（重庆）《大公报》1943 年 11 月 26 日。

更贴近抗战后期知识界从社会整体层面阐释工业化意义的思想动机。进而，简贯三系统阐述了工业化的社会整体意义。他指出，工业化与民主的关系非常密切。在工业社会，随着人民知识水平的提高，人民生活与政令发生更为密切的关系，人民过问政治的兴趣日益浓厚。同时，全国总选举也需要现代工业的辅助。铁路、公路、航运等现代交通的发达，可以克服幅员辽远的困难，现代工业技术也可以克服选民众多而计算报告的困难。他又从社会"纵"、"横"两方面阐释了工业化的社会意义。工业化"纵"的方面社会意义指人们的"历史观"。他认为，农业社会人民的历史观、人生观是"循环的"、"自然的"，"因为他们的家族组织是由于'血缘'而产生的，他们的社会结合是由于'地缘'而建立的，他们的经济生活是由于'天时地利'而维持的"。工业社会的历史观则是"创造的、前进的历史观"。工业化"横"的方面社会意义指"人与人的关系"。这实际上是从人的功能和人际关系角度阐述工业化的社会意义。他指出，工业化使社会分工发生革命性变革，给每个人创造发挥个人能力、建树个人事业的无限机会。工业社会将过去农业社会士农工商式的"职业分工"，划分为复杂精细的职业类别，使人们各就性之所近、技之所长，从事不同的职业。他接着分析，工业化还使人际关系发生革命性变革，使人们"由其家族藩篱，及乡村田园移植到政治的、经济的、文化的广大组织中"。中国大家族的共同生活制，将分解为小家庭的共同生活制或个人负责制。人们将由"血缘社会"进入"社缘社会"，社会组织不再以"血缘地缘"为主体，而以"社缘"为核心。人们不再单纯是家族的一员，而直接是社会的一员，个人行为的社会影响将与他人密切相关。[①] 简贯三以社会现代化为中心对工业化社会意义的阐释，在抗战后期的中国思想界无疑具有相当创新意义。

简贯三提出"工业化与社会改造"命题后几天，1943 年 12 月 12 日，顾毓琇又提出"工业化的心理建设"和"工业化的文化"论题。他把"工业化的心理"称为"工业化的根本观念"，强调中国工业化的成功，仅有工业化的热情还不够，"更需要的是工业化的根本观念，与工业化的心理建设"。乍看起来，顾毓琇所言"工业化的心理建设"比简贯三所言"工业

---

① 简贯三：《工业化与社会改造》，（重庆）《大公报》1943 年 12 月 6 日。

化与社会改造", 涵盖的社会层面要小, 主要限于人们的思想认识层面。而实际上, 顾毓琭所谓"工业化的心理建设"背后, 蕴涵着更宽泛的社会意谓——"工业化的文化"。他表示, 他所论的目的在于"使工业界及国人对于工业化之新型文化, 有认识上之改造, 有心理上之基础, 庶工业建国工作, 不但是物质建设, 而是文化建设"。为了说明"工业化的文化"的确切含义, 他明确了"工业"与"工业化"两个概念的区别。他提出:"'工业'与'工业化'不完全是一事。一个社会要'工业化'自然一定要有'工业', 而有了'工业', 社会却不一定就是'工业化'的。"他进而认为, "工业化的社会"就属于一种"工业化的文化", "工业化是人类进步过程中, 一种新的文化形式"。由此, 他把工业化上升到"文化"认知范畴。而且, 在他看来, "工业化的心理"是"工业化的文化"的基础, 一个社会只有具备了"工业化的心理", 工业才能加速滋长, "工业化的文化"才能"乘胜前进"。所以, 他提出, 中国在推进工业化过程中, "工业化的心理建设"与"周密伟大的建设计划"同等重要。他将"工业化的心理"总结为八个方面: 以"人定胜天"代替"听天由命"; 以"精益求精"代替"抱残守缺"; 以"进步中求安定"代替"安定中求进步"; 以"组织配合的整个"代替"散漫零星的各个"; 以"准确的"代替"差不多"; 以"标准"代替"粗滥"; 以"效率"代替"浪费"; 以"造产建国"代替"将本求利"。[①]

1944 年 2 月 16 日, 简贯三又论述了现代技术、技术观念与社会变革间的关系。简贯三所言的技术指工程或机器技术, 有别于作为基础科学的"自然科学"。他分析, 人类进入工业社会, 以机器技术的产生和发展为基础, "这种机器技术的诞生, 一方面变革了封建社会, 他方面创立了新的世界"。尤其值得注意的是, 他将工业技术拓展到社会变革层面, 提出"技术观念"概念, 主张培养以现代技术观念为中心的"社会意识与生活态度"。何为以现代技术观念为中心的"社会意识与生活态度"呢? 他认为, 人们的社会关系要像机器那样和谐, 人们的生活方式要像机器那样迅速、准确, "每一架机器的结构, 必须大小机械的相联, 各部门配合的适当, 形

———————

① 顾毓琭:《工业化的心理建设》(星期论文), (重庆)《大公报》1943 年 12 月 12 日。

成一个和谐的系统，才能够动作起来，发生效力。这种'紧凑合作，和谐一致'的构状，确足以启示我们组织社会的道理"。理想的社会，应该每个人大如一部发电机，小如一颗螺丝，对于整个机器，发生呼应一致的作用。他还分析，近代技术文明具有"迅速"与"准确"的特点。"迅速"表示效率性，还包含"精密性"和"乐观性"；"准确"表示精密性，还包含"科学性"、"客观性"。"迅速"与"准确"应成为工业社会的公共生活标准。①

1944年7月，陶孟和也加入对工业社会的阐释工作中。他从社会整体性、文明或文化角度阐述现代工业的性质。他指出，现代工业和工业社会代表一个"文明新型"。他批驳了以张之洞"中体西用"论为代表的将工业生产、工业技术与整个社会相隔离的误见。他认为，只把工业化看作"多多的兴办工厂"，是一种"工业建设的典型看法"。这种看法"可以张之洞中学为体西学为用之说为代表。用现在的说法，就是中国所需要于外国的只有它们的工业技术，我们要学会这个技术，建设我们的工业，至于我国固有的文化，一概可以或应该保存不变"。陶孟和分析，这种看法的"严重错误"就是不明了现代工业的性质。现代工业并非人类社会的孤立现象，它的发展和存在牵连着整个社会。现代工业的生产方法"早已逸出工业的范围，而扩张到矿业、农业、交通，乃至今日人类生活的各方面"，成为一种"现代工业文明"。陶孟和进而系统分析了现代工业的整体社会影响。他认为，这种社会影响包括三个层面：第一，大规模工厂和农场生产体制代替以前的半家庭式作坊和家庭农场。第二，从根本上改变人类生活，人们物质、社会、知识等各方面生活比以前"特别丰富，特别充裕"。第三，影响人们社会关系和道德标准。人们的社会关系由家庭、亲族和乡里，扩展到全体人民、国家或以事业为中心的大社会。"在这个大社会里，一切的人都联系在社会、国家或事业的系统之内，于是女子也脱离了家庭的樊篱，与男子立于平等的地位，发挥她的能力。"同时，现代工业社会形成的新道德，排斥传统宗法观念、乡里观念、阶级观念，要求一切人的平

① 简贯三：《技术观念与工业化》，《新经济》半月刊第10卷第8期，1944年2月16日，第130—133页。

等与自由,推崇社会、国家及世界人类全体的利益。第四,影响人类思想、文艺和学术。在思想方面,人类控制自然、支配物质的认识是人类历史上真正"革命的转变"。描写人生的文艺也发生深刻变化,现代工业社会成为主要的文艺题材。同时,现代生产方式大大增加印刷品的种类和数量,使文艺更加普及到人民大众中。在学术方面,现代工业一方面为学术研究提供新的技术和条件,同时,现代工业生产和工业社会也为学术研究提供新的研究资料和研究课题。[①]

1944 年 8 月,中央大学经济系教授朱伯康在《经济建设论》一书中指出,工业化意味着中国由古老的农业社会向现代文明的工商业社会的转变,意味着生产与分配制度,人民心理、态度、观念及整个文化、社会的整体变革。仅设置几个工厂,建筑几条铁路,或发展若干畸形的工矿事业,并不算工业化。经济方面的生产技术和分配制度改革虽甚重要,"然科学技术之研究与发达、合理主义思想之演进与普遍、企业精神之发扬、信用之进步、道德观念之改变、工作效率之增加……均为完成工业化之基础"。要实现中国工业化,"举凡心理建设、伦理建设、政治建设、社会建设等,至为必要。尤有进者,在此诸般建设中,与工业化并行之建设,如民主政治、法治精神、合理主义、科学思想、企业精神、平民教育、学术研究等之普及,尤为必要"[②]。

1944 年 11 月 23 日,简贯三终于完成了《工业化与社会建设》一书。此书汇集了一年多来他在工业化与社会建设方面的研究成果。他在《自序》中介绍说,从工业化角度探讨中国社会症结和改革方略,是他很早就有的想法。他在河南大学等校任社会学教授时就感到,当时社会学界流行

---

① 陶孟和:《现代工业的性质》,《经济建设季刊》第 3 卷第 1 期,1944 年 7 月,第 1—6 页。

② 朱伯康:《经济建设论》(青年文库),第 178—179 页。朱伯康曾于 1934 年夏至 1937 年 2 月在德国留学(参见朱伯康:《往事杂忆》,第 45 页),所以,其分析受到德国社会学家马克斯·韦伯(Max Weber)1904 年出版的《新教伦理与资本主义精神》关于"传统社会"、"现代社会"、"理性化"等概念的影响。他引述马克斯·韦伯的论述说:"经济之改变,系随人类心理精神之改变以俱来。资本主义有资本主义之精神,缺乏此种精神,即无现代资本主义。而且,现代的技术,是与现代的合理主义不可分离的。如果欲应用现代的技术有效率,必须有现代的合理主义之精神为基础。同样,如欲使现代的技术有进步,必须在科学文化上也有长足的进步方有可能。"(朱伯康:《经济建设论》(青年文库),第 178—179 页)

的从文化分析、社会事业、优生论、政治观点等角度解决中国社会问题，均非合理的解决方法，"唯有群策群力，促成工业化之建设，以科学精神为本，以新式技术为用，方可脱离贫弱，迈进富强，跻于现代化之林"，此后，这个想法"久而弥坚"。所以，1943 年他调任立法委员后，在立法工作之余，开始编著《工业化与社会建设》一书。抗战中后期他在重庆《大公报》、《新经济》、《经济建设季刊》等报刊上发表的关于工业化与社会改造的系列论文，均为该书的阶段性成果。① 简贯三在此书中提出，必须把工业革命、工业建设和工业化三个概念区别开来。工业革命、工业建设和工业化是人类社会走向现代化的三个发展阶段，"一个现代化的社会是这样成长的：工业革命开其端，工业建设殿其后，终而煦育光大，进到工业化的'化境'"。与工业革命、工业建设相比，工业化更艰巨。晚清洋务运动只能说具有工业革命意义，中国今后不仅要进行工业建设，还要实现工业化。那么，什么是工业化呢？他分析说："工业化的内容，不但要建筑大规模的工厂，制造最新的机器，生产形形色色的物品，而且要更进一步的运用科学技术的原理，改造我们的社会组织，更新我们的生活态度。"显然，简贯三所说的工业化就是以工业化为基础的全面社会改造。他进而分析了农业社会与工业社会的不同特点。他认为，农业社会的意识安土重迁，以"自给自足的小农经济地方共同体"为理想，人们的社会观与人生观是"自然主义"的。农业社会是"停滞的社会"（Static society），而不是"流动的社会"（Dynamic society）。在这种靠天生存的小农社会，大多数人民停滞于狭隘的、落后的生活圈，怅望于饥馁的边缘。而在工业社会，人们常抱"人定胜天"信念，瞻望着社会进化的美景。工业社会是一种彼此相互接触、相互感应的"国际化的大社会"，"一切莫不显现雄伟的姿态——百层的摩天大楼、凡十万工人的工厂以及十七八万万人类组成一个经济上的密网，那真是农业时代梦想不到的"②。

在中国近代，工业化理念萌发于晚清，但是，一直到 20 世纪二三十年代，关于中国是否一定要走工业化道路，依然存在严重争论。工业化理念

---

① 《自序》，简贯三：《工业化与社会建设》（中山文化教育馆社会科学丛书），中华书局1945、1946 年版，第 1 页。

② 同上书，第 3—5、22—23 页。

为社会各界普遍接受，被普遍视作中国发展的必由之路，在中国近代思想史上最终奠定其地位，则在抗战时期。之所以如此，与其时的战争环境有直接关系。抗战时期，知识界的工业化理念包括三个层面：一、以机械生产为核心的工业观念。这在 30 年代由吴景超等提倡最力，曾与梁漱溟等乡村建设论者展开热烈讨论。一直到抗战初期，知识界仍然大多把工业化理解为单纯的机械化。二、从整体经济层面界定工业化内涵，把工业化视作包括工业、农业、矿业、交通、金融等各领域的整体经济变革。作为知识界的普遍认知，这个思想过程开始于 1943 年下半年。三、工业化与社会改造，亦即工业社会层面。知识界对工业化的社会意义作了全面、深入论证，一方面分析工业化的整体社会影响，另一方面，把工业化上升到新型文明的高度。第三个层面的认知过程同样开始于 1943 年下半年。

第四章

统制经济，计划经济，还是自由经济?

计划经济或统制经济属国家经济干预论，自由经济为自由主义原则，理论阵营迥异。就 20 世纪三四十年代中国经济思想的整体风气而言，呈现由崇尚计划经济、统制经济到回归自由经济的转向。中国知识界盛行计划经济与统制经济思潮始于 30 年代初。黄岭峻观察到："30 年代中国思想界对'计划经济'或'统制经济'的信赖，已经近乎一种图腾崇拜。"[①] 孙大权在考察中国经济学社成员经济思想时也注意到，"到 1930 年代，经济学社的主要成员大多转而批判自由资本主义，极力提倡国家干预论，主张在中国实施统制经济政策"，此种思潮兴起于 1932 年 10 月前后。[②] 抗战前期，知识界计划经济、统制经济思潮得到全面强化，大家普遍推崇苏联、德国经济模式，否定英美自由经济模式。从 1943 年开始，陈振汉等知识界部分人士纷纷反思和质疑计划经济、统制经济的合理性，重新重视以美国为代表的自由经济模式。然而，在另一部分论者仍坚持国家经济干预论的情况下，知识界在计划经济、统制经济与自由经济问题上表现出严重分歧与对立。知识界关于计划经济、统制经济和自由经济的讨论，反映出他们在苏联社会主义、德国法西斯主义、英美自由资本主义三大经济体制间的选择与游移。

---

① 黄岭峻:《30—40 年代中国思想界的"计划经济"思潮》,《近代史研究》2000 年第 2 期,第 164 页; 又见黄岭峻:《激情与迷思——中国现代自由派民主思想的三个误区》,第 172 页。

② 孙大权:《中国经济学的成长——中国经济学社研究 (1923—1953)》,第 244—247 页。

第一节　苏联与德国:中国学习的榜样

在中国知识界计划经济与统制经济思潮后面, 存在着一股浓重的"苏德热"。苏联、德国经济模式是其时计划经济与统制经济思潮的特定言说背景。知识界认可、推崇计划经济与统制经济体制的直接导因, 在于对苏德经济模式的追慕。1929 年至 1933 年资本主义世界大萧条、1928 年至 1932 年苏联提前完成第一个五年计划, 两个事件反差强烈, 剧烈冲击中国知识界心理。1933 年德国希特勒上台与法西斯主义的兴起也给予中国知识界以巨大影响。一些研究者已注意到 30 年代中国社会的"苏联热"。张太原认为, 把苏联作为中国的学习目标和榜样, 成为 30 年代中国人的"世风"和"普遍呼声"。① 黄岭峻认为:"30 年代中国思想界得知西方的经济危机与苏联的五年计划后, 尽管对社会主义的意见不尽一致, 但对于计划经济, 则是羡慕与起仿效之心的多, 反对与露厌恶之态的少。"② 张太原、黄岭峻等关注重点在于七七事变前的 30 年代。事实上, 知识界此种思想态势在全面抗战时期得到全面强化。在时人看来, 自由经济的英美模式已是过时古董, 苏联、德国计划经济或统制经济模式才是中国学习的最好榜样。1938 年 11 月 16 日,《新经济》半月刊发刊词《新经济的使命》即称:"近代欧洲有两种新发展的国家, 皆足为我们借镜。一是苏联。帝俄时代, 工业基础极为薄弱, 共产党革命成功后, 力行经济政策, 在十年内建设成规模极大的工业, 成为几乎可以自给自足的国家。一是德国。欧战之后, 德国领土被割, 并不得制造军械, 受了种种困难, 但近数年来, 德国突然复兴, 取消不平等条约, 团结日耳曼民族, 成绩斐然。"③

---

①　张太原:《自由主义与马克思主义:〈独立评论〉对中国共产党的态度》,《历史研究》2002 年第 4 期, 第 61—64 页。

②　黄岭峻:《激情与迷思——中国现代自由派民主思想的三个误区》, 第 159—170 页; 又见黄岭峻:《30—40 年代中国思想界的"计划经济"思潮》,《近代史研究》2000 年第 2 期, 第 150—161 页。

③　《新经济的使命》,《新经济》半月刊第 1 卷第 1 期, 1938 年 11 月 16 日, 第 1—2 页。

一 共同需要下的经济与军事合作

抗战之初笼罩在国统区的中苏、中德友好舆论氛围是中国知识界崇尚苏德经济模式的重要思想环境。这种舆论氛围的背后，则是中苏、中德间的密切关系——德国与中国 30 年代中期以后一直保持着密切的政治、经济关系，苏联则是 1941 年 12 月太平洋战争爆发前明确在物资、政治上支持中国抗战的唯一国家。

中德间的特殊经济关系，是抗战初期中国知识界推崇德国统制经济体制的重要思想背景。希特勒上台以后，德国疯狂扩军备战，军事工业急剧发展，钨、锑等战略物资不敷应用，积极谋求直接从华购买中国蕴藏丰富的这些战略原料。1936 年 3 月，中德签订一项信用借款合同：德国向中国提供 1 亿金马克、约合 1.35 亿元法币的信用贷款，中国用这笔贷款向德国购买军火、兵工厂及工业设备，以钨、锑、桐油、生丝、猪鬃等农矿产品抵付。为此，德国专门在中国成立合步楼（Hapro）公司。30 年代中后期，中国通过这个协议从德国获得了大量军事装备，同时资源委员会重工业建设的资金和设备也大部分来自德国。而且，由于第一次世界大战后德国在华势力尽失，德国是 30 年代唯一与中国保持平等政治、经济关系的强国。[①]抗战初期，德国虽与日本、意大利属同一阵营，但在七七事变至淞沪会战期间，却在中日间保持中立。直到 1937 年 11 月至 1938 年 2 月德国单方面中止履行双边军火和贷款合同后，中德间的密切关系才发生转变。所以，抗战初期，在日本竭力拉拢德国的情况下，中国舆论界仍期待德国援助中国抗战。1937 年 9 月 21 日，《大公报》社评就判定德国绝不会帮助日本打击中国，因为中国对近年的德国是"同情了解"的，喜欢用德国货，聘德国人，"中国从不想打击德国，犹之从不赞同反对苏联一样"，中德贸易前途非常远大。[②] 10 月 23 日，《大公报》社评又申明，中国对德意集团向来是分开看的，近年国际上盛行的"反法西斯集团的口号"并非目前中国的国策，希望德国"继续同情援助中国"，德国纳粹党和国民"应当不至陷

---

① 郑友揆、程麟荪、张传洪：《旧中国的资源委员会——史实与评价》，上海社会科学院出版社 1991 年版，第 28—30、285—286 页。

② 《世界大势与中国》（社评），（汉口）《大公报》1937 年 9 月 21 日。

入日本的诡计"①。

1941 年 12 月太平洋战争爆发前,与英美法列强在中日间态度暧昧相比,苏联明确在政治和物资上支持中国抗战。在其他国家尚未明确支援中国抗战情势下,苏联的物资援助鼓舞和增强了中国抗战力量,同时,中国抗战也牵制了日本对苏联远东地区的野心。国民政府也执行了对苏友好政策。1938 年 8 月底,国民政府外交部苏联问题专家盛岳评论说:一年来,苏联"伟大的帮助"使中国抗战力量得到加强,同时,中国抗战也"使苏日力量对比发生了有利于苏联的大变化","苏联之英勇的收复张鼓峰与我国在大江南北之浴血苦战,以保卫武汉,正显示两国对日态度之完全一致,暴日的个别击破的策略宣告了最后的破产,中苏两国的关系在张鼓峰事件后又进了一步"②。所以,抗战前期,中国各界在感激苏联援华抗日的同时,进而冀盼中苏军事合作。1938 年 9 月,《大公报》就反复发表社评感谢苏联的支援,表示"苏联人民,现时给中国的同情与援助,在中国确受益不小,但我们愿苏联人民记忆中国民族受惠必报的美德,而且相信中国民族在有援助其友人必要时力量之伟大"!③ 一年来苏联的援助将使中苏友谊"逐渐表现伟大的力量"④。

在日本的拉拢下,德国逐步转而支持日本。1937 年 11 月,德国宣布推迟所有德中军火贸易及工业贸易谈判,部分停止德中原定军火合同的履行,停止向中国提供新的贷款,并拒绝参加 11 月 3 日九国公约签字国在比利时布鲁塞尔举行的讨论中国问题的国际会议。1938 年 2 月,德国正式承认伪"满洲国",4 月,宣布对中国禁运军火,5 月,撤回驻华军事顾问。在德国偏向日本一边的情况下,中国各界不再重视对德关系,越来越重视对苏关系。1938 年 12 月 15 日,《大公报》社评对德国心绪复杂,劝告德国当局"不应轻视或抹杀中国之地位",虽然中国并不期待德国援助中国,但至少"应当消极一点,中立一点,不要打击中国"⑤。所以,1938 年后,

①　《中国与德义》(社评),(汉口)《大公报》1937 年 10 月 23 日。

②　盛岳:《中苏关系之过去现在与将来》(二),(汉口)《大公报》1938 年 8 月 30 日。

③　《中苏友好的前途》(社评),(汉口)《大公报》1938 年 9 月 6 日。

④　《"九·一八"七周年纪念》(社评),(汉口)《大公报》1938 年 9 月 18 日。

⑤　《中德关系》(社评),(重庆)《大公报》1938 年 12 月 15 日。

国统区各界更加重视苏联因素，对德国因素的考虑逐渐淡化。在国民党要人中，立法院长孙科在思想观念上属于"亲苏"的一类人。① 1939 年 1 月 7 日，他应国民党另一位主张与苏联结盟抗战的要人、国民党中央宣传部长邵力子之邀，向重庆文化界发表演讲，为苏联不直接出兵援华抗战辩护。他解释说，一是因为苏联过去十几年都是以"和平建国"为国策，二是因为中苏尚未签订"互助协定"，苏联并没有直接出兵的"条约义务"。但是，苏联对中国的道义、外交、物质援助，"十八个月以来，实际上确已不少"。孙科高度预期苏联的发展潜力，认为"苏联的国力是天赋独厚"，"现在他的工业生产，在欧洲已占第一位，在世界占第二位"，苏联的自然资源"不要说两个五年计划，就是再过五十年，也开发不完"②。出于对苏联国力和军力的高度预期，大家把实现远东和平、抗战胜利的希望寄托于苏联。在苏联宣布实施 1938 年至 1942 年第三个五年计划之际，1939 年 2 月 1 日，《大公报》社评就感叹，在"世局杌陧"情势下，这是"东方大局的好消息"，苏联国家的日益巩固将成为"真正构成世界和平大局的一根重要柱石"！③

1942 年 7 月至 11 月，苏军取得斯大林格勒战役的胜利，并转入反攻。中国各界对苏联国力更刮目相看。1942 年 12 月 9 日，担任驻苏大使的邵力子回国，应邀在中央银行经济研究处作长篇演讲，介绍苏联战前与卫国战争期间的经济情况。他强调，苏军之所以能够战胜德军，不仅是军事问题，而且是经济问题。④ 1943 年 4 月 28 日，《大公报》社评表示，在重工业建设方面，我们可以把苏联当作榜样："我们今日看苏联打这样硬的仗，

---

① 抗战时期，孙科很赞赏苏联经济建设成就和经济体制。1939 年 5 月至 7 月对苏联的访问，更增强了他对苏联的好感。访问期间，他指示随行的陈伯庄考察苏联经济制度。1943 年 3 月商务印书馆出版的《苏联经济制度》就是陈伯庄归国后向立法院提交的考察报告。孙科专门为陈书作序。

② 《孙院长对重庆文化界演说：中苏关系与我抗战前途》，（重庆）《大公报》1939 年 1 月 10 日；《孙院长对重庆文化界演说：中苏关系与我抗战前途》（续昨日第三版），（重庆）《大公报》1939 年 1 月 11 日。

③ 《苏联的坚强发展》（社评），（重庆）《大公报》1939 年 2 月 1 日。

④ 邵力子：《苏联战时经济概况（三十一年十二月九日在中央银行经济研究处第十七次经济讲座讲）》，（重庆）《大公报》1943 年 3 月 7 日。

在国际上这样出风头,那决非倖致,都是二十年来苦心孤诣忍饥忍寒,花极大的代价换来的。"① 同年 8 月 29 日,西门宗华也注意到,欧洲除苏联外,没有一个国家能够抵挡德国,斯大林格勒战役后,苏军不仅转入反攻,更成为欧洲战场打击德军的主力。"苏联就是凭着二十五年来的埋头建设的新的经济基础作为击溃希特勒的重要武器。"②

二 对苏联、德国经济模式的追慕

抗战前期,国统区知识界普遍推崇苏联计划经济和德国统制经济模式。这种推崇带有强烈的功利性或工具性色彩。他们从来没有认同以马克思列宁主义为指导思想的苏联整体社会主义制度,同样,也不认同德国法西斯主义政治体制。他们对苏联计划经济模式的效仿,主要出于对苏联以工业化为核心的经济建设成就的赞美,而不是出于对导致这些成就的苏联整个社会主义政治、经济、文化制度的钦羡。对于德国统制经济模式,其思想动机同样如此。在他们看来,德国以国防建设为中心的四年计划,使德国克服第一次世界大战后的经济衰退,在 30 年代迅速复兴为世界头号军事、经济强国,其经验同样值得学习。显然,他们推崇苏联、德国经济模式的思想动机主要包括两方面:一、加快国防建设;二、尽快使中国经济迎头赶上世界工业先进国家。

抗战初期,翁文灏和吴景超对于苏联和德国经济模式,有着相同的认知倾向。1937 年 4 月至 8 月,他们在欧洲有过一次长途旅行。当年 4、5 月间,翁文灏担任中国使团秘书长赴英国参加英王加冕典礼,吴景超随行。在会见外交部长、商务部长等英国政府官员时,翁文灏认为英国过于偏重"经常经济之标准",不注意"紧急进行之方法",对英国经济体制不感兴趣。相反,他们在考察德国、苏联期间大为兴奋。同年 6 月,翁文灏曾与德国国防经济署署长多玛斯(Oberst Thomas)几次面谈,多玛斯还约翁文灏到国防经济署,由该署主管人员向翁文灏介绍德国振兴经济的方法。翁文灏感到,德国的根本经济方针是"确认国家至上,实力第一,所有生产

① 《如何工业化》(社评),(重庆)《大公报》1943 年 4 月 28 日。
② 西门宗华:《苏联抗战的经济基础》(星期论文),(重庆)《大公报》1943 年 8 月 29 日。

制造、贸易分配，一切皆依此前提，由主管机关出力筹划，尽量指挥。私人产权虽仍存在，但须尽先贡献于国家实力之需要，政府之财政金融亦充分为实力之扩张而筹定办法，公私一致向同一目标积极前进"。德国经济部长兼中央银行总裁沙赫特会见翁文灏时也表示，"国家须以建设为目标，方能确有进步"，中国经济建设应与德国"联系并进"，希望中国政府"看重要纲认真推动"，如有需德国帮助之处，一定"切实协助"。6 月至 8 月，翁文灏与吴景超对苏联的考察使他们有了更多心得。苏联重工业委员长梅兹洛克（Me Zhlauk）告诉翁文灏，苏联的经验是"工作进程需有计划，逐步前进，密切配合，使成整个国家之效率超过于资本主义诸国"。谈到中国经济应走的道路，梅兹洛克表示，中国不可能像苏联那样一蹴而就实现共产制度，"不妨保存温和之私人资产，除少数事业完全国营者外，其余可由民营，或容纳民股，但全国纲要应有计划，对于公私营业同时注重，一贯进行"。这就是后来中国知识界热议的如何以国营、民营经济并存为基础，实行计划经济的问题。翁文灏深以为是，认为"凡此见解均为经验有得之言"。翁文灏和吴景超又前往乌克兰，先后参观了新开通的莫斯科至伏尔加运河、基辅农用车辆厂、集体农庄和第聂伯水电厂等，给他们留下深刻印象。他们看到，尽管苏联人民的物质生活还不富裕，但他们节衣缩食致力于工业建设，特别是重工业和国家基本建设，取得了巨大成就。①

　　1937 年 6 月至 8 月对德国和苏联的访问，对吴景超的思想触动同样很大。一年后，他于 1938 年 7 月 6 日反思说，自己几年来说明工业化对中国的重要性，一直把注意点放在工业化与人民生活程度的关系。去年他在访问德国和苏联时发现，两国的工业化目标"并非人民生活程度的提高，而为国防力量的增进"。于是，他对工业化目标和必要性的认识发生极大转变，由提高人民生活程度，转变到增强国防力量，"回顾中国目前的处境，提高人民的生活程度，虽然是重要的，但增进国防的力量，则尤为迫切。卢沟桥事变的发生，使我觉得这种态度，有提倡的必要。中国现在需要工业化，还是不易的真理，但我们目前所急待建设的工业，应为国防工业及

① 翁心鹤、翁心钧整理：《翁文灏自订年谱初稿》，《近代史资料》总 88 号，第 76—78 页。

与国防工业有直接关系之重工业。民生工业的建设，应居于次要的地位"。① 不久，同年 12 月 1 日，吴景超又介绍了德国国家信用银行关于德国 1938 年上半年经济发展的一份报告，对德国经济发展状况作了较高评价。他介绍说，1938 年上半年，在欧洲许多国家经济不景气的情况下，德国各方面的生产状况依然活跃，表明"这几年德国政府的努力，确有成绩"。②

抗战前期，吴景超倾向于通过德国式统制经济或苏联式计划经济解决资本主义经济中生产与消费间的矛盾，并不重视凯恩斯充分就业理论及以该理论为指导的罗斯福新政。这一点，从他于 1942 年 2 月 16 日给美国联邦准备银行理事会主席魏斯曼（R. L. Weissman）《经济平衡与预算平衡》所写书评中似可管窥一斑。魏斯曼认为，在美国这种经济发达的社会，最大的经济问题是保持生产与消费的平衡，1929 年后的经济危机就是源于这种不平衡。为此，政府应通过兴办公共工程及福利事业，扩大就业，提高社会购买力，刺激生产发展。吴景超观察到，魏斯曼的看法"似乎受了凯恩斯（John M. Keynes）及霍布孙（John A. Hobson）的影响不少"，且"与美国新政拥护者的主张是一致的"。但是，吴景超对这种理论不置可否，认为"这种看法是否正确，现在尚无定论"③。由此，我们可以分析，吴景超由重视计划经济或统制经济，转向认同美国式自由经济，可能是他 1943 年至 1944 年在美国考察之后的事情。④

----

① 《自序》，吴景超：《中国工业化的途径》，第 1—2 页。

② 似彭：《德国的经济发展》（书评）（*Germany's Economic Development During the First Half of the Year* 1938，Report Presented by the Reichs-Kredit-Gesellschaft，Berlin，August 1938.），《新经济》半月刊第 1 卷第 2 期，1938 年 12 月 1 日，第 57—58 页。

③ 似彭：《经济平衡与预算平衡》（书评）（*Economic Balance & Balanced Budget*，Public Papers of Mariner S. Eccles，Edited by R. L. Weissman，New York：Harper & Brothers，1940），《新经济》半月刊第 6 卷第 10 期，1942 年 2 月 16 日，第 220—221 页。

④ 吴景超出国时间可能是 1943 年 3、4 月份。1943 年 3 月，吴景超曾参加《当代评论》社在昆明主办的战后经济建设问题座谈会。而 1943 年 4 月 16 日，代替吴景超主编《新经济》半月刊的齐植璐在为孙本文《现代中国社会问题》（第二册，人口篇）所写书评中，即称吴景超已离渝出国了（齐植璐：《现代中国社会问题》（第二册，人口篇，孙本文著，商务印书馆 1943 年版），《新经济》半月刊第 8 卷第 12 期，1943 年 4 月 16 日，第 231—233 页）。吴景超回国则在 1944 年下半年或年底。这从他在重庆《大公报》就访美观感频繁发表文章的时间可以看出。他在重庆《大公报》最早发表的文章是 1945 年 1 月 23 日的《美国的战时经济——一月二十二日在四联总处及资源委员会纪念周讲》。

抗战初期，对苏联和德国经济模式的赞赏，是中国知识界的普遍思想现象。武汉大学哲学教授范寿康于 1938 年 2 月 3 日就对苏联计划经济体制表示欣赏。他认为，"苏联的那种五年计划的办法实在是值得我们效法的"，"关于这种计划的设计，全俄设计委员会的组织很值得我们的参知"。但他不赞成苏联的"主义"，认为效法苏联计划经济"不是指那种盲目的或抄袭式的模仿"，应以"三民主义"为原则，依照中国实际情况实施。①1939 年 2 月 19 日，谢诒徵生动地表示，苏联计划经济握着世界新的希望，"给了世界一种领导，一种榜样"，"其影响于世界经济之深远，是不能估计的"。30 年代以来，美国新政、德国四年计划、各国经济自立等世界经济发展的各种新趋势，均源于苏联计划经济的影响。②

抗战时期中国各界赞赏苏联和德国经济模式的最大出发点，是看到两国由落后到先进发展之快。孙科的"亲苏"就是出于他对中国经济建设的热情。他主张，中国经济建设一定要"快"，最好"罗马"一天之内就能建成。而苏联经济建设的经验，恰恰就符合这种"快"的需求。苏联在短短十余年间，就由"落后"国家发展成世界强国，像中国这样正遭受外侮的落后国家，不正应该好好学习吗？他在 1938 年 10 月 10 日双十节感言中感慨："苏联的十月革命比我们的辛亥革命还迟了六年，而现代的苏联已成功为世界上一等的富强国家。我们中华民国，成立了二十七年，到现在还是在抗战建国的口号之下度我们艰苦的历程。"苏联经济建设的成功"真给予我们很好的榜样"，"他们能够加速度的进行，争取了时间，正是成功的秘诀"③。关于知识界钦佩苏联的动机，陈之迈在 1940 年 12 月出版的《政治学》中说得更加明白："苏联之所以引起了世界的敬畏，根本不在他有三个五年计划，而在他的政府能够将其第一个五年计划在四年完全执行了，所谓证明了'五等于四'，而将第二个五年计划如期执行完竣，以致

---

① 范寿康：《从过去新教育的失败说到今后教育改造的基本问题（二）》，（汉口）《大公报》1938 年 2 月 4 日。

② 谢诒徵：《新生活与合理化》，（重庆）《大公报》1939 年 2 月 19 日。

③ 孙科：《二十七年痛苦经验中的教训——二十七年双十节》，（汉口）《大公报》1938 年 10 月 10 日。

苏联的国富大增，工农业发达，军事建设达到了第一等强国的标准。"① 翁
文灏同样看重苏联、德国经济建设的高速度。他于 1940 年 3 月 1 日分析，
苏联五年计划和德国四年计划"竟能在一二十年之短时期内，克见伟大的
成就，使他们新兴国家能与基础较早的民治国家如英法美等，并驾齐驱，
在世界中心占相当的地位"。② 两年后，1942 年 3 月，翁文灏再次强调，苏
联和德国经验的最大功用就是集中全国力量快速进行经济建设，而大规模、
高速度的经济建设是中国国家存亡的关键，"我们不走大规模的、高速度的
建设之路，国家就不能存在"③。参与发起中华全国文艺界抗敌协会的张西
曼，1940 年 10 月 15 日，引述了斯大林 1931 年的指示："我们落在先进国
家后面五十年到一百年，所以必须在十年之内赶上她们。如果我们赶不上
她们，就要被她们消灭！"这句话对处在抗战环境并极力寻求迎头赶上工业
化国家的中国知识界而言，当然也是鞭辟入里。张西曼断言，苏联工业生
产在欧洲已占第一位，个别部门还有超过美国工业生产之处，"苏联一贯的
热诚毅力，必能在一九五〇年'迎头赶上'那'最先进的工业国'，这是
绝无疑义的"④。

　　抗战时期，知识界在计划经济问题上有一个共识：把计划经济与国营、
民营经济并存的"混合经济"相结合，探索一条在国营、民营经济并存的
基础上实行计划经济的途径，不像苏联那样单纯以国营经济为基础。此种
认识并非中国知识界自己的独创。如前所述，1937 年 6 月至 8 月翁文灏访
问苏联时，苏联重工业委员长梅兹洛克就建议中国"不妨保存温和之私人
资产"。下面我们还会提到，1939 年 5 月至 7 月陈伯庄考察苏联计划经济
时，也抱着如此企望。也许受梅兹洛克启发，1939 年 7 月 16 日翁文灏在
谈到抗战时期经济计划的制定问题时，强调"中国的经济计划，不应是各
不相谋的一个国营事业计划，及另一个民营事业计划。我们必须把国营事

① 陈之迈：《政治学》（青年基本知识丛书），第 157 页。

② 毕敏：《经济建设要旨》，《新经济》半月刊第 3 卷第 5 期，1940 年 3 月 1 日，第 102—107
页。

③ 《中国经济建设之轮廓》（1942 年 3 月在中央政治学校高等科讲演，原载 1942 年 9 月《金
融知识》），翁文灏：《中国经济建设论丛》，资源委员会秘书处 1943 年印行，第 26—27、37—38
页。

④ 张西曼：《农业工业化的苏联》，（重庆）《大公报》1940 年 10 月 15 日。

业及民营事业都当作中国的经济事业，同等看待，互相联贯，汇集起来，成为整个的中国经济计划"①。

全面抗战爆发前后，除翁文灏、吴景超，以及蒋廷黻、袁道丰等驻苏大使馆工作人员外，陈伯庄、陈祖东也曾赴苏联实地考察。他们考察所得在中国各界产生广泛影响。

1939 年 5 月至 7 月，时任立法委员的陈伯庄②随立法院长孙科访问苏联。受孙科嘱托，陈伯庄对苏联经济制度作了近三个月的考察。5 月中旬，他与苏联国家科学院经济学院和世界经济政治学院人员讨论苏联计划经济，还参观了一个集体农场。6 月 17 日至 7 月 23 日，他访问了苏联联邦经济计划委员会、国家银行、国家工业银行、联邦储备部、国内贸易部、机器工业部、农业部、国家农场部、计划经济学院、全国总工会、全国消费合作总社等机关单位，"所访机关，均承剀切解说，恳挚讨论"③。回国不久，陈伯庄向立法院提交了一份考察报告。但是，这份报告迟至 1943 年 3 月才以《苏联经济制度》为题，由重庆商务印书馆出版。陈伯庄在该书自序中称，他考察苏联经济制度时最关心两件事：第一，"在产业不尽归国有国营之经济组织下"，能否实行苏联式的计划经济？第二，苏联计划经济是怎样实现包括国防事业在内的经济高速发展的，"在此组织下而求实现高速度之产业建设（包括国防）其可能何如？"④ 陈伯庄关心的这两件事，与翁文灏、吴景超访问苏联时关心的问题是一致的。翁文灏就对梅兹洛克所言中

---

① 毕敏：《国营事业与民营事业的关系》，《新经济》半月刊第 2 卷第 3 期，1939 年 7 月 16 日，第 54—60 页。

② 1959 年夏，陈伯庄曾编个人文集《卅年存稿》，胡适为之作序。由该书《胡序》和《自序》，可以大致了解陈伯庄生平。陈伯庄（1893—1960），原名陈延寿，广东人，1910 年，与胡适一同考取留美官费同船出国。1914 年，以化学工程师毕业于美国哥伦比亚大学。回国后，担任过"完成粤汉铁路委员会"委员长，主持粤汉铁路株韶段的完成工作。从 1931 年起研究经济问题。1932 年后，任国防设计委员会委员及交通组长。同时，在上海交通大学研究所主持社会经济调查研究工作。抗战初期，任立法委员。1940 年中央设计局成立后，任中央设计局副秘书长、经济组设计委员。抗战胜利后，1945 年 10 月至 1949 年 1 月，任京沪区铁路局长。中华人民共和国成立后，寓居香港，研究哲学，创办《现代学术季刊》（胡适：《陈伯庄〈卅年存稿〉序》（1959 年 5 月 31 日）、《自序》，陈伯庄：《卅年存稿》（影印版），第 1 页）。

③ 《自序》、《孙序》，陈伯庄：《苏联经济制度》，商务印书馆 1943、1947 年版，扉页。

④ 《自序》，陈伯庄：《苏联经济制度》，扉页。

国在保存温和私人财产的基础上实现全国纲要的计划性深以为是，对苏联经济发展之快也深为叹服。这说明，抗战初期中国知识界对苏联计划经济有着共同的兴趣点，一是希望弄清苏联计划经济如何实现经济高速发展；二是怎样以民营与国营经济并存为基础，在中国实行苏联计划经济体制。

　　陈伯庄感叹苏联经济建设成就之巨大，认为"苏联物质进步速率，为世界冠"，呈"倾江倒海之势"，"沛然莫之能御"。他将这种成就归因于苏联计划经济体制，认为苏联计划经济具有"鹄的鲜明，行动统一，工作的意义化及紧张化"的优点，可以使各部门生产目的明确，按计划限期"达到所预定之纲领数额"。同时，计划经济体制极大激发人们的生产热情，"人人皆兴奋于鲜明鹄的之下，范围于统一行动之中"。陈伯庄详细、系统介绍了苏联计划经济体制。他注意到，苏联计划经济完全建立在工业国营、农业集体经营基础之上。苏联国家科学院世界经济政治学院院长瓦加博士告诉他："一切生产工具，必为国家所有，然后能实行计划经济。"苏联经济计划委员会副委员长萨布洛夫也对他说，苏联之所以能够完全实施计划经济，是因为一切生产资金和生产资料完全属国家所有，受国家支配，依照国家命令用于社会生产。苏联计划经济学院教授岳弗也告诉他，苏联计划经济的顺利运行在于三种要素：农业集体化、生产工具国有和长期经验的获得。陈伯庄由此感到，"真正的计划经济"必须以完全的工业国营和农业集体经营为基础，"非社会主义组织完全成立之后，无从实施"。陈伯庄本来带着如何在国营经济与民营经济并存基础上推行计划经济的问题而来，这一考察结果当然是始料未及。这成为他在抗战后期极力主张全面扩大国营事业领域的重要思想动因。陈伯庄还详细分析了苏联计划经济的运作方式。他观察到，苏联计划经济的核心，是使生产资金和原料的配给以及各企业的产量完全按照计划进行，从而统筹整体社会生产。他认为，计划经济比自由经济优越得多，计划经济依照政府计划实现各生产部门间、社会生产与社会资金储蓄间的平衡，可以"庶几而达"，而自由经济依照市场价格机制求得这种平衡，结果是"永远不达"。[①] 通过近三个月实地考察，陈伯庄对苏联计划经济体制了解的深度和客观性，比同时期其他论者

---

　①　陈伯庄：《苏联经济制度》，第 1—4、11—16 页。

高得多。

陈祖东毕业于清华大学，是一位水电专家，当时任一个资源委员会下属电厂水力勘测队队长。1939 年 5 月至 6 月，他对苏联作了 30 天的考察，访问了莫斯科、伏尔加河流域、顿河区、南北高加索、黑海、乌克兰等地，途程达 15000 华里。不过，他与陈伯庄考察的视角稍有不同。陈伯庄主要是从经济理论和体制角度进行考察，而陈祖东则是怀着一颗好奇心，从感性角度认识苏联的建设成就。陈祖东称："苏联，这伟大的新兴国家，自我国抗战发动以后，多少人对她憧憬、羡慕、期待和失望。对于苏联本身的幻想，则更活跃于许多人的脑中。'苏联究竟怎么样？'差不多是每个人所热切地希望得到解答的问题。'到苏联去看看'，更是无数人的不能成事实的希望。"回国后，他以"事无大小，见闻必录"的方法，详细记录他的旅行观感，写了一篇 4 万多字的《苏联纪行》，1939 年 9 月至 11 月在重庆《中央日报》连载，接着又于当年 12 月由正中书局出版单行本，在大后方各界产生了极大影响。陈祖东的《苏联纪行》充满着对苏联建设热情洋溢的称颂："苏联建国二十年，今天已成为世界一等强国，其成功可谓为'人人为重工业，重工业为人人'的结果。但苏联的人力物力的条件，原来都极低落，全在有整个的计划，彻底受国家统制，没有丝毫消耗而成功。到了今日，其人民的生活之苦，尚在我国中上阶级之下，则其建国初期的苦干，实非我人所能想象，岂中国现在的所谓苦干所能比拟？故苏联本身实是一个最能苦干，最有志气，最有骨节的国家！"[1]

陈祖东作为水电专家，又于 1939 年 8 月 1 日在《新经济》半月刊介绍苏联电力建设的成就。他重点介绍了列宁于 1921 年提出的"戈罗电气计划"（Goelro Electrification Plan，Goelro 一词为"俄国电气化委员会"之缩写），称赞列宁所言"'苏维埃政权'加'全国电气化'等于'共产主义'"指示的英明。他介绍，根据这个计划，发电量达 8 万马力、相当于六个重庆电厂的伏可夫（Volkhov）水电站在 1921 年至 1927 年间建成发电。而 1932 年建成、发电量达 81 万马力的尼褒（Dnieprostroi）水电站是当时

---

[1]　陈祖东：《苏联纪行》，正中书局 1939 年版，第 1—2、74、79 页。

全世界最大的水电站，到 1939 年仍然是欧洲最大的水电站，"使全世界人士对于苏联刮目相看"！他强调，环顾世界各国，苏联是中国最好的建国榜样，"讲到中国建国应取的途径与方法，以中国目前的环境为立足点，遍顾世界各国之盛衰兴亡，要在建国的题目上求一个榜样，当以苏联为比较最相近了"，因为中苏两国面临的历史任务非常相近，都是将贫穷落后的老大国家建成现代化、富强的国家。他又生动介绍了 1939 年在德国和苏联参观的切身体验。他表示，任何一个中国人，一旦到发达国家的工业区和科学博物馆参观，都会目瞪口呆。他"在德国杜塞道夫一带几个大钢铁厂参观，眼见那无数的科学巨兽，无休止地吃进黑红的煤铁，吐出白热的钢流，便是那些钢流凝固成各种杀人的利器，结构成强国的躯干。回想本国不知何年何日能够迎头赶上，真是欲哭无泪"。德国工业的发达使他感受真切，而在苏联则又是另一番感受，苏联在落后基础上欣欣向荣的建设场面，更使他增添了对中国建设的勇气和信心，"走在苏联的时候，因为所看到的伟大的建设都是新兴的，随时随地还留着破碎的旧痕，一种除旧更新的情景，表示只要能有非常的决心未始不可以干得成功，反而生出勇气来，增强了我的自信力"[1]。

袁道丰曾与蒋廷黻一同在驻苏大使馆工作，全面抗战爆发后在国民政府外交部工作。1939 年 10 月 11、12 日，他在《大公报》发表《苏联建国的榜样》。据他讲，他在苏联工作期间，曾抱着很大兴趣阅读苏联的各种报刊，参观各个重工业区和集体农场。他之所以深入研究苏联，是受"求知欲的驱使"。因为他们这些长期在欧洲（西欧）学习、居住的人，大都比较了解欧洲政治组织和社会构造，而苏联则是"研究和参考的新材料"。与许多人一样，袁道丰之所以急于向国人介绍苏联建国经验，是出于对苏联革命初期恶劣的国内外环境与中国艰苦抗战环境的类比。他要以苏联在艰苦中建国的事迹，鼓舞同样处于艰苦环境的中国人抗战建国的信心。他介绍，苏联建国初期的困难"远过于我们今日的抗战建国"，当时外有英、德、日等 11 个国家的武装干涉，内有"白俄"的武装叛乱。[2] 中苏两国都

---

[1]　陈祖东：《从电力水力说到苏联建国与中国建国》，《新经济》半月刊第 2 卷第 4 期，1939 年 8 月 1 日，第 87—91 页。

[2]　袁道丰：《苏联建国的榜样》，（重庆）《大公报》1939 年 10 月 11 日。

是以"落后"为建国起点。中国要学习的,不是本来就很先进的美、德、英、法诸国,"因为她们的物质建设比我们先进一百年,她们现正在坐享其成的时候。我们所当学的乃是在草创时期的苏联建设的精神"。所以,中国经济建设的最好方式是苏联计划经济。①

如果说同时期的中国马克思主义者更关注苏联无产阶级革命经验的话,那么,依附于国民党阵营的另一群知识分子则更多关注苏联经济建设经验。个中原因也许不一而足。但无论如何,国统区知识界对以计划经济体制为核心的苏联建设经验的介绍,的确是一个值得重视的思想现象,这几乎成为抗战时期国统区知识界的一种风尚。1943 年后,国统区知识界对苏联计划经济体制作了大量客观而系统的介绍、分析和研究。其中,徐宗士、徐士亮、陈伯庄、丁文治、谭炳训、魏普泽等的介绍最具代表性。

1943 年 1 月,徐宗士和徐士亮在同一期《经济建设季刊》分别介绍了苏联工业管理体制和国家银行制度。徐宗士是重庆中央大学经济系教授,后在中央设计局任职。他系统、详细地介绍了苏联各级工业管理机构和工厂组织的历史沿革和职能,包括苏联最高经济会议、各工业人民委员会、各工业"组合"、工业托拉斯等。② 徐士亮则系统介绍了苏联银行体系。他重点分析了苏联信用政策与资本主义信用体制的区别,指出苏联国家银行的放款原则与资本主义商业银行全不相同。苏联国家银行业务非以营利为目的,根本不考虑借户是否可靠、本利是否安全。国家银行向生产单位发放贷款,要依照国家计划。银行放款的一切损失均由国家补偿。苏联信用政策稳固的原因,除政府对国家银行作财政保障外,政府在制定全国信用计划时,国家银行也是参与者,一方面,社会生产对国家银行的信用需求每年均有精确统计,同时,国家信用计划的制定也要根据国家银行的借款能力制定。③

---

① 袁道丰:《苏联建国的榜样(续)》,(重庆)《大公报》1939 年 10 月 12 日。
② 徐宗士:《苏联之工业组织与管理》,《经济建设季刊》第 1 卷第 3 期,1943 年 1 月,第163—173 页。
③ 徐士亮:《苏联之国家银行制度》,《经济建设季刊》第 1 卷第 3 期,1943 年 1 月,173—186 页。

1943 年 3 月，陈伯庄的《苏联经济制度》由商务印书馆出版，"引起国内人士的很大注意，并博得许多好评"①。当年 5 月，丁文江的弟弟丁文治发表长篇书评，称赞此书"是一极佳的有系统有机体的论苏联计划经济的书"，"作者正好像介绍我们一部新设计的机器，指出它所用的原动力是什么，效率如何，它是如何构造的，工作时是如何管理的，和旧式机器的异同点何在，优点何在"。所以，丁文治详细介绍了该书各章内容。丁文治注意到，苏联为了促进人们的工作积极性，采取了两方面措施：第一，开展工作竞赛，杜绝贪污，明确工作目的，编写壁报，进行劳动者自评；第二，擢升职务，在党内不断淘汰庸劣。丁文治认为，第二种措施是利用人们的权力欲望，苏联人要取得权力，"须靠政府和党部的意志"。在社会主义国家，权力欲望重于物质欲望，"将来有一日苏联真到了'各尽所能，各取所需'之地步时，权力欲望之成为社会动力会更加明显"。丁文治非常重视陈伯庄有关苏联经济制度仍存在调节供需的"价格所得"结构的论述。与陈伯庄一样，他也认为，资本主义"价格所得"结构对社会经济的调节缺乏效果，而苏联社会主义"价格所得"结构"则可用为衡断，以导经济之安流，且庶几而达"②。在调节经济平衡方面，陈伯庄和丁文治都倾向于政府计划的"计算价格"机制，而不倾向于自由经济的"市场价格"机制。

经济计划的编制程序是苏联计划经济的核心内容，谭炳训和魏普泽先后于 1944 年 1 月和 1945 年 1 月作了详细介绍。他们都把此种编制程序描绘为四个阶段：苏联政府先提出五年经济建设的"主要目标"；国家设计局（国家计划委员会）依据"主要目标"制定具体的"限制与方法"，即各项经济建设的具体纲要；国家设计局把各项经济建设纲要下达到各基层工业企业和农场，各基层单位据此制定本单位的发展计划，并上交到国家设计局；国家设计局根据各基层单位上报的发展计划，再行修订经济发展纲要，最终编制为正式的五年计划。这个五年计划还要经"劳工与国防议

---

① 《编辑后记》，《新经济》半月刊第 11 卷第 7 期，1945 年 2 月 1 日，第 183 页。

② 丁文治：《苏联经济制度》（书评）（陈伯庄著，商务印书馆 1943 年版），《新经济》半月刊第 9 卷第 1 期，1943 年 5 月 1 日，第 22—25 页。

会"、"人民委员会议"、苏共中央批准。① 在中央设计局工作的魏普泽非常赞同这种由上而下、由下而上的经济计划编制程序，认为其"成功的因素"是"值得我们注意的"。他还介绍，苏联经济计划的制定是全国各相关单位、众多专家群策群力的结晶。一五计划的编制动员了苏联国立科学院等近 200 个科研机关、300 多个经济与行政部门的大量科学家和技术专家；二五计划编制过程中，举行了 15 次全国性会议，还在工人集会、学术机关、报纸上进行公开讨论。②

从以上材料来看，似乎抗战时期国统区知识界介绍苏联的热情高于德国。虽然当时知识界的文存大多没有明讲，但一个可能的原因是，德国 1937 年 11 月以后倒向日本，最终于 1938 年初对华禁运军火，承认伪"满洲国"，撤回驻华军事顾问，德国与中国日益分属不同的国际阵线，中国知识界对德国的视线日趋模糊。但就经济体制而言，国统区知识界对德国模式依然重视。大部分论者还是对苏联和德国模式持等量齐观态度。只有最欣赏苏联计划经济的陈伯庄等人是少数例外。1942 年 4 月 1 日，他把德国法西斯经济体制称为冒牌社会主义，认为德国纳粹党"阴媚资本"，剥削民众，用大量军备生产维持资本家利润，使人民生活水平锐减，又拿"大炮与牛油两者不可兼得"的符咒欺骗民众。③ 抗战中期以后，知识界虽然普遍从极权政治角度对德国进行大量批判，但许多计划经济或统制经济论者对德国还是采取把极权政治与统制经济区别对待的做法，一方面批判其政治极权和侵略本质，一方面认可其统制经济模式。本书后文将提到，一直到抗战中后期，大部分论者仍然将计划经济、统制经济两个概念视同一物，其中就包含苏联和德国两种经济模式。

---

① 谭炳训：《苏联第一五年计划之研究》，《经济建设季刊》第 2 卷第 3 期，1944 年 1 月，第 147—148 页；魏普泽：《苏联计划经济及其设计制度》，《新经济》半月刊第 11 卷第 5 期，1945 年 1 月 1 日，第 126—129 页。

② 魏普泽：《苏联计划经济及其设计制度》，《新经济》半月刊第 11 卷第 5 期，1945 年 1 月 1 日，第 126—129 页。

③ 陈伯庄：《战后的世界经济有办法吗？》，《新经济》半月刊第 7 卷第 1 期，1942 年 4 月 1 日，第 17—19 页。

三 经济建设目标与苏德经验

抗战时期，国统区知识界看重苏联和德国经济模式，与当时关于经济建设目标的讨论密切相关。抗战前期，由于战争形势严峻，中国经济建设应以国防为中心成为压倒性意见。而苏德两国便是最成功的以国防为中心的经济模式。

如前所述，吴景超通过 1937 年 6 月至 8 月访问德国和苏联，有一个大觉悟，就是在经济建设目标问题上，国防建设要比改善人民生活重要得多。抗战前期，这不仅是吴景超的看法，也是翁文灏、陈岱孙、方显廷、吴半农等许多论者的主张。1939 年 3 月 1 日，方显廷表示："今后，我国工业资本之运用，宜以国防工业为首要，而民生工业次之。"他特别指出，在国防建设方面，苏德两国经验非常值得借鉴："观乎欧战以还，苏德两国之卧薪尝胆，亟亟于国防工业之树立，其理更见显然。"方显廷对吴景超所言，"苏联把重工业放在轻工业之上"，"在西北利亚一带居住的人民，可以没有鞋袜可穿，但苏联的飞机，却可从莫斯科绕过北极而达美国旧金山之南。莫斯科的房子可以不够住，但等到阅兵的一天，莫斯科的红场上，坦克车却是成群结队的"，深有同感。同样，方显廷也对德国统制经济模式情有独钟，认为自希特勒执政以来，德国由第一次世界大战后受压迫的国家，一跃成为世界强国，主要原因是重点发展国防工业和重工业，"其刻苦奋斗之精神实不亚于苏联，而尤为我国所急应效法者也"。他建议，为了重点建设国防和重工业，政府应仿照德国，严格统制工业投资，使私人投资"尽先投入较重较急之事业"[①]。

由注重国防建设到倾慕苏德经验的思维逻辑，吴半农 1940 年 7 月 1 日发表的《我国经济建设之目标问题》表现得尤其鲜明。他认为，斯大林《第一个五年计划的总结》所言的六项任务，归纳起来就是两项目标：一是加强国防能力，二是把苏联变成世界上技术最进步的国家之一。德国 1933 年 1 月希特勒上台后推行的两个四年计划也以"军备经济"为重心。正是看到苏德两国经济建设均以国防为中心，吴半农认为，两国都是中国

---

① 方显廷：《中国工业资本之筹集与运用》，《新经济》半月刊第 1 卷第 8 期，1939 年 3 月 1 日，第 204—209 页。

学习的最好榜样。不过,他更注重苏联经验。他观察到,苏联"承继帝俄凋残零落、疲于战争的落后的国民经济之基础,又复受到长期的国内战争和国际武装干涉之破坏,国力的穷竭实已达到绝境",苏联建成世界强国的经济基础比德国更薄弱。[①] 作为国营经济专家,吴半农对苏联经验的认同程度比其他论者更高,与陈伯庄颇有相似之处。吴半农以国防为中心进行经济建设的观点,得到主编《新经济》半月刊的吴景超的赞同。吴景超表示,我国经济建设应首重国防工业,吴半农"征引苏德两国为例,重申此旨,甚望国人本此共信,相与努力焉"[②]。两个月后,同年9月29日,北京大学政治系教授钱端升也把国防建设与走苏德道路直接联系起来。他认为,建国工作的核心任务是增强国防实力,所以,"大概我国战后的经济建设,必须循苏德过去数年所走之路"[③]。

在这里,有必要分析一下抗战时期知识界对经济建设目标的认识由国防转向国防与民生并重的演化过程。一般而言,自1937年七七事变到1942年底,大家基本倾向于把国防建设确定为中国经济建设目标。1939年9月欧洲战事的爆发,尤其是1940年5月德国进攻西欧诸国,益加刺激起知识界对国防的重视。1939年9月至1941年12月太平洋战争爆发,主张经济建设以国防为中心的论调最为浓厚。直到1942年下半年大家开始热烈讨论战后建设问题时,经济建设以国防为中心的看法仍居主流。知识界对经济建设目标的认识由国防转向国防与民生并重,则是1943年初以后的事了。

1940年5月德国与英法开战后,中国知识界以国防为中心进行经济建设的论调迅速高涨。董问樵即于当年10月26日鼓吹建立"国防经济"。[④]

---

① 吴半农:《我国经济建设之目标问题》,《新经济》半月刊第4卷第1期,1940年7月1日,第18—23页。

② 《编辑后记》,《新经济》半月刊第4卷第1期,1940年7月1日,第28页。

③ 《我们的任务——国家今后的工作与责任》(《今日评论》第4卷第13期,1940年9月29日),钱端升:《建国途径》,国民图书出版社1942年版,第5—6页。

④ 董问樵于1940年10月26日提议建设国防经济,直接导因于当年5月后德国之迅速击败法国。他分析说:"德国最近数年来实行之'四年计划'即在消灭平时经济与战时经济之鸿沟,实行国防经济体制。一当动员令下,极短时间内,德国全国经济,即已适应战争之需要,而达到最高生产额。法国则仍墨守陈规,必在战时始改变其经济机构,又必在战争爆发八个月或一年半之后,始克达到战时最高生产额。然而德国即以彼致胜,法国则以此致败。"(董问樵:《中国国防经济建设论》(续昨日第三版),(重庆)《大公报》1940年10月27日)

他断言:"中国目前及今后复兴民族的道路,只有一条,就是建设国防经济。"他所言的"国防经济"并非单指"战时经济",而是指战前与战后的长期经济过程,包括战争之经济准备、经济动员、战时经济和经济复员四个阶段。他主张,中国经济建设应以发展国防工业和重工业为主导,"完成基本国防工业(狭义的海陆空军备工业)及民族基本工业(如钢铁、动力、化学工业),维持生产品工业与消费品工业之一定发展比例,但应以前者刺激后者"①。一个月后,同年 11 月 18 日,周宪文也主张:"抗战进至目前这一阶段,关系军事以及紧急而收效较易的建设费用,不论多寡,国家自当尽力筹拨。至于其他,似应从缓。"② 不久,12 月 14 日,沈怡也呼吁中国经济建设的目标应以国防为中心:"迨国民生活已达到最低限度的水准以后,即须以全力注重国防,因处此弱肉强食之世界,我国非急起直追,建设坚强国防,无以自立。"③ 本书第六章探讨知识界战后建设问题讨论时,会详细谈到,知识界在 1942 年下半年讨论初期对战后和平的长久维持并不抱太大信心。吴承洛、谷春帆、孙科等都预计战后和平时期极短,应尽快完成中国工业化建设。所以,直到 1942 年底,知识界的主流意见仍然是以国防为导向开展战后工业建设。

　　不过,知识界的思想态势从 1943 年下半年起发生明显转变,大多数论者开始倾向国防与民生并重。1943 年 7 月 16 日,翁文灏强调,中国工业建设不能完全像苏联那样以"增强武力振起国威"为目的。他分析说,苏联工业建设的根本方针之所以是国防建设,并"以发展重工业为其中心工作",是因为苏联在建国初期受到英、法、德、日、美等国家的四面围攻,需要在最短时间内造成极强的实力。但是,中国的战后情形与苏联并不相同,有美、英等许多友邦,在国际上并不会受人压迫与打击,因此,中国战后建设目标不应像苏联那样偏重国防,"除建成最少必要的国防基础之外,绝无养成过分铺张的武力之必要"④。一个月后,8 月 15 日,谷春帆对

① 董问樵:《中国国防经济建设论》,(重庆)《大公报》1940 年 10 月 26 日。

② 周宪文:《抗战时期的建设事业》,(重庆)《大公报》1940 年 11 月 18 日。

③ 沈怡:《中国工业化之几个基本问题》,(重庆)《大公报》1940 年 12 月 14 日。

④ 悫士:《关于中国工业化的几个问题》,《新经济》半月刊第 9 卷第 6 期,1943 年 7 月 16 日,第 109—119 页。

时人偏重重工业、忽视轻工业的观念提出质疑。他提出，各类工业建设，尤其是重工业与轻工业建设，要相互配合，轻工业应占"颇重要的地位"，"即使办重工业亦不能不照顾到轻工业的需要与人民的能力。决不能以为办重工业即是办重工业。如其大量的钢铁、大量的石油、大量的煤焦、大量的基本化学产品堆存积聚而无所用，既无国内销路，又不能运销出口，则建设成为浪费，而生产亦难继续"①。同年 9 月 11 日的《大公报》社评也提出国防与民生并重原则，认为经济建设包含提高人民生活水准和建设国防两种意义，"战后而不能改善人民生活，则抗战的胜利将会失去一部分意义"。与翁文灏看法一致，社评也指出，中国战后经济建设环境与苏联不尽相同，苏联十月革命后受十几个国家的围攻和经济封锁，主要靠自力更生发展经济，而中国战后国际关系是合作的，可以发展对外贸易和利用外资。② 不久，10 月 31 日，伍启元也提出，战后经济建设必须是全面的建设，应纠正"过分重视根本工业和军火工业"的错误见解，认为"有些人以为只要成立了若干根本工业的工厂和若干兵工厂，则经建的工作便已成功，则是一种十分危险的看法"。以重工业为主体的根本工业和军火工业"是不能孤立地建立起来的"，"根本工业和军火工业必须有轻工业和农业做它们的基础，必须与整个经济有适当的配合，才能真正建立起来"③。谷春帆、伍启元等人的说法开创了抗战后期知识界对重工业与轻工业关系的新认知。

显然，自 1943 年下半年起，国统区知识界对中国经济建设目标的认识，由以国防建设为中心，转向国防与民生并重，同时，他们也开始纠正此前偏重重工业的倾向，主张重工业与轻工业协调发展。与这种思想态势密切相关，知识界开始反思以国防和重工业为导向的苏联、德国经济模式。他们对国防和重工业中心论的反思，也预示着他们对苏德模式的扬弃。这一思想进程与 1943 年开始的对计划经济和统制经济的质疑与反思，在时间上是一致的。

---

① 谷春帆:《工业建设计画之配合》(星期论文)，(重庆)《大公报》1943 年 8 月 15 日。
② 《自力更生与国际合作》(社评)，(重庆)《大公报》1943 年 9 月 11 日。
③ 伍启元:《经济建设应有的准备》(星期论文)，(重庆)《大公报》1943 年 10 月 31 日。

四　经济与政治的脱节

在分析抗战时期知识界追慕苏联和德国经济模式的思想态势时，必须注意到其中一个鲜明的思想特点——经济与政治的脱节。他们主张学习的是苏联和德国的经济体制，而不是政治体制。由于基本价值观的不同，他们对两国政治体制基本持否定态度。尤其是对苏联，他们要引进计划经济和国营经济体制，并非意味着对苏联马列主义的意识形态和无产阶级专政的政治制度的整体承受。在他们看来，苏联属于极权主义的"全能国家"，而中国则是崇信"三民主义"的"民主国家"。

抗战初期，中国舆论界和知识界对苏联的强烈好感曾导致部分论者对苏联政治体制的正面评价。1938 年 3 月 3 日，苏联开始审判布哈林案。《大公报》于次日发表社评申明，无论是季诺维夫案、杜卡契伏斯基案，还是布哈林案，都不是党争，只是苏联处置犯罪。苏联已不是"独裁国家"，而是"苏联人民大众的国家"①。但是，抗战初期，中国知识界和舆论界一部分人肯定苏联政治体制，甚至把苏联视作"民主国家"，主要出于两个思想因素：其一，感激苏联物资援华，并期望苏联军事援华。例如，1938 年 6 月，中国知识界和舆论界极为关注和赞赏苏联各加盟共和国大选，甚至高度评价苏联的"民主政治"。6 月 26 日，曹树铭在认为苏联这次大选势必使苏联民主力量和民主政权格外巩固的同时，又对苏联援华表示感激，认为"在我国对日抗战伊始，苏联便首先毫不迟疑的与我国签订互不侵犯条约，这一精神上的安慰值得异常珍贵。此后，在我们持久抗战的进程之中，中苏从互不侵犯的基础更建设了反侵略的密切友谊，在精神上物质上技术上苏联已给了我们很多宝贵的援助"②。几天后，《大公报》社评于 6 月 29 日向苏联成功完成大选表示祝贺时也说："在将近一年的抗战中，苏联给我们极大的同情，甚多的援助。这深厚的友情，不仅使我们感激，更给我们以极大的勇气，以坚决抗战，努力建国。"③ 其二，因崇拜苏联五年计划和经济建设成就而导致的"爱屋及乌"。在苏联各加盟共和

---

① 《苏联阴谋案》（社评），（汉口）《大公报》1938 年 3 月 4 日。
② 曹树铭：《庆祝苏联各共和国大选》，（汉口）《大公报》1938 年 6 月 26 日。
③ 《贺苏联选举成功》（社评），（汉口）《大公报》1938 年 6 月 29 日。

国大选时，曹树铭于 6 月 15 日表示："苏联自立国以来，先后在其伟大领袖列宁与史丹林的指导之下，完成两次五年经济计划，从落后之农业国，一跃而为前进之工业国及农业国，其成就之大，其进步之速，为世界各国有史以来所未有！于今，苏联已为世界上大而且强之一国，在史丹林指导之下，不独'一国建设社会主义'之理想业已在事实上充分表现，并进而建立世界上最民主之宪法——史丹林宪法。"① 不过，抗战初期少数论者对苏联"民主政治"的"肯定"，并非意味着一定"认同"苏联"民主政治"。

尤其是曹树铭等人对苏联"民主政治"的肯定，在中国知识界也不占主流，而且主要是在抗战初期。蒋廷黻、陈之迈等人对苏联政治制度多持批评态度，将苏联划入独裁专制国家之列。1939 年 8 月 1 日，蒋廷黻在介绍苏联历史教科书时，就把苏联视作"全能国家"。他认为，苏联这样的"全能国家"存在"不容许学者凭着知识的天良说话"的问题。他以 1917 年苏德签订的"蒲勒斯特立托夫司克条约"为例说，教科书一方面说这个条约使苏联损失了很多土地，"接受了种种的耻辱条件"，起初为托洛茨基所反对，是列宁"制服"托洛茨基后才签订的，却又把苏联的损失归罪于"卖国贼"托洛茨基。这在逻辑上根本不通："他既然承认蒲勒斯特立托夫司克条约是个耻辱的条约，又说托落斯基反对签字，那末，那个条约的责任何能说是托落斯基的？托落斯基何以是个卖国贼？"② 在 1940 年 12 月出版的《政治学》中，陈之迈便把苏联政治制度归于独裁一类，认为苏联"所谓'劳动阶级的独裁'应为共产党的独裁。同时，共产党的组织是根据于'民主集权'的原则的，党有领袖，党员必须服从。由此，'劳动阶级的独裁'在事实上便等于共产党领袖——史太林的独裁"。苏联近年来最重要的政策问题，如五年计划的施行等，都不是决定于人民代表机关，而是决定于共产党政治局的秘密会议，而政治局的人员不是由人民选举，

---

① 曹树铭：《苏维埃民主之力量》，（汉口）《大公报》1938 年 6 月 15 日。

② 泉清：《苏联青年所学的俄国史》（书评）（*Précis d'Histoire de l'U. R. S. S. Sous la Rédaction, du Professeur A. Chestakov. Moscou, 1938*），《新经济》半月刊第 2 卷第 4 期，1939 年 8 月 1 日，第 102—104 页。

乃是由斯大林任命的。[1]

　　即便是陈伯庄这样热衷于苏联计划经济制度的论者，也并不主张整体接受苏联社会制度。这从他于 1943 年 3 月出版《苏联经济制度》时请反共意识颇强的吴稚晖作序即可看出。吴稚晖在序言中，就竭力廓清"计划经济"与苏联"共产主义"间的界限。他提醒读者，陈伯庄的用意"非使吾人效法其主义，而欲吾人节取其方法，以完成吾人之主义"。他怕大家注意不到此点，又明确说，"计划经济"不一定非要用于苏联"社会主义"才有成就，中国以"最进步之三民主义"，采用苏联的"计划经济"，乃是"庶免买椟而还其珠也"[2]。1959 年，陈伯庄回忆说，这是吴稚晖在当时中苏邦交尚好，当局不许有公开攻击苏联文字情势下，指斥马列主义的"曲笔"[3]。陈伯庄自己在书中也称，苏联"铲除掠夺阶级，以吾人传统眼光，虽可称为以生道杀人，然其极端老辣，极端忍酷，在崇上王道之中土地，爱好自由之英美，终不免起感情上之反抗"[4]。显然，对于被中国知识界普遍视作"专制政体"的苏联无产阶级专政，陈伯庄也是排斥的。

　　实际上，抗战时期国统区知识界相当多的人，对马克思主义原理采取参考、借鉴的态度。1942 年 6 月 1 日，吴景超表示，可以把唯物史观当作一种研究学问的工具，但不是唯一的工具。他分析："一切史观，都是一种假设，都可做我们研究问题的出发点。但是我们要注意的，就是出发点与结论之间，还有一段搜集事实的过程。假如我们所搜集的事实，证明某一问题的发生，的确与经济原素有关，那么我们所下的结论，也许与唯物史观相同。反是，假如我们所搜集的事实，证明某一问题，与经济原素毫无关系，或虽有关系而不密切，那么我们决不歪曲事实，硬说他有经济的基础。我们一定要用别的观点，搜集别一类的事实，来解释这个问题。我们决不牢守唯物史观，而不敢放弃。这是利用唯物史观，而不是迷信唯物史

　　① 陈之迈：《政治学》（青年基本知识丛书），第 117—119 页。

　　② 《吴序》，陈伯庄：《苏联经济制度》，扉页。

　　③ 《对民生主义的思考和实验——民 20 至 37・引言》，陈伯庄：《卅年存稿》（影印版），第丙—5—6 页。

　　④ 陈伯庄：《苏联经济制度》，第 5 页。

观。"把唯物史观当"工具",而不是当"信条"的做法,是"纯粹社会科学者与马克思主义者"的分别之处。[①] 同年7月1日,吴景超又批评了马克思主义经济基础决定上层建筑原理。冯友兰在1940年5月出版的《新事论》中认为,"生产方法"决定"经济制度","经济制度"又决定"社会制度","社会制度"又决定"社会道德"。吴景超认为,冯友兰此种"经济史观"显然"是承袭马恩二氏之说而来的",这种说法"已有修正的必要"。他问道,为什么英、美、苏、德几国生产方法一样,而社会制度却不一样?至于道德与生产方法、社会组织的关系,"更不如经济史观者所说那样的固定"[②]。

总之,在抗战时期的知识界看来,苏联计划经济和德国统制经济均不属"自由经济"之列,而属国家经济干预论范畴。他们对两国经济模式的追慕,主要出于赞赏两国经济高速增长和国防建设成就。在身处战争环境的知识界看来,中国的救命良药只有两剂:一是加快建设经济,增强国力;二是快速建设国防,将日本侵略者赶出国土。正是出于这样一种思想动机,他们对两国社会发展模式的肯定有一个鲜明特点——经济与政治的脱节。他们肯定计划经济和统制经济,并不意味着赞赏两国政治体制。

第二节 计划经济与统制经济:理解的歧异与纷杂

如果翻阅20世纪三四十年代的经济文献,很快会遇到一对出现频率极高且内涵纷杂的概念——计划经济与统制经济。从30年代初以迄抗战时期,两个概念的内涵始终纷乱,界限含混,在大部分论者笔下基本等同。虽然黄岭峻曾试图厘清两个概念的此疆彼界,但其分析并

---

① 似彭:《唯物史观的批评(书评)》(*The Materialist Conception of History, a Critical Analysis, By Karl Federn, London, McMillan, 1939*),《新经济》半月刊第7卷第5期,1942年6月1日,第104—105页。

② 似彭:《新事论(书评)》(冯友兰著,商务印书馆1940年版),《新经济》半月刊第7卷第7期,1942年7月1日,第148页。

不客观。① 在时人频繁使用两个概念的背后，隐藏着一股浓厚的计划经济与统制经济思潮。这一思潮出现于 30 年代初，抗战前期得到全面强化。在分析抗战时期计划经济、统制经济思潮之前，有必要对 30 年代初以后知识界计划经济、统制经济观念作大致梳理。

作为与自由经济对立的经济体制，计划经济与统制经济属于国家经济干预论范畴。时人所言计划经济与统制经济具有明确的国家经济干预内容，同时包含对自由经济的否定性认识，既包括对 1928 年苏联开始实施的计划经济的推崇，也包括对自 20 世纪初尤其是第一次世界大战后西方资本主义国家政府干预经济政策的关注。1933 年 10 月，马寅初把苏联计划经济称作"统制经济"，并认为德国、意大利的经济政策与之同属一类："统制经济，亦称计划经济（Planned economy），源于苏俄之五年计划，成绩卓著"，其目的是通过调节（Coordination）生产与分配，实现经济平衡（Equilibrium）。欲达此目的，"非必如苏俄之共产主义而后能"，"意、德诸国"相继施行。② 上海复旦大学经济学教授李权时于 1934 年 8 月也认为，"统制经济"就是"干涉经济"，与"自由经济"对立。其盛行起于 1929 年爆发的资本主义世界经济危机，"及至霹雳一声，一九二九年美国交易所风潮发出世界经济恐慌到临的警号，此后数年间，各国民生，无不日益疾苦，于是补救之方，遂舍'统制''干涉'莫属"。苏联施行统制经济最严厉，"多少受了欧战期间各交战国纷纷采行战时的统制经济政策而成功的一种暗示与刺激"。另外，意大利和德国对农工商金融业的统制、美国罗斯福新政、英国和法国实行的外汇外贸管制、日本在本国和中国东北实行的经济统制，都属统制经济。③

从 30 年代初至抗战前期，随着国际和国内局势出现新变化——国际

---

① 黄岭峻提出，知识界使用"统制经济"一词，始于 1933 年 7 月《申报月刊》现代化问题讨论。最初，"统制经济"只是"计划经济"的一个"代名词"或"附属物"。1935 年诸青来将两个概念彻底分开以后，"统制经济"成为"独立的话语体系"，是对"以全盘干预为特色的计划经济"和"以放任自流为特色的市场经济"的调和折中（黄岭峻、杨宁：《"统制经济"思潮述论》，《江汉论坛》2002 年第 11 期，第 62—67 页）。

② 马寅初：《统制经济问题》，《马寅初全集》（6），浙江人民出版社 1999 年版，第 459—460 页。

③ 李权时：《统制经济研究》，商务印书馆 1937 年版，第 1—2、5—7 页。

上,苏联国力进一步壮大,德国法西斯主义全面兴起;在国内,资源委员会开始创办国营重工业体系——时人所言两个概念内涵出现某些新变化。如果说 30 年代初所谓统制经济主要指政府控制私营经济的话,那么,随着资源委员会国营重工业的建立,开始包含更多政府控制国营经济内容;随着以国家控制私营经济为特征的德国四年计划的实施,也随着以公有制经济为基础的苏联计划经济影响力的扩展,德国越来越成为"统制经济"样板,苏联则更多被视作"计划经济"样板。所以,一些论者开始从理论上对两个概念作严格界定:统制经济以德国经济模式为样板,以私营企业为基础,由政府对私营企业进行严格控制;计划经济以苏联经济模式为参照,以全部经济领域的国营或集体经营为基础,由政府对国营或集体经济进行计划性管理。据孙大权研究,从 1934 年至 1935 年开始:"张素民、诸青来、吴德培、陈长蘅等学者已将统制经济与计划经济区别开来。即认为资本主义国家的经济干涉为统制经济,社会主义国家的经济干涉为计划经济。"① 抗战时期,宋则行等人对两个概念的区别作了更严密的理论分析。不过,从 30 年代初到抗战时期,这种"严格界定"只是当时部分论者的一家之言,在大部分论者笔下,两个概念依然界限含混。

一 战时经济统制、统制经济与计划经济:抗战初期国家经济干预思潮的浓厚

计划经济和统制经济思潮的浓厚,是抗战时期中国经济思想的重要特点。抗战前期,这种国家经济干预思潮居于压倒性优势。人人谈计划,人人谈统制,国民党当局如此,知识界如此,舆论界亦如此。对此,1939 年 4 月 16 日,原燕京大学教授、抗战时期任职于交通部的黄卓曾有一番生动描述:"年来计划经济的声浪,一天高似一天。同时,政府在经济建设方面种种的设施,多少也具有一些计划性。抗战建国的经验,似乎已经为我国的经济发展定下了一个原则,即今后我国的经济建设,无论是专重国防,或兼及民生,其发展之途径,或多或少,总是一种具有计划性的经济

---

① 孙大权:《中国经济学的成长——中国经济学社研究(1923—1953)》,第 253 页。

建设。"①

抗战时期，知识界统制经济与计划经济思潮的强化具有多层社会思想导因。除本书前面分析的苏联和德国这种国际的外在因素之外，还有着复杂的国内思想因素。其中最重要的思想导因是其时的战争环境。一般而言，战时经济统制是战时经济的最大特征。在抗战时期计划经济与统制经济，甚而"平时"统制经济与"战时"经济统制不分的语境下，国民政府实行的战时经济统制政策，便成为当时盛行计划经济和统制经济思潮的重要思想背景。

七七事变后，国民政府出于维持战时经济的需要，实行了一系列战时经济统制措施。1948 年 1 月，高叔康曾对抗战时期国民政府的战时经济统制政策作了系统总结。他把国民政府战时经济统制政策总结为金融统制、外汇统制、贸易统制、物价统制四个方面，并指出经济统制是现代战时经济的特征："统制政策，就是以人为的力量，控制经济的自然现象，使经济为战争而完成经济的任务。"② 实际上，抗战初期中国知识界所言的统制经济包含两个概念：一是战时经济统制，二是以德国四年计划为参照的统制经济。而德国式统制经济虽然以国防建设为导向，强调平时与战时经济一体化，但仍属平时经济形态，主要指在平时经济中政府对私营经济的"统制"，与战时经济统制内涵并不完全一致。但在抗战初期许多论者看来，这种战时经济统制与德国式统制经济并无太大区别。1938 年 12 月 9 日，刘大钧就把经济动员与统制经济直接联系起来，认为"经济动员与统制经济在战时本属不可分离，盖后者本为实施前者必不可少之手段"③。1939 年 1 月 4 日和 6 日，方显廷将七七事变后国民政府经济政策分为两个阶段：第一，"统制经济之发轫"，第二，"统制经济"被确定为唯一目标。在他看来，抗战以来的中国经济政策就是"统制经济"的形成和全面实施，主要

---

① 黄卓：《我们需要一个中央经济计划机关》，《新经济》半月刊第 1 卷第 11 期，1939 年 4 月 16 日，第 281—283 页。

② 高叔康：《十年来之经济政策》，谭熙鸿主编：《十年来之中国经济（1936—1945）》（上册）（影印版），沈云龙主编：《近代中国史料丛刊续编》第 9 辑，（台湾）文海出版社 1974 年版，第 A20—26 页。

③ 《自序》，刘大钧：《经济动员与统制经济》（国民经济研究所丛书之三），商务印书馆 1939 年版，第 1 页。

包括安定金融、便利交通、促进生产三方面。① 方显廷所说的"统制经济"
实际指战时经济统制。由于统制经济与战时经济统制有着国家干预经济活
动的共同点，国民政府实施的战时经济统制政策便造成知识界强烈的统制
经济心理。

抗战爆发伊始，知识界普遍关注战时经济统制问题。1937 年 10 月 9 日
和 11 日，河南大学教授罗仲言呼吁尽快建立"战时紧急经济程序"，使经
济服从于民族战争，制定对劳动、技术、资本（包括生产手段）等生产要
素的统制方案，亦即实行"战时经济动员"或"战时经济统制"。② 同年
12 月 19 日，陆军大学教授罗敦伟也主张立即实行经济统制，把一切生产
事业都统制起来，"按照战争的需要，使生产与军需适应起来"。他强调，
如果抗战期间大多数人力、财力、物力"都在散漫没有统制的政策之下，
白白地荒废，那末，战争的结果如何，真的不敢说，也不忍说"③。1938 年
6 月，高叔康也论述说，欧美资本主义国家为解决经济危机和进行国际经
济斗争，在平时经济中也采取"统制政策"。战时经济更应该实行统制，
"在战时，因经济自身不能够应付由战争引起的经济问题，非借助于有意识
的指导与政治的力量，充实经济，加强经济，使经济能够应付战争的要求，
而解决由战争引起的经济问题"④。

在各界战时经济统制思潮日益浓厚的情势下，1938 年 3 月 29 日至 4 月
2 日国民党临时全国代表大会通过《抗战建国纲领》，确定"计划经济"原
则。由于《抗战建国纲领》是对抗战时期国民党各项方针政策的系统表
述，所言"计划经济"的立足点是扩大战时生产和战时经济，具有浓烈的
"战时经济统制"意涵。其表述如下："经济建设以军事为中心，同时注意
改善人民生活。本此目的，以实行计划经济，奖励海内外人民投资，扩大
战时生产。"由此，纲领确定了战时经济统制的各项原则：统制银行，巩固

---

① 方显廷：《一年来之经济》（上），（重庆）《大公报》1939 年 1 月 4 日；方显廷：《一年来
之经济》（下），（重庆）《大公报》1939 年 1 月 6 日。

② 罗仲言：《论紧急经济程序》，（汉口）《大公报》1937 年 10 月 9 日；罗仲言：《论紧急经
济程序》（续），（汉口）《大公报》1937 年 10 月 11 日。

③ 罗敦伟：《最后国防经济的建设》，（汉口）《大公报》1937 年 12 月 19 日；罗敦伟：《最后
国防经济的建设》（续），（汉口）《大公报》1937 年 12 月 20 日。

④ 高叔康：《战时农村经济动员》（艺文丛书之二），商务印书馆 1938 年版，第 30—32 页。

法币,统制外汇,管理进出口,实施物品平价制度。[1] 国民党临时全代会宣言也宣示"抗战期间,关于经济之建设,政府必当根据民生主义之信条,施行计划经济",提出把国营与民营企业置于"国家的整个计划之下,受政府的指导及奖励"。[2] 可以说,《抗战建国纲领》和《国民党临时全代会宣言》对"计划经济"的宣示,直接掀起了知识界的计划经济论说高潮。高叔康在1939年6月出版的《战时经济建设》一书中,即把该纲领"实行计划经济"宣示称为"国民党的经济政策标出划时代的意义"[3]。

在一定程度上说,抗战初期知识界的计划经济论说是在《抗战建国纲领》的"计划经济"原则下展开的。受此影响,这个时期知识界的计划经济、统制经济论说更多着眼于战时经济,含有较多战时经济统制意谓。

黄卓在全面抗战爆发前是燕京大学教授,抗战时期任职于交通部。在战前的30年代,他曾深入研究国际社会主义和苏联计划经济。他是抗战时期较早系统讨论计划经济的论者之一。1938年4月2日国民党临时全国代表大会闭幕后,他很快于4月24日发表《如何准备实行计画经济》一文。他提醒大家,《抗战建国纲领》实行计划经济的规定很值得注意。他阐释的计划经济主要是就战时经济说的,"为加强我们的长期抗战能力并树立抗战建国的经济基础计,我们必须实行以军事为中心的计画经济"。这种计划经济与战时经济统制并无严格区别。他把统制方式分为两种:一、对私营企业的统制,将私营企业组织成若干大企业"集团",然后由政府为这些大"集团"制定计划,"使它们的活动能依照政府的基本经济政策来进行";二、统制资本、原料与劳工,以优先发展国营企业。他设想,由政府掌握资本、原料、劳工的统制与分配权,"把这三种原素的供求集中在政府手里",优先满足"基本企业"需要。所谓"基本企业",主要指燃料、基本化学、金属冶炼、机器与电力等与国防有关的基本企业。他认为,这"几种特殊企业"必须由政府以国家资本经营。他设想的政府通过掌握资本、原料、劳工的分配权,优先满足国营基本企业的需要,主要是就民营企业与国营企业间的生产资源配置而言,还不是苏联式的政府对国营企业

①　《抗战建国纲领》,(汉口)《大公报》1938年4月3日。

②　《中国国民党临时全代会宣言》,(汉口)《大公报》1938年4月3日。

③　高叔康:《战时经济建设》,商务印书馆1939、1941年版,第10页。

的计划性管理。其主要用意是通过政府调控，实现优先发展国营企业的"基本经济政策"。黄卓还设想建立一个中央计划机关，其任务有三项：办理全国经济普查，搜集并编制国内外各种经济统计与参考资料，作为编制经济计划的基础；根据政府制定的基本政策及现时经济状况编制经济计划；监督各种经济计划的实施。① 黄卓设想的这个计划机关类似于苏联的计划委员会。

不过，一个月以后，黄卓于 5 月 29 日说的"计画经济"含有更多苏联式计划经济成分。他认为，中国还不能实行"统制整个经济活动的全部计画经济"，只能实行针对冶炼、机器、动力与化学等国营"基本企业"的"局部计画经济"，同时，把政府对民营经济的干预称为"统制"。这种对国营企业的"局部计画经济"基本属于以苏联为参照的计划经济范畴。而且，他论述的计划经济内容和基本原则，也含有更多通过政府计划实现企业间生产要素配置的苏联计划经济成分。他强调，计划经济的基本原则是维持各企业间的相互平衡与协调发展，"所谓相互平衡，就是各个企业发展的进度能相互适应彼此的需要。例如炼钢厂的计画，一方面得顾及煤与焦炭的生产，一方面也得适应机械工业的需要。全部的计画经济如此，局部的计画经济也是一样"。他设想，计划经济的具体内容包括五方面：经济发展目标计划、企业建设与生产进度计划、生产资本计划、原料供应计划、劳工计划。②

黄卓 1938 年 4、5 月间讨论计划经济问题之后，随着当年 10 月武汉、广州陷落，抗战进入相持阶段，大后方经济建设问题日益凸显，大家纷纷结合大后方经济建设表达计划经济诉求。清华大学教授陈岱孙于 1938 年 11 月 16 日提出，西南、西北大后方经济建设"一定要采取计划与统制的经济政策"。只有实行计划经济，才能把生产力量运用到最重要的事业上，调整后方人民的经济生活，大量与迅速地补充前方需要。③ 陈岱孙说的

---

① 黄卓：《如何准备实行计画经济》（星期论文），（汉口）《大公报》1938 年 4 月 24 日。

② 黄卓：《实施计画经济建设基本民族企业》（星期论文），（汉口）《大公报》1938 年 5 月 29 日。

③ 陈岱孙：《计划后方经济建设方针拟议》，《新经济》半月刊第 1 卷第 1 期，1938 年 11 月 16 日，第 6—9 页。

"计划与统制经济政策"也是就战时经济建设而言，本质上属于战时经济统制，并非苏联式计划经济，与作为平时、战时经济一体化的德国式统制经济也不完全一致。

1938 年 11 月 16 日，吴景超给英国左倾学者柯尔（G. D. H. Cole）《实用经济》写了一篇书评。由这篇书评，可以看出抗战初期吴景超的两种思想倾向：第一，他是倾向于计划经济的，第二，他又认为苏联和德国均属"计划经济"①。吴景超承认计划经济的优越性，认为"从中国人的立场看去，发展国民经济，有计划胜于无计划，已成为国内的定论"，他赞同柯尔对计划经济的重视和对无计划生产的批评。但他不同意柯尔作为"社会主义"者，偏于赞美苏联计划经济，过于贬低德国"计划经济"的观点。他认为："在实行计划经济的时候，苏联的经验，固然要用作参考，就是德国在四年计划中的努力，也有供我们仿效之处。"针对柯尔认为苏联计划经济是为大众谋福利，而德国"计划经济"只是维护有产阶级利益的说法，他认为这"未免与事实不符"。苏联与德国的"计划经济"，虽然在"主义"上颇多冲突，但其目标是一致的，都是"发展重工业、国防工业，以加增国家的力量"。虽然德国"计划经济"不以提高人民生活程度为目标，但如果说德国"计划经济""是要维持有产阶级者的利益，则难免曲解之嫌"②。

总之，抗战初期中国知识界统制经济与计划经济思潮的日益浓厚，有一个最大的思想语境，就是其时的战争环境。由对战时经济动员或战时经济统制的重视，到对统制经济的宣扬，再到对计划经济的提倡，是抗战初期知识界的大致思路。所以，他们对计划经济或统制经济的理解，含有更多战时经济统制成分。

---

①　吴景超此时把苏德两种经济模式统称为"计划经济"，与他 1942 年 7 月在《中国经济建设之路》一文中将苏德两种经济模式统称为"管制经济"，内涵大体一致，只是用词不同（吴景超：《中国经济建设之路》，《经济建设季刊》创刊号，1942 年 7 月，第 17—18 页）。

②　吴景超：《实用经济》（书评）（*Practical Economics, or Studies in Economic Planning*, By G. D. H. Cole, Harmondsworth: Penguin Books Limited, 1937），《新经济》半月刊第 1 卷第 1 期，1938 年 11 月 16 日，第 24—25 页。

二 大后方经济建设:抗战前期计划经济与统制经济思潮的全面高涨

1939 年初至 1940 年上半年,抗战进入相持阶段,战局相对稳定,知识界结合大后方经济建设,展开大规模计划经济与统制经济问题讨论。① 这一时期,知识界关于计划经济与统制经济论说的特点,是以大后方战时经济建设为视角,所言计划经济或统制经济主要指德国式统制经济和战时经济统制,苏联式计划经济成分较少。

从 1939 年初至 1940 年上半年,计划经济与统制经济思潮全面高涨,进一步成为国统区朝野各界的共识。1939 年 5 月,国民政府召开的全国生产建设会议申明,抗战期间必须“统盘筹划”全国生产力量和产品种类与质量,“使整个国家经济生产成为有系统有组织之机动整体”②。同年 5 月 16 日,资源委员会副主任委员钱昌照也表示,抗战时期的经济建设和战后经济复兴“恐怕不能不采取一种计划经济。而重工业建设,无疑的是计划经济中心问题之一”③。同年 9 月 1 日,黄卓也强调,统制经济是世界性潮流,不仅在苏联、德国、意大利,就是在自由经济色彩浓厚的英国、美国、法国,“现时各国的经济制度差不多完全是一种统制的经济制度”。所以,“国际经济发展的趋势如此,我们中国当然不能落后”④。1940 年 1 月 1 日,吴景超也表示,虽然德国“浪漫经济学派”现在为英美经济学者所鄙视,但中国建国仍然需要借鉴这个学派的理论。他介绍说:“这一派的学者,视国家高于个人,关于生产、贸易等理论,均以国家为出发点,认为无国家,则个人的经济活动,便失其意义。这种国家至上说,与英美的个人主义,站在两个极端。德国近来的经济活动,都放在国家的统制之下,不能说是

---

① 抗战前期,中国经济学界普遍倾向否定自由经济理论。在西南联大任教的郭埙于 1941 年 10 月 16 日提出,对主张自由经济的古典思想,“必须给他一个历史主义的批判,重新估定它的价值”,英美正统学派的“黄金时代已经过去了”(郭埙:《对于大学经济系的建议》,《新经济》半月刊第 6 卷第 2 期,1941 年 10 月 16 日,第 39—42 页)。

② 全国生产会议秘书处编:《全国生产会议总报告》(影印版),第 93 页。

③ 钱昌照:《两年半创办重工业之经过及感想》,《新经济》半月刊第 2 卷第 1 期,1939 年 5 月 16 日,第 2—6 页。

④ 黄卓:《与中国实业家谈经济统制》,《新经济》半月刊第 2 卷第 5 期,1939 年 9 月 1 日,第 108—110 页。

浪漫经济学派，没有相当的影响。"①

　　1939 年初以后，知识界结合大后方经济建设，热烈讨论计划经济和统制经济问题。然而，他们对计划经济和统制经济的理解仍呈现出巨大歧异。

　　1939 年 1 月 16 日，在经济部工作的韩祖德提出"战时统制经济"模式。这种模式主张以国有企业为主体进行经济统制。他设想，理想的战时经济动员或统制包括：全国交通运输机关一律受政府统制，先供军用；各类工厂在政府指定下优先生产军事物资；出口业务、日用必需品由政府统筹；全国店员、工人和技术专家随时接受政府指派加入抗战经济工作。为了实现这种经济统制，他提出组建"公司的公司"或"联营公司"，成立纱业、布业、棉业、丝业、电气业、五金业、交通业、矿业、出口业等各行业联营公司。他将这种公司称为各行业的"领袖机关"，由政府给予统制特权和特别补助，享受专营、专利等优待。而且，这种联营公司必须以国营公司为主体成立，先将原有"官营"（包括国有省有）事业改组为公司组织，再以这些国营公司合并民营事业。这样，这种"联营公司"便统制于"民生主义"的政府之手，政府是最大股东。② 显然，壮大国营事业是韩祖德设想的出发点。

　　国民参政会参政员及休会期间驻会委员陈希豪，30 年代就宣扬计划经济。他曾在 1936 年正中书局出版的《新社会问题》中称颂计划经济为"最新、最进步、最合于社会生活、人群进化之新的经济"。1939 年 2 月 7 日，他再次鼓吹计划经济，提出设立战时计划经济的中央机关——"战时经济建设总局"。陈希豪又把计划经济称为"战时计画经济"，主要就战时经济而言，含有相当多的战时经济统制成分。他认为，这种战时计划经济也就是"战时经济的独裁"，"使整个的战时经济建设，集中于一个机关，而实行战时的经济独裁，与军事的独裁同其重要"。首先，他强调农、工、矿、金融等各经济领域之间应相互配合，"计画经济，既为'兼顾经济生活之各方面，而统筹全局之办法'，而战时经济建设，又包括整个的经济机构，无疑的，我们这个计画经济的经济计画，是要包罗经济的万象，使各

---

　　① 似彭：《罗尔的经济思想史（书评）》（Erich Roll, *A History of Economic Thought*, London: Faber & Faber Ltd. 1938），《新经济》半月刊第 3 卷第 1 期，1940 年 1 月 1 日，第 27—28 页。

　　② 韩祖德：《如何完成经济动员》，（重庆）《大公报》1939 年 1 月 16 日。

得其适当的配合"。其次，他主张经济部、财政部、交通部等各经济主管部门之间应相互配合，相互"呼应"。为此，他提出设立"战时经济建设总局"，由"最高领袖"蒋介石兼任总裁，行政院长任副总裁，财政、经济、交通三部部长为其辅佐，分别主管战时建设。同时，经济、交通、财政三部人员缩小，只管计划经济范围之外的经济事务，计划经济事务均由战时经济建设总局负责。① 如前所述，黄卓也曾于 1938 年 4 月 24 日提议设立中央计划机关，陈希豪设立"战时经济建设总局"的建议也算是较早的。

1939 年 3 月 16 日，经济部工矿调整处主任秘书卢郁文②对统制经济实行机构作了设想。他所说的统制经济，既不同于苏联式计划经济，又与德国式统制经济有所区别。因为无论是苏联，还是德国，均是国家对经济的直接干预，而卢郁文则设想国家通过民间性的工业、商业同业公会对民营与国营企业进行管理。他设想，对于工商业统制，普遍建立各种工商业同业公会，再以各行业同业公会为基础，组织同业公会联合会。对于农业经济，以农业金融和农业仓库为中心，以合作社为基干进行统制。③

如前所述，一年以前，1938 年 5 月 29 日，黄卓曾提出针对国营企业的局部计划经济，而且，这种局部计划经济是以苏联计划经济为参照。但是，1939 年 4 月 14 日，黄卓却从比较确切的苏联式计划经济主张后退，认为从抗战时期的经济实际考虑，中国还不能建立完全意义上的计划经济，只能实行"具有计划性的经济发展"。因为抗战时期中国还不可能建立自上至下、完整系统的计划机关，经济计划的草拟决非"一个高立在上的中央

---

① 陈希豪：《战时计画经济的中央机关设置问题》，（重庆）《大公报》1939 年 2 月 7 日。

② 卢郁文（1900—1969），原名光润，字玉温，河北昌黎人。毕业于北京师范大学。1927 年，任国民政府农政部编译主任及中央农政视察团委员。1928 年，任河北省训政学院教务长。1929 年，到英国伦敦政治经济学院留学。1931 年回国后，任河北省教育厅高等教育科科长。1932 年，任北平师范大学历史系讲师。其后，任北平大学法学院经济系讲师、私立民国学院经济系主任兼教授。全面抗战爆发后，任经济部主任秘书、参事。1940 年 9 月，任全国粮食管理局主任秘书。1943 年 12 月，任河南省粮政局局长。1944 年 4 月，任国家总动员会议物资处处长。1945 年 1 月，任新疆省政府委员兼财政厅厅长。中华人民共和国成立后，历任政务院参事，国务院副秘书长，民革中央委员，第二届全国人大代表、第二、三、四届全国政协常委（《民国人物大辞典》，河北人民出版社 1991 年版，第 1516 页）。

③ 卢郁文：《建树经济统制的施行机构》，《新经济》半月刊第 1 卷第 9 期，1939 年 3 月 16 日，第 227—231 页。

计划机关"所能胜任。1938 年 4 月 24 日，黄卓曾提出，建立一个类似于苏联国家计划委员会的中央计划机关。但这时他似乎改变了想法，提出从联合中央各部金融、工业、矿业、农业、贸易与运输等经济机构着手，组成"全国经济计划委员会"。这个机关的任务与他一年前设想的中央计划机关有了较大变化：一、制定诸如国营和民营事业划分问题等具体建设方案；二、规划经济建设区域；三、编制国内和国外建设资金的筹集计划。除经济建设区域规划以外，这些职能并非严格意义的"计划经济"职能。因为苏联式计划经济的核心是通过国家行政力量在各经济部门间实现经济要素的合理配置。这三项职能很少涉及这一领域。[①]

显然，1940 年上半年以前，由于大家关注的重点是大后方战时经济建设，尚未关注战后建设问题，这就导致他们所说的计划经济或统制经济，包含较多战时经济统制成分，与苏联计划经济距离尚远，虽然他们也试图借鉴苏联经济模式。

三　战后建设：抗战中后期统制经济与计划经济间的混淆与歧义

1940 年下半年以后，知识界对计划经济和统制经济的讨论视角发生明显变化，主要立足战后建设问题。但是，大家对计划经济、统制经济两个概念的理解依然相互混淆，缺乏作为讨论基础的统一概念内涵。各自以相异的概念内涵为出发点，再加上不同的理论设想，论者观点呈现各说各话、繁杂而歧异的态势。不过，有一点可以确定，即国统区知识界没有一个人主张完全仿效苏联式计划经济。

值得注意的是，直到 1942 年 7 月知识界开始集中讨论战后建设问题时，计划经济或统制经济依然为时人普遍推崇。伍启元就于 1941 年 7 月 7 日分析说："一个国家如要现代化或工业化，原有两条途径可走：一是十八世纪英国的路，即用放任经济的办法去鼓励工业发展；一是二十世纪俄国的路，即用计划经济的办法由国家去建树工业。"英国的路适宜于先进国家，俄国的路则适宜于经济落后国家，"中国如果真要工业化，我们认为最

---

① 黄卓：《我们需要一个中央经济计划机关》，《新经济》半月刊第 1 卷第 11 期，1939 年 4月 16 日，第 281—283 页。

妥善的路系实行有计划的干涉主义经济的路"①。1942 年 7 月 16 日,经济部企业司司长庄智焕也表示:"经济建设必为计划经济,举凡农矿工商交通,均应循序渐进,不得独后,亦不准独先。"② 齐植璐是经济部主任秘书,抗战中后期替吴景超主编《新经济》半月刊。他于 1942 年底表达了坚定的计划经济立场:"战后新中国的远景,已有许多人加以描画:它应该只有一个体型——'计划经济';一个鹄的——'工业化'。"③

而且,在此时期知识界的计划经济和统制经济讨论还有一个重要思想背景——1942 年 3 月 29 日《国家总动员法》的公布、5 月 1 日国家总动员会议的成立。由此,国民政府的战时经济统制进入新阶段。在此以前,国民政府尽管开始实施经济统制措施,并涉及大部分重要生产、生活物资,但仍难以说得上全面统制。《国家总动员法》的颁布和实行,标明国民政府战时经济统制的全面强化。④ 这使知识界和舆论界仍热衷于讨论战时统制问题。而这种战时统制与德国式统制经济更类似。所以,抗战中后期,知识界计划经济与统制经济论说在含有越来越多苏联计划经济成分的同时,仍重视德国统制经济模式。⑤

黄卓于 1938 年 4 月和 1939 年 4 月,陈希豪于 1939 年 2 月曾多次讨论国家计划经济机构问题。黄卓和陈希豪当时的设想主要立足于作为战时经济的大后方经济建设。1940 年下半年,知识界又集中讨论这个问题,但大

① 《战争所引起的经济变化》(《当代评论》第 1 卷第 1 期,1941 年 7 月 7 日),伍启元:《由战时经济到平时经济》(在创丛书),第 15 页。

② 庄智焕:《经济建国之前提》,《新经济》半月刊第 7 卷第 8 期,1942 年 7 月 16 日,第 163—165 页。

③ 齐植璐:《战后经济建设计划的实际问题》,《新经济》半月刊第 8 卷第 6 期,1942 年 12 月 16 日,第 106—110 页。

④ 依据该法案,统制范围几乎涵盖所有重要经济物资,统制方式也益加严格(王仲武:《经济建设与国家总动员》,《经济建设季刊》创刊号,1942 年 7 月,第 187—189 页;《国家总动员法》,《经济建设季刊》创刊号,1942 年 7 月,第 375—377 页)。

⑤ 抗战时期中国知识界关注的战时统制,与其说接近于苏联式计划经济,不如说更类似于德国式统制经济。一方面,德国式统制经济是以军事生产为导向对私营企业进行政府管制,比苏联式计划经济体带有更多战时经济色彩。另一方面,中国学者阐释的战时经济统制更多指政府对私营经济的"管制",而苏联对国营经济的"全盘计划"则在其次。由此可窥知中国知识界之所以既重视苏联计划经济模式,又热衷于德国统制经济模式,进而"计划"与"统制"不分的另一个思想动因。

家的讨论开始立足于战后建设,战时经济考虑则退居次要。

1940 年 5 月 27 日,《大公报》社评首先提出,"我国今后的建设计画问题"是一个"为一般人所未及注意"的"极端重要"的新问题,一般人也许觉得现在谈这个问题为时过早,但是,战时建设与战后建设在建设程序上必须有一贯性,否则,"资本之损折,人力物力之虚耗,势将不可避免,至低限度,亦足将我国工业化之进程,延缓数年"。为此,社评提议建立"经济设计院",规划战后建设问题。显然,社评此议主要出于战后建设考虑。不过,社评设想的这个机关并非我们通常理解的经济计划的制定与执行机构,而是一个储备经济建设人才、进行经济建设学术研究与交流的经济参谋机关,"与美国罗斯福总统之所谓'脑力托辣斯'(Brain trust)者,仿佛相同"。其功能有三项:荟萃国内工业经济计划人才、容纳部分国外建设人才、成为"全世界建设学问之融合切磋机关"。① 社评关于"经济设计院"建议提供了一个明确信息:大约自 1940 年五六月前后,战后经济建设问题开始提上知识界讨论议程。读了《大公报》的建议,几天后,黄卓也谈了对"经济设计院"的想法。他的设想与《大公报》大不相同,是一个全国性的经济计划制定机关,设立调查、研究、计划三个处,每处再设工业、农业、矿业、贸易、金融、财政、交通等若干组,分别负责相关经济部门的调查、研究、计划工作。②

《大公报》和黄卓讨论"经济设计院"不久,1940 年 10 月,一个真正意义上的中央计划机构——中央设计局正式成立。这个机构成为抗战中后期知识界讨论计划经济的一个新的思想背景。本书第一章曾提到,该局成员很多是"从政书生",许多人积极为《新经济》半月刊、《经济建设季刊》撰稿。曾在该局任职的张希哲回忆,依照蒋介石的指示,该局一直在拟定各种战时、战后经济建设计划:1940 年 10 月 7 日开始草拟的《战后建设整个计划》与《新实业计划》,1941 年 2 月至 9 月拟定、1942 年开始实施的《战时三年建设计划》、《战时党务三年计划》、《战时三年建军计划》、《国防工业战时三年计划纲要》,1941 年 2 月至 1942 年底拟定的《战

---

① 《设立经济设计院之建议》(社评),(重庆)《大公报》1940 年 5 月 27 日。

② 黄卓:《论经济设计院》,(重庆)《大公报》1940 年 6 月 8 日。

后五年国防及经济建设计划草案》,1942 年 9 月至年底拟定的《西北十年建设计划》。①

中央设计局成立后不久,1940 年 12 月 14 日,沈怡对该局的工作提出自己的设想,认为该局应成为与苏联全国计划委员会类似的机构。中央设计局依据国家政策和中央意旨编订经济计划大纲,中央和地方各执行机关再根据该局拟定的计划大纲编拟实施计划。各执行机关编拟的实施计划须送交该局进行综合审查、修订,规模较大而需要统筹的民营经济也要制定实施计划并呈请该局审查。而且,该局有权检查各计划的实施情况。② 沈怡的设想与当年 6 月 8 日黄卓设想的"经济设计院"的性质与职权大同小异,明显存在陈伯庄、谭炳训、魏普泽等人介绍的苏联经济计划制定程序的影子。这说明,当时知识界对中央经济计划机构的看法已相当一致。

1942 年 7 月战后建设问题讨论开始的时候,知识界计划经济与统制经济思潮依然浓厚。所以,计划经济与统制经济问题,成为大家 1942 年下半年讨论战后建设问题的一个重点。1942 年 7 月出版的《经济建设季刊》创刊号几乎成为计划经济或统制经济的讨论专辑,翁文灏、霍宝树、吴景超、曹立瀛、罗敦伟均赞同计划经济或统制经济原则。此时,他们讨论的计划经济或统制经济与抗战前期不同,主要针对战后建设。

中国银行总经理霍宝树不主张战后中国实行自由放任经济。他认为,国家干预经济是世界潮流,世界"经济权的方位"（Location of economic power）处于"从私人企业家手中移归政府的趋势"。欧美资本主义国家实行的自由放任经济制度存在严重弊端,导致 30 年代的经济危机。他所言的计划经济指在国营经济与民营经济并存基础上,既借鉴苏联式计划经济,又参考德国式统制经济,由政府严格统制国营企业,同时对私营企业进行监督与指导。他把资源委员会国营工业的创办、工矿调整处对民营事业的调整以及国民政府对贸易、金融、市场的管制,均认定为计划经济。他认为,所谓计划经济,就是首先为全国经济建设确定核心问题,然后为各部门企业制定某一时期的执行计划,国营事业和民营事业都以此为努力目标。

---

① 张希哲:《记抗战时期中央设计局的人与事》,《传记文学》第 27 卷第 4 期,1975 年 10 月 1 日,第 41—43 页。

② 沈怡:《中国工业化之几个基本问题》,（重庆）《大公报》1940 年 12 月 14 日。

这方面，"德苏两国的技术上的经验，似很可供我国参考"。但是，他说的"参考"也仅仅是"参考"。他既反对苏联的全部国营，也反对德国的极端统制。他强调："所谓参考德苏两国的技术经验，决不就是说仿行德苏两国的经济制度。"苏联全部国营与德国极端统制，会造成消费选择自由与就业选择自由全部泯没的流弊。所以，霍宝树说的计划经济，是在国营事业与民营事业共存的"混合经济制度"下，政府对国营事业实行严格统制，对私营企业进行监督与指导，以使国营事业与民营事业直接、间接有助于全国经济建设核心问题的解决。[①]

　　吴景超也认为，战后中国"自由经济已不适用"。但是，与大家普遍使用"计划经济"一词不同，他将战后中国经济体制称为"管制经济"，"我们为迅速的达到我们的目标起见，以后对于建设事业的生产、投资、分配及产品的价格，均应加以管制，使伟大的建设工作，均在一个统筹的计划下进行"。这种"管制经济"与国民政府"战时经济统制"有更多连续性。他认为，抗战时期实行的"管制经济"（战时经济统制），抗战胜利后"不但不能取消，还要设法加强"。吴景超说的"管制经济"包括生产管制、投资管制、分配管制和物价管制四个方面。首先是生产管制。这又分为国营事业管制和民营事业管制两部分。国营事业管制指国营企业遵照政府核定的企业计划进行经营，"现在国营的生产事业，每年均遵照政府的指示，定有一年、三年，甚至十年的生产计划。这些计划，经过政府核定后，始付实行"。民营事业管制可以通过多种方式：民营企业向国家控制的中央、中国、交通、农民四家银行借款时，可以在借款条件中规定生产种类；民营企业向经济部工矿调整处购买材料时，政府可以在分配材料的时候，引导民营企业走上政府预定的轨道；政府可以与民营企业订立合同，使其在某个时期生产某种产品。吴景超认为，通过核定国营企业生产计划，干预民营企业生产，就可以实现政府的总计划。他说的投资管制，指政府控制私人资本投资领域和投资额。所谓分配管制，是通过征收所得税和累进遗产税，"达到公平社会的目标"。他主张，战后中国仍应实行物价管制。因为战后建设的突出问题是，中国优先发展军需工业和重工业，这些领域

---

① 霍宝树：《经济建设刍议》，《经济建设季刊》创刊号，1942 年 7 月，第 11—13 页。

从业人员会购买日用品等轻工业产品,如此,"轻工业之产品并未加增,但从旁却添了一股由从事于军需工业及重工业者那儿流来的大量购买力,轻工业产品受此购买力之压迫,其价格之上升,殆无疑义"。如不实行物价管制,势必出现通货膨胀。[①] 显然,吴景超主张的"管制经济",并不强调国家整体经济计划的制定和实施,对国营企业,政府主要核定和监督企业自身生产计划,而对民营企业,政府主要依据国家政策,进行单独调节和引导。这种"管制经济"与苏联式计划经济差距较大。

陆军大学教授罗敦伟从"国防经济"角度阐述"计划经济"的必要性,强调"到国防经济建设的道路,无论自那个角度去观察,都是'计划经济'"。他认为,"计划经济"与"统制经济"完全是一回事,"无论是统制经济或者计划经济,都是根据一定的计划,用集中的力量去推进经济建设或者管制经济生活。在方法上,或者说形态上是完全一致的"。两个名词在本质上没有什么区别,"当然可以互相应用,用不着去强别异同",对于两个概念异同的争论"是没有什么意义的"。罗敦伟的这个说法,忽视了德国统制经济与苏联计划经济的基本区别——前者建立在私营经济基础上,后者以国营和集体经济为基础。尽管罗敦伟认为计划经济与统制经济是一回事,但他所谓以国防经济为导向的"计划经济"或"统制经济",应属"统制经济"范畴,更确切地说,主要是"战时统制"。这包括如下方面:第一,在大规模现代战争中,政府应全部掌握全国经济力量以及一切人力、物力的调度和分配;第二,政府集中掌握公私财物的调度权,以筹措巨额战争费用;第三,现代战争需要生产与战争相配合;第四,战争期间需要适当分配财富,适当维持物价及一般生活水准。这几个方面无不属于"战时经济统制"范畴。虽然他也说"战时经济"只是"国防经济"的一个方面,"计划经济"或"统制经济"还包括以国防建设为导向的"平时经济"。但是,这种"平时经济"条件下的"计划经济"或"统制经济"只是"战时统制"在"平时经济"时期的延续,"国防经济,比较战时经济或者战争经济的范围更大,需要经过准备的时期特别的长,而关系的事态也特别的多。其需经过计划经济的道路,更加明显"。而且,罗敦

---

① 吴景超:《中国经济建设之路》,《经济建设季刊》创刊号,1942 年 7 月,第 17—18 页。

伟强调"计划经济"或"统制经济"的"可塑性"，认为不应有固定模式，不能严格采用"苏联或者德国的计划经济的方法"。中国"民生主义的计划经济"应具有中国的"创造性"，对外国"计划经济"，只能师其意，不能施其方法。[①]

1942 年 7 月《经济建设季刊》讨论计划经济与统制经济不久，任职于南开大学经济研究所的桑予白于同年 10 月 16 日发表了一套更为独特的看法。他将国家控制经济的若干概念分离开来：统制与放任，属企业管制权问题；计划与自由，属企业指导权问题；国营与民营，属企业经营权问题；国有与民有，属企业所有权问题。这几个概念之间，只有相互配合，没有必要关联，"统制可以是计划的，亦可以不是计划的；统制与计划可以是国营国有的，亦可以不是国营国有的；而国有者可国营不必国营，国营者可国有亦不必国有"。所以，在桑予白眼中，整个世界经济史是这几种经济因素杂然并陈的局面。他分析，全世界经济模式存在两个极端事例，一个是当代苏联，另一个是 19 世纪中叶的英国。苏联实行绝大部分的统制、计划、国营、国有，英国实行放任、自由、民营、民有。"在两个极端中间散布着不同程度的和不同类型的范畴。统制与放任、计划与非计划、国营与民营、国有与民有，各可有不同程度的划分，不同类型的配合。"纳粹德国次于苏联，虽然实行统制与计划，但实行民营、民有。17、18 世纪自由主义西欧诸国，实行统制而无计划。新政下的美国则从自由主义出发，实行统制，但无计划。即使苏联和 19 世纪英国也并不纯粹。苏联只是接近于，还算不上纯粹计划、统制、国营、国有。苏联将其经济分为社会主义与个人主义两个部门。在个人主义部门，个人经济活动有若干自由，若干物品亦允许私有。19 世纪初叶，英国就已进行社会立法，政府对若干经济活动还是有某种干涉的。所以，桑予白认为，世界各国经济制度都不是"纯粹的"，而是"混合的"。他设想，可以将统制与放任、计划与非计划、国营与民营、国有与民有这些具体经济政策，因地、因时制宜地分别施用到不同的经济部门，"我们也可以把我们的经济，分开统制经济部门和自由经济

---

① 罗敦伟：《国防经济建设的道路》，《经济建设季刊》创刊号，1942 年 7 月，第 40、44—46 页。

部门,计划经济部门与非计划经济部门,国营部门和民营部门,国有的部门与民有的部门,以及各部范畴配合而成的部门"①。桑予白的看法,核心在于统制与计划、自由与放任、国营与民营的并存,是一种典型的"混合性"主张。这就在一定程度上否定了单纯的计划或统制经济模式,可谓从正面、理论角度否定国家经济干预论,认同经济自由主义的先声。

四 廓清统制经济与计划经济概念的努力

如上所述,抗战时期知识界对计划经济、统制经济概念的理解,既呈现极大差异,又相互混淆,甚至视同一物。不过,一些论者自抗战初期便试图廓清两个概念的区别。抗战时期,论者对两个概念的"标准"定义,就是所谓统制经济以德国经济模式为蓝本,以绝大部分经济领域的私有私营为基础,由政府对经济进行干预;而计划经济以苏联经济模式为参照,以绝大部分经济领域的国营和集体经营为基础,由政府对经济进行严格的计划管理。

早在1939年6月,高叔康就试图澄清计划经济和统制经济的区别。但是,他把统制经济定义为"消极的限制或防御某一部分产业所发生的矛盾和不景气的对策,重在经济本身的现成问题的解决",欧美各国为解决经济危机而实行的政府干预经济政策就是统制经济;而计划经济则"是把全国经济作为通盘打算,各种产业不论公营或私营,也不论地方和中央,从生产、分配、交易、消费的经济行为的总过程着眼,制成综合的、统一的、全面的、关联的精密计划的方案,以为全国经济建设进行的方针,使全国经济达到组织化和社会化的程度"。显然,他不是把经济所有制的国营或私营,而是把政府干预的程度作为划分两种经济模式的标准,计划经济是对全国经济实行更全面、更严密、更强化的控制,而统制经济只是对经济危机的消极应对措施。他不同意只有"把一切生产手段为全社会公有"的社会主义国家"才有计划经济,除此以外的国家只有统制经济,不能有计划经济"的说法。他认为,计划经济只是政府控制经济的方法,其对象既可

---

① 桑予白:《试论经济政策》,《新经济》半月刊第8卷第2期,1942年10月16日,第37—39页。

以是国营经济，也可以是私营经济。他试图说明，苏联的全面公有制可以实行计划经济，而中国国营与民营经济并存的混合经济制度也可以实行计划经济，"不能说民生主义的计划经济，不能算计划经济"。[①] 高叔康只把国家干预经济的程度作为计划经济与统制经济的区别，不可能消除人们对两种经济体制的误解。

宋则行[②] 1939 年毕业于中央政治学校大学部经济系，被分配到财政部贸易委员会做出口贸易管理工作。1939 年 9 月 16 日，刚到财政部工作的宋则行提出实行计划经济的三个先决条件，对计划经济作了相对严格的苏联式界定。他试图说明资本主义经济机制与计划经济的不相容性，计划经济只有在苏联社会主义经济机制中才能成功实现。他强调，实施计划经济必须具备三个条件：第一，国家通过实行全部经济事业的国营制度，控制全部生产。在苏联，私人经营几乎绝迹，不仅大工业实行国营，就是小规模的手工业也采取合作社组织方式，这使政府能够控制全国生产。而资本主义国家实行私有财产制度和个人经营原则，企业经营以赢利为鹄的，国家不可能严格控制全国生产，也就谈不到实行计划经济。第二，价格机制由政府控制，不受供求关系支配，不能左右社会生产。在苏联，价格变动由政府决定，与供求关系脱节；而在资本主义制度下，价格机制是支配整个国民经济、进行生产分配的总枢纽，可以左右生产的性质、种类和数量。它不是决定于政府，而受供求关系的支配。而"实施计划经济必须以人为的力量操纵价格机构，决不能任其由供求的自然势力去支配"。第三，实行对外经济关系的"封闭制度"。苏联对外贸易国营和统制制度可以"剔除外力之扰乱"，一方面，外国产品不能自由进入国内市场，国内资本和货物

---

①　高叔康：《战时经济建设》，第 10—12 页。

②　宋则行 (1917—2003)，上海崇明人。1935 年考取中央政治学校大学部经济系。1939 年毕业后，到国民政府财政部贸易委员会做出口贸易管理工作。1941 年，考入南开大学经济研究所，师从李卓敏、吴大业、陈振汉、崔书香专攻西方经济学。其硕士论文题为《国际贸易利得之来源及其衡量》，阐述发展对外贸易和国内经济增长的关系。1943 年获硕士学位，留所任助理研究员，并在中央设计局从事经济计划研究。1945 年至 1948 年，在英国剑桥大学研究西方经济理论，特别是凯恩斯经济理论。中华人民共和国成立后，任辽宁大学经济学教授（杨玉生：《不断探索的经济学家——宋则行传略》，《中国当代经济学家传略》（5），辽宁人民出版社 1990 年版，第 185—187 页）。

不能自由外流，国营事业产品不会受到外国产品竞争；另一方面，国际汇兑成为国家行为，不会出现汇率变动导致的国内金融紊乱。① 宋则行对计划经济的这种"苏联式"界定，在抗战初期大家对计划经济、统制经济的理解异常纷乱情况下，无疑具有提示意义。但是，他的这种界定并未被同时期大多数论者接受。而且，正因为宋则行对计划经济的界定比其他论者严格，才导致他比其他论者较早提出计划经济在中国的不可行性。②

　　吴半农、翁文灏也逐渐注意到苏联计划经济与德国统制经济的区别。1941 年 3 月，吴半农一方面把苏联计划经济和德国统制经济都纳入"计划经济"范畴，又指出苏联与德国两种"计划经济"的区别"是很值得注意的"，"如果苏联的五年计划是以公有公营为基础，则德国的四年计划可以说是以严密统制私人经济为基础"。③ 1942 年 1 月 1 日，翁文灏将世界经济体制分为三类：一、苏联"完全国营的计划经济"。所有生产贸易按照政府制定的方针和具体计划进行，从而"打破私人财产制度，树立社会共产规模，袪免资本主义国家之生产不平衡及不景气等各种流弊"，并优先进行重工业和国防建设。二、德国、意大利等国家"由政府完全管制的全面经济"。既保留私人企业，又由政府全权统制，以增强国防力量。三、英、美等国家"以自由竞争为主体而由政府偶施局部指导管制"的经济。政府不

---

　　① 宋则行：《经济机构与计划经济》，《新经济》半月刊第 2 卷第 6 期，1939 年 9 月 16 日，第 138—142 页。

　　② 不过，1939 年 9 月 16 日宋则行发表此文的时候，依然是主张实行计划经济的。他认为，尽管中国不完全具备实行计划经济的条件，但是，抗战以来中国经济情势正向有利于实行计划经济的方向发展，逐渐由"自由放任"转向"国家控制"。资源委员会举办的国营事业"已大大扩展，其在全国生产中所占地位逐渐重要"。私人企业因大规模由沿海向内地迁移，"政府在运输、资本、技术上予以各种援助，故国家对于私人企业之控制力亦已大大增加"。同时，沿海口岸的沦陷造成大后方"封闭"的环境。外汇管理和贸易统制的实行，"都替今后如何避免外力扰乱问题的解决开了一个端"。但是，他认为，这还不够，应全面扩展国营事业，严格控制私营事业，由国家控制价格和消费市场，实行对外贸易的全部国营，加强外汇管制，统制全国金融。但他不久意识到，这种严格的计划经济措施，无论近期还是长期，都难以实现，开始怀疑计划经济在中国的可行性（宋则行：《经济机构与计划经济》，《新经济》半月刊第 2 卷第 6 期，1939 年 9 月 16 日，第 138—142页）。

　　③ 《国营事业在我国经济建设中之地位》［原名《我国经济建设之途径》（国立中央研究院社会科学研究所《中国社会经济问题小丛书》第三种），中国文化服务社 1941 年版］，吴半农：《国营事业论》（青年文库），中国文化服务社 1944 年版，第 27、31 页。

经营任何经济事业，政府的职能主要是促进自由市场的发展，即使有局部的管理，也是为了促进自由市场发展。① 半年后，同年 7 月，翁文灏又将世界经济制度分为民主经济、计划经济和统制经济三类。"民主经济"指英美等国的自由经济，"如英美等国所行，以自由经营为基本，政府工作重在保护人民之权益，而并不由各机关自为营业"。"计划经济"以苏联为楷模，特点是实行国营、政府制定经济计划、增强国力，"国营的计划经济，苏联行之特为尽力，其主旨在以政府力量，将农矿工商以及运输汇兑各业之组织及办法，皆订定详细明确之具体计划，分配主管机构或集体中心负责实行，打破私财积习，提高国家实力，强毅推进，成效昭然"。"统制经济"以德国模式为主，特点是私营、政府控制经济、增强武力，"政府握实际指挥之大权，私人负服从执行之义务，而政府方策，尤重在增强武力，发扬国威，竭全力以为之，虽掀起空前战争，在所不惜"②。

曹立瀛于 1942 年 7 月阐述的计划经济也接近苏联式计划经济。他指出，计划经济最核心的内容，是经济要素在各经济部门中的配置，由行政性的国家计划实现，而不是通过市场价格机制完成。他分析说，计划经济"系在一确定的区域（例如中国）及一假定的时期（例如五年）内，估计国防民生之需要（消费方面），量算可能发展之供给（生产方面），调整成为适当的计画与方案，使生产与消费平衡（在战后的中国，应作使生产与消费在最大生产能力下平衡），并更进一步使生产超过消费，藉谋资财之累积，同时运输、贸易、金融及各种因素之分配方面皆得适应与调整，如此，国民经济得有系统的、和协的、进步的及效率的开展"。他进一步分析，"计划"与"统制"之间有区别亦有关联。"计划"不一定须"统制"；"统制"不一定有"计划"，尤其是全盘"计划"。不过，他说的"统制"并非指德国"统制经济"，而指"在法律的强制下，有计画与管理的集中"。他认为，中国战后不仅要实行"计划经济"，而且，"计划经济"的

---

① 翁文灏：《经建方向与共同责任》，《新经济》半月刊第 6 卷第 7 期，1942 年 1 月 1 日，第 136—139 页。

② 翁文灏：《中国经济建设的前瞻》，《经济建设季刊》创刊号，1942 年 7 月，第 1—2 页。

实施要采取"统制"方式，他称之为"统制的计划经济"。① 曹立瀛所言的"计划"与"统制"的合一，并不妨害他的理解与苏联计划经济的类似性。因为他说的"统制"是执行经济计划的手段，不是指德国统制经济模式。即使苏联计划经济的实施和执行，也要通过一系列"统制集中"手段②。

1942 年 8 月 16 日，宋则行再次辨析了"计划经济"、"自由经济"和"统制经济"概念。他观察到，近年来无论是政府宣传文告，还是专家学者论著，差不多一致认为"我们必须要走上计划经济的大道"。但是，论者口中的"计划经济"并没有"一个清晰的一致的含义"，有人只看作政府大规模的建设计划，也有人只看作政府对人民经济活动的"统制政策"。对于这种理解的混乱，他指出，"计划经济"是与"自由经济"相对应的经济制度。自由经济是资本主义的、以私营经济为基础的、以追求个人利润为目的的、以自由竞争为导向的经济制度，而计划经济则是社会主义的、以公营经济为基础的、以寻求社会福利为目的的、以中央政府集中计划为主导的经济制度。"统制经济"虽然在外形上也可能会有一个"计划"，但它"在本质上不过是对自由经济制度的一种修正和一种强制的干涉政策"，它依然以自由经济为基础，与"计划经济"有严格区别。像德国等"若干国家在保持私有、私营及利润目的的基础上，试向国民经济生活的各方面加以干涉统制，而使市场的价格机能部分失去其自然调节的作用，以遂其特殊的政治目的"，这就是所谓"统制经济"③。

---

① 曹立瀛：《论战后经济建设政策》，《经济建设季刊》创刊号，1942 年 7 月，第 24—25、31 页。

② 抗战末期，1945 年 6 月 16 日，曹立瀛再次对他理解的"计划"与"统制"概念作了说明。他提出，"统制"是将经济的全体或若干部门、全体或若干历程，用法令强制执行，俾达到某种预期目的；"计划"只是一种"向导"（Guide），标志着方向与轮廓，政府不用法令强制力量（即用也极轻微），来实现既定的计划。由此，他提出"全面计划，关键统制"模式。他解释，经济计划应是包括所有"经济部门"、"经济历程"的全面计划，但是，政府统制只能限于关键性的"经济部门"和"经济历程"（曹立瀛：《工业建设之基础原则——论民生主义的计划经济》，《新经济》半月刊第 11 卷第 11 期，1945 年 6 月 16 日，第 260—265 页）。

③ 宋则行：《经济建设的远景与近路》，《新经济》半月刊第 7 卷第 10 期，1942 年 8 月 16 日，第 193—198 页。

祝世康①在抗战时期先后担任中央储蓄会副经理、经理，并兼任中央信托局储蓄处经理，投入大量精力研究民生主义经济制度。1943 年 7 月，他在论述民生主义经济制度时提醒大家注意，民生主义的计划经济与资本主义国家的统制经济不同。他分析说，"所谓计划经济，须使经济上的各部门，作合理的配合发展"，它以苏联模式为基准，以国营经济为基础，其实施"在苏联已经有了成效"。他批评有些"研究经济的人"，对"计划经济"产生误会，"单从资本主义国家去抄袭了些统制经济的方法"。他认为，统制经济仅适用于产业已经发达的国家和自由竞争的资本主义国家。因为在产业发达的自由资本主义国家，生产事业因无规则的自由发展而有出现生产过剩的危险，需要由政府进行统制。②

抗战后期，1944 年 1 月，汪祥春介绍说，"计划经济是相对于自由经济而言的名词，关于它的含义，学者众说纷纭"，有人以德国四年计划为准，视"计划经济"为"统制经济"的别名；有人以苏联五年计划为本，谓"计划经济"是苏联经济制度的称号。汪祥春认为，对于"计划经济"，还有一种更为"严格的定义"，即从整个社会经济着眼，将"计划经济"视作对生产、分配进行全面计划的经济制度。他把计划经济与自由经济进行比较，归纳出计划经济的三项重要特征：第一，在自由经济中，生产目的是交换，经济行为的动机是寻求个人最大利润；在计划经济中，生产目的是消费，经济行为的动机是寻求社会的最大经济福利。第二，在自由经济中，生产处于无政府状态，各种产业间缺乏有意识的、计划的联系，生产单位各自独立经营；在计划经济中，由中央计划机关制定统一计划，各生产单位分工合作构成完密体系。第三，在自由经济中，分配的性质是回报劳动或财产的贡献，生产与分配在一定的价格机制下受供需法则支配；在计划经济中，分配的性质不完全是回报个人财产或劳动的贡献，更主要

---

　　①　祝世康（1901—1982），字尧人，笔名曾膺，江苏无锡人。毕业于北京政法大学，赴美留学，入印地安那州大学，获博士学位。回国后，历任北京政府工商部法规委员、实业部劳工司代理司长、国民政府立法院首席简任秘书、国民政府主计处顾问、中央大学及交通大学教授、中央银行经济研究处专门委员、中央储蓄会副经理。中华人民共和国成立后，曾任上海市人民政府参事等职（《民国人物大辞典》，第 765 页）。
　　②　祝世康：《民生主义经济制度与政策的探讨》，《经济建设季刊》第 2 卷第 1 期，1943 年 7 月，第 195—196 页。

是维持个人生存,满足个人欲望,生产与分配同受中央计划当局支配。从汪祥春所言计划经济的三项特征来看,他说的计划经济基本属于苏联式计划经济,因为他点中了苏联式计划经济的最基本特征,即生产要素的配置和生产成果的分配,不是通过市场价格机制,而是通过行政计划实现。这就需要政府控制所有生产资源,实行全面国营。所以,他说:"计划经济本是社会主义者的幻想,自苏联于一九二七年实施五年计划后,才引起经济学者的注意。"①

1944 年 8 月,重庆中央大学经济系教授朱伯康也对英美自由经济、德国统制经济、苏联计划经济作了比较严格的界定。他指出,英美两国实行的自由经济,是以自由竞争为中心而由政府采取局部的指导管制。它以民营事业为骨干,以价格机制为枢纽,以追求利润为主旨,以自由竞争为原则,互相竞赛,存优汰劣,促成进步。德国和意大利两国实行的全面管制的统制经济,是所有权仍归私人,但经营方针、生产内容等悉由政府全权统制,限制利润,调整市场,规定分配及生产标准。苏联计划经济则以完全国营为基础。②

1945 年 5 月国民党六大闭幕后不久,叶方恬系统分析了自由经济(Free economy)、统制经济(Controlled economy)和计划经济(Planned economy)的特点,在抗战时期知识界论说中可谓相当标准。他指出,自由经济的基本内容包括:主张自由贸易,反对保护关税;不对产品价格和品质进行管制;主张工资决定于雇主和工人间无约束的议价;政府的职能只限于国防和国内秩序的维持、正义的执行、公营事业和公共机关的设立。其经济自由观念根据三项主要原则:个人自由、私有财产、企业的私人创始和控制。自由经济的推动机制有两个,一是价格机制,二是利润机制。德国式统制经济有六个特征:第一,实行国家资本主义,独占资本家垄断各重要企业部门,财界巨头支配独占资本家,政治权力控制财界巨头,层次分明,一律组织化。第二,平时经济战时化,政府根据加强战斗力原则,有计划地牺牲消费品工业,扩充军需品工业。第三,财产的所有权与控制

① 汪祥春:《计划经济的生产理论》,《经济建设季刊》第 2 卷第 3 期,1944 年 1 月,第181—182 页。

② 朱伯康:《经济建设论》(青年文库),第 62—64 页。

权相分离。虽然财产所有权属于业主，但控制权属于国家。第四，政府直接或间接统制个人消费，并紧缩消费品生产，以达到物价的稳定。第五，通过自由竞争实现利润生产的法则不起决定性作用，各企业的利润由国家权力作保障。第六，政府压低工人工资，迫使工人服从"工业领袖"，工人变为"工业奴隶"。政府强制农民固着于土地，农民沦为"农奴"。苏联计划经济有五项特点：第一，私有资本消失，资本所有权和控制权均掌握在国家手中；第二，国家不是按利润法则，而是依据国民或国家的需要，将整个经济有计划、有组织地动员起来；第三，实现经济社会化，实行"各尽所能，按劳取酬"，国民均有平等机会参与、享受国家经济；第四，因消除了私有财产造成的经济不平衡和矛盾，所以，战争期间不会因扩大军需工业，牺牲国民大众的需求；第五，因实行计划经济，由平时经济转为战时经济更容易。①

　　显然，到抗战后期，一部分论者已经将统制经济和计划经济的界限完全划分清楚，其最终结论就是：统制经济以德国经济模式为标准，计划经济则以苏联经济模式为标准。但是，这样的认识只是一部分论者的一家之言。对计划经济和统制经济概念理解的混乱，仍然普遍。这折射出抗战时期知识界计划经济论说的一个重要特征，就是极少有人主张中国实行完全、规范的苏联式计划经济。

第三节　自由经济：对计划经济与统制经济的质疑与反思

　　即使在抗战前期计划经济和统制经济思潮居于压倒性优势的形势下，李卓敏、蒋廷黻、宋则行等人就开始对计划经济和统制经济在中国的可行性提出质疑。但是，他们的质疑并不是以自由经济理念为出发点对计划经济和统制经济理论本身的否定，只是否定了两种经济制度在中国的现实可行性。中国知识界以自由经济理念为基础全面质疑计划经济和统

① 叶方恬：《经济制度与中国经济建设途径》，《经济建设季刊》第3卷第3、4期合刊，1945年，第66—67页。

制经济理论，开始于 1943 年下半年。南开大学经济研究所教授陈振汉①首先提出这个问题，之后，谷春帆等越来越多的论者加入到这个行列，逐渐形成一种思想潮流。但是，对计划经济和统制经济的否定性认识仍然只是一部分论者的观点，仍有大量论者持坚定的计划经济和统制经济立场。

一　抗战前期对计划经济与统制经济可行性的质疑

1943 年以前，李卓敏、蒋廷黻、宋则行等人便对计划经济和统制经济在中国的现实可行性提出质疑。他们并非否定计划经济和统制经济本身的合理性，只是指出中国不具备实行的条件。换言之，如果将来中国具备这样的条件，还是要实行的。

梁子范在抗战时期任金陵大学农业经济学教授，曾在德国攻读过 8 年经济学。他较早对德国统制经济原则提出质疑。1939 年 4 月 16 日，他批评希特勒过于倚重政治看轻经济，认为德国"经济的措施是为达到政治的目的，而政治的措施不必顾到经济的繁荣"，会把经济力量弄得脆弱不堪。以此为基础，梁子范分析了德国经济的两大隐患，一是过于膨胀信用，二是过于把大量资金用于军事工业等与民生无关的生产。他分析，德国用膨胀信用的方法掘取资金，推行"有政治作用的经济计划"，面临极大危险。德国大量发行的"扩军票据"，终有一天必须贴现和清理，银行必须纳出通货，造成通货膨胀。另一方面，德国又把社会有用的资本转移到修建汽车路、军需工业等与民生无关、不经济的生产，造成资本浪费。这样，通货膨胀和资本浪费两个因素，便会促成物价上涨，在国内降低人民生活水平，在国际市场上也使德国货物成本提高，不易竞争。他认为："现在不是

---

①　陈振汉（1912—2008），浙江诸暨人。1935 年，毕业于南开大学经济系，受方显廷影响，对经济史产生兴趣。1936 年至 1939 年，在美国哈佛大学经济系学习，获哲学博士学位。他以经济史为专业，并奠定西方经济理论和统计学基础，在理论学习方法上受哈佛大学经济系熊彼特（J. A. Schumpeter）和阿暄尔（A. P. Usher）两位教授很大影响。1940 年 4 月，与夫人崔书香回国，在南开大学经济研究所任副教授（1941—1942）、教授（1942—1946），并兼中央大学教授（1942—1946）。从 1946 年起，任北京大学教授直至中华人民共和国成立后（金寄时：《在经济研究中重视人的研究——陈振汉传略》，《中国当代经济学家传略》（5），第 86—87 页）。

国社党可以讴歌过去，高枕无忧的时候，还有漆黑的前途等着国社党迈进。"① 梁子范指出的德国经济问题引起编辑《新经济》半月刊的吴景超的关注。他表示，梁子范所"指出德国经济的危机，当能引起留心国际问题的人的注意"②。

南开大学经济研究所教授李卓敏较早把计划经济和统制经济作为需要讨论的问题提出来。他于 1940 年 10 月 1 日观察到，抗战以来，国内计划经济和统制经济的声浪一天高似一天，几乎成为毋庸讨论的理论前提，"至于我们将来是否应当采用一种完全由政府统制的经济制度这一问题，则一般人不是忽略了，就是以为这是无可异议的结论"。但是，他认为，战后中国还不能立即实行这种经济制度。因为要实行有效的统制经济或计划经济，必须具备"贤明的果断的政府和组织严密的国家"，而中国根本不具备这样的条件。像中国这种政治机构不健全、组织不严密的国家，假如把一切经济发展的责任都放在政府手里，其结果一定不好，经济发展程度一定缓慢。在这种情形下，还"不如栽培私人经济，保护个人利益，利用私人开创力在自由竞争下推动经济的发展"，"最好的政策还是除了国防事业和私人资本不能举办的事业外，完全让私人自由经营。我们现在研究战后经济建设，用不着作许多统制的计划"。但是，李卓敏对计划经济或统制经济的否定，是非常不彻底的。因为他否定的并不是这种经济制度的本身，只是否定了其政治和社会条件。如果中国也像苏联和德国那样具有"贤明的果断的政府和组织严密的国家"，还是可以实行的。他"并不是主张以绝对的自由竞争主义为战后经济政策"，依然认为苏联、德国和意大利的经验是强有力的。③ 对于李卓敏发出的反对声音，吴景超很感兴趣，在《编辑后记》中表示："在大家提倡经济统制的时候，李卓敏先生的文章，提出一种相反的主张来，颇可注意。我们希望大家对于统制经济的利弊，用具体

---

① 梁子范：《德国的金融设施及其经济问题》，《新经济》半月刊第 1 卷第 11 期，1939 年 4 月 16 日，第 293—299 页。

② 《编辑后记》，《新经济》半月刊第 1 卷第 11 期，1939 年 4 月 16 日，第 307 页。

③ 李卓敏：《论战后经济建设》，《新经济》半月刊第 4 卷第 5 期，1940 年 10 月 1 日，第 106—108 页。

的事实作根据,加以更深刻的讨论。"①

李卓敏提出中国战后不能立即实行计划经济或统制经济后三个月,蒋廷黻也于1941年1月1日提出:"当今要图不在统制,而在扶助自由经济。"他认为,统制经济不符合当下中国国情。其分析路径与李卓敏大体一致,不否认统制经济的先进性,只是认为中国现在还没有实行此种经济制度的资格。苏联、德国(甚至包括英国)等西方国家实行的统制经济,统制对象是"高度资本化、工业化的经济"。实行统制经济,必须具备两个条件:一是有"极健全的、严密的行政机构";二是有能让政府把持的经济"关卡",只有高度资本化、工业化的经济,才具备这样的经济"关卡"。但是,中国根本不具备这两个条件。关于第一个条件,中国行政机构的底子原是"无为而治的",现在要想一跃而具备实行统制经济的条件,"这个迈步未免太大了",人才的培养、人事制度的建立及廉敏风气的树立,必须费相当时间。关于第二个条件,国外工业化、资本化的经济"都是为市场而生产,不是为自用自食而生产。并且外国的市场都是大市场,其运输和金融运用都有一定的轨道,政府可以层层设关卡去统制"。而中国财富70%—80%是农产品,农业又是小农业、自耕自食的农业、非商业化的农业。政府统制无从下手。所以,"我们现在如要实行统制经济,一则因为我们的行政机构不严密,二则因为我们的一般经济生活无可统制的关卡,我们的努力恐怕是徒劳无益的"②。

陈振汉于1940年4月由美国哈佛大学回国,到南开大学经济研究所任教。1941年3月16日,他在"统制"与"放任"问题上,提出与其他论者颇不相同的看法。他提出,历史上根本没有一个时期,也没有一个国家,完全实行过"统制"或"放任"政策。这两种政策在任何时期、任何国家一直同时存在。而且,"统制"和"放任"政策的成效也很难一概而论。这一观点成为两年后他首先从深层次理论层面对计划经济提出正面质疑的思想缘由。陈振汉认为,历史上欧洲各国经济政策的演变,并不像许多人认为的那样简单划一:18世纪亚当·斯密提出自由经济学说,结束了16—

① 《编辑后记》,《新经济》半月刊第4卷第5期,1940年10月1日,第117页。

② 泉清:《从无为而治到统制经济》,《新经济》半月刊第4卷第8期,1941年1月1日,第164—169页。

18 世纪的重商主义时代;18 世纪末至 19 世纪末完全属于自由经济时代;自 19 世纪中叶开始,因企业的独占和垄断、国际经济利益的冲突,出现统制经济呼声,第一次世界大战后进入统制经济时代。这种"由统制到自由又从自由到统制"的简单化观念,只会导致大家在"统制"与"放任"问题上走极端,"在主张统制者,觉得这是顺应世界经济潮流的大势,我们应当追随意、德与苏俄之后。而反对统制者,则又觉得英国工商业的发达,正足以证明重商主义的失败,在一个经济发展落后的国家,实行统制是很困难的"。陈振汉所言的第一种观点显然是抗战前期知识界的普遍看法,第二种观点显然指李卓敏和蒋廷黻的主张。他分析,各国经济政策演变的实际情况是:在重商主义时代,各国贸易政策是自由贸易与统制贸易并行。在 18 世纪末到 19 世纪末所谓自由主义盛行时代,欧洲各国的经济政策也是分歧的。德国自 17—19 世纪一直实行统制与保护政策。法国除 1850 年至 1870 年短短 20 年间外,也在师承过去的干涉政策。英国虽然总体上趋向自由放任政策,"但政府似也没有故意的无为而治"。陈振汉接着分析,至于"自由"与"放任"政策的成效是否一定导致国家富强,无法一概而论,"因各国历史地理以及社会环境的差异,相同的政策往往产生相反的结果,而相同的结果可以溯诸相反的政策"。17—18 世纪,英国和法国同样实行"保护统制"政策,到 19 世纪英国掌握海上霸权,而法国终成工商业落后的国家。19 世纪,德国实行保护统制政策,与英国自由经济政策相反,却促进了工商业的迅猛发展。所以,导致经济富强的因素有许多,经济政策只是其中之一,"我们不能因为英国是传统的自由主义国家,同时工商业首先发达,就相信自由主义。或者因为德国近来统制政策成功,遂觉得有遵行统制的必要"[①]。如此,陈振汉把自由经济和统制经济两种经济政策的时间、地点、条件和效果都"模糊化"了。在他看来,具体实行何种经济政策,要视具体情况而定。

1942 年 8 月 16 日,已在南开大学经济研究所读研究生的宋则行提出,计划经济只能是中国经济建设的"远景",中国近期只能走一条逐渐接近

---

① 陈振汉:《战时经济的统制与放任》,《新经济》半月刊第 4 卷第 12 期,1941 年 3 月 16 日,第 269—273 页。

这个"远景"的"近路"。他一方面认可计划经济运行机制,认为政府计划当局可以采用"计算价格",从不断的试验与错误中,使"全社会的所得与生产资源得到合理的分配"。但是,他又认为,中国目前应该走的路,并非那种"严格纯粹"的计划经济模式。"严格纯粹"的计划经济制度对于中国只是"一幅远景",我们要选择一条阻力较小的路去接近它。换言之,他主张在实现完全意义上的计划经济之前,要有一个过渡时期。这个时期的核心任务是"有目标、有计划、有步骤、尽全力去扩展国营事业,以期逐渐造成其在全经济领域内的支配作用"。但是,中国目前技术落后、政府组织力量薄弱,还不可能实现全部的公有公营。中国只能从若干"锁钥工业"着手,逐渐扩展国营事业的范围。所以,虽然在全部国营事业中政府仍须有全盘缜密的"发展计划",但这并非那种"集中的全面的,将国民经济生活组织在一个制度内的计划经济了"①。宋则行以对计划经济进行严格理论诠释为基础,指出尚不能走完全意义的计划经济道路,预示着中国知识界对计划经济本身进行的深刻理论反思即将开始。一年以后,他的老师陈振汉即开始以自由经济理念为基础,对计划经济本身进行深刻的理论反思。而宋则行此时对计划经济的反思仍是不彻底的。他与蒋廷黻、李卓敏的分析路径在本质上是一致的,即在认同计划经济合理性的基础上,通过指出中国实行条件不具备,证明其在中国的暂时不可行性。

1942年10月至1943年1月,任职于南开大学经济研究所的桑予白对计划经济和统制经济作了系统、深入分析。从其分析中,明显可以发现他对统制经济与计划经济的逐渐疏离,对自由经济的逐渐接近。

1942年10月,桑予白花费大量笔墨阐述了"自由"与"统制"的相对性。他首先申明,一般人在提及"经济统制"与"经济自由"时,所指的统制是"政府的统制",自由是"个人的自由"。但是,他不采取这种定义,而采取一种"相对的定义"。他对"自由"的定义是,"自由"是一种任凭自己自由选择的权利,任何团体都有,不一定是个人的;而"统制"是加诸他人或团体的一种限制,也是任何团体都有,不一定仅属于政府。

① 宋则行:《经济建设的远景与近路》,《新经济》半月刊第7卷第10期,1942年8月16日,第193—198页。

依照这种"相对"的定义,在任何人类社会发展阶段和社会形态,这种"自由"与"统制"都同时存在。从上级的个人、团体、政府看,规定下级的个人、团体、政府的行动规范是统制;从下级的个人、团体、政府看,在某种规范内,有选择的权利,就是自由,"我们说自由与统制是一件事情的两方面,二者不但并存,而且是一体",不能把"统制"和"自由"看作"两个完全相反的设施"。他进而分析,任何社会制度,"都有它的统制的方面和自由的方面",核心问题是,"统制"的权力归谁,"统制"的程度多大?"自由"的权力归谁,"自由"的范围多大?在中古时代,"自由"和"统制"的权力在贵族和地主手中,大部分限制与奴役都加在人民身上;重商主义时代,"自由"和"统制"的权力属于"商人"和"国君";在19世纪中叶经济自由主义盛行的英国,"自由"和"统制"完全属于"中产阶级",行使"国权"的"自由"由"君主"移于工商业者;在苏联和德国等"计划经济"国家,"自由的权力,上移于独裁者,统制的束缚,则下加于工商业者"①。

几个月后,1943年1月,桑予白又对"马克思主义"计划经济理论和凯恩斯理论同时提出质疑。对于"马克思主义"经济理论,他提出三点质问:第一,在一个"共有的计划社会里"实行"各尽所能,各取所需",如果缺少物质"引诱与启发","各尽所能"如何能实现?第二,既然个人行动全在社会计划之内,个人缺少行动自由,是否会阻碍个人天资的发展?第三,在"共产社会"中,个人需求不表现于经济的有效需求,生产与分配不由价格决定,如何可以使资源得到最大限度的利用,使个人得到最大的满足?他对"马克思主义"经济理论的三点质疑,核心是对完全取消市场价格机制的、纯粹的计划经济的质疑。应该说,他对计划经济的质疑,在时间上早于他的同事陈振汉对计划经济的明确挑战。桑予白对凯恩斯理论通过低利率政策防止和缓解经济危机的原理提出质疑:第一,在资本主义社会,金融资本家的收入来源是利率,而长期的低利率政策必然违反金融资本家的利益。他们决不允许政府长期实行低利率政策;第二,持续的

---

① 桑予白:《论经济自由与经济统制》,《经济建设季刊》第1卷第2期,1942年10月,第104—106页。

低利率政策也不足以免除经济危机。因为社会投资的增加或减少,取决于社会对企业前途的信心。在经济危机之后,固然可以用低利率政策恢复繁荣;而在恐慌之前,则难以以这种政策预防经济危机。然而,桑予白对"马克思主义"计划经济理论和凯恩斯理论提出的质疑,却没有导致他否定苏联计划经济和德国统制经济。在他看来,苏联实行"马克思主义",德国则是凯恩斯理论的实践者。这两种理论模式的实践困难并未在苏联和德国应验,根本原因在于"国家"因素。苏联是"马克思主义"加上"国家",德国则是凯恩斯理论加上"国家"。这种"国家"因素,就是国家对经济的统制、计划和干涉。他分析说,在苏联,国家通过经济计划对经济进行控制,完全除掉了自由企业和私有财产引起的生产无计划、投资与消费的畸形等矛盾;德国则用政策力量稳定了效率工资(Efficiency wage)和价格机制,免除了社会信心的动摇;严格管理外汇与贸易,免除了他国经济变动的影响;国家完全统制并取消企业、雇佣与就业的自由,免除了生产的无政府状态和就业波动。①

二　分歧与对立:对计划经济与统制经济的理论反思

自 1943 年 3 月《当代评论》社主办的战后经济建设问题座谈会开始,国统区知识界开始以自由经济理论为基础,对计划经济和统制经济进行反思和质疑。② 南开大学经济研究所教授陈振汉较先从深层次理论层面对计划经济和统制经济提出否定性认识。此后,这种否定性认识逐渐

① 桑予白:《从马克思的恐慌论与凯恩斯的就业论论到我国的经济政策》,《经济建设季刊》第 1 卷第 3 期,1943 年 1 月,第 158—162 页。

② 知识界自 1943 年开始的对计划经济的反思,具有国际学术背景。1943 年 7 月,曾炳钧介绍了英国学者罗炳时(Lionel Robbins)1937 年出版的《计划经济与国际秩序》对计划经济的批评。据曾炳钧介绍,罗炳时此书以"亚丹斯密以来自由主义者的正统立场而对晚近统制经济的新倾向作一有力的反击","一切集中统制的经济计划,凡本书所讨论到的,都是作者彻底反对的。他批评经济计划或计划经济的短处,为的是要阐扬自由经济的长处",认为"就大体上看,自由主义对于人类幸福及自发的活动之保障,实较其他一切主义更属优良而有效"。又据曾炳钧介绍,抗战中后期,欧美也正在热烈讨论计划经济问题,力求发现可以兼有计划经济与自由竞争两种制度之长而去其短的折中办法。曾炳钧的介绍反映了他反思计划经济的思想取向(曾炳钧:《计划经济与国际秩序(书评)》(*Economic Planning & International Order*, By Lionel Robbins, MacMillan & Co., London, 1937),《经济建设季刊》第 2 卷第 1 期,1943 年 7 月,第 196 页)。

形成一股潮流。但是，这种思想潮流并非知识界的整体立场。自1943年开始，各个论者对计划经济和统制经济的价值判断，呈现出严重的分歧与对立态势。一些论者开始怀疑，另一些论者却在坚持计划经济和统制经济的合理性。

　　1942年下半年知识界开始讨论战后建设问题后，西南联大伍启元、钱端升、杨西孟等人主办的《当代评论》社也于1943年3月主办了一次战后经济建设问题座谈会，参加会议的有四川、云南两省的社会学、经济学、历史学学者共23人，包括清华大学教授伍启元、戴世光、李树青，北京大学教授赵迺抟、杨西孟，南开大学教授鲍觉民、滕茂桐，云南大学教授费孝通、沈来秋，武汉大学教授刘秉麟，中央大学教授褚葆一，资源委员会中央电工器材厂总经理恽震，《新经济》半月刊总编辑、经济部简任秘书吴景超，《经济建设季刊》总编辑、经济部统计长吴半农，社会部参事李俊龙，中央研究院社会科学研究所研究员樊弘，南开大学经济研究所教授吴大业、陈振汉，国民经济研究所研究员刘鸿万等。会议一开始，主持座谈会的伍启元就将战后中国应该实行放任经济、干涉经济，还是计划经济列为会议的主要议题之一。他将世界经济制度分为三种：（一）放任经济，即自由经济，"一切经济活动都受价格机构和利润机构所左右，国家的生产是由买者（依照其财产收入及需要状况）卖者（依照盈亏）就私人利益和价格高下而加以决定"；（二）干涉主义的经济，即德国式统制经济，"主要还保留资本主义经济中的私产制度、价格机构和利润机构，但对私人的经济活动不再给以绝对的自由，而由政府加以各种干涉"；（三）计划经济，以苏联为典型，"经济活动是由中央政府依照一定计划加以管制，加以指导，国家的生产不再受价格机构和利润机构所支配，而是受最高设计机关所规定的计划所支配"[①]。

　　针对伍启元提出的问题，与会者众说纷纭，对计划经济内涵各说各话。吴半农主张战后实行计划经济，包含苏联式计划经济和德国式统制经济两种模式，一方面对国营经济进行"计划"，一方面对私营经济进行"统

---

① 《战后经济建设问题座谈会》，《当代评论》第3卷第15、16期合刊，1943年3月28日，第3—10页。

制"。陈振汉认为，战后中国既不能实行放任主义，也不能实行计划经济，应该实行"干涉主义"或"部分干涉"。他分析，计划经济指全社会主要经济问题"由一个中枢机关根据一定目标或原则作全盘决定"，"计划中枢一定要能任意控制整个社会中所有的资源或生产工具"，而只对几种普通重工业等一部分经济活动的公营或计划，只能算是干涉，不是计划。陈振汉说的这种"干涉主义"或"部分干涉"，与吴半农所言计划经济，并无实质区别，同指在国营经济与民营经济共存情况下国家对经济的干预。但是，陈振汉在概念和字面上明确否定计划经济，在人人谈计划经济的思想态势下，却有着非比寻常的意义。杨西孟认为，战后中国的经济制度应该计划经济与自由经济并用，一面发展国家资本，一面容许私人企业。他称为"混合经济"。显然，杨西孟的计划经济、自由经济概念与吴半农、陈振汉有所不同：他把国家对国营企业的控制称为计划经济，把国家对私营企业的放任称为自由经济；而吴半农把国家对国营企业和私营企业的控制和干涉均称为计划经济，陈振汉则把国家对国营企业的控制称为"干涉"。恽震的看法与杨西孟比较接近。他主张，"计划"与"自由"应该并用，"计划自由，是可以混合起来，相辅[相]成的。一方面采用社会主义或民生主义，一方面在节制资本条件之下让私人并有若干自由，只要不使它影响到国家的基本政策，则也未尝不可的"。这种"计划"与"自由"并用，其实质还是既对国营企业实行"计划"，又给民营企业一定"自由"，但也非绝对"放任"。赵迺抟则表现出明显的"自由"想法，认为今后经济发展一方面要有追求"最大多数之最大福利"的理想，另一方面，"每人的经济活动须有相当的自由，同时每人的经济利益必须要有保障"。沈来秋提出了一个非常尖锐的问题：在战后与同盟国经济联系日益密切的情况下，如何实行计划经济？他认为："中国今后应该实行计划经济，理论上没有人反对。计划经济有许多方式。如果要像德苏一样地与外国隔离，单独实行其计划经济，事实上是不可能的。"①

　　从这次座谈会来看，1943 年 3 月前后知识界的主流意见，依然倾向于

---

① 《战后经济建设问题座谈会》，《当代评论》第 3 卷第 15、16 期合刊，1943 年 3 月 28 日，第 3—10 页。

计划、统制、干涉等国家经济干预论，无论在国民政府经济部等政府机关，还是在西南联大等高校，均是如此。但是，大家都不主张实行纯苏联式的计划经济，也不主张实行纯德国式的统制经济。伍启元作会议总结时，把中国战后经济制度称为"有计划的干涉主义"或"中国式的计划经济"。这种制度"既不是指普通所说的干涉主义，也不是指苏联方式或德国方式的计划经济，而是介乎二者之间的一种经济制度"。但是，伍启元又不太主张用"中国式的计划经济"概念，因为事实上"直至今日，中国并没有采用任何方式的计划经济"，认为"有计划的干涉主义"说法更为恰当。这种有计划的干涉主义"是指政府对经济拟定一个计划，用干涉主义的方式去使政府的经济计划付诸实施"，把国营企业和民营企业同时纳入政府的"计划"管理之内，"凡锁钥工业（如机器制造业）及其他特别重要工业，应由国家公营，其他事业则私人经营，但仍由政府加以管理，使能与国营事业配合起来，成为整个经济有机体"。这就是在国营经济与民营经济并存的"混合经济"制度中，既要采取苏联对国营经济的计划，也要采取德国对私营经济的统制，将国营经济与民营经济均纳入国家整体计划之中。[①]在这次座谈会上，虽然大部分人主张战后实行"有计划的干涉主义"，国家应对经济活动进行干预，但是，会议以"有计划的干涉主义"代替"计划经济"概念，就从名词概念上否定了"计划经济"。虽然其实质并未改变，但在人人谈计划经济情况下，这种名词的否定同样具有转换观念的意义。

　　一个月后，参加座谈会的云南大学教授沈来秋可能受会议影响，于1943年4月15日提出，战后中国不可能实行计划经济。他认为，计划经济有三个基本定义：强制的、全体的、排他的。"因为是强制的，所以必当先有强有力集权的政治组织，不惜以最激烈之手段，排除一切障碍，然后方可推行无阻。因为是全体的，故必须把握住全国整个的经济行为，包括生产、流通、分配、消费在内，穿成连环，加以严密的统制。因为是排他的，故对于国际间之利害冲突，容易引起争执，自树壁垒，随时都应作闭

---

　　① 《战后经济建设问题座谈会》，《当代评论》第 3 卷第 15、16 期合刊，1943 年 3 月 28 日，第 3—10 页。

关门户、自给自足之准备。"由此,沈来秋提出中国战后不可能实行计划经济的三点理由:第一,中国以地方自治为政治组织的基础,以新生活运动为社会教育的中心,政府的政治手段是缓和的,而不是激烈和强制的;第二,计划经济对全国整个经济进行严密、全面的计划,计划方案未必适合实际需要,即使方案没有十分大的错误,也需要大批负责监督和纠察的机关和人员,耗费大量人力、时间和财力。中国在抗战时期"经济衰竭,民生凋敝",战后不可能有大量人力、物力进行经济计划的实施和监察;第三,从国际关系方面说,中国战后工业化必须借助友邦的人力和物力,不可能像苏联和 1933 年以后的德国那样实行孤立的经济政策。沈来秋主张,中国战后经济政策应该"以国家干涉政策为根基,用以纠正自由经济之错误,以合理化运动为动力,用以弥补自由经济之缺憾"。质言之,以国家干涉政策纠正自由经济的错误。① 实际上,沈来秋此说与《当代评论》社座谈会的"有计划的干涉主义"大致相同,只是更明确了"自由经济"的作用。

几个月后,1943 年 8 月 15 日,沈来秋之论招致力主计划经济的陈伯庄的强烈批评。陈伯庄在《东方杂志》上表示,"中国正在兴高采烈的谈战后的计划经济的时候",沈来秋此论是"Infant terrible"(小儿科),真使大家感觉"无瘾"。所以,他要为"计划经济"正名。他强调,所谓计划经济,需要一切生产要素完全归国家所有和控制,"假如这样才是计划经济,那末,除却苏联没有计划经济。华盛顿的战时管制、柏林的纳粹统制,都不好算数,老牌真货只有莫斯科"。他还提醒大家,万万不可把"经济计划"当作"计划经济",前者只是一个计划,可以议而不决,决而不行,可以束之高阁,而后者则是说明"这个经济行为不是自由的而依照政府命令做去的",是按照政府命令的预定产额从事生产,就连产品的销路也要预先计划好。他还要大家分清"计划经济"、"统制经济"和"自由经济"的区别,"由政府命令国有国营的事业做这样做那样,是计划经济的行为;由政府命令民有民营的事业做这样做那样,或者不许做甚么,是统制经济的

---

① 沈来秋:《中国战后计划经济之不可能》,《东方杂志》第 39 卷第 3 号,1943 年 4 月 15 日,第 32—34 页。

行为;不论企业家怎样产运销(当然鸦片除外),怎样定价,都不干涉,是自由经济的行为"。他认为,民生主义的经济制度应该包括这三种经济成分。如果中国能使国家资本在整个国民经济中占领导的决定的地位,中国经济在大体上可说是"计划经济"。①

就在陈伯庄指责沈来秋的《东方杂志》同一期,还刊登了另一篇更深刻反思计划经济的文章——陈振汉的《经济政策在苏德建设中之地位》。虽然沈来秋的文章比陈振汉的文章发表时间早四个月,但是,对计划经济更具理论深度的反思,应是陈振汉分别于 1943 年 8 月 15 日、10 月 15 日发表的《经济政策在苏德建设中之地位》和《中国战后经济建设与计划经济》两文。

1943 年 8 月 15 日,陈振汉对国人推崇计划经济动机的分析,可谓入木三分。他分析,国人之所以视计划经济为"法宝",乃是出于一种非常功利性的动机:"我们所羡慕与想望的主要是苏联与德国在计划经济下建设重工业与恢复国防力量上的成就。尤其因为我们只听到苏联在短短十几年内完成英国一百五十年的进步,德国在七八年内不特恢复了第一次大战与凡尔赛和约的创伤,而且更增强了国力与军备。"尤其在抗战时期"波涛汹涌风火连天的世局下",国防需要被公认为重于一切,实行计划经济以加速国防与经济建设,便成为很自然的结论。所以,陈振汉要揭破若干年来被大家视为当然的一个"神话":苏联、德国经济和国防建设的成就,完全归功于他们的"计划经济"。他指出,苏联经济发展的两大柱石是外来技术与本国自然富源,并非计划经济。计划经济代替价格机制的理想功能,如消除经济危机,解决失业问题,减少资源耗费以及增加社会平等,对发展重工业与增加国防力量都没有直接关系。苏联几个五年计划的成绩,如果"不只是表面的而是实在的",其基本动力不在计划经济政策,而在于两个因素:一是从外国引进了"新的重要的生产技术";二是苏联地大物博,不仅重工业资源丰富,而且拥有千里沃野。其中,"地大"是苏联经济建设的关键因素。苏联工业建设资金主要依靠"强迫储蓄",即把农民

---

① 陈伯庄:《起码的计划经济》,《东方杂志》第 39 卷第 11 号,1943 年 8 月 15 日,第 20—21 页。

的资本转移到工业领域。而苏联农产的增加，并非亩产量的增加，而是由于耕地总面积的开拓，"而非集体农场的成效"。针对大家的一个思维定式，即苏联建国初期经济与中国一样落后，陈振汉指出，俄国十月革命时候的经济并不如我们想象的那样落后，"俄国在第一次世界大战以前的经济情形，比我们现在要远为进步"。苏联第一个五年计划的实行并非"从平地建筑楼台"。陈振汉接着指出，苏联 1928 年以后"五年计划的成就，不如我们所耳闻与所想象的大"。俄国 1913 年人均国民收入已达 20.1 英镑，1934 年只有 19.6 英镑，尚不及 1913 年的数字。第二个五年计划时期，国民收入才超过 1913 年的数字，较之英美德等国仍瞠乎其后。陈振汉又反思了德国四年计划。他指出，在希特勒实行四年计划之前，德国经济已发展到相当高的水平。第一次世界大战前，德国已是第一等的工业国家。虽然战败后的割地赔款和金融崩溃曾导致工业技术和生产一度落后，但 1927 年全国生产总指数又超过 1913 年水平，工业生产"不特重新在欧洲大陆可以独步，在有些方面而且凌驾英国之上"。德国 1933 年后经济发展的原因，并非四年计划，主要在于一方面有"合理化"的生产设备作基础，另一方面有过剩的物资人力供利用。①

同年 10 月 15 日，陈振汉又从中国战后经济发展规律角度指出，战后中国毫无实行计划经济的必要。他分析，主张中国战后实行计划经济的论者除羡慕苏联、德国成就外，还基于三方面考虑：第一，中国重工业发展需要政府国营，厘定计划，限期完成。第二，重工业经营近期不能获利。除非政府赔钱经营，重工业在中国无从树立。第三，政府集中财力发展重工业，会增加就业人数，或增加现有就业者的购买力，但因战后中国财力和资源有限，又会导致减少消费品生产，造成日用消费品物价上涨。为了防止物价上涨，政府有必要全面统制经济或实行计划经济。对于前两点，陈振汉承认战后中国重工业实行国营的必要，但认为仅重工业国营，而不是全部经济国营，并不等于计划经济。虽然国营企业的建设需要依照一定计划，但这种设厂计划和生产计划是一切事业所

---

① 陈振汉：《经济政策在苏德建设中之地位——经济建设与经济政策问题之一》，《东方杂志》第 39 卷第 11 号，1943 年 8 月 15 日，第 21—28 页。

内具的，并非计划经济或国营经济所独具。至于第三点，陈振汉指出，中国战后集中发展重工业，并不会导致物价急剧上涨。首先，如果战后重工业建设资金主要依靠外资，那么，国内资本不必完全强制转移到重工业，对国内物价不会产生严重影响。其次，中国战后不可能达到充分就业，农业过剩人口、军队及其他战时人员复员会提供大量劳工，不会导致工资水平急剧上涨。同时，重工业的发展和工业领域人员的增加，即使会引起工资总额增多与消费品价格上涨，但其程度是有限的。因为一种物品的价格初步上涨以后，消费者会减少消费，生产者也会增加生产，使物价达到新的平衡。这种温和的物价上涨可以刺激生产，是健全的经济现象，根本无统制的必要。而且，中国战后人民的消费也不可能完全随着收入增加成比例地增加，从而刺激物价上涨。总之，他的结论是，战后中国"即使没有计划经济，我们的重工业也可以顺利发展"。陈振汉进而指出，实行计划经济还有很多实际困难，甚至得不偿失。中国"历来吏治的腐败，恐怕是全面计划的最大障碍"。而且，制定计划需要重叠庞大的机构，"要在中国此时实行，真是谈何容易"[①]。

1943 年 9 月 22 日，刘大钧也在计划经济与自由经济之间采取折中态度。他认为，极端统制和完全自由放任都有流弊，应该确定一个计划与统制的范围，在此范围以外，政府只进行"有意识的与有组织的指导"。计划经济应包括两种方式，一是政府集中统制与计划，二是政府只进行有意识与有组织的指导。[②] 至于何种产业由政府进行统制与计划，何种产业由政府进行指导，刘大钧大体主张以国营事业与民营事业作为划分标准，"盖政府必为通盘之计划，而事业既有国营与民营之别，则后者至少必接受指导，计划始有实现之希望。指导与统制之别在强迫性之有无而已"。[③] 刘大钧对计划经济的此种论说，也反映出知识界反思苏联、德国经济模式的思想趋向。

虽然 1943 年 3 月《当代评论》社战后经济建设问题座谈会否定"计划

---

① 陈振汉：《中国战后经济建设与计划经济》，《东方杂志》第 39 卷第 15 号，1943 年 10 月 15 日，第 14—17 页。

② 刘大钧：《工业化与中国工业建设》（国民经济研究所丙种丛书第一编），第 10—12 页。

③ 同上书，第 34 页。

经济"说法，但直到 1943 年下半年，大部分人仍然主张计划经济原则。
1943 年 4 月，经济部、教育部联合召开工业建设计划会议。在翁文灏主持
下，会议通过《战后工业建设纲领》。在会议开幕的 4 月 20 日，《大公报》
发表社评申述说："时代走到二十世纪的中叶，计划经济已是一个可顺而不
可逆的潮流。"① 同年 9 月 6 日至 13 日，《战后工业建设纲领》获得国民党
五届十一中全会通过，不久，又受到国民参政会三届三次大会的"竭诚拥
护"。国民党五届十一中全会通过这个纲领后，翁文灏很快在《新经济》
半月刊发表《战后工业政策的建议》进行评价。② 《战后工业建设纲领》虽
然提到计划经济原则，但没有规定具体实施方法，只是称："工业建设应依
三民主义之原则，根据实业计划而为有计划的设施，由政府统筹之。""政
府计划在一定期内所需要之各部门工业产量，妥为配合，分年分地实施其
建设，以求国富民力之增进。"正因为这份纲领内容空洞，翁文灏感到有必
要再作具体说明："此种纲领之性质，近于根本方针，目前尚需要依照此种
方针，逐步规定更具体化的途径，以便实行推进。"所以，他根据《战后
工业建设纲领》又拟定《中国工业政策纲要》。从他拟定的《中国工业政
策纲要》来看，与陈振汉等人对计划经济的反思不同，翁文灏仍然倾向计
划经济原则。③ 翁文灏具体阐述了计划经济原则："战后工业建设应由政府
制定分期实行之计划，并确照计划进行，俾各种工矿事业之步骤得相互配
合，按期实行，并与交通、农林、水利、金融、教育等事业之步骤相联并

---

① 《祝工业建设计划会议》（社评），（重庆）《大公报》1943 年 4 月 20 日。

② 《新经济》半月刊第 9 卷第 7 期虽标明 1943 年 8 月 1 日出版，但真正编辑出版日期是当年
9 月 6 日至 13 日国民党五届十一中全会以后。《战后工业建设纲领》属于政策宣示，内容空泛
（1945 年 5 月国民党六大又依据此纲领通过《工业建设纲领实施原则》）。翁文灏的《战后工业政
策的建议》与其说是对《战后工业建设纲领》的评论，不如说是宣传。这一点，从《新经济》半
月刊《编辑后记》对翁文灏一文重要性的强调也可看出。《编辑后记》称，由于翁文灏"对当前工
矿事业设施瞭解之清晰，与战后经济建设方向认识之深刻，所提方案，自颇多精辟独到之见"，相
信"这篇文章一定能博得有识人士的密切注意和良好反响"，期望"此文定可成为本刊有史以来的
最大贡献"（《编辑后记》，《新经济》半月刊第 9 卷第 7 期，1943 年 8 月 1 日，第 152 页）。

③ 上文已经提到，翁文灏于 1942 年 1 月和 7 月在将世界经济体制分为苏联式计划经济、德国
式统制经济和英美式自由经济时，倾向苏联计划经济和德国统制经济（翁文灏：《经建方向与共同
责任》，《新经济》半月刊第 6 卷第 7 期，1942 年 1 月 1 日，第 136—139 页；翁文灏：《中国经济
建设的前瞻》，《经济建设季刊》创刊号，1942 年 7 月，第 1—2 页）。

进，以促成整个经济建设。""凡工厂之设立及矿区之开采，无论其为公营者、私营者以及中外合营者，均应事先经由工矿主管机关核准，方可创设。审核时，以该厂之创设条件（例如地点、材料、产量、组织等）是否合乎计划为标准。"①

1943 年 10 月 1 日，在经济部工作的韦特孚论证了战后中国经济建设应采取"管制"，而不是"放任"政策的必要性。他分析，中国战后建设任务庞大，但自然资源不充裕，需要管制自然资源的分配，使之优先用于生产建设事业。同时，为避免战后物价过分波动，政府也应管制物价。在投资方面，战后建设需要巨额资金，需要管制人民投资，"把人民的全部所得都能正当的用在有利于经济建设这工作上"。在对外贸易方面，由于中国对外支付能力有限，需要管制对外贸易，尽量扩大"机器以及我们极其需要而又一时赶制不及的成品和我们所缺少的原料等"进口，限制胭脂、香水、洋酒、香烟等奢侈消费品进口。②

1943 年 10 月，吴大业也在提倡计划经济，认为"集中计划的效率与国营事业的效率，若均能得到甚高的标准，均应国营，以期免除分配的不均、私人垄断的不公与竞争的浪费"。为了论证计划经济的效率，他提出"计划效率"概念，以区别于"经营效率"。他认为，大家不仅应注意"某项事业成本的减低或质量的增进"这样的"经营效率"，还要注意"全部经济的圆滑运行"的"计划效率"。为了实行计划经济，他建议战后成立一个中心设计机构，把资金、教育设备、物资、人力等有限的建设力量在各经济部门有计划地进行分配。但是，他认为，计划经济应主要以国营经济为对象，不主张"全盘的计划经济"，主张"必须留出若干民营部分，以减少计划错误所引起失调的程度"③。陈振汉、吴大业是南开大学经济研究所的同事。陈振汉首先从理论上有力质疑计划经济，吴大业却仍在坚持

---

① 壹士：《战后工业政策的建议》，《新经济》半月刊第 9 卷第 7 期，1943 年 8 月 1 日，第 129—133 页。

② 韦特孚：《战后建设与经济管制》，《新经济》半月刊第 9 卷第 11 期，1943 年 10 月 1 日，第 222—226 页。

③ 吴大业：《战后建设的经济》，《经济建设季刊》第 2 卷第 2 期，1943 年 10 月，第 126、130 页。

计划经济。这说明，具体到个人，抗战后期知识界对计划经济的认识有很大差异，即使像陈振汉和吴大业这样的同事也是如此。不过，有一点是清楚的，到 1943 年下半年，知识界总的思想态势呈现出在国家干预与自由放任之间折中取法的趋向。1943 年 10 月，杨叔进就描述："关于我国战后经济制度和经济政策的问题国人讨论的已很多，至今尚没有人主张实施十足的全盘的计划经济制度，也没有人主张完全放任的自由经济制度。虽然大家对于战后的经济，自由到什么程度，计划或统制到什么程度，还没有一个完全一致的意见，可是部分的统制和部分的自由，大概是没有问题的。"①

三 由苏联到美国：对自由经济模式的认同

从 1943 年底到抗战末期，批评苏联，认同美国，逐渐成为国统区知识界的重要思想走向。其实质是对苏联式计划经济、德国式统制经济的进一步否定，对美国式自由经济的渐趋认同。但是，这种思想潮流一直到抗战末期也没有成为国统区知识界的整体性认知。

1943 年 11 月 1 日，西南联大社会学教授李树青在知识界反复讨论的英美式、苏联式、德意式之外，又提出瑞典式或北欧式体制。他认为，中国战后经济体制既不能完全学习苏联和德国模式，也不能完全学习英美模式，一方面，在经济发展上必须实施某种程度的合理统制，另一方面，在政治上又必须保持民主政府的形式。为了兼顾两者，中国战后可以借鉴瑞典或北欧式经济体制。这种模式在自由经济与统制经济间创造了一个中间形式，一方面私人资本主义仍然存在，另一方面政府对工业却有相当程度的管制，只是这种管制出于政府与企业家的自愿合作。具体方式是政府占有企业部分资本，但企业仍由私人企业家经营。② 李树青看重瑞典或北欧经验，说明知识界的眼光逐渐由苏联、德国转向其他地方，更多考虑如何保持"民主主义"与"自由经济"原则。

---

① 杨叔进：《中国的工业化与资本来源问题》，《经济建设季刊》第 2 卷第 2 期，1943 年 10 月，第 148 页。

② 李树青：《论政府与工业的关系》，《新经济》半月刊第 10 卷第 1 期，1943 年 11 月 1 日，第 4—8 页。

从 1944 年初开始，一些论者对苏联计划经济体制的态度发生显著变化，由此前的单纯、片面称颂转为对其利弊得失的客观分析，甚至持批评眼光。1944 年 1 月，谭炳训在研究苏联一五计划时即称："其成功之处，固要效法，其失败之点，吾人尤应充分注意，以免蹈其覆辙。"谭炳训客观估算了苏联一五计划成果，既指出成绩，又说明不足。他分析，苏联一五计划电力建设"成绩甚劣"，新建电厂生产效率甚低，电厂总规模已发展到计划的 74%，而发电量仅为计划的 21%；钢铁产量仅达到计划的三分之一；机车、货车产量仅达到计划的三分之一；化肥产量仅达到计划的七分之一；全国耕地面积的扩大也未完成计划。他甚至批评苏联一五计划期间提出的"五年计划四年完成"的口号是头脑过热，在狂热浪潮中忘记了"真实达到建设成功的必要条件"，"不重视技术专家实施计划的合理步骤，与各部门进度的适当配合，浪费的人力物力，是不可计数的，而所完成的建设工作，也是效率极低、不能经久、不够精良的产物"。谭炳训还指出，苏联出口农产品换取外国工业设备，同样存在严重问题。由于 1929 年至 1933 年资本主义世界经济危机，农产品价格惨跌，苏联虽增加出口，仍不能换到足够的机器设备。同时，过量的农产品出口严重影响苏联人民的生活水平，导致劳动者工作效率大大降低。并且，苏联一五计划期间农业生产没有取得预期成果，严重影响农产品出口和国内供应。[①] 30 年代初以来，苏联以农产品换取外国机械设备，长期被中国知识界视作需要学习的成功经验。谭炳训此说无异又揭破了一个"神话"。谭炳训指出的苏联一五计划期间的严重问题，给国统区知识界对计划经济的反思加了一把火。

西南联大教授林同济曾是"战国策派"的骨干。1944 年 5 月 21 日，他以"公孙震"为笔名介绍说，苏联理论界正在反思、修正"正统共产经济学说"。最近苏联经济学报发表几位著名经济学家的联名宣言，批评马克思经济理论中的若干错误，而且他们自称这也是斯大林的看法，"这些新结论行将编入教育课程，授知全国人民"。其主要观点包括：（一）社会主义

---

① 谭炳训：《苏联第一五年计划之研究》，《经济建设季刊》第 2 卷第 3 期，1944 年 1 月，第 145—147、150—157 页。

经济制度下，价值规律仍然存在；（二）社会主义国家的劳动力品质仍然优劣不齐，计件工资应当存在；（三）生产成本是执行计划经济的基本要素，市场价格亦不可免；（四）剩余价值是任何社会制度都有的现象，社会主义国家也不例外；（五）资本主义生产方法虽然比苏维埃制度落后，但比原始共产主义进步。① 林同济说的苏联理论界这种新动向，在当时苏联有多大影响是另外的问题，但从林同济对苏联理论界这种新动向的重视，却可反观中国思想界自身的思想取向。两天后，5 月 23 日《大公报》社评也表示，工业建设道路有两条：一是按照"自由法则"，奖励私人企业发展；一是遵循计划经济，主要产业归国营。虽然计划经济效率高，较进步，苏联建国的成功就是楷模，但"自由竞争也不是全部落伍"，美国这个新世界就是自由竞争的果实。虽然中国应走计划经济道路，重要产业应归国营，但是，中国并不具备苏联那样全面实行国营的条件，必须包容私人企业，在一定范围内允许私人自由竞争。②

杨桂和、宁嘉风也客观分析了苏联经济建设中的不足和缺陷。1944年 7 月，杨桂和分析，苏联革命理论揭橥的三大目标——消灭失业、独占利润和特权阶级，到现在"理想还是理想"。苏联固然没有失业问题，但主要因为投资和生产的不断增加，与社会主义制度无关；政府独占利润之大，为任何独占企业所不及；特权阶级还存在，只是其形式不是金钱，"要说人人已经平等，那真是天大的笑话"。他又介绍，苏联经济计划的制定手续繁杂，存在严重浪费，也有"官僚统计式"的不切合实际的问题。苏联工厂企业在降低生产成本方面问题很多。厂长们为了完成生产计划和降低成本，往往粗制滥造，造成产品质量低劣。重工业因退货造成的损失每年约有数十亿卢布。苏联工厂企业的生产原料和设备由主管机关统一供应，但供给机关与企业联系不合理，且机构庞大重叠，有 5000 个之多，人员众多，达 12.6 万人，薪津每年达 5.18 亿卢布，其中存在巨大浪费。③ 三个月后，1944 年 10 月，中央大学经济系教授宁嘉

---

① 公孙震：《认识苏联》（星期论文），（重庆）《大公报》1944 年 5 月 21 日。

② 《论保护私人企业》（社评），（重庆）《大公报》1944 年 5 月 23 日。

③ 杨桂和：《苏联工业的特征——介绍美国新社会研究所的研究结果》，《经济建设季刊》第 3 卷第 1 期，1944 年 7 月，第 217—221 页。

风也对苏联工业建设的成就和不足作了"二分法"式的客观分析。虽然宁嘉风认为,工业化建设速度快是苏联的巨大成就,只用10—15年就实现了工业化,但是,他又指出,苏联工业化过程中存在两个严重缺陷——产品质量低劣、生产成本过高。苏联工业产品不耐久,不精致,退货率与年俱增。1940年,制钢与机械制造业的退货额达20亿卢布,仅莫斯科金属制造业的退货额即达2亿卢布,斯大林格勒拖拉机制造厂被退回的金属达16000吨,可制造30500辆拖拉机。而且,苏联的生产成本不仅较欧美其他国家高,就是较帝俄时代亦高。工业产品在本国的售价,高于他国100%—200%。[①]

1944年11月16日,在南开大学经济研究所工作的杨叔进提出了一个此前在大家看来根本不是问题的"问题"——计划经济是否存在经济循环?[②] 他介绍说,绝大部分人认为,在计划经济条件下,因为中央计划和统筹机构可以准确地对生产和投资进行计划,不可能出现经济危机。但是,鲁普凯(Whilhelm Ropke)、吴藤(Barbara Woaton)两位外国学者提出,社会主义计划经济也有可能出现经济危机,诱因是投资超过储蓄。杨叔进承认,由于统计材料不完备和估计错误,计划经济确实存在投资超过储蓄的问题。他进一步认为,由于计划错误,计划经济还可能出现储蓄超过投资问题,只是在计划经济下,储蓄超过投资的情况相对易于纠正,"因为在计划经济制度下,扩充投资以利用过剩的储金,比减缩投资以适应储蓄要来得容易"。但是,他认为,在社会主义计划经济下,储蓄与投资之间的失衡并不足以导致周期性的经济危机,"因为计划当局既能控制价格与生产投资,他即不会使一般购买力有累退的现象发生,他仍可继续投资与生产,维持生产要素的所得不使减少,以维持产品的需要。同时,投资的过多,在发现后,亦即可予以矫正"。虽然杨叔进否认了计划经济条件下投资与储蓄失衡导致经济危机的可能性,但他仍强调:"由于计划的错误所发生的生

---

① 宁嘉风:《苏联经济阵线》(书评)(A. Yugow: *Russia's Economic front*, *For War & Peace*, 1942),《经济建设季刊》第3卷第2期,1944年10月,第215—216、218页。

② 抗战时期,经济循环、经济恐慌是两个相互通用的概念,亦即今人所称的经济危机。

产的失调，却无法避免。"① 所以，杨叔进所提问题的意义在于，他指出了计划经济存在由投资与储蓄失衡导致生产失调的可能性，也就是说，计划经济依然存在纰漏。

1943 年，随着太平洋战争形势的日趋明朗，国统区舆论界和知识界越来越认同美国自由理念。在美国独立宣言发表 167 周年之际，1943 年 7 月 4 日，《大公报》发表社评称，美国独立战争完成了自英国大宪章、法国大革命以来的一个新传统，即自由主义传统，"人类政治史上创造了光辉的一页"，而美国这个崭新国家现在更成为"自由与民主的坚强的保障"。② 1944 年 5 月 8 日，《大公报》又发表社评，期望战后中美两国"有无相通，更是繁荣互助的良友"，并期待通过中美经济合作实现中国工业化。③ 1944 年 7 月，杨叔进介绍了美国学者诺慈（Charles E. Noyes）从民主政治角度评估计划经济的观点。诺慈在 1943 年出版的《作为民主过程的经济自由》（*Economic Freedom, a Democratic Program*）一书中，试图在民主政治与计划经济之间找到一种平衡。诺慈认为，资本主义自由经济和民主政治可谓一对孪生兄弟。可是，现在人们在取舍自由经济和民主政治时，却面临前所未有的矛盾。一方面，盟国的胜利日趋临近，使人们确信民主政治价值；另一方面，资本主义自由经济有其基本缺陷，即循环性经济危机和大量失业。要解决这个问题，最根本的途径是实行社会主义计划经济制度，将生产工具公有。但是，民主政治和计划经济又是根本冲突的。所以，诺慈提出，可以在民主政治与计划经济之间寻得一种平衡，在美国建立一种"部分的计划"或"平凡的计划"。其办法包括：实行田纳西流域管理局（TVA）那样的"局部"或"区域"性的"计划经济"；由政府制止托拉斯和大规模的垄断与独占；由政府保有天然资源；实施社会安全制度；实行公共工程政策；保障私人投资风险；以财政金融政策调节经济循环。④ 实

① 杨叔进：《计划经济与经济循环》，《新经济》半月刊第 11 卷第 3 期，1944 年 11 月 16 日，第 69—71 页。

② 《一个新传统的完成——纪念美国革命第一百六十七年》（社评），（重庆）《大公报》1943 年 7 月 4 日。

③ 《认识美国》（社评），（重庆）《大公报》1944 年 5 月 8 日。

④ 杨叔进：《经济自由论》（书评）（*Economic Freedom, a Democratic Program*, By Charles E. Noyes, 1943），《经济建设季刊》第 3 卷第 1 期，1944 年 7 月，第 215—216 页。

际上，诺慈提出的这种"部分的"或"平凡的"计划经济，并无新意，只是将罗斯福新政以政府公共投资干预经济和二战时期渐为英美两国注意的社会安全政策糅合在一起的产物。杨叔进之所以要把诺慈的理论介绍给中国读者，是因为诺慈所言的民主政治与计划经济选择的两难，在抗战后期大后方民主呼声日趋高涨，而同时计划经济思潮依然盛行的情势下，中国知识界有着同样的心境。

1943 年以后，吴景超、李卓敏、吴大业、谷春帆等论者纷纷赴美考察。通过对美国经济的实地考察，他们的思想大多发生急剧转变，由倾向苏联、德国国家经济干预模式，转向认同美国自由经济模式。

1943 年 3、4 月至 1944 年底，吴景超对美国作了近两年的考察。美国经济的高速增长给他留下深刻印象，促使他把注意力由德国、苏联模式转向美国自由经济模式。抗战初期，他曾把苏联和德国视作经济高速增长的榜样，而现在看来，美国才是经济快速增长的榜样。1943 年 12 月 16 日，他在一篇书评中惊叹美国工业进展速度之快：美国工业生产从 1899 年到 1937 年的 38 年间几乎增加了 4 倍。而自 1939 年至 1943 年的最近 3 年，美国工业生产又增加了 1 倍以上。[1] 回国后，他又于 1945 年 1 月 1 日介绍说："美国的工业生产，在最近数年的进展，是古今中外所没有的。"美国工业产品在过去 5 年之内增加了一倍半以上。美国 1942 年只生产 48000 架飞机，1943 年则生产 86000 架；1942 年造船 800 万吨，1943 年即达 1900 万吨；钢铁产量 1943 年为 8900 万吨，比 1942 年增加 10%。[2] 吴景超不厌其烦地列举这些数字，正说明他对美国工业成就的极度钦羡。这使他对美国自由经济体制刮目相看。1945 年 1 月 22 日，他在四联总处及资源委员会纪念周演讲时，再次赞叹美国经济增长速度之高。他介绍说，他到美国考

---

① 似彭：《美国工业的进展》（书评）（Solomon Fabricant, *The Output of Manufacturing Industries, 1899 – 1937*. National Bureau of Economic Research. New York, 1940；Solomon Fabricant, *Employment in Manufacturing, 1899 – 1939*. National Bureau of Economic Research. New York, 1942；John George Glever and William Bouck Cornell, *The Development of American Industries*. New York：Prentice-Hall, 1941；E. B. Alderfer and H. E. Michel, *Economics of American Industry*. New York：Mcgraw-Hill, 1942），《新经济》半月刊第 10 卷第 4 期，1943 年 12 月 16 日，第 84—86 页。

② 吴景超：《美国工业的突飞猛进》，《新经济》半月刊第 11 卷第 5 期，1945 年 1 月 1 日，第 108—111 页。

察之前，本以为在战争期间美国人民的生活程度一定比不上他 1923 年至 1928 年在美国留学时的水平，但出乎意料，美国现在是空前繁荣，人民生活水平普遍提高，"假如世界上有一个国家愈战愈强，愈战愈富，那就是美国"①。

中国战后经济建设到底走苏德道路还是走自由经济道路，与利用外资问题密切相关。李卓敏在美国宣传中国经济政策期间，于 1943 年 11 月 1 日在美国《外交政策半月刊》（*Foreign Policy Reports*）发表《世界经济与中国》。他表示，战后中国能否获得或获得多少外资，是中国采取哪种经济模式的关键。如果中国战后不能获得充足的外资，就必须由政府严格统制国家经济，把消费品（消费财）生产减少到最低限度，重点生产建设用品（资本财）。但是，战后中国不会自愿采取这种资本筹集方式，因为中国大众的生活水平已经低到再减少消费就必然招致贫苦的地步了。而且，这种筹措资本方式异常不易，还要多费时间。② 由李卓敏此段分析来看，至少到 1943 年 11 月前后，他已经不倾向于苏联计划经济模式。在利用外资成为各界共识，而且大家一致认为美国是吸引外资的主要对象国的情势下③，其取舍不言自明。正在美国考察的吴大业也"从遥远的美国抽闲写成"《论战时经济行为的研究》④，发表在 1944 年 11 月 16 日出版的《新经济》半月刊，认同欧美自由经济理论。他指出，英美经济理论最主要的两个假定——私有财产、自由竞争，在中国战时经济中并未改变，"国营事业的生产在社会总产量中所占极小；战时虽有若干统制，但范围不广，收效不宏"。对中国战时经济的分析，"应当根据欧美已有的经济学基础，将其理论加以修正，使其适合中国之用"⑤。

抗战后期宣扬自由经济理念的论者中，谷春帆是颇具代表性的一位。

---

① 吴景超：《美国的战时经济——一月二十二日在四联总处及资源委员会纪念周讲》，（重庆）《大公报》1945 年 1 月 23 日。

② 李卓敏：《世界经济与中国》，（重庆）《大公报》1944 年 3 月 5 日。

③ 本书将在第六章详细说明此点。

④ 《编辑后记》，《新经济》半月刊第 11 卷第 3 期，1944 年 11 月 16 日，第 79 页。

⑤ 吴大业：《论战时经济行为的研究》，《新经济》半月刊第 11 卷第 3 期，1944 年 11 月 16 日，第 54—56 页。

谷春帆 1944 年赴美国考察,开始重新认识美国自由经济体制。抗战时期知识界否定英美自由资本主义的重要论据,就是英美大托拉斯的垄断性使 19 世纪自由经济体制名不副实。针对这种论调,谷春帆回国后于 1945 年 2 月 1 日为美国经济自由的真实性辩解,强调"美国的自由经济,是存在的,真实的,而同时独占与集中也是事实。此两者并不妨碍,并非有了独占集中,便绝无自由"。首先,美国虽然存在独占垄断,但人民仍有职业选择自由。所谓自由,主要是指意志的自由,表现在经济活动中,主要是职业选择自由。"只要在他们事实上可以选择的职业中,他们能有选择的自由,他们即已有了事实上可能而又有效的自由。"虽然美国存在的经济独占在事实上是一种限制,但普通人只希望得到一个职业,从来没有侵夺煤油大王地盘的梦想。因此,独占大王对普通人的自由根本不发生社会关系。其次,自由是对特权说的,而托拉斯的垄断是凭借经济实力,这种经济实力的来源是生产效率高、产品物美价廉、经营得法等因素,算不得特权,也不算妨碍自由。最后,美国大垄断企业并不能包办一切经济活动,美国大部分产业还是小工厂、小商店、小农场。总之,美国 90% 以上的人是拥有职业选择自由的中产阶级,"一个经济制度使千分之九九九人感觉自由,无论其感觉是真是假,不能不承认他是自由经济"[1]。十天后,2 月 12 日,谷春帆又预测,"国家计画生产"的发展将是战后美国的重要经济动向之一。不过,他说的战后美国将发展的"计画经济",并非苏联式"计画经济",是指像田纳西流域管理局(TVA)这样的政府公共投资,他称作"区域性的计画经济"。他介绍说,TVA 以政府力量管理一条河流,短短几年间使荒凉的田纳西州成为新兴工业区域,农民生活显著改善,"以前各自为政的局部灌溉工程和发电设备,一齐容纳整理在一个大的管理计画之内"[2]。从谷春帆将计划经济的言说对象移向美国 TVA 这样的公共工程来看,似乎可以发现抗战末期中国知识界对计划经济认识的微妙变化,亦即这种计划经济模式不再

① 谷春帆:《自由经济与"自由"——旅美观感之五》,(重庆)《大公报》1945 年 2 月 1 日。

② 谷春帆:《美国经济的动向——旅美观感之六》,(重庆)《大公报》1945 年 2 月 12 日。

完全以苏联模式为参照。①

　　1945 年 3 月 4 日,曾与陈铨、林同济、雷海宗等在昆明创办《战国策》杂志的何永佶提出重新认识资本主义的功罪。他认为:"近二十年来,诅咒资本主义之作风,甚为时髦,许多人都忘记她的功劳了。"资本主义的最大功劳是"她在人类历史上头一次使社会上的东西比人多"。他描述说,资本主义是为"自由竞赛市场"(a Free competitive market)而生产的制度。这个市场的首要条件是"自由竞赛",让各厂家竞相价廉物美,使消费者有自由选择的空间。经济人(Economic man)受利润驱使(Incentive),随"冥手"(Unseen hand)指导,使社会有"自然"的"供"与"自然"的"求",供求的自然碰合即为"价格"(Price),一切生产消费由价格定之(Regulate)。于是,契约自由(Freedom of contract)成为经济活动的金科玉律。② 何永佶描绘的这幅"自由竞赛市场"图画,实际上就是以市场价格机制为基础的自由经济图景。而此种图景在抗战时期久为人们所疏远。何永佶在全面肯定"资本主义"一点上,与同时期中国思想界的整体思维理念相较,确有走得过远之嫌,但是,他提出对"自由经济"的再认识,的确是抗战末期知识界重新认识英美自由经济体制整体思路的一部分。

　　但是,需要指出,抗战中后期,中国知识界对苏联计划经济的反思和

---

　　① 抗战中后期中国知识界对美国 TVA 工程极度关注。TVA 是美国田纳西流域管理局(Tennessee Valley Authority)的简称,1933 年 5 月由美国国会批准设立,是 30 年代罗斯福新政的重要措施,试图通过政府公共投资干预经济,解决社会投资减少与资本积蓄过多的矛盾,以缓解 1929 年至 1933 年世界经济危机。TVA 采取国家经营方式,负责管理整个田纳西河流域水利工程,还负责统筹管理田纳西河流域农业改进、工业发展、疾病防治等事项。田纳西河流域水利工程集水利、灌溉、发电为一体,建设费用达 7 亿美元,包括干支流大小水坝 28 座。这项工程不仅为美国提供巨额电力,还带动了整个田纳西河流域工业和农业的发展。抗战时期,TVA 被中国知识界视为美国采用国营经济、政府统制经济,甚至计划经济、社会主义的典范工程,从而判定美国自由经济也在采用社会主义。抗战中后期,蒋廷黻、吴景超、吴半农、邹秉文等访问美国的知识界人士大都前往参观。1942 年 4 月,蒋廷黻曾与张嘉璈、吴景超、李卓敏、桂质廷花五天时间参观 TVA(张爱平选编,赵家铭提供:《蒋廷黻家书》,《一九四二年五月十八日函》,《传记文学》第 57 卷第 3 期,1990 年 9 月 1 日,第 26 页;章植:《TVA 参观记》,《经济建设季刊》第 3 卷第 2 期,1944 年 10 月,第 165 页)。

　　② 何永佶:《资本主义之功罪》(星期论文),(重庆)《大公报》1945 年 3 月 4 日。

对美国自由经济的认同,呈现出多样性。与部分论者反思计划经济的同时,仍有一部分论者持坚定的计划经济立场。

罗敦伟于 1944 年 4 月表示,战后中国要实践的民生主义"自然是计划经济的"。他对 1943 年上半年以来一些论者"展开民生主义为计划经济、统制经济,抑自由经济的争论",表示难以理解,认为这种争论"是实在不必要的"[①]。倾向于苏联计划经济的吴半农 1944 年在美国考察期间,也难以理解美国浓烈的自由经济风气。他一到美国就感受到强烈的"自由经济"气息,"随时随地,看到听到的都是'自由企业'、'自由经济'的论调"。这给他造成巨大的心理落差。他不禁要问:"这一实力雄厚,举足轻重,执着世界经济之牛耳的国家,他的经济组织和制度到底向着什么方向发展?"与谷春帆为美国"自由经济"辩解不同,他要揭破美国所谓"经济自由"、"企业自由"的虚假性,指出:"美国的人民整天在谈'自由企业',他们确也酷爱'自由企业'。然而,美国的经济发展即是一部自由竞争的衰落史,一部独占垄断的长成史,而美国的政府又一直在行使着干涉主义的政策。战时固然如是,平时亦何独不然。"二战期间美国战时经济完全是由政府管制的经济,"今天美国的政府真是管理着美国全体人民的经济生活",是没有"企业自由"和"经济自由"的。现在美国政府办了 2500 多家国有工厂,"在那里大量生产各种重要军用品"。代表商人利益的《商业周刊》社 1943 年 6 月曾发表报告惊呼"全国的五分之一已属国有"(One-fifth of a nation-government owned)。他认为,今天的美国经济不是"统制"和"自由"问题,而是"政府统制"和"私人统制"问题。"统制"已是美国经济的基本事实。[②] 吴半农在考察美国期间对美国自由经济的全盘否定,与吴景超、谷春帆等人访美期间转向自由经济的思想倾向并不一致。

抗战后期,在赞赏苏联工业成就和计划经济体制的论者中,在国民党中央组织部工作的劳动问题专家余长河、任职于中央设计局的魏普泽

① 罗敦伟:《中国经济复员总检讨》,《经济建设季刊》第 2 卷第 4 期,1944 年 4 月,第 4—5 页。

② 吴半农:《美国经济走向那里去》,《新经济》半月刊第 11 卷第 1 期,1944 年 10 月 16 日,第 2—6 页。

较具典型性。1945 年 1 月 1 日,余长河非常赞赏苏联企业、劳工间表现的"集体主义的新精神",认为苏联工业成就的取得正是出于这种"新精神","正因为集体主义新人生观充溢了整个工业部门,正因为企业间、企业及劳工间和劳工相互间洋溢着精诚合作友爱互助的新精神,苏联工业在几年内表现了伟大的力量和新的成就。在对德战争中,苏联的工业更充分表现了其无比的力量"。他尤其赞叹 1941 年 6 月苏德战争爆发后三年中苏联工业的辉煌成就,惊叹苏联东部工业区的迅速建立,"新的煤业中心、钢铁中心,无数的机械厂、电力站和油矿在苍老的乌拉尔、冰天雪地的西伯利亚及荒凉广漠的中亚细亚,及远东边区建立起来了"[①]。谭炳训于 1944 年 1 月系统介绍苏联一五计划后,魏普泽又于次年 1 月 1 日全面介绍苏联计划经济体制。不过,两人的思想倾向并不相同。谭炳训持客观与批评眼光,魏普泽则抱全部欣赏态度。他将苏联经济建设成就全然归功于计划经济的实施,认为:"自从苏联实行计划经济以后,全国工业突飞猛进,农业生产也有惊人的成绩。迄至今日,苏联工业化的程度,虽不能与英美德诸国并驾齐驱,却不失为世界重工业国之一。自苏德战争爆发以还,苏联在军备与政治训练,都有伟大的表现,其主要元素即因其有重工业的基础,能够生产大量的飞机、重炮和坦克车,所以能驱逐纳粹军队于国境以外,这也可以说得力于计划经济的成功。"[②]

直到抗战末期,陈伯庄仍固守着对苏联计划经济的认同。1945 年 2 月 1 日,他再次重申自己的想法,认为人类社会必然由"资本主义"演化到"社会主义",也许一两百年后,包括英美在内的所有工业化国家都会变成"社会主义"国家。陈伯庄所言的"社会主义"基本以苏联经济体制为参照,"直到现在为止,只有苏联达到社会主义的境地"。他对丁文治 1943 年 5 月 1 日评价《苏联经济制度》时提出的"权力欲望"问题,很有意见。他认为,苏联社会发展的动力并不是人们的

① 余长河:《苏联工业的新精神和新成就》,《新经济》半月刊第 11 卷第 5 期,1945 年 1 月 1 日,第 111—114 页。

② 魏普泽:《苏联计划经济及其设计制度》,《新经济》半月刊第 11 卷第 5 期,1945 年 1 月 1 日,第 126—129 页。

"权力欲望",而是人们"富有宗教性"的"思想和信仰的力量","革命成功之后,大家怀着万弩同鹄的热烈,来创造新天地,由此而引起的喜悦和兴奋之充盈洋溢,才是社会主义建设的真动力"。丁文治的说法容易使人产生误解,"以为社会主义的社会,成了青面獠牙摩拳擦掌每个人要骑上别人背上的大集团"。如果苏联是这样的"大集团",是不可能建设的,更不能打退"青面獠牙的希特拉"!但是,他又认为,实现苏联式计划经济的途径并不只有苏联一种。他还在思考着两个问题:一、"社会主义的社会,能否不经无产阶级专政而实现?"二、"社会的生产未经完全社会化,是否可以成为稳定的社会方式(a Stable social form)?换一句话说,做生意的意识是否可以和社会化的意识相安共存,私有私营的经济领域和公有公营的经济领域是否可以相安共存,而不至于相吞相扼?"在第一个问题上,他想绕开苏联无产阶级专政的政治体制,实现苏联式经济体制,试图把苏联经济体制与政治体制分开。第二个问题是计划经济是否不必完全建立在国有国营的基础上,而以国营、私营经济并存的混合所有制为基础。① 这是他早在 1939 年 5 月至 7 月考察苏联时就关心的老问题。

四 错位与困惑:围绕《第一期经济建设原则》和《工业建设纲领实施原则》的讨论

1945 年上半年,就在国统区知识界一方主张,而另一方却在反思计划经济和统制经济的情势下,国民党当局在不到半年的时间内先后公布了两个方针落差极大的文件:1944 年 12 月底最高国防委员会公布的《第一期经济建设原则》、1945 年 5 月国民党六大通过的《工业建设纲领实施原则》。这两个同样由国民党最高权力机构公布的文件,在计划与自由、国营与民营等问题上,却出现政策的大起大落,导致时人心理的迷惘和无所适从。

① 陈伯庄:《苏联经济制度——答丁文治、陈志让两先生》,《新经济》半月刊第 11 卷第 7 期,1945 年 2 月 1 日,第 154—158 页。

《第一期经济建设原则》① 的公布是 1945 年初影响中国舆论界和知识界的一件大事。国防最高委员会 1944 年 11 月 6 日通过、12 月 29 日公布的这项原则,虽然只是一份很粗略的经济纲领,却体现出明显的"自由经济"色彩。这个原则在强调"尽量鼓励民营企业"、利用外资的同时,将中国战后经济体制定位为"有计划的自由经济发展",规定:"我国经济建设事业之经营,必须遵照总理遗教,为有计划的实施,以有计划的自由经济发展,逐渐达到三民主义经济制度之完成","总期以企业自由刺激经济事业之发展,完成建设计划之实施"②。该原则公布后,1945 年初,立即成为新年伊始知识界的讨论焦点,"无论是国内及国外均已造成最深刻的印象,并普遍引起各方面积极研究的兴趣"。③ 时人对该原则的争论主要集中于两点:"有计划的自由经济"内涵是什么?如何认识此原则缩小国营事业范围,扩张民营事业范围?对于其中与计划经济相疏离、过于强烈的"自由经济"色彩,大家进行不同的解读,对其利弊得失进行不同的评判。据社会学家简贯三称,当时出现两种不同看法。赞成者认为,这个方针既可激发国内实业界的"企业精神",又可吸引国外实业家的投资兴趣,对迅速完成抗战和工业化大有功效;怀疑者认为,这个原则的实施有可能使中国走向"资本主义"泥沼,与孙中山"二次革命一次完成"的民生主义不甚相容。④

---

① 此文件由 1944 年 1 月就任中央设计局副秘书长的何廉主持拟定。据何廉回忆,该原则在 1944 年夏天就初步确定下来。为了拟定这个原则,何廉主持中央设计局专门成立一个委员会,包括经济部长翁文灏、交通部长张嘉璈、交通部副部长卢作孚、行政院政务处处长蒋廷黻、中央银行总裁兼财政部长孔祥熙、国民党财政委员会头头徐堪等人。何廉主张,国营企业与私营企业两者不可偏废,中国经济应该"在一个混合经济中有计划地发展",同时倾向于"将政府的控制减少到最小限度"的自由经济模式。讨论中,翁文灏倾向于政府经营工业,张嘉璈和卢作孚赞成私营企业,蒋廷黻支持何廉的看法。《第一期经济建设原则》所谓"有计划的自由经济发展"体现的是何廉的看法(朱佑慈、杨大宁、胡隆昶、王文钧、俞振基译:《何廉回忆录》,第 241—247 页)。

② 《第一期经济建设原则》(国防最高委员会第 148 次常务会议通过),《经济建设季刊》第 3 卷第 3、4 期合刊,1945 年,第 249 页。

③ 《甘乃光谈经建原则,中心思想为计划的自由经济,设计局草拟第一次五年计划》,(重庆)《大公报》1945 年 1 月 29 日。

④ 简贯三:《第一期经建原则的工业政策》,《新经济》半月刊第 11 卷第 12 期,1945 年 7 月 1 日,第 291—293 页。

1945 年 1 月 18 日,《大公报》社评表示"全盘拥护此自由民主的经建原则",完全肯定《第一期经济建设原则》体现的"自由"原则。社评认为,该原则以自由代替统制、以开放政策代替"国家主义"两个基本立场,不拘泥于"主义",能把握时代,符合现实。因为在战后第一期经济建设中,中国的首要任务是最大限度利用资本,完成工业化,其他概属次要。只有实行经济自由、开放政策,才能充分发动民间资本,大量招徕外资。"战后中国第一期经建的至上命令,是国家的工业化、现代化。……为了争取建设的时间及速效,我们只好大量的开放,发动及招徕所有可能的资力,用于工业化一途。"①

但是,行政院副院长孙科对这个原则的评价则不像重庆《大公报》那样"自由"。如果说《大公报》将该原则的"自由"倾向理解为向"自由经济"的完全靠拢,那么,孙科的理解便是在苏联计划经济与英美自由经济之间的折中。1945 年 1 月 13 日,孙科在中国国际经济建设协会演讲说,此原则的目的是为了在短时间内迅速实现工业化,"一面不能完全采取放任自由的经济政策,一面因客观条件不同,亦不能全效苏联的社会主义办法"。不过,他告诫大家:"要采取苏联办法中最要紧的原则,那就是计画经济,一切的工业建设,都要依照预定的计画,先有计画,才来实行,不要因为并采英美的办法,为无计画的进行。"② 不久,1 月 29 日,国防最高委员会副秘书长甘乃光也接受了中央社记者的采访。与孙科的解释不同,甘乃光却为"自由经济"辩护。他解释说:"一谈到自由经济,人们容易引起一大堆资本主义罪恶的联想。其实,英美这种经济发展的过程,是一种最自然的过程。"中国为了造成工业化基础,必须用自由经济方法,打破半封建的区域落后的经济现状。所以,中国战后经济制度的基本原则应该是"自由经济"。但他又说,中国自由经济必须用计划经济原则进行规范或限制,不能"完全按部就班的走自由主义的老路",实行盲目的自由、

---

① 《论中国新工业政策》(社评),(重庆)《大公报》1945 年 1 月 18 日。

② 孙科:《我国战后第一期经建原则——十三日为中国国际经济协会讲》,(重庆)《大公报》1945 年 1 月 18 日。

纯粹的放任主义或初期的自由主义。① 显然，甘乃光以为，"自由经济"应是中国战后经济体制的基本原则，"计划经济"只是对"自由经济"的限制措施。其解释中的"自由"成分比孙科浓厚得多。

　　1945 年 7 月 1 日出版的《新经济》半月刊也对《第一期经济建设原则》进行了一场讨论，只是在时间上迟到了。因为 1945 年 5 月国民党六大又通过《工业建设纲领实施原则》，修正了该原则的"自由经济"色彩。《新经济》半月刊之所以迟至 7 月才进行这场讨论，很可能是因为该刊在组稿、编辑、印刷上存在延迟。显然，该刊文章反映的是国民党六大以前的思想态势。

　　高叔康大体认同该原则体现的"自由经济"精神，表示"至若谓该原则具有资本主义的浓厚色彩，因此而否定该原则，这是不恰当之论。因为我们如果正视当前中国的经济环境、世界经济的趋势、各国产业发达的历程，便可以了解这个原则是我们经济现代化、工业化必由之路，也就是走向民生主义经济的一块踏脚石"。而且，他观察到，这项原则基本抛弃了计划经济原则，如果把"有计划的自由经济发展"中的"计划"当作苏联或某些资本主义国家的"计划经济体制"，并不合适，"因为这个原则只确立工业部门的各种经营方式，并不是把全盘经济作成综合均衡发展的计划体制"。也就是说，这种"计划"只是各企业自身的经营计划，而不是像苏联那样由政府制定的全盘经济计划，甚至算不上资本主义国家的某些计划经济体制。但是，他又否认该原则"自由经济"精神就是资本主义初期的"自由经济"，认为"这里所谓自由，当然不是资本主义初期的自由经济。今日英美经济早已淘汰初期的自由色彩。我们学习先进国家，断不应袭取其糟粕"②。这一点，高叔康是不能自圆其说的。因为"自由经济"在本质上只有一种，在所谓资本主义初期"自由经济"之外，并不存在别种"自由经济"，即使为这种"自由经济"再戴一顶"三民主义"的高帽。关于这一点，仍然主张计划经济的曹立瀛说到了点子上。曹立瀛强烈反对该原

---

　　① 《甘乃光谈经建原则，中心思想为计划的自由经济，设计局草拟第一次五年计划》，（重庆）《大公报》1945 年 1 月 29 日。

　　② 高叔康：《论第一期经济建设原则》，《新经济》半月刊第 11 卷第 12 期，1945 年 7 月 1 日，第 286—288 页。

则宣称的"有计划的自由经济发展"方针。他以为,这与19世纪以来的资本主义自由经济并无二致,"不外人民在国家建设计划之范围内,自由经营,是竞争、榨取、垄断、专制、阶级与不均仍存在,与十九世纪以来之自由经济,初无根本上之差异,徒使资本家得恃计划为护符"①。

简贯三认为,该原则规定的"有计划的自由经济发展"是思想解放,"如果实行起来,能够'真正的'做到吸收国外资本技术,增大民族资本潜力,以达到工业化之迅速完成而减消资本主义的弊害,则亦不必拘泥观念上的藩篱,而寄以乐观的瞻望"。他将这种"有计划的自由经济发展"称作"温和的计划经济"。他强调,计划经济最重要的意义是"运用现代的科学知识及高度的生产能力,以达到改善人民生活,确保社会生存,发达国民生计,光大群众生命的社会理想",必须是"主观与客观的适应,理论与实践的合一",不能拘泥于计划经济"教条"。所以,他认为,中国战后的计划经济,既要与中国战后具体国情和建设实践相结合,"顾虑到本国环境的复杂",又要考虑到计划经济这个"建国的深远理想",先由初期的"微温阶段",再发展到后期的"高热阶段"。这种与中国战后具体国情相结合的初期"微温阶段"的计划经济,就是"温和的计划经济"。实际上,这种"温和的计划经济"也是一种各取英美自由经济、苏联计划经济之长的经济制度。所以,他又把该原则规定的经济制度理解为"复合型的工业制度","这种办法,既非全学苏联的作风,亦非全仿英美的姿态,而是根据本国的环境及理想,兼采苏联、英美之长,建立一种弹性的体制,以期渡过难关,进到工业化的乐园"②。

即使在今天看来,所谓"有计划的自由经济发展"把"计划经济"和"自由经济"两个截然不同的范畴连在一起,也颇有蹊跷之处。所以,齐植璐说,该原则指示的"计划自由经济"道路,"这一个崭新而初见的名词,诚不免引起若干论者的非难和怀疑",时人认识颇多歧异,"主张计划经济者说它是自由主义的化名,服膺自由主义者又说它是计划经济的伪

① 曹立瀛:《第一期经济建设原则平议》,《新经济》半月刊第11卷第12期,1945年7月1日,第288—291页。
② 简贯三:《第一期经建原则的工业政策》,《新经济》半月刊第11卷第12期,1945年7月1日,第291—293页。

装"。针对时人理解的歧异,他把"有计划的自由经济发展"理解为"计划为体,自由为用",认为与其说它是"二元"的、兼有自由与计划两种经济的"混合经济",毋宁说它是"一元"的、介于自由与计划两种经济之间的"中间经济"。但是,齐植璐骨子里还是主张计划经济的。他所说的"计划为体,自由为用",其中,"计划"是本,自由只是实现"计划"之本的手段,不过是"大胆的采用了资本主义的动力,来做初期建设的主力军"。"经济自由"应置于国家总计划的指导和规定之内,不能任其盲目发展。但是,齐植璐所言"计划"本质上有别于苏联式"计划",只是一种"指导性"。这种"指导性"包括三个方面:国营事业的"领导性"、经济管制的"辅导性"、对私人资本的"扶导性"。他具体解释说,民生主义经济制度要兼采计划经济、统制经济和自由经济之长,"国营实业是计划经济的做法,节制资本是统制经济的做法,容许民营又是自由经济的做法"。在保存广大的民营经济的同时,国营事业要起领导作用;为了裨助国营事业,利导私人资本,国家要实行经济管制或经济统制;对私人资本要进行"有力的辅导和扶植"。[①] 显然,齐植璐对"有计划的自由经济发展"的理解,还是抗战时期作为计划经济或统制经济混合体的"老调"。

由 1945 年初知识界对《第一期经济建设原则》的讨论,可以生动而真切地感知到,时人在计划经济、统制经济、自由经济问题上的看法是多么歧异和复杂。一方面,抗战前期和中期大家对计划经济和统制经济的共识已不存在,坚持与反对并存,另一方面,大家对计划经济或统制经济的含义,仍缺乏一致理解。这两种思想歧异交杂在一起,造成大家对"有计划的自由经济发展"认识的极端复杂性。

就在大家热烈讨论《第一期经济建设原则》的时候,1945 年 5 月 19 日,国民党六大根据 1943 年 9 月 11 日国民党五届十一中全会通过的《工业建设纲领》,制定并通过《工业建设纲领实施原则》。该原则对自由经济作了大大收缩,比《第一期经济建设原则》体现出更浓重的"计划经济"色彩。该原则不再将中国战后经济体制定位为"有计划的自由经济发展",

---

① 齐植璐:《第一期经济建设原则的经济体制——论所谓"计划自由经济"》,《新经济》半月刊第 11 卷第 12 期,1945 年 7 月 1 日,第 299—307 页。

而以"计划经济"描述战后中国的经济体制,规定:"应遵照国父之实业
计划以计划经济之有效方法",加速推进战后工业建设;政府要在全部计划
中,根据各项重点,拟具实施计划,规定进度,预计结果;各部门工业计
划应相互配合,尤其应实现各项重点工业间的配合;国营、民营、中外合
资企业的设立须经政府核准,以确保合乎整个经济计划。①

对于时人来讲,什么是"有计划的自由经济发展"还未搞明白,如何
理解国民党六大宣示的"计划经济"这样一个新问题又来了,真是莫明其
妙! 1945 年 5 月 29 日《大公报》社评指出,《工业建设纲领实施原则》
"有一大特色,注重计划经济"。社评对该原则淡化"自由色彩"持疑虑甚
至是批评态度,提醒大家,战后实行计划经济应体现最大的"生产效果",
既要最大程度吸引外资,又要组织国内最多的私人资本,所定计划不能过
于苛细,以致束缚了外资和私人资本的发展。社评还担心,在既实行计划
经济,又保留大量私人企业的情况下,有可能出现"官僚资本"(国家资
本)与民间资本的对立,相互抵消力量。为避免这个结果,社评告诫政府,
计划的"进步、尽善"不能仅是"纸上文章",必须向"进步、尽善"的
方向确实力行。②

1945 年 5 月国民党六大之后,《经济建设季刊》组织了一场关于《第
一期经济建设原则》和《工业建设纲领实施原则》的讨论,将两个文件放
在一起进行比较。

倾向自由经济的谷春帆对《第一期经济建设原则》和《工业建设纲领
实施原则》作了系统对比和分析。他对《第一期经济建设原则》的评价比
《工业建设纲领实施原则》高一些,认为前者"较富于私人企业自由的精
神",后者"较富于国家计划统制的精神"。对于两个文件的政策不一,他
质问说,短时间内最高当局的决策有如此大的不同,"真不知将来趋向如
何"?谷春帆是根本否认计划经济或统制经济原则的,所以,他对两个文件
都不满意。他深刻指出,两个文件都存在一个难以克服的内在矛盾——民
营、外资事业与计划经济之间的矛盾。两个文件均要求制定经济建设总计

---

① 《工业建设纲领实施原则》(1945 年 5 月 19 日国民党第六次全国代表大会通过),《经济建
设季刊》第 3 卷第 3、4 期合刊,1945 年,第 250 页。

② 《关于工业建设纲领》(社评),(重庆)《大公报》1945 年 5 月 29 日。

划。在此总计划内,一部分事业由国营,另一部分事业赖民营及外资。《第一期经济建设原则》试图以企业自由完成总计划,恐怕在理论上不大容易,因为它一方面"声明私人企业自由",又不废止"计划",企业自由的真实限度仍未确定。《工业建设纲领实施原则》企图以减低企业自由谋"计划建设",同时又要依赖私人及外资来执行计划,要将民营企业纳于国家计划的"轨范",又是"不可解决的矛盾"。一方面,民营企业依照计划根本难以发展,另一方面,国营事业范围如此之广,国家因人力财力有限,难以全面举办,而外资多寡尚难预料。如此,所谓国家经济建设计划"即难成立"。所以,他不同意《工业建设纲领实施原则》将民生工业也纳入国家计划的做法。一方面,经济建设千头万绪,政府力量有限,顾不到"统筹"、"计划"民生消费品,另一方面,如果民营企业与国营企业一样完全依照计划,受政府支配,无经营自由,那么,民营事业的性质就变了,所谓"民营"就变成了"民资","除了出资的不同以外,没有区别"。显然,谷春帆并不主张对民营企业进行任何计划干涉。谷春帆还指出,孙中山《实业计划》中"计划"一词的含义与现今所谓"计划"并不相同。他分析说:"我人当明瞭,在《实业计划》写订时,计划经济、统制经济等思想尚未萌芽。原书以英文写作,其标题亦只是'International Development of China',并无计划之意。《实业计划》的'计划',与现代经济建设的计划,应当是内容不同的东西。不可以其名词相同而混淆。"① 谷春帆此说,对于抗战时期时人的一个思维定式——将计划经济的源头追溯到孙中山《实业计划》,是巨大挑战。抗战时期,以孙中山《实业计划》说明"计划经济"思想中国(尤其国民党)早已有之,几乎是被说烂了的"口头禅"。②

经济部工业司长吴承洛也对《第一期经济建设原则》发表了看法。与

---

① 谷春帆:《经济计划的比较》,《经济建设季刊》第3卷第3、4期合刊,1945年,第20—24页。

② 吴承洛仍在同一期《经济建设季刊》如此说:"苏联的计划经济,即国父所称统筹全局的实业计划,我们现称为经济计划。国父经济计划的远大性,正可与苏联计划经济的精确性相当,而为时之早尚过之。"(吴承洛:《第一期经建原则与工业建设纲领实施原则研究》(上),《经济建设季刊》第3卷第3、4期合刊,1945年,第27页)。

重庆《大公报》社评将该原则标明的"有计划的自由经济发展"理解为自由经济色彩的强化不同,吴承洛将此理解为苏联式计划经济、德国式统制经济和英美式自由经济的平衡与综合。他论述说:"三民主义的经济制度,并不完全效法苏联,作严格的计划经济,因我国的国际环境与政治组织与彼不同;亦不完全效法英美,作自治的自由经济,因我国的生活水准与教育水准与彼不同;所谓'计划的自由经济',更非效法德国,形成严厉的统制经济,因我国的企业基础与社会组织与彼不同。三民主义经济制度,消极言之,实为非'计划'非'自由'非'统制'的经济制度,但积极言之,应为'又计划''又自由''又统制'而节制的经济制度。"也就是合世界三种制度为一体。①

李紫翔比较注意《工业建设纲领实施原则》的"计划性"和"统制性",认为该原则对工业重点、区域、标准、规模、技术、效率、资本,以及国际贸易、技术人才、科学研究作了系统的计划性规定,同时,对各项规划和规定的实施,特别是国营民营工业的划分和奖惩、外资的引用,都表现了高度的统制性。李紫翔是完全倾向计划经济或统制经济的,认为"从理论上说,计划经济是优于自由经济,统制经济亦较优于放任经济"。所以,他完全认可该原则的强烈"计划性"和"统制性"。他进而关心,如何贯彻实施这种计划性或统制性。他提出,应该使国民大众"成为这种制度的积极的推动者"。他认为,国营事业是民生主义的杠杆,在本质上不同于清朝以来的"官办工业",应成为"获得人民共同经营并共享其成果的国营事业"。他指责实施原则脱漏了这个重点,似乎只要有了政府计划或统制,就可以完成工业建设,国营事业只是官办工业的扩大。② 李紫翔的分析点中了国民党当局倡导的经济建设方针的死穴——经济建设需要广大人民的积极参与和热情支持,为此,需要将人民大众从旧的生产关系、社会制度的压迫中解放出来。

齐植璐综合评价了《第一期经济建设原则》和《工业建设纲领实施原

---

① 吴承洛:《第一期经建原则与工业建设纲领实施原则研究》(上),《经济建设季刊》第3卷第3、4期合刊,1945年,第25—26页。

② 李紫翔:《从工业化途径论工业建设纲领》,《经济建设季刊》第3卷第3、4期合刊,1945年,第46页。

则》。谷春帆与《大公报》分析的两个文件之间的矛盾和不协调，在齐植璐眼中却全不存在。他认为，两个文件的精神完全一致，就是"计划"与"自由"相辅相成，以他的话说，就是"计划"为体，"自由"为用。这一观点与吴承洛将自由经济、计划经济、统制经济合为一体的看法，颇为相似。齐植璐认为，两个文件的第一个精神是"生产"和"效率"第一，是进度重于进向的"生产第一"主义。"为了'迎头赶上'欧美先进盟邦，完成高速度大规模的工业化"，必须集中国内与国外、政府与民间的所有力量，开展战后工业化建设，为此，要给予各种建设力量以"相当限度之自由"。齐植璐所言的这种"生产"和"效率"第一精神，是就《第一期经济建设原则》而言。他介绍说："在第一期经济建设原则中，大胆的采取了放宽民营，开放外资的政策，以资本主义的动力，推进民生主义的建设。"而事实上，《工业建设纲领实施原则》把这种"进度重于进向"精神淡化了。但这种转变似乎被齐植璐忽略了，他认为："战后工业建设纲领实施原则也一本此一贯方针，充分地表现着积极和机动的精神。"齐植璐的这种疏忽，难道是真的？其实不然。他采取这种"忽略"手法的用意，是要表达自己"计划"为体、"自由"为用的想法。他认为，《第一期经济建设原则》所言"计划的自由经济"，虽然强调"企业自由"，但这种"自由"是整个计划之下的自由，"企业自由"只是达成"计划经济"的"动力"，一切经济活动都要以"计划"为发展的方向和法则。在他看来，"第一期经济建设原则由表现上看，虽洋溢着自由的色彩，但实质上还是以计划经济为其基础的"，因为民营企业的经营还是要以总计划为前提，民营企业的创设、向外国借债招股都要经政府审核。齐植璐实际上强调了《第一期经济建设原则》中"计划"的一面。所以，他对《工业建设纲领实施原则》强调计划经济颇感欣慰，认为"计划决定一切"应该是战后工业建设的基本原则。[①]

　　透过1945年上半年关于《第一期经济建设原则》和《工业建设纲领实施原则》的讨论，可以真切地观察到当时知识界在计划经济与自由经济、

----

① 齐植璐：《战后工业建设纲领析论》，《经济建设季刊》第3卷第3、4期合刊，1945年，第52—53页。

国营经济与民营经济问题上的矛盾、多歧、困惑、犹豫的思想态势。正如社会学家简贯三所说："近几年来，社会经济学术界盛道计划经济者甚多，而今忽然见到第一期经建原则隐隐然含有赞同自由主义的默契，容或有惘然之感。"①

　　抗战时期中国知识界对于经济体制的选择，有着国际间英美自由经济、苏联社会主义计划经济和德国法西斯主义统制经济相激荡的大背景。他们力图从诸种相激荡的经济模式中，寻求出一条适合中国国情的经济道路。但是，他们这种选择表现出极大游移、彷徨和徘徊。这首先体现在，中国知识界对计划经济和统制经济基本概念理解的极度歧异。这种理解的居无定所，正表明他们一方面想引进苏联和德国经验，另一方面又不想完全照搬的矛盾心态。其次，虽然抗战时期（尤其是抗战前期）知识界盛行计划经济和统制经济思潮，但几乎没有一个人主张完全意义上的苏联计划经济体制和德国统制经济体制。最后，自1943年开始，部分论者以自由经济理念为基础，重新认识计划经济和统制经济的弊端，但是，还有相当多的论者持坚定的计划经济和统制经济立场。整个思想界呈现出严重的分歧和对立。总之，对于抗战时期知识界而言，试图在计划经济、统制经济和自由经济间折中取法的结果，却是一种无所适从。对于中国经济体制到底走向何方，大家根本就没有一致结论。

---

　　①　简贯三：《第一期经建原则的工业政策》，《新经济》半月刊第11卷第12期，1945年7月1日，第291—293页。

第五章

国营,还是民营:一个难解之题

抗战时期,在苏联式计划经济、德国式统制经济和英美式自由经济相激荡的大背景下,中国知识界试图寻找一种既有别于苏联完全以国有国营为基础的计划经济,又不同于完全以民有民营为基础的自由经济,而又适合中国自身发展需要的经济形态。他们以孙中山 1919 年发表的《实业计划》关于中国实业开发应分个人企业、国家经营两路进行的说教为理论根据,把国营事业与民营事业并存的三民主义"混合经济制度",视作规划中国经济发展道路的立论基点。但是,这种"混合经济制度"在世界上并没有先例可供参照,存在诸多理论和实际难题。既然中国要走国营与民营并存的混合经济道路,那么,如何划分国营事业与民营事业的范围?如果大量发展国营经济,又如何解决国营事业的经营效率问题?中国知识界对这两个问题的探讨一直贯穿于整个抗战时期,虽然耗费了他们大量精力和笔墨,但始终欲理还乱。

第一节　国营与民营并存的三民主义"混合经济"形态

实行国营事业与民营事业并存的"混合经济",是抗战时期国统区知识界对中国经济形态的基本定位。"民生主义经济"是他们形容这种经济形态的标准说法,所以,"民生主义"便成为这种"混合经济"的理论外形。而在"民生主义经济"外形里面,却包含着多元化的理论来源,也有着在抗战语境下由重视国防经济到重视重工业的实际经济建设考虑。同时,他们的国营经济论说还有一个中国经济建设的实际参照——资源委员会创办的国营重工业体系。在抗战时期大多数论者看来，随着资源委员会在西南、西北一系列大规模国营重工业企业的建立，再加上原有的民营经济基础，国营事业与民营事业并存的混合经济确实成为中国的经济现实。

一　民生主义："混合经济"的立论基点

随着全面抗战爆发，中国各党派、各界别有一个全面认同"三民主义"的思想过程。不仅国民党一直在举着"三民主义"的旗子，而且中共在结束土地革命与国民党实现第二次合作以后，也开始重新阐释、表示接受三民主义。战前，以胡适等为代表的中国自由主义知识界，至少在名义上，一直表示不遵循任何"主义"。但是，全面抗战爆发后，包括自由主义知识界在内的国统区知识界，也出现异口同声谈"主义"的话语情势，所谓"三民主义"几乎成为大家的口头禅。1938 年 3 月 20 日《大公报》社评在纪念孙中山逝世 13 周年的时候表示，"孙先生的主义，早是中国建国的正式方针了"，"孙先生的主义，在今天更证明是救亡不二法门"[①]。

就抗战初期国统区思想界的一般态势而言，1938 年 3、4 月间国民党临时全国代表大会通过的《抗战建国纲领》和大会宣言，进一步强化了社会各界对三民主义的认同。两个文件重点宣示了一项重要原则：三民主义是中国基本的立国精神。《抗战建国纲领》第一条即规定"确定三民主义暨总理遗教为一般抗战行动之最高准绳"[②]。大会宣言也宣示："中国以立国的基本精神而论，自有三民主义为最高之信仰，惟当努力以求其实现，决不曲意诡随以自丧其所守。"[③] 一个多月后，同年 5 月 25 日汉口《大公报》社评表示响应，建议为确立全国一致的"建国精神"，"确定全国国民对于国家政治上经济上之真正一致的信仰"，应由"蒋总裁颁布关于三民主义之正式的理论解释"。不过，社评对三民主义的真义还是有其主见的，表示"我们对于三民主义的理解，很浅陋，大体上也不过只是以第一次全代大会宣言为标准"[④]。换言之，无论对三民主义的理解多么歧异，只有以

---

① 《孙中山先生逝世十三周年纪念》（社评），（汉口）《大公报》1938 年 3 月 20 日。

② 《抗战建国纲领》，（汉口）《大公报》1938 年 4 月 3 日。

③ 《中国国民党临时全代会宣言》，（汉口）《大公报》1938 年 4 月 3 日。

④ 《一个建议》（社评），（汉口）《大公报》1938 年 5 月 25 日。

1924 年国民党一大宣言为标准的"三民主义"才称得上纯正。社评的看法反映了国民党当局以外的舆论界和知识界对三民主义的认知趋向。

所以,对三民主义的普遍接受,是抗战时期知识界一个值得关注的思想态势。1938 年 12 月 11 日,长于研究太平天国史的河南大学教授萧一山即认为孙中山是"天挺奇才"、"中国救主","他把革命的对象、主义、方略都分析的清清楚楚,指得详详尽尽"①。尤其是蒋廷黻、翁文灏、陈之迈等"从政学者",对三民主义的态度更有极大转变,不再柄持此前不谈"主义"的作风,也开始谈论"三民主义"。早在五四时期,作为中国自由主义知识界庄主的胡适就宣扬"多谈些问题,少谈些主义"。本书第二章在考察 30 年代知识界现代化理念时曾提到,1933 年 11 月,胡适曾批评上海《申报月刊》中国现代化问题讨论谈"主义"之风过盛,表示"我个人近来常常想过,我们这几十年的革新工作,无论是缓和的改良运动,或是急进的革命工作,都犯了一个大毛病,就是太偏重主义,而忽略了用主义来帮助解决的问题"②。但是,抗战时期,也许出于身处政府要职的不得已,也许因为确实的思想转变,蒋廷黻、翁文灏、陈之迈等人张口闭口强调"主义"的重要。1938 年 12 月 20 日,重新出任行政院政务处长的蒋廷黻,因临时兼任三民主义青年团重庆支团筹备处宣传委员会主任,向青年们发表了一篇演讲。他告诫青年们说,大家除了身体、知识和道德三种力量以外,还有一种力量的源泉,"那就是主义的信仰",自由主义、共产主义、法西斯主义都是"舶来品",只有作为纯正"国货"的"三民主义"才是真正"伟大的"。③

如果我们分析抗战时期知识界对资本主义弊端的批判,以及对中国经济体制的设计,他们均声称其理论出发点是孙中山"三民主义"。只是在抗战时期,几乎所有国人、所有党派,包括与国民党并立的中共,都宣称遵奉"三民主义",此时,"三民主义"好像成了被大家实用化的、可以随己所欲放东西的"筐"。

---

① 萧一山:《再论民族革命的三阶段》(星期论文),(重庆)《大公报》1938 年 12 月 11 日。
② 胡适:《建国问题引论》,《独立评论》第 77 号,1933 年 11 月 19 日,第 2—7 页。
③ 《蒋廷黻广播演词:青年的力量》(续昨日第三版),(重庆)《大公报》1938 年 12 月 22 日。

抗战时期知识界关于国营经济与民营经济并存的混合经济所有制、关于国营与民营划分等问题的论说，有一个基本出发点，就是孙中山 1919 年发表的《实业计划》所言："中国实业之开发应分两路进行：（一）个人企业、（二）国家经营是也。凡夫事物之可以委诸个人，或其较国家经营为适宜者，应任个人为之，由国家奖励，而以法律保护之。……至其不能委诸个人及有独占性质者，应由国家经营之。"① 对于孙中山此段论述，抗战时期知识界比较注重两点：一是中国实业开发分个人企业和国家经营两路进行；二是凡可以委诸个人，或较国家经营为适宜者，由个人经营，不能委诸个人及有独占性质者，由国家经营。这两点几乎成为抗战时期知识界讨论国营与民营问题的口头禅。1938 年 3、4 月间国民党临时全国代表大会宣言，接着孙中山的说教，再次宣示国营与民营共存的混合经济原则："凡事业之宜于国营者，由国家筹集资本，从事兴办，务使之趋于生产的合理化，且必制节谨度，树之模楷。其宜于私人企业者，由私人出资举办，于国家的整个计划之下，受政府的指导及奖励，以为有利的发展。"② 抗战期间，《新经济》士人等知识界对经济体制的阐述，无论提出多少原则、多少方案，最终均要归结于一点，就是中国经济体制的性质是"民生主义的经济"，在某种程度上说，是遵循《实业计划》、《抗战建国纲领》和国民党临时全国代表大会宣言的有关阐述。

孙中山民生主义有两项基本经济原则，一是"发达国家资本，节制私人资本"，二是"耕者有其田"。前者是三民主义关于工业发展的基本理论教条。所谓"发达国家资本"，在经营方式上，就是企业国有国营。"发达国家资本，节制私人资本" 12 个字同样成为抗战时期知识界的口头禅，是他们讨论所有制问题的基本原则。孙中山"发达国家资本，节制私人资本"说教之所以受到如此推崇，具有社会现实、理论观念的多方面原因。在社会现实方面，三民主义成为抗战时期各党派的共同阐释对象和立论原则。作为笼罩在国民党理论权势下的国统区知识界，尤其是以"从政学者"为主体的《新经济》士人，三民主义客观上成为他们阐述社会问题的

---

① 《建国方略之二·实业计划（物质建设）·第一计划》，《孙中山全集》第 6 卷，第 253 页。

② 《中国国民党临时全代会宣言》，（汉口）《大公报》1938 年 4 月 3 日。

立论根据。然而，知识界推崇"发达国家资本"，也有着自身的理论需求，因为发达国家资本原则与他们发展国营经济的主张相合拍。也即是说，孙中山"发达国家资本"说教与他们其他的理论资源完美地一体化了。所以，国营事业①与民营事业并存的混合经济制度，成为抗战时期国统区各界讨论经济体制问题的基本出发点。1941 年 3 月，专力研究国营事业问题的吴半农论述说，孙中山"节制资本"有消极和积极两方面，消极方面是"节制私人资本"，积极方面是"发达国家资本"，但是，从建设意义上说，积极发达国家资本比消极节制私人资本重要。发达国家资本政策应该是民生主义的"主要内容和中心工作"。吴半农由此认为，孙中山"制造国家资本的政策"就是发展"国营事业"的政策，"他的《实业计划》亦即一部发展国营事业的计划。民生主义的经济政策如果认真实行起来，国营事业在整个的经济发展中是要占到绝顶重要的地位的"②。

所以，从民生主义立场阐释发展国营经济的必要性，就成为抗战时期知识界的重要认识视角。1942 年 10 月，经济部工业司长吴承洛系统分析了国民党历史上的国有政策。他注意到，1923 年 11 月《中国国民党改组宣言》规定"铁路、矿山、森林、水利及其他大规模工商业应属全民者，由国家设立机关经营管理之，并得由工人参与一部管理权"；1924 年 1 月国民党一大宣言提出"企业之有独占的性质及为私人之力所不能办，而应属于全民者，如银行、铁路、矿山、森林、水利及其他大规模之工商业，

---

① 我们在分析抗战时期知识界关于国营事业的文献时，必须注意他们理解"国营事业"概念的歧义。时人的理解有广狭两义。广义"国营事业"指所有政府经营的企业，狭义"国营事业"则限于中央政府经营的企业，此外，还有省营、市营、县营企业。吴半农倾向于狭义的理解。1941年 9 月 1 日，他分析说，"国营事业"名词，从广义说，"是指各级政府经办的经济事业而言"，应作"国家经营"或"政府经营"解释，相当于英语国家所谓"政府企业"（Government enterprise）或"公共企业"（Public enterprise）。它和"私营"两字对称时，也可称为"公营"。这个意义的范围较广，除中央政府所办的经济事业外，还包括省营、市营和县营事业。而狭义"国营事业""单指中央政府所经营的企业而言"，与地方政府经办的"省营事业"相对照。吴半农主张，应该把广义的"国营事业"称为"公营事业"或"政府企业"，使"国营事业"专指中央政府经营的企业（吴半农：《国营与省营》，《新经济》半月刊第 5 卷第 11 期，1941 年 9 月 1 日，第 245—247 页）。

② 《国营事业在我国经济建设中之地位》［原名《我国经济建设之途径》（国立中央研究院社会科学研究所《中国社会经济问题小丛书》第三种），中国文化服务社 1941 年版］，吴半农：《国营事业论》（青年文库），第 4—5 页。

由国家设立机关经营管理之,并得由工人参与一部分之管理权"。吴承洛极
为看重国民党早期的这两项发展国营经济的规定,认为"中国现代国民经
济政策,至此已由确定"。如果将吴承洛介绍的这两项国民党早期国营产业
政策与抗战时期知识界的相关论述作一比较,就会发现,知识界关于国营
与民营问题的讨论,基本以 1924 年国民党一大前后的相关政策为蓝本。他
们似乎不太看重此后国民党在国营与民营政策上的政策变异。吴承洛就对
1936 年 5 月"五五宪草"规定"公用事业及其他有独占性之企业,以国家
公营为原则,但因必要,得特许国民私营之",很有看法,认为"没有孙
先生建国大纲各条那样活泼的精神",相对《中国国民党改组宣言》和国
民党一大宣言,"五五宪草"扩大了民营范围,一方面,没有明确列举何
为"公用事业及其他有独占性之企业",另一方面,又不排除这类企业民
营的可能性。①

　　抗战时期,知识界虽然一再表示他们关于国营经济的论说来源于孙中山
的《实业计划》,但他们与孙中山的论述还是有相当不同的。《实业计划》虽
然也提到建设大规模钢铁厂、水泥厂等工业建设,但其侧重点还是在铁路、
港口、公路等交通建设及矿业开发,并未提出建立完整的工业体系。1943 年
7 月,朱慕唐分析说:"第一计划至第五计划大部分着眼在'铁道、工业、矿
业之建设,运河水道之修治,商港街市之建设'。'其次则注重于移民、垦
荒、冶铁'。第一计划的第三部是移民计划,第一计划的第五部与第六计划
的全部是矿业发展计划,这各项工业,国父称之为'关键及根本工业'。"显
然,《实业计划》所言的"关键及根本工业",与抗战时期知识界所说的涵盖
整个重工业体系的"关键及根本工业"不尽相同。朱慕唐注意到,1924 年 1
月国民党一大宣言将国营经济确定为"铁路、矿山、森林、水利及其他大规
模之工业、商业"等具有独占性质和私人力量无力举办的产业,比《实业计
划》更明确和具体,依照该宣言:"大规模的企业,全由国家经营,经过相
当时期,私人的小企业也渐渐并归国营了。"②

---

　　① 吴承洛:《中国国民经济最高政策的演进与其特征》,《经济建设季刊》第 1 卷第 2 期,
1942 年 10 月,第 110、111、113 页。

　　② 朱慕唐:《三民主义经济政策发凡》,《经济建设季刊》第 2 卷第 1 期,1943 年 7 月,第
185、188—189 页。

抗战时期,知识界发展国营事业的热情非常高涨。1939 年 12 月 31 日,高叔康系统论述了发展国营企业的必要性:第一,国营企业是现代国家职权发展的特征、现代经济发展的重要形态:为了不影响国计民生的改善,具有独占性的企业不能被少数资本家操纵;为保障国防经济的发展,与国防直接相关的工业应由国家直接经营;那些私人不愿经营、或不能获得利润的工业,也需要由国家创办并直接经营。第二,发展国营企业是民生主义的重要原则,"三民主义中之民生主义,便是要节制私人资本,发达国家资本。要发达国家资本,当然也只有应用国营企业的方法来实现"。第三,发展国营经济也是中国这样的产业落后国家的特殊需要。产业落后国家要发展经济,"必须集中内部经济力量,以抵抗外来经济势力的压迫。集中的方法,就要采取大规模经营的形态,而大规模的企业也不是样样由私人力量所能做得到的。因之,国营的方式,更有采取的必要"①。恽震是位电机专家,抗战时期任资源委员会电业处处长、中央电工器材厂总经理。他更有一种强烈的国营经济关怀。1943 年 3 月 16 日,他表白说:"我服务国家二十年,一向认定国营事业必须发展,越是前途荆棘,越是值得奋斗,并需要我们奋斗。""世界潮流的动向,国民革命的过程,都指示着我们,今后中国的经济组织,必然渐渐地脱离资本主义的支配,而步入于社会主义的领域。"作为资源委员会骨干企业的总经理,他坚决反对那些批评、怀疑国营企业前途的论调。他指责一些国营企业的主持人和高级职员,对国营企业缺乏"坚强的信仰",梦想"将来羽毛丰满,或者主管机关和他不对劲,他们就可凭借已获得的经验和资望,去集资创办他们所谓'自己的事业'"。他认为,这种发展私人资本的想法是不为"时代所容许"的"落伍者"的想法。②

知识界重视发展国营经济,并非忽视民营经济,而是平等看待国营经济与民营经济。在这方面,作为经济部长的翁文灏观点比较鲜明。1939 年 7 月 16 日,翁文灏表示,国营事业与民营事业具有同等重要的意义,"正如泾水与渭水,同是由黄土高原流入黄河,其性质完全相同,并不如一般

---

① 高叔康:《国营企业的前途》(星期论文),(重庆)《大公报》1939 年 12 月 31 日。

② 恽震:《论办理国营工矿事业》,《新经济》半月刊第 8 卷第 10 期,1943 年 3 月 16 日,第 178—182 页。

文学家所迷信的一清一浊,好像有什么根本的分别"。一方面,国营事业具有重要社会意义,使国家发挥对经济的领导作用,另一方面,"政府对于民营事业,实有必须加多倡助的任务"①。不过,作为资源委员会的直接主持人,翁文灏对国营事业的重视程度显然超过民营事业。1940 年 11 月 20 日,他在《大公报》举行的座谈会上强调,国营经济和政府统制经济是整个世界的潮流:英美两国政府虽在平时不自办工矿,但到战时则由政府设立或接管有关国防的工厂,对民营工矿亦加强统制;德国企业名义上多为民营,事实上早归政府彻底统制,并有若干重要企业加入官股,或由政府派人管理;苏联企业则全归政府经营。② 1942 年 7 月,他又表示,国营与民营共存是经济部的既定政策。他介绍了抗战以来经济部的两个重要机构,资源委员会负责创办国营重工业企业,工矿调整处负责管理民营企业,强调经济部对国营及民营事业的方针是"务使相辅相成,而不至互相排挤","国营事业择急要者,尽量进行,但对于民营事业,仍力图奖助,不加限制"③。

许多论者曾对国营经济与民营经济并存的混合经济制度作了全面理论总结。1939 年 1 月 16 日,中央政治学校教授张彝鼎将这种经济制度称作"不完全的独占(Partial monopoly)"的经济制度,认为这种制度可以使国营事业和私人事业"尽可无顾虑的发展"④。1941 年 5 月,吴半农也作了精辟论说。他把这种经济制度称为"以民生主义为原则的国家资本制度",认为"我国今后的建设,国营事业固要占重要的地位,而民营事业仍可在国家的管制下获得适当的发展。这和苏联社会主义的国家之视私有经济为例外,及欧美资本主义的国家之视公有经济为例外者都有不同之处"⑤。换言之,中国要实行的经济制度,既不同于苏联完全以公有制为基础的社会

---

① 毕敏:《国营事业与民营事业的关系》,《新经济》半月刊第 2 卷第 3 期,1939 年 7 月 16 日,第 54—60 页。

② 翁文灏:《经济部关于工矿事业的工作》,(重庆)《大公报》1940 年 11 月 26 日。

③ 翁文灏:《中国经济建设的前瞻》,《经济建设季刊》创刊号,1942 年 7 月,第 4 页。

④ 张彝鼎:《不完全的独占与节制资本》,《新经济》半月刊第 1 卷第 5 期,1939 年 1 月 16 日,第 126—127 页。

⑤ 《国营事业的范围问题》(原为国立中央研究院社会科学研究所《中国社会经济问题小丛书》第四种,中国文化服务社 1941 年版),吴半农:《国营事业论》(青年文库),第 62 页。

主义，也有别于欧美完全以私营经济为基础的资本主义，而是在国营事业占重要地位的同时，也允许民营经济适当发展。抗战末期，曹立瀛也于1945 年 6 月 16 日对"混合经济"体制作了准确而系统的总结。他论述说，"民生主义是解决中国社会经济问题的唯一途径"，而发达国家资本与节制私人资本，如"一刀的两刃"，构成民生主义的骨干。节制私人资本指节制集中独占的"大资本"和资本家的非法利润，"并不是压迫私人资本，发达国家资本更不是消灭私人资本"。除集中独占性的"大王"资本之外，中小私人资本还要发展。"在民生主义的范围内，除悖理违法的资本应当节制外，国家资本与私人资本应当分工合作，齐步并进的，不必在偏见与私利的立场上，作无意义的争论。"①

总之，抗战时期，知识界关于经济体制的讨论均以民生主义为指导原则。对于民生主义经济制度若干理论原则，大家的认识大体一致，尤其对于涉及工业化问题的"节制私人资本，发达国家资本"原则，大家更反复申述。知识界之所以如此重视民生主义的这个原则，是因为"节制私人资本，发达国家资本"恰恰满足了抗战时期盛极一时的国营经济理念的需要，由该原则可以导出国营经济与民营经济共存的"混合经济制度"的理论框架。

二 对资本主义经济的否定性认识：国营事业的重要认知维度

对私营资本主义的批判和否定，是抗战时期国统区知识界鼓吹国营经济的重要认知维度。在抗战时期，尤其是抗战前期，这几乎成为国统区知识界的普遍观念。然而，他们此种认识的理论来源却是多元的，有着极其复杂和深远的思想背景。首先，如前所述，最直接的来源是孙中山民生主义发展国家资本、节制私人资本政策。第二个理论来源是晚清洋务运动以来的官办或官商合办企业制度。在当时很多论者眼中，这种"官办"或"官商合办"企业就是国营企业。第三个理论来源是以苏联为参照的社会主义国营经济体制。不过，大部分论者只把苏联国营经济模式当作用来解

① 曹立瀛：《工业建设之基础原则——论民生主义的计划经济》，《新经济》半月刊第 11 卷第 11 期，1945 年 6 月 16 日，第 260—265 页。

决实际经济问题的嫁接工具。他们基本不认同苏联全盘国营模式，而主张实行国营、民营并存的混合经济模式。1939 年 7 月 16 日，翁文灏在强调国营、民营事业平衡发展时，就不主张实行苏联完全国营的经济制度，强调"我们不用共产主义，所以，我们不能学苏联的一切国营的方法"①。最后，也是非常重要的思想来源，是以英国伦敦经济学院（London School of Economics）为大本营的费边社会主义思想。② 20 世纪三四十年代，以英国伦敦经济学院为大本营，以拉斯基（Harold J. Laski）、陶纳（Richard Henry Tawney）诸人为代表的英国费边社会主义在中国知识界有着极其广泛的影响。如果对这一课题作一系统清理，其影响的广度和深度可能会超出预期。1954 年 3 月 5 日，胡适在《自由中国》半月刊社的一次茶会上提到，一位做公务员的朋友两年前曾给他写信说："中国士大夫阶级中，很有人认为社会主义是今日世界大势所趋；其中许多人受了费边社会主义的影响，还有一部分人是拉斯基的学生。但是最重要的还是在政府任职的许多官吏，他们认为中国经济的发展只有依赖政府，靠政府直接经营的工业矿业以及其他的企业。从前持这种主张最力的，莫过于翁文灏和钱昌照。"胡适还表

① 毕敏：《国营事业与民营事业的关系》，《新经济》半月刊第 2 卷第 3 期，1939 年 7 月 16 日，第 54—60 页。

② 1933 年，陈之迈获哥伦比亚大学政治学博士学位后，取道欧洲返国，曾慕名参观伦敦经济学院。1972 年 11 月，陈之迈回忆这次访问时，对英国费边社会主义作了全面介绍。据他介绍，费边社会主义（Fabian Socialism）主张用渐进主义（Gradualism），反对用暴力实现社会主义。费边社（Fabian Society）创立于 19 世纪末。最初领导者为贝姗（Annie Besant）夫人。20 世纪初的代表人物是韦伯夫妇（Sidney and Beatrice Webb）和萧伯纳（George Bernard Shaw）等。第一次世界大战后，伦敦经济学院成为费边社会主义的大本营，拉斯基和陶纳是最重要的代表人。陈之迈更佩服陶纳。陶纳是经济史专家，30 年代初曾在中国考察，1932 年出版《中国的土地与劳工》（Land and Labour in China）。陈之迈认为，这本书"批评中国的经济社会，兼及教育制度，观察精辟深入，立论一针见血"，"实为西洋人有关中国著作的一项奇迹"。陈之迈对拉斯基的评价不如陶纳。他认为，拉斯基"并没有什么创见"，而且，其理论存在很大矛盾。拉斯基在理论上是"马克思主义者"，但又不主张仿效苏联式的武力革命，"笃爱英国的议会制度、内阁制度"。但在英国代议制民主政治体制下，"他所信仰的马克思主义是无由实行的"，"这是拉斯基思想体系中根本的矛盾，故郁郁不得志"（陈之迈：《伦敦印象记——旧游杂忆之一》，《传记文学》第 21 卷第 5 期，1972 年 11 月 1 日，第 47—48 页）。另外，陈之迈 1941 年 5 月在评论拉斯基《英国的议会政治》一书时就表明过这个看法（陈之迈：《英国的议会政治》（书评）（Harold J. Laski, *Parliamentary Government in England, a Commentary*, George Allen & Unwin, London 1938），《新经济》半月刊第 5 卷第 4 期，1941 年 5 月 16 日，第 93—95 页）。

示,他 1938 年前也"有同样的错误"。①

　　三四十年代从事经济建设和经济理论研究的精英知识分子中,不少人与伦敦经济学院有瓜葛。陶纳的《中国的土地与劳工》对 30 年代蒋廷黻、陈之迈等《独立评论》士人的影响自不待言。钱昌照、张兹闿等人也有过在伦敦经济学院的留学经历。受英国费边社会主义影响最深而又努力于实践者,莫过于钱昌照。他曾于 1919 年下半年到 1922 年下半年在伦敦经济学院学习三年,之后,进入牛津大学继续研究经济一年多,直到 1923 年底。他在伦敦经济学院的导师正是拉斯基。回国后,钱昌照把在中国实现费边社会主义、创办国营经济作为矢志奋斗的目标。20 年代,他曾遍访吴佩孚、张作霖、孙传芳等权势人物,欲图择主而仕,推行费边社会主义。②也是出于这个理想,他直接操办建立了资源委员会及其前身国防设计委员会。张兹闿早年毕业于南开大学经济系,曾在任鸿隽主管的中华教育基金会负责会计工作,1932 年至 1933 年在伦敦经济学院学习。自 30 年代中期起,他与孙越崎长期追随翁文灏。1934 年冬,翁文灏、孙越崎整理河南焦作中福煤矿时,张兹闿负责财务工作。1938 年初经济部成立后,翁文灏兼任工矿调整处长,副处长和财务组长就是张兹闿。1944 年,国民政府成立战时生产局,翁文灏任局长,张兹闿任材料工业处长。③

　　拉斯基在抗战时期中国舆论界也有极大影响。1944 年 10 月 8 日,《大公报》邀请他撰写《对于中国胜利展望的一些感想》(Reflections on the Prospects of Chinese Victory)。他向中国读者阐述其"经济民主"思想时说明,战后中国"私人主有和私人经营的制度的排除是必要的"。对于战后中国经济所有制结构,他阐述了与中国知识界类似的设想:"大规模的重要工业"由国家单独所有和经营;农业生产采用合作形式;私人所有制"仍许其存在,但必须遵守'国家权力'为社会利益计而规定下来的条件"。他又解释说,并不是全部没收中国资本家的财产,也不是完全阻挡外国资

---

① 胡颂平:《胡适之先生年谱长编初稿》(第 7 册),(台湾)联经出版事业公司 1984 年版,第 2374—2375 页。

② 钱昌照:《钱昌照回忆录》,中国文史出版社 1998 年版,第 11 页。

③ 《民国人物小传(一〇四)·张兹闿(1900—1983)》,《传记文学》第 43 卷第 2 期,1983年 8 月 1 日,第 135 页。

本家的投资。他只是主张禁止中国资本家染指某些重要的经济部门,同时限制外国资本家的活动。银行、土地、交通(包括现代民用航空)、煤矿、金属矿、国防工业、水电供给等领域应该公有和公营。[①] 抗战时期重庆《大公报》很少发表外籍人士撰写的星期论文,可见拉斯基此文地位之特殊。

认可生产资料公有,主张限制私有财产,进而批判自由资本主义,是抗战时期知识界较为普遍的思想倾向。1938 年 12 月 1 日,卢郁文观察到,包括资本主义、法西斯主义和社会主义在内的世界所有经济制度,在私有财产问题上并无本质区别:资本主义和法西斯主义没有全盘维持私有财产制度,英美即存在很多公产;苏联"共产主义"也并非全无私产。卢郁文的用意并不是要在财产私有和公有之间"和稀泥",而是要深入分析财产所有制问题的世界发展趋向。他认为:"以私有财产的对象言,各国皆在缩小私有的范围,而扩张公有的范围,由矿山、铁路、土地以至于工厂机器皆逐渐由私有趋向公有。"生产手段公有,消费手段私有,世界各国"乃竟有大致从同的趋势"。[②] 显然,卢郁文是主张"生产资料"公有化的。同年 12 月 20 日,蒋廷黻也明确批判"资本主义",认为近代工业经济发展起来后,"科学和工业的恩赐,少数人占其大半,大多数的民众反只占其小半。国家重要的资源,被少数资本家霸占了,金融和交通的枢纽也被他们把持了"[③]。显然,蒋廷黻把社会贫富不均、阶级对立看成资本主义的重要弊端。研究民生主义经济制度的祝世康对自由资本主义经济持有强烈的批判情绪。1940 年 7 月,他指出了自由资本主义的两大弊端:阶级斗争和周期性经济危机。他分析说,资本主义财产私有和自由竞争将资本集中在少数人手里,"其结果就造成了一种暴富和赤贫的阶级划分,在社会上引起马克思所说的阶级斗争";而且,资本主义"更因生产与消费的失调,形成

---

① 拉斯基(Harold Laski):《对于中国胜利展望的一些感想》(Reflections on the Prospects of Chinese Victory)(星期论文),(重庆)《大公报》1944 年 10 月 8 日。

② 卢郁文:《新经济的三个原则》,《新经济》半月刊第 1 卷第 2 期,1938 年 12 月 1 日,第 31—34 页。

③ 《蒋廷黻广播演词:青年的力量》(续昨日第三版),(重庆)《大公报》1938 年 12 月 22 日。

生产的过剩，致发生继续不断的经济恐慌"。他同意恩格斯所言周期性经济危机导致资本主义崩溃的论断，认为"恩格斯曾明白指出资本主义社会中生产力与生产关系间的传统矛盾根本上足以决定资本主义崩溃的路向"。所以，他竭力划清自由资本主义与民生主义的界限，"我们可以晓得资本主义是已经走到末路，我们何必再踏覆辙呢？中山先生早已看到这些危险，故民生主义是注意到了防止资本主义流弊的"①。

所以，许多主张计划经济、统制经济的论者纷纷主张改革资本主义制度，走"社会主义"道路。1942 年 4 月 1 日，陈伯庄分析，资本主义、帝国主义国家之所以纷争不断，酿成两次世界大战，根本原因在于资本主义制度，各国"国内资本主义的制度一日不改，则国际的帝国主义的侵略，必然不夺不厌"，要有国际和平，必先从改革各国资本主义制度做起。②1944 年 10 月，陈志让也断言，从资本主义走上社会主义，"这已经不是专门的知识，而是一个常识了"。但是，他主张以渐进方式，在资本主义现有社会体制基础上实现社会主义。他认为，武力革命会造成社会劳动、生产资源和生产工具的极大牺牲，不是一条最好的路。而且，资本主义社会已经含有一些社会主义成分，像工会的成立、童工的废止、社会保险的兴起、社会立法的开创、合作社、财产税、公营企业的兴办、救济经济危机的公共投资政策等。所以，从资本主义转变到社会主义，要经过相当长的时期，"不是一年或十年的问题，而是一代或一个世纪的问题"③。陈志让的分析反映了抗战时期知识界许多人对社会主义的基本看法——承认社会主义前途，但拒绝暴力革命。

三　资源委员会国营重工业体系：国营事业的言说对象

抗战时期，知识界重视国营企业问题，除国内外各种思潮的影响外，

---

①　祝世康：《民生主义的真义》（抗战特刊第四种），中山文化教育馆 1940 年版，第 22、24、25 页。

②　陈伯庄：《战后的世界经济有办法吗?》，《新经济》半月刊第 7 卷第 1 期，1942 年 4 月 1 日，第 17—19 页。

③　陈志让：《社会主义经济诸问题——兼论战后经济体系》，《经济建设季刊》第 3 卷第 2 期，1944 年 10 月，第 107—109 页。

还有着国内社会经济原因。这就是抗战时期资源委员会创办的国营重工业体系的发展壮大。1938 年初资源委员会改隶经济部后，在原来以重工业建设为主的基础上，原由建设委员会办理的电力事业也划归资源委员会承办。新《组织条例》规定的基本任务包括三项：一是创办和管理基本工业；二是开发和管理重要矿业；三是创办、管理和经营电力事业。他们确定的国营事业经营范围主要集中于"为国防所必需"，"规模宏大，私人没有力量办，或虽有力量而由于经济效益上无把握不愿意去办的事业"，"精密制品为自给上所必需"，以及"目前无利可图的事业"。这些产业以重工业为主体。[①] 1938 年底至 1940 年底是资源委员会国营重工业企业迅速扩展的时期。[②] 资源委员会国营重工业企业的壮大，再加上原有的民营工业体系，客观上形成国统区国营与民营并存的"混合经济"形态。1948 年 1 月，高叔康分析说，抗战时期，"民营工业于炼钢、棉纺、造纸、烧碱、汽车燃料，有更大的成就"，而资源委员会重点经营重工业，建立了电力、机器、电气、基本化学、冶炼、煤矿、石油等工业，"不但提高了西南、西北工业生产的水准，并打破了从来举办国营事业的成绩"[③]。

抗战时期，知识界所言的重工业、基本工业国营，基本是针对资源委员会而言。日渐壮大的资源委员会国营重工业体系，日益受到知识界的广泛关注。资源委员会副主任委员钱昌照 1939 年 5 月 16 日发表的《两年半

---

① 钱昌照：《钱昌照回忆录》，第 52、67 页。

② 截至 1941 年，资源委员会所属企业达 89 家：冶炼业 11 家、机械业 5 家、电工器材业 8 家、化工业 17 家、矿业 26 家、电业 24 家。抗战胜利时，所属企业达 115 家。而且，资源委员会所属国营工矿企业的规模比民营企业大。甘肃油矿局（玉门油矿）职工最多时达 7000 余名，中央电工器材厂、中央机器厂、资渝钢铁厂和一些主要煤矿均有 2000 多名职工。资源委员会国营企业生产品种、产量和产值的增长速度，比民营企业快得多。截至 1945 年第二季度，资源委员会各业生产总值比 1939 年增加近 4 倍。因而，所属企业重工业产品在国统区所占比重大幅度增长。截至 1944 年，各类产品占国统区总产量的比重为：发电量 33.5%，煤 20.6%，生铁 31.2%，钢 56.9%，工具机 12.8%，作业机 7.8%，动力机 26.9%，发电机 37.1%，电动机 81.4%，变压器 42.2%，灯泡 49.6%，水泥 6.9%，酒精 38.5%，汽油 100%，煤油 100%，柴油 100%，精铜 100%，电子管 100%，电线 100%。许多重要工业产品，尤其是技术含量较高或较大型的机械、电器和冶金等类产品，只有资源委员会国营企业有能力生产（郑友揆、程麟荪、张传洪：《旧中国的资源委员会——史实与评价》，第 50—51、107—115 页）。

③ 高叔康：《十年来之经济政策》，谭熙鸿主编：《十年来之中国经济（1936—1945）》（上册）（影印版），第 A18—19 页。

创办重工业之经过及感想》,曾"引起中外人士极大的注意",被翻译成几国文字。① 1941 年 12 月 28 日,张其昀在总结民国成立 30 年来社会演变时即说,"在经济事业上最堪注意者即是重工业的发轫","所可纪者,近年以来经济部及其所属资源委员会所创办之工矿事业,进步颇速,面目一新",这是中国"经济发展划时代之新页"②。1942 年 6 月 16 日,钱昌照又发表《重工业建设之现在及将来》,介绍资源委员会创办重工业的成绩、肩负的历史使命以及战后重工业建设计划。他表示,资源委员会担负着振兴民族经济,实现现代化、工业化的历史使命,其创办的重工业是中国工业化建设的关键,"要想工业化,先得发展重工业。重工业为一般工业之母,重工业有了相当发展,工业化才能加速度的前进"。钱昌照还介绍,资源委员会正在拟定战后详细而宏大的重工业建设五年计划:"属于冶炼的,战后五年,钢铁及合金的生产,务必达到相当数量。属于机械的,凡是原动机、工具机、机车车辆、汽车、轮船、飞机及农业机械、纺织机械等,要办到自己可以制造。属于化学的,所有酸碱、肥料、炼油、炼焦、橡皮、木浆、水泥等等,要使之完全站得住。属于电器的,希望发展到类似德国西门子、美国 RCA 等厂的规模。"③ 钱昌照介绍的这项宏大计划,不能不受到社会的广泛、高度关注。《新经济》半月刊编者预计,钱昌照此文"一定会成为一篇极重要的经济文献"。④ 1942 年 7 月,刘大钧即注意到,全面抗战爆发后,"在迁厂之外,政府更在后方设立新工厂若干所,多属基本工业,且适合战时之需要"⑤。1943 年 4 月,陈伯庄也说,九一八事变后,政府设立资源委员会,"然后国有国营的重工业才有了新基础"。⑥ 1944 年 2月 4 日,中央大学经济系教授宁嘉风也观察到,在短短六七年间,后方工矿勃然兴起。发电、钢铁、机器制造、电工器材,以及酸碱、酒精、石油

---

① 《编辑后记》,《新经济》半月刊第 7 卷第 6 期,1942 年 6 月 16 日,第 128 页。

② 张其昀:《送民三十年》(星期论文),(重庆)《大公报》1941 年 12 月 28 日。

③ 钱昌照:《重工业建设之现在及将来》,《新经济》半月刊第 7 卷第 6 期,1942 年 6 月 16日,第 106—110 页。

④ 《编辑后记》,《新经济》半月刊第 7 卷第 6 期,1942 年 6 月 16 日,第 128 页。

⑤ 刘大钧:《我国工业建设之方针》,《经济建设季刊》创刊号,1942 年 7 月,第 54—55 页。

⑥ 陈伯庄:《建立新工矿政策的两个先决问题》,《经济建设季刊》第 1 卷第 4 期,1943 年 4月,第 20—22 页。

等，皆创中国有史以来的新纪录。①

知识界"国营事业"的言说对象主要包括两类：清末民初以降的"官办"企业、资源委员会所属国营重工业企业，并不包括与资源委员会一同膨胀的蒋介石、宋子文、孔祥熙、陈立夫与陈果夫"四大家族"官僚资本。而且，虽然通常情况下，大多数论者将晚清民初"官办"企业划入国营事业范畴，但翁文灏等少数论者却非常注意划清资源委员会国营企业与晚清洋务企业等"官办"企业的区别。1939 年 7 月 16 日，翁文灏就专门讲了国营事业与"官办"事业的区别，既划清了资源委员会国营企业与晚清洋务企业，也划清了与"四大家族"官僚资本的界限。他指出，"官办"事业有两种形式。第一种是晚清洋务派创办的"官办"企业，特点是以左宗棠、张之洞、李鸿章等某个"大官"为中心，毫无法定的组织，"大官"一去位，后任者"全以个人喜怒为标准，对于已成基础，可以完全不顾，前功尽弃"，结果"或是昙花一现，不能持久，白费苦心，或是化公为私，丧失国权，阻碍生产"。翁文灏说的第二种"官办"企业，虽不便明讲，实际上指以"四大家族"为首的官僚资本："还有一种官办的方式，不是明文的由一个长官主持重要事业，但事实上由一个或几个高级官员把持大权。各种重要事业的公司，都须由他们加入股份，滥占董监，任用私人，方能成功。对于他们的未拿住的公司，或是明文禁止营业，或是暗中苛刻对待，迫其失败。……而且，如上所说，要人们的公司往往托名统制，大胆的对于竞争营业的人规定种种缚束取缔的办法。甚或利用政府或国家银行的大宗资金加入公司股本，而由少数特殊官员自居为最大股东强取大权，使真正企业人民，望而裹足，不敢做事。"他认为，此种"官办"企业是"极不公道，亦最失人心的"，"这样行为不但是触犯公务员服务条例所定公务员不得有商业行为之明条，而且假公济私，丧失政府威信，实是最可痛心的现象"②。翁文灏反对官僚资本的态度是一贯的。1943 年 9 月国民党五届十一中全会后，翁文灏再次申明反对官僚资本。他认为，节制私人资本的重要用意就是"防止官僚资本，免使做大官者皆为资本家，致使资本

---

① 宁嘉风：《国营事业与民营事业》，(重庆)《大公报》1944 年 2 月 4 日。

② 毕敏：《国营事业与民营事业的关系》，《新经济》半月刊第 2 卷第 3 期，1939 年 7 月 16 日，第 54—60 页。

家皆想做大官,以致因私利而争政权,亦即因私利而害国家"①。

1942年4月2日,吴景超也借西汉史实抨击官僚资本。他分析说,中国历史上,"做官可以变成资本家,正如经商可以变成资本家一样",所谓"升官发财",做官是致富的一条途径。他以西汉史实为例,把官僚资本的形成途径分为六种:(一)通过求得皇帝赏赐,国库公款以赏赐方式变为个人财产;(二)利用皇帝信任,广收贿赂;(三)利用职权,进行贪污;(四)盗取国家机密,操纵市场,获取财钱;(五)把从做官得到的财富投资到生产事业中,以扩大其财产;(六)财产来源不明,以穷酸入仕,以富有退休。吴景超特别说明,这六种方式可以代表任何时代官僚资本形成的途径。他指出:"以官僚资本家来办理政治,只能产生两种结果,一是使政治腐化,二是使民众对于政府失去信仰。"讲到抗战时期的中国政治,"现在的政府,职务比以前的政府加增了许多,特别是许多经济事业,以前都由私人办理,而现在则交给政府去办,所以现在假如还有官僚资本家,他谋利的机会,便比以前方便了许多"。所以,他告诫政府要员们洁己奉公,"做官的只可以拿薪水,除了薪水之外,不应有别的收入"②。从翁文灏和吴景超对官僚资本的抨击,可以看出,他们对抗战时期日益膨胀的蒋、宋、孔、陈"四大家族"官僚资本并不认同,甚至反感和痛恨。

四 由国防工业到重工业:国营事业地位的彰显

由重视国防工业到重视重工业,是抗战时期知识界重视国营事业的又一个重要思路。在时人看来,重工业是国防工业的核心,而重工业的经营方式要以国营为主。这涉及抗战时期知识界讨论的另一个重要经济问题:中国经济建设目标应该是国防,还是民生?本书第四章分析知识界对苏联和德国模式的看法时,已经涉及这个问题。不过,该问题不仅涉及对以重工业和国防建设为导向的苏联和德国模式的取舍,还涉及对国营事业地位的认识。

如前所述,抗战初期知识界普遍主张,国防建设应该是中国经济建设目标。1943年下半年以后,大家才把经济建设目标转向国防与民生并重。

① 憲士:《战后工业政策的建议》,《新经济》半月刊第9卷第7期,1943年8月1日,第129—133页。此期《新经济》半月刊出版时间应在当年9月以后。

② 吴景超:《官僚资本与中国政治》(星期论文),(重庆)《大公报》1942年4月20日。

而且，经济建设目标以国防还是民生为主，又与优先发展重工业还是轻工业直接相关。1942 年 7 月，刘大钧即提示："近年论者屡提及民生与国防孰为重要之问题，其与工业之关系至为密切。盖如偏重国防，则在工业方面，亦须注意重工业之建设；若偏重民生，则轻工业亟应提倡。"①

1938 年 7 月 6 日，吴景超在《中国工业化的途径》一书中把发展国防工业与建设重工业直接联系起来。他介绍，1937 年 6 月至 8 月他和翁文灏对苏联和德国的访问，使他改变了以前的想法。过去，他在阐述工业化必要性时，多重视工业化与人民生活水平的关系，但他现在感到，在当前这种弱肉强食的世界中，中国工业化应以增强国防力量为目标，以重工业为重点，"一国的财富，如不是建筑在强的基础上，那种财富是没有保障的"，我们的人力财力应大部分放在国防工业上面，多设炼钢厂、炼铜厂、机器厂、飞机厂、枪炮厂、弹药厂、汽车厂、汽油厂等供给国防需要的工厂。他提议，一二十年内，要立志在实现国防巩固前，不预备提高生活程度。② 不过，大家在国防经济是否只包括重工业问题上似乎存在争论。方显廷和《大公报》就对吴景超的说法提出了不同意见。方显廷读了吴景超《中国工业化的途径》后，于 1938 年 12 月 16 日对吴景超未将采矿业、农产品加工业列入国防工业提出异议。他认为，国防与民生工业难以严格划分，不仅"炼钢厂、炼铜厂、飞机厂、枪炮厂、弹药厂、汽车厂、汽油厂等等可以供给国防事业需要的工厂"应划入国防工业，其他与国防直接、间接相关的工业也应列入广义的国防工业。例如，前方将士衣食需求巨大，衣食工业具有特殊国防意味；锡、钨、锑、汞采冶及茶、丝、桐油等农产品加工可以出口创汇，购置军需用品，莫不与国防有密切关系。③ 1939 年 9 月 29 日《大公报》社评也质疑吴景超"国防工业未巩固前，不预备提高生活程度"的说法，认为"这话原则上是对的。不过，我们看到农民粜了一担谷，却买不成一件新衫子，影响实大"④。

---

① 刘大钧:《我国工业建设之方针》,《经济建设季刊》创刊号,1942 年 7 月,第 57 页。

② 吴景超:《中国工业化的途径》,第 6—7 页。

③ 方显廷:《中国工业化的途径》(书评),《新经济》半月刊第 1 卷第 3 期,1938 年 12 月 16 日,第 77—80 页。

④ 《后方的经济建设》(社评),(重庆)《大公报》1939 年 9 月 29 日。

　　但是,把重工业视作国防工业的核心产业,应该是知识界的主流意见。
1940 年 7 月 1 日,吴半农发表了与吴景超一致的意见。他虽然认为,"从
广义的国防来说,国防经济和民生经济实系一车的两面",但又认为,从狭
义的国防来说,"直接增加国防力量的军需事业和提高人民生活程度的民生
事业毕竟意义不同而不能混为一谈。尤其在一国的财力有限的条件下,则
缓急轻重之间实大有权衡的必要"。从发展军需工业出发,他主张优先发展
重工业。他强调,重工业是中国经济建设的基本环节,"因为重工业是工业
化的基础,是一切制造工业之母。只有重工业发展起来了,整个的工业、
运输和农业才有可能获得根本的改造,并在新技术基础上重新建立起来"。
吴半农这个认识来自苏联和德国经验。他观察到"苏德两国的经济建设重
心都是放在重工业的发展上面",认为列宁所言"不拯救重工业,不恢复
重工业,我们便不能建设任何工业,而没有工业,我们就要灭亡而不成其
为独立国家",真是"一针见血的话"。吴半农进而主张,重工业必须采取
国营方式,中国经济建设以重工业为重心,意味着国营经济在国家经济中
具有关键性地位。他分析,重工业之所以必须国营,是因为重工业在发展
初期不仅不会赚钱,还要国家赔钱,私人决不会举办,"事实上也非采取国
营的方式不可"①。显然,吴半农是重工业国营政策的坚定支持者。这也是
他花费大量精力研究国营事业的重要思想动因。吴半农的观点得到吴景超
的赞同。吴景超在《新经济》半月刊《编辑后记》中表示:"关于我国经
济建设应首重国防工业,次及民生工业,除抗战建国纲领已有明白规定外,
论坛主张亦渐趋一致。吴半农先生所作《我国经济建设之目标问题》,征
引苏德两国为例,重申此旨,甚望国人本此共信,相与努力焉。"② 几个月
后,同年 12 月 14 日,沈怡也由经济建设以国防为中心,强调重点发展重
工业。他分析:"注重国防建设,必须积极建设重工业。此次抗战即使一旦
结束,敌人图我之心,岂能因是稍戢,故今后之二十年至三十年,实为我
国家民族生死存亡之重要关头。凡我全国上下必须把握此一纵即逝之时机,
急起直追,将最大部分之人力及财力,集中于重工业之发展上,以期早日

---

　　① 吴半农:《我国经济建设之目标问题》,《新经济》半月刊第 4 卷第 1 期,1940 年 7 月 1 日,
第 18—23 页。

　　② 《编辑后记》,《新经济》半月刊第 4 卷第 1 期,1940 年 7 月 1 日,第 28 页。

奠定工业基础。"他也进而主张发展国营经济，认为"今后惟有将一切经济力量集中于国家，由国家依照远大之目标、整个之计划及坚定之政策，加速建设，限期完成。盖如此重大艰巨之任务，除国家自身外，决非任何人所能担负"①。

1943 年 3、4 月间赴美考察前，吴景超一直是优先发展国防工业和重工业的支持者。他在抗战中期反复阐述这种看法。1941 年 2 月 1 日，他在给斯大林言论集写书评时，非常看重苏联通过优先发展重工业壮大国防力量的经验，认为"苏联过去建国的成绩，发展重工业，因而巩固了国防以及其他工业的基础，是第一件事可称道的"②。1942 年 6 月 1 日，他在论述建立系统的国民经济体系问题时又说："我们在建设工业的过程中，当然在许多工业部门中，也要有先后缓急之分。机器工业，我们一定要首先设立，自无问题。除此以外，我们觉得电力工业、矿冶工业、化学工业、交通器材工业，也都是非常重要的。这些工业，应当是我们以后经济建设的主要目标。"③ 1942 年 7 月，他再次强调，中国经济建设一定要"国防第一"。他注意到，在美英等盟国参加对日作战，胜利在望的情况下，社会上在优先发展国防问题上出现不同意见。有人认为中国战后建设是否偏重国防，应视战后国际环境而定。假如世界和平共处，各国认真裁军，中国不必整军修武。④ 吴景超不同意这种见解。他主张："在最近的数十年内，在我们的国防基础，还没有巩固之

---

①　沈怡：《中国工业化之几个基本问题》，（重庆）《大公报》1940 年 12 月 14 日。

②　似彭：《列宁主义问题》（书评）（斯大林著，莫斯科外国文书籍出版局 1940 年版），《新经济》半月刊第 4 卷第 9 期，1941 年 2 月 1 日，第 216—217 页。

③　吴景超：《国民经济建设运动的体系》，《新经济》半月刊第 7 卷第 5 期，1942 年 6 月 1 日，第 86—90 页。

④　吴景超的批评对象是刘大钧。刘大钧较早提出国防与民生并重的观点。他 1941 年 1 月在《财政评论》发表的《经济政策之目标与手段》一文提出，中国战后经济建设是偏重国防还是民生，要由战后国际环境而定。1942 年 7 月，他又论述说："如此次世界大战之后，各国皆倾向和平，裁减军备，则我国自无积极提倡国防工业之必要。"（刘大钧：《我国工业建设之方针》，《经济建设季刊》创刊号，1942 年 7 月，第 57—58 页）此后，刘大钧反复阐述国防与民生并重观点。1943 年 9 月 22 日，他再次论述说，中国建设国防的目的，不在侵略他国，在于防止他国侵略，只是被动的目标，"如各国在世界大战结束之后，觅得永久和平之方式……则至少在短时期中，我国对于国防，即无积极建立或扩充之必要"。而改进民生是积极与主动的目标，因为在任何情况下，都必须改进民生（刘大钧：《工业化与中国工业建设》（国民经济研究所丙种丛书第一编），第 8—9 页）。

前,我们的经济建设,便应牢牢记着,'国防第一!'"战后即使美、英、苏等世界强国裁军,中国也应扩军。因为中国军事装备落后,必须建设起国防工业的基础。[1]

1943 年以前的抗战中期,优先发展与国防工业关系密切的重工业,不仅是吴景超、吴半农、沈怡诸人的主张,也是时人的普遍观点。1941 年 10 月 13 日,章乃器也主张战后重工业建设高于一切。他感叹,中国工业的落后真是可怕的!兰州的织呢厂还是左宗棠的遗物!某炼钢厂的骨干设备还是张之洞的大冶铁厂!一个工厂从美国进口一架螺铣床,许多人认为它是后方民营工厂罕有的利器,却是美国已使用了 24 年的第三手旧货。他认为,中国的症结在于:"我们把先后轻重倒置了!带有奢侈意味的用具是最现代化的,轻工业机器——如纺织机器——是次现代化的,而重工业的设备是最落后的——可以作为例外的恐怕只有范旭东氏主持下的酸碱工业。"[2] 经济部企业司长庄智焕也于 1942 年 7 月 16 日表示:"建设之着力点,应为重工业、基本工业及交通网,再及民生工业。亦即先致力于国防,然后及于民生,盖国家不安全,民生即无倚托。"重工业、化学工业、交通线及兵工制造是中国建设的"大本急务"[3]。

从 1943 年下半年开始,随着知识界把经济建设目标由以国防为中心转向国防与民生并重,他们纷纷重新认识重工业与轻工业的关系,不再片面强调重工业。1942 年 7 月,曹立瀛提出,战后经济建设目标"民生与国防并重,殆无疑义","若民生凋敝,甚至衣食难周,国防经济亦无从建设"。由此,他设计了一个包括重工业和轻工业在内的完整的战后经济发展程序:第一步发展矿业、重工业、交通业等基本事业,第二步发展民生必需的纺织工业、饮食工业等轻工业,第三步发展军械、飞机、战车、战舰等国防工业,第四步发展农业,最后建设提高生活标准的"奢侈品"工业。他解释说,之所以把国防工业放在民生必需工业之后,是先给民生一段喘息时间,再筹资准备战争;之所以把农业放在国防工业之后,是因为农业的危

---

① 吴景超:《中国经济建设之路》,《经济建设季刊》创刊号,1942 年 7 月,第 14—15 页。

② 章乃器:《中国的工业化问题》(星期论文),(重庆)《大公报》1941 年 10 月 13 日。

③ 庄智焕:《经济建国之前提》,《新经济》半月刊第 7 卷第 8 期,1942 年 7 月 16 日,第 163—165 页。

机程度不及工矿业,可以在民生与国防工业有了基础之后,再集中力量发展农业。[①] 1943 年 7 月,吴大业进而由国防与民生并重,提出重工业与轻工业并重。他认为,"轻工业与重工业是互相辅助的"。如果政府建设资金有限,可以由国家举办重工业,同时以民营方式发展轻工业;如果政府资金充足,国营轻工业与国营重工业可以同时举办。[②] 1944 年 7 月,李紫翔也提出,战后重工业与轻工业应协调发展。因为重工业产品市场必须依赖轻工业的需求,如果不广泛发展轻工业,会发生重工业产品滞销问题,"虽说重工业是发展一切工业的基础,但它不能建立于自身的单独发展之上,却是绝对不能违越的经济原则"[③]。

到抗战后期,国统区知识界逐渐超越偏重重工业、忽视轻工业的思维定式,意识到二者应协调发展的问题。1945 年 8 月 1 日,曹立瀛总结说,重工业与轻工业不应有所谓"先后的次序",应该轻重并顾,"作有计划的配合发展"。中国战后工业建设,一方面,轻工业要以重工业为基础,另一方面,完全以苏联为楷模,通过人民节衣缩食来建设重工业,也是"矫枉过正的主张"。重工业发展需要随时随地有市场,发展轻工业,提高人民生活水平和购买力,也就是扩大重工业产品市场。[④] 显然,随着重工业与轻工业关系认知的逐渐合理,大家进一步认识到国营经济与民营经济的平等地位,导致重工业国营、轻工业民营观念的明确化。

第二节　重工业国营,轻工业民营:划分
国营与民营经营范围的论争

既然实行国营事业与民营事业并存的"混合经济",下面的问题就是,如何划分两种经济形式的经营范围? 抗战时期国统区知识界对这个问题异

---

① 曹立瀛:《论战后经济建设政策》,《经济建设季刊》创刊号,1942 年 7 月,第 22、30 页。

② 显然,吴大业不主张重工业国营、轻工业民营的说法(吴大业:《战后建设的经济》,《经济建设季刊》第 2 卷第 2 期,1943 年 10 月,第 114、129 页)。

③ 李紫翔:《我国工矿业复员的几个一般问题》,《经济建设季刊》第 3 卷第 1 期,1944 年 7 月,第 62 页。

④ 曹立瀛:《工业建设的中心政策》,《新经济》半月刊第12卷第2期,1945 年 8 月 1 日,第 34—39 页。

常关注，这方面的讨论一直持续于整个抗战时期。如果我们对其讨论作全视野、整体性的"鸟瞰"，就会发现，其中有一个"主轴"——重工业国营，轻工业民营。虽然抗战前期大部分论者并未明确，甚至试图摆脱这个原则，但是，有意与无意之间，这依然是他们论争的参照系。之所以出现这种思想态势，还是出于资源委员会的国营重工业建设实践。抗战末期，知识界逐渐从理论层面明确了重工业国营、轻工业民营的"合理性"。

一　问题的产生：资源委员会的重工业建设实践

抗战时期知识界划分国营与民营范围的讨论，很大程度上来源于资源委员会创办国营重工业的实践。所谓重工业国营、轻工业民营政策，资源委员会在创办国营工业过程中，一直在进行实践。从 1936 年推行重工业建设计划起，直到 1945 年抗战胜利，其企业活动几乎完全集中于重工业部门。资源委员会之所以全力投资于难以盈利的重工业，首先是战略环境使然。抗战前中国电力、冶炼等重工业部门大部分掌握在外国在华资本家手中，本国私人资本甚少经营。抗战爆发后，原先集中于上海等沿海城市的私人资本遭到惨重打击，全国私营工矿企业损失达 5 亿多元，迁至后方的工矿企业也都元气大伤，无力从事巨额投资，只能经营一些风险小、投资少、收益大的轻纺工业，很少问津重工业。但重工业是轻纺工业的基础，又为战时军需品生产所必需，必须有一定发展。[①]

抗战时期，知识界关于国营与民营经营范围的讨论，是以资源委员会 1935 年拟定三年工业计划时确定的国营事业范围的几条原则为理论基础展开的。钱昌照回忆，他们 1935 年拟定三年工业计划时，国营私营之争相当激烈，为此，确定了国营事业范围的几条原则："甲、为国防所必需，应该由国家特别经营的事业，由国家经营；乙、在国防上或经济上有统筹之必要的事业，由国家经营；丙、特种产品在国际上近乎独占，可以左右国际市场的事业，由国家经营；丁、规模宏大，需要特殊设备和大批人才，私人没有力量办，或虽有力量办而由于经济上无把握不愿意去办的事业，由国家经营；戊、精密制品为自给上所必需，技术甚感困难、人才甚感缺乏，

① 　郑友揆、程麟荪、张传洪：《旧中国的资源委员会——史实与评价》，第 115—118 页。

目前无利可图的事业，由国家经营提倡；己、私人经营的事业，出品数量不够供应国内需要，为使供需适应，国家可同时经营；庚、私人愿意办而力有不及的事业，经国家审查后，酌量予以物质上的协助；辛、所有私人经营的事业，国家应该予以政治和精神上的协助。"① 这几条原则的核心是，在不完全消除私人经营的前提下，出于国家建设和政府控制经济的需要，尽量扩大国营事业范围。甲条规定，出于国防考虑，由国家特别经营的事业，主要指以军工生产为主体的国防产业。乙条规定，出于国防或经济考虑，由国家统筹的事业，缺乏明确的划分标准，只要政府认为出于国防或经济建设，某种产业需要国营即可国营。丙项主要指资源委员会统制经营的钨、锡、锑等特种矿产②。丁项指在资金、技术、人才等方面私人无力举办的产业。戊项主要指国家建设迫切需要，但需要尖端技术、人才，而短期难以获利的"精密制品"，需要国家首先经营。依照己项，只要某种产业的产量不能满足国内需要，国家均可经营。1935 年的这几条原则，反映了资源委员会创办初期不设任何限制，由他们全面扩大国营事业范围的强烈愿望。不过，虽然国营事业范围的界定尚不明确，但以上各条所列资源委员会经营的事业主体还是重工业。换言之，资源委员会经营范围的扩大，还要以重工业为基础。

抗战时期，资源委员会经营活动基本限于重工业。上文已经提到，1938 年初资源委员会改隶经济部后，除重工业建设外，电力事业也划归资源委员会承办，其基本职掌包括创办和经营基本工业、重要矿业、电力事业。③ 这些产业以重工业为主体。1938 年 6 月，翁文灏以经济部名义发布《抗战建国纲领实施方案》，作为战时经济建设的准绳，特别强调"基本事

---

① 钱昌照:《国民党政府资源委员会始末》,《回忆国民党政府资源委员会》,中国文史出版社 1988 年版,第 4 页。

② 抗战时期知识界所言在国际上近乎独占的特种产品,主要指钨、锡、锑等矿产。20 世纪上半叶,中国钨、锡、锑等矿的产量占有世界较大份额。到 1926 年,中国钨砂产量占世界总产量的 65.3％。1928 年至 1936 年,中国纯锑出口占世界出口总量的 75％以上。抗战前几年间,中国锡矿产量约占世界总产量 6％左右。国民政府决定,从 1936 年起由资源委员会对全国钨、锡、锑的开采、销售进行统制经营(郑友揆、程麟荪、张传洪:《旧中国的资源委员会——史实与评价》,第 245—250 页)。

③ 钱昌照:《钱昌照回忆录》,第 52 页。

业宜以国力经营，建设煤、钢、铁、铜铅锌、钨、石油、机器、电工器材等工矿事业"[①]。翁文灏说的这些"基本事业"大体与重工业范围相当，而且，所谓"以国力经营"，身为资源委员会主任委员的翁文灏当然指由资源委员会经营。这说明，在抗战初期，重工业国营基本成为国民政府官方政策。只是知识界在讨论中一直试图修正这个政策。

虽然资源委员会的经营范围实际限于重工业，但作为其主要负责人的翁文灏和钱昌照却有不同倾向。1939 年 5 月 16 日，身为第二把手的钱昌照在《两年半创办重工业之经过及感想》一文中，似乎不同意重工业国营、轻工业民营的说法。他一方面声称重工业完全由国家经营"未免太偏"，"因为政府力量有限，要是私人有力量，为什么不让他们办"？但是，他批评的侧重点却在另一方面。他更不同意重工业完全交给私人经营，认为"这种主张，除另有作用外，别无充分理由。要是他们认为国营浪费，那末，私人经营的事业，浪费的例子也很多。要是他们把现在的公务员看作前清莫明其妙的官僚，乃是一个极大的错误"。他仍坚持 1935 年拟定的经营范围。他提出的六项原则基本重申了 1935 年的规定：（一）为国防所必需，应该由国家特别经营的事业，由国家经营；（二）在国防上或经济上有统筹之必要的事业，由国家经营；（三）特种产品，在国际上近乎独占，可以左右国际市场的事业，由国家经营；（四）规模宏大，需要特殊设备与多数人才，私人没有力量办，或虽有力量，因经济上没有把握不愿意去办的事业，由国家经营；（五）精密制品，为自给上所必需，技术甚感困难，人才甚感缺乏，目前无利可图的事业，由国家经营提倡；（六）私人经营的事业，其出品的质量与数量不足以供给需要，为使需供相应起见，国家可同时经营以达到需要的目的，不与民间争利。[②] 这六项原则仍然是以重工业为基础，扩大国营范围。尤其第二项"在国防上或经济上有统筹之必要的事业"，范围很广，具体包括哪些领域，缺乏确切划分；根据第六项，如果私营企业产品的质量和数量不能供给需要，国家也

---

① 齐植璐：《十年来的经济建设》，转引自郑友揆、程麟荪、张传洪：《旧中国的资源委员会——史实与评价》，第 49 页。

② 钱昌照：《两年半创办重工业之经过及感想》，《新经济》半月刊第 2 卷第 1 期，1939 年 5 月 16 日，第 2—6 页。

可经营该项产业,这就为扩大国营事业范围开了一个口子。

　　翁文灏只主张划定国营事业的大致范围,不主张具体、严格区分国营与民营的事业种类。他认为,由政府具体、严格划定"何种事业应归国营,何种事业应归民营","把许多事业显明的分为国营与民营的二大类",是"太简单,且不合理"的看法。实际上,翁文灏这个想法与钱昌照大体一致。钱昌照也不主张划定国营与民营事业的具体种类。他提出的六项原则也只是划定了国营事业的大致范围。不过,翁文灏更强调国营事业的"非独占性",认为即使应由国营的事业,也不能排除民营的可能。他提出了国营事业的五项大致范围:(一)为国防所急需应当特别经营的;(二)有统筹或统制之必要的;(三)规模宏大,设备艰巨,非寻常财力所能举办的;(四)为国防民生所亟需,而盈亏无把握的;(五)为民营工业供给动力或燃料的。对于国防急需的事业、国家有必要统筹或统制的事业、需要大规模设备私人财力难以承担的事业须由国家经营,翁文灏与钱昌照的意见基本一致。其中,钱昌照提出的由国家经营的钨、锡、锑等特种产品一项,虽然翁文灏没说,但因资源委员会一直在统制经营,他们并无分歧。而翁文灏提出的第四项"为国防民生所亟需,而盈亏无把握的",与钱昌照提出的第五项"精密制品,为自给上所必需,技术甚感困难,人才甚感缺乏,目前无利可图的事业",只是钱昌照说得更具体,其涵盖范围也大体相当。二人主张的最大不同,在翁文灏说的第五项"为民营工业供给动力或燃料的",与钱昌照说的第六项"私人经营的事业,其出品的质量与数量不足以供给需要,为使需供相应起见,国家可同时经营以达到需要的目的"。翁文灏把范围具体限定为"为民营工业供给动力或燃料的"工业,而钱昌照则主张以国营事业补充民营事业领域产品质量和数量的不足,为国营事业跨入民营事业领域开了一个口子。显然,钱昌照强调国营事业领域的扩大,而翁文灏强调国营事业的"非独占性"。所以,翁文灏又强调,将政府举办的事业"限于最必要的几种","政府所办的事业,如人民愿意投资也可商定合办或互相联系的方法。除有特别理由者外,政府不因举办了某种事业,便禁止或妨碍人民举办同类的事业。就是法令上规定是应该国营的,政府也可用合办或出租的方法,委托人民经营。……所以,我们一方面对于国营事业认真整理,以期造成事业的规模,同时对于民营事业也应极端看重，认为国家经济的基本，必须认真发展"。可见，翁文灏更强调国营与民营事业的相互配合与共同发展。所以，他强调，政府不宜亦不愿限定某种事业只能国营，不准民营。有若干事业性质似乎应归国营，而私人恰有忠诚干练极有经营才能的，当然政府只应协助而不应妨碍他们的发展。① 钱昌照与翁文灏之所以有如上的认识不同，很大一个动因是翁文灏作为经济部长，主持的工作更全面，既是资源委员会的一把手，又兼任主管民营事业的工矿调整处的处长，而钱昌照只主持资源委员会的工作，只考虑资源委员会国营工业体系的发展。关于这一点，1949 年翁文灏再次说明，当时他之所以既任资源委员会主任委员，又任工矿调整处长，就是要"国营民营必须同时并顾，力避歧疑"②。

虽然翁文灏于 1939 年 7 月 16 日主张国营、民营事业平等发展，不主张严格划定两者种类，但他 1943 年 9 月后拟定的《中国工业政策纲要》却详细列举两种事业种类。他提出，国营范围应限于经营规模在政府规定标准以上的企业。这类企业包括：1. 电力业（电力网全归国营）；2. 与冶金有关之炼焦、烟煤及大规模之烟煤矿；3. 石油之采炼及汽油之制炼；4. 铁、钢、铅、锌、铝、镁、金等之采炼及钨、锑、锡、汞、钼、铋等之冶炼及运销；5. 动力机、主要工业机器及飞机、机车、卡车、轮船等之制造；6. 发电机、电讯机及主要电工器材之制造；7. 主要之基本化学工业；8. 其他政府认为必须国营之事业。而民营范围为"除政府指定应归国营之工矿事业外，皆归民营。如纺织业、食品业、油脂业等多数事业，自尽在其列"③。主张尽量扩大国营事业范围的陈伯庄④不同意翁文灏的意见。一年后，1944 年 10 月 1 日，陈伯庄对翁文灏限定的国营事业八项范围提出异议。陈伯庄认为，依照翁文灏的说法，除电力网只得国营外，就没有绝对只归国营的工矿业了，即使钢铁、石油、飞机、化学等重工业和基本工

---

① 毕敏：《国营事业与民营事业的关系》，《新经济》半月刊第 2 卷第 3 期，1939 年 7 月 16 日，第 54—60 页。

② 翁心鹤、翁心钧整理：《翁文灏自订年谱初稿》，《近代史资料》总 88 号，第 83—84 页。

③ 悫士：《战后工业政策的建议》，《新经济》半月刊第 9 卷第 7 期，1943 年 8 月 1 日，第 129—133 页。此期《新经济》半月刊出版时间应在 1943 年 9 月以后。

④ 陈伯庄关于划分国营、民营事业的观点，请见本章下文。

业，以及铜、铅、锌、铝、钨、锑、锡、汞等矿，只要经营规模在政府规定标准以下，也可以民营。至于纺织、食品、油脂等多数民生轻工业，要尽归民营。这就把民营范围扩展得太大了。他主张，翁文灏所说"尽归民营"的民生轻工业也应该部分国营。因为，第一，民生工业在整个经济、整个工业中占极大部分，战后如果把这类工业完全交给民营，会使私人资本过于强大；第二，民生轻工业产品市场广阔，利润稳定，如果由国家经营，会成为国家建设资金的重要来源。所以，他主张对纺织、面粉、水泥等民生工业，采用1943年9月中国经济建设协会第五届年会提出的"比额制"，由政府规定国营与民营的产量比例，由国家与民间共同经营。①

二　质疑与修正：围绕重工业国营、轻工业民营的论争

《新经济》半月刊创刊之初，国营与民营事业的划分问题便受到该社同仁的高度关注。1939年1月1日，他们提出希望大家研究的14个问题，其中第4个问题就是"国营民营的分野"。②半年后，同年7月16日，他们再次申述此问题的重要："国营事业与民营事业如何划分，及如何合作，乃是国民政府成立以来，论坛上久辩未决的问题。本刊对于这个问题，颇为重视。"③

关于这个问题，抗战时期的经济现实是，重工业基本由资源委员会包揽，民营事业基本限于民生产业或轻工业。这自然成为知识界讨论国营与民营事业范围的基本参照。但是，在抗战时期，重工业国营、轻工业民营原则虽然偶被国民政府官方和知识界少数论者提及，但在大部分论者言说中，却只是一个"潜规则"，在他们笔下很少看到这个原则的明确表述。大家一直在质疑，甚至试图修正这个原则。只是到抗战后期，1945年8月1日，曹立瀛才明确提出，在各种划分国营与民营事业范围的说法中，重工业国营、轻工业民营最简易可行。所以，整个抗战时期，围绕重工业国营、轻工业民营这样一个"潜规则"，论者提出了诸多不同说法，可谓众

---

① 陈伯庄：《战后工业政策中国营民营事业划分之商榷》，《新经济》半月刊第10卷第12期，1944年10月1日，第215—217页。

② 《编辑后记》，《新经济》半月刊第1卷第4期，1939年1月1日，第115页。

③ 《编辑后记》，《新经济》半月刊第2卷第3期，1939年7月16日，第79页。

说纷纭，百花齐放。

抗战时期，重工业国营和轻工业民营原则，虽然偶尔被国民政府官方或知识界少数论者提及，却受到知识界更多人士的质疑。1939 年 5 月国民政府召开的全国生产会议，曾明确宣示重工业国营、轻工业民营原则。行政院长兼财政部长孔祥熙在会上强调："政府经济建设计划，系遵照总理遗教，重工业及国防工业以国营为原则，轻工业以政府奖励民营为原则。"会议宣言也称："凡与国防有关之重工业及基本工业，皆以国营为原则；其余大小工业，以民营为原则，而由政府予以督导、奖励与协助。"[1] 显然，抗战初期，在重工业国营、轻工业民营问题上，官方要比知识界明确得多。此后，这个原则也偶尔被知识界、舆论界提及。1940 年 7 月，祝世康申论说："中山先生在实业计划中既然确定国营民营的经济制度，故除却有关于交通的各种关键工业，以及基本工业的重工业，应当归国家经营以外，其余各种制造消费品的轻工业，便可以由人民去经营。"[2] 祝世康关于重工业国营、轻工业民营的说法，在抗战时期知识界是比较早的。1943 年 4 月 28 日，《大公报》社评也主张，今后重工业建设需要政府以全国力量来努力，轻工业的建立原则上应由民间努力。[3] 但是，重工业国营、轻工业民营的提法一直未被知识界普遍采用。尤其在抗战前期，许多论者持明确否认态度。1939 年 4 月 16 日，黄卓即对这个原则提出"一点小小的意见"。他认为，在理论上，这个原则没有人反对，但在建设资本的筹集上会出现困难。如果政府筹集不到足够的重工业建设资金，就应该允许私人投资重工业，"重工业国营轻工业私营这个原则，我们尽可采用，不过在实施时，我们不妨在某种范围以内，给私人资本以相当的权利，俾我们的建国大业，不致因原则上的限制，在事实上遇到种种的困难"[4]。虽然黄卓没有根本否定重工业国营、轻工业民营原则，但强调允许部分私人资本投资于重工业，换言之，重工业不应严格限于国营。

---

① 全国生产会议秘书处编：《全国生产会议总报告》（影印版），第 59、95 页。

② 祝世康：《民生主义的真义》（抗战特刊第四种），第 55 页。

③ 《如何工业化》（社评），（重庆）《大公报》1943 年 4 月 28 日。

④ 黄卓：《我们需要一个中央经济计划机关》，《新经济》半月刊第 1 卷第 11 期，1939 年 4 月 16 日，第 281—283 页。

　　经济部中央工业试验所所长顾毓瑔对工业化有一个颇为独特的观念——把工业经济视作环环相扣、互相联系的工业体系。[①] 他的这种看法在抗战初期即已形成。1939 年 1 月 1 日，他论述说："工业化的推进，应有整个的计划。而整个的工业是一串联环，每个环本身亦是一串小联环。"[②]由于他把工业经济视作"联环式"体系，他对划分国营与民营的看法便不同于他人。他认为，民营与国营问题并非"原则问题"，而是哪几种工业归国营，哪几种工业归民营的"种类及方法问题"。所以，他不同意翁文灏、钱昌照等提出的基本工业和独占性事业应归国营，其余可以民营的说法，而认为在制造技术高度发达的今天，何者属于基本工业，何者又属于独占性的工业，在理论上难以确切划分。他主张，以工业体系的联环关系和制造技术两个因素划分国营与民营的范围：首先，整个工业是一串联环，其中每个大联环又包括许多小联环。凡在这种大联环和小联环中缺少的"环"，无论是基本工业，还是轻工业，都应由政府通过兴办国营企业补上。也就是说，国营工业应限于工业体系缺少的环节。其次，那些制造技术高度发达、中国不易迎头赶上的工业也要由国家兴办。[③] 显然，顾毓瑔在 1939 年初是明确否认重工业国营、轻工业民营原则的。可是，四年后，同样从工业化"联环"观念出发，顾毓瑔却又主张重工业国营、轻工业民营。1943 年 4 月，他阐述说，"重工业在任何观点上，应该国营，是毫无异议的"，如果作为现代工业"贯串各环的主环"或"撑支全体的基环"的重工业，掌握在国家手里，便能"顾及全体的利益，加速整体的建成"。至于轻工业，他主张尽量采用民营方式，"只要重工业有计划的建立，在整

---

　　① 顾毓瑔曾于 1943 年 4 月系统阐述这种看法（顾毓瑔：《中国工业化之型式》，《经济建设季刊》第 1 卷第 4 期，1943 年 4 月，第 30—36 页）。

　　② 出于"联环式"工业化观念，顾毓瑔更重视国防工业与民生工业的联系性。他认为，工业化目的应该是"国防的"与"民生的"，二者缺一不可。国防工业不仅指兵工厂和重工业中的钢铁厂等工业，"而应包括一切足以充实国力的工业"；民生工业不仅是都市需要的现代供应品的制造，更重要的是供给全国人民衣食住行的必需品和增进平民经济生活的物品。所以，中国工业建设不能只注意兵工厂，还要注意重工业和足以充实国力的工业（顾毓瑔：《工业化的六种问题》，《新经济》半月刊第 1 卷第 4 期，1939 年 1 月 1 日，第 99—102 页）。

　　③ 顾毓瑔：《工业化的六种问题》，《新经济》半月刊第 1 卷第 4 期，1939 年 1 月 1 日，第99—102 页。

个计划中，若干轻工业不但可归民营，且可奖助民营"①。

在 1941 年 5 月出版的《国营事业的范围问题》小册子中，吴半农的意见比较接近此后陈伯庄的看法，即国营范围不能限于重工业，应尽量扩大。在提出划分国营事业范围的原则之前，他首先说明了四点：第一，这些原则从现在开始就要贯彻孙中山"节制资本"的教义，预防私人资本的垄断。所以，他不同意大家习用的"不与民争利"、"以不侵害民营事业为必要条件"的提法。他对翁文灏所言国营与民营就像一同流入黄河的泾水和渭水性质相同的说法提出批评，认为翁文灏泾渭不分"是受了自由资本制度的影响，忽略了'节制资本'的要义"。他也不同意钱昌照所言"现在中国没有多少大资本家，暂时也许没有特别节制资本的必要"② 的说法。第二，这些原则必须与加强国防力量，把中国建设成世界上技术最进步的国家，实现经济和技术独立的经济建设目标相吻合。为此，"许多立国的必要事业，都是要国家自己举办的"。第三，这些原则必须便利计划经济的推行，"凡一切足为计划经济奠定基础，便利统制政策的施行，或为整个国营计划筹集资金而需要国家统筹擘划的事业，都可划入国营范围"。第四，这些原则必须包括欧美资本主义国家"在实际上和理论上证明其适合公营的事业"。以上述四条意见为基础，他提出了划定国营范围的十项原则：（一）关系国家经济命脉的锁钥事业；（二）国防直接需要的重要军需制造事业；（三）政府机关及国营事业需要的其他制造事业；（四）须由政府统筹或统制的重要事业；（五）天然独占性的公用事业；（六）不符合营利目的、与国计民生有重要关系的事业；（七）有迫切需要而规模宏大，私人不易或不愿举办的普通事业；（八）在政治及文化上有重要作用的事业；（九）寓禁于征的专卖事业；（十）足为政府财政来源的专卖事业。"凡不属于这十个原则的事业，都是民营的范围。"③ 其中，关系国家经济命脉的

---

① 顾毓琇：《中国工业化之型式》，《经济建设季刊》第 1 卷第 4 期，1943 年 4 月，第 37—38 页。

② 钱昌照：《两年半创办重工业之经过及感想》，《新经济》半月刊第 2 卷第 1 期，1939 年 5 月 16 日，第 2—6 页。

③ 《国营事业的范围问题》（原为国立中央研究院社会科学研究所《中国社会经济问题小丛书》第四种，中国文化服务社 1941 年版），吴半农：《国营事业论》（青年文库），第 83—88 页。

锁钥事业、政府机关及国营事业需要的其他制造事业、须由政府统筹或统制的重要事业、天然独占性的公用事业、有迫切需要而规模宏大，私人不易或不愿举办的普通事业、在政治及文化上有重要作用的事业六项，都不限于重工业，涵盖性相当宽泛。

在主张全面扩大国营事业范围的论者中，仰慕苏联计划经济的陈伯庄最具代表性。① 他有一句口头禅——"方向重于进度"，即三民主义经济制度"方向"比工业建设"进度"重要得多。1942 年 7 月，他如是说："方向重于进度。不可轻视制度，嗤为迂阔，以为把铁路矿场工厂赶快建设起来，才是实在，其余一切都可以迁就些马虎些。"曾与陈伯庄在中央设计局共事的张希哲也回忆说，陈伯庄"任立法委员时，曾随孙哲生院长赴苏俄考察，对苏俄的计划经济制度，观察入微。讨论有关经济建设的计划方案时，常喜欢发表他一贯的主张：'我国经济建设宁可进度慢一点，但方向不能有错。'"② 1942 年 7 月，他给民生主义经济制度戴了一顶大帽子——"正义"与"自由"的平衡。他认为，维持"自由"和"正义"的并存是重要的社会问题："正义"是社会的安定要素，"自由"是社会的进步要素。英美资本主义发展初期，"私有财产和做生意"是中产阶级"自由"的堡垒。苏联虽没有完全废止私有财产制度，但绝不许做生意，人们的谋

---

① 陈伯庄是中国经济建设协会研究委员会主任委员，其意见对 1943 年 9 月该协会第五届年会有很大影响。研究委员会 1943 年 7 月函发各会员征求意见的《问题草案》，在划分国营与民营问题上，采纳了陈伯庄的意见。《问题草案》提出，制定《民营工矿业许可法》，将经济产业分为三类：（一）既有独占性又有关键性的产业；（二）有关键性而无独占性的产业；（三）既无独占性又无关键性的产业。第一类全部国营，不得民营；第三类人民无须政府批准，可以自由经营；第二类人民如要经营，需经政府批准。对于政府审批的原则，《问题草案》提出产量比额制，即由政府划定"国营定额"和"民营定额"。只要在产量定额限度以内，人民得依法呈请设厂。这与陈伯庄 1943 年 4 月 11 日在《大公报》发表的《工矿业国营民营领域应如何划分》的观点基本一致（《研究委员会报告》，《经济建设季刊》第 2 卷第 3 期，1944 年 1 月，第 33—34 页）。在第五届年会上，陈伯庄提出的产量比额制，受到"国营与民营事业问题"小组的集中讨论，恽震、夏光宇等表示赞同（《讨论会纪录》，《经济建设季刊》第 2 卷第 3 期，1944 年 1 月，第 20—21 页）。第五届年会决议意见也建议，对既可民营又可国营的产业，"应依照中央经济建设计划之生产能力总额，暂行规定国营与民营之百分比"（《中国经济建设协会第五届会员大会决议意见及其说明》，《经济建设季刊》第 2 卷第 3 期，1944 年 1 月，第 23—24 页）。

② 张希哲：《记抗战时期中央设计局的人与事》，《传记文学》第 27 卷第 4 期，1975 年 10 月 1 日，第 41 页。

生之道都被政府的计划经济支配完了，"自由"丧失殆尽。苏联虽没有"自由"，却有"正义"和"公道"。工业资本完全国有，农业资本由集体农场公有，人们再不能以生产工具和商品掠夺他人。由此，陈伯庄提出了一个问题：怎样才能兼顾社会"自由"与"正义"？他认为，其基本路径是建立三民主义经济制度，通过发展国家实业，使国有国营经济在国民经济中具有决定地位，私有财产尽管存在，但不能发挥主导作用。但是，不要以为陈伯庄在"自由"和"正义"之间真要采取平衡策略。实际上，他偏重的是"正义"，甚至取"正义"而舍"自由"。他要全面扩大国营范围，极度缩小民营范围。他主张，只要使自耕农、小工业、初级与二级集中市场之间的商贩、零售前一段之批发商、零售商五个"做不大生意"的领域保持民营，就足以作社会"自由的堡垒"。因而，他主张把国营范围扩大到国民经济领域的绝大部分。在农业方面，虽然实行耕者有其田的自耕农制度，但农产品的省际运销和国际贸易等运销的关键阶段必须国营。在工业领域，他既主张重工业国营，又认为纺织、面粉、卷烟、火柴等关键性、全国性的轻工业应该国营。他批评轻工业民营是"资本主义"的主张，不是民生主义的主张。陈伯庄不仅主张大部分工业领域国营，还认为包括整个工业品和农业品的集散、运销、批发、零售全过程的商业领域的关键阶段也要国营。这种商业领域的关键阶段包括工业品的出厂环节、农产品的二级集中市场两方面。这样，国营经济就可以在国民经济中"具有伟大的决定性"，可以"决定物力人力的用途，决定资本品和消费品的生产比率，决定国民所得之蓄积和消费比率，决定国富的增加率，决定价格—所得的结构（Price-income structure）"[1]。但是，陈伯庄设计的这种"民生主义经济制度"把民营范围缩小到几乎消失的程度，他声称的"自由"何在？

1943 年 4 月 11 日，陈伯庄再次申明，高速度实现工业化的"物质进步"和建立民生主义经济制度的"制度进向"，一定要相提并重。绝不能将有利可图的轻工业全部划为民营，只将需要巨额资本而无把握盈利的重

---

① 陈伯庄：《建立中心力量来保证民生主义的实现》，《经济建设季刊》创刊号，1942 年 7 月，第 6—9 页。

工业交由国营。他预计，战后将迎来老企业迅速振兴、新企业大量创办的经济大发展时期，战后五年将是决定中国"制度动向的最重要关头"。在这个时期，如果将工矿事业大量划归民营，私人资本制度便会占据坚固强大的地盘，反之，国家资本将会空前发达。为此，国家不能专办重工业，必须将部分关键性的、利润丰厚的轻工业划归国营。他将工矿业分为三类：（一）具有独占性与关键性者；（二）具有关键性而无独占性者；（三）既无独占性亦无关键性者。第一类工矿企业完全国营，不得民营。第三类工矿企业，"人民得依照现行法令呈请注册立案经营，不须特准"。而第二类工矿企业，则要由政府划定"产力比额"，即以设备的生产能力计算，国营部分应保持民营部分的若干倍，从而维持国营经济的领导地位。① 如此，不仅具有独占性和关键性的重工业和轻工业，而且相当一部分具有关键性而无独占性的轻工业，也将划入国营范围。同时，对于既无独占性亦无关键性的产业，也只是允许民营，并不禁止国营，只是没有所谓"产力比额"。章乃器很快于 5 月 16 日对陈伯庄的意见提出批评，认为为了"不致贻误国家工业化的时机"，不应"战战兢兢的防范私有资本，枝枝节节的阻碍私有资本"。他更不同意陈伯庄把大后方稍具规模的民营工厂视作导致"民生主义的危机"的大资本家，认为大规模经营是现代企业的要件，要使民营企业在战时发挥力量，在战后和国外工业竞争，应该鼓励民营企业扩大规模。②

1943 年 4 月，陈伯庄坚决反对"不顾一切来实现工业化"（Industrialization at all cost）。他认为，这种不顾方向、不以国营企业为主的经济体系，必将中国送到"不患寡而患不均"的火药库里。壮大国营事业是中国战后工业化最中心、最先决、最迫切的问题，不能把工业化的重任放在私营企业肩上，必须把私营企业限制在"反正做不大的生意"中。至于知识界关注的国营企业的效能化和人事制度问题，陈伯庄不同意以此否定国营企业的优点。他分析说，国营企业的纪律化与效能化之间，并无根本冲突。国

① 陈伯庄：《工矿业国营民营领域应如何划分》（星期论文），（重庆）《大公报》1943 年 4 月 11 日。

② 章乃器：《我国战后经济建设的两大问题》（星期论文），（重庆）《大公报》1943 年 5 月 16 日。

营企业的人事制度经过改进，也能做到人尽其才，吸收最优秀的人才"向国有国营事业去建功立业"。从生产效率来说，国营企业与民营企业完全相等：第一，民间自动自发的能力和利润的追求，并非发达实业的必要剂。苏联国营经济的伟大成就，已经说明了这个问题。第二，任何实业都需要社会的安定、原料的把握、市场的靠近等适当条件，以及矿区的取得、保息的补助、专利的立案等特享的权利。在这些条件面前，国营企业与民营企业的需求是一样的。第三，企业经营管理、技术人员在国营企业和民营企业中发挥的能力是一样的，"我们能够说他们一入国营领域便一定缚手缚脚的冤死了吗？潜移默运的腐化了吗"？① 实际上，陈伯庄的这种辩解是一种先设定国营企业长处，再论证国营企业效率的"先入为主"思维方式。归根结底，这其中涉及一个更深层次的问题，就是在多大程度上认可苏联国营企业制度。如果对苏联模式只是借鉴，那么，英美自由经济中的市场价格机制的优越性便会被一定程度地认可。如果对苏联国营经济体制达到"信仰"程度，那么，所谓市场价格机制的任何优越性便都不会在考虑之列。

陈伯庄还特别强调国营事业对民营事业的领导作用。1943 年 11 月 1 日，他想出了一个独特办法：通过所谓"外沿价格"，由国营经济决定民营经济的生产和分配。所谓"外沿价格"，他于当年 4 月 11 日即已提出。② 半年后，他作了详细解释。他设想，"外沿价格"就是国营事业与民营事业相接触的"市场价格"，"因为他围绕着国有国营领域的外沿，所以，权且简称他为外沿价格"。实际上，"外沿价格"就是国营事业通过决定向民营事业采购与出售产品的价格高低，影响民营事业的利润，指导其生产。他举例说："假如纺纱业属于国营，而种棉和织布皆为民间事业，则棉花购价和棉纱售价又均为外沿价格。国家可以煤斤运价来决定煤矿的利润，以棉花购价来决定农民的所得，这都是决定分配的作用。"他认为，这是国营事业领导民营事业"最强有力的工具"。质言之，这颇有对民营事业不以

---

① 陈伯庄：《建立新工矿政策的两个先决问题》，《经济建设季刊》第 1 卷第 4 期，1943 年 4 月，第 20—25 页。

② 陈伯庄：《工矿业国营民营领域应如何划分》（星期论文），（重庆）《大公报》1943 年 4 月 11 日。

市场价格为准的"强买强卖"之嫌，国营事业所定价格，民营事业必须无条件接受。正因为陈伯庄特别关心壮大国营经济，所以，与同时期其他论者将德国模式与苏联模式并重不同，他完全排斥以私营经济为基础的德国统制经济模式。他认为，德国经济大都私有私营，依然是"资本主义"经济，"有些人颇称许德国的统制经济，假如我们以为这个统制经济足资借镜，而忘却它只是以军国主义为目的，以极权政治为手段的纳粹经济，那末，未免有些侮辱我们的民生主义了"[①]。实际上，早在一年半以前，他就对德国经济模式作了严厉批判。[②]

　　抗战末期明确提出重工业国营、轻工业民营原则的曹立瀛，在 1942 年7 月却不主张这个原则。他的观点与陈伯庄更为类似。陈伯庄特别看重民生主义经济制度，曹立瀛则把确立"国家资本主义经营方式"看得特别重要，认为"国家资本主义经营方式之确定，为战后计划经济之中心，亦即各部门共同需要之答案"。他主张，划分国营与民营范围的总原则必须侧重国营，即便在民营事业范围中，也要侧重合作经济。虽然他把中国战后的经营方式分为国营、国家与人民合营、民营三种，但他实际上要把国营范围最大化。而且，他把属"集体所有制"的"合作事业"也列入民营范围，并要最大程度地扩展。他设想，国营范围包括：（一）计划经济中的基础或枢纽事业；（二）直接有关国防的事业；（三）有超国家普遍性（国际普遍性）或以全国为范围的事业；（四）私人力量不能举办的大规模事业；（五）有独占性的事业。按照这个标准，国营范围应包括大规模矿业、重工业、兵工业、交通事业（铁路、公路、航空及其重要航线）、国际贸易、国际汇兑、公有土地上的农林畜牧事业、公用事业（水电等），还包括其他私人资本无力兴办的轻工业等。如此，国营事业就不以重工业为限。值得注意的是，他还划定了国家与人民合营事业范围：（一）不属于上列国营范围，但因企业规模较大，人民一时不能筹集足够资本兴办；（二）虽属民营范围，但政府认为有倡导必要的事业；（三）国营范围内较

---

　　① 　陈伯庄：《民生主义的经济制度》，《新经济》半月刊第 10 卷第 1 期，1943 年 11 月 1 日，第 2—4 页。

　　② 　陈伯庄：《战后的世界经济有办法吗?》，《新经济》半月刊第 7 卷第 1 期，1942 年 4 月 1 日，第 17—19 页。

为次要、缺乏统一性,以及政府暂时难以筹集资本兴办的部分矿业、重工业、航业、农林畜牧等事业;(四)应属国营,但目前实际民营,向国营过渡过程中不便即刻收归国有的事业。这样,通过设定国家与人民合营,曹立瀛再次扩大了国营范围,尤其第二项,政府认为有必要倡导的民营产业可采用国家与人民合营方式。而且,他主张在民营事业范围中尽量扩大合作事业,"战后经济政策对各项民营事业,以在尽可能范围内发展合作为目标",农林渔牧、小工业、手工业及以人力、兽力和风帆力为动力的交通等都可采用合作经营方式。① 以曹立瀛的说法,真正能够维持民营形式的企业寥寥无几。

1942 年 7 月,吴景超虽然主张经济建设以国防工业和重工业为重心,却对大家讨论的国营与民营划分问题冷眼旁观,不主张划分国营与民营范围。他分析:"我们为充分利用社会上的财力与人力起见,对于国营与民营的界限,不可划分得太清晰。"战后政府资金有限,必须利导民间资金投资于建设事业,"一切事业,国营固可,民营亦无妨"。如果把国营和民营范围划分得太清楚,政府资金不足以尽办国营范围内的事业,会导致一部分事业因预算无着而停顿。只要兴办事业的决定权、指导权和监督权在政府,国营与民营问题无关紧要:首先,理想的国营与民营事业组织是相似的,都采取公司制,具有同等的效率。国营事业绝不能采取"衙门的组织",以免管理政治化、权责不明、行动欠灵敏的缺点。再者,不能对发展民营事业有太多顾虑。在实施所得税、遗产税、财产税情形下,民营事业收入已不能被资本家独享,"有一大部分将由私囊而流入国库",还可以通过所得税和"累进的遗产税",把民营事业股权逐步转移到国家手中,实现民营事业社会化。民营事业对实现"社会主义"也无大碍。② 吴景超是在为发展民营事业辩解。不过,联系吴景超 1943 年 3、4 月间赴美前一贯主张经济建设以国防工业和重工业为中心,他为民营事业辩解并非轻视国营事业,而是主张国营与民营并重,共同发展。这一点,吴景超与翁文灏基本一致。

中国银行总经理霍宝树对划分国营与民营的看法,接近翁文灏、吴景

---

① 曹立瀛:《论战后经济建设政策》,《经济建设季刊》创刊号,1942 年 7 月,第 25—27 页。

② 吴景超:《中国经济建设之路》,《经济建设季刊》创刊号,1942 年 7 月,第 16 页。

超等国营与民营并重观点。1943 年 4 月，他将涉及国防等国家重大命脉而不能由私人举办的企业、私人无力办或不愿办的企业交由国营，除此之外，都可由民营。他阐述了采用国营方式的六条原则：第一，出于国防需要，必须由国家特别经营的事业；第二，在国防上或经济上有统筹必要的事业；第三，在国际上近乎独占的特种产品；第四，由于规模宏大，非私人力量所能举办，或虽有力量而不愿举办者；第五，暂时无利可图，而国内又必须实现自给的某些精密制品；第六，公用交通等与民众福利有密切关系的公共事业。根据此六条原则，国营范围包括重工业，钨、锡、锑等足以垄断国际市场的特种矿产品，暂时难以得到回报的精密制品，与民众生产、生活密切相关的公共事业等。其中，重工业是国营的主体部分。① 霍宝树虽未明说，实际同意重工业国营、轻工业民营原则。

1943 年 8 月 1 日，经济部工业司长吴承洛不主张一刀切式的划定国营与民营界限，主张根据具体情况，平等发挥国家和人民的力量。他提出，在完全国营和完全民营之间，应有介于国营、省营、公营、私营之间的合作经营形式。② 同时，他又试图把所有权与经营权分开，除国营、省营、县营、乡营等形式外，还有国有、省有、县有、乡有，采取人民经营或政府与人民合营方式。所以，他的分析就复杂化和多元化了，导致他界定国营与民营范围的模糊化。他一下子列出多达 15 条划分原则，每条原则又没有硬性划分。例如，他认为，水源、水道、水力、矿产等天然"富源"应属国营，但人民也可以取得经营权或承租权；有全国"布网性"（在全国设立分支机构）的事业，如航空、铁道、国道、电讯、邮政、银行等交通、金融事业，应该国营，但只在部分地区设立分支机构的事业也可以开放省营和民营；国防性产业应以国营为原则，但完全国营产业要限于纯属军事和有关国防秘密的事业，而国防或军用物料也可由民营企业制造；需要大量、大型设备的事业应国营，但民营已有成效者仍可继续经营；利润微薄、盈亏没有把握的企业应国营，但不排除民营形式；产品市场广阔的企业应

---

① 霍宝树：《发展战后工矿事业刍议》，《经济建设季刊》第 1 卷第 4 期，1943 年 4 月，第 8 页。

② 吴承洛所言"国营"一词与吴半农大体相近，指狭义的"国营"，即中央政府经营，在"国营"之外，还有省营、县营、乡营等。

国营或省营,但可以特许民营;重工业(铜、钢)、基本化学工业(酸、碱)、关键工业(纺织)、动力工业(电气)等枢纽工业应属国营,但允许人民投资与国家合营,也可以特许地方或人民经营。① 显然,吴承洛又把被大家划分清楚的界限变得模糊化了。近两年后,1945 年 5 月国民党"六大"后,吴承洛把这种模糊化称作"弹性划分"原则。② 这种"弹性划分"更类似于吴景超不硬性规定国营与民营范围的意见。

1943 年 9 月 22 日,刘大钧倾向重工业国营、轻工业民营。他列入国营范围的事业有八条,最关键的是第六条"事业重要,但需资金太多,私人一时无力举办者"。这主要指重工业。他认为:"我国重工业甚形缺乏,而其所需资金,比较为多,如候人民兴办,则不免仍循旧日之途径,而工业无由促进。故政府对此,应有具体计划,考虑国防与国民经济之需要,而自行经营。"他又列举了另外七项国营产业:兵工业等与国防有直接关系的产业;保安性森林、大规模水利事业、公路、新辟垦区、工业尚未发展地区的电厂等重要又不易获利的产业;钨、锡、锑等资源有限的特种矿产,或铁、铜、锰、焦煤等储量大、特别重要的矿业;铁路、电车、电话等需要巨额资金铺设线路的事业;邮政、电政、有发行权的银行等适宜统一经营的事业;火柴、纸烟、樟脑等可作政府财源的产业;在运输、金融、贸易等关系国民经济命脉的产业中,只有铁路、航空、发钞、集中全国准备的银行、国际贸易等极重要部分由国家经营,而公路、水运、商业银行、国内贸易则由民营。③ 他在重工业以外列举的七项国营产业,有的本身属重工业,有的属大家公认国营的"公共事业",有的在主体产业领域之外。所以,刘大钧的看法比较接近重工业国营、轻工业民营原则。

1943 年 10 月,吴大业提出,把企业"经营效率"作为划分国营与民营范围的唯一标准。他主张,如果国营事业的效率能逐渐提高,国营范围可以尽可能大地扩展。而且,凡使用稀缺物资和生产原料,以及矿业、交

① 吴承洛:《国营民营事业划分问题》,《新经济》半月刊第 9 卷第 7 期,1943 年 8 月 1 日,第 134—140 页。

② 吴承洛:《第一期经建原则与工业建设纲领实施原则研究》(上),《经济建设季刊》第 3 卷第 3、4 期合刊,1945 年,第 25—26、30 页。

③ 刘大钧:《工业化与中国工业建设》(国民经济研究所丙种丛书第一编),第 81—84 页。

通、电气、水利等独占性事业和公用事业，为了防止私人暴利与垄断，只要具备起码的效率，即使其效率低于私营，都应划归国营。他又提出，一切获利前景丰厚的事业要采取"国营与民营并存"的制度，既可以民营，又可以国营。在获利前景丰厚的产业中，维持国营与民营的竞争是有利的。一方面，如果国营事业效率较高，以国家资本的雄厚，自可在整个经济中居于领导地位，得到整个市场，使私人事业完全停顿或归并；如果国营事业效率较低，私人企业自然仍能存在，并与国营企业竞争。而且，私人企业竞争有利于改进国营企业，"因为在独占的情形下，国营事业无法知道它的效率是否过低，成本是否过高。今有民营事业为比较，就很容易知道应当改进其效率，降低其成本"①。一方面，吴大业扩大国营范围的远期认知与陈伯庄有相似之处；另一方面，吴大业国营与民营共同发展的论点又与吴景超有些类似，只是吴景超更倾向发展私人经济，吴大业更偏重发展国营经济。一年后，1944 年 11 月 7 日《大公报》社评在谈论战时生产局的任务时，发表了与吴大业几乎相同的观点，认为无论国营还是民营，只要能生产，能增产，就是对的，"国营事业能生产能增产固然好，而民营事业能生产能增产更好"。但是，吴大业期望发展国营经济，《大公报》社评则期望发展民营经济，强调"为国造产，也不妨藏富于民"，"培植民营事业就是培植国本"②。

　　1944 年 4 月，伍启元偏重扩大国营范围。他相当看重节制私人资本、发达国家资本，实现民生主义社会革命这一总原则。他认为，中国经济建设目标不能仅限于完成技术革命，还应包括民生主义社会革命，"必须加重公营的成分，并对私人经济活动加以严格的限制"。他认为，以下几类事业应国营：一是关系经济命脉、军事国防、社会福利的事业，及其他在国防上或经济上有统筹必要的事业；二是政府为筹集、积累国家资本，或为增加财政收入，可以指定若干利润较厚的事业由国家专营或公私兼营；三是政府为强化经济控制，可以指定若干对国民经济具有关键作用的事业（例如纺纱）由国家专营或公私兼营。这三类国营事业有可能极大扩展国营范

---

①　吴大业：《战后建设的经济》，《经济建设季刊》第 2 卷第 2 期，1943 年 10 月，第 126—127 页。

②　《确定经济大计并论生产局的任务》（社评），（重庆）《大公报》1944 年 11 月 17 日。

围。从伍启元下面的具体分析中，可以更清楚地看出这一点。他提出，包括国防工业在内的关键及根本工业应全部国营。这主要指重工业，包括冶炼工业、机器制造业、电器工业、汽车制造业、飞机制造业、造船业、兵工业、基本化学工业、水力发电业等。他又提出，在列入私营范围的工业中，政府可以选择利润优厚、对国民经济具有关键作用、海外市场广阔三类工业，由政府划定公私经营比例，由政府与私人分别经营。为此，伍启元尤其强调："为着发展国家资本起见，国家不应专办资本过巨而利润没有把握的关键及根本工业和私人所不愿经营的事业。对利润有把握或在海外市场特别有前途的轻工业，应列入公私兼营的范围。"显然，伍启元主张，一方面，包括国防工业在内的全部重工业应该由国家经营，另一方面，一部分属于民营范围的，在国民经济中占有关键地位、利润优厚、海外市场广阔的产业也可以由国家经营，这部分产业并不限于重工业。而且，他还特别申明，"对重要生产，如私人不能发展至政府所希望的程度时，政府应负责经营"，"任何私人企业，不得违反社会公共利益，或形成垄断情势，否则应由政府加以接办"[①]。在这一点上，他的意见比较接近吴半农、陈伯庄的看法。由1944年4月伍启元的这一看法来看，直到抗战后期，尤其是1944年夏天何廉等人制定《第一期经济建设原则》的时候，像伍启元这样身处自由地位的大学教授们，仍然不排斥，甚至强调发展国营经济。

　　由以上分析来看，国统区知识界关于国营与民营经营范围的讨论，直到抗战后期依然呈现各说各话的态势，他们之间的分歧并未缩小，也没有取得任何一致意见。从他们持续整个抗战时期的长期讨论中，也找不出任何共同的思想趋向。这种思想态势反映出抗战时期知识界在划分国营与民营范围上的两难，一方面根据国营与民营并存的混合经济所有制，势必存在一个两种所有制形式的界限，大家在努力寻找这种恰当的界限；而另一方面，要确切划分这种界限，无论在理论上，还是在实际上，都面临巨大困难。也许像吴景超主张的不具体、严格划分两种所有制的产业范围，更符合实际经济发展需要。换言之，抗战时期为论者长期讨论的国营与民营范围问题，可能本身就是难以求解的"假问题"。

---

　　① 伍启元：《宪政与经济》（宪政丛书），正中书局1944、1945年版，第25—33页。

三　扩大国营，还是扩大民营：围绕《第一期经济建设原则》和《工业建设纲领实施原则》的论争

本书第四章讨论计划经济与统制经济时提到，在1944年底至1945年5月短短半年内，国民党当局先后公布了《第一期经济建设原则》、《工业建设纲领实施原则》两份政策差落极大的文件。前者体现了颇强的自由经济和扩大民营范围的方针，后者则体现出较明显的计划经济和扩大国营范围的方针。1945年上半年，这两份文件引起国统区知识界的热烈讨论。讨论主要围绕两个问题：如何认识自由经济和计划经济？如何划分国营与民营的经营范围？

国防最高委员会1944年12月29日公布的《第一期经济建设原则》在体现"自由经济"色彩的同时，也包含"尽量鼓励民营企业"的精神，大大压缩国营范围，扩展民营范围。它规定，政府独营事业"种类不宜过多"，只包括邮政电讯、兵工厂、铸币厂、主要铁路、大规模水力发电厂五类，其他事业均可民营。大规模石油矿、钢铁厂、航运等事业，只有在"民力有所不胜，或政府认为须特别重视"的情况下，才能由政府单独经营或与民资、外资合办。[①] 该原则对民营事业范围的规定，大大突破重工业国营、轻工业民营定式，将民营范围由轻工业领域扩大到重工业、国防工业等"锁钥事业"领域。

1945年1月18日，《大公报》社评很快对《第一期经济建设原则》放宽民营范围表示赞赏，认为"自由竞争原则与保护私人企业的精神，于此已充分表现"。社评分析，该原则规定的五类国营事业范围"无背于自由观念"。邮电、兵工厂和铸币厂三类企业，在信仰任何"主义"的国家皆可由国家独占经营。虽然社评认为美国存在私有铁路，许多国家的水电也多由民营，但赞成该原则规定中国铁路、水电两类事业国营，尤其赞赏把国营范围限定在"主要铁路"、"大规模水力发电厂"，不包括次要铁路和中小规模水力发电厂。所以，社评感到，根据该原则，不论重工业、轻工

---

① 《第一期经济建设原则》（国防最高委员会第148次常务会议通过），《经济建设季刊》第3卷第3、4期合刊，1945年，第249页。

业,还是国防工业,皆向民营事业开放,国家"独营事业的范围缩小到这田地,实已无别于任何最自由的资本主义国家"①。《大公报》的态度也与其主张发展民营经济的倾向相吻合。1944 年 5 月 23 日,该报社评便呼吁保护私人企业,认为"自由竞争也不是全部落伍",美国这个新世界就是自由竞争的果实。虽然民生主义理想近于社会主义,中国应走计划经济道路,重要产业应归国营,但是,中国在实行计划经济的同时,必须包容私人企业,在一定范围内允许私人自由竞争。②

与《大公报》社评表示赞赏甚至"惊喜"相比,孙科的解释相对平允。1945 年 1 月 13 日,孙科在中国国际经济协会讲演,把《第一期经济建设原则》规定的经济所有制解释为折中苏联、英美体制的"混合的经济制度"。他认为,该原则规定中国发展实业有两条道路——民营企业、国家经营。前者近乎英美的办法,后者近乎苏联的办法,"两个方法同时采用,当然成为混合经济的制度"。孙科一方面肯定该原则将国家独营事业限定为邮政电讯、兵工厂、铸币厂、主要铁路、大规模水力发电厂五类,认为"这样便把过去国营民营的争论一总解决",另一方面,他却不主张为国营与民营划定界限,而是主张"国家办不到的应由人民去办,人民办不到的——人民力量不能胜任的——国家仍得单独经营,或与民资、外资合办",亦即无论重工业,还是轻工业,除该原则规定由国家独占经营的五类事业外,其他一切事业均可由人民和国家同时经营,"但是国家却有优先权,这样便不必害怕民营范围过大,国营范围过小"③。在他看来,国营范围可大可小。但是,依照孙科的说法,如果取消国营与民营的界限,却有可能出现反面的情况,就是国营事业凭借国家政策优势,压迫民营事业的生存空间。

1945 年 7 月 1 日,《新经济》半月刊也讨论了《第一期经济建设原则》。但由于该刊组稿、编辑、印刷存在延迟,这组文章反映的是 1945 年5 月国民党六大以前的思想态势。

---

① 《论中国新工业政策》(社评),(重庆)《大公报》1945 年 1 月 18 日。
② 《论保护私人企业》(社评),(重庆)《大公报》1944 年 5 月 23 日。
③ 孙科:《我国战后第一期经建原则——十三日为中国国际经济协会讲》,(重庆)《大公报》1945 年 1 月 18 日。

在国营与民营问题上，高叔康对《第一期经济建设原则》原则上同意，但有不同看法。他认为，该原则"扫除从来划分国营与民营的狭隘"，使民营多有企业选择的机会。他辩解说，为了尽快发达经济，实现工业化，就要"运用所有的力量从事于工〔业〕的建设，不论政府的力量、人民的力量、友邦的力量"，要充分运用这些力量，就应给予这些力量一定自由和发展条件。所以，他表示，该原则"提出此大胆的决策"，放宽民营尺度是正确的。即使会发生某些流弊，但为刺激经济发展，也应取其"大者、急者"。高叔康虽然原则上同意扩大民营范围，但又认为该原则把国营范围限制得过窄，国营事业不应只限于邮政电讯、兵工厂、铸币厂、主要铁路、大规模水力发电厂几种，"如各种矿业、大规模机器厂、基本化学工业，已经有国营的基础存在，而且这些企业也不是私人的财力在短时间内所能经营发达起来的。凡是关于民生日用必须〔需〕品的工业，民营一时不能大量供给的，政府不能坐视人民日用必需品的缺乏而不顾，亦应设厂制造以供不足"。[①] 换言之，如果需要，一些重工业，甚至某些轻工业，不应该完全排斥国营形式。

坚持计划经济原则的曹立瀛强烈反对《第一期经济建设原则》扩大民营范围。他情绪激昂地说，"今注〔该〕原则不惜放弃吾党五十年来革命主义之立场，谄媚于民资、外资之建设！如此果成，犹有说也，惜理论已毁，事实全非。"这个规定违背了孙中山民生主义、实业计划、"发达国家资本"遗教，实质是"尽蹈自由资本主义之覆辙"，是"扩大民营而抑国营"，是"舍本务末"。他尤其反对将国家独营事业限于邮政电讯、兵工厂、铸币厂、主要铁路、大规模水力发电厂五类，认为这"是显欲节制国家资本而发达私人资本矣"。他还反对该原则的另外两条规定：（一）"未经指定政府独营之业均可由人民经营"；（二）"凡民力所不胜或政府认为须特别重视之事业，如大规模石油矿、钢铁厂及航运事业等，政府仍得单独经营"。他认为，两条规定的实质是除五类国家独营事业外，其他一切事业悉以民营为主体，只有在民力不胜或特别情形下，政府才可以经营，"弦

---

① 高叔康：《论第一期经济建设原则》，《新经济》半月刊第11卷第12期，1945年7月1日，第286—288页。

外之音,则国营事业乃民营事业恩惠之让与"。他反问道:"国家为人民全体之国家,政府为全体人民之政府,焉有个人即可经营而全体反须待例外特许之理!"①

简贯三认为,该原则扩大民营范围,缩小国营范围,把国家独营事业限于五类,乃是思想解放,"如果实行起来,能够'真正的'做到吸收国外资本技术,增大民族资本潜力,以达到工业化之迅速完成而减消资本主义的弊害,则亦不必拘泥观念上的藩篱,而寄以乐观的瞻望"。因为他一直关注工业化与社会改造问题,所以,他从如何发扬近代"企业精神"出发阐述了自己对国营与民营范围的想法。他强调,"企业精神"是西方工业发展的主要动力,比"封建地主的精神"进步得多。但这种"企业精神"在中国"先天不足,后天失调",培育这种"企业精神"是中国战后的重要任务。他以为,该原则鼓励民营企业,以"自由企业刺激经济事业之发展",就是培育这种"企业精神"。②

对《第一期经济建设原则》扩大民营范围,齐植璐似乎表示认可。他认为,孙中山"节制私人资本"原则与"扶植私人资本"并不矛盾,"节制"并非全是"统制"、"限制"与"抑制",也兼寓合理"扶植"之意。而且,中国战后初期应节制的资本,主要是土地资本与商业资本,重点不在工业资本。应节制的工业资本主要是官僚资本和买办资本,不一定是"民族产业资本"。防止"民族产业资本"的独占垄断,不是中国工业建设第一阶段的任务,而是第二期经济建设以后的事情。第一期经济建设的主要任务是提高经济建设效率,必须发动一切有助于工业化的力量,"政府对于民间资本与国外资本,不能不给予相当范围的自由,使能充分合理发展,以为工业建设尽其最大之努力"。但是,与高叔康一样,齐植璐一方面原则上赞同扩大民营范围,又认为把国家独营事业限制在区区五类走得太过,"已缩小到无可再缩的程度,与总理遗教尤多不相牟"。所以,他对1945年5月国民党六大通过的《工业建设纲领实施原则》扩充国营范围表示赞

① 曹立瀛:《第一期经济建设原则平议》,《新经济》半月刊第11卷第12期,1945年7月1日,第288—291页。

② 简贯三:《第一期经建原则的工业政策》,《新经济》半月刊第11卷第12期,1945年7月1日,第291—293页。

赏,认为是对《第一期经济建设原则》的补救,"确已进步得多了"!①

1945 年 5 月 19 日,国民党六大通过《工业建设纲领实施原则》,全面扩大国营范围,对民营范围作了大大压缩,规定国家独营产业包括下列各项:(一) 海陆空军器、弹药等军工产品制造等直接涉及国防秘密的产业;(二) 铁路、邮电、公用事业、动力工业等具有独占性质的产业;(三) 冶金、焦煤、石油、铁、铝、铜、锌、铅、镁、硫等生产原料属有限国防资源、不能任意开采的矿产的产业;(四) 染料工业等在国际市场有大规模卡特尔竞争的产业;(五) 锑、钨、锡等有关重要国际贸易的特种矿产.②这比《第一期经济建设原则》规定的邮政电讯、兵工厂、铸币厂、主要铁路、大规模水电厂五类产业,范围显然大得多.国民党六大 5 月 21 日闭幕后,5 月 29 日《大公报》社评很快注意到《工业建设纲领实施原则》对国家独营产业的扩展:在《第一期经济建设原则》五类产业的基础上增加了"公用事业",把"大规模水力发电厂"改为"动力工业",又增加生产原料属有限国防资源的产业、特种矿产的经营.③

1945 年 5 月 21 日国民党六大闭幕后,《经济建设季刊》把《第一期经济建设原则》和《工业建设纲领实施原则》两个文件放在一起进行比较和评价。

霍宝树的文章写于国民党六大之前。他基本认可《第一期经济建设原则》体现的"自由经济"、扩大民营范围精神。他注意到,依照这个原则,无论国营、民营、中外合资经营、外资独力经营,均采用公司制度,一律平等,自由竞争。政府保留的事业只有邮政电讯、兵工厂、铸币厂、主要铁路、大规模水电厂等全国性或区域性独占事业。这五类事业有关人民福利、社会治安,划归国营"理所当然",而且,支线铁路、小规模电厂仍可由人民经营。他认为,这个原则"已包括全部经济建设之轮廓"④。

---

① 齐植璐:《第一期经济建设原则的经济体制——论所谓"计划自由经济"》,《新经济》半月刊第 11 卷第 12 期,1945 年 7 月 1 日,第 299—307 页。

② 《工业建设纲领实施原则》(1945 年 5 月 19 日国民党第六次全国代表大会通过),《经济建设季刊》第 3 卷第 3、4 期合刊,1945 年,第 252 页。

③ 《关于工业建设纲领》(社评),(重庆)《大公报》1945 年 5 月 29 日。

④ 霍宝树:《实施第一期经建原则前提的讨论》,《经济建设季刊》第 3 卷第 3、4 期合刊,1945 年,第 1 页。

1944 年考察美国后倾向自由经济的谷春帆指出,《工业建设纲领实施原则》责成政府经营的工业远比《第一期经济建设原则》多,容许人民经营的工业大大减少:《第一期经济建设原则》对大规模石油矿、钢铁厂、航运业等人民无力投资和政府特别重视的事业,规定政府可以经营,但不禁止民营,而《工业建设纲领实施原则》硬性规定只能国营。他批评说,《工业建设纲领实施原则》规定只能国营的事业是战后必须创办的事业。这些事业只有在"外人愿意将所需资本借与政府"的条件下才能创办起来,因为所需资本极巨,即使在国内竭泽而渔,亦凑集不出。但是,"在如此浓重的国营气息下",外国资本不可能踊跃向中国投资,所谓战后经济建设计划只能是空头"具文"。他甚至对《第一期经济建设原则》规定的五类国家独营事业也不满意,认为"衡之别国情形,即电讯、主要铁路、主要水力发电,亦何尝不可由人民经营,而政府以法律控制之"。谷春帆之所以对扩大国营范围反应如此强烈,是因为他根本就反对所谓"计划经济",也不主张对民营范围作任何硬性限制。他主张,中国战后建设要"充分放任人民、私人经营,或外人投资经营",不能有任何限制。①

吴承洛对《第一期经济建设原则》的看法颇有先入为主、硬贴标签之嫌,具有浓厚的理论预设意味。他首先肯定该原则与抗战时期"若干年来在理论上的探讨并无差异",也完全符合"三民主义的经济制度",是完全正确的。为了证明该原则放宽民营范围、缩小国营范围与"三民主义经济制度"的一致性,他笼统地把国营事业归入"国防经济",把民营事业归入"国民经济",把外资事业归入"国际经济"。他论证说,"三民主义经济制度"包括三个方面:(一)树立全面的国际经济,使中国经济成为世界经济的一环;(二)树立健全的国防经济,保证中国的政治独立和民权的行使;(三)树立健全的国民经济,提高人民的生活程度和享受。根据《第一期经济建设原则》,国营事业"种类不多,而分量不轻",民营事业"种类已不多予限制,其范围不少",外资事业"资额与组织已不固加拘束,其投资必大"。所以,"此种原则,实合于三民主义经济制度"。实际上,吴

---

① 谷春帆:《经济计划的比较》,《经济建设季刊》第 3 卷第 3、4 期合刊,1945 年,第 20—21、23—24 页。

承洛对该原则把国家独营事业限定为邮政、通讯、兵工厂、铸币厂、主要铁路、大规模水电厂五类产业有不同意见,认为国营范围还应该扩大。除五类产业外,国家独营产业还应包括人造汽油厂、大焦煤矿、大铁矿。他接着强调,既可国营也可民营的产业,要涵盖在国民经济中具有"枢纽"性的产业,如重工业的钢铁业、基本化学工业的酸碱业、关键工业的纺织业、动力工业的电气业,以及大规模人造肥料业、大规模纺织机械厂、大规模垦荒、大规模集体农场、特种矿产出口贸易、原始及保安性森林等。总之,划分国营与民营的总原则应为:"凡必集中权能者以国营为原则,可分散权能者以民营为原则。"[①]

齐植璐在《经济建设季刊》的论述与他在《新经济》半月刊的相关论述态度一致,都看重国营经济。他强调,不论如何奖励民营企业发展,决不能超越民生主义"发达国家资本"、"节制私人资本"两大原则的极限。民营企业不仅不能减削、代替国营企业,还要接受国营经济的"主导和表率作用"。国营事业要掌握根本及锁钥工业,民营事业只能是"参加"分子。所以,他认为,《第一期经济建设原则》把国家独营事业限定为兵工厂、邮政电讯、铸币厂、主要铁路、大规模水力发电厂五类,"我们实在不能觉得满足"。《工业建设纲领实施原则》扩大国营范围,非常必要。这些增列为国营范围的事业,"或为国家经济命脉之所系,或为工业建设整体之根本及锁钥,或为国家对外易取工业器材、资金及维持债信之所资,或为根本不宜或不易获取利润而为民资、外资所不愿举办之事业,划为政府独营,无论从'进向为重'抑'效率第一'的眼光看,都是无可非议的"[②]。

透过1945年上半年知识界围绕《第一期经济建设原则》和《工业建设纲领实施原则》的讨论,可以真切观察到知识界在优先发展国营还是民营经济问题上的矛盾与犹豫。一方面,国民党当局在政策上的大起大落导致时人的迷惘和无所适从,另一方面,大家对国营与民营问题的认识本来就相当歧异。

---

① 吴承洛:《第一期经建原则与工业建设纲领实施原则研究》(上),《经济建设季刊》第3卷第3、4期合刊,1945年,第25—26、30页。
② 齐植璐:《战后工业建设纲领析论》,《经济建设季刊》第3卷第3、4期合刊,1945年,第54页。

1945 年 8 月 1 日，曹立瀛对持续整个抗战时期的国营与民营范围划分问题的讨论作了总结。他指出，此前大家普遍的说法，是根本及关键工业、国防军事工业、社会福利工业、有独占性的工业、有超区域性的工业、规模过大而私人不能举办的工业、盈利过薄而私人不愿举办的工业，皆归国营，其余归民营。但是，这些划分标准过于复杂，无法具体把握，"除掉兵工业、电力网及公用事业等少数部门可以完全国营外，很难作列举式的划分"，"理论的原则容易，而实际的区划困难"，不如"重工业国营"说法明确而可操作。一方面，"重工业国营"有充分的理论根据：重工业大体是根本或关键工业（如钢铁及机械工业），是国防军事工业（如兵工厂及供给兵工制造的原料工业），是社会福利工业（如燃料及公用工业），是独占性工业（如动力事业及资源独占性之矿业），是超区域性的工业（如电力网），是规模极大的工业（如运输工具工业），而且大都是利润较薄的事业。"重工业以国营为原则，就是政府负起工业建设的基础使命，领导民众，协助民众，从事工业建设。"① 长期以来，在关于国营与民营划分问题的讨论中，许多论者一直在质疑，甚至试图修正"重工业国营，轻工业民营"原则。曹立瀛明确提出的"重工业国营，轻工业民营"原则，要比此前的众多说法明确得多。

第三节　经营效率:国营事业的核心问题

经营效率是国营企业的核心问题。抗战时期，国统区知识界曾对这个问题进行了热烈讨论，作了非常有益的探索。他们的倾向性意见是，通过实现国营企业的公司化和商业化，提高国营企业经营效率。值得注意的是，知识界在国营企业经营效率问题上的主要批评对象，并非资源委员会的重工业企业，主要是晚清民初的"官办"企业，或抗战时期各种省营、市营等其他形式的"官办"企业。甚至可以说，资源委员会国营企业实践，在很大程度上是知识界关于国营企业效率论说的主要理论来源。

---

① 曹立瀛:《工业建设的中心政策》,《新经济》半月刊第 12 卷第 2 期, 1945 年 8 月 1 日, 第 34—39 页。

一　经营效率问题的言说对象：晚清民初"官办"企业与资源委员会重工业企业

抗战时期，知识界关于国营企业经营效率的言说对象，很大程度上是资源委员会国营重工业企业。早在 1939 年 9 月 29 日，《大公报》社评即劝告资源委员会等主管国营企业的机关注意企业生产效率，"多少年来，国营事业的最大毛病就是官僚化，主管当局虽然力加注意，但不能说是铲除净尽"①。但是，知识界对于国营企业经营效率的批评对象，却不是资源委员会创办和经营的国营企业，主要指晚清和民国初期的各类"官办"企业，以及同时期省营、市营等其他形式的"官办"企业。而他们提出的国营企业建制和经营效率问题的理论出发点，正是来源于资源委员会所属国营企业的经营实践。也就是说，资源委员会国营重工业企业是知识界讨论国营企业建制问题的理论来源，而不是国营企业弊端的批评对象。

应该说，抗战时期资源委员会的企业管理还是比较成功的，国营企业经营上的问题在当时并没有充分暴露。1942 年起，资源委员会曾组织由会本部及各厂矿主要负责人参加的"企业管理协会"，经常探讨改进企业管理的方法。他们还出版刊物，经常译载美国著名公司的企业管理经验和国内外学者关于企业管理的论文，供各厂矿负责人参考。资源委员会所属企业管理，与同时期其他企业相比，还是比较好的。他们在实践中逐渐形成了自己的管理特点——建立精通业务的领导班子。资源委员会本部科长以上及矿长、经理等主要职务，几乎全由受过高等专业教育和具备实践经验的专家担任，一般的技术及管理负责人也都是熟悉本行业务的人员。而且，资源委员会建立了一套较为完备的规章制度。他们制定了统一的人事招聘、晋升奖惩制度，每年按规定对所属企业和员工的工作状况进行考核评定。1941 年起，资源委员会在企业普遍推行成本会计制度，力求迅速而准确地反映资金和生产活动状况。他们还制定详尽的仓储保管、物资登记、监督等各项制度。这些严密的规章制度不仅保证了企业生产的正常进行，还杜绝了投机和重大贪污事故。据新中国成立后《旧中国的资源委员会——史

---

①　《后方的经济建设》（社评），（重庆）《大公报》1939 年 9 月 29 日。

实与评价》一书编者介绍，他们曾访问过许多原资源委员会人员，询问了上至钱昌照、孙越崎、季树农等主要负责人，下至一般科员数十人，他们一致认为，资源委员会内从未发生过较大的贪污案件。而且，在生产技术方面，由于资源委员会标榜以发展国营实业、建设国防工业为己任，深得国内外爱国知识分子所好，会本部及所属企业汇聚了大批一流工程技术专家。矿冶方面有孙越崎、叶渚沛、程义法、严恩域、杨公兆、谢家荣等，机械方面有王守兢、施伯安、杜殿英、夏安世、王守泰等，电器方面有恽震、周维干、许应期、朱其清、张承佑、黄修青、任国常、金贤藻、颜任光、蒋保增等，电力方面有黄育贤、黄辉、陈中熙、陈良辅、鲍国宝等，化工方面有徐名材、金开英、张克忠、时昭涵等。[①] 吴兆洪长期追随翁文灏在资源委员会工作，先后担任秘书、主任秘书兼财务处长、副委员长、副主任委员。据他回忆，资源委员会所属企业的经营自主权还是比较大的，企业管理体制"总的说来是权限下放，资源委员会只抓计划和财务几件关键性工作"。各企业人员除正副负责人直接由资源委员会任用外，其他人员一律由各企业自行遴选。在物资采购上，无论从国内进货，还是从国外进口，都由各企业自行采购。其产品也由各企业自行销售。各企业财会人员也多由企业自定，只须报会本部备案。"以上有关人、财、物、产、供、销各方面权限下放的情况，说明企业的自主权是相当充分的。"[②]

知识界一些人士对资源委员会国营企业的经营效率评价还是比较高的。1943 年 10 月 15 日，正在质疑计划经济的陈振汉认为，虽然根据清季官营或官商合营等历史经验，贪污政治等不健全的政治机构对国营事业是一种障碍，但只要国营企业主持者奉公守法，精明有为，便会实现较高的经营效率。"近年来资源委员会的国营事业，成绩斐然，是一个很好的证明。"[③] 对资源委员会国营企业持明显批评态度的，沈怡算是比较突出的一位。沈怡在抗战初期曾任资源委员会主任秘书、设计处长、工业处长。40 多年

① 郑友揆、程麟荪、张传洪：《旧中国的资源委员会——史实与评价》，第 122—123、123 页注，第 304—305 页。

② 吴兆洪：《我所知道的资源委员会》，《回忆国民党政府资源委员会》，第 109—110 页。

③ 陈振汉：《中国战后经济建设与计划经济》，《东方杂志》第 39 卷第 15 号，1943 年 10 月 15 日，第 17 页。

后，1984 年 2 月，他曾评价资源委员会说：虽然“资源委员会的风气相当良好，贪污之风可称绝迹，此在过去中国行政机构中很是难能可贵的”，但它也有可指责之点：“由于主事者的个性过强，有己无人，事事全权独揽，一个簇新的机关渐渐也变成衙门化”；“由于事业不按企业做法，无形中浪费的国家资财不在少数，主事者一味好大喜功，对此初无丝毫感觉”①。不过，沈怡的批评态度似乎另有隐情。据钱昌照回忆，虽然沈怡是钱昌照夫人沈性元的哥哥，但抗战初期，他任资源委员会主任秘书未久，即与翁文灏不合而离开，应宋子文主持的经委会之邀去兰州，由中国银行出资办了一个甘肃水利林牧公司，没有做出什么成绩。②从钱昌照的说话语气来看，沈怡与资源委员会的关系一般。

　　抗战时期知识界批评的国营企业弊端，主要指晚清洋务运动后至民国初年的各类“官办”企业，以及同时期国民政府各部门和各省、市、县经营的“官办”企业。知识界将“国营企业”或“国营事业”适用范围延伸至最大，既泛指中国晚清洋务运动以来产权属于清政府、北洋政府、国民政府并由历届政府经营的所有近代企业，也泛指包括西方资本主义国家和苏联社会主义国家在内的世界各国产权属于政府并由政府经营的企业。③正因为知识界说的“国营企业”范围如此之大，并不专指资源委员会国营企业，所以，就出现了一个困扰大家的基本问题，即国营企业的利弊得失、管理成败、经营效率问题。既然国营企业在晚清既已大规模举办，到抗战时期已有 80 多年历史，而且败多成少，那么，国营企业优势何在？高叔康于 1939 年 12 月 31 日就说道：“中国自有了新式企业以来，就采取国营方式，国营新式企业有八十余年的历史，一直到现在，国营企业还是占社会整个经济的重要地位。其成绩不佳，失败多而成功少，也是无可掩饰的事实。”④

---

　　①　沈怡遗著，应懿凝校订：《资源委员会与我》，《传记文学》第 44 卷第 2 期，1984 年 2 月 1 日，第 73 页。

　　②　钱昌照：《钱昌照回忆录》，第 160 页。

　　③　知识界在将“国营企业”或“国营事业”概念外延全面扩大的同时，在某些特定情况下，他们又将“国营企业”或“国营事业”概念外延极度缩小，特指中央政府经营的企业，如吴半农等提出的“国营”、“省营”、“市营”、“县营”等概念。

　　④　高叔康：《国营企业的前途》（星期论文），（重庆）《大公报》1939 年 12 月 31 日。

如前所述,虽然翁文灏曾于 1939 年 7 月 16 日区分"官办事业"与
"国营事业"的不同①,但似乎并未改变大部分论者把晚清民初各类"官
办"企业统统视作"国营事业"的思维定式。在 1939 年 4 月由商务印书
馆出版的《中国工业资本问题》一书中,方显廷即把晚清"官办",甚至
"官督商办"企业统统纳入"国营事业"范围。吴景超在同年 9 月 1 日发
表的书评中也未提出异议,只是强调这些"国营事业""有的早已收歇,
有的苟延残喘,有的大权旁落于外人之手,真能发宏光大的,可谓绝无仅
有"。他提出,大家应该仔细研究一下这些"国营事业"失败的原因,"以
为后车之鉴"②。吴景超也确实花费了极大心力研究这些"国营事业"的失
败历史,希望找出其失败的根源。1939 年 1 月至 1941 年 5 月,他先后在
《新经济》半月刊发表六篇此类文章。③他在 1943 年 10 月出版的《中国经
济建设之路》一书《自序》中回忆说,"在抗战的初期,我自己很深切的
感觉到,我国虽然高谈经济建设,已有多年,但是经济建设对于抗战,似
乎没有很大的贡献。这是什么原因? 我怀着检讨过去的心情,从一个机关
的档案中,去搜集有关的材料,想从这种研究中,发现我们过去的错误,
以为将来改进的参考"④。吴景超该书出版两个月后,同年 12 月 1 日,任职
于经济部工矿调整处的张景观写了一篇书评。张景观认为,吴景超把汉冶
萍、象鼻山铁矿、当涂繁昌各铁矿公司、龙烟铁矿等企业失败的原因归结
为四点,即计划不周、用人不当、管理不善、环境不良,"目前,我们的建
设事业是否仍蹈过去无计划,无预算,官僚管理,舞弊营私种种毛病? 前
事不忘,后事之师,我们读过这几篇文章后,免不得要思考一下"⑤。关于

---

① 毕敏:《国营事业与民营事业的关系》,《新经济》半月刊第 2 卷第 3 期,1939 年 7 月 16
日,第 54—60 页。

② 似彭:《中国工业资本问题》(书评)(方显廷著,商务印书馆 1939 年版),《新经济》半
月刊第 2 卷第 5 期,1939 年 9 月 1 日,第 126—128 页。

③ 发表在《新经济》半月刊的这六篇文章是:《汉冶萍公司的覆辙》(第 1 卷第 4 期)、《龙
烟铁矿的故事》(第 1 卷第 6 期)、《安徽售砂公司的始末》(第 1 卷第 8 期)、《国营钢铁厂的前奏》
(第 1 卷第 10 期)、《记湖北象鼻山铁矿》(第 2 卷第 5 期)、《六十年的中国经济》(第 5 卷第 3
期)。这些文章均收入《中国经济建设之路》。

④ 《自序》,吴景超:《中国经济建设之路》,商务印书馆 1943 年版,第 1 页。

⑤ 张景观:《中国经济建设之路》(书评)(吴景超著,商务印书馆 1943 年版),《新经济》
半月刊第 10 卷第 3 期,1943 年 12 月 1 日,第 62—63 页。

知识界把国营企业的批评对象定位为晚清民初"官办"企业的情况，1940年7月，祝世康也分析说，"一般反对国营事业的人们，大都是拿满清过去失败的历史证明"，例如洋务派左宗棠、张之洞、李鸿章等创办的企业。晚清洋务企业只是"官办"，算不上"国营企业"，"是一般沾染氏族主义的高级官僚，把持了大权，由他们化公为私或加入私人成分。一方面任用亲族私人，另方面滥占董事监事。故止有营私舞弊而不能获得成功。我们所说的国营方法应有一定的组织章程、监督方法、用人标准，对于主管人负有职责，尤有严格的限制。办理的成绩，亦有考核的方法"①。

二　国营事业"公司化"：经营效率的解决之道

《新经济》半月刊创刊之初便非常关注国营事业经营效率问题。钱端升、张纯明、张延纾等都曾专门撰文阐述。他们的讨论是从"公营社团"开始的。

1938年11月16日，北京大学政治学系教授钱端升在《新经济》半月刊创刊号上提出，为了使国营企业少受政府干涉，避免其"衙门化"，应充分发展"半独立或准独立的业务法团制度"。这种业务法团是公司性组织，必须具有法人资格，与政府保持完全或不甚完全的独立性。政府对法团的管理主要通过投资，或其他协助，加入若干董事进行。这种"业务法团制度"的核心在于政府不直接经营企业，使企业经营保持独立性，从而避免企业衙门化，提高其经营效率。钱端升所言"国营企业"虽然包括资源委员会国营企业，但在抗战初期资源委员会国营企业尚未全面壮大情况下，主要指晚清至民国初年的"官办"企业。他表示："我国近数十年来国营事业早已有增无已。民国前，中央已办理铁路、船运等许多企业，而中交两银行及若干采矿事业亦与政府有关。民国成立后，国营微见增加，到了最近数年则更有大量的增加。固然大多数的事业也曾采用若干程度以内的独立经营的精神，但其独立的程度大都过于低微"，普遍存在"衙门化"和"腐化"倾向。②

---

① 祝世康：《民生主义的真义》（抗战特刊第四种），第54页。
② 钱端升：《建设期内的行政改善》，《新经济》半月刊第1卷第1期，1938年11月16日，第9—12页。

　　《新经济》半月刊编者感到钱端升提出的"业务法团制度"极为重要，又邀请行政院简任秘书张纯明[①]于同年 12 月 16 日作进一步申论。不过，张纯明将之称作"公营社团"。张纯明探讨"公营社团"制度，一方面鉴于晚清民初官办、官商合办企业弊端丛生，认为中国几十年来的"官营及官商合营的事业几没有不是因年年亏折而失败的。官营的事业多半黑幕重重，弊端丛生，甚至有事业未正式开办而原来的资本已亏蚀无余的。官商合办的事业，政府的力量过大，代表政府的人员又都是些对于新式事业无丝毫认识的官僚，以办实业为一种差事，而商人方面也久而染上官场习气，与之同化。在此场合下，业务当然是不能有发达的时候了"。另一方面，他明确说明，他论述"公营社团"制度是希望资源委员会举办的国营重工业尽量具有独立经营的方式，避免此前"官办"事业的弊害。他表示："我国重工业近数年有资源委员会的努力、经营、规划，现在已有粗具的规模。"虽然目前资源委员会主要负责人尚属称职，但他担心将来政局变化可能使这些人不再主持资源委员会，导致其工业建设发生不可预知的结果，"设不幸而过去费尽多少心血所建筑起来的基础，发生动摇，岂不是一件可痛心的事"！所以，他认为，中国重工业应该采用"公营社团"制度。那么，什么是"公营社团"呢？张纯明讲的"公营社团"理论来源相当庞杂。其主要内容来源于西方资本主义国家"公营事业"制度，苏联国营经济则在其次。他介绍说，19 世纪以后，一些欧洲国家为避免政府经营经济事业的"衙署化"，设立与普通官署不同的"独立官署"（Autonomous departments），进而建立"公营社团"（Public corporation）或"政府社团"（Government-owned corporation）制度。这种制度有四个特点：（一）财务独立；（二）不受政府普通行政法令的约束；（三）可以减轻政府的职务而收分权的实效；（四）法律地位与私营企业相同。第一次世界大战后，"公营社团"制度在欧美

---

　　① 张纯明（1903—1984），字镜轩，河南洛宁人。1924 年赴美，入伊利诺斯大学，主修社会学、政治学。1927 年，获硕士学位，并转入耶鲁大学。1931 年，获博士学位。同年回国后，任南开大学政治学系教授、系主任、文学院院长，主编《南开政治经济学报》。1932 年，与何廉的妻妹余琼芝结婚。抗战时期，1938 年秋，任行政院简任秘书。1942 年 1 月，任河南省政府委员。1944年，回重庆任中央设计局委员（《民国人物小传·张纯明（1903—1984）》，《传记文学》第 47 卷第 6 期，1985 年 12 月 1 日，第 137 页）。

采用甚广。美国田纳西流域管理局（Tennessee Valley Authority）是很著名的例子。在管理方式上，"公营社团"又可分为两大类：一是资本属国家，理事、经理向政府负责。苏俄的国家托拉斯、英国的中央电气委员会（Central Electricity Board）、美国在第一次世界大战期间成立的联邦轮船公司、粮食公司、战时财政公司、住房公司等，都属此类"公营社团"。二是政府与商人合股的"混合社团"。这种方式主要发展于德国。一战前，德国公用事业大半控制在这种"混合社团"手中，一战后，德国政府又加股于私营电气业公司。澳大利亚、匈牙利、捷克、荷兰、意大利、法国等也建立了大量"混合社团"。此外还有一类"公营社团"，所有权属于政府，但政府以合同方式把经营权转让给私人。这类社团以法国为多。①

　　一年后，1939年12月31日，高叔康强调，对于国营企业，只能通过改革改善其经营，而不能根本否定，认为"我们不能因为国营企业的成绩不佳，遂主张根本废止国营企业的方式"，因为国营企业是现代经济的正确潮流。高叔康将西方资本主义国家的"公营社团"制度、严格的会计制度与孙中山就政治体制所说的"权能分开"原则相结合，概括为国营企业的"权能分开"原则。高叔康主张，通过"公营社团"制度将国营企业的经营权和所有权分开，并实行严格的会计制度，"稽核其出入的财务，计算其生产成本和利润，规定其资金的用途和开支的费用，使主持其事者根本不能营私舞弊"。他进而提出，只实行"公营社团"和严格的会计制度并不够，还要贯彻孙中山"权能分开"原则。不过，高叔康声称的国营企业"权能分开"原则强调的重点，与钱端升、张纯明包括他本人设想的"业务法团"或"公营社团"并不一致。高叔康虽然主张通过"公营社团"实现国营企业经营权、所有权的分离，但他设想的"权能分开"原则更强调政府的监督和干涉。他论述说，对于国营企业，政府有权，负责经营的"技术家"有能。一方面，由各种专家主持具体的经营"技术"，"使企业的设计不致外行，执行也不致不熟练"；另一方面，政府必须加强监督，不能给这些"技术专家"以操纵企业一切事务的机会，"如果因为他有一项

---

　　① 张纯明：《公营社团制度与中国的经济事业》，《新经济》半月刊第1卷第3期，1938年12月16日，第65—68页。

技能遂使之总揽整个企业一切决定和监督的权限,那就是予以自由操纵的机会,容易作弊,结果,必与私人有利,国家有害"①。问题是,如果不给经营者"总揽整个企业一切决定和监督的权限",又如何严格分开国营企业的经营权和所有权?说来说去,高叔康说的"权"与"能",前者是经营和决策上的"权力",后者只是管理"技术"上的"能力",大权还是在政府一方。

到抗战中期,随着以资源委员会为主体的国营重工业体系的壮大,知识界关于国营企业经营效率问题的讨论渐入高潮。1940 年 3 月 16 日,任职于中央政治学校的张延纾专门分析了国营企业的利弊。他在这个问题上的心情是矛盾而复杂的:一方面,他认为国营企业②是"计划经济"或"统制经济"的"最彻底、最有效、最极端的一种手段",建立国营企业为中国所必须。另一方面,他又担心国营企业在经营效率上存在严重弊端:在企业本身,国营企业职员属于政府职员,薪金固定,对企业的盈亏漠不关心,"不若私营,因自利心的驱使,可以刺激企业家的努力",如果经营人员道德不良,还会出现贪污、舞弊、中饱及浪费问题;在政府方面,政府官员对企业管理往往机械处置,不适于经济事务的经营;国营企业用人往往受政局影响,不能纯以能力、技术为标准,导致管理人员用心于示好行政长官,不愿改进经营效率。所以,他提出国营企业经营的四项原则:(一)必须有良善的法律及贤明的政府。(二)国民及监察机关必须进行严密监督。(三)必须建立严密的组织及独立精确的会计制度。(四)经营人员的选择要以廉洁、忠诚、勤勉、负责,且富有专门技术、经营能力为标准;人员薪俸的高低应根据其经营成绩确定,或另定奖惩条例,信赏必罚。不过,他提出的这四项原则偏重于企业"人治"的改进,不像其他论者把重心放在改革企业管理和运作体制上。据张延纾说,他的想法是有目的而发,是要提醒当时日益壮大的资源委员会等机构谨慎经营:抗战以来,"若

---

① 高叔康:《国营企业的前途》(星期论文),(重庆)《大公报》1939 年 12 月 31 日。
② 张延纾所言"国营企业"包括各级政府经营的企业,不像吴半农等有国营、省营、市营、县营之别,认为"国营企业,即是由政府经营经济事业的意思。从经营的主体而言,有中央政府经营的,有地方政府经营的"(张延纾:《国营企业论》,《新经济》半月刊第 3 卷第 6 期,1940 年 3 月 16 日,第 140—142 页)。

工矿电气，若对外贸易等等企业的国营，渐有蒸蒸日上之势。我作本文的用意，一面在提起国内学者的注意，对于国营企业的问题，加以详细的研究；一面在唤醒政府当局的审慎，对国营企业的选择及经营，必须多加考虑，谨慎施行，庶几可以有百利而无一弊，完满的达到统制的目的"①。

抗战中期，吴半农是最为深入、系统阐述国营事业经营效率问题的论者。1941 年 2 月 1 日，他提出，通过建立现代公司制度，将国营事业的经营权和所有权相分离，提高国营事业的经营效率。他承认，国营事业在政府管理和自身经营两方面确实存在问题。政府管理的弱点有五方面：（一）"衙门化"毛病。政府机关"例行公事"式的办事方式与"简单敏捷"的商业组织颇多不同，国营事业"不易改变官场中的积习以适应商业环境"。（二）管理"政治化"。国营事业经营易受政治干涉，又容易受政治变动的影响，事业负责人员的派定也容易以政治关系为取舍，不以经营能力为标准。（三）人员不称职。西方社会一般认为，优秀分子通常集中在商业机关，政府职员大都庸庸碌碌，畏难苟安，没有进取心。把经济事业交给政府中平庸的人员去办，效率自然低下。（四）财务机制不灵活。国营事业经费要经过预算等法律手续，营业收入和盈余也要按期上缴国库。会计方面又要受政府审计部门的干涉。如此，资金运用受到严重牵制，不能适应商业随机应变的要求。（五）业务管理缺乏弹性，不能随时改变营业政策以适应环境。在自身经营方面，国营事业缺乏"私人赢利"这一提高经营效率的原动力，"一种没有私人赢利目的做原动力的事业，在正统派经济学家看来，实等于一个没有灵魂的人，要想其效率增高，自然是很难的"。但是，吴半农提出，上述国营事业的种种缺陷完全可以通过现代公司制度消除和补救。他观察到，近年来各国公营事业的新趋势是建立现代公司制度，由政府通过社团或公司（Corporation）间接经营，如美国的政府公司（Government corporations）、英国的公共托拉斯、德国的混合公司（Mixed companies）等。它们都有下列共同特点：（一）设有董事会，由董事会聘请经理，再由经理遴选全部职员。这种办法可以避免普通文官制度的种种

① 张延纾：《国营企业论》，《新经济》半月刊第 3 卷第 6 期，1940 年 3 月 16 日，第 140—142 页。

缺点，并可使事业发展不受政府影响。（二）会计独立，不受政府预算和国库收支的牵制，并可向银行商借款项，或经主管机关批准，发行公司债券。（三）公司为第一法人，具有普通商业公司应有的权利和义务，从而避免"衙门化"毛病。（四）公司得以有利价格在商业市场上自由买卖，普通业务行政也有自由伸缩之权，但事业的大政方针仍受主管机关管制。吴半农认为，现代公司制度将国营事业的"所有权"（Ownership）与"经理权"（Management）相分离，也消除了国营事业和私营事业在经营管理上的差异，"与私营企业实只有所有权的公私之分，而并无管理经营上的差异了"①。吴半农提出的通过所有权和经营权分离的现代公司制度改善国营事业经营效率，在理论和实践上均有重要意义。

九个月后，吴半农又于同年 11 月 1 日专门阐述了他设想的"政府公司"制度。他首先强调，"政府公司"在性质上与普通商业公司是一致的，并非政府部门，"政府公司既有其自身的董事会、独立的财物、普通公司应有的法律上的义务和权利，如纳税、起诉、被告、借款、发行公司债、参加市场自由买卖等，则其组织已和会部制度异趣，而在精神和形式上实已与商业公司趋于一致了"。不过，他此时设想的"政府公司"主要以苏联"托辣斯"制度为参照，"苏联这种办法，可以说在经营方面固可得到公司组织的好处，而管理方面仍可统筹擘划，控制裕如，是很可以供我国作参考的"。他分析，苏联"托辣斯"与政府的关系有五个特点：（一）各托拉斯的普通业务由董事会自行处理，不必请示政府，只是大政方针听命于中枢机关。（二）政府有权任免各托拉斯的董事，审查各托拉斯的会计报告、基金使用和盈余分配。但是，为保证董事会的权力，政府审计委员会对托拉斯的资金运用不得预先表示意见。（三）各托拉斯的资本必须依照政府预算，取自国库。只有短期资金可以由各托拉斯依照商业办法向银行贷款。（四）各托拉斯无权处理工厂、机器等"基本资金"（固定资本），亦不得用作借款抵押，可以全权处理原料、现金等"运用资金"（流动资本），政府不加干涉。（五）各托拉斯可以从自身盈余中提取公积金用于一般性的

---

① 吴半农：《国营事业的效率问题》，《新经济》半月刊第 4 卷第 9 期，1941 年 2 月 1 日，第 198—202 页。

企业扩充和发展,而较大规模的企业扩充必须由政府预算拨付。① 不过,吴半农介绍的苏联这种"托辣斯"组织,是否真能实现他设想的"政府公司"的商业化,实现与政府的分权式管理呢?事实上,苏联这种"托辣斯"组织,离他的期望值有相当差距。

但是,中央电工器材厂总经理恽震对国营企业经营管理体制的想法,与吴半农等强调将国营企业经营权与所有权相脱离有所区别,含有更多计划经济意味。1943 年 3 月 16 日,他设想,国营企业要严格在国家计划经济体制内运作。虽然他也主张赋予国营企业一定自主性,不能把国营企业当作普通的行政机关,应使国营企业成为"法人",把国营企业的会计、审计从一般的政府机关中分出来,但是,他更关心国家经济计划对国营企业的统制性。他主张,国家必须严格管制国营企业的产品种类、数量和质量,严格禁止企业私自生产经济计划以外的其他种类产品,政府要每年严格核定国营企业产品的质量和数量。政府应建立全国性的产销业务机关,制定产品的分配计划,然后根据产品分配计划制定各企业的生产计划。对于企业的盈亏拨补,由中央政府工矿主管部门和交通主管部门进行统筹管理,"那一部分盈余应该留在事业本身,那一部分盈余应该缴解主管部会,那一事业的亏损如何抵偿,都由熟悉事业情形的中央主管机关来做直接分配"。他还主张,政府严格管制国营企业产品价格,"不能容许各事业随意改变它的对外价目"②。

国营事业经营效率问题也引起 1943 年 9 月 16 日至 19 日中国经济建设协会第五届年会的极大关注。会前,中国经济建设协会研究委员会于当年 7 月草拟了一份《问题草案》,函发各会员,征求意见。《问题草案》要求会员对国营事业提出"具体改进方案或意见,以增进其效能,减低其成本",尤其是对国营事业的组织、人事、财务、业务、购料及销售等制度提出具体改进方案。③ 在 9 月 18 日第五届年会"国营与民营事业问题"小组

① 吴半农:《政府公司论》,《新经济》半月刊第 6 卷第 3 期,1941 年 11 月 1 日,第 50—53 页。

② 恽震:《论办理国营工矿事业》,《新经济》半月刊第 8 卷第 10 期,1943 年 3 月 16 日,第 178—182 页。

③ 《研究委员会报告》,《经济建设季刊》第 2 卷第 3 期,1944 年 1 月,第 33—34 页。

讨论中，恽震、吴羹梅、张连科、陈伯庄、夏光宇、霍宝树、吴蕴初等热烈讨论了国营企业效率问题。大家建议政府设立"国营事业制度咨询委员会"，负责改进和完善国营事业体制。① 年会《决议意见》也申明，"国营事业必先改进其制度，增加其效率，而后可以担负其建国之使命"。《决议意见》尤其强调了国营事业与行政机关相脱离的原则，提出"国营工矿事业，及交通事业之建设与经营，均与普通行政迥异。其预算、会计、审计、人事、业务等制度，应另订专法，俾其制度适合于事业之需要"。国营工矿事业应成为相对独立的"法人"，经政府核准，可以发行企业证券。《决议意见》建议政府成立"国营事业制度咨询委员会"，负责改进国营事业事宜。②

交通部秘书薛光前兼任中国经济建设协会交通组干事，曾参加第五届年会。1944 年 1 月 8 日，他将年会关于国营企业建制、经营效率的意见在《大公报》提出，提议建立一套使国营企业摆脱行政法令束缚、适合国营企业本身需要的制度。他指出，时下国营企业在"效率"和"纪律"③ 之间难以适从。国营企业管理者如果遵守政府"纪律"，就难以增进效率；如果增进"效率"，就无法顾全"纪律"。为此，必须建立一套适应国营企业本身需要的制度，一方面，廓清行政系统和企业系统的管理界限，一方面，不能将用以规范行政机关的法令应用到国营企业管理上。那么，什么是适应国营企业需要的制度呢？薛光前认为，这种制度是摆脱行政干预、独立于行政系统之外、像民营企业那样适合企业经营规律的制度。他认为，国营企业应像国家银行那样，建立董事会或理事会，企业的具体经营管理由董事会或理事会负责，不受行政系统的干预。他还认为，国营企业的具体经营方法和管理制度，应与民营企业"大同小异，没有什么区别"，"真正严格讲起来，国营事业和民营事业，在事业的本性上，除了资本的来源一点，一则来自国库，一则由于民间外，此外可以说全无两异。一切经营

---

① 《讨论会记录》，《经济建设季刊》第 2 卷第 3 期，1944 年 1 月，第 20—21 页。

② 《中国经济建设协会第五届会员大会决议意见及其说明》，《经济建设季刊》第 2 卷第 3 期，1944 年 1 月，第 23—24 页。

③ 薛光前所言"纪律"具有特定指谓，并非指企业本身管理方面的纪律，而指国家的法令、政令以及行政机关的指令。

管理,可说完全相同,民营事业能发行股票,国营事业也可以发行股票;民营事业对股本要付股息,国营事业对国库投资也要付利息;民营事业要纳捐税,国营事业也有纳税的义务;民营事业要讲究成本,国营事业也岂可长此亏损,不讲究一些成本会计的道理"?①

薛光前此论一出,唐有烈立即于当月14日提出质疑。他认为,薛光前把"纪律"与"效率"完全对立起来,"遵守现行法令的,就没有效率。要有效率,就不必遵守现行法令",实属偏见。"效率"与"纪律"的关系,应该是"愈守纪律,愈有效率。愈不守纪律,愈没有效率。纪律是一种轨道,守纪律,就是上轨道,上轨道,就易有效率"。现行法令不适合国营事业的看法未尽符合事实。② 陈明远读了薛光前所论之后,1月27日,提出国营事业"人的条件"问题。这包括两个方面,一是国人对国营事业的支持,二是国营事业本身的人才问题。他将社会对国营企业的维护和热情参与称为一种"风尚",认为国营事业"应该有举国国民的维护,使在事业本身以外,亦具备良善的人的条件、有利的环境"。关于国营事业的人才问题,他非常赞同钱昌照1942年6月16日所言"要谈重工业建设,先得研究人的条件和物的条件",③ 以及1939年5月16日强调的"若是仅仅建设一个厂,开发一个矿,能生产,有盈余,不算是成功;建设一个厂,同时训练可以建设三个厂五个厂的人才,才是真正的成功"。④ 他认为,国营企业主持人不仅要自身对国营事业忠正勇勤,还"要注意于培育所需的职工在量在质都达到理想的标准"⑤。

1944年2月2日,徐景表示不同意唐有烈所言"现行关于国营事业的许多法令为已足"的主张。他反驳说:"现行的法令,尚未能将国营事业的制度建立起来,并且差得尚远。"与薛光前一样,徐景也呼吁,"国营事

① 薛光前:《国营事业非速确立制度不能健全发展论》,(重庆)《大公报》1944年1月8日。
② 唐有烈:《读〈国营事业非速确立制度不能健全发展论〉质疑》,(重庆)《大公报》1944年1月14日。
③ 钱昌照:《重工业建设之现在及将来》,《新经济》半月刊第7卷第6期,1942年6月16日,第106—110页。
④ 钱昌照:《两年半创办重工业之经过及感想》,《新经济》半月刊第2卷第1期,1939年5月16日,第2—6页。
⑤ 陈明远:《泛论国营事业与人的条件》,(重庆)《大公报》1944年1月27日。

业制度的建立，实已不可或缓"，"国营事业之亟待建立一完善的制度，实为当前要图，为今后建国成就若何的关键所在"①。薛光前只是在1月8日将国营企业建制问题提了出来，并未详细阐述具体设想。不料，却引起唐有烈、徐景、陈明远诸人的热烈讨论。薛光前看了他们的文章，又于2月10日详细阐述他对国营企业建制问题的设想。他申明，通过建立国营事业制度划清行政管辖权与企业经营权，并非他的发明，中国经济建设协会第五届年会已经充分讨论了这个问题。他强调，不能一刀切式地建立"单一的、一统的"国营事业制度，应根据各国营事业的性质详细分类，订立适合不同企业情况的各项制度。薛光前不同意唐有烈所言现行法令已顾及国营事业，无须另订专法的观点。他认为："国营事业之应专订法规，不但为理论所许可，抑且为事实所需求。"至于如何制定专法，他提出了三项原则：（一）划分"行政权限"与"事业权限"，廓清行政管理权与企业经营权。企业首长或董事长不能由行政机关人员兼任，以免"因人使法之嫌"。（二）划清行政机关的监察权和企业经营权，"监察有监察之范围与限度，并非一切业务，事无巨细，责无轻重，皆须全部监督"。（三）明确国营事业的权利与义务。如国营企业能否发行股票及证券，应否缴纳捐税，及其条件与方式，应有通盘考虑。②

1944年1、2月间薛光前、唐有烈、陈明远、徐景等人的讨论，是抗战时期关于国营企业制度问题比较热烈而集中的一场讨论。由于这场讨论在《大公报》上进行，其社会影响之大显而易见。

1944年12月底国防最高委员会公布的《第一期经济建设原则》，吸取了知识界的讨论成果。该原则规定，政府与民资、外资合办的事业采用公司制度。政府对这类企业的管理，除依法行使行政监督权外，应以股东地位行之。除邮政电讯、兵工厂、铸币厂、主要铁路、大规模水力发电厂五类政府独营事业外，凡具有商业性的政府独营、与民资或外资合营企业，享有的权利义务须与民营企业相同。③曹立瀛对此非常赞赏。他认为，这

① 徐景：《建立国营事业制度评议》，（重庆）《大公报》1944年2月2日。
② 薛光前：《综论国营事业建制问题》，（重庆）《大公报》1944年2月10日。
③ 《第一期经济建设原则》（国防最高委员会第148次常务会议通过），《经济建设季刊》第3卷第3、4期合刊，1945年，第249页。

是"今后国营事业生存滋长的关键之所在",国营事业只有超然自立于官厅组织之外,才能防止官僚化倾向,免蹈洋务运动以来官办事业失败之覆辙。国营事业与民营事业平等竞争原则,可以"使国营事业与民营事业在同等的条件之下,互相切磋观摩,分程竞进"。国营事业的总主干及先导地位,要靠自身生产效率的提高、企业制度的建立,以及自身努力的成绩来争取,"决不能凭借任何特殊权利和优越条件"。①

知识界关于国营企业经营效率和建制问题的讨论,几乎持续于整个抗战时期。在长期反复、热烈的讨论中,他们自始至终都有一个总的思想倾向:提高国营企业经营效率非常必要,关键是实现国营企业"公司化"、"商业化"。国营企业必须与民营企业同等待遇,其经营必须符合商业经营规律。国营企业的优势必须靠自身的经营成绩取得,而不能靠行政特权。他们的讨论在理论和实践上均有重要意义。

1944 年 2 月,致力于研究国营事业的吴半农把他 1941 年出版的《我国经济建设之途径》、《国营事业的范围问题》两本小册子和在《新经济》半月刊发表的四篇文章集成《国营事业论》出版。半年后,高德超于 1944 年 9 月 1 日为吴半农此书写了一篇书评,称:"讨论国营事业问题的文章,自然不少,然而比较完备有系统的,恐怕还是算吴先生这本书。"显然,抗战时期系统研究国营事业问题者,非吴半农莫属。不过,高德超接着说:"'国营事业'是近年公私所极热烈讨论的一个问题,可是直到现在还没有得到一个圆满的解答。"② 这说明,虽然抗战时期知识界非常关注国营与民营范围划分、国营事业经营效率等问题,但在长期热烈的讨论背后,却隐含着知识界在此问题上的极大困惑。他们无论在理论上,还是在实践上,都面临着难以克服的困境。

---

① 齐植璐:《第一期经济建设原则的经济体制——论所谓"计划自由经济"》,《新经济》半月刊第 11 卷第 12 期,1945 年 7 月 1 日,第 299—307 页。

② 高德超:《国营事业论》(书评)(吴半农著,中国文化服务社 1944 年版),《新经济》半月刊第 10 卷第 11 期,1944 年 9 月 1 日,第 199—201 页。

第六章

利用外资与对外贸易:战后建设的讨论

自 1942 年下半年开始，国统区知识界展开了一场持续三年之久的关于中国战后建设问题的大规模讨论。这场讨论以明确的中国工业化前途为基础，工业建设是他们讨论的中国战后建设问题的中心内容。利用外资和对外贸易成为他们集中讨论的两个焦点问题。在时人心目中，两个问题密切关联，必须同时解决。这是出于他们对战后中国国际收支平衡问题的考虑。因为要尽快完成中国战后工业建设，就必须从国外大量引进工业设备、交通工具以及建设资金。这需要大量引进外资，从而导致严峻的入超和国际收支失衡。这个问题的解决需要从对外贸易入手。而且，中国作为初期工业化国家，面临国内幼稚工业的对外贸易保护问题。所以，利用外资和对外贸易两个问题可谓花开并蒂。

第一节　世界大势与问题的提出:国际经济合作与战后建设

中国知识界关于战后建设问题的讨论之所以开始于 1942 年下半年，与第二次世界大战后期以美英为首的同盟国对战后问题的规划与讨论密切相关。1941 年 8 月 14 日，美英两国政府发表《大西洋宪章》，宣示了战后国际经济合作政策。之后，随着联合国的筹备、世界银行的成立，中国社会各界对战后国际经济合作寄予莫大期望。同时，自 1942 年 7 月开始的战后问题的讨论重点，也有一个由战后和平问题到战后建设问题的转变过程。

一　国际经济合作：战后的世界大势

世界反法西斯国家自1941年开始考虑重建世界和平秩序问题。各国意识到，世界和平秩序的重建不仅仅是重建国际政治、军事秩序，国际经济秩序的合理化是维持世界和平的基础。英国工党理论家拉斯基于1940年称："打倒独裁者尚没有根本铲除引起此次战争的所有原因……军事胜利尚不能使我们满意，奠下永久和平基础的胜利，才是真正胜利，这种胜利，需要我们重行建设新的社会秩序。"1941年8月14日美英两国政府发表的《大西洋宪章》，立即引起中国知识界的强烈关注。曾获美国依阿华大学国际法博士、时任国民政府外交部秘书的张道行很快于当年10月19日将宪章对国际经济秩序的宣示归纳为自由贸易、经济合作、安居乐业的保证三项。他认为，其中自由贸易最重要，"使世界各国，无论大小，不分胜负，都能平等的享受各地的资源，根本打破自给自足之说"。他对国际经济合作原则作了引申，认为其意为："对生产的各种基本因素，以及原料、市场、外汇及借款等之分配，加强国际的统制，由代表劳工、工业、消费及财政各业组织的国际机构，开发落后地区的资金、人工及经营人才。根据需要分配全世界的资源机构之中，应设国际银行，以调节生产与食粮的分配。拟设劳工局将劳工运送至最需要的新开发带，以减少失业人数，并推行国际卫生与社会福利的设施，期能完成营养、工资、住所、教育以及娱乐等最低限度的划一标准。"① 张道行将《大西洋宪章》宣称的国际经济合作理解为通过各国政府间的合作实现国际经济要素和市场的世界一体化，大体是准确的，但他以"统制"一词描述战后国际间的经济合作，则欠妥当。1942年11月19日《大公报》社评也称，《大西洋宪章》列举的原则"已为同盟国国家的作战目的，应该成为战后新世界的指导方针"②。《大西洋宪章》的发表在很大程度上改变了中国知识界的讨论风气，在使他们的参照对象由苏德转向英美的同时，也使他们以宪章倡导的原则为张本，考虑起战后世界经济秩序和中外经济关系问题。一些新的问题，诸如国际自由

---

① 张道行：《国际经济秩序的建立问题》（星期论文），（重庆）《大公报》1941年10月19日。

② 《展望自由平等的新世界》（社评），（重庆）《大公报》1942年11月19日。

贸易、世界经济合作等,开始成为他们讨论的焦点。中国知识界热烈讨论的利用外资和对外贸易问题即以此为基础展开。

中国知识界之所以自 1942 年下半年开始热烈讨论战后经济建设问题,在时间和内容上与美英学界的讨论合拍。到 1942 年,第二次世界大战局势出现有利于盟国的转折。日军在 1942 年 6 月中途岛海战中败北,损失四艘主力航母,太平洋战场局势向有利于美军的方向转变。苏军 1942 年 7 月至 11 月取得斯大林格勒战役胜利后,转入战略反攻。随着战局明朗,美英等盟国人士遂于 1942 年下半年开始讨论起战后问题来。据方显廷介绍,"太平洋之战争与和平"成为 1942 年 9、10 月间在加拿大召开的太平洋学会第八届年会的"中心显题"。而且,美国从 1942 年下半年开始"研究战后问题之机关,亦如雨后春笋,与日俱增,几乎平均每日有一新机关出现。其中,尤以研究战后经济问题者居多"[①]。1943 年 7 月,中国经济建设协会研究委员会、编辑委员会委员郭子勋观察到,讨论战后经济问题不仅成为中国各界的风气,其他国家同样如此,"现在国内外似乎有一种普遍的风气,就是在战时积极考虑各项战后的问题。在国外,我们看到英美政府要员不断的会商检讨,各学者尽情的发抒意见。在国内,我们知道政府各部会正在埋头拟具精详计划,各学术团体亦在潜思深虑,提出各种主张。"[②]

国际经济合作逐渐成为第二次世界大战后期英美等反法西斯同盟国的明确官方政策。中国知识界深切体认到这种国际经济合作潮流。1944 年 3 月 19 日,方显廷观察到,以英美两国政府为主的国际社会在筹建联合国的同时,也开始认真考虑战后国际货币、贸易、投资、粮食等经济合作问题。1941 年 3 月,美国国会通过租借法案,决定供应盟国作战物资,援用该法案向美国租借物资的国家有 43 个,其中以英、苏、中三国为主。方显廷认为,该法案"虽系战时,但充分表现各国间之互助精神,足为战后经济合作之张本"。1943 年 4 月,美英两国政府同时提出两项战后国际通货计划,均主张稳定战后国际汇率,促进国际贸易,一概废除战前各国施行的各种贸易与汇兑统制。1943 年 5 月在美国弗吉尼亚州温泉村召开的世界粮食会

---

① 方显廷:《战后世界经济建设》(星期论文),(重庆)《大公报》1944 年 3 月 19 日。

② 郭子勋:《战后我国对外贸易几个根本问题》,《经济建设季刊》第 2 卷第 1 期,1943 年 7 月,第 54 页。

议决定成立永久性的国际粮食组织（即后来的联合国粮农组织），"实开盟国正式集会讨论战后国际经济中各项特殊问题之先河"。1943 年 11 月，44 国在美国首都华盛顿签署协定，成立国际善后救济总署，"决心于任何沦陷区域获得解放后，立即解除该区人民之痛苦，予以衣食住行方面之协助，并助其预防瘟疫，恢复健康"。方显廷认为，国际善后救济总署的成立"是为战后国际经济合作之先声"①。1944 年 7 月，姚念庆也介绍，随着二战结束的临近，作为战后国际和平基础的国际经济秩序问题更为各国朝野所关注，国际投资问题即其重要内容之一。"战后的国际投资，是今天最受注意的战后国际大事之一，而国内国外一致的见解，都认为它是提高世界人类生活水准，促进国际贸易发展的一条途径。"美国副总统华莱士、国务卿赫尔、国务院国际经济顾问费斯（Herbert Feis）、助理国务卿阿其森（Acheson）、国务院商业政策协定组（Division of Commercial Policy and Agreement, Department of State）主任郝金斯（Harry C. Hawkins）等政界首脑都在谈论发展国际投资的问题。所以，姚念庆估计："如果战后世界各国不会出乎意外地重演第一次大战后的孤立情势，世界投资必然大量发展，打破以往历史的纪录。"②

章友江是中央设计局和贸易委员会专门委员，专力研究对外贸易问题。与方显廷、姚念庆一样，章友江也于 1944 年 11 月 1 日注意到，战后对世界经济起领导作用的美国肯定会实行国际经济合作政策。一方面，世界各国的战后建设需要美国大量消费物资、生产器材和建设资金；另一方面，美国国内经济已发展到饱和点，非常需要增加对外投资，发展对外贸易，为了避免过度出超，同样需要扩大进口。国务卿赫尔于 1944 年 5 月 19 日表示："美国将借国际投资方式筹措资本，以发展较落［后］区域之潜在自然资源及生产能力。"他又注意到美国政府关于增加进口的宣示。美国副总统华莱士曾说："只有在管理不当的经济制度下，才害怕进口。"美国商务部长亦公开宣布，美国战后不仅要发展出口贸易，更要扩大进口贸易。章友江还预测，英国和苏联也会与美国一样采取国际经济合作政策，"至于

---

① 方显廷：《战后世界经济建设》（星期论文），（重庆）《大公报》1944 年 3 月 19 日。
② 姚念庆：《战后之国际投资与我国利用外资政策》，《经济建设季刊》第 3 卷第 1 期，1944 年 7 月，第 128 页。

英苏等国家由于本国之需要及历史之教训,亦必以相同精神取类似之国际经济政策,以贯彻繁荣国际经济之共同目的"。所以,他建议,战后中国应该充分把握和利用这种国际经济合作潮流,积极参加国际货币基金组织、世界银行等国际合作机构。美国是中国战后国际合作的重点,因为"美国拥有雄厚资本,且亟须向外投资,战后我国所需之建设器材,亦多为美国所能制造"①。

中国知识界对利用外资、对外贸易问题的讨论,也有着联合国、世界银行、国际货币基金组织等国际政治、经济合作机构渐次成立的大背景。1942 年 1 月 1 日,中、美、英、苏等 26 国在美国首都华盛顿发表《联合国宣言》。当时,"联合国"只是对与德、意、日法西斯作战国家的总称。1943 年 10 月 30 日,中、美、英、苏四国在苏联莫斯科发表《普遍安全宣言》,提出建立一个普遍性的国际组织。1944 年 8 月至 10 月,苏、英、美三国和中、英、美三国先后在美国敦巴顿橡树园(Dumbarton Oaks)举行会谈,讨论并拟定组织联合国的建议案。敦巴顿橡树园会议期间,1944 年 7 月 1 日至 20 日,在美国举行的布雷顿森林会议(Bretton Woods Conference)决定成立国际复兴开发银行(the International Bank for Reconstruction and Development,简称世界银行,the World Bank)和国际货币基金组织(the International Monetary Fund,IMF)。1945 年 4 月,50 个国家的代表在美国旧金山召开联合国国际组织会议,6 月,签署《联合国宪章》。1945 年 10 月,联合国正式成立。也即是说,自 1942 年初开始,随着联合国等新国际组织的筹备逐渐展开,国际经济合作成为世界大势。而世界银行、国际货币基金组织的筹备,进一步激发起中国各界对战后国际经济合作的期望。

中国知识界即刻关注到世界银行和国际货币基金组织的筹备情况。早在布雷顿森林会议之前,美国政府财政部在 1943 年 10 月 8 日公布的《拟建联合国家复兴开发银行指导原则》(Guiding Principles for A Proposed United Nations Bank for Reconstruction and Development)文件中,即提出建立世

① 章友江:《战后我国对外经济政策之展望》,《新经济》半月刊第 11 卷第 2 期,1944 年 11 月 1 日,第 26—32 页。

界银行的计划。美国政府的计划很快受到中国知识界的关注。1944 年 3 月，方显廷注意到，美国财政部这份计划的目的是规划战后国际投资，"鼓励私人及金融机关供给长期资本，俾有效的开发会员国家之生产资源"[①]。同年 7 月，姚念庆也认为，美国财政部的计划值得密切关注，"这种国际银行的建立，对于一个像我们这样急需国外资本，而国内工商界又未取国际地位的国家助益很多"[②]。1944 年 7 月布雷顿森林会议决定成立世界银行和国际货币基金组织后，同年 10 月中央银行经济研究处举行的座谈会很快讨论和介绍了世界银行和国际货币基金组织的职能，认为战后世界经济恢复和经济发展的资金"将由国际建设与开发银行[③]供给之。至于短期国际贸易与国际收支之失衡，以致影响汇率，则由国际货币基金加以调节。然长期失衡所需之资金，则非基金之所能供给，而须倚赖国际建设与开发银行"[④]。

中国各界关心的利用外资问题也引起 1942 年 9、10 月间在加拿大召开的太平洋学会第八届年会的关注。会议详细讨论了中国战后建设的资金需求、外资可能的供给量、中国引进外资的技术与财政、外资流入中国的法律和政治条件等问题。会议一方面告诫中国，战后中国工业建设资金不能全赖外援，"关于中国之改造工作，其资金之大部均将由中国自行筹集，即有外资，其数额亦必有限"，又强调，中国急需引进复杂机械、工程师及技术专家，外资利用将集中在这些领域。会议认为，中国政府可以运用现有的外汇基金，美国等国家政府可向中国提供长期信用贷款，私人投资家亦可根据国际商约供给中国短期贷款。如果中国能保持外汇汇率稳定，并对

---

① 方显廷：《战后世界经济建设》（星期论文），（重庆）《大公报》1944 年 3 月 19 日。方显廷所说的美国政府财政部拟定或公布世界银行计划的时间有误，不是 1944 年 1 月，应为 1943 年 10 月 8 日。

② 姚念庆：《战后之国际投资与我国利用外资政策》，《经济建设季刊》第 3 卷第 1 期，1944 年 7 月，第 129 页。

③ 即国际复兴开发银行（the International Bank for Reconstruction and Development），简称世界银行（the World Bank）。

④ 刘大钧主稿：《利用外资问题——中央银行经济研究处座谈会结论》，（重庆）《大公报》1944 年 10 月 6 日。

外资利益实行政府担保，美国私人资本可望大量流入中国。① 太平洋学会年会表达的美国私人资本流向中国的可能性，经 1943 年 1 月 21 日《大公报》报道，在中国各界引起强烈反响。

1943 年 10 月，杨叔进从 1941 年 1 月美国总统罗斯福倡导的言论、信仰、不感贫乏、不感威胁四大自由，看出了美国政府帮助中国战后工业化建设的意愿，认为"不感贫乏的自由，只有发展经济，提高人民的生活程度，才可以达到；不感威胁的自由，只有增强军备巩固国防，才可以达到。提高人民的生活程度和巩固国防，正是我们所期望于中国工业化的。所以，罗斯福总统的四种自由，和我们的战后工业化的基本精神是一致的"。他又认为，《大西洋宪章》所称"努力使世界各国，在同等条件下，进行贸易及获得原料"，其中"同等条件"四字说明附有苛刻条件的"外资"也许不会再有了。美国国务卿赫尔 1942 年 7 月 23 日所称"以公平的条件，使资本可以由金融较强的国家流入金融较弱的国家，以开发世界资源，稳定经济活动"，也表明"战后我们以公平的条件利用外资（至少美资），大概不会成问题"。所以，"我们似乎可对战后的国际经济环境放心了。外资的利用，该不会是我们的迷梦罢！"②

1945 年 1 月 16 日，方显廷估计，"在太平洋各国国际投资的增进，也是将来必然的趋势"。他介绍说，英国经济学家克拉克（Colin Clark）预计，以 1925 年至 1934 年美元平均币值计算，1945 年至 1960 年，美国输出资金将达 530 亿美元，英国将达 710 亿美元，英美 15 年间的对外投资总额将是 1930 年前一百几十年投资总额的 5 倍左右（作为英国学者，克拉克显然高估了英国的国际投资能力）。方显廷依据克拉克的估计，认为英美在太平洋地区的投资肯定会增加，中国和印度是世界上两个经济发展潜力最大的国家，"势必成为国际投资的主要消纳场所"。所以，中国战后必须善于利用这种国际投资。中国目前最重要的工作，是建立外人在中国投资获利

---

① 《战后中国工业化问题：太平洋学会圆桌会议讨论结果》（上）（本报特辑），（重庆）《大公报》1943 年 1 月 21 日；《战后中国工业化问题：太平洋学会圆桌会议讨论结果》（下）（本报特辑），（重庆）《大公报》1943 年 1 月 22 日。

② 杨叔进：《中国的工业化与资本来源问题》，《经济建设季刊》第 2 卷第 2 期，1943 年 10 月，第 146—147 页。

的信心，并消除外人对中国偿债能力的疑虑。方显廷同时预测，经济落后区域的工业化将是战后太平洋地区经济发展的必然趋势。他指出，按工业发展程度划分，太平洋地区国家分为两大类：一是美国、日本、苏联、加拿大、澳大利亚等经济发展区域；二是中国、印度、东南亚等经济落后区域。"后一类区域的工业化，则是战后太平洋经济不可阻挠的趋势。"方显廷接着分析，中国经济地位在太平洋沿岸各国中极低。中国人均国民所得在各国中最低，人均就业人员仅为 100—120 美元（以 1925 年至 1934 年美元在美国平均购买力计算），仅为美国的十四分之一，日本或苏联的三分之一左右，甚至不如一向称贫苦的印度。在国际贸易方面，中国 1938 年出口总额不过 2.5 亿美元，仅为美国的十二分之一，仅多于越南、中国台湾、菲律宾、缅甸、泰国等国家或地区。在物资产量方面，中国 1936 年铁砂产量只有 53 万吨，仅为美国的二十七分之一，印度的三分之一；煤产量只有 2.2325 亿吨，仅为美国的十六分之一，印度的十分之八。方显廷对中国经济地位低下的分析，发表在重庆《大公报》这份社会影响巨大的媒体上，自然会对各界心理产生强烈冲击，激发大家对中国战后工业建设的渴望。方显廷也说，以上数字并不能使我们悲观，因为这并非由于中国资源不足，而是由于"人谋之不臧"，"战后只要全国协力，加速经济建设的推进，我们深信中国在太平洋各国经济中，决不再会像以往那样处于微不足道的地位"。①

二　问题的提出：由战后和平到战后建设

抗战前期，中国战后建设问题就已经引起国统区知识界部分人士的关注。1939 年 4 月 1 日在香港成立的中国经济建设协会，就是一个以研究中国战后建设为宗旨的团体。本书第一章曾提到，1938 年 3 月至 1939 年 1 月，沈怡经常和霍亚民商谈，认为战后建设"千头万绪，有早做准备的必要"。宋子文也几次约他们探讨战后建设问题。正在他们筹组研究战后建设问题的组织时，中国工程师协会也决议"加紧组织各地分会预筹规划战后复兴工程"。1939 年 3 月 1 日，一些在香港的中国工程师协会会员成立中

---

① 方显廷：《战后太平洋经济与中国》，（重庆）《大公报》1945 年 1 月 16 日。

国工程师协会香港分会。而中国经济建设协会就是于同年 4 月 1 日在中国
工程师协会香港分会的基础上成立的。1939 年 10 月，中国经济建设协会
打算草拟《经济建设草案》和《经济建设纲领》。1940 年 1 月，他们编成
一册《中国经济建设问题汇编》。之后，协会会员吴半农还起草《中国经
济建设计划研究大纲》。编辑委员会于 1940 年 9 月编的《中国经济建设纲
领初稿》曾在国内外引起相当关注。方显廷后来告诉沈怡，抗战后期他在
美国进行学术研究时曾受美方委托，将纲领初稿译成英文。[①] 中国工程师
协会也积极鼓吹战后建设。孙中山《实业计划》成为 1940 年 12 月 12 日至
16 日该协会第九届年会的讨论重点。会议决定组织实业计划研究会，根据
《实业计划》拟具中国实业发展的"细密计划"，以"贡献于中央"。[②] 可
见，随着 1939 年 4 月中国经济建设协会的成立以及 1940 年 12 月中国工
师学会第九届年会的召开，知识界对战后建设问题表现出巨大热情。刘大
钧也于 1941 年油印《中国工业发展之方针》研究报告。1942 年 2 月 16
日，中央大学经济系教授褚葆一对刘大钧这份报告极表赞赏，认为"目下
在后方的经济研究机关，很多已在从事战后建设工作的研究，这是值得我
们感谢的。刘大钧先生这一本《中国工业发展之方针》，便是这种工作的
可喜成果之一"[③]。

　　吴景超在战前的 30 年代就非常关心利用外资问题。全面抗战爆发后，
他仍高度关心利用外资和对外贸易两个问题。1942 年 1 月 16 日，他以维
持中国战后国际收支平衡为引子，提出利用外资和实行适度贸易保护政策
的必要性。他分析，战后国际收支问题非常重要。中国从欧美大量进口生
产工具和交通器材，会导致巨额入超。要解决巨额入超导致的国际收支失
衡问题，要首先从对外贸易着手，既增加出口，禁止奢侈品进口，还要对
国内幼稚工业采取关税保护政策。但是，贸易保护政策只能缓解，不能根

---

　　① 沈怡：《抗战时期一段经建鼓吹的经过》（上），《传记文学》第 37 卷第 4 期，1980 年 10
月 1 日，第 61—65 页。

　　② 年华：《新中国的物质建设——记中国工程师学会年会》，（重庆）《大公报》1940 年 12 月
22 日。

　　③ 褚葆一：《战后的工业化》（书评）［刘大钧著《中国工业发展之方针》，国民经济研究所
研究报告（油印本），1941 年版］，《新经济》半月刊第 6 卷第 10 期，1942 年 2 月 16 日，第 221
页。

本消除国际收支失衡，必须通过引进外资平衡国际收支。虽然从国际收支平衡角度讲，引进的外资迟早要偿还，但只要尽量把外资用于生产事业，"那么投资的本身，便已孕育着未来我们还本付息的能力。这种能力，将于十年或二十年之后，以贸易出超的方式表示"①。吴景超又在《编辑后记》中表示，他的文章"不过是一个开端"，希望大家也研究这些重要问题。②

不过，国统区知识界对战后建设问题进行大规模、集中讨论，是在1942年下半年以后。大家的讨论有一个中间转折。1942年7月12日张忠绂提出战后问题之初，讨论重点是战后和平秩序问题。7月底《大公报》社评告诫大家应重点讨论经济建设问题后，讨论重心转向战后经济建设问题。

1942年7月知识界最初讨论战后问题的出发点，是如何建立战后世界的永久和平秩序。原北京大学政治学教授、时任外交部美洲司长的张忠绂③较早提出这个问题。7月12日，他在《大公报》提出对中国战后问题应早做准备，"及早与以缜密的考虑"。他以建立整个世界和平秩序的大格局为视角考虑中国战后问题，认为中国的安定与繁荣是整个世界安定与繁荣的一部分，"我们要中国富强，不是专为中国，而是为世界的繁荣与和平着想。我们要世界繁荣并维持世界的和平，我们也必须要使中国繁荣并获得安全的保障"。他列举了四方面问题：第一，建立战后世界和平秩序需要一个过渡时期。在这个过渡时期内，如何保障中国的安全？第二，战后如何解除日本军备，使日本不再发动侵略？第三，各国战后势必普遍裁军，但在世界和平秩序尚未完全建立的情况下，中国或尚须建军，"如何始能使

---

① 吴景超：《战后我国国际收支平衡的问题》，《新经济》半月刊第6卷第8期，1942年1月16日，第156—160页。

② 《编辑后记》，《新经济》半月刊第6卷第8期，1941年1月16日，第174页。

③ 张忠绂（1901—1977），字子缨，湖北武昌人。1915年夏，入清华学校，尝与梁实秋、顾毓琇、李迪俊、翟毅夫等组织小说研究社，翻译英美短篇小说。1923年夏留美，先后在密苏里大学学习社会学，在密歇根大学学习历史及政治学，获密歇根大学学士学位。1927年，获哈佛大学国际法及政治学硕士学位。1928年底，获约翰·霍普金斯大学博士学位。1929年9月回国，任东北大学政治系教授。半年后，调任南开大学政治学教授。1931年，转任北京大学政治系教授。1938年春，任军事委员会参事室参事。1941年，兼任外交部参事、美洲司长（《民国人物小传（四十三）·张忠绂（1901—1977）》，《传记文学》第30卷第5期，1977年5月1日，第127页）。

中国的建军与世界的裁军潮流不相冲突"？第四，中国战后经济复兴计划既要有利于中国，亦要有利于世界。①

张忠绂提出中国战后问题后，周太玄、王汉中把讨论引向战后社会改造问题。张忠绂发表文章次日，7月13日，周太玄提出从文化深处根本检讨人类前途。他认为，现代战争是现代文化存在缺陷的结果，"要使得未来的人类得着较久长的和平与安定，非先能使得人类所浸润的文化较近于合理不可"。现代文化的症结在于人类生活的各方面不能平衡发展，导致矛盾与冲突逐渐发生，并由国内矛盾和冲突发展为国际矛盾和冲突。人类需要"理"的世界，却陷于"力"的世界。为了消弭人类文化的缺陷，必须全面改革各国的政治机构、经济制度、人民生活和教育。② 显然，他说的文化改革实质是社会整体改造问题。王汉中于7月22日发表与周太玄相近的看法。他认为，战后世界和平问题"不能不顾到整个世界经济政治文化发展的趋向及其可能改善的途径"。这实际也是战后世界的社会改造问题。为此，他强调两点：一是改革资本主义社会经济制度；二是扫除各个国家民族之间的障碍与壁垒，打破国家绝对主权学说以及像亚利安民族优越说之类的民族优越论。③

对于张忠绂讨论的战后和平问题、周太玄和王汉中讨论的战后社会改造问题，《大公报》编者有自己的看法，认为工业建设是中国战后问题的核心。7月14日，该报发表社评指出，中国战后建设的核心是工业化，"谈到中国的战后建设，其目标无疑的应该是一个国防巩固民生充裕的工业化国家"。社评进而将问题引向利用外资，认为中国工业化这个大理想"显然非中国一国之力所能胜，必须借重同盟国家的资本、机器、技术人才"④。半个月后，7月28日《大公报》社评又提醒大家把讨论重点放在实实在在的经济建设上，不要单单讨论战后和平问题，不要"使一套美丽的思想成为'乌托邦'"。我们自己的建国问题，即"建设一个现代化富强国家"，要比所谓国际和平问题更加重要，"一般说法，要谈战后问题，当然

---

① 张忠绂：《中国战后问题》（星期论文），（重庆）《大公报》1942年7月12日。
② 周太玄：《如何建设战后新世界》，（重庆）《大公报》1942年7月13日。
③ 王汉中：《读了〈中国战后问题〉以后》，（重庆）《大公报》1942年7月22日。
④ 《中国之战后建设》（社评），（重庆）《大公报》1942年7月14日。

要从世界全体谈起。这丝毫不错。但我们所要特别提醒的,就是不要忘掉自己",万不可忽略自己的建国工作,"我们在战后要重整田园,更要实行工业化;在不损政治独立尊严的原则下,接受各友邦的财政的经济的及技术的协助,以建设一个国防巩固民生充裕的国家"①。如此,《大公报》社评就将战后问题导向以工业化为核心的经济建设路向。

一个月后,1942 年 8 月 16 日,吴景超发表介绍英国近百年经济发展史的书评。他告诉读者,从 1837 年到第二次世界大战的一百年间,英国工业最值得注意的一点就是其地位的衰落。这并不是因为英国生产量下降,而是因为 1875 年后美国、德国等其他国家生产发展更快。这说明一个道理:在国际经济方面不进则退。他告诉读者,中国现在的经济水平远远比不上英国 1837 年的水平,许多工业生产数字只能与英国 18 世纪相比,所以,中国不要迷于"四强之一"的虚名,还是"去埋头苦干于迎头赶上的工作之中"② 好。吴景超此言为大家的战后建设问题讨论又添了一把火,与《大公报》社评用意相同。1943 年 11 月,翁文灏在为高平叔《利用外资问题》一书撰写的序言中也认为,经济问题是战后世界和平的基础,"欲造成长期之和平,则非认真实现经济之基础不为功"③。1944 年 4 月,南开大学经济研究所在方显廷主持下,将该所自 1941 年至 1944 年 3 月发表的有关中国战后经济问题论文选编成《中国战后经济问题研究》一书。方显廷在该书序言中同样指出,经济问题是战后各种问题的中心,"盖就战后世界整体以观,无良好之国际经济秩序,实不足以保障世界之永久和平;就战后我国本身而论,无健全之经济发展,亦不足以言国家之安全与人民生活之欣荣也"④。

---

① 《战后建设无取"乌托邦"》(社评),(重庆)《大公报》1942 年 7 月 28 日。

② 似彭:《英国近百年经济发展史》(书评)(*A Hundred Years of Economic Development in Great Britain*, By G. P. Jones & A. G. Pool, N. Y. MacMillan, 1940),《新经济》半月刊第 7 卷第 10 期,1942 年 8 月 16 日,第 207—209 页。

③ 《翁咏霓先生序》,高平叔:《利用外资问题》,第 1—2 页。

④ 方显廷:《序》,方显廷编:《中国战后经济问题研究》,商务印书馆 1945、1946、1947 年版,第 1 页。

三 迅速实现工业化：战后中国的最紧迫任务

抗战中后期，国统区知识界是怀着高度热情参与战后建设讨论的。1942 年 7 月，罗敦伟就说到，战后世界是什么样的世界？"美国每个月可以出产一万架飞行机，七八十〔万〕只船舶、汽车、火车头，不计其数，英国、苏联也是大量生产的国家。"① 1943 年 10 月，吴景超在《中国经济建设之路》自序中也表达了自己的兴奋心情，"自太平洋战争发生之后，全国的人民，都感到很大的兴奋。抗战的胜利，因盟国加增而更有把握，战后经济建设的各种问题，现在即应研究，以便战争结束之后，我们便可大规模的进行经济的建设"。他"怀着策划将来的心情，对于与经济建设有关的人才、资源、资金、工业区位、利用外资等等问题，都作了一番的探讨"②。

大后方各界开始讨论战后问题之初，并不对长久维持战后和平抱多大信心。许多人预计战后和平时期不会太长，下一次战争很快会重演，普遍怀有战争焦虑和"时不我待"的紧张感。他们认为，这次战争结束后，中国为了尽快做好下次战争的准备，必须在尽可能短的时间内实现工业化。1942 年 7 月 22 日，吴承洛分析，世界大战的根源在于各国对自然资源的争夺，要根本消除战争，须等到人类科学发达到能够人工制造自然资源，"把这种原素变成那种原素，把这种金属变做那种金属，把年年生长的树木草木，在工厂里可以变做与天然的煤同石油一般的燃料，那资源的夺取战争，就无意义了"。他估计，这种科学与工程的进步过程要用一百年左右的时间。在这一百年中，战争与和平将会交替出现。所谓"战后"，亦是为下次战争做准备的"战前"。所以，他主张抓紧一切时间积极进行战后的工业、科技等方面建设，而且要完全以战争为目的。③ 谷春帆也同样预计战后世界和平维持不了多久。他于 1942 年 8 月 9 日表示："战后世界是少数国家以全体主义准备战斗的姿态，提高生产力，在短时期内再来一次世界战争。或是一种不和不战的互防局面。"战后中国的首要任务是在短则十

① 罗敦伟：《中国经济复员总检讨》，《经济建设季刊》第 2 卷第 4 期，1944 年 4 月，第 1—6 页。

② 《自序》，吴景超：《中国经济建设之路》，第 1 页。

③ 吴承洛：《形成战后世界新秩序的一个科学思想》，（重庆）《大公报》1942 年 7 月 27 日。

年五载，长则二三十年内实现工业化，"确立一个大概的工业基础，一个近代式的军队与军备"，"中国工业建设是有时间性的，极紧迫偏促的，不容许缓缓闭关作个自了汉"①。与吴承洛、谷春帆一样，孙科也于1942年9月8日在国民党中央训练团党政训练班演讲时表示，现在有些学者专家们在讨论经济建设的时候，以为和平恢复以后，可以长治久安一百年，可以从从容容来建设，这种见解实在是错误。他预计，战后或许只有五年十年的和平时间，不能一刻错过。我们必须在战后五年十年以内，把国家经济建设弄成规模。"这次抗战胜利以后，我们所需要的飞机、大炮、坦克车等新兵器，在五年以后，必须能自足自给。这样国家的根基，才能打稳固。"② 战后和平短暂，中国必须迅速实现工业化，也是抗战后期的舆论共识。1943年5月22日《大公报》社评称："我们要觉悟，中国惟一的生路是工业化，而战后可给我们埋头建设的期间并不长。我们先要有一假定：战后二三十年间，也许会再来一次世界大战。假使到那时我们还是赤手空拳，没有工业，没有国防，那就只有毁灭，只有'束手待毙'。"③

战后经济建设问题也受到西南联大伍启元、钱端升、杨西孟等主办的《当代评论》社的关注。1943年3月，该社召开战后经济问题座谈会。主持会议的伍启元把工业化当作中国战后建设"现代国家"的主要目标，认为对外保障国家生存，维护国家利益，抵抗外国侵略，必须迅速实现工业化。④ 不过，正在大家讨论热情日趋高涨时，伍启元却于1943年8月8日提出"经济建设的时间问题"。他主张，中国目前仍处战时，不宜继续扩

---

① 谷春帆：《战后中国利用外资发凡》（星期论文），（重庆）《大公报》1942年8月9日。

② 孙科：《中国经济建设之基本问题——九月八日在中央训练团党政训练班演讲（上）》，（重庆）《大公报》1942年10月13日。吴景超认为，孙科关于中国在五年到十年内实现工业化的看法过于乐观。孙科此篇演讲曾收入1942年11月出版的《中国的前途》一书。同年12月1日，吴景超为孙科此书撰写书评认为："以中国工业基础的薄弱，人民科学知识的缺乏，是否可以在五年十年之内，便能使经济建设，具有规模，很成问题。""如想赶上欧美的列国，决不是五年十年的工夫，所能达到的。我们至少要好好的努力三十年，要设计并执行六个五年计划，才能把中国建设起来。我们决不可把经济建设看得太易，否则将来一定会失望的。"（似彭：《中国的前途》（书评）（孙科著，商务印书馆1942年版），《新经济》半月刊第8卷第5期，1942年12月1日，第95—97页）

③ 《战后工业化的一个条件》（社评），（重庆）《大公报》1943年5月22日。

④ 《战后经济建设问题座谈会》，《当代评论》第3卷第15、16期合刊，1943年3月28日，第2页。

张重工业、根本工业及需要三五年才能收获的经济建设事业,除日用必需品、与抗战有特殊关系的生产外,其他事业应留待战争结束后再进行。①伍启元提出将重工业、基本工业等大规模经济建设留待战后进行,似乎给正在热烈讨论经济建设的时人泼了一瓢冷水。但他提出将大规模建设事业放到战后,只是点出了一个事实。其实,大家也莫不如此主张。但是,伍启元这个说法却很快遭到许多论者的猛烈批评。徐青甫在 8 月 28 日和 30日《大公报》发表长文与伍启元商榷。他认为,经济建设在抗战后期"应该依旧继续扩张,不应留待战争结束后,才再开始进行。但是,应该以生产必需品(包括军用、民用),而且,能够短时间产生[效益]的事业为第一……那根本及关键工业,尽可能推进,但以无碍必需品为限"。他告诫伍启元:"抗战胜利,虽为期不远,究在何时结束,尚难料定,万不可藉此而先怠经济建设的进行。"②对于 1943 年 8 月这场争论,伍启元事后曾于1945 年 12 月回忆说:他发表《经济建设的时间问题》后,在重庆、昆明、南平等地曾引起"若干讨论"。有人指责他是"全盘紧缩论者",也有人说他是"财政紧缩论者"。《东南日报》认为他"将幻想寄托于战后",不明白重工业的领导作用。对此,伍启元辩解道,他从来不主张全盘紧缩。在1941 年 12 月太平洋战争爆发初期国统区物价问题还不十分严重时,他还不愿意把"重工业、根本工业及需要三数年才能收获的事业"包括在应该停止扩张的事业之内。只是到 1943 年政府限价政策根本不能解决物价飞涨问题时,他才主张这些事业不应再继续扩张了。③由其他论者对伍启元的批评和伍启元的辩解,可从一个侧面了解抗战中后期大后方各界的工业建设热情多么高涨。

1942 年 7、8 月间开始的中国战后问题的讨论重点,有一个由国际和平,到中国工业建设,再到利用外资和对外贸易的转换过程。由此而言,抗战后期国统区知识界对利用外资和对外贸易问题的讨论,本身就是在社会各界完全认可和接受工业化理念的基础上导出的论题。或者说,利用外

---

① 伍启元:《经济建设的时间问题》(星期论文),(重庆)《大公报》1943 年 8 月 8 日。

② 徐青甫:《经济建设时间问题的商榷》,(重庆)《大公报》1943 年 8 月 28 日;徐青甫:《经济建设时间问题的商榷(续)》,(重庆)《大公报》1943 年 8 月 30 日。

③ 伍启元:《由战时经济到平时经济》(在创丛书),第 24—25 页。

资和对外贸易问题是战后工业建设问题的两项核心内容。对于知识界的这种思维逻辑，任职于资源委员会的黄开禄 1943 年 4 月 1 日有一个非常简练的说明："由于这次抗战缺乏飞机、大炮、火车、汽车的教训，国内人士已公认工业化为建国建军的捷径。抗战完毕之后，中国工业建设之应以'愈速愈妙'为原则，亦已为公认之事。加速中国工业化的方法之一，即为大量的利用外资，此亦为公认之事。"[①]

第二节　利用外资：建设资金的筹集

知识界从战后工业化建设出发，特别重视利用外资问题。他们认为，中国国民所得极少，战后建设资金需求极大，单靠国内资金积累，难以满足战后工业建设需要。引进外资是中国的理想选择。不过，对时人而言，承认利用外资的必要性，需要进行一次观念转换。许多人对利用外资有很大顾虑：一是近代以来，中国政府向外国政府和财团进行的大量政治借款，给国家主权和经济权益带来巨大损失；二是治外法权依然存在，外资企业不受中国政府管制，甚至成为外国的侵华工具，外资进入中国的过程成为中国遭受经济侵略的过程。所以，许多论者对利用外资的必要性作了反复、大量、不厌其烦的辨析。

一　知识界 1942 年下半年战后建设问题讨论开始前的利用外资论说

知识界抗战后期热烈讨论的利用外资问题，并非新问题。自抗战前期开始，这个问题就被许多论者断续讨论，而且，大家的认识也基本一致，只是一直没有成为大家关注的焦点，没有形成讨论高潮。

对于利用外资，抗战初期国民党正式文件亦有明确说法。1938 年 3、4 月间国民党临时全国代表大会宣言即称："以经济的建设而论，总理所著建国方略、实业计划，对于欢迎外资，开发利源，已有详明之提示，任何友邦，苟根据互惠平等之原则，以谋经济之合作，中国无不乐于接受，以期

---

　　①　黄开禄：《战后允许外人在华设厂的二条件》，《新经济》半月刊第 8 卷第 11 期，1943 年 4 月 1 日，第 207—209 页。

获得人类之共同繁荣,此为中国经济建设之已定方针,决不轻易有所移易。"①

外人在华设厂是引进外资的方式之一。吴景超在全面抗战爆发前即对此非常关心。1936 年,吴景超任行政院秘书时,曾参观了无锡 30 多家工厂。他于 1937 年 1 月发表《中国工业化问题的检讨》② 一文,论述外人在华设厂问题。他分析,外人在华单独设厂"利弊互见":弊的方面,外人在华企业不受中国法律限制,或因经济问题牵涉政治问题;利的方面,"除加速中国的工业化外,还可使中国金融市场的利率降低;农民的产品,添一顾主;失业的工人,多一谋生的机会;空虚的国库,多一税源"。其中,弊的一面不仅可以通过外交方法铲除,而且,如果中国国家力量增加,"都不难一扫而空"③。

冀朝鼎④在抗战初期较早提出利用外资问题。1938 年,冀朝鼎从美国回国研究中国战时经济。1938 年 12 月 16 日,他在《新经济》发表《利用美国资本的途径》提醒大家,美国剩余资金十分多,寻找资金出路已经成了美国当前的迫切经济问题,现在正是吸引美国投资的好机会。他强调吸引美国商业投资,不同意抗战期间只能进行政治借款,难以引进商业投资

---

① 《中国国民党临时全代会宣言》,(汉口)《大公报》1938 年 4 月 3 日。

② 此文先刊登在国民政府行政院 1937 年 1 月出版的《行政研究》第 2 卷第 1 期,后被《独立评论》转载。其在《独立评论》的连载目录为:《中国工业化问题的检讨》,第 231 号,1937 年 4 月 25 日,第 3—13 页;《中国工业化问题的检讨》(续),第 232 号,1937 年 5 月 2 日,第 17—20 页;《中国工业化问题的检讨》(续完),第 233 号,1937 年 5 月 9 日,第 14—16 页。

③ 吴景超:《中国工业化问题的检讨》,《独立评论》第 231 号,1937 年 4 月 25 日,第 5 页。

④ 冀朝鼎(1903—1963),号筱泉,笔名动平,山西汾阳人。1916 年,考入清华学校。1924 年秋,赴美留学,入芝加哥大学先后攻读历史学、法律学、经济学。1926 年,获芝加哥大学哲学学士学位。1927 年"四一二"政变后,加入中国共产党,参与组织美国共产党中央中国局。1928 年夏,一度在莫斯科中山大学学习。1929 年,返回美国,参加美共中央中国局、《工人日报》工作,兼办党内刊物《今日中国》、《美亚杂志》。经常用笔名动平发表政论。1934 年,获芝加哥大学经济学博士学位。毕业后,在美国各大学讲学,一度在太平洋研究所从事研究工作。1937 年 7 月全面抗战爆发后,在《美亚杂志》、《远东研究》、《太平洋研究》发表大量论述远东经济的文章。1938 年,回国考察,代表美共中央局与中共中央取得联系。1941 年,离美返国,在国民政府中上层从事地下工作,先后被孔祥熙任命为中英美平准基金委员会、行政院外汇管理委员会秘书长,曾参加世界货币会议、远东经济会议,经常出入重庆"孔公馆",素有"三通专家"(美国通、国民党通、英语通)之誉(《民国人物小传·冀朝鼎(1903—1963)》,《传记文学》第 72 卷第 3 期,1998 年 3 月 10 日,第 143—144 页)。

的看法，认为如果中国选择得法，运输等特别容易发展的企业在战时也可以吸引美国投资。他辩驳了时人把帝国主义侵略与利用外资无条件联系起来的偏见，指出"不一定一切对外投资都是侵略的表现，主要的要看投资具体的条件"，只要不含政治侵略性，即使在经济上做点让步，用高利借用资本，也是合算的。① 吴景超对冀朝鼎提出的问题深有同感，表示"利用外资以建设新中国，是中国朝野一致的主张。现在世界上余资最多的国家，莫如美国。所以，我们不谈利用外资则已，如要谈，则不可不首先注意美国"。②

不久，顾毓琇、吴景超也论述了利用外资问题。顾毓琇于1939年1月1日表示，中国工业化建设需要引进大量外国资本与技术，"新经济下工业化工作一定需要有计划的利用外资，有系统的吸收外国技术"。他指责国民政府制定的"利用外资方式"、"条例草案"表面说要"利用外资"，具体内容却唯恐"被外资利用"，规定之严，令外资望而却步。③ 吴景超在抗战前期一直关心利用外资问题。1939年1月15日，吴景超将利用外资与"抗战建国"相联系，认为许多抗战必需的军器、建国必需的生产工具，由于国内不能制造，必须从国外进口，因此，中国必须利用外资。不过，吴景超此时讲的利用外资方式，既包括引进外国资金，也包括以中国农产品、畜产品、矿产品和林产品等土货换取外国军事装备和生产设备，严格讲，后者属于以中国原料换取外国工业产品的对外贸易之类。④ 1939年5月16日，他在介绍英国学者1937年撰写的《国际投资问题》一书时，又分析说："国际投资，债权者与债务者，可以交受其利。"中国目前及将来最大的问题是如何吸引外国资本，因为中国建国"如得工业先进国如英美等的资助，我们便可在很短的时间内，完成经济上现代化的工作"。同时，英国和美国也有向中国投资的需求。他们的剩余资本如果得不到充分合理

① 冀朝鼎：《利用美国资本的途径》，《新经济》半月刊第1卷第3期，1938年12月16日，第63—65页。

② 《编辑后记》，《新经济》半月刊第1卷第3期，1938年12月16日，第84页。

③ 顾毓琇：《工业化的六种问题》，《新经济》半月刊第1卷第4期，1939年1月1日，第99—102页。

④ 吴景超：《利用外资与自我努力》（星期论文），（重庆）《大公报》1939年1月15日。

利用,在本国"也要发生不良的影响"。①

此后,一直到 1942 年 7 月,大部分论者均认可利用外资的必要性。1939 年 4 月 16 日,黄卓透辟分析了利用外资的本质。他指出,利用外资从事经济建设,只是利用外国"剩余所得"增加中国"国民所得",等中国"国民所得"增加以后,再从中提出一部分偿还外国。从经济立场说,这是一种最普通、很健全的办法。"只要政治上没有什么苛刻的条件,我们今后对于外国资本,应当努力罗致。"② 同年 5 月 16 日,钱昌照也分析,经济落后国家的初期工业化建设,一般都要利用外资,"外资的流入,绝对没有可怕的理由,就看我们能不能利用"。战后中国复兴事业正多,那时候更加需要大量外资,现在就应该准备。他建议,不妨可以放松一点政府规定的利用外资条件。③ 李卓敏也于 1940 年 4 月 28 日提出,利用外资建设西南诸省交通、矿业和重工业,以支持长期抗战,"大概后方之经济事业,亟待外资而发展者,首推交通,次及矿业,再次重工业,都是大规模的事业。这些生产事业能积极开展,我们才能有一个坚固的基础,从容地作长期抗战"④。

显然,吴景超、冀朝鼎、顾毓瑔等在抗战前期对利用外资的分析,主要着眼于战时经济建设。到抗战中期,1941 年 3 月 1 日,余捷琼⑤开始从战后建设角度分析利用外资问题。他提醒大家,需要在利用外资问题上转换观念,"在目前或有不少人对这个问题发生怀疑,甚至深怀惧怕。……在过去,因为我们利用外资成绩恶劣,如北京政府时代的情形,在国内留下

① 吴景超:《国际投资问题(书评)》(*The Problem of International Investment*,a Report by a Study Group of Members of the Royal Institute of International Affairs. London:Oxford University Press,1937),《新经济》半月刊第 2 卷第 1 期,1939 年 5 月 16 日,第 24—25 页。

② 黄卓:《我们需要一个中央经济计划机关》,《新经济》半月刊第 1 卷第 11 期,1939 年 4 月 16 日,第 281—283 页。

③ 钱昌照:《两年半创办重工业之经过及感想》,《新经济》半月刊第 2 卷第 1 期,1939 年 5 月 16 日,第 2—6 页。

④ 李卓敏:《外汇统制与外资利用——献给中国经济学社年会之论文》(星期论文),(重庆)《大公报》1940 年 4 月 28 日。

⑤ 笔者迄今未掌握余捷琼的详细情况。只是《新经济》半月刊《编辑后记》称其为"过去做了许多很有价值的实地调查工作"的"青年经济学者"(《编辑后记》,《新经济》半月刊第 3 卷第 5 期,1940 年 3 月 1 日,第 120 页)。

一种恶劣的印象。本人深觉，我国上下，对于所谓利用外资，应有一个新的看法"。中国在战前没有积累雄厚的产业资本，在战时破坏超过建设，要在战后迅速完成工业建设，利用外资是必然选择。关于战后利用外资的领域，余捷琼认为，战后引进的外资必须用于国内产业开发，"没有生产效果"、"单纯财政目的"的政治借款，即使"不能完全禁绝，亦应竭力节约"。其中，基本重工业建设是应用外资的重点，"我们不单要自己能够制造消费品，而且要能制造能够生产消费品的机械工具。再进而一切生产过程中的工具货物，都要能够自行制造。我们利用外资，应该就是在借外力以完成这一个过程"。余捷琼展望了战后利用外资的具体方式。他认为，国营企业利用外资可以采取"商品信用借款"（Commodity credits）方式。这种方式有其独特优点：在借出国方面，可以保证放出的资金全部用于购买本国产品，借此推销商品；在借入国方面，可以直接获取物资。具体到中国，由于借入的是实物，政府不能随便转移资金，比较适合国情。他强调，中国战后通过这种方式借入的物资应限于重工业设备。抗战后期，大家大多把余捷琼说的"商品信用借款"称作"实物借款"。他设想，对于民营企业利用外资，政府可以建立"信用保证制度"，因为如果没有政府援助，民营企业尚难具备足够的向外国借款的实力和信用。不过，余捷琼似乎对外人在华直接投资经营工商业持有较强的防备心理，认为这类企业的支配权在外国投资者手中，属于"侵略性的资金侵入"，会危及中国经济主权。他主张把外人在华直接投资限定在一个范围：与国计民生和国防有密切关系、必须国营的事业，完全禁止外人直接投资经营；由政府与人民合营或既可国营亦可民营的事业，外人可以与中国政府合营，或单独经营，但必须受中国政府的管理支配；无关国计民生和国防、在国内放任民营的事业，外人可以自由投资经营。① 余捷琼对外人直接投资工商业的防备心理，似乎与抗战前期吴景超等人以及抗战后期利用外资的讨论不同，但其主张在实际操作层面与后者只是大同小异。相同的是，他们均认可外方直接投资属民营范围的企业，并允许外方与中国政府合资经营；不同的是，在抗战

---

① 余捷琼：《利用外资问题》，《新经济》半月刊第3卷第5期，1940年3月1日，第107—112页。

后期利用外资的讨论中，大家对外人直接投资的范围放得更宽，提出特许经营方式——属国营范围的产业，可以通过特许经营方式由外方直接投资经营。

抗战前期，也有个别论者对利用外资持消极态度。作为经济史专家的方显廷对外资的防范心理，显然比吴景超、冀朝鼎、顾毓琇、余捷琼诸人更重。他于1939年3月1日分析，近代中国主要是"被外资利用，而未能利用外资"：外资以其雄厚力量把持中国工业的领导权，对中国工业的霸权几乎牢不可破，"我国主要工业……均以外资占优势，而最大之工业组织……亦全系外资经营"；外商在决定投资门类和地域时，只考虑彼方利益，漠不顾及中国权益，既无关中国国防，也不以促进中国民生消费为目的。所以，他主张，中国筹集工业资本，应仿苏联先例，以积聚民族资本为主，即便利用外资，也要"务须保持主动地位"。① 董问樵于1940年10月26日也说，"我们要凭自己民族的力量来建设，不可以使用外援为主"，"我们今后的经济建设，亦不能等待外国的金元流到中国来堆砌成灿烂光明的黄金塔"②。

二 强烈的战争准备意识：1942 年下半年利用外资讨论的高涨

正如前文指出的，1942年下半年战后建设问题讨论之初，大家都认为战后和平时期不会很长。他们主要从准备下次战争角度考虑战后工业建设问题。1942年下半年，大家对利用外资问题的热情讨论便具有强烈的战争准备意识。一方面，大家非常关心如何利用外资提高中国工业建设速度，另一方面，在各种利用外资方式中，更看重政府借款。

1942年7月，吴景超、曹立瀛、刘大钧在《经济建设季刊》集中阐述了战后利用外资问题。吴景超就非常强调战后工业建设的速度，并以此强调战后利用外资的必要性，认为中国战后如果完全依靠自己的力量进行经济建设，会受国内资本数量的制约；如果引进外资，"以别人的工具，来开发我们的资源"，建设进度可以加快许多倍。值得注意的是，他们在全面阐

---

① 方显廷：《中国工业资本之筹集与运用》，《新经济》半月刊第 1 卷第 8 期，1939 年 3 月 1 日，第 204—209 页。

② 董问樵：《中国国防经济建设论》，（重庆）《大公报》1940 年 10 月 26 日。

述利用外资方式的同时，均把政府债款作为首选。吴景超重点提出了三种方式：（一）中国政府与外国政府间的借款，"由政府出面，向外国政府借款，即以借款之所得，来办理经济的事业"；（二）中国公营、私营事业通过英美等国家的投资组织，以出售股票或债券等方式，向这些国家的资本市场筹款；（三）开放若干生产部门，让外人直接投资。吴景超显然把政府债款放在第一位。①曹立瀛也认为，在外债、中外合办事业和外人在华设厂三种方式中，"自以无条件的统一外债为最理想，其余两种则须有妥慎管理与监督之办法，以维主权之完整与国内产业之保护"②。不过，他们在重视政府借款的同时，也强调外人在华设厂的重要。吴景超就强调，如果战后不平等条约取消，在华外资工厂均受中国法律的约束，以前外人在华直接设厂不受中国法律节制的弊端"当可消灭"。③对于外人在华设厂的重要性，刘大钧的看法与吴景超颇为一致。他认为，外人在华设厂对中国工业发展有促进作用：在中国工业发轫时期，不仅对中国工业有示范作用，也可以为中国培养技术人才和技术工人；当中国工业发展起来以后，外资工厂的竞争也会促进中国民族工业的发展。所以，只要中外企业均受中国政府统制，"除特种事业应由政府经营外，一般工业实无拒绝外人经营之理由"④。吴景超和刘大钧关于外人在华设厂的弊端会随着不平等条约的废除而消失的预言，半年后，由于1943年1月中美、中英新约取消治外法权，成为现实。这又反过来促进了知识界对利用外资的讨论热情。实际上，吴景超等论述的政府债款、中外合办事业、外人在华直接设厂三种方式，已经勾勒出利用外资的大体轮廓，大家此后的讨论大体是对这三种方式的细化。在1942年下半年开始的战后建设讨论中，吴景超和刘大钧对外人在华设厂的宣扬，算是比较早的。因为直到1942年8月谷春帆等人还在片面强调政府借款方式。

1942年8月9日，谷春帆在政治借款和商业投资两种引进外资方式中，更看重政治借款。他预计，战后外国投资将以政府间的政治借款为主，纯

①　吴景超：《中国经济建设之路》，《经济建设季刊》创刊号，1942年7月，第18—20页。

②　曹立瀛：《论战后经济建设政策》，《经济建设季刊》创刊号，1942年7月，第33页。

③　吴景超：《中国经济建设之路》，《经济建设季刊》创刊号，1942年7月，第18—20页。

④　刘大钧：《我国工业建设之方针》，《经济建设季刊》创刊号，1942年7月，第54、63页。

粹商业投资则在其次。他认为,政治借款并不可怕,只要这种政治借款是以善意的帮助,而不是以掠夺为目的,中国就应该欢迎。近年来,各国政府对金融及资本市场控制日益严密,政府间的政治借款成为国际投资、金融往来的最大项目。所以,他对美国资本投向中国的乐观估计,主要是对美国政府出于国际战略考虑的政府投资行为的期待。[①] 8 月 30 日,谷春帆再次预计,如果考虑中国在战后世界的政治地位,外国政府投资恐怕是中国战后最有希望获得的外国投资,这种可能性要比获取外国商业投资大得多。他又把外国政府投资方式分为两种:一是外国政府直接用实物投资,由中国政府支配使用;二是外国政府向中国政府提供信用,由中国政府照协定的用途或自由支配使用。此外,还可由中外双方政府通过中外商业机构向中国投资。对于向外国市场募集和外人在华直接经营企业等商业投资,他的期望值不高。他认为,由于中外长期隔膜极深,中国大量向外国吸收私人资本不易有望。中外双方"均有心理上历史上的芥蒂",外人在华投资工商业只能慢慢开通,这种方式不能满足中国在短期内实现工业化,以尽快准备下次战争的需要。[②] 谷春帆对政府间政治借款的重视,反映出知识界 1942 年 8 月前后讨论利用外资问题初期的思想态势:他们考虑更多的是战争因素,寄望于外国(主要是美国)政府出于世界战略考虑而做出的政府投资行为。但是,1943 年初以后,知识界在讨论利用外资时,开始主要关注外国商业投资。

与谷春帆不同,吴景超在重视政府借款的同时,也看重外人在华设厂等商业投资。继 1942 年 7 月提起外人在华设厂问题后,同年 10 月 1 日,他又以专文论述外人在华设厂问题。他此时的论述有着新的国内外政治、经济背景。尤其是二战后期中国国际地位的"提升",在政治上成为与美、英、苏比肩的"四强"之一。美英两国政府亦于当年 10 月 9 日同时声明放弃在华治外法权等不平等特权,次年 1 月 11 日,美英两国正式与中国政府签订"平等新约"。这样,吴景超 1936 年初所言外人在华设厂的最大弊端,即"不受中国法律的管制",一夜之间消失了。吴景超显然察觉到了

---

① 谷春帆:《战后中国利用外资发凡》(星期论文),(重庆)《大公报》1942 年 8 月 9 日。
② 谷春帆:《战后中国利用外资问题》(星期论文),(重庆)《大公报》1942 年 8 月 30 日。

这种国际关系动向。他表示,在不平等条约存在的情势下,外人在华设厂是"利弊互见",而在不平等条约取消后,则是"利多害少"。以后,外人在华独资企业当然要遵守中国法律,受中国政府指挥监督。中国政府现在的地位远非抗战以前可比,"外人也决不敢以投资为口实,而向中国政府提出政治的要求"。他申辩说,无论从生产原料出卖者,还是从工人和政府的立场来看,中国人开办的企业与外国人开办的企业并无分别。他们都以同样的价格购买生产原料,向工人支付同样高的工资,向中国政府纳同样多的税。所以,中国现在的核心问题是"赶快的把新式生产事业,在中国境内树立起来",至于工厂是中国籍,还是外国籍,乃是不大重要的问题。[①]

三　引进外资的必要:知识界对中国国民所得与战后工业建设资金的估算

随着知识界对利用外资问题讨论的深入,一个难以回避的问题逐渐进入人们的视野。这就是中国战后建设所需资金数量、国内能够筹集的建设资金数量,以及由此需要计算的国民所得(国民收入)数量,到底有多少?这个问题引起知识界普遍关注。从1943年开始,翁文灏、吴景超、伍启元、高平叔、谷春帆等人分别作了不同估算。他们对战后头五年引进外资数额的估计,大体在30亿至65亿美元之间。大家由此得出一致结论:中国国民所得极少,不足以满足战后大规模建设的资金需求,引进外资为中国战后建设所必需。

早在1941年1月9日,热心战后建设的孙科就假定,完成孙中山"实业计划"需要200亿美元,折合法币4000亿元,又假定10年完成,每年需要资金400亿元。不过,孙科的设想仅是一种假定,与此后知识界以数量方法作的计算不一样。他说的中国战后200亿美元建设资金数目,只是根据一个外国工程师看到孙中山"实业计划"后估算的"几百万万美金"而假定出来的。[②]

1942年8月30日,谷春帆提出中国战后借款数量和偿债能力问题。他

---

① 吴景超:《论外人在华设厂》,《新经济》半月刊第8卷第1期,1942年10月1日,第9—12页。

② 《孙院长在党政训练班演讲:民生主义之实行》,(重庆)《大公报》1941年1月24日。

认为,应确定中国战后恰当的借款数量。借得过多,于事无补,徒负利息,不仅造成浪费,还会累及将来的偿付能力。战后借款数额不能超过中国举债能力,必须保证所借之款均能获得预期生产。他建议国民政府先做调查计划工作,根据现知资源与人力,制定经济开发方案和次序,作为战后引进外资的参考。① 1945 年 3 月,谷春帆估计,中国第一期五年经济建设需要资本 50 亿美元。其中约十分之六,即 30 亿美元,必须由国外输入。②

翁文灏于 1943 年 1 月估算了中国战后第一个五年计划期间工业建设的资金数额。他预计,按战前价值计算,大约需要法币、美金各 50 亿元。法币部分可以由中国自行筹措;外币部分可以通过美国等"友邦"向中国提供 50 亿美元工业建设器材的方式解决,其中,最切实与简捷的方法莫过于向中国提供 50 亿美元长期信用贷款。③ 翁文灏这个估算,在抗战中后期知识界,尤其是任职于经济部的人士中,具有广泛影响。

1943 年 3 月 14 日,吴景超估算了国内能够提供的建设资金数额。由于抗战期间法币急剧贬值,吴景超的估算主要依据战前情况。而且,因为缺少基本经济数据,他只能采用"间接方法"进行"估算",亦即利用国民所得以外的相关统计,估算国内剩余资金。他以 1934 年为例,估算当年中央和地方税收为 13.6409 亿元,进口货物资金为 3.2839 亿元,人民储蓄为 5.5458 亿元,三项合计 22.4706 亿元。在此 22 亿元中,用于经济建设的资金约 4.6938 亿元,其中,政府支出约 1.0826 亿元,进口货物约 2.6112 亿元,银行贷款约 1 亿元。吴景超依此认为,如果中国战后每年只能投入 5 亿元进行经济建设,"那么,我们是无论如何,也不能赶上列强的"。但他认为,中国战后建设资金尚有增加的潜力:第一,通过改良田赋和所得税等税制,中央及地方收入每年可增加到 20 亿元。如果政府把用于经济建设的资金增加到每年财政预算的 20%,政府每年可支出经济建设资金 4 亿元。第二,通过管制进口货物种类,减少衣食住消费品进口,使 70% 的进口货物用于经济建设,中国在每年向国际市场购买货物的 10 亿元中,可有

① 谷春帆:《战后中国利用外资问题》(星期论文),(重庆)《大公报》1942 年 8 月 30 日。
② 谷春帆:《美国对华投资展望——旅美观感之七》,(重庆)《大公报》1945 年 3 月 5 日。
③ 《战后中国工业化问题》(1943 年 1 月于重庆),翁文灏:《中国经济建设论丛》,第 45—46 页。

7亿元用于经济建设。第三,通过使国民均将储蓄存入国内银行,国民储蓄可由战前每年5亿元,增至10亿元。再通过管制国民投资,使70%的国民投资用于经济建设,那么,在国民总储蓄中,每年便有7亿元用于经济建设。三项合计,战后每年经济建设资金可达18亿元。但是,吴景超强调,中国战后即使每年能筹集18亿元经济建设资金,仍然难以进行大规模经济建设。他的结论依然是:"我们如想使中国于短期内工业化,于短期内迎头赶上列强,则切实的奉行总理遗教,大量利用外资以开发中国,是十分必要的。"[1] 吴景超估算国内建设资金的筹集能力后不久,便赴美国考察去了。1944年底回国后,他又于1945年1月26日在西南实业协会分析了中国战后建设的资本需求数量。他通过与美国学者估算数字的比较,认为翁文灏的估算比较合理。他介绍,1944年代表国际善后救济总署来华考察的斯丹莱博士估计,中国战后第一、二、三、四个十年的投资额应分别为136、231、449、513亿美元。翁文灏估计的年均23亿美元与斯丹莱估计的第二个十年年均资金需求量相吻合。在美国考察期间,吴景超曾与清华大学经济学教授刘大中讨论过中国战后国内资金的筹集能力。刘大中认为,中国战后每年大约能筹集建设资金13亿美元。所以,吴景超认为,如果以翁文灏估计的每年23亿美元资金需求为准,中国国内每年只能提供13亿美元,那么,每年将有10亿美元的资金缺口,中国要在国外想办法。[2]

1943年6月1日,伍启元从中国战后建设资金数目角度分析引进外资的必要。他估计,中国战后建设资金需求巨大,第一个五年计划需要100亿美元,其中外币资金占一半,即50亿美元。这笔巨额外币资金,如果从国内筹集,会使国民生活过分痛苦,最好全部或大部从国外筹措。他指出,第一次世界大战以前,依靠外资筹措工业化资金,差不多成为落后国家的通则。只有工业化最早的英国靠自己的力量积聚资本,美国等较后进行工业化的国家都靠外国资本完成产业革命。只是苏联五年计划的实施才改变了这种观念,"使大家承认一个落后国家也可以靠自己的力量去筹措其经建的资金"。但是,与苏联立足国内筹集工业化资金相比,利用外资发展工业

① 吴景超:《经济建设与国内资金》(星期论文),(重庆)《大公报》1943年3月14日。

② 吴景超:《战后美国的资本会来中国吗?——一月二十六日在西南实业协会星五聚餐会讲》,(重庆)《大公报》1945年1月27日。

还是"较妥善的路"。① 1945 年 4 月 25 日，伍启元再次分析了战后头五年所需经济建设资金数量和资金筹措问题。他认为，无论从需要还是从供给方面说，将战后头五年的建设资金确定为 100 亿美元，是适中而合理的估计。他声明，这个数目主要是工农业等经济建设或发展的资金，不包括经济恢复和教育、社会、卫生等方面的资金投入。这个数字与翁文灏的估计相去不远。中国可以通过四种办法筹措这笔资金：一是民族资本家投资 20 亿美元；二是政府筹集 10 亿美元；三是自日本战争赔偿中提出 30 亿美元；四是利用外资 40 亿美元。②

1943 年 9 月 12 日，高平叔③通过分析中国战后建设资金需要量与国内能够提供的资金比例，说明利用外资的必要性。他根据 1943 年 1 月翁文灏的估计，认为战后第一个五年计划需要资金 100 亿美元，折合法币 300 亿元（按战前币值计算）。如果用四年完成第一个五年计划，平均每年需要资金 75 亿元法币。而根据吴景超 1943 年 3 月 14 日的估计，国内战后每年能筹措资金约 18 亿元（按战前法币计算），折合美金 6 亿元；国民经济研究所研究员刘鸿万则估计，战后国家资本每年可得到 14 亿至 15 亿元（按战前法币计算），折合美金约 4.7 亿至 5.3 亿元；伍启元估计战后最初五年国内可筹措外币资金 50 亿美元。综合吴景超、刘鸿万、伍启元等人的估

① 伍启元：《战后经济建设的外币资本问题》，《新经济》半月刊第 9 卷第 3 期，1943 年 6 月 1 日，第 45—50 页。

② 伍启元：《我国战后第一期经济建设的资本问题》（星期论文），（重庆）《大公报》1945 年 4 月 25 日。

③ 高平叔（1913—1998），原名乃同，江西都昌人。早年毕业于上海大夏大学经济学专业。在大夏大学读书期间，1929 年与蔡元培相识，成为蔡的文字助手。1936 年春，任浙江省立嘉兴区民众教育馆馆长。1937 年"八一三"事变后，在上海孤岛参加救亡工作，曾任国民政府教育部在上海设立的负责收容流亡青年的育华中学教导主任。1938 年夏，协助卢广绵、路易·艾黎等筹划工业合作社运动（简称"工合"），在行政院设立"中国工业合作协会"，孔祥熙任理事长，路易·艾黎任顾问，卢广绵任组织组长兼西北区主任。1939 年秋，赴陕西宝鸡中国工业合作协会西北区总部工作。1942 年秋，翁文灏到西北视察，面邀他到国民政府经济部从事经济研究工作。不久，翁文灏兼任中央设计局工业设计委员会主任委员，派他到设计局办公。他在经济部主要研究利用外资问题，1943 年冬前往美国做研究工作。中华人民共和国成立后，曾任对外贸易部国际经济研究所所长、北京对外贸易学院教授。"文化大革命"后，任南开大学历史研究所教授，专门从事蔡元培研究（关国煊：《蔡学创始人并终生研究蔡学的专家高平叔》，《传记文学》第 76 卷第 1 期，2000 年 1 月 10 日，第 51—54 页）。

计，高平叔认为，战后国内每年自行筹集的建设资金至多不过21亿元（按战前法币计算），折合美金约7亿元，5年合计仅为105亿元，折合美金35亿元。而据翁文灏估计，战后第一个五年计划共需300亿元法币，折合美金100亿元。这就意味着，国内能够筹集到的建设资金仅是资金需求的三分之一，另外三分之二（约65亿美元）只有利用外资一途。①

中央设计局在设计战后建设计划时，为了估算建设资金数量，也开始考虑计算中国国民所得问题。他们委托中央研究院社会科学研究所以巫宝三为首的课题组进行这方面研究。巫宝三与汪敬虞、章有义、马黎元、南锺万、贝有林等5人，从1942年起着手进行这项工作。他们历时3年，撰成《中国国民所得（1933）》，后于1947年由中华书局出版。这是近代中国第一次对国民所得进行较为详备的研究和估算。② 他们通过数量科学方法对中国国民所得进行了大量实证分析。进行这项研究期间，巫宝三于1943年12月写了一本《国民所得概论》，期望在发表中国国民所得计算成果之前，先向国人介绍国民所得概念和各国所用的计算方法。③

随着对战后建设资金越来越多的估算，大家逐渐形成共识：像苏联那样仅从国内筹集战后建设资金，在中国不可行。1943年10月，吴大业指出：“以我们现在的生产力、生活程度与经济制度，若无国外的援助，则建设的速率必将极缓。”④ 杨叔进也分析，如果完全靠国内人民储蓄筹集战后建设资金，势必导致消费品市场减少，进而导致消费品制造工业和消费品设备制造工业萎缩，整个经济便有可能陷于消沉，最终导致国民所得和国民储蓄减少。如此，增加国民储蓄以筹集建设资金的目的就不可能实现。⑤ 在1944年10月中央银行一次利用外资问题座谈会上，大家一致认为，在

---

① 高平叔：《利用外资的基本态度》（星期论文），（重庆）《大公报》1943年9月12日。

② 朱家桢：《求实与创新结合——巫宝三传略》，《中国当代经济学家传略》（5），第34—36页。

③ 《徐序》，《自序》，巫宝三：《国民所得概论》（中国人文科学社丛刊），正中书局1945、1946年版，第1、2页。

④ 吴大业：《战后建设的经济》，《经济建设季刊》第2卷第2期，1943年10月，第123页。

⑤ 杨叔进：《中国的工业化与资本来源问题》，《经济建设季刊》第2卷第2期，1943年10月，第144页。

联合国筹设"国际建设与开发银行"① 向各国提供经济恢复与发展资金的情况下,苏联通过降低人民生活水平、减少国内消费筹集建设资金的办法,"非我国所能效法","故外资应加利用,已成为一致之结论"②。1944 年 11月 16 日《大公报》社评也指出,中国战后建国所需资本浩大,绝不能单靠自力更生。在无损主权的原则下,战后中国应放弃经济"国家主义",敞开大门,用各种方式吸收外资。③

总之,抗战后期,知识界通过估算中国国民所得和战后建设资金得出结论:中国国民所得数额极小,战后建设资金需求极大,引进外资是中国战后工业建设的最好选择。1943 年 7 月,一位署名彭湖的作者简练而贴切地说明了大家的这种思路:战后中国必须工业化,必须在二三十年的短期内迎头赶上他国三四世纪的伟大成就。但中国本身微弱的国民所得和资本积蓄"绝难供应将来工业化的庞大需要"。所以,中国工业建设必须大部分借重外资。④

四　对引进美国剩余资金的强烈期许

从 20 世纪初开始,美国逐渐取代英国成为世界最大经济体。尤其是第二次世界大战期间,英国经济遭到重创,美国由于战时生产急剧扩张,迅速走出 1929 年至 1933 年经济危机以来的阴影,经济迅猛增长,进一步巩固了世界经济的头牌地位。同时,随着战争结束,美国自身也面临严峻的战时剩余资金的出路问题。所以,国统区知识界对美国向中国提供工业建设资金寄以莫大期望。

大家一致认为,美国是中国战后引进外资的最大来源。1942 年 8 月 9日,谷春帆分析,英国一战后已无力输出新的资本,美国将是战后中国外资的主要来源。但他提醒大家,战后世界资本的分配将会是"粥少僧多分

---

① 即国际复兴开发银行 (the International Bank for Reconstruction and Development),简称世界银行 (the World Bank)。

② 刘大钧主稿:《利用外资问题——中央银行经济研究处座谈会结论》,(重庆)《大公报》1944 年 10 月 6 日。

③ 《由中国建国立场看国际通商会议》(社评),(重庆)《大公报》1944 年 11 月 16 日。

④ 彭湖:《利用外资的基本问题》,《经济建设季刊》第 2 卷第 1 期,1943 年 7 月,第 120—121 页。

配不敷的局面"，美国资本无论从哪方面讲更容易流向欧洲，"在这种竞争局面下，中国要想在战后得到美国资本，不独中国自身要将条件好好改良，美国朝野尤需要加紧认识中国在未来世界政治中的地位"。中国是远东压住日本，保障远东和平最适宜的大陆权国。美国向中国投资，帮助中国完成工业建设，提高中国生产力和军备武力，对美国和全世界都是必要的。[①]吴景超也于同年 8 月 16 日注意到，美国经济在世界上首屈一指，最能帮助中国经济建设。罗斯福总统 1941 年 1 月提出的言论、信仰、不感贫乏（Freedom from want）、不感威胁（Freedom from fear）"四大自由"，后两个自由最"新鲜"。他理解，不感贫乏的自由就是发展生产，提高人民生活程度；不感威胁的自由就是巩固国防。这与中国经济建设两大目标——提高人民生活程度、巩固国防——相一致。他还特别重视美国国务卿赫尔1942 年 7 月 23 日声称的"以公平的条件，使资本可以由金融较强的国家，流入金融较弱的国家"和"国际合作，以解决若干区域中之生产过剩问题"两点，认为这两点涉及中国利用外资问题，"对于我国的经济建设，特别重要"。所以，中国战后建设"一定可以得美国朝野的同情及援助"。[②]

　　大家普遍预测，美国等发达国家的剩余资金流向中国等落后国家，是世界经济发展的必然趋势。1942 年 11 月 16 日，中央大学经济系教授、后调到资源委员会研究室工作的徐宗士注意到，美国学术界正在考虑美国战后如何实现储蓄与投资平衡，以实现充分就业问题。美国国会设立"临时国民经济委员会"（Temporary National Economic Committee），对美国各种货物的生产、经济分配权力的集中、金融控制等问题，进行彻底的调查研究。他们聘请经济专家撰写了 43 册研究报告，于 1941 年出版。其中，在国家资源计划局工作的经济学者奥斯卡·奥尔特曼（Oscar L. Altman）撰写的第 37 册《美国的储蓄投资与国民收入》（*Savings, Investment and National Income*）警告说，第二次世界大战时期因为军事生产而导致的投资增长和"充分就业"，只是暂时现象，战前由储蓄过高、投资过少导致的失业问题

---

　　①　谷春帆：《战后中国利用外资发凡》（星期论文），（重庆）《大公报》1942 年 8 月 9 日。
　　②　吴景超：《美国经济政策对于中国的影响》，《新经济》半月刊第 7 卷第 10 期，1942 年 8 月 16 日，第 203—206 页。

"在战后势将重复出现"①。1943 年 7 月,西南联大商学系教授林维英也分析说,从战后国际形势分析,国外资金流向中国完全可能。因为英美在战时形成了远超平时的生产力,战争结束后,为避免失业和不景气,肯定要向国外输出资金。而且,工业先进国家的资源已大部开发,投资利率较低,而中国等落后国家的资源开发机会较多,投资利率也高,"资金有一从低利率的区域流向高利率地域的自然趋势"②。抗战前期对利用外资态度消极的方显廷,此时则对美国向中国投资寄以莫大期望。1944 年 2 月 27 日,他论述说,战后美国向中国投资是其自身需要。美国为了避免战后经济恐慌,正在寻找代替战时军用工业的生产途径。国际投资是其途径之一。投资远东是战后美国国际投资的重要方向,主要对象当然是中国。③

1944 年下半年以后,知识界更加关注美国剩余资金问题,期待美国向中国输出建设资金。1944 年 7 月,姚念庆分析说,美国的庞大生产能力在战时已成为盟国的大工厂,战后资本的充裕将使之成为全世界建设复兴的大债主。④ 同年 10 月中央银行利用外资问题座谈会认为,"战后能供我以建设物资与资金者,恐将以美国为主"⑤。同年 11 月 16 日《大公报》社评也表示,战后最有能力向海外投资的国家"无疑当首推美国",希望美国将投资重点放在中国,"因为中国受战争的破坏最久与最多,关系战后世界和平也最大,应以国际的协力先将中国工业化,这样投资,才符合了作战的目的"⑥。1945 年 3 月 1 日,一位笔名为"耀昌"的《新经济》半月刊

① 徐宗士:《美国的储蓄投资与国民收入 (书评)》 (Oscar L. Altman:*Savings*,*Investment and National Income.* Temporary National Economic Committee:*Investigation of Concentration of Economic Power*, Monograph No. 37, U. S. Government Printing Office, Washington, 1941),《新经济》半月刊第 8 卷第 4 期,1942 年 11 月 16 日,第 77—79 页。

② 林维英:《战后利用外资问题》,《经济建设季刊》第 2 卷第 1 期,1943 年 7 月,第 1—3 页。

③ 方显廷:《战后中美经济合作之我见》 (星期论文),(重庆)《大公报》1944 年 2 月 27 日。

④ 姚念庆:《战后之国际投资与我国利用外资政策》,《经济建设季刊》第 3 卷第 1 期,1944 年 7 月,第 127—128 页。

⑤ 刘大钧主稿:《利用外资问题——中央银行经济研究处座谈会结论》,(重庆)《大公报》1944 年 10 月 6 日。

⑥ 《由中国建国立场看国际通商会议》 (社评),(重庆)《大公报》1944 年 11 月 16 日。

社"老友"① 直接把发达国家向外输出剩余资金称为"现今的时代特点"。② 1945 年初,吴景超和谷春帆充分论述了美国战后剩余资金问题。

吴景超从美国回来后,1945 年 1 月 26 日在西南实业协会演讲时称,美国将是战后世界剩余资本的主要来源,我们考虑利用外资,应当特别注意美国。他认为,美国剩余资本不仅指货币资本,还包括生产设备和剩余物资。他将美国剩余资本分作三类:第一,各种剩余设备。美国战时为扩大军事生产,生产设备扩充量极大,仅工业设备即扩充了 219 亿美元。虽然扩充的厂房中国无法利用,但厂房中的机械设备则对中国战后建设大有用处。第二,各种剩余物资。美国政府出于战时军事需要,订购了大量军事物资,一部分散在各战场,一部分储存在美国各港口。战争一旦停止,这些物资将会闲置。虽然其中的武器装备在和平时期没有太大用处,但像机器、钢铁之类的物资则大有用处。第三,巨额储蓄。美国 1939 年至 1943 年的私人储蓄达 885 亿美元,公司储蓄达 155 亿美元,如果把折旧基金算入,公司储蓄将达 510 亿美元。如此巨额的储蓄如不投资到生产领域,国民收入肯定会紧缩,经济不景气必然光临。他在美国注意到,美国有人主张把这些巨额储蓄投向国外,而且,许多美国人意识到中国战后的投资重要性将倍增。美国副总统华莱士 1944 年 6 月来华访问之前曾建议美国战后每年借给亚洲各国 20 亿美元,作复兴之用,连续 5 年。吴景超认为,如果中国能获得一半,每年即可得到 10 亿美元美国政府借款。③ 他又于 2 月 4 日重点分析了美国剩余资金的出路问题。他告诉中国读者,中国人正为战后建设缺乏资金发愁的时候,美国人却在为资金没有出路着急,"战后我国在经济建设上,大量的利用外资,真是利己而且利人的工作"。他指出,美国剩余资金是否继续用于投资,绝不是资本家少拿几块钱利息的问题,而是关系到美国能否继续维持较高的国民收入,继续保持高就业率的大问题。他分析,一个国家的国民收入是集合所有生产者获得的薪资、利息、红利

· ① 《编辑后记》,《新经济》半月刊第 11 卷第 9 期,1945 年 3 月 1 日,第 236 页。

② 耀昌:《利用外资问题》(书评)(高平叔著,商务印书馆 1944 年版),《新经济》半月刊第 11 卷第 9 期,1945 年 3 月 1 日,第 233—235 页。

③ 吴景超:《战后美国的资本会来中国吗?——一月二十六日在西南实业协会星五聚餐会讲》,(重庆)《大公报》1945 年 1 月 27 日。

和租金而成的。国民收入有三条出路:人民的消费、人民向国家交纳的赋税、人民的储蓄。消费和赋税支出依然会变成人民的薪资、利息、红利和租金流回人民的口袋,变成第二个时期的国民收入。而储蓄起来的钱如果冻结在银行里,不用于投资,那么,第二个时期的国民收入肯定低于第一个时期,一部分人便会失业。[1]

谷春帆 1944 年考察美国后,于 1945 年 2 月 12 日预测,美国资本将会大量流入世界各地,开发落后国家资源。美国主持订立的"国际开发银行"(世界银行)协定便以向外国投资,开发世界资源为目的。[2] 不久,谷春帆又于 3 月 5 日很乐观地估计了美国能向中国提供的资金数量。他估计,中国第一期五年经济建设需要资本 50 亿美元,其中 30 亿美元需要从国外输入,战后头五年每年需要外资 6 亿美元。而美国战前一年(1941 年)的私人资本储蓄额就有 190 亿美元,战时美国生产力又扩张甚多,所以,美国只要将每年资本储蓄额中大约百分之二三的极小部分投资于中国,便可满足中国战后头五年经济建设的资金需求。"问题不在乎中国经济建设所需资本之多,美国人不怕多,问题是中国经济建设所需资本太少,少到不成模样。"[3] 几天后,3 月 11 日,谷春帆详细分析了美国战后剩余物资的种类、用途和数量。他估计,战争结束时,美国政府战争剩余资产将达 1000 亿至 1043 亿美元(美国战时生产局 1943 年估计为 1046 亿美元)。与中国战后建设最有关系的是 166 亿美元的工厂及机器设备,其中,最有用的是钢铁厂、化工厂、机器工具厂、电工器材厂、人造橡胶厂等在平时也有用处的各项重工业及化学工业设备,计 55 亿美元。他综合分析认为,适合落后国家经济建设的美国剩余资产共值约 270 亿美元,约占 1046 亿美元全部剩余资产的四分之一。[4] 谷春帆对美国剩余资产的详细分析,进一步激发起大家的关注热情。

需要指出的是,知识界关于对外贸易和利用外资问题的讨论,基本定

---

[1] 吴景超:《美国资金的出路问题》(星期论文),(重庆)《大公报》1945 年 2 月 4 日。

[2] 谷春帆:《美国经济的动向——旅美观感之六》,(重庆)《大公报》1945 年 2 月 12 日。

[3] 谷春帆:《美国对华投资展望——旅美观感之七》,(重庆)《大公报》1945 年 3 月 5 日。

[4] 谷春帆:《美国复员后剩余资产对中国经建之关系——旅美观感之八》(星期论文),(重庆)《大公报》1945 年 3 月 11 日。

位在英美等西方国家体系之内，较少考虑苏联因素。在他们看来，苏联在国际资本流动和对外贸易方面处于自成一统的隔绝状态，难以纳入他们的讨论范围。李卓敏于 1942 年 10 月 16 日分析说："苏联对外的汇率，乃依照国家的需要而决定。它的对外贸易完全由国家经营，以一部分的国产交换建设必需品（机器），无须斤斤计算生产成本、企业利润等等。在这个制度下，对外贸易便无所谓障碍，无所谓机会均等，与英美诸国之私有企业制度，自然不相同。这是国家政体制度不同的自然结果，因此美国的经济国际主义的原则，根本就不与苏俄的政治制度和政治精神互相融和了。"[①] 1943 年 9 月 15 日，《大公报》社评也把苏联放到战后世界经济一体化之外。社评指出，战后世界经济一体化有两方面：工业先进国家大量投资于落后国家；工业先进国家将生产转移到更高度、更专门、更技术化的产业，将粗浅的、基本的工业生产留给后进国。对于这种世界经济一体化，社评认为，苏联"几乎经营着闭关经济"，可暂且不谈。[②] 显然，大后方各界以世界经济合作和利用外资作为考虑中国经济的基点，必然降低对孤立于世界经济一体化之外的苏联经济的期待。

五 疑虑的消除：1943 年初以后利用外资观念的普及

与 1942 年下半年相比，知识界 1943 年初以后关于利用外资的讨论出现了一个值得关注的变化。谷春帆等在 1942 年下半年从战争考虑主要期望美国从战略需要出发向中国提供政府借款。1943 年初以后，大家开始关注外国私人商业投资。1943 年 1 月 21 日《大公报》社评表示，在外资种类方面，只要合于中国需要，政府借款与私人投资我们都欢迎，但是，"因政治借款常不免附有干涉性质的政治条件，我们还毋宁偏重于欢迎私人投资"[③]。

正是由于大家从 1943 年初开始注重从平时经济角度思考战后建设问题，一些人对外资的防范心理反而加重了。当年 4 月，中国银行总经理霍

---

① 李卓敏：《战后几个主要国家的对外经济政策之展望》，《新经济》半月刊第 8 卷第 2 期，1942 年 10 月 16 日，第 22—28 页。

② 《战后世界经济展望》（社评），（重庆）《大公报》1943 年 9 月 15 日。

③ 《战后中国工业化问题》（社评），（重庆）《大公报》1943 年 1 月 21 日。

宝树就强调利用内资,认为"最优者莫过于尽量吸收民族蓄积之资金,加以充分合理之应用。内审我国经济环境,外察世界潮流,自立更生,为牢不可破之原则"。他预计,战后中国对外借款可能极为困难,"盖经此次世界大战,无论其为胜为败,在经济上无不是一种紧缩现象。对外借款,势极困难"。同时,中国必须避免以前外人在华设厂"非特未能利用外资,反为外资所利用","甚且酿成反客为主,太阿倒置"的流弊。应该修改公司法,既要对外资给予种种保障,又要对外资加以相当限制。他尤其强调,中外合股公司必须中方股份占多数。① 祝世康也于 5 月 16 日强调,应该依据民生主义计划经济、国营经济、政府借款原则利用外资。因此,要重点使外资投向国营经济领域,"所谓利用外资便是举借外国的机器或其他生产工具,以国营方式去经营。所谓利益完全归人民去享受,以完成民有民治民享的理想。并不是图谋私人的利润去举借外债,以造成社会上的大资本家。这便是利用外资以发展国家资本的途径,国人应当密切注意的"。所以,他不太赞成外人在华设厂的直接投资方式,倾向政府借款的间接投资方式,认为外人在华直接投资,"外人可借优越的技术与资力,控制华商设立的一切经济事业,使民族资本反屈居于一种附庸的地位"。② 同时,章乃器也对外人在华设厂态度消极。他赞成运用借款,而不是直接投资方式利用外资,认为"最好的方法是借外债,聘请外国技师,以至购买外国的专利,而不必让外人设厂"。他主张严格限制外资直接在华设厂,把设厂范围限定在中国不能制造的产品和不能开发的资源内,还应对外国独资工厂实行"特许制",订立合同,规定年限,附带在一定时间内向国人传授技术的条款。③

为了准备 1943 年 9 月中国经济建设协会第五届年会,该协会编辑委员会在当年 7 月拟具《问题草案》,征求会员们的意见。关于外资,《问题草

---

① 霍宝树:《发展战后工矿事业刍议》,《经济建设季刊》第 1 卷第 4 期,1943 年 4 月,第 9—11 页。

② 祝世康:《民生主义与战后利用外资问题》,《新经济》半月刊第 9 卷第 2 期,1943 年 5 月 16 日,第 29—33 页。

③ 章乃器:《我国战后经济建设的两大问题》(星期论文),(重庆)《大公报》1943 年 5 月 16 日。

案》重点提出了两方面问题:一是中国战后应否利用外资,应对外资限定什么条件?中国战后到底应该大量利用外资,快速完成工业化,还是应该通过压低大众消费水平积累国内资金,以较慢的速度进行工业化建设?这个问题反映出,当时在是否利用外资问题上仍有不同意见。他们介绍说,时论仍有主张中国刚脱离次殖民地的羁绊,与其过于迁就外资,不如"忍痛节省大众消费减低工业化速度而求自力更生者"。二是中国战后应采用什么方式和条件吸引外资?中国应否允许外人直接在中国投资设厂,应否给予在华外资工厂与民族企业相同的待遇?应否允许和限制中国民营企业自行与外国企业进行借款或合资?①《问题草案》提出的这两方面问题,反映了他们对利用外资利弊得失的高度关注,也反映出大家对外资的防范心理之重。

在 1943 年 9 月 16 日至 19 日中国经济建设协会第五届年会上,许多与会者仍对外资抱有相当的防范心理。国民党中央党部秘书长吴铁城在开幕式上致辞时就把外人在华设厂视作中国战前经济的病态,认为"因不平等条约之压迫,外人在我国内,以其优越之技术与组织,利用中国便宜之劳力、原料、运输,设立工厂,实行经济榨取,阻碍吾国工业之发达"②。在9 月 17 日下午和 18 日上午的外资问题小组讨论中,大家也表现出较重的防范心理,尤其反对外方对华借款以事业本身为担保,并对国际联合银团的对华借款持排斥态度。小组主席王志莘总结说:"关于建设借款,宜以国家信用为担保,不宜以事业之本身为担保。""关于国别对华投资,或国际联合对华投资,侧重国别途径。"③ 大会决议意见也强调,利用外资应采取国别投资原则,避免向有垄断性的国际银行团借款。战后借入的建设借款应以整个国家信用为担保,不能以事业本身的财产和收入为抵押,尤不宜对事业本身缔订附带条件。④ 甚至到 1943 年 12 月 16 日,中央研究院社会科学研究所的方利生还在坚决反对外人在华设厂。他表示:"要使中国经济在

---

① 《研究委员会报告》,《经济建设季刊》第 2 卷第 3 期,1944 年 1 月,第 32—33 页。

② 《吴秘书长演说辞》,《经济建设季刊》第 2 卷第 3 期,1944 年 1 月,第 2 页。

③ 《讨论会纪录》,《经济建设季刊》第 2 卷第 3 期,1944 年 1 月,第 16—18 页。

④ 《中国经济建设协会第五届会员大会决议意见及其说明》,《经济建设季刊》第 2 卷第 3 期,1944 年 1 月,第 24 页。

国际上取得平等,我们主张应先从禁止外人在华设厂方面着手。"虽然中国境内的外厂加速了中国工业化过程,但对中国民族产业的破坏作用更大,外厂产品的竞争给中国民族产业造成巨大困境,"洋商在华设厂愈众,其所产货物愈多,国货之处境愈困,华商之处境愈危"①。不过,方利生的主张当即遭到主编《新经济》半月刊的齐植璐反驳。齐植璐表示"亟望国内贤达相与研讨或批判"。②

1943 年下半年,越来越多的论者开始辩驳和澄清时人对利用外资的疑虑。当年 7 月,高平叔和丁秀峰在《经济建设季刊》发表长文《战前外人在华之投资》③,系统研究抗战以前在华外资的数额、领域、投资国别以及对中国的影响。关于外资对中国社会经济的影响,他们采取两分法,既指出其促进中国近代社会经济发展的有利一面,也指明其破坏中国社会经济发展的不利一面。他们认为,外资对中国近代社会经济具有促进作用:第一,外资帮助了中国资本主义现代生产的发展,向中国输入外国科学技术、新机器、现代企业管理方法和工商业制度,迫使中国走上工业革命的大道。第二,市政工程、交通投资等部分外资客观上具有促进中国经济发展的作用。例如,外方投资建设的铁路"的确成了中国经济发展中的宝物",外国在租界进行的市政建设,租界收回后都会变成外人留给中国的礼物。第三,外资冲击了中国原有的经济结构与传统思想,迫使中国经济跻身于世界经济的水准,与世界经济发展合流。但是,他们又提醒大家,绝对不能忘记"近百年来帝国主义经济力量所加予我们的重重的束缚与压迫,战前外人在华的各种投资即是列强对于中国经济侵略的具体表现"。来华外资具有束缚中国经济发展的一面:外资企业凭借优厚的资本和熟练的技术经验,与中国新生的民族生产事业竞争,致使中国民族产业遭受极大损伤,甚至夭折;外国投资者对中国劳苦大众的剥削导致人民穷困,妨碍中国国民资

---

① 方利生:《战后外人在华设厂问题》,《新经济》半月刊第 10 卷第 4 期,1943 年 12 月 16 日,第 74—78 页。

② 《编辑后记》,《新经济》半月刊第 10 卷第 4 期,1943 年 12 月 16 日,第 86 页。

③ 此文后来以专著形式出版(高平叔、丁雨山:《外人在华投资之过去与现在》,中华书局 1944、1947 年版)。

本的积累。① 高平叔和丁秀峰的此番论述可说是对外资利弊的"盖棺定论"，澄清了大家对外资的种种疑虑。

国民党当局也从 1943 年下半年起制定更加明确的利用外资政策。当年 8 月 11 日，国民政府行政院通过一项利用外资案称：为了促进建设事业的发展，"对于如何利用外资，聘致技术专才"，拟由主管部会重新增订相关法令，以保障在华外资的合法权益。② 此前，外交部长宋子文于同年 8 月 8 日在英国伦敦发表广播演说，阐明了国民政府战后欢迎外国资本与技术的经济政策。③ 1943 年 9 月 6 日至 13 日国民党五届十一中全会通过《确定战后奖励外资发展实业之方针》，放宽对中外合办事业的限制，不再把外方股份比例限定在 50% 以下，除董事长外，总经理也不限定为中国人。同时规定，只要符合中国法令，经中国政府核准，外国可以在中国单独经营企业；经政府核准，国营事业可以统一由国家接洽向外国借款，民营事业也可以自行商洽借款。至于将来国营事业何者可由外国投资，何者可向外国借款，由政府早日分别妥为决定。④ 此前，国民党当局对利用外资的具体规定，只有 1940 年 3 月 21 日公布的《特种股份有限公司条例》，规定如果外人投资特种股份公司，中方股份必须过半数，即外资不得超过 49%，中方董事也必须过半数，董事长和总经理须由中国人担任。⑤ 知识界大多赞同国民党五届十一中全会的决定。

国民党五届十一中全会期间，高平叔于 1943 年 9 月 12 日尖锐地提出，对于战后外人在华投资的基本态度，应该是"欢迎"，而不能"采取严格限制的近于拒绝的态度"。高平叔此论针对的是章乃器当年 5 月 16 日主张严格限制外人在华设厂的观点⑥：虽然承认战后建设有赖于利用外资，却主张对外资加以严格的有条件的限制，宁可采取限制原则以利用少许外资，

---

① 高平叔、丁秀峰：《战前外人在华之投资》，《经济建设季刊》第 2 卷第 1 期，1943 年 7 月，第 145—147 页。

② 《利用外资行政院通过议案》，(重庆)《大公报》1943 年 8 月 12 日。

③ 《自力更生与国际合作》(社评)，(重庆)《大公报》1943 年 9 月 11 日。

④ 《奖励外资方针确定以后》，高平叔：《利用外资问题》，第 88—89 页。

⑤ 《利用外资甘乃光谈四种方式》，(重庆)《大公报》1945 年 3 月 4 日。

⑥ 章乃器：《我国战后经济建设的两大问题》(星期论文)，(重庆)《大公报》1943 年 5 月 16 日。

不可采取宽放原则致为"外资所利用"。他分析："中国今后的生路是工业化，中国抗战结束以后惟一重要的工作在于工业建设的工作。"要在短期内奠立工业化基础，必须在短期内筹集到足够资金。所以，中国战后必须利用外资。① 针对大家关于外资招致外国侵略的疑虑，高平叔花了大量精力进行理论解释，试图找到一条既大量利用外资，又维护国家主权的解决之道。为此，他提出"权利划分"原则，将主权与利润分开对待，"战后对于外人投资，在利润方面，不妨予外人以较优的待遇，而在主权方面，必须极力保持，不稍宽假"。在给外人"较为优厚的待遇"同时，必须对外国资本坚持主权，使外资企业遵守中国法令与规则，对外资企业的创设、地点择定、设立年限、规模大小、资金数额、经营方针、内部组织、定价与收费标准、技术标准等充分行使行政管理权，从而"使外人投资的事业完全切合中国经济建设的实际需要，成为中国战后经济建设总动员中的构成分子"②。以"权利划分"原则为基础，高平叔进而深入阐述利用外资"操之在我"的问题。他分析，中国吸引外国投资，必须对中外双方都有利，如果只对中方有利，外方不会到中国投资。所以，这里有一个什么应该"操之在我"，什么不应该"操之在我"的问题。"操之在我"的只能是"主权"，而"产业的所有权，却不应操之在我"。"所谓主权，主要的是行政管理权的操之在我，那就是说，凡在中国国境以内，在中国的行政管理范围以内，无论其为中国人或外国人，中国的自然人与法人，或外国的自然人与法人，都必须接受并遵守中国政府的一切法令与规定。"但外资产业的所有权却不能"操之在我"。③ 1943 年 9 月国民党五届十一中全会通过《确定战后奖励外资发展实业之方针》后，高平叔很快发表文章予以高度评价，认为这表明中国政府已经正式确定奖励外资方针，"这一方针的确定，不仅对内可以肃清一般似是而非的论调，并且对外还可以促使友邦目前即作投资的准备，将来再以大量资金输入中国"④。

1943 年 10 月 31 日，伍启元提出，必须放弃"褊狭的经济国家主义"。

---

① 高平叔：《利用外资的基本态度》（星期论文），（重庆）《大公报》1943 年 9 月 12 日。
② 《利用外资"权利划分"的原则》，高平叔：《利用外资问题》，第 11—14 页。
③ 《论利用外资的"操之在我"》，高平叔：《利用外资问题》，第 25—28 页。
④ 《奖励外资方针确定以后》，高平叔：《利用外资问题》，第 88—89 页。

虽然中国曾遭受百年的外来经济侵略和数十年的外国工业压迫，"经济国家主义"在中国有很大势力，但中国必须防止以"自力更生"为名，拒绝外资输入、外国技术合作的倾向。伍启元也主张，应对外资表示"欢迎"的诚意。他对宋子文当年 8 月 8 日在英国伦敦欢迎外资的广播演说、行政院 8 月 11 日利用外资案、9 月国民党五届十一中全会利用外资决议案，均表赞同。他提出，为了加大利用外资，必须清理过去的债务；进一步放宽过去对中外合办工厂的限制，如外资与中资比例、董事长与总经理人选、董事名额分配等；向外方出具中国使用外资的详细计划，使外人相信中方对外资的使用效益和偿还能力；参加国际投资机构、国际货币机构和其他国际合作机构。[①]

　　抗战中后期，尤其 1943 年下半年，虽然不少论者对利用外资有很多顾虑，但绝对反对利用外资的观点在作为正式出版物的舆论界基本处于失语状态。也许这种反对声音在当时一边倒式的赞成利用外资情势下，没能在报纸杂志发表出来。据杨叔进 1943 年 10 月介绍，反对利用外资的代表人物只有丁洪范和祝世康。但是，杨叔进介绍的丁洪范和祝世康的论文只有两篇，一篇是丁洪范抗战前撰写、1937 年 10 月编入方显廷编辑《中国经济研究》一书的《经济建设应从资本的强迫储积做起》[②]，另一篇是祝世康1937 年 8 月发表在《国民经济》第 1 卷第 4 期的《储蓄与国民经济建设》。两文均为抗战以前或初期的作品。这或许可以说明，1942 年下半年以后，反对利用外资的文章发表的很少，主张利用外资的论者基本掌握了话语霸权。这一点从杨叔进下面的介绍中也可得到证明。他介绍说："这不同意见的由来，却和时代背景有着相当的关系。"丁洪范、祝世康两文"都是在战前发表的，而那个时代正是中国人民不信任英美等国真能够实际帮助中国，而认为中国要想图强，非'自力更生'不可的时候，也正是人民鉴于以往几次借款在建设方面的毫无结果，而怀疑外资的好处的时候，'提倡储

---

① 伍启元：《经济建设应有的准备》（星期论文），（重庆）《大公报》1943 年 10 月 31 日。

② 丁洪范写作此文时可能就职于南开大学经济研究所。1938 年 12 月 16 日吴景超在为《中国经济研究》写的书评中说，该书"执笔的共三十余人，大多数都是在南开大学经济研究所服务过的"（似彭：《中国经济研究》（书评），《新经济》半月刊第 1 卷第 3 期，1938 年 12 月 16 日，第 76—77 页）。

蓄'可说是那个时代思潮的反应"。主张利用外资的文章"大都是在战时发表的。在这次战争中，英美因与我国休戚相关、利害相同，他们的态度已不再像从前那样的模糊，英美人士中也有不少认为中国的经济发展，是远东的安定力，而英美应予以协助的。同时，国人鉴于战争破坏之甚，更会想到战后的建设，非靠外国资本无法进行。'利用外资'的想法，当然是很自然的"①。也就是说，抗战中后期，鉴于中国战后建设的资金需求，同时在中国与英美同属反法西斯统一战线的情势下，赞成利用外资的观点已成为主流意见。关于反对利用外资的观点在抗战后期不占主流的情况，南开大学经济研究所汪祥春 1944 年 11 月 1 日所言亦可证实："十年以前，有不少学者懔于过去经济命脉被外人操持的教训，主张我国经济建设不宜利用外资。他们所提倡的自力更生的精神是极可取的，但所建议的因噎废食的办法很难令人赞同。近来较深入的研究纠正了这一不健全的看法。"②

抗战末期，国民党当局先后于 1944 年底和次年 5 月公布的《第一期经济建设原则》、《工业建设纲领实施原则》两份文件，均对利用外资作了相关规定。《第一期经济建设原则》规定：不再约束中外合资事业中外双方投资数额的比例，除董事长外，总经理可由外人担任；只要经政府批准，国营与民营事业均可向国外借款，或接受外国投资；只要遵守中国法令，外人可在中国单独投资设厂；经中国政府特许，外方可经营特种事业。③《工业建设纲领实施原则》规定：利用外资包括四种方式，即债券或借款、合资经营事业、通过分期付款方式把机器或技术借给中国、特许经营；向外国发行工业债券，应由政府机关、政府指定的实业银行、国营主管机关办理；经政府核准，私人组织可向外发行债券或借用外款；除军器制造外，其他工矿事业皆可容纳外股；中外合营事业应以资本需求较多的领域为主体，尤其欢迎国营事业与外资合营；民营事业如加入外资，其合作办法与

---

① 杨叔进：《中国的工业化与资本来源问题》，《经济建设季刊》第 2 卷第 2 期，1943 年 10 月，第 139—140、143—144 页。

② 汪祥春：《从美国对外投资趋向论我国利用外资》，《新经济》半月刊第 11 卷第 2 期，1944 年 11 月 1 日，第 32—35 页。

③ 《第一期经济建设原则》（国防最高委员会第 148 次常务会议通过），《经济建设季刊》第 3 卷第 3、4 期合刊，1945 年，第 249 页。

条件需经政府批准；外人在中国投资的独营事业应先经中国政府许可，并依照中国法令办理。① 两份文件的规定，一定程度上反映了知识界 1942 年下半年以来关于利用外资的讨论意见。

六　1943 年下半年起对利用外资方式的探讨

抗战前期，知识界只对利用外资方式进行过个别、零星的分析。1943 年下半年起，大家开始集中、深入探讨利用外资的具体方式。不像谷春帆等 1942 年下半年注重政府贷款，大家把外国商业投资放在主要地位，其中，更看重外人在华设厂等直接投资方式。1943 年 9 月 12 日，高平叔指出，以为中国战后欢迎外国政府的政治借款，不欢迎外国私人投资，完全是误会。这是因为大家不了解中国经济政策的最高指导原则。只要适合中国的需要及条件，无论政府借款，还是私人投资，我们一律欢迎。②

1943 年 6 月 1 日，伍启元重点分析了外国政府贷款、私人投资两种利用外资方式。他把政府贷款分为实物借贷、政治借贷和一般借款三类。他非常重视实物借贷，认为中国政府可以向英美政府交涉，向外方租借机器制造业、飞机制造业、造船业、兵工业等关键和根本工业的机器设备，以及船舶、飞机等交通工具。同时，在不损害国家主权原则下，中外政府间政治借贷及一般借款，也是战后筹集外币资金的主要办法，但这种借款应全部投向交通、工业、矿业、农田水利等生产事业。与政府贷款相比，伍启元更看重外国私人投资，主张给外国投资者尽量优厚的待遇。他把外国私人投资分为间接投资和直接投资两类：间接投资主要是外国私营公司购买中国的公私债券；直接投资即外人在华设厂。他更重视外国私人直接投资。他认为，不仅属于民营范围的事业应欢迎外国投资设厂，即使列入国营范围的事业也要采取适当方式允许外人经营，因为"列入国营范围的各项事业"需要外资最迫切。他提出，外国投资属于国营范围的事业，可以借鉴苏联的"特许"或"委托"方式。在属于国营范围的事业中，特许外人在华创办企业，使其在一定时期（10 年或 20 年）享有独占或半独占权。

---

① 《工业建设纲领实施原则》（1945 年 5 月 19 日国民党第六次全国代表大会通过），《经济建设季刊》第 3 卷第 3、4 期合刊，1945 年，第 250 页。

② 高平叔：《利用外资的基本态度》（星期论文），（重庆）《大公报》1943 年 9 月 12 日。

若干年后,这种工厂或事业要有条件或无条件地交还中国政府所有。同时,这种"特许"企业必须雇用一定数量的华籍技术人员和工人,负担为中国培养技术员工的责任。伍启元提出的"特许"或"委托"方式的核心,是通过特殊优惠方式利用外国资金和技术,尽快发展某些中国私人不愿、无力或不宜经营的产业。他又设想,外方投资国营事业还可以采取中外合办方式,但外方股份不得超过 49%;外方还可以向中国国营事业租借生产设备。①

1943 年,高平叔用了一年时间专门研究利用外资问题。他的突出贡献是在吴景超、伍启元、方显廷、谷春帆等人一般性阐述基础上,就他们提出的一些重要的具体问题,进行一系列专题性的深入研究。他的这些专题研究成果 1944 年 2 月汇编成《利用外资问题》一书出版。② 其研究一度受到学术界和国民党当局的重视。他在 1943 年 9 月 12 日《大公报》发表的《利用外资的基本态度》等文章,很快被国民党中央宣传部国际宣传处译为英文发往国外。经济部也授予他"高级经济专家"头衔,1943 年底派他到美国做进一步研究。③

在伍启元 1943 年 6 月 1 日在《新经济》半月刊提出"特许"或"委托"方式的同时,高平叔也在该刊同一期发表《外人投资的"特许"制度》,对"特许"制度作集中阐发。他介绍,"特许"(Concession)制度是经济落后国家为了尽快发展那些为国防、民生所急需又不具备资本、技术、管理、人才等创办条件的产业,突破本国政策和体制限制,特别许可外国厂商在一定年限内经营此项事业。其特点是规定外方必须负责在特许年限内为本国奠立适当的产业基础,训练技术人才,特许期满后,外方创办的企业必须无偿交还本国政府。为吸引外方投资,这类特许企业可以享有某种"独占权利",而且,在创办初期尚无营业把握时,本国政府保证其最低限度的利润。早在 18 世纪 50 年代,南美洲阿根廷、巴西、智利等国家

---

① 伍启元:《战后经济建设的外币资本问题》,《新经济》半月刊第 9 卷第 3 期,1943 年 6 月 1 日,第 45—50 页。

② 参见高平叔《利用外资问题》一书。

③ 田桂林:《高平叔——从经济学家到蔡元培研究专家》,天津市政协文史资料委员会编:《天津文史资料选辑》1998 年第 1 期(总第 77 辑),第 173 页。

即利用这种制度创办铁路、航运、港湾等事业。苏联的这种"特许"企业也为数不少,为苏联建立了适当的产业基础,替苏联训练了许多技术与管理人才。高平叔建议,中国战后在属于国营范围的重工业、国防工业等本国无力举办的领域,必须充分采用"特许"制度。[①]

半个月后,1943 年 6 月 16 日,高平叔又专门阐述了外人在华设厂问题。他的意见很明确:支持外人在华投资设厂。他指出,在这个问题上,至今还有"少数人"持"考虑"态度。[②] 关于外人在华投资设厂的必要性,高平叔的论述并无新意,只是复述了吴景超 1937 年 1 月《中国工业化问题的检讨》和 1942 年 10 月 1 日《论外人在华设厂》[③] 两文的说法:"无论从政府的立场看去,从原料生产者的立场看去,从劳动者的立场看去,我们都觉得没有拒绝外人战后继续在华设厂的理由。"不过,高平叔对外人在华设厂的具体条件的阐述,却颇具新意。他指出,中国必须使外人在华工厂适合中国的经济建设计划,"成为中国工业化构成的一部分",避免人们担心的"为外资所利用"的后果。为此,他提出了三点:第一,指定允许外人设厂的工业范围,"确定那一类可以由外人经营,那一类工业则不听任外人经营"。这个范围可以国营、民营事业划分的原则大致确定。属于国营范围的工业以不容许外人直接设厂为原则,只能采取"特许"或"租让"(Concession)、中外合办方式利用外资。属于民营范围的工业允许外人直接投资设立工厂。第二,调整外人设立工厂的地域,使其适合中国工业建设区域规划,改变以前集中于上海、青岛、广州、汉口、天津等沿海地区的情况。第三,外资工厂须遵守并服从中国政府一切法令与管理。他还提出,

---

①　高平叔:《外人投资的"特许"制度》,《新经济》半月刊第 9 卷第 3 期,1943 年 6 月 1日,第 50—56 页。

②　高平叔辩驳的对象是方显廷 1939 年 3 月 1 日在《新经济》半月刊发表的《中国工业资本之筹集与运用》所言:"第一,在以其雄厚力量把持我国工业之领导权;第二,在其决定投资门类与地域时,一惟彼方利益是视,而于我国之权利,则漠不顾及。"(方显廷:《中国工业资本之筹集与运用》,《新经济》半月刊第 1 卷第 8 期,1939 年 3 月 1 日,第 204—209 页)本书前文曾提到,方显廷抗战前期对外资的防范心理,比吴景超、冀朝鼎、顾毓瑔诸人重。但抗战中后期,方显廷的态度已经转变,成为利用外资的积极鼓吹者。这亦可说明,抗战中后期赞同利用外资的论者基本掌握了话语霸权。高平叔在抗战中后期实在找不出辩驳对象,只好把方显廷四年前的话拿出来。而且,他也称,对外人在华设厂持"考虑"态度的只是"少数人"。

③　关于吴景超在两文中的相关论述,见本章上文。

为防止外资工厂过分控制中国市场,兼顾民族工业利益,政府在发放设厂执照时,可以规定在某类产业中外商工厂与华商工厂的比例以四比六为限,"使外商工厂在每一生产品市场中不能占到百分之四十以上的控制"①。

高平叔又对"建设借款"、"中外合办事业"等问题做了专题研究。所谓"建设借款",就是美国等国家政府和法人向中国政府和法人提供的"长期信用贷款",既包括中外政府间的借款,也包括外国向中国的商业投资。他认为,这是中国筹集翁文灏估算的战后50亿美元外国资金的最切实、简捷的方法。但是,高平叔指出,这其中存在两方面问题,一是如何使外国政府和法人乐意将资金借给中国,二是中国如何在有利条件下运用这些借款。他提出,为了吸引外国政府、银行、法人借款给中国,"我们必须清理以往的旧债,提供战后整个的建设计划,确定借款的用途范围,并筹划逐渐付息还本的确实办法,使外人觉得借款予中国是一桩较为安全较为有利的事,因而以其剩余的资金大量借予中国"。对于第二个问题,他提出:"我们必须保持运用借款的各种主权,同时,我们希望未来借款给我们的友国能重视中国整个的国家信用,不再斤斤于以关税、盐税或路权作为借债的抵押。"② 高平叔重点讨论了国营事业的"中外合办"方式。他认为,可以在国营事业中加入少数或半数以上的外国股份,少数或半数以上的董事名额。不过,他主张,在中外合办的国营事业中,要对外资有一定的限制,如规定董事长及总经理必须由中方人员充任,以便直接掌握与监督此项事业。高平叔自然也不反对民营企业的中外合办方式,认为"至于属于民营范围的事业,以其既已许可外人直接投资,对于本国人民经营事业中的参加外股或与外人合作经营,除规定其遵守一般公司法、工业许可法外,自可不必另加其他不必要的限制"③。

1943年9月6日至13日国民党五届十一中全会通过《确定战后奖励外资发展实业之方针》后,高平叔对此前自己阐述的利用外资方式作了总结。他提出,利用外资的具体方式主要有五种,属于国营事业的方式主要是政

---

① 高平叔:《战后外人在华设厂问题》,《新经济》半月刊第9卷第4期,1943年6月16日,第72—77页。

② 《建设借款》,高平叔:《利用外资问题》,第31、37、41页。

③ 《中外合办事业》,高平叔:《利用外资问题》,第54—55页。

治借款、特许、中外合办三种；属于民营事业的方式主要是中外私人合办、外人直接设厂两种。他又提出了一个新问题，即中国战后利用外资的重心问题。他认为，战后中国工业化的重心在于关键与根本工业，也就是大体所言的重工业。所以，中国战后利用外资的重心应该是这些最急需举办的关键与根本工业。同时，他观察到，时人一般认为，根本和关键工业国营，民生工业民营。所以，他提出，应把利用外资的重心放在国营事业上。因此，他特别看重政治借款、特许和中外合办三种方式，表示"我们也极端主张对于国营范围事业的外国投资特别予以奖励。同时，我们也欢迎我们的朋友——外国的政府、外国的私人能了解并适应中国战后的实际需要，在中国的重工业上，在中国的国营事业范围内大量投资"①。

　　除高平叔外，其他论者自 1943 年下半年开始也阐述了利用外资的方式。

　　1943 年 7 月，林维英将利用外资方式分为八种，并对其利弊和可能性作了系统、客观的比较和分析。第一，中外政府间的借款。这种方式可以得到比较有利的条件，且可避免发行债券的麻烦。根据今后国际政治环境和资本市场的趋势，这种方式至为重要。第二，中国政府在国外资本市场发行债券。这种方式弊端极大，像过去的善后借款和铁路借款，由于债券不易取得外国投资者的信任，外国银行团经手承销债券时，往往要求指定政府税收或铁路收入作担保，还会有其他附带条件，有时不免受外国银行团的操纵和把持。中国战后初期不宜采用此种方式。第三，国内私人股份公司向国外资本市场发行债券。问题是，能在国外资本市场发行债券的私人公司，必须具有宏大的组织、卓著的信用，而中国私人公司目前不具备这些条件，在国内发行债券尚不多见，到国外发行更为困难。这种方式战后初期不太可能。第四，外人在华建立公司或工厂等直接投资。中国战后应该鼓励这种方式。不过，这种方式要有两个前提，一是外方在华工厂要遵守中国法律，二是外方在华企业要配合中国的经济建设。但这种方式在战后初期可能不会太多，"外人恐多抱观望态度，甚至清理从前投资，对于此种投资，不至过于踊跃"。第五，中外政府或民间以合股方式合资经营。

---

① 《奖励外资方针确定以后》，高平叔：《利用外资问题》，第 88—91 页。

这种方式比较理想，一方面外方以追求利润为标准，不另外附加其他政治条件；另一方面履行债券比发行债券便利，公司债券的还本付息固定，不因事业盛衰而改动。不过，林维英发表此论时，尚在当年9月国民党五届十一中全会之前，所以，他认为，中国现行法令对中外合资企业的限制，规定外资股份不得超过49%，董事的多数、总经理应为中国人，有歧视外资之处，恐非外人所欢迎。第六，出口信用借款，即英美各国为鼓励输出采用的出口信用担保借款。虽然这种借款数额有限，期限短促，不太适合中国战后经济建设的需要，但从美英两国鼓励产品输出的需要说，这种方式最为可能。第七，延长租借法案。这种方式与政府借款原则上一致，是战后最理想的利用外资方式。但租借法案是否延长，要看美国的态度。第八，特许制度。此种方式应限定在中国一时无法经营，或虽能经营但技术太落后的事业。在以上八种方式中，林维英比较看重第一种政府借款（包括第七种延长租借法案）、第六种出口信用借款和第四种外人在华直接投资。他认为，政府借款、延长租借法案、出口信用借款最为可能，因为国际借贷有两个趋向，一是政府与政府间的接洽，二是侧重国内就业和生产的维持。对于外人在华设厂，也应该根据中国经济建设的需要，予以鼓励。他还提议，建立名为"利用外资委员会"的全国性利用外资机构，一方面，对外集中办理借款、购买材料事宜，以取得经济上的优惠；另一方面，负责审查和确定利用外资计划，并对外资进行合理分配。①

　　陈伯庄力主计划经济、扩大国营事业范围。所以，他对利用外资的态度比多数时人消极，设想的限制也比多数时人多。1943年7月，他只把利用外资方式分为三类，比其他论者笼统：第一，中外政府间的直接借贷；第二，通过外国银行团在国外证券市场发行债票；第三，直接投资经营生产（工矿）事业。他最看重中外政府间的直接借贷，认为美国为了在战后实现建设新的世界经济的理想，很有可能将战时实行的租借法案引申为战后救济和建设的租借方式，如此，美国政府向中国政府提供大量借款"应有实现的可能"。而通过外国银行团在国外证券市场发行债票，在中国大量

---

① 林维英：《战后利用外资问题》，《经济建设季刊》第2卷第1期，1943年7月，第5—7页。

旧债未清理,信用未恢复以前,可能性不大。关于外人在华直接设厂,他不同意多数时人"外人可以尽量自由在华经营工矿事业,不加限制"的主张,认为应该划定范围,严格限制。他设想,制定外人经营生产事业特许法,"此后外人在华经商可以自由,但如经营工矿及其他生产事业,不论中外合资或全数外资,均须按照特许法由政府特准"[①]。陈伯庄主张严格限制外人在华设厂,与他缩小民营事业范围的主张相一致。因为在华外资工厂本质上属民营企业的特殊形式。限制本国民间投资,外资自然更应限制。

尹仲容1939年赴美,长期担任资源委员会国际贸易事务所纽约分所主任。1943年7月,他注重中国政府与外方合作的利用外资方式。他认为,中国战后重工业建设资金,应主要通过中国政府向外国政府借款的方式筹集;国营事业中的次要工业可以通过中国政府与外国厂商合作的方式筹集资金;中国政府可以发行国际公债。交通和公用事业收利较速,容易吸引外资,中国政府可以用此种方式吸收外资;中国政府还可以向外国银行团借款。这四种方式均属政府筹资范围。他还强调中国民营企业与外国企业合资经营,由华商筹集生产原料,由外商提供机器设备,补充原料、技工。他不看重外国在华直接设厂,只作了简单介绍。[②]尹仲容这种重视中国政府与外方合作的思想倾向(在他看来,国营事业吸引外资也属于中国政府与外方合作范畴),与同时期知识界越来越重视外国商业投资的总体思想取向有所差异。

翁文灏在1943年9月国民党五届十一中全会后拟定的《中国工业政策纲要》,在利用外资问题上也比其他论者保守一些。他只把战后工矿事业的经营方式分为国营(政府经营)、民营(人民经营)、中外合营(政府或人民与外人合营)三种,却未提及吴景超、伍启元、高平叔等极力主张的外资单独设厂,也未提及伍启元、高平叔等看重的"特许"制度。同样,他设想的外资来华方式也只有三种:一是债务(债券或借款),二是股份(合资经营事业),三是信用(以机器或技术归中国使用并分期付款),未

<hr />

① 陈伯庄:《建立新的国际经济关系》,《经济建设季刊》第2卷第1期,1943年7月,第17—19页。

② 尹仲容:《战后我国利用外资问题》,《经济建设季刊》第2卷第1期,1943年7月,第181页。

提及外人单独在华设厂和特许等方式。他还主张限制在外国发行工业债券，禁止私人组织自由向外国发行债券、自行向外国借款，向外国发行债券只能由"政府机关或由政府指定之正当实业银行或国营主管机关办理"。而其他论者多主张只要经过政府核准，民营企业可以自行向外国借款或发行债券。他还主张，中外合资工矿企业的外股比额不得超过50%。这一点也为抗战中后期许多论者所诟病。他还主张，政府要限制民营事业外国股份的最高额。这也是其他论者未论及或不赞同的。①

姚念庆则于1944年7月表示欢迎外人在华投资设厂。他非常赞同1943年9月国民党五届十一中全会放宽对中外合资企业的限制，认为"这是很合时宜的一个修正"。姚念庆由中外合资政策的放宽，谈到外人在华直接设厂问题。他认为，我们如果允许外人在中外合资企业中有管制权，自然就不应禁止外人在华直接投资设厂。如果投资者的动机只是纯粹的商业目的，那么，外人在中国设立工厂和外人借资给我们设立工商业，对促进中国工业建设的积极影响是相同的。"只要外人不侵入我国国防军事的范围，我们是不但不会禁止他们，而且还要欢迎他们直接在中国设厂。"②

1944年10月中央银行举行的一次座谈会全面探讨了利用外资方式。他们将利用外资方式分为四大类：第一类，中国政府向外国政府借款。此类又细分为：1.向美国等国家政府借款，2.向世界银行等国际组织借款。第二类，中国政府向外国私人投资机构借款。此类又细分为：1.由某外国政府保证，2.由世界银行等国际机构保证，3.直接向私人机关洽商借款，如在外国市场发行证券，4.由外国公司投资国营事业。第三类，中国私人企业吸收外国资金。此类又细分为：1.由中国政府与国际机构保证，2.中国银团代表中国私人企业在外国市场销售证券，3.中国私人企业直接在外国市场销售证券。第四类，外人在华直接经营企业。此类又细分为：1.独

---

① 悫士:《战后工业政策的建议》，《新经济》半月刊第9卷第7期，1943年8月1日，第129—133页。关于《新经济》半月刊出版脱期的情况，参见本书第三章关于翁文灏《战后工业政策的建议》注释。

② 姚念庆:《战后之国际投资与我国利用外资政策》，《经济建设季刊》第3卷第1期，1944年7月，第131页。

资经营，2. 与国人合资。[①] 与会人员对抗战以前政治性借款侵害中国主权的历史仍存戒心，一致认为政府借款要坚决避免政治性借款，"其用途自以有生产性者为限"，并强调中国政府向某国政府借款应以不损害中国主权为前提。不过，大家又感到，世界银行协定既经声明贷款不得含有政治等非经济附加条件，中国政府向国际银行借款似不致发生严重问题。关于外人在华直接经营企业，大家倾向于将外人在华直接投资限制在民营产业范围之内，除军事工业（兵工业）、邮电业、铁路、沿海捕鱼业等根据中国法律不准民营，或内河、沿海航运等依据国际惯例外人不得经营的行业外，一般民营事业均应允许外人经营或参与投资。不平等条约取消后，在遵守中国法律的前提下，应给予外方独资企业国民待遇（National treatment）。大家认为，为方便吸引外资，应进一步放宽中外合资公司（Mixed compa-nies）条件，赞同1943年9月国民党五届十一中全会对中外合资公司设立条件的修改。重工业利用外资宜采用特许（Concessions）方式，因为战后重工业资金需求巨大，获益缓慢，尤其需要外资。[②]

1944年11月1日，汪祥春提醒大家，"若干我们学者主张战后以政府借款方式吸收外资，恐怕是不易实现的希望"，中国战后不能过多指望政府借款等间接投资方式，虽然间接投资比外人在华设厂等直接投资对中国更有利。战后美国等资金输出国会有三种投资趋向：第一，大部分国际投资将采取私人投资方式，战时的政府借款方式只是一时的权宜之计，战后延续的可能性很少。一战后美国的政府贷款只存在于1917年至1921年，1919年开始锐减，1920年就已微不足道了，1920年以后，"美国都是以私人投资的方式贷放的"。第二，战后美国对外投资将集中于生产方面。1929年至1933年世界经济危机后，美国许多对外投资无法收回。美国认为，其重要原因是许多国家将美国提供的贷款大量用于公共建设、偿还公债、弥补财政亏空、救济事业，很少用于生产事业。第三，战后美国会更偏重直接投资，而不是间接投资，"这原因很简单，就是直接投资较间接投资能获

---

① 刘大钧主稿：《利用外资问题——中央银行经济研究处座谈会结论》，（重庆）《大公报》1944年10月6日。

② 刘大钧主稿：《利用外资问题——中央银行经济研究处座谈会结论（续）》，（重庆）《大公报》1944年10月7日。

得较大的利润"①。

一度特别期望政府借款的谷春帆在抗战后期也改变了态度。他于1945年3月5日提醒大家,中国不能对国际复兴开发银行(世界银行)和美国政府借款抱太大希望。世界银行主要目的是鼓励、保证私人银行投资,并非自己直接投资开发落后国家资源。世界银行全部资本才91亿美元,只有18亿美元准备用于直接投资,而供世界各国复兴开发之用的资金只有6亿美元,不能过分奢望。美国政府的投资机关虽是国家机关,却非常商业化,不稳妥无希望的国外投资不大肯接受。他预计,战后美国来华投资将会以私人直接投资,即自己设厂经营或与中方合资设厂经营为主。美国借给中国钱让中国自己经营,或在美国市场发售中国股票债券的前景并不乐观,还需中国苦干十年,增强中国的经济信用,这种希望才会增加。谷春帆还强调,中国战后必须区分投资事业的性质,制定切实的吸引外资的产业计划。机械母机、人造橡胶等战后短期内在中国难有较大市场的产业,不能鼓励外国投资。而战前中国市场虽不大,战后市场有可能扩大的产业,应鼓励外国投资。许多重工业和基本化学工业即属此类。如钢铁、汽车等工业,战前虽无充分销路,但随着战后中国铁路、建筑工程、公路运输的大规模兴起,其市场将会扩大。轻工业因获利较易,外国资本会不请自来,可能与民族资本展开竞争,但在原则上又未便歧视。②

抗战后期,知识界之所以如此热烈地讨论利用外资问题,既因为这牵涉中国战后能否顺利进行工业建设这样的重大问题,也因为当时社会各界对外资的巨大疑虑。1943年11月1日,李卓敏在美国发表《世界经济与中国》一文,向美国各界明确传达了这种疑虑。他指出,外国在中国投资的长期历史也是列强攫取中国政治特权和利益的历史,"这种情形使独立中国的发展受到很坏的影响"。中国人对此印象极其深刻,"他们现在仍对外来资本表示疑虑"。但1943年1月中美、中英"新约"取消了治外法权,"此种疑虑当可完全消除了,不过教训是已经学得了"。所以,他告诫美国,"虽然外资对于中国的工业化计划极关重要,但它决不会不计任何代价

① 汪祥春:《从美国对外投资趋向论我国利用外资》,《新经济》半月刊第11卷第2期,1944年11月1日,第32—35页。

② 谷春帆:《美国对华投资展望——旅美观感之七》,(重庆)《大公报》1945年3月5日。

来求外资的。外资只有在合理互惠的条件下，才被中国接受"。他阐述了利用外资的三项基本原则：（一）一切外资必须没有帝国主义的动机，作为经济或政治剥削的外债不能再现于中国；（二）一切在华投资必须受中国法律管制；（三）外国投资在任何时候都不得成为他国侵犯中国的口实，若中国主权和外国投资发生冲突，前者胜过后者。[①] 李卓敏的表述反映了抗战中后期知识界对利用外资的总倾向。

第三节　自由贸易还是保护贸易：中国新兴工业的保护问题

在 1942 年下半年开始的战后建设问题讨论中，对外贸易问题与利用外资问题一样，受到国统区知识界格外关注。在讨论利用外资的同时，大家也掀起了一场讨论对外贸易的高潮。讨论重点在于，中国战后到底应该实行自由贸易政策，还是应该实行一定程度的保护贸易政策。对外贸易问题之所以受到知识界如此大的关注，主要由于三方面原因。第一，从中国战后工业建设的实际需要说，中国新兴工业属于典型的幼稚工业，自然需要相当程度的贸易保护。但是，在这一点上，大家心情却十分矛盾。一方面，1941 年 8 月《大西洋宪章》公布后，美国等世界强国已明确宣布国际自由贸易政策，另一方面，他们又深感战后中国新兴工业需要相当的贸易保护。所以，他们试图在不违背整个国际自由贸易潮流的情况下，找出一条实行某种贸易保护的途径。第二，对外贸易问题与利用外资问题关系密切，利害相关。郭子勋就于 1945 年 5 月以后分析说，在大家热烈讨论的利用外资问题后面，隐藏着另一个更严重的国际收支平衡问题，中国战后面临的严重问题"不是如何招致外资，而是外资来华以后所发生的后果——就是如何来平衡我国战后国际收支。不幸的是，这个问题的重要性已经为外资来华的讨论所掩蔽"。而平衡战后国际收支，通过减少进口、增加出口的方法，要比通过获取长期信用的方法高明。从巩固国家经济基础的立场看，中国战后靠借贷平衡国际收支并非

---

① 李卓敏：《世界经济与中国》，（重庆）《大公报》1944 年 3 月 5 日。

健全之途。① 第三,大家关注对外贸易问题,也是出于旧痛未消。近百年来列强通过国际贸易对中国进行大规模经济侵略的历史,给大家留下了深刻印象。方显廷即说:"我国过去因受外人不平等条约的束缚,关税不能自主,外人在我国各通商都市设有租界和领事裁判权,造成我国对外贸易以外人为主动,我国反居被动的地位,对外贸易关系,变为列强对华经济侵略的表现。"②

一 心情的矛盾与复杂:中国贸易保护需求与美英国际自由贸易政策的疏离

在战后建设问题讨论中,大家在利用外资问题上可谓心情舒畅,因为中国知识界的想法与美英的政策完全一致。但在对外贸易问题上,大家则心情既矛盾又复杂。他们感到中国处于两难处境。一方面,1941 年 8 月 14 日《大西洋宪章》发表后,战后实行国际自由贸易几乎成为美英两国的基本主张。而中国战后工业建设又以大量引进美国资金、技术和设备,并与美国进行密切经济合作为基础。这就不得不兼顾美英两国的国际自由贸易主张。另一方面,中国作为处于工业化起步阶段的落后国家,新兴工业的建立又需要相当程度的贸易保护政策,以减缓外国工业产品的竞争压力。还有一个问题困扰着知识界,就是 1941 年 3 月美国国会通过的租借法案。这份美国以资金和物资支援中国、英国和苏联的法案,明确规定"取消国际贸易间一切歧视待遇,减低关税及其他贸易障碍"。1943 年 9 月 11 日《大公报》社评就将中国接受美国租借法案的援助称作"一个负债"。③

不过,《大西洋宪章》公布后到中国知识界战后建设问题讨论初期,某些论者曾一度追随美英,对战后国际自由贸易产生幻想。1941 年 10 月 19 日,张道行就把 1929 年至 1933 年世界经济危机后各国盛行的贸易保护主义,视作法西斯主义兴起和二战的经济根源。他认为,第二次世界大战

① 郭子勋:《国营贸易制度的新估价》,《经济建设季刊》第 3 卷第 3、4 期合刊,1945 年,第 74 页。

② 方显廷:《民元来我国之经济研究》,朱斯煌编:《民国经济史》(下)(影印版),沈云龙主编:《近代中国史料丛刊三编》第 47 辑,(台湾)文海出版社 1988 年版,第 483 页。

③ 《自力更生与国际合作》(社评),(重庆)《大公报》1943 年 9 月 11 日。

的最基本原因是 30 年代各国推行的"经济的国家主义","德、义、日的自给自足主义,纵然是如此;英、美、法的保护贸易政策,也是如此;苏联自从实行'一国社会主义建设'以来,就整个的国际观点而论,更是走的经济国家主义的路线"①。1942 年 4 月 16 日,南开大学经济研究所研究员王正宪评论美国学者艾利斯(H. S. Ellis)研究欧洲外汇管制的两篇文章时,赞同艾利斯对 1931 年后德国、奥地利、匈牙利三国采用的汇兑管制的批评。他表示,中国自 1938 年 3 月以来也在走汇兑管制的路,艾利斯指出的"宝贵经验"值得中国注意。②

　　然而,1942 年下半年战后建设问题讨论开始后,越来越多的论者怀疑中国实行美英宣示的国际自由贸易政策的可行性。1942 年 7 月,郭子勋在谈论中国国际贸易政策问题时,就满眼国际经济斗争:"这一次战争的结束,是不是和前次欧战终了时一样,立刻成为下次战争准备的开始?这一点,现时虽然不敢确定,可是,国际政治和经济的——尤其经济的——矛盾之存在,恐怕还是不能避免。国际间经济矛盾一天存在,国际经济斗争必然一天继续。"所以,他感觉,即使不平等条约取消后,战后"国际间对我国的经济侵略未必终止",战后中国国际贸易政策的中心问题是防止外国经济侵略。③ 1943 年 1 月 21 日《大公报》社评也指出,由于中国是工业落后国家,战后要工业化,多少须采用保护政策。但是,在《大西洋宪章》已经宣布自由贸易政策的情势下,中国在战后实行贸易保护政策会"大有问题"。在这次大战中,我们欠了美国的债,对美国负有义务的约束。在自由贸易原则下,怎样保护我们的幼稚工业是应该加以考虑的问题。④

　　可是,在国际自由贸易似乎成为世界潮流的情况下,许多论者又对中

---

　　① 张道行:《国际经济秩序的建立问题》(星期论文),(重庆)《大公报》1941 年 10 月 19日。

　　② 王正宪:《汇兑管制》(书评)[艾利斯(H. S. Ellis)著《奥国与匈国之汇兑管制》,美国《经济学季刊》1939 年 11 月号;艾利斯著《德国之汇兑管制》,美国《经济学季刊》1940 年 8月号],《新经济》半月刊第 7 卷第 2 期,1942 年 4 月 16 日,第 43—45 页。

　　③ 郭子勋:《战后我国国际贸易政策之商讨》,《经济建设季刊》创刊号,1942 年 7 月,第123 页。

　　④ 《战后中国工业化问题》(社评),(重庆)《大公报》1943 年 1 月 21 日。

国实行贸易保护政策颇感困惑。1943 年 5 月 16 日，任职于财政部贸易委员会的陈椿永的一番话，真切道出了他们当时深感理论与现实、国内情势与国际环境相脱节的心境。他分析说，近代以来中国对外贸易的严重入超，非必需的消耗品在进口货物中占比例之高，出口贸易被洋商操纵，致使国家经济日趋破产的痛苦教训，无不证明国家统制对外贸易，实行某种贸易保护主义的必要性。而且，抗战时期国民政府实行的一些战时对外经济管制措施，又证明了实行统制贸易的种种优点。陈椿永问道，如果中国战后的对外贸易再回到战前状态，"岂不等于开倒车的行动"？而且，他们在筹划贸易政策时，又感受到国内和国际两种不同的"意响"。一方面，国内的情况是，"中国工业幼稚，在当世风潮澎湃之中，如果没有保护抚育，绝难长成"；另一方面，《大西洋宪章》公布后，"在联合国展望中的战后全面自由世界，贸易自由应是必然的定论"。这使陈椿永深感迷惘。[①] 与陈椿永表达这种复杂心情的同时，章乃器也在同一天问道，在《大西洋宪章》发表后美英两国一致主张打破贸易壁垒的情况下，中国战后签订通商条约时应采取怎样的态度？他认为，"本来以一个工业幼稚的国家，要和先进国家平等的竞争，那就好像小孩子和壮年人立在一条粉线上赛跑一样"，后进国家要完成工业化过程，产业保护政策是不可少的。[②] 不久，同年 7 月，郭子勋也说，《大西洋宪章》公布后，大家在国际自由贸易和保护贸易之间似乎颇难抉择，"人们对于一个国家在战后究应采取何种国际贸易政策，好像分外的感觉迷惘"。好些人感觉，战后国际经济合作的前景十分乐观，如果中国战后建立各种贸易障碍，岂不是"逆反世界潮流"？而另一部分人觉得，中国新兴工业从始生到长成，需要适当的扶植、加意的保护，"贸易障碍和关税垒壁是保护幼稚工业的长城，绝对不能撤除"[③]。在 1943 年 9 月 16 日至 19 日中国经济建设协会第五届年会的小组讨论中，与会者亦表

---

① 陈椿永：《论战后对外贸易政策》，《新经济》半月刊第 9 卷第 2 期，1943 年 5 月 16 日，第 38—41 页。

② 章乃器：《我国战后经济建设的两大问题》（星期论文），（重庆）《大公报》1943 年 5 月 16 日。

③ 郭子勋：《战后我国对外贸易几个根本问题》，《经济建设季刊》第 2 卷第 1 期，1943 年 7 月，第 55 页。

现出这种矛盾心情。宁嘉风就预计："任何国家，未必能于战事结束后，可即立刻实行自由贸易。"[①]

许多论者注意到，在自由贸易问题上，美英两国主张也不尽相同，英国对自由贸易的态度远没美国那样积极。吴景超于 1942 年 12 月 16 日就注意到英国国内存在的贸易保护主义倾向。他介绍说，伦敦商会一个研究战后经济建设问题的专门委员会 1942 年 5 月发表的一份报告，"很可代表英国从事实际生产事业的人，对于战后经济建设的看法"。尤其令吴景超惊诧的是，像英国这样素来主张自由贸易的国家，居然为了保持短期外汇平衡，提出外汇管制等办法。伦敦商会的这种建议，与《大西洋宪章》和美国国务卿赫尔 1942 年 7 月几次演讲阐明的消除国际贸易障碍的基调有明显冲突。[②] 1943 年 7 月，霍宝树也发现，英国各方并不倾向于彻底的自由贸易政策。英国工业联合会（British Federation of Industries）、英国全国总商会（the Association of British Chamber of Commerce）、英国全国制造业联合会（the National Union of Manufacturers）等组织，均建议政府管制对外贸易，不赞成废除全部关税制度。经济学家凯恩斯（J. M. Keynes）也于 1942 年 5、6 月间表示，英国要弥补战争损失，战后应竭力扩充出口贸易。而美国朝野却对自由贸易态度积极。美国政府的中心思想是坚持《大西洋宪章》的国际平等贸易原则，实现世界原料和海洋运输自由。副总统华莱士、国务卿赫尔、副国务卿威尔斯等均主张终止国际贸易竞争，自由交换世界原料，废除关税壁垒和贸易障碍。在美国学术界，前总统哈佛、吉卜生（H. Gibson）、康得来非（J. B. Condliffe）、罗尔永（L. L. Lorwin）等也主张各国协商减低贸易障碍，恢复自由贸易。[③] 1943 年 7 月，郭子勋也观察到，英美两国之所以宣布国际自由贸易政策，乃是出于本国战后经济的需要。美国当前谋求解决战后"全部就业"（Full employment）问题，充分发展国

---

① 《讨论会纪录》，《经济建设季刊》第 2 卷第 3 期，1944 年 1 月，第 15—16 页。

② 似彭：《伦敦商会论战后经济（书评）》（*Report of the London Chamber of Commerce on General Principles of a post-war Economy*，May，1942），《新经济》半月刊第 8 卷第 6 期，1942 年 12 月 16 日，第 114—116 页。

③ 霍宝树：《发展我国战后对外贸易问题》，《经济建设季刊》第 2 卷第 1 期，1943 年 7 月，第 49—50 页。

际贸易是唯一途径。这就需要消除一切贸易障碍和壁垒。然而,英国的考虑与美国略有不同,既希望本国货物占领国际市场,又不愿意他国货物无限制地与英国货物在国际市场上竞争,更不愿意他国货物无限制地侵入大英帝国的范围。苏联向来对国际贸易实行统制政策,不可能完全走英美希望的对外贸易自由之路。所以,郭子勋的结论是:"在这样各谋其是的纷扰局面之下",国际自由贸易的理想是不可能实现的。[①]

到抗战末期,越来越多的论者认为,战后世界不可能实现真正、全面的自由贸易。1944 年 12 月 1 日,主编《贸易月刊》的陈寿琦就不相信战后世界真会实行完全的自由贸易。他观察到,战后有必要管制对外贸易的国家"并不仅中国一国"。一些经济落后国家实有同样情形。即使在"四大盟邦"中:"苏联战后很难想象它能够放弃国营贸易。英国在此次战争中因失去大量投资,其国内主张战后实行相当管制贸易的,也不在少数。尤其国际货币基金章程中,既然规定战后过渡时期得维持外汇管制,可见战争结束后,各国所实行的贸易管制并非短时期内所能取消。完全的自由贸易,历史上既未曾有,最近将来亦无可能。"他预计,战后各国商业政策只是自由与保护(统制)的调和与折中,既不能恢复过去的极端保护(统制)政策,也不可能完全实行自由贸易政策,很可能是"国际合作的有计划的多边的贸易"。[②] 1945 年 5 月后,郭子勋再次对战后国际间是否真能实现自由贸易表示怀疑,认为国际经济的风向"不对着自由贸易吹去"。如果只根据《大西洋宪章》和美国租借法案就认定战后世界必定实行自由贸易,"便是很大的错误"。他强调,现在国际局势已经与美英公布《大西洋宪章》时有很大改变,该宪章在事实上已不能作为解决一切国际政治经济问题的依据。而租借法案只不过是美国的一相情愿,能否达到是另一个问题。而且,英国在自由贸易问题上的立场与美国并不一致。英国工业联合会在 1944 年 2 月刊印的《国际贸易政策》(*International Trade Policy*)小册子中,就称战后国家有意识地指导对外贸易仍属必要。郭子勋以为,所谓

---

① 郭子勋:《战后我国对外贸易几个根本问题》,《经济建设季刊》第 2 卷第 1 期,1943 年 7 月,第 54 页。

② 陈寿琦:《国际通商问题与中国》,《新经济》半月刊第 11 卷第 4 期,1944 年 12 月 1 日,第 94—98 页。

国家有意识的指导"已开国家干涉之门"。英国权威经济刊物《经济学家》（*The Economist*）1944年连续发表的几篇有关国际贸易的文章，对所谓国际经济分工明确表示怀疑。郭子勋认为："自由贸易的主张在英国可以说是已经成为弃妇了。"他甚至注意到，美国也有人主张战后实行一定程度的统制贸易。劳特巴赫（A. T. Lauterbach）就于1944年10月表示，国际贸易统制可能持续到战后。这种国际贸易统制不一定就是经济国家主义，不一定就是限制和歧视，也不一定妨碍"多务"（多边）贸易关系。郭子勋认为，劳特巴赫的看法"在美国可以说相当普遍"①。

正是处于一方面美英两国已明确宣布国际自由贸易政策，另一方面中国新兴工业又确实需要相当贸易保护的两难抉择，许多论者试图在两者间找到一种平衡，既不违背以美英为代表的国际自由贸易潮流，又实行一定程度的贸易保护政策。1943年7月，中央大学经济系教授褚葆一认为，战后国际经济合作与中国贸易保护政策并不互相冲突。他分析，永久和平的实现是世界战后实现经济合作的前提。要实现世界永久和平，必须使各国具备同等的经济实力，因为"国与国的关系，终究还是一种力与力的关系"。所以，国际经济合作的核心问题在于"各国的经济发展程度应设法使之达到同一的水准"。他建议，战后国际经济合作应该包括一个项目——协助落后国家的经济发展，"根据这一种观点，那么为开发资源而实行的有限度的保护手段，似并不是与国际经济合作相冲突的"②。1943年7月，林育青认为，在战后各先进工业国家放弃保护关税，共同推行自由贸易政策的情况下，中国作为工业落后国家，仍应实行一定限度的贸易保护政策。从中国的立场来说，既要与英美等国进行密切的经济合作，消除贸易障碍，大量输入资本与技术，又要利用关税政策减少奢侈品和非必需品的输入。同时，对需要迅速集中发展的若干基本工业，加以最低限度的保护。所以，他认为，自由贸易与保护政策可以兼筹并顾，两者看似矛盾，实际并不矛

---

① 郭子勋：《国营贸易制度的新估价》，《经济建设季刊》第3卷第3、4期合刊，1945年，第72—73页。

② 褚葆一：《试论战后贸易政策》，《经济建设季刊》第2卷第1期，1943年7月，第65—67页。褚葆一此文后来收入其《工业化与中国国际贸易》（商务印书馆1945年4月、1945年12月、1946年5月版）一书，作为第五章《战后贸易政策》。

盾,在大体原则上,中国可以与各国合作推行共同的国际贸易政策。但由于中国工业幼稚,如果实行与英美完全相同的自由贸易政策,就等于继续维持中国半殖民地的经济地位。而且,中国需要保护的工业仅限于尽快发展的几种基本工业。实行这样的关税保护,并不等于中国完全放弃自由贸易原则。①

二 理论根据的追寻:世界历史上有过真正的自由贸易时期吗?

既然国统区知识界对美英两国倡导的自由贸易颇有看法,那么,到世界贸易史中寻找理论根据,证明自由贸易的缺陷,论证贸易保护的合理性,便成为自然的思维逻辑。在这方面,他们非常重视 16、17 世纪欧洲盛行的重商主义和 19 世纪德国经济学家李斯特(List Friedrich,1768—1854)的贸易保护主义学说,以及 19 世纪后期德国和美国实行的贸易保护主义政策。1943 年 10 月 1 日,宋则行介绍说,为了说明战后中国实行贸易保护的必要,大家普遍引用 19 世纪后期美国和德国"工业在保护关税下的急速发达"作为最重要的例证。美国华盛顿总统任内的财政部长察哈尔顿(今译亚力山大·汉密尔顿,Alexander Hamilton)1791 年 12 月提出的带有浓厚保护主义色彩的《制造品报告》(*Report on Manufactures*)和德国李斯特 1841 年撰写的《国民经济学体系》(*National System of Political Economy*)②,成为大家贸易保护主张最重要的理论证据。③

1942 年 7 月,郭子勋系统分析了 16、17 世纪以来的世界贸易史。他特别重视重商主义和 19 世纪末以后德国等欧美国家实行的贸易保护主义,甚至认为贸易保护主义到 20 世纪中叶几乎成为世界贸易发展的总趋势。他介绍说,16、17 世纪,欧洲盛行重商主义,认为一国财富的增加视其获取金银的数量,而获取金银的方法是尽力增加输出,减少输入。重农主义出现于 18 世纪 50—70 年代,是与重商主义完全对立的法国古典政治经济学说。

---

① 林育青:《从历史上观察各国的关税政策》,《经济建设季刊》第 2 卷第 1 期,1943 年 7 月,第 40 页。

② 今译《政治经济学的国民体系》(陈万煦译),商务印书馆 1961、1967 年版。

③ 宋则行:《关税政策·进口限额·外汇统制》,《新经济》半月刊第 9 卷第 11 期,1943 年 10 月 1 日,第 218—222 页。

它以自然秩序为最高信条，视农业为财富的唯一来源和社会一切收入的基础，认为保障财产权利和个人经济自由是社会繁荣的必要因素。重农主义开启了经济自由主义学说。郭子勋接着分析，重农主义取代重商主义，"渐次演出经济放任主义，更由经济放任主义，而形成所谓自由贸易的学说"。在19世纪，"英国工业发达最早，需要原料甚多，机器制造成品，输出海外，换购原料，自然相当有利"，英国是19世纪以来国际自由贸易的最大受益国。所以，自由贸易学说在英国最为盛行，"英国经济学者，就有所谓国际分工、比较成本等理由，来支撑自由贸易的学说"。受英国影响，欧洲其他国家也大多采取自由贸易政策。郭子勋高度评价1879年德国关税税率改革，认为这一改革对于国际贸易保护主义具有划时代性，自此以后，贸易保护主义成为国际贸易理论和政策的主流：德国等后起工业国家，因自身新兴工业受到英国工业产品推销的威胁，力倡保护政策；此后，德国倡导的贸易保护政策受到刚开始工业化的美国欢迎，"虽然美国有许多醉心英国古典派经济学说的学者，一意高唱自由贸易，不过学说终究是学说，美国在实际采取政策时，就不能不建立关税壁垒，实行贸易保护政策"；同时，欧洲其他工业国家也先后推行贸易保护制度。这种情势一直持续到一战前夕。一战期间各国实行的战时贸易限制及保护关税，战后被各国继续采用，甚至作为自由贸易学说发祥地的英国，"这时也不能不正视实际环境，对所谓主要工业，加以关税保护"。1929年至1933年世界经济危机又导致这种贸易保护趋势的强化，"各国对贸易之限制愈益严厉，经济自给之风盛极一时，而贸易统制潮流，遂不可遏阻。定额分配制度、关税定额制度、清偿制度、易货制度及国营贸易制度，层见叠出，日新月异"①。

1943年1月1日，朱伯康也注意到，18、19世纪极力倡导自由贸易的英国，在16、17世纪却是实行重商主义最典型的国家。他指出，重商主义对英国崛起具有重要历史作用。英国通过实行重商主义，增加出口，限制入口，保护和促进本国产业，并通过对外贸易出超使金银等硬通货流入国内，结果使英国国运自16世纪为全球之冠。在朱伯康看来，亚当·斯密

①　郭子勋：《战后我国国际贸易政策之商讨》，《经济建设季刊》创刊号，1942年7月，第123—124页。

1776 年在《国富论》中提出的自由贸易理论,同样站在英国立场说话,为本国国家利益考虑。18 世纪英国商业处于世界鼎盛地位,英国工业革命也开始发动。其他国家的重商主义贸易保护政策,阻碍了英国海上商业的扩展和国内产业的发展,所以,亚当·斯密才主张自由贸易,批评重商主义。①

大家也极为重视 19 世纪德国经济学家李斯特 1841 年撰写的《政治经济学的国民体系》一书有关贸易保护主义的理论。1941 年 10 月 12 日,在西南联大任教的郭垿提到,远在 1871 年(应为 1841 年)李斯特的《国家经济学》即主张,各国经济政策和法则应根据各国不同的经济背景和社会传统因地、因时制宜。李斯特把各国的经济发展划分为三个阶段:(一)落后的农业国家应采用贸易自由主义,"因我之文化低,人之文化高,须取人之长,补己之短";(二)正走向工业化而羽毛未丰的国家应实行贸易保护主义;(三)工业化已发展到极点的国家应采用对外自由贸易。英国已处于第三阶段,所以,实行对外自由贸易政策,德国尚处于第二阶段,必须实行保护主义。② 朱伯康曾于 1934 年夏至 1937 年 2 月在德国留学近 3 年,获法兰克福大学经济学博士学位。③ 他自然特别重视李斯特的经济学说。他于 1943 年 1 月 1 日注意到,与 19 世纪中叶英国自由贸易理论甚嚣尘上同时,在产业相对落后的德国,出现了一个与英国相反、以李斯特为代表的贸易保护主义思潮。李斯特认为,亚当·斯密的理论"多半为英国说话,代表英国之利益,尤其代表英国产业革命后新兴企业家之利益,因此,其理论仅适用于英国,却不能适用于彼时之德国"。尚处产业幼稚时期的国家需要保护关税,"以阻止外货的竞争,待至民族产业长成,足有能力与外货竞争时,于是乃可主张自由贸易"。朱伯康指出,现在的中国与 19 世纪中叶的德国颇为相近:"中国经济实在太落后了,为保障民族的独立生存及人民最低限度的生活水准,工业化及现代化,实为刻不容缓的工作",

---

① 朱伯康:《自由贸易与保护关税》,《新经济》半月刊第 8 卷第 7 期,1943 年 1 月 1 日,第 121—123 页。

② 郭垿:《对于大学经济系的建议》,《新经济》半月刊第 6 卷第 2 期,1941 年 10 月 16 日,第 39—42 页。

③ 朱伯康:《往事杂忆》,第 45 页。

应该借鉴李斯特学派的主张，"我们对于贸易自由的解释，与经济发展的先进国家有些不同。所谓贸易自由，以不妨害中国经济建设及发展之自由为界限，即先帮助中国经济建设使能自由发展，到达实际平等之程度时，然后国际贸易的真正自由，方能互收其益，不致牺牲一方而造成另一方之繁荣的所谓'偏面利益'。"①

1943 年 7 月，霍宝树分别对比了亚当·斯密自由贸易理论与李斯特保护贸易理论、19 世纪英国自由贸易政策与 19 世纪后期德国和美国保护贸易政策。他感到，无论哪种学说、哪种政策，其出发点都是维护本国利益。亚当·斯密与李斯特的主张虽然相反，但其出发点都是维护本国经济利益。"亚当·斯密氏之说，发源于英国产业革命初期，而又当其商业正在全球鼎盛时代。亚当氏目睹重商主义足以阻碍英国海上商业之自由及国内产业之发展，故对重商主义竭力加以批评。而李斯特氏，则适处于德国经济幼稚时期，国内关税重重，而国境关税缺乏保护作用，若采自由贸易政策，则永无向上发展之期望。"但是，霍宝树又感到，虽然中国在工业幼稚方面与 19 世纪德国和美国相同，但战后国际环境又与 19 世纪两国有异。中国战后集中进行工业建设，需要大量引进美英两国的工业设备，要与两国保持非常密切的经济关系，所以，要欢迎两国的自由贸易政策。②

通过分析世界贸易史，许多论者发现，世界上从来没有存在过完全、彻底的自由贸易时期。1943 年 7 月，宋则行发现一种典型的"理论与史实"相分歧的现象。他观察到："从经济学诞生起，千百本理论著作，根据他们逻辑的推演，无不是自由贸易的支持者。"可是，打开世界各国商业政策的演进史，却并非如此。19 世纪欧洲自由贸易的黄金时代只有从 1860 年到 1871 年短暂的十年：1815 年后英国自由贸易呼声高涨，1846 年谷物条约的取消推倒了重商主义的最后壁垒，1860 年英法商约把自由贸易推向高潮，但 1871 年德意志帝国建立后德美两国就开始实行高关税和保护政

---

①　朱伯康：《自由贸易与保护关税》，《新经济》半月刊第 8 卷第 7 期，1943 年 1 月 1 日，第 121—123 页。

②　霍宝树：《发展我国战后对外贸易问题》，《经济建设季刊》第 2 卷第 1 期，1943 年 7 月，第 50—51 页。

策。宋则行分析说,这种理论与史实的紧张,至今依然如此。"自由贸易理论将为战后世界经济新秩序的张本,这从罗邱宣布的《大西洋宪章》中已见端倪。可是,要中国富强康乐,我们必需工业化,而在工业化过程中,至少根据过去中外历史的检证,需要若干程度的保护。"① 1943 年 7 月,林育青也考察了 17 世纪以来英国、美国和德国的关税政策。他发现:"历史上从无永远实行自由贸易政策之国家,亦无各国同时实行自由贸易政策之先例。"英、美、德三国历史上的关税政策,"无不以本国的利益为根据,尤以经济利益为最主要"。"简言之,当本国的经济发展或工业化程度尚不如人时,则实行保护关税,超过他人时则主张自由贸易。"所以,他的结论是:任何一种经济思想、主义或学派,都是根据本国当时的经济环境和经济利益而产生的。②

三 适度的对外贸易统制与保护关税:中国新兴工业发展的需求

全面抗战初期,对外贸易政策问题就引起知识界关注。1939 年 1 月 1 日出版的《新经济》半月刊《编辑后记》曾提出 "请国内专家不吝赐教"的 14 个问题,其中包括"国际贸易政策"问题。③ 不过,知识界就对外贸易政策展开集中、热烈讨论,是在 1942 年下半年开始的战后建设问题讨论期间。大家普遍倾向于中国战后应实行适度的贸易保护政策。尽快实现中国工业化,是他们热衷于讨论对外贸易保护政策的出发点。因为世界经济发展史已经证明,工业后进国家的新兴工业需要相当的贸易保护,这是世界经济发展的一般规律。当时的中国知识界深切感知到此点。1942 年 7 月,郭子勋提出,无论生产技术,还是生产成本,中国新兴工业都不能与先进国家工业产品竞争,"为免得新兴工业,被国际经济的暴风吹折,保护的设施,无疑是极端需要"④。1943 年 5 月 16 日,陈椿永也论述说,自

---

① 宋则行:《自由贸易理论与保护贸易政策——论战后我国贸易政策的抉择原则》,《经济建设季刊》第 2 卷第 1 期,1943 年 7 月,第 20—21 页。

② 林育青:《从历史上观察各国的关税政策》,《经济建设季刊》第 2 卷第 1 期,1943 年 7 月,第 34、39 页。

③ 《编辑后记》,《新经济》半月刊第 1 卷第 4 期,1939 年 1 月 1 日,第 115 页。

④ 郭子勋:《战后我国国际贸易政策之商讨》,《经济建设季刊》创刊号,1942 年 7 月,第 126—136 页。

由贸易只对工业先进国家有利,因为他们"早已在保护政策下完成了工业化的程序"。中国作为工业落后国家,"现在才站在工业化的门口","它的幼稚工业需要保护,免受外来的压力"。高税率、金融管制、比额制、清算制等贸易保护措施,对中国都是可取的。[①] 1943 年 7 月,中国经济建设协会为召开第五届年会,向会员征求意见说,中国战后保护新兴工业,应该采用关税及各项贸易限制等贸易保护政策,还是采用国家扶持工业的办法?[②] 同年 9 月召开的该协会第五届年会决议意见,便强调了中国战后实行适当贸易保护的必要性,认为中国战后国际贸易应以促进国家的迅速工业化为中心目的,"凡工业之有特殊重要关系,并在幼稚时期者,暂取适当之保护关税",并对奢侈品和非必需品实行定额输入制。[③] 1943 年 10 月 1 日,朱伯康也认为,"战后工业化的问题"是中国目前最大的问题,"则国际贸易制度之何者为善,何者为恶,何者应采用,何者应拒绝采用,自然十分清楚"[④]。

从工业化角度论述落后国家实行贸易保护的必要性,宋则行的阐述较为全面而深刻。1943 年 7 月,宋则行分析,正在努力实现工业化的农业国家,必须采取一定程度的贸易保护政策。他认为,如果从国际终极利益出发,承认许多国家尚有发展生产力的巨大潜力,那么,终极性的"国际分工"原则就不应以目前的"比较利益"为依据,而应以各国天然资源的地理分布与人口供给及其性能差别作基础。因此,自由贸易并不一定是条绝对妥善的道路。第一,发达国家有一个假定,就是在生产要素已充分利用的情况下,保护某一工业的生产,虽可使其产额扩充,但其所需生产资源必须从其他工业转移过来,因此,被保护工业的产额固然增加,国民总所得却未必随之增加。而且,被保护工业的产品价格也会随之上升,对消费者也是一种损失。这样,保护政策便无净利可言。

---

① 陈椿永:《论战后对外贸易政策》,《新经济》半月刊第 9 卷第 2 期,1943 年 5 月 16 日,第 38—41 页。

② 《研究委员会报告》,《经济建设季刊》第 2 卷第 3 期,1944 年 1 月,第 32 页。

③ 《中国经济建设协会第五届会员大会决议意见及其说明》,《经济建设季刊》第 2 卷第 3 期,1944 年 1 月,第 24 页。

④ 朱伯康:《战后的国际贸易》(书评)(章友江:《统制贸易制度》,中国文化服务社 1943 年版),《新经济》半月刊第 9 卷第 11 期,1943 年 10 月 1 日,第 235—237 页。

但是，对于正处在工业化进程中的农业国家，这个假定并不成立。在工业落后国家，未开发利用的人力、技术、自然资源普遍存在。由于生产扩张所用的资源大部分是未利用的资源，某一工业的扩充不会妨碍其他产业部门的生产，或者生产资源虽从其他部门转移过来，却是由低效率的利用变为高效率的利用。因此，这种利用未开发资源的工业，如得保护而扩展，不仅会增加这种工业的货品产量，而且也增加国民总所得。第二，在正处于工业化进程中的农业国家，吸收外资与实行贸易保护并不矛盾。成品输出国可以将资本、设备与重要技术人员移往成品输入国，利用当地人工、原料，在关税壁垒后面从事生产。这种关税壁垒可以保障外资生产不受国外同类产品的竞争。第三，落后国家的幼稚工业确实需要贸易保护政策。新工业的创设，面临国外工业竞争，要冒很大的风险。这种风险往往足以阻抑国内企业家的创业精神。保护政策的作用，就在激发这种精神以克服开创的困难。第四，自由贸易理论在国际收支平衡上有一个假定，就是进口贸易的减缩会导致同额出口货值的减缩，任何保护政策不会有净利可得。但是，这个假定在尚未实现工业化的农业国家并不成立。落后国家的生产大部分使用本国原料，很少使用外国原料。保护政策使进口产品价格上升，并不会增加出口货物成本，减少产品出口；虽然进口产品物价上涨导致社会生产成本普遍上涨，但是，处于工业化进程中的国家可以通过提高生产技术，改善生产流程，从另一方面降低生产成本，使出口产品保持竞争力。[①]

知识界关于对外贸易保护的讨论有两个核心问题：对外贸易统制和保护关税。对外贸易统制是通过行政手段控制和干涉对外贸易；保护关税则是通过关税等手段调节进出口，以达到保护国内产业的目的。一般而言，统制贸易论者也主张保护关税，但反之并不尽然，主张保护关税并不尽主张对外贸易统制。相对于保护关税，统制贸易是更严厉的贸易保护措施。

抗战前期，许多论者就开始谈论实行对外贸易统制问题。对外贸易

---

① 宋则行：《自由贸易理论与保护贸易政策——论战后我国贸易政策的抉择原则》，《经济建设季刊》第 2 卷第 1 期，1943 年 7 月，第 27—34 页。

国营是统制对外贸易的重要形式。1937 年 10 月 11 日，罗仲言从战时经济角度论述了对外贸易国营的必要。他认为，在日本以军舰、潜艇等军事力量封锁中国沿海交通的情况下，为了冲破敌人封锁，"应立即集中入口、出口、配给及监督大权于政府之手，俾开辟国际贸易方面之新局势，以与强敌周旋"①。1938 年 4 月 24 日，黄卓又从计划经济角度论证统制对外贸易问题，认为实行计划经济，必须排除国际经济对本国经济的影响，"在实行计划经济以前，我们必须统制对外贸易，即对于人民输入与输出的权力加以严格的限制，人民不得政府许可，不得自由输入或输出任何货物"②。

在 1942 年下半年开始的战后建设问题讨论中，相对于保护关税，大家更重视对外贸易统制。郭子勋明确主张战后实行对外贸易统制。1942 年 7 月，他从建立经济国防、防止经济侵略入手，论证了统制对外贸易的必要性。他认为，战后国防经济建设，一方面，需要进口物资充分而合理，另一方面，也要尽量扩张货物输出，以减少国际偿付的风险。要达到这一目的，"唯一有效的办法，即是实施贸易统制"，由整个的、集团的贸易机构向国外争取市场和讨论价格，比零星分散的个人经济活动更有利。他建议严格管制工业产品进口：实行工业产品进口许可制度，禁止与国内工业产品存在竞争的货物入口；实行工业产品进口定额制度，对于那些中国新兴工业尚不能满足国内市场需要的产品，核定不足数量，制定该产品的进口限额；实行保护关税，规定较高的进口税率，以限制或禁止该项产品进口。他还建议，先从国营桐油、矿产、生丝、茶叶、猪鬃等主要原料出口贸易开始，实行对外贸易的局部国营政策，集中经营某些产品的进出口业务。③

1943 年 7 月，《经济建设季刊》组织了一场对外贸易讨论。讨论中，大家一致倾向统制对外贸易。郭子勋表示，中国战后实行统制贸易制度，"从事全盘的计划，并且要选择主要输出入货品实行局部的国营"，是建立

---

①　罗仲言：《论紧急经济程序》（续），（汉口）《大公报》1937 年 10 月 11 日。

②　黄卓：《如何准备实行计划经济》，（汉口）《大公报》1938 年 4 月 24 日。

③　郭子勋：《战后我国国际贸易政策之商讨》，《经济建设季刊》创刊号，1942 年 7 月，第 126—136 页。

民生主义经济制度的需要。① 霍宝树提出,中国战后应实行"计划的贸易"或"管制的贸易":(一)实行进口管制,一方面,重点对基本工业尤其是重工业实行贸易保护;另一方面,通过减税或免税,鼓励生产器材和必需原料品进口,并管制消费品和奢侈品进口。(二)实行出口管制,奖励国内产品输出。(三)通过外汇管制调节商品进出口。② 中国经济建设协会在1943年7月草拟的《问题草案》中也提出了对外贸易统制问题:中国战后为进行工业建设,需要大量进口货物,但中国出口能力有限,应该对进口实行全盘计划、严格限制、全面国营,还是应该实行较缓和的督导?草案又提出,为促进出口,实行主要货物出口国营,并由政府组织商团,对次要及一般商品出口实行督导经营。③

在1943年7月《经济建设季刊》组织的对外贸易讨论中,中央大学经济系教授褚葆一主张,战后对外贸易政策,要以进口限额制这种严厉的对外贸易统制政策为主,以关税保护为辅。他指出,中国战后工业化刚刚起步,还谈不到开辟海外工业产品市场,首要任务是保护本国工业产品市场。进口限额制比关税保护更能达到这个目的。关税保护只是间接控制进口数量,而进口限额制是直接控制贸易数量,只要认真执行,进口数量自可尽符预期。他将进口限额制分为两种:第一,"协议的统制"。中国政府与英美等国政府订立易货合约,规定将中国每年输出农矿等产品所得的外汇,用于购买经济建设器材。第二,"偏面的统制"。不经外国政府同意,中国政府单方面实行大规模的进口限额制度,收缩非必需品的进口量,增加机器等生产工具输入。他倾向于第一种统制方式,因为此种方式不伤外国感情。但他又不完全排除第二种方式,因为单方面实行贸易限额制也有优点,中国政府可以保持较大的行动自由。他认为,实行进口限额制后,可以合理限制外国竞争性商品的输入,少量进口并无大害,保护关税便无须大规

① 郭子勋:《战后我国对外贸易几个根本问题》,《经济建设季刊》第2卷第1期,1943年7月,第55页。

② 霍宝树:《发展我国战后对外贸易问题》,《经济建设季刊》第2卷第1期,1943年7月,第51—52页。

③ 《研究委员会报告》,《经济建设季刊》第2卷第3期,1944年1月,第32页。

模实施。①

　　但是，宋则行很快于1943年10月1日对褚葆一主张的进口限额制提出质疑。宋则行虽然赞同中国战后实行贸易保护政策，但只主张实行保护关税政策，反对实行进口限额制、进口外汇统制等严厉的对外贸易统制措施。他分析，19世纪后半叶美国和德国的贸易保护方式是保护关税，而进口限额制和进口外汇统制是1929年至1933年世界经济危机期间欧洲新出现的贸易保护方式。1929年发生的经济危机，使欧洲大陆各国物价急剧下跌，各国对外收支出现"永久性的失调"。各国既要平衡国际收支，又要避免恶性通货膨胀和国内货币贬值，继续维持较高的外汇汇率，以有利于偿还巨额外债，"不得不直接间接限制进口额"，既改善其国际收支，又减轻国外物价下跌对本国产业的压力。这种限制进口政策，在法国、比利时、瑞士诸国表现为进口限额制，在奥地利、捷克、匈牙利、德国、保加利亚等国表现为进口外汇统制。"进口限额制则直接限制进口量，隔断国内外价格的关联，以局限外货的竞争势力；外汇统制则间接由限制对外支付额去统制进口量，以期达成同样的目的。"宋则行分析，30年代欧洲大陆各国实行这两种政策的动机是一致的，即维持较高的对外汇率和不自然的国际收支平衡，同时隔离由其过高币值导致的国外低价产品的竞争压力。但是，中国战后实行贸易保护政策的目的与此"完全异趣"。因为如果中国战后实行进口限额制和进口外汇统制，肯定引起其他国家的贸易报复，失去国际合作和援助，使引进外资变为不可能。中国战后建设资金无法筹集，"是否将更阻抑或延缓我国工业化的进程呢"？②

　　章友江也明确主张战后实行对外贸易统制和国营。他在1943年9月出版的《统制贸易制度》中主张，中国战后仅实行保护关税并不够，还须实行对外贸易统制和计划贸易，有计划地输入和输出。因为落后国家要实现工业化，在对外贸易上，必须"输入大量重工业品，而尤其制造机器的机

---

　　①　褚葆一：《试论战后贸易政策》，《经济建设季刊》第2卷第1期，1943年7月，第64—65、70—71页。

　　②　宋则行：《关税政策·进口限额·外汇统制》，《新经济》半月刊第9卷第11期，1943年10月1日，第218—222页。

器，同时，严禁奢侈品及非必需品的进口"。章友江此书出版一个月后，朱伯康很快于当年 10 月发表书评，赞同章友江统制贸易和计划贸易主张，认为"为中国设想，将来的国际贸易，亦非如此不可"。他也分析："中国因为工业未发展，生产力薄弱，实无资格应用，只能将此制度（自由贸易制度）悬为理想，待迎头赶上，达到全国工业化的境界时，再来采用。此时，剩下来足供我国采行的，只有统制贸易与计划贸易两者。"在各种统制贸易方式中，朱伯康倾向易货制，认为"此制度在技术上比较简单，易于实施，可以自由选择主顾，以输入国防建设及经济建设之器材，而输出中国多余的及非必需的物品，作有计划的交换，使易于控制进出口物品的种类及数量"。而且，易货制还可以逐渐养成对外贸易国营制度。① 显然，章友江和朱伯康都主张实行统制贸易、计划贸易制度，进而实行对外贸易国营制度。这种统制贸易、计划贸易，即包含宋则行认为中国战后不宜采取的进口限额制和进口外汇统制。

对外贸易国营是统制对外贸易的一个具体方法。郭子勖于 1943 年 7 月介绍说，主张统制贸易的人往往进一步主张战后对外贸易国营，"不再许可任何私人来参加国际贸易"②。在这个问题上，大部分论者倾向实行局部的对外贸易国营，不主张苏联式的全面对外贸易国营。1943 年 7 月，主张对外贸易统制的褚葆一就主张实行对外贸易的局部国营，不主张实行全盘国营。他认为，这种对外贸易局部国营，一方面由政府经营特别重要商品的进出口，一方面仍准许人民经营其他商品的进出口贸易，"这样民营机关和国营机关可互相比较竞赛，而把办事的效率提高"。而全盘的国营贸易不仅需要对外贸易计划与整个国家行政计划严密配合，并且在厘订贸易计划时，又必须详尽考虑各项商品对国民经济的影响。其中经纬万端，关系微妙，只有积长期的经验，方能有适当的处置，否则，必造成巨大的浪费和牺牲。③ 孔士谔也认为，苏联式的绝对国营不合中国

---

① 朱伯康：《战后的国际贸易》（书评）（章友江著《统制贸易制度》，中国文化服务社 1943 年版），《新经济》半月刊第 9 卷第 11 期，1943 年 10 月 1 日，第 235—237 页。

② 郭子勖：《战后我国对外贸易几个根本问题》，《经济建设季刊》第 2 卷第 1 期，1943 年 7 月，第 54—55 页。

③ 褚葆一：《试论战后贸易政策》，《经济建设季刊》第 2 卷第 1 期，1943 年 7 月，第 65 页。

国情，尤其与英美等国的私营贸易潮流不合，主张对外贸易国营应限于少数重要出口商品。一方面，私营贸易有其优点，各私营贸易企业间的竞争，可以避免官僚式的行政迂缓和假公济私等问题；另一方面，一些对外贸易又非采用国营方式不可，尤其中国以出口农矿产品换取外国工业器材等贸易，必须由中国政府与英美等国政府直接交涉，"而非以国营方式出之不为功焉"①。章友江虽然把对外贸易国营制度视为中国战后的根本国策，但也不主张实行"全部国营贸易制"，而主张实行"局部国营贸易制"。他把"局部国营贸易制"分为三种形式：第一，"进出口商品品别之局部国营方式"，即根据进出口商品的重要性，确定收归国营的先后，以便逐渐将各种重要商品的进出口收归国营；第二，"国家所需商品的局部国营方式"，即政府和国营企业需要的商品的进口实行国营；第三，"国家所产商品的局部国营贸易方式"，即国营企业生产的商品出口实行国营。他主张，这三种方式应该同时并用：将数种重要进出口物品的对外贸易收归国营，可使国家资本在对外贸易上居于领导地位，成为实行计划贸易或计划经济的有力杠杆；政府及国营企业所需外国商品由国家统一输入，可以集中讲价，节省外汇；国营企业生产商品的出口交由国营贸易公司办理，较为便利。② 1945 年 5 月后，郭子勋更加明确反对全面的对外贸易国营。他指出，战后对外贸易国营"曾经被人给予过高的估价"，把对外贸易国营当成扩大出口、限制进口的有效方法。但是，扩大出口、限制进口并非只有对外贸易国营一途。在扩大出口方面，政府可以组织出口商人，向出口商提供海外商情、信用保证、出口津贴以及仓储、银行、保险和航运便利；在限制进口方面，政府可以提高关税，实行进口许可制或定额进口制。这些措施的效果远远超过对外贸易国营。③

① 孔士谞：《论战后之中国国际贸易》，《经济建设季刊》第 2 卷第 1 期，1943 年 7 月，第 77—78 页。

② 章友江：《战后推行国营贸易制之重要问题》，《经济建设季刊》第 2 卷第 1 期，1943 年 7 月，第 80—81 页。

③ 郭子勋：《国营贸易制度的新估价》，《经济建设季刊》第 3 卷第 3、4 期合刊，1945 年，第 71、73—74 页。

在各种贸易保护措施中,除对外贸易统制外,保护关税是另一个重要方式。可以说,许多论者在主张贸易统制的同时,一般均主张实行保护关税政策。但是,大家对保护关税的重视程度,显然比不上对外贸易统制。因为在时人看来,通过行政手段严格统制对外贸易,要比仅通过关税手段调节对外贸易,来得彻底,对国内产业的保护效果也更明显。所以,大家关于保护关税的专门论述,比对外贸易统制少得多。

实行适当的保护关税政策,是抗战中后期中国朝野各方的共同主张。1943 年 10 月,朱伯康阐述了保护关税的重要性,认为"保护关税,为经济建设之利器,更为产业落后之民族用以防卫自己工业之有效工具,我们未可轻视。中国如欲工业化成功,无论如何,非有保护关税不可"。在进口贸易方面,除降低国内工业建设特别需要的工业器材的进口关税外,只要中国能自制或准备自制的工业制造品,即使品质不良,也要提高关税而阻抑其进口;在出口贸易方面,应奖励制造品出口,而对粮食、原料及粗制品或半制品,应提高出口税以减少其出口。① 1945 年 5 月国民党六大通过的《工业建设纲领实施原则》也明确提出,为在战后迅速实现工业化,"凡工业之有特殊重要关系并在幼稚时期者,暂采适当之保护关税政策"。5 月 29 日《大公报》社评很快表示支持,认为"我们还没有资格去唱自由贸易",实行适当的保护关税政策"天然是对的,有权利的"②。

但是,许多论者又强调保护关税的局部性,认为保护关税应主要限于国内能够生产的工业品,不能对所有产品征收保护关税。1943 年 10 月,吴大业指出,战后初期,保护关税只能限于"工业制造的消费品",不应对粮食和用于生产的机器设备征收保护关税:由于国外粮价较低,粮食进口可使我们移出一部分农民从事工业建设,不应采取限制进口的保护关税政策;战后建设所用的机器设备,"最初因技术与设备的关系,国内生产的

---

① 朱伯康:《战后中国对外贸易政策商榷》,《经济建设季刊》第 2 卷第 2 期,1943 年 10 月,第 159 页。

② 《关于工业建设纲领》(社评),(重庆)《大公报》1945 年 5 月 29 日。

品质与数量均当不足，故在建设的最初期亦不宜施用保护关税"①。1944 年
3 月 6 日，李卓敏也强调，我国需要关税保护的产业，只是纺织、面粉、
火柴等轻工业，而其他的重工业产品，诸如中国仍需大量进口的机器与工
厂设备，不能采取关税保护措施。②

　　总之，抗战后期，在对外贸易保护问题上，中国知识界的心情矛盾而
复杂。在 1941 年 8 月《大西洋宪章》公布后美国等世界强国已明确宣布实
行国际自由贸易政策的情势下，他们又深感对中国战后新兴工业实行相当
贸易保护的实际需要。所以，他们试图在不违背整个国际自由贸易这个大
潮流的情况下，寻求一条实行一定程度的贸易保护的途径。

　　抗战中后期，国统区知识界关于战后建设问题的讨论，从 1942 年下半
年至 1945 年 8 月持续了整整三年时间。在近代中国，这场以国家经济建设
为中心的思想讨论，无论持续时间，还是参与人数和讨论规模，均属空前，
充分体现出知识界对战后建设的高度热情和无限憧憬。这场讨论以中国工
业化前途为基础。他们发表的各种意见和主张，都紧紧围绕着战后中国尽
快实现工业化这一中心思想而展开。所以，利用外资和对外贸易成为他们
讨论的两项中心议题。因为这两个问题是事关战后中国能否成功实现工业
化的两个最大关键：对于中国这样一个经济落后、建设资金极度贫乏的国
家而言，能否筹集到足够的建设资金，是战后工业建设首先要面对的严峻
问题；同时，中国作为工业化后进国家，战后的新兴工业属于典型的幼稚
工业，因而，战后中国是否应该实行，又应该怎样实行贸易保护政策，又
是事关中国新兴工业能否发展壮大并在世界经济竞争中占据一席之地的大
问题。正如 1943 年 5 月 16 日《新经济》半月刊《编辑后记》所言："战
后经济建设的有关问题很多，但我们认为：对外贸易、利用外资和战区产
业复员，应该是其中比较重要的三项。"③ 其中，战区复员属于实际经济恢
复，不属单纯的经济体制问题。讨论中，他们形成了以下共识：中国工业
建设必须与整个世界的经济复兴和发展密切联系；必须大量引进美国等经

---

　　①　吴大业：《战后建设的经济》，《经济建设季刊》第 2 卷第 2 期，1943 年 10 月，第 123—
124 页。

　　②　李卓敏：《世界经济与中国（续）》，（重庆）《大公报》1944 年 3 月 6 日。

　　③　《编辑后记》，《新经济》半月刊第 9 卷第 2 期，1943 年 5 月 16 日，第 44 页。

济发达国家的资金和先进技术;中国作为刚刚向现代工业化迈步的国家,必须对本国新兴工业实行一定程度的贸易保护政策。同时,他们对利用外资和贸易保护的具体方式也作了非常有益和有价值的理论探索。他们的讨论不仅取得了极为丰硕的理论成果,而且,无论在当时,还是在现在,都具有深远的社会意义。

结　语

抗战时期国统区知识界关于现代化、工业化、经济体制、战后建设等问题的讨论，是中国近代思想史极其重要的内容。其本身不仅是整个中国近代思想演变进程中的重要一环，而且，其达到的理论高度、具有的理论价值，对当今中国经济建设事业仍具借鉴意义。深入研究抗战时期国统区知识界关于中国经济发展道路的讨论，不仅具有重要史学价值，也具有相当的社会现实意义。

罗荣渠教授曾论述说："中国现代化思想运动的一大特色在于它始终是从文化层次来探讨中国出路问题。从这样一个角度来看中国问题本来无可厚非，但把中国出路问题归结为根本是一个文化问题，那就成问题了。""五四以来关于中国出路之论争长期都是围绕东西文化之争这个题目兜圈子，而很少涉及经济发展的问题，这是一个根本性的弱点。"[①] 罗荣渠教授此言揭示了 20 世纪二三十年代中国知识界关于中国发展路向讨论的一个显著特点：无论是现代化问题，还是工业化问题，其理论原点都是中西文化问题，都是从中西文化问题讨论中引申出来。至少在 30 年代之前，有关中国发展路向的讨论主要局限于文化问题。但是，罗荣渠教授未注意到的是，这种情况自 30 年代初以后发生了根本性的变化。以现代化、工业化等论题由中国知识界言说边缘进入中心为标志，经济制度、经济发展等论题逐渐

---

① 罗荣渠：《中国近百年来现代化思潮演变的反思（代序）》，罗荣渠主编：《从"西化"到现代化——五四以来有关中国的文化趋向和发展道路论争文选》，第 29—30 页。

代替单纯的文化问题成为三四十年代中国知识界的言说重心。这种趋势到抗战时期进一步强化。

现代化理念是三四十年代中国知识界设计中国发展道路的基本理论原点。自30年代中期开始,知识界把科学与工业视作现代化的核心问题,而工业化又被视作现代化的重中之重。此时知识界理解的"科学",也偏重于与工业化密切相关的自然科学与工程技术,而与20年代中期以前知识界所指的较空泛的"科学方法"有明显歧异。

进入全面抗战时期,出于反侵略战争需要,中国知识界开始在严酷的现代战争环境中,重新认识中国的现代化和工业化问题。这直接导致他们对工业化必要性认识的强化。抗战时期,国力、建国、经济等问题成为他们的关注焦点。在他们看来,这些问题的实质就是以工业化为核心的现代化问题。所以,工业化理念在中国思想界的完全确立,就成为抗战时期中国知识界的重要思想成果。

与此同时,抗战时期,中国知识界对工业化的认识也进一步成熟和深化。自20年代至30年代,中国知识界曾就"以农立国"和"以工立国"问题进行了长期论争。一方面,20年代杨明斋、杨杏佛、恽代英,30年代吴景超、陈序经、贺岳僧等工业化论者宣扬的工业化理论,反映了中国经济发展的客观需要;另一方面,20年代章士钊、龚张斧,30年代梁漱溟等"以农立国"论者宣扬的发展农业的重要性,也一定程度上反映了中国经济发展的另一面需求,这就是中国作为落后国家,在经济发展进程中,农业发展同样具有重要地位。所以,抗战时期,中国知识界工业化理念的成熟性,首先就体现在对工业与农业关系认识的合理性。一方面,大家对"以农立国"等农本论作了更严厉的批判,更明确阐释了工业化的必要性,另一方面,也明确认识到农业发展在中国整体经济发展进程中的重要地位。所谓"农业机械化"、"农业科学化"等现代农业命题受到大家的极端重视。1940年8月翁文灏提出的"以农立国,以工建国",就是对20年代以来"以农立国"与"以工立国"两种对立观念的合理整合。

而且,抗战时期,中国知识界的工业化理念进一步深化。抗战以前,乃至抗战初期,大家对工业化的理解比较狭隘,主要限于大规模机械化生产,也就是当时论者津津乐道的"机械化"。例如,蒋廷黻在把现代化定义为科学与工业的同时，就屡次用"机械"一词表述"工业"概念。而吴景超自 30 年代初至抗战前期，一直把工业化理解成作为大规模机械生产的"机械化"。但是，抗战时期，尤其自 1943 年以后，这种思想态势出现明显变化。方显廷、刘大钧、杨叔进等论者开始热衷于从整体经济变革角度全面阐释工业化概念。他们把工业化视作包括工业、农业、矿业、交通、金融等各方面的整体经济变革。抗战中期以后，吴景超对工业化的认识也出现转变，开始从整个国民经济体系角度认识工业化问题。

尤其值得关注的是，自 1943 年以后，知识界在全面阐释工业化概念的同时，开始从整体社会变革层面认识工业化问题。他们明确把工业化与整体社会变革联系起来，提出"工业化与社会改造"命题，亦即今天所说的"工业社会"（Industrial society）。谷春帆提出的"工业化的精神"、简贯三提出的"企业精神"和"工业化与社会改造"、《大公报》社评提出的"工业化的道德"、顾毓琇提出的"工业化的心理建设"和"工业化的文化"、陶孟和提出的"现代工业的性质"等命题，其理论核心无不是以工业化为导向的整体社会改造问题。他们关于工业化与社会改造问题的阐述，标志着中国知识界工业化理念的全面深化。

既然发展工业，实现工业化是中国经济发展的必然选项和唯一前途，那么，中国工业建设的具体途径是什么？换言之，中国应该建立一种什么样的经济体制？由此，知识界就中国经济体制问题展开长期而热烈的讨论。这方面的讨论有两个核心问题：计划经济、统制经济与自由经济问题，国营经济与民营经济问题。

值得注意的是，抗战时期，在经济体制问题上，国统区知识界有一个明显的思想态势，即计划经济、统制经济等国家经济干预思潮的盛行，以及对苏联和德国经济模式的推崇。这反映出当时中国知识界经济自由主义的极度式微。但是，他们这种思路却有着极为强烈的内在矛盾。因为他们中的大部分人属于留学英美的自由主义知识分子，其思想基础是自由主义。以自由主义思想为基础，却崇尚国家经济干预论，导致他们在经济体制问题上的极度迷惘。之所以出现这样一种思想态势，不仅与第一次世界大战至第二次世界大战中期世界自由主义思潮的低落密切相关，也与同时期世界经济形势密切关联。20 年代末 30 年代初，世界经济曾同时发生两件大事，即 1929 年至 1933 年西方资本主义世界的空前经济危机和 1928 年至 1932 年苏联宣布第一个五年计划提前完成并取得巨大成就。这两个对比鲜明的事件，对 30 年代以后中国知识界的心理造成强烈冲击。同时，1933 年德国希特勒上台后世界法西斯主义的兴起，也给中国知识界造成巨大影响。所以，自 30 年代初开始，中国知识界即开始推崇苏联和德国等国家经济干预模式。这种思想态势到抗战前期得到全面强化。但是，他们一方面强烈推崇苏德模式，却又没能彻底放弃英美自由经济模式，从而造成他们思想的极度混乱。这首先体现在，他们一方面主张借鉴苏联计划经济和德国统制经济体制，却几乎没有一个人主张在中国建立完全意义上的苏联式计划经济和德国式统制经济制度。而且，他们对计划经济、统制经济的理解也极度混乱，充满歧异。尤其是自 1943 年开始，随着第二次世界大战中美国战略地位的凸显和世界自由主义的复兴，陈振汉、谷春帆等一些论者开始以自由经济理念为基础，对计划经济和统制经济的合理性提出质疑。抗战前期主张计划经济和统制经济的吴景超，到抗战后期也开始倾向美国经济模式。这种思想态势表现出抗战时期国统区知识界在苏联社会主义、德国法西斯主义和英美自由主义三大经济体制间的徘徊与游移。这直接导致他们思想的极度混乱和居无定所。

抗战时期，在经济体制问题上，国统区知识界讨论的另一个重大理论问题，是国营经济与民营经济问题。他们对这个问题的讨论有一个理论基点，就是国营与民营并存的"混合经济制度"。这种经济制度有着复杂的理论来源。孙中山民生主义强调的"发达国家资本，节制私人资本"、发展实业应分国营与民营两路进行，是他们反复论说的基本教义。而苏联国营经济体制和英国费边社会主义理论，也成为他们发展国营经济的重要理论基础。值得注意的是，他们关于国营经济的讨论有一个重要言说对象——抗战时期日益壮大的资源委员会国营重工业体系。而且，他们使用的"国营事业"（即今天所说的"国营企业"）概念的外延也极为宽泛，既包括苏联式国营企业，也包括西方自由资本主义国家由政府经营的企业，甚至包括晚清民国时期的各种"官办"企业。但是，他们所言的"国营事业"并不包括蒋、宋、孔、陈"四大家族"官僚资本，尤其是翁文灏、吴景超等人对"四大家族"官僚资本强烈反感。

　　既然中国要实行国营经济与民营经济并存的"混合经济制度"，就存在一个不容回避的理论问题：如何划分国营经济与民营经济的经营范围？这个问题，不仅在抗战时期，就是在今天，都是一个尚未完全解决的理论问题。自抗战初期至抗战末期，国统区知识界对这个问题一直相当重视，进行了长期讨论，但始终未能形成一致意见。而实际上，他们这方面的讨论有一个重要社会经济参照，就是在国统区，一方面资源委员会逐步建立起大批国营重工业企业，另一方面，民营经济基本限于民生轻工业。但是，重工业国营、轻工业民营一直是他们用以讨论问题的"潜规则"，他们始终试图对这个规则进行修正，从而长期呈现出各说各话的思想态势。抗战后期，虽然曹立瀛明确提出把"重工业国营，轻工业民营"作为划分原则，也只是他的个人看法，主张全面扩大国营经济领域的陈伯庄就不认同这种主张。知识界关于划分国营经济与民营经济经营范围的讨论，反映出他们在这个问题上的极大困惑。

　　出于对晚清洋务企业、民国时期各类"官办"企业经营效率低下、败多成少的担忧，也出于资源委员会国营企业的经营实践，他们长期讨论了国营企业的经营效率问题。他们对这个问题的总倾向，是通过建立所有权与经营权分离的现代公司制度提高国营企业的经营效率。这种理论探讨具有重要理论和实践价值。在这方面，吴半农的论述最具代表性。但是，他们的分析也包含着深刻矛盾。一方面，他们所说的这种现代公司制度，主要借鉴自西方资本主义国家的政府企业，另一方面，又强烈推崇苏联国营企业模式，试图将两者结合起来。而实际上，苏联国营企业制度未必是他们企望的这种政企分离的现代公司制度。

　　自 1942 年下半年开始，至 1945 年 8 月抗战胜利，国统区知识界进行了整整三年的战后建设讨论。这是中国近代历史上关于国家经济建设问题规模最大、最深入、最集中的一场讨论。这场讨论以迅速实现中国工业化作为思想基础。出于对战后工业建设的强烈憧憬，他们在讨论中投入了巨大热情。如果说知识界对经济体制的讨论充满分歧，那么，在这场讨论中，大家的意见却相当一致。这场讨论有两个焦点问题：利用外资与对外贸易。作为经济落后国家，近代中国的资金积蓄极其贫乏。资金问题是制约战后中国大规模工业建设的最大瓶颈。同时，美国作为世界最大的经济体，有着巨额剩余资金和物资。由此，他们强烈期望引进美国等发达国家的资金和先进技术。但是，鉴于清末民初巨额政治借款以及在华外资企业对国家主权和经济的严重损害，他们在引进外资问题上需要进行一次重大思想转换。所以，他们对利用外资的必要性作了深入探讨。随着讨论的日趋深入，他们又深入细致地分析了引进外资的具体方式。中国战后工业建设的另一个重要问题，是如何在对外贸易方面保护中国的新兴工业。在这个问题上，他们的心情充满矛盾。因为在第二次世界大战后期美英两国已经明确宣布战后国际自由贸易政策的情况下，他们又深感中国通过贸易保护政策保护中国新兴工业的必要。

　　抗战时期知识界关于中国经济发展道路的讨论，所涉及的现代化与工业化、计划经济与自由经济、国营经济与民营经济、利用外资与对外贸易等内容，均为中国现代化和经济发展进程中的核心问题。虽然他们的讨论，在抗战胜利后由于国共两党的内战，暂时没能付诸实践，但其对近代中国，乃至当代中国的理论价值和现实意义却并不因此泯灭。20世纪40年代末以后，中国共产党终于领导中国人民建立起一个独立自主、逐渐走向现代化和工业化富强道路的崭新国家。谁能说中国共产党领导的中国经济建设事业，与抗战时期中国知识界关于国家建设的理论探讨绝对没有关系。

参 考 文 献

一 史料类文献

(一) 解放前报刊

《大公报》天津版、汉口版、重庆版

《独立评论》

《经济建设季刊》

（台湾）《传记文学》

《新经济》半月刊

(二) 史料类书籍

北京大学、清华大学、南开大学、云南师范大学编：《国立西南联合大学史料》，云南教育出版社 1998 年版。

北京大学图书馆编：《北京大学图书馆藏胡适未刊书信日记》，清华大学出版社 2003 年版。

北京大学校史研究室编：《北京大学史料》，北京大学出版社 2000年版。

卜凯（J. L. Buck）主编：《中国土地利用》，（台湾）学生书局 1971年版。

蔡德金编注：《周佛海日记》，中国社会科学出版社 1986 年版。

蔡尚思、朱维铮主编：《中国现代思想史资料简编》，浙江人民出版社 1982—1983 年版。

陈伯庄：《苏联经济制度》，商务印书馆 1943、1947 年版。

陈伯庄:《卅年存稿》(影印版),沈云龙主编:《近代中国史料丛刊三编》第 3 辑,(台湾)文海出版社 1985 年版。

陈之迈:《政治教育引论》(艺文丛书之十),商务印书馆 1939 年版。

陈之迈:《中国政制建设的理论》(艺文丛书之十五),商务印书馆 1939 年版。

陈之迈:《政治学》(青年基本知识丛书),正中书局 1940 年版。

陈之迈:《中国政府》(据商务印书馆 1946 年版影印),《民国丛书》第 3 编(20),上海书店 1991 年版。

陈之迈:《蒋廷黻的志事与平生》,(台湾)传记文学出版社 1967 年版。

陈祖东:《苏联纪行》,正中书局 1939 年版。

程玉凤、程玉凰编:《资源委员会档案史料初编》,(台湾)"国史馆" 1984 年版。

程玉凤编:中华民国资源委员会史料(2)《资源委员会技术人员赴美实习史料——民国三十一年会派》,(台湾)"国史馆" 1988 年版。

褚葆一:《工业化与中国国际贸易》(据商务印书馆 1946 年版影印),《民国丛书》第 4 编(31),上海书店 1992 年版。

褚葆一:《褚葆一文集》,上海人民出版社 2001 年版。

董时进:《国防与农业》,商务印书馆 1944、1945 年版。

方显廷:《中国工业资本问题》,商务印书馆 1939 年版。

方显廷编:《中国战后经济问题研究》,商务印书馆 1945、1946、1947 年版。

高平叔:《利用外资问题》,商务印书馆 1944 年版。

高平叔、丁雨山:《外人在华投资之过去与现在》,中华书局 1944、1947 年版。

高叔康:《战时农村经济动员》(艺文丛书之二),商务印书馆 1938 年版。

高叔康:《战时经济建设》,商务印书馆 1939、1941 年版。

顾毓琇:《中国工业化之前途》,龙门联合书局 1949 年版。

国际联盟教育考察团编:《国际联盟教育考察团报告书》(影印版),

沈云龙主编：《近代中国史料丛刊三编》第 11 辑，（台湾）文海出版社 1986 年版。

《国民经济建设运动》（训练丛书之八），三民主义青年团中央团部 1940 年编印。

《国民经济建设运动要义》（训练丛书之十五），中国国民党中央执行委员会训练委员会 1941 年编印。

《国民经济建设运动之理论与实际》，中国国民党中央执行委员会宣传部 1936 年印。

胡颂平：《胡适之先生年谱长编初稿》，（台湾）联经出版事业公司 1984 年版。

《回忆国民党政府资源委员会》，中国文史出版社 1988 年版。

简贯三：《工业化与社会建设》（中山文化教育馆社会科学丛书），中华书局 1945、1946 年版。

《蒋廷黻传记资料》，（台湾）天一出版社 1985 年版。

蒋廷黻：《中国近代史》（据商务印书馆 1939 年版影印），《民国丛书》第 2 编（75），上海书店 1990 年版。

蒋廷黻：《蒋廷黻选集》，（台湾）文星书店 1965 年版。

蒋廷黻：《中国近代史》，上海古籍出版社 1999 年版。

蒋廷黻：《蒋廷黻回忆录》，岳麓书社 2003 版。

蒋中正：《中国之命运》，正中书局 1943 年版。

拉斯基著，王造时译：《民主政治在危机中》，商务印书馆 1940 年版。

李权时：《现代中国经济思想》，中华书局 1934 年版。

李权时：《统制经济研究》，商务印书馆 1937 年版。

李树青：《蜕变中的中国社会》，商务印书馆 1945 年版。

李学通：《翁文灏年谱》，山东教育出版社 2005 年版。

林兰芳：政治大学史学丛书（2）《资源委员会的特种矿产统制 (1936—1949)》，（台湾）政治大学历史学系 1998 年版。

刘大钧：《经济动员与统制经济》（国民经济研究所丛书之三），商务印书馆 1939 年版。

刘大钧：《工业化与中国工业建设》（国民经济研究所丙种丛书第一

编），商务印书馆1944年版。

罗荣渠主编：《从"西化"到现代化——五四以来有关中国的文化趋向和发展道路论争文选》，北京大学出版社1990年版。

马芳若编：《中国文化建设讨论集》，龙文书店1935年版。

《马寅初全集》，浙江人民出版社1999年版。

《民国人物大辞典》，河北人民出版社1991年版。

欧阳哲生编：《胡适文集》，北京大学出版社1998年版。

浦薛凤：《政治文集》，（台湾）商务印书馆1981年版。

浦薛凤：《万里家山一梦中》，（台湾）商务印书馆1983年版。

浦薛凤：《太虚空里一游尘：八年抗战生涯随笔》，（台湾）商务印书馆1979年版。

钱昌照：《钱昌照回忆录》，中国文史出版社1998年版。

钱端升：《建国途径》，国民图书出版社1942年版。

钱端升：《战后世界之改造》，商务印书馆1943年版。

清华大学校史编写组：《清华大学校史稿》，中华书局1981年版。

清华大学校史研究室编：《清华人物志》，清华大学出版社1992年版。

清华大学校史研究室编：《清华大学史料选编》，清华大学出版社1994年版。

全国生产会议秘书处编：《全国生产会议总报告》（影印版），沈云龙主编：《近代中国史料丛刊三编》第44辑，（台湾）文海出版社1988年版。

全国政协文史资料委员会工商经济组编：《回忆国民党政府资源委员会》，中国文史出版社1998年版。

任鸿隽：《科学救国之梦：任鸿隽文存》，上海科技教育出版社2002年版。

荣孟源主编，孙彩霞编辑：《中国国民党历次代表大会及中央全会资料》，光明日报出版社1985年版。

沙学浚：《国防地理论》，商务印书馆1943、1944年版。

《上海市社会科学界人名录》，上海人民出版社1992年版。

《孙中山全集》，中华书局1981—1986年版。

孙本文：《当代中国社会学》（据胜利出版公司 1948 年版影印），《民国丛书》第 1 编（15），上海书店 1989 年版。

孙本文：《现代社会科学趋势》（据商务印书馆 1948 年版影印），《民国丛书》第 5 编（16），上海书店 1996 年版。

孙科：《中国的前途》，商务印书馆 1942 年 11 月、1945 年 6 月、1945 年 11 月版。

孙科：《中国与战后世界》，商务印书馆 1944 年版。

（台湾）"教育部"主编：《中华民国建国史》第 3 篇，统一与建设（3），（台湾）"国立"编译馆 1985 年版。

（台湾）"教育部"主编：《中华民国建国史》第 4 篇，抗战建国（2），（台湾）"国立"编译馆 1985 年版。

谭熙鸿主编：《十年来之中国经济（1936—1945）》（影印版），沈云龙主编：《近代中国史料丛刊续编》第 9 辑，（台湾）文海出版社 1974 年版。

唐润明主编，重庆市档案馆编：《抗战时期大后方经济开发文献资料选编》，重庆大学出版社 2004 年版。

陶希圣：《潮流与点滴》，（台湾）传记文学出版社 1979 年版。

翁文灏：《中国经济建设论丛》，资源委员会秘书处 1943 年印行。

翁文灏、顾翊群：《中国经济建设与农业工业化问题》，社会经济出版社 1944、1945、1946 年版。

翁文灏：《中国工业化的轮廓》（中周百科丛书），中周出版社 1944 年版。

巫宝三：《国民所得概论》（中国人文科学社丛刊），正中书局 1945、1946 年版。

吴半农：《国营事业论》（青年文库），中国文化服务社 1944 年版。

吴景超：《第四种国家的出路》，商务印书馆 1937 年版。

吴景超：《中国工业化的途径》，商务印书馆 1938 年版。

吴景超：《中国经济建设之路》，商务印书馆 1943 年版。

吴景超：《战时经济鳞爪》（青年文库），中国文化服务社 1944、1945、1946 年版。

吴世昌：《中国文化与现代化问题》，观察社 1948 年版。

伍启元:《中日战争与中国经济》,商务印书馆 1940 年版。

伍启元:《宪政与经济》,正中书局 1944、1945 年版。

伍启元:《由战时经济到平时经济》(在创丛书),大东书局 1946 年版。

萧超然等编:《北京大学校史 1898—1949》,上海教育出版社 1981 年版。

萧公权:《问学谏往录》,(台湾)传记文学出版社 1972 年版。

薛月顺编:《资源委员会档案史料汇编——电业部分》,(台湾)"国史馆" 1992 年版。

薛月顺编:《资源委员会档案史料汇编——光复初期台湾经济建设》,(台湾)"国史馆" 1993—1995 年版。

章柏雨、汪荫元:《各国农产物价统制实施》,商务印书馆 1944、1946 年版。

章友江:《对外贸易政策》(据正中书局 1947 年版影印),《民国丛书》第 1 编(37),上海书店 1989 年版。

张奚若:《张奚若文集》,清华大学出版社 1989 年版。

张则尧:《中国农业经济问题》,商务印书馆 1946 年版。

张忠绂:《迷惘集》(影印版),沈云龙主编:《近代中国史料丛刊续编》第 53 辑,(台湾)文海出版社 1978 年版。

张宗植:《比邻天涯:中国与日本——张宗植怀旧文集》,清华大学出版社 1996 年版。

赵宝煦、夏吉生、周忠海编:《钱端升先生纪念文集》,中国政法大学出版社 2002 年版。

中国第二历史档案馆整理:《国民政府经济部公报:1938.2—1949.12》(影印本),南京出版社 1994 年版。

中国人民大学中共党史系:《中国国民党历史教学参考资料》,中国人民大学校内用书,1986—1988 年印刷。

《中华当代文化名人大辞典》,中国广播电视出版社 1992 年版。

周宪文编:《中国不能以农立国论争》,中华书局 1941 年版。

朱伯康:《经济学纲要》(据中国文化服务社 1946 年版影印),《民国丛书》第 5 编（32），上海书店 1996 年版。

朱伯康：《经济建设论》（青年文库），中国文化服务社 1946 年版。

朱伯康：《往事杂忆》，复旦大学出版社 2000 年版。

朱伯康、祝慈寿：《中国经济史纲》（据商务印书馆 1946 年版影印），《民国丛书》第 1 编（35），上海书店 1989 年版。

朱佑慈、杨大宁、胡隆昶、王文钧、俞振基译：《何廉回忆录》，中国文史出版社 1988 年版。

朱斯煌：《民国经济史》，沈云龙主编：《近代中国史料丛刊三编》第 47 辑，（台湾）文海出版社 1988 年版。

祝世康：《民生主义的真义》（抗战特刊第四种），中山文化教育馆 1940 年版。

祝世康：《民生主义与世界改造》（民生主义经济学社丛书第一种），正谊书店 1943 年版。

祝世康：《民生主义与社会保险》（民生主义经济学社丛书第三种），青年图书社 1943 年版。

（三）史料类文章

齐植璐：《国民党政府经济部十年旧闻述略》，天津市政协文史资料委员会编：《天津文史资料选辑》第 7 辑，天津人民出版社 1980 年版，第 175—196 页。

田桂林：《高平叔——从经济学家到蔡元培研究专家》，天津市政协文史资料委员会编：《天津文史资料选辑》1998 年 1 期（总第 77 辑），天津人民出版社 1998 年版，第 170—176 页。

翁心鹤、翁心钧整理：《翁文灏自订年谱初稿》，《近代史资料》总 88 号，中国社会科学出版社 1996 年版，第 47—94 页。

翁文灏：《回顾往事》，全国政协文史资料研究委员会编：《文史资料选辑》第 80 辑，文史资料出版社 1982 年版，第 1—13 页。

二　研究类文献

（一）著作

陈仪深：《〈独立评论〉的民主思想》，（台湾）联经出版事业公司

1989 年版。

陈仪深：《近代中国政治思潮——从鸦片战争到中共建国》，（台湾）稻乡出版社 1997 年版。

陈哲夫、江荣海、谢庆奎、张晔主编：《现代中国政治思想流派》，当代中国出版社 1999 年版。

崔国华编著：《抗日战争时期国民政府财政金融政策》，（台湾）商务印书馆 2004 年版。

邓丽兰：《域外观念与本土政制变迁——20 世纪二三十年代中国知识界的政制设计与参政》，中国人民大学出版社 2003 年版。

方汉奇主编：《〈大公报〉百年史（1902.06.17—2002.06.17）》，中国人民大学出版社 2004 年版。

方蒙主编：《〈大公报〉与现代中国——1926—1949 年大事记实录》，重庆出版社 1993 年版。

韩永利：《战时美国大战略与中国抗日战场：1941—1945》，武汉大学出版社 2003 年版。

贺渊：《三民主义与中国政治》，社会科学文献出版社 1998 年版。

何传启：《东方复兴：现代化的三条道路》，商务印书馆 2003 年版。

侯厚吉、吴其敬主编：《中国近代经济思想史稿》，黑龙江人民出版社 1982 年版。

黄岭峻：《激情与迷思——中国现代自由派民主思想的三个误区》，华中科技大学出版社 2001 年版。

黄敏兰：《学术救国：知识分子历史观与中国政治》，河南人民出版社 1995 年版。

贾晓慧：《〈大公报〉新论——20 世纪 30 年代〈大公报〉与中国现代化》，天津人民出版社 2002 年版。

《经济日报》社主编：《中国当代经济学家传略》，辽宁人民出版社 1987—1990 年版。

李培林、孙立平、王铭铭等：《20 世纪的中国：学术与社会（社会学卷）》，山东人民出版社 2001 年版。

李学通：《书生从政——翁文灏》，兰州大学出版社 1996 年版。

李学通：《幻灭的梦——翁文灏与中国早期工业化》，天津古籍出版社2005年版。

刘宏等：《百年寻梦：20世纪中国经济思潮与社会变革》，西苑出版社2000年版。

刘文宾：《近代中国企业管理思想与制度的演变（1860—1949）》，（台湾）"国史馆"2001年版。

罗荣渠：《现代化新论——世界与中国的现代化进程》，北京大学出版社1993年版。

罗荣渠：《现代化新论续篇》，北京大学出版社1997年版。

罗志田：《权势转移：近代中国的思想、社会与学术》，湖北人民出版社1999年版。

罗志田：《二十世纪的中国思想与学术掠影》，广东教育出版社2001年版。

罗志田：《国家与学术：清季民初关于"国学"的思想论争》，生活·读书·新知三联书店2003年版。

马伯煌主编：《中国近代经济思想史》，上海社会科学院出版社1988年版。

马传松、曾超主编：《中国传统文化与现代化》，重庆大学出版社2000年版。

《思想史研究（第一卷）：思想史的元问题》，广西师范大学出版社2005年版。

苏海涛：《传统文化与现代文明》，江苏人民出版社1998年版。

孙大权：《中国经济学的成长——中国经济学社研究（1923—1953）》，上海三联书店2006年版。

孙国达：《民族工业大迁徙：抗日战争时期民营工厂的内迁》，中国文史出版社1991年版。

孙宏云：《中国现代政治学的展开：清华政治学系的早期发展（一九二六至一九三七）》，生活·读书·新知三联书店2005年版。

孙世光编：《开拓与集成：社会学家孙本文》，南京大学出版社2001年版。

陶恒生：《“高陶事件”始末》，湖北人民出版社 2003 年版。

万国雄：《顾毓琇传》，南京大学出版社 2001 年版。

王德春：《联合国善后救济总署与中国：1945—1947》，人民出版社 2004 年版。

王建朗：《抗战初期的远东国际关系》，（台湾）东大图书公司 1996 年版。

王金铻：《抗战时期的中国知识分子》，中国社会出版社 1996 年版。

王玉茹等：《制度变迁与中国近代工业化：以政府的行为分析为中心》，陕西人民出版社 2000 年版。

王芝琛、刘自立编：《1949 年以前的大公报》，山东画报出版社 2002 年版。

王芝琛：《王芸生与〈大公报〉》，中国工人出版社 2001 年版。

王芝琛：《一代报人王芸生》，长江文艺出版社 2004 年版。

《我与大公报》（大公报一百周年报庆丛书），复旦大学出版社 2002 年版。

熊复主编，张定华等撰：《中国抗日战争时期大后方出版史》，重庆出版社 1999 年版。

许纪霖编：《二十世纪中国思想史论》，东方出版中心 2000 年版。

薛毅：《国民政府资源委员会研究》，社会科学文献出版社 2005 年版。

阎明：《一门学科与一个时代——社会学在中国》，清华大学出版社 2004 年版。

杨雅彬：《近代中国社会学》，中国社会科学出版社 2001 年版。

叶世昌：《近代中国经济思想史》，上海人民出版社 1988 年版。

尹保云：《什么是现代化——概念与范式的探讨》，人民出版社 2001 年版。

章清：《“胡适派学人群”与现代中国自由主义》，上海古籍出版社 2004 年版。

张太原：《〈独立评论〉与 20 世纪 30 年代的政治思潮》，社会科学文献出版社 2006 年版。

张世保：《从西化到全球化——20 世纪前 50 年西化思潮研究》，东方出版社 2004 年版。

赵靖、易梦虹编：《中国近代经济思想史》，中华书局 1980 年版。

赵靖、易梦虹主编：《中国近代经济思想资料选辑》，中华书局 1982 年版。

赵靖：《中国经济思想史述要》，北京大学出版社 1998 年版。

赵靖主编：《中国经济思想通史续集：中国近代经济思想史》，北京大学出版社 2004 年版。

赵兴胜：《传统经验与现代理想——南京国民政府时期的国营工业研究》，齐鲁书社 2004 年版。

郑友揆、程麟荪、张传洪：《旧中国的资源委员会——史实与评价》，上海社会科学院出版社 1991 年版。

周积明、郭莹等：《震荡与冲突：中国早期现代化进程中的思潮和社会》，商务印书馆 2003 年版。

周雨：《大公报史：1902—1949》，江苏古籍出版社 1993 年版。

（二）论文

蔡乐苏、曾静：《弹性的符号——抗战时期中共言说中的孙中山与三民主义》，《清华大学学报》2002 年 1 期，第 15—23 页。

蔡乐苏：《蒋廷黻与清华大学历史系课程新模式的建立》，《北京社会科学》2004 年 4 期，第 115—120 页。

蔡乐苏、金富军：《蒋廷黻外交思想探析》，《清华大学学报》2005 年 1 期，第 35—49 页。

蔡勤禹：《抗战时期国民政府对工商业团体的管制》，《河北师范大学学报》1998 年 3 期，第 73—77 页。

傅志明：《抗战时期国民党政府统制经济刍论》，《四川师范大学学报》1988 年 4 期，第 53—57 页。

关海庭、陈夕：《1933 年中国现代化问题讨论述评》，《史学月刊》1993 年 1 期，第 79—85 页。

侯风云：《1933 年知识界对中国现代化问题讨论的评析》，第五届两岸三地历史学研究生论文发表会论文集《中国知识分子与近代社会变迁》，南京大学中华民国史研究中心、香港珠海书院亚洲研究中心、台湾政治大学历史学系主办,2004 年 9 月,南京,第 208—215 页。

黄海燕:《30 年代的文化论争与中国现代化的理论探索》,《吉林大学社会科学学报》1996 年 1 期,第 26—31 页。

黄岭峻:《30—40 年代中国思想界的"计划经济"思潮》,《近代史研究》2000 年 2 期,第 150—176 页。

黄岭峻、杨宁:《"统制经济"思潮述论》,《江汉论坛》2002 年 11 期,第 62—67 页。

季荣臣:《三四十年代知识界关于中国现代化问题的争鸣》,《史学月刊》1991 年 6 期,第 69—75 页。

季荣臣:《"五四"后三十年中国现代化思潮述评》,《江西社会科学》1992 年 2 期,第 99—105 页。

季荣臣:《论三十年代知识界关于中国工业化道路之争》,《广西民族学院学报》1994 年 3 期,第 13—18 页。

季荣臣:《30 年代关于中国现代化问题讨论的反思》,《洛阳师专学报》1998 年 4 期,第 44—46 页。

贾晓慧:《工业化·科学化·中国现代化——〈大公报〉提倡的科学化思想及其意义》,《天津社会科学》2003 年 1 期,第 134—137 页。

李宇平:《从发展策略看一九三〇年代中国重农说的兴起（1931—1935）》,（台湾）《历史学报（师大）》第 26 期,1998 年 6 月,第 199—233 页。

苗欣宇:《民国年间中国经济发展道路的几次论战》,《学术月刊》1996 年 8 期,第 70—75 页。

聂志红:《民国时期中国工业化战略思想的形成——重农与重工的争论》,《民主与科学》2004 年 5 期,第 40—42 页。

聂志红:《民国时期的对外贸易保护思想》,《经济科学》2004 年 6 期,第 122—128 页。

聂志红:《民国时期建设资本筹集的思想》,《福建论坛》2005 年 1 期,第 32—35 页。

欧阳军喜:《蒋廷黻与中国近代史研究二题》,《复旦学报》2001 年 2 期,第 88—94 页。

欧阳军喜：《20 世纪 30 年代两种中国近代史话语之比较》，《近代史研究》2002 年 2 期，第 111—149 页。

欧阳军喜：《论"中国近代史"学科的形成》，《史学史研究》2003 年 2 期，第 58—67 页。

王宪明：《蒋廷黻著〈中国近代史〉学术影响探析——以所受"新史学"及马士的影响为中心》，《河北学刊》2004 年 4 期，第 134—143 页。

夏贵根：《关于中国立国问题的论战》，《许昌师专学报》2000 年 4 期，第 93—96 页。

谢泳：《吴景超三十年代的学术工作》，《东方文化》2000 年 6 期，第 16—26 页。

徐建生：《民国北京、南京政府经济政策的思想基础》，《中国经济史研究》2003 年 3 期，第 70—81 页。

杨林书：《30 年代初中国现代化问题讨论探要》，《浙江师大学报》1996 年 6 期，第 60—64 页。

叶世昌：《中国发展经济学的形成》，《复旦学报》2000 年 4 期，第 86—91 页。

章清：《"学术社会"的建构与知识分子的"权势网络"——〈独立评论〉群体及其角色与身份》，《历史研究》2002 年 4 期，第 33—54 页。

张艳华：《30 年代一场关于中国现代化问题的论争》，《长白学刊》2003 年 1 期，第 90—93 页。

赵晓雷：《20 世纪 30—40 年代中国工业化思想发展评析》，《社会科学战线》1992 年 4 期，第 211—218 页。

赵兴胜：《国营与民营之争：中国经济现代化理论的早期探索》，《文史哲》2005 年 1 期，第 70—78 页。

钟祥财：《二十世纪二十至四十年代立国之争及其理论影响》，《社会科学》2003 年 11 期，第 93—102 页。

钟祥财：《对 20 世纪上半期"以农立国"思想的再审视》，《中国农史》2004 年 1 期，第 66—72 页。

朱秀琴：《浅谈抗战期间国民党政府的经济统制》，《南开学报》1985 年 5 期，第 76—80 页。

（三）博士、硕士论文

车雄焕：《战前平津地区知识分子对日侵华反应之研究（1931—1937）：以〈独立评论〉、〈大公报〉、〈国闻周报〉为中心之探讨》，（台湾）政治大学历史研究所博士论文，1995 年。

李学通：《翁文灏中国工业化思想研究》，中国人民大学国际关系学院政治学理论专业博士学位论文，2002 年。

李盈慧：《抗战前三种刊物对中日问题言论之分析——〈东方杂志〉、〈国闻周报〉、〈独立评论〉之比较研究》，（台湾）政治大学历史研究所硕士论文，1983 年。

刘淑玲：《〈大公报〉与中国现代文学》，北京师范大学中国现当代文学专业博士论文，2002 年。

任桐：《〈大公报〉与中国政治改良思潮》，南京大学中国近现代史专业博士论文，2003 年。

邵铭煌：《抗战前北方学人与〈独立评论〉》，（台湾）政治大学历史研究所硕士论文，1979 年。

章清：《胡适派学人群与现代中国自由主义：自由知识分子的"话语空间"与"权势网络"》，复旦大学历史系博士论文，1998 年。

张世保：《三十年代"全盘西化"思潮研究》，湖北大学硕士学位论文，1999 年。

张太原：《〈独立评论〉与二十世纪三十年代的政治思潮》，北京师范大学历史系博士论文，2002 年。

后　记

本书以我在清华大学完成的博士论文为基础修订、扩充而成。

2002 年 9 月，我有幸进入清华大学历史系师从蔡乐苏教授攻读博士学位。这是我学术生涯的重大转变。1984 年 9 月至 1991 年 6 月，我在兰州大学历史系学习七年，先后获得历史学学士、硕士学位。之后，在河北省社会科学院历史研究所工作十余年之久，主要从事晋察冀根据地、中共中央在西柏坡历史研究，研究方向属于中共党史领域。到清华后，在文北楼清华历史系的办公室里，蔡老师希望我研究一下《新经济》半月刊。当时，我对这份刊物可说是一无所知。我立刻跑到清华图书馆，大致翻阅了这份刊物。我从已经发黄、布满灰尘的故纸中，发现此刊的文章作者主要是抗战时期在重庆的"从政学人"。不久，我又发现此刊与 20 世纪 30 年代的《独立评论》具有相承关系，其作者群体与清华、北大、南开等战前的北方学人大致重叠，只是由于全面抗战爆发后全国高校与科研机构的地域转移和学者的人员流动，增加了一些新面孔。这样，我的研究对象出现很大转变，由中共党史转到民国知识界。而且，研究领域的转移也牵涉研究方法的转换。我虽然起初感到有些不适应，但还是把这种学术转换当作对自己的激励和鞭策。

在清华读书期间，我时常把进入清华后的学术转换视作由"乡下"进入"城里"。来到风光旖旎的清华园不久，我很快发现，其实清华有着很好的人文传承，只是这种传承由于历史的原因在一些人的眼里变得模糊了。由于我的研究对象很多是民国时期清华的前辈学人，每当穿梭于清华那些充满西洋风格的建筑之间，走在那些建筑的台阶上、楼道中，目睹清华园的湖光山色，我都告诫自己要努力工作，不能辜负前辈们曾经的荣光。而且，我就读的清华历史系中国近现代史教研室，是一个和谐而又学术气息浓厚的集体。四年中，导师蔡乐苏教授对我的学业精心指导，耳提面命，从论文选题、整体构思，到研究方法，都关怀备至。这本书稿的写成，饱含着蔡老师的大量心血。同时，我不能不感谢本教研室的王宪明、欧阳军喜、张勇诸师。每当在学业上遇到困难的时候，他们都会悉心指教。尤其王宪明教授在文献资料、史学理论、英文翻译等史学研究各方面，都功力极深，经常在我感觉前面无路时，为我指点迷津。虽然我离开清华已三载有余，但老师们的谆谆教导，至今音犹在耳。

我所在的清华 2002 级专门史专业，是本专业第一年正式对外招生。本级专门史专业同学，虽人数不多，却相互关爱有加。四年中，仲伟民、李锐、皮庆生、梁晨等同级同学，还有高我一级的张焕君同学，在学业上相互切磋，在生活上相互帮助。尤其仲伟民兄，学术水平精湛，在治学方法上每每不吝指教，是我尤其要感谢的。四年中，王勇、金富军、岳秀坤、尹媛萍等蔡门师兄、师弟、师妹，在学习上多有帮助；在清华历史系任教的戚学民、黄振萍诸君，亦与我友情深厚，可谓亦师亦友。他们对本书的写成，在思路和方法上有着很大影响，一并表示感谢。

我还要感谢清华大学图书馆张明、王桂兰、齐家莹、何玉老师在查阅资料方面的热情帮助。我从 2003 年春至 2004 年初，在清华图书馆老馆报刊库和闭架库抄录资料近一年。她们专门为我提供书桌，几乎有求必应，给予极大方便。如果没有她们的帮助，我的博士论文是无法如期完成的。

我必须衷心感谢江铭虎、刘颖老师领导的清华大学中文系计算语言学研究室，因为这个研究室为本书的写作提供了良好条件！从 2004 年秋至 2006 年春本书初稿撰成，我在他们的研究室几乎呆了两年时间。那时，我天天带着搜集到的各种资料，在那里边读边写。那个南侧靠窗的电脑，基本成了我的专属！我之所以能够在他们的研究室写作，源于 2004 年 8 月清华大学历史系举办"多元视野中的中国历史——第二届国际中国史学国际会议"。为了满足与会学者上网的需求，系领导让我去文北楼的中文系计算语言学研究室打扫卫生。江老师说欢迎我来这里学习。当时，我正在寻找一处安心阅读资料和写作的地方，便问道："我每天来可以吗？"江老师痛快地说："当然可以。"此后，我成了这里的常客。近两年中，在他们研究室读硕士的马艳军、孙昂、李中国、蔡慧颖等同学悉心为我解决写作中遇到的电脑技术问题。我将永远感谢他们。

感谢参加我博士学位答辩委员会的北京大学历史系罗志田教授、中国社会科学院近代史研究所虞和平研究员、清华大学历史系陈争平教授、中国社会科学院近代史研究所闵杰研究员、清华大学历史系王宪明教授。他们为本书稿提出了不少中肯的修改意见。罗志田教授甚至指出了本书稿存在一处注释不当这样的细节问题。由此，我在认知罗志田教授的史学大家风范之余，又领悟到先生治学之严谨！

我衷心感谢这些年来虞和平先生对我学业的关怀。我在 2006 年 5 月向虞先生送交本书初稿之前，虽然对虞先生非常景仰，但一直无缘向先生讨教。虞先生读了本书初稿后，专门约我到他的办公室询问本书初稿的写作情况，让我异常感激。我博士毕业后的几年中，虞先生在肯定本书稿的同时，一直关心着拙稿的修订工作。拙稿修订完成后，虞先生欣然为拙作撰序，并热情向中国社会科学出版社推荐本书稿，反映出虞先生对我这个晚辈后学的高度关怀。

我还要特别感谢侯建新教授领导的天津师范大学历史文化学院。对我来说，天津是个既陌生，但又中西合璧、现代气息日益增加的城市。我有幸成为天津师范大学历史文化学院的一员，获得了一个能够沉下心来完成本书稿的修订工作的安稳而和谐的环境。几年来，本学院侯建新教授、李学智教授、田涛教授、孙立田教授、潘荣教授等，在教学、科研上对我多有帮助，在此深表感谢。感谢杜勇教授、刘慧副研究员领导的天津师范大学科研处。他们的帮助使本书的出版受到 2009 年度天津市哲学社会科学规划后期资助项目、天津师范大学学术著作出版基金的资助。

这部书稿凝结着我的爱人刘辉英女士的心血。2002 年至 2006 年我在北京攻读博士学位的四年间，家庭重担完全落在她一人肩上。那时儿子年幼体弱，经常生病。她要每天骑自行车走很远的路送孩子上小学，且要帮助儿子学习功课。她那时的辛劳是我当时不能想象的。

就在我写作此稿期间，父亲于 2005 年 3 月 17 日凌晨离开我们永远而去了。那天上午,我从北京赶回石家庄家中,已不能再见父亲的音容。这是我有生以来第一次痛失亲人!中国有句老话——"忠孝不能两全"。我想,这是几千年来多少代中国人遇到国家与家庭问题而锤炼出的语言精华。我不能唱本书的写作全然是为国家社会的高调,因为我不能排除获取博士学位这样的功利目的。但是,我当时之所以努力于本书的写作,确实具有作为手无缚鸡之力的一介书生为国家社会做一点事情的心境。同时,我之所以更加沉浸于本稿写作之中,也是想以尽量完善的稿子告慰父亲的在天之灵!因为我知道,作为一位曾经在军队工作 20 余年、有着 40 余年党龄的老共产党员,父亲的思想相当"正统"。他一直期望儿子能够做一些对国家社会有益的事情。

最后,由衷感谢中国社会科学出版社张小颐女士。由于她的努力,本书得以在中国社会科学出版社出版。她一丝不苟的敬业精神使本书增色不少。

阎书钦

2010 年 1 月 16 日于天津师范大学